개혁주의
설교와 설교자

개혁주의
설교와 설교자

2016년 3월 4일 초판 1쇄 인쇄
2016년 3월 10일 초판 1쇄 발행

편　집 | 사무엘 로간 2세
옮긴이 | 이덕신 감수 | 박태현
펴낸이 | 박영호
펴낸곳 | 도서출판 솔로몬

주소 | 서울시 동작구 사당로 155, 신주빌딩 B1
전화 | 599-1482
팩스 | 592-2104
직영서점 | 596-5225

등록일 | 1990년 7월 31일
등록번호 | 제 16-24호

ISBN 978-89-8255-544-2   03230

The Preaching and preacher Reviving the Art
1986 ⓒ P & R Publishing Co.

Korean Copyright ⓒ 2016
by Solomon Publishing Co., Seoul, Korea

본서의 한국어판 저작권은 알맹2 에이전시를 통하여
P & R Publishing Co.와 독점 계약한 도서출판 솔로몬에 있습니다.
저작권법에 의하여 한국 내에서 보호를 받는 저작물이므로 무단전재와 복제를 금합니다.

SAMUEL T. LOGAN JR.

개혁주의
설교와 설교자

사무엘 로간 2세 편집　　이덕신 옮김 | 박태현 감수

The
PREACHER
and
PREACHING

솔로몬

차 례

감수의 글
서문
기고자들

제임스 패커
서론: 왜 설교해야 하는가? … 23

1부 사람

1 조엘 네더후드 목사의 소명 … 61
2 에롤 헐스 설교자와 경건 … 93
3 제임스 몽고메리 보이스 설교자와 학식 … 128
4 R. C. 스프로울 전인 … 145

2부 메시지

5 사무엘 로건 2세 설교의 현상학 … 173

● I. 메시지 내용 ●

6 에드먼드 클라우니 모든 성경에서 그리스도를 설교함 … 211
7 싱클레어 퍼거슨 주해 … 245
8 헨드릭 크라벤담 해석학과 설교 … 268
9 도널드 맥클라우드 설교와 조직신학 … 305

● Ⅱ. 메시지 형태 ●
10 글렌 넥트 설교의 구조와 흐름 ⋯ 337
11 레스터 데 코스터 수사학자로서의 설교자 ⋯ 374
12 존 베틀러 적용 ⋯ 404
13 제이 애덤스 감각 호소와 이야기 ⋯ 429

3부 방식

14 제프리 토마스 능력 있는 설교 ⋯ 453
15 피터 보스틴 목회적 설교 ⋯ 487
16 데이비드 돔벡 하나님의 말씀을 소리 내어 읽기 ⋯ 513
17 권 월터스 강단에서의 신체 ⋯ 548

| 감수의 글 |

 본서 『개혁주의 설교와 설교자』는 감수자가 약 27년 전 고려신학대학원 2학년 재학 시절 설교학 수업시간에 힘겹게(?) -당시엔 본서가 한글로 번역되지 않았음- 읽은 설교학 교과서였다. 당시엔 이 책이 얼마나 좋은 책인지도 모른 채 단지 무거운 과제물에 불과했다. 그러다 세월이 흘러 설교를 연구하는 학도로서 감수자는 훗날 이 책의 진가를 발견하기 시작하였다. 이 책이 가르쳐주는 개혁주의 설교가 갖는 의미와 무게를 이해하게 된 것이다. 이 책은 이미 두 곳의 출판사에서 『설교는 왜 하는가?』(1990), 『개혁주의 설교자와 설교』(2010)라는 제목으로 출판되었으나 품절 혹은 구입이 어려운 상황이었다. 따라서 개혁주의 설교를 공표하고 추구하는 설교학자로서 감수자는 이 책의 새로운 번역 출판의 필요성을 절감하였다. 때마침 본서는 역자 이덕신 박사의 수고와 솔로몬출판사의 박영호 사장님의 흔쾌한 투자에 힘입어 새롭게 옷을 갈아입고 독자들에게 선을 보이게 되었다.
 이 책은 무엇보다도 독자들이 읽으면 쉽게 발견하게 될 세 가지 특징을 지니고 있다. 첫째, 이 책은 개혁주의 신학에 근간을 둔 설교학 교과서다. 이 책은 하나님의 주권과 영광을 최우선 가치로 하는 개혁신학에 뿌리를 두고 웨스트민스터신학교 출신의 다수의 저자들이 설교의 다양

한 측면들을 상세하게 논의한다. 예를 들면, 5장 사무엘 로건 2세의 '설교의 현상학'은 종교개혁의 중심 주제였던 하나님의 말씀과 성령과의 관계 속에서 설교를 이해하고 파악한다.

하지만 더 진행하기 전에 한 가지 명백한 유의 사항이 분명히 진술되어야 한다. 설교자가 아닌 성령께서 특정한 설교를 능력 있고, 성공적이며, 심지어 위대하게 하신다는 것이다. 이런 진술은 불필요하게 보일지도 모르지만, 결코 그럴 수 없다. 우리의 주권적인 하나님에 대한 우리의 전적인 의존에 대해 아무리 자주 들어도 지나치지 않다. 또한 모든 영광과 나라와 일이 그분의 것임에 대해 아무리 자주 상기될지라도 지나치지 않다.

비록 한 저자가 아닌 다수의 저자들이 참여했음에도 불구하고, 또한 그들이 다루는 주제가 각각 다름에도 불구하고 오로지 한 가지 개혁신학의 가치를 중심으로 흐트러짐 없는 통일성을 명백하게 보여주고 있다.

둘째, 앞서 언급한 점은 곧바로 이 책의 두 번째 탁월한 특징을 대변해 준다. 다시 말하면 이 책은 개혁주의 신학에 붙들리고 매료된 신학자, 목회자들의 협력으로 성취된 부케와 같은 꽃다발이다. 이 책은 한 사람의 저자가 통일성 있게 저술할 수 있는 것보다 더욱 뛰어나게 통일성을 지니면서도 한 사람이 도저히 도달할 수 없는 각 분야 최고의 전문성을 확보하게 해 준다. 이 책에 참여한 저자들은 모두 각자가 헌신해 온 분야에서 전문성을 확보한 학자들과 목회자들이다. 예를 들어, 이 책의 서론을 시작하는 제임스 패커는 특유의 분석적 논리를 가지고 '왜 설교해야 하는가?'라는 질문에 대해 개혁주의 설교신학의 입장에서 객관적 이유들과 주관적 이유들을 지적한다. 먼저, 패커 박사는 교회생활의 필수적 요소로서의 네 가지 객관적 이유들을 나열한다: (1) 설교는 하나님 자신과 그분의 구원의 언약을 우리에게 알리시는 그분의 계시 방식이다. (2) 설교는 성경을 다루는 다른 어떤 방식과도 구별되게 성경의 위력을 전달한다. (3) 설교는 다른 어떤 행위와도 구별되게 교회의 정체성을 분명하게 하며 교회의 소명을 명확하게 한다. (4) 설교에는 기독교 교육의 한 방식으로서의 몇 가지 특유의 이점들이 있다. 패커 박사는 이런 객관적 이유들과 깊이 연관된 일곱 가지 주관적 이유들을 개혁파적 특징을 지닌 것으로 지적한다: (1) 성경은 계시이다. (2) 하나님은 영광받기에 합당하신 분이다. (3) 사람들이 길을 잃었다. (4) 그리스도는 변치 않는 분이시다. (5) 설득이 필요하다. (6) 사탄이 활동하고 있다. (7) 하나님의 성령은 주권적인 분이시다.

또 다른 예를 들면, 설교 행위인 설교 전달의 방식과 관련하여 제프리 토마스는 14장 '능력 있는 설교'에서 하나님께서 설교자의 말씀 선포를 하나님의 능력으로 강화시키시는 세 가지 수단을 지적한다. (1) 말씀의 능력 (2) 믿음의 능력 (3) 기도의 능력.

셋째, 이 책은 편집자인 사무엘 로건 교수가 서문에서 밝히듯이 본래 기획 편집된 것으로 그 구성상 완벽하여 타의 추종을 불허한다. 먼저 서론에서 설교자가 설교하지 않으면 안 될 이유들을 논리적으로 전개하여 설교의 기초석을 놓은 뒤, 1부 '사람'에서는 네 명의 저자들이 설교의 직무를 맡은 설교자에 대하여 각각 소명, 경건, 학식, 그리고 전인에 대하여 상세하게 다룬다. 2부 '메시지'는 설교자가 작성해야 할 설교문의 메시지 내용과 형태로 크게 양분된다. 먼저 메시지의 내용에서 모든 성경에서 그리스도를 설교하기 위하여 설교와 연관된 주해, 해석학, 그리고 조직신학이 차례대로 취급된다. 그리고 메시지의 형태에서는 질서의 하나님을 본받아 설교의 구조와 흐름을 고려할 것, 수사학자로서의 설교자, 설교의 적용, 그리고 감각 호소와 이야기가 충실하게 다루어진다. 마지막으로 3부 '방식'은 설교 전달의 행위로서 성령 안에서의 능력 있는 설교, 목회적 설교, 하나님의 말씀을 소리 내어 읽기, 그리고 강단에서의 신체 사용에 대해 자세하면서도 설득력 있게 기술한다.

감수자는 본서를 꼼꼼하게 읽으며 다시금 개혁주의 설교신학의 탁월성을 확인하고 무한한 감격에 한 동안 멈추어 섰다. 한참 후에야 감수자는 마음을 추슬러 독자들과 함께 마음 속 깊은 곳에서 우러나오는 다음과 같은 확신을 소리 높여 선포한다.

설교자 된 우리의 수고는 결코 헛된 것이 될 수 없다. 왜냐하면 죄인을 긍휼히 여기시는 은혜로우신 하나님께서 친히 설교 현장에 성령으로 임재하시어 선포된 말씀이 열매를 맺게 하시기 때문이다. 우리가 하나님의 말씀을 펼쳐 청중들의 육신의 귀에 들려줄 때, 성령 하나님께서는 그 선포된 말씀을 청중들의 영혼의 귀에 들려주시기 때문이다. 더구나 오늘 하나님의 말씀이 선포될 때 하나님의 영원한 구원의 작정이 성취되기 때문이다. "아! 이 두렵고 영광스러운 설교 사역을 그 누가 감당하리요!" 말씀의 봉사자들은 다만 겸손히 엎드리어 기도할 뿐이다. "주님의 뜻을 이루소서! 주님 홀로 영광 받으소서!"

박태현 교수(총신대 신대원 설교학)

| 서문 |

 1980년 두 명의 웨스트민스터 신학교 학생이었던 제임스 프랫James Pratt 군과 리처드 크레이븐Richard Craven 군이 필자의 교수실에 찾아와 설교학 책에 대한 구상을 나누었다. 그들은 20세기의 개혁주의 강단이 매우 풍성한 유산을 등한히 하고 있으며 충분히 능력 있고 마땅히 수행해야 할 설교의 지도력을 발휘하지 못하고 있다는 것을 확신하고 있었다. 청교도들의 설교와 특별히 조나단 에드워즈Jonathan Edwards의 설교에 대한 필자 자신의 관심 때문에 필자는 그들의 관심에 즉각 동의했다.
 우리는 매우 신속하게 우리의 토론에 그 분야에서 더 전문적인 사람을 참여시킬 필요성을 깨달았으며, 따라서 당시 "수사학의 역사"라는 과목을 가르치고 있던 웨스트민스교의 교회사 교수 로버트 갓프리 박사에게 연락했다. 갓프리 박사는 자비롭게도 우리에게 동참하기로 동의했으며, 함께 본서를 기획했다.
 우리의 첫 번째 단계는 대략 30명의 전 세계의 주도적인 개혁주의 목사들과 설교학자들을 파악하고 접촉하여, 그들에게 현대 개혁주의 강단의 주요 약점이 무엇이라고 생각하는지를 질문했다. 우리의 질문에 대부분의 사람들이 탁월한 분석과 제안으로 응답했다.
 다음으로 우리 네 사람은 장시간에 걸쳐 받은 응답들을 주의 깊게 추려내고 응답들의 유형을 파악하려고 노력했다. 우리는 결국 본서의 각 장에 포함된 주제가 된 큰 범주들을 도출했다.

우리의 다음 단계는 우리가 보기에 파악한 주제들에 대해 글을 쓰기에 최고로 자격이 있는 분들을 찾는 일이었다. 수개월의 서신 왕래 후에 파악한 다양한 분들에게서 약속을 받았다. 물론 도중에 우리가 시초에 한 장을 맡아 쓰도록 요청했던 분 중의 몇몇은 거절했으며, 처음에 한 장을 맡아 쓰기로 동의했던 다른 몇몇 분은 나중에 그렇게 할 수 없다고 결정했다. 그럼에도 불구하고 최종적인 집필진은 우리가 처음에 생각했던 집필진에 놀랍도록 근접했다.

다양한 원고가 2년에 걸쳐 도착했으며 1984년 6월에 대부분의 것이 수집되었다. 편저자는 1984년 7월 1일부터 1985년 1월 31일까지 웨스트민스터에서 연구 휴직을 허락받았고, 여러가지 이유로 영국 케임브리지의 틴데일 하우스Tyndale House에서 휴직 기간을 보내기로 결정했다. 그리하여 모든 원고를 가지고 가서 대략 2달의 기간 동안 원고를 한 줄 한 줄 살펴보며 어려운 편집 작업을 했다. 결과적으로 편저자는 본서의 첫 번째 독자가 되며 또한 지면과 범위 때문에 본래의 원고에서 삭제되어야 했던 훌륭한 자료 전부를 보는 유일한 사람이 되는 독특한 기회를 누렸다. 필자는 읽고 편집하면서 많은 것을 배웠으며, 크레이븐 군과 프랫 군, 갓프리 박사와 편저자 본인이 원래 품었던 목표 - 예수님의 이름이 더 큰 존귀와 영광을 받으시도록 개혁주의 설교를 더 능력 있게 하는 - 를 이루는 데 주님께서 각 장들을 사용해주실 것을 계속하여 간절히 기도했다.

편저자는 본서에 기고해주신 저자 한분 한분에게 이 프로젝트에 참여하여 많은 노고를 기울여주신 데 대해 감사를 표하지 않을 수 없다. 또한 진실로 이 프로젝트를 제안한 제임스 프랫 군과 리처드 크레이븐 군 그리고 함께 상의하는 동안 지혜를 나눠주신 갓프리 박사께 감사하고자 한다.

편저자는 이 책의 편집을 가능하도록 연구 휴직을 허락한 웨스트민스터신학교의 교수진과 이사회에 감사의 빚을 졌다. 또한 떠나 있는 동안 광범위한 편저자의 행정적 책임을 감당해준 여기 웨스트민스터의 조지 풀러 박사와 도러시 크리크 양과 비올라 브라운 여사와, 앨 그로브스 씨와 여타 분들에게 감사를 돌려야 마땅하다. 빌리 구디너프 여사와 샤나 존스 여사는 이 모든 자료를 입력하고 재입력하는 세심한 작업에 대해 모든 이의 감사를 받아 마땅하다.

케임브리지의 틴데일 하우스에서 작업할 수 있었던 기회는 다방면으로 매우 놀라운 축복이었다. 복음주의적 기독교 학문의 센터로서 틴데일 하우스는 연구와 저술을 위한 최고의 시설뿐만 아니라 놀랍고 진정한 기독교적 교제와 후원을 제공하고 있다. 편집자의 가족과 편집자는 우리가 거기서 받은 모든 것에 깊이 감사드리는 바, 필자는 틴데일 하우스의 학장이신 머리 해리스 박사와 틴데일 하우스의 회계담당자이신 이안 호긴스 목사께 특별한 감사를 드리고 싶다.

보다 개인적 차원에서 필자는 기독교적 양육과 변함없는 지지와 계속적인 기도에 대해 편저자의 모친과 부친께 공개적으로 감사하고자 한다. 그들에게서 편저자는 무엇보다도 예수 그리스도의 나라를 증진시키는 최종적 목표 - 그리고 물론 또한 성경적 설교라는 본래의 목표 - 하에 최선을 다하는 일이 무엇을 뜻하는지를 배웠다.

마지막으로 편저자의 가장 깊은 감사는 수와 탈리와 에릭에게 돌리고자 한다. 너희들 때문에 케임브리지에서의 시간이 생산적이었을 뿐만 아니라 즐거울 수도 있었다. 너희 셋과 함께 그리스도의 나라의 사역에 참여하는 일이 내게 최고의 기쁨이다! 정말 고맙다!

사무엘 로건 2세
웨스트민스터신학교 학장

| 기고자 및 기여자들 |

● **제이 애덤스**Jay E. Adams는 존스 홉킨스 대학을 졸업하고 개혁성공회신학교Reformed Episcopal Seminary에서 신학 학사B. D. 학위와 템플 대학 실천신학부에서 신학 석사S. T. M. 학위, 미주리 대학에서 철학 박사Ph. D. 학위를 취득했다. 애덤스 박사는 펜실베니아 서부와 뉴저지의 여러 교회에서 목회했다. 3년 동안 미주리 대학의 교수진으로 있었다. 기고 당시 캘리포니아의 웨스트민스터신학교의 고등 교육 과정의 책임자이며 필라델피아의 웨스트민스터신학교의 실천신학 객원 교수였다. 또한 필라델피아에 위치한 기독교 상담 및 교육 재단에서 목회학 연구소의 소장으로 섬겼다. 애덤스 박사는 목회자 모임이나 성경 연구 모임의 인기있는 강사이며 많은 책과 기고문의 저자인데, 그 중에 『목회상담학』 Competent to Counsel과 『기독교상담교본』 The Christian Counselor's Manual이 있다.

● **존 베틀러**John F. Bettler는 웨스트민스터신학교와 시카고신학교의 졸업생으로 후자에서 목회상담학 박사학위를 취득했다. 기독교 상담 및 교육 재단의 책임자로서 사람들이 기독교적 삶을 사는 가운데 경험하는

실제적 분투를 매일같이 접하고 있다. 웨스트민스터신학교의 실천신학 외래 교수로서 그는 그러한 일상적인 "삶"의 차원을 설교학 수업에 도입하고 있다. 그의 일정은 늘 꽉 차 있는데, 그의 설교는 성경의 구체적이며 "실제적인" 적용으로 특징지어진다.

● **제임스 몽고메리 보이스** James Montgomery Boice는 1968년부터 섬겨온 필라델피아의 유서 깊은 제10 장로교회의 목사이며, 국제적인 라디오 방송 프로그램인 "성경공부 시간"The Bible Study Hour의 강연자이다. 하버드 대학의 문학 학사A. B., 프린스턴신학교의 신학 학사B. D., 스위스 바젤 대학의 신학 박사D. Theol., 그리고 개혁성공회신학교의 명예 신학 박사D. D. 학위를 가지고 있다. 성경 무오성에 관한 국제 협의회 International Council on Biblical Inerrancy의 의장이며 개혁신학 필라델피아 연맹의 의장이자 설립자이다. 성경신학에 관한 30권 이상의 책의 저자이다.

● **에드먼드 클라우니** Edmund P. Clowney는 휘튼 대학의 졸업생이며 웨스트민스터신학교의 신학 학사B. D. 학위와 예일 신학대학의 신학 석사S. T. M. 학위를 취득했다. 신학 박사 학위는 휘튼 대학에서 받았다. 일리노이와 뉴저지의 정통장로교회를 섬겼으며 기독교교육위원회의 편집인으로 수고했다. 웨스트민스터신학교 실천신학과의 강사로 1952년 임명된 이후 줄곧 실천신학과의 교수와 학생처장과 교무처장으로 봉사해 왔다. 클리우니 박사는 1966년 웨스트민스터신학교의 학장으로 취임했으며 1982년 은퇴까지 그 자리를 지켰다. 그는 『목회소명』Called to the Ministry을 비롯한 몇 권의 책과 수많은 학술지 논문의 저자이다. 클라우니 부부는 현재 버지니아 주 샬러츠빌Charlottesville에 거주하고 있으며, 그곳에서 트리니티장로교회의 협동 목사로 섬기고 있다.

● 리처드 크레이븐Richard M. Craven은 펜실베니아의 게티스버그 Gettysburg 정통장로교회의 목사이다. 웨스트민스터신학교에서 목회학 석사M. Div.를 취득했으며 현재 동 신학교의 해석학과 성경해석 전공의 박사 후보자이다.

● 레스터 데 코스터Lester De Koster는 1947년에서 1969년까지 미시간의 칼빈대학에서 연설학 교수Professor of Speech였다. 그 중 11년 동안 연설학과의 학과장이었으며 1951년에서 1969년까지 칼빈대학과 신학교 양자 모두의 도서관장이었다. 이어지는 11년 동안 데 코스터는 「깃발지」The Banner의 편집자였다. 크리스천스 라이브러리 출판사Christian's Library Press의 공동소유자와 저자와 편집자이다. 6권의 책의 공동 저자이며, 『대중 앞에서 연설하기』Speaking in Public를 편집했고, 『공산주의와 기독교 신앙』Communism and Christian Faith과 『공산주의 용어』Vocabulary of Communism와 『성경을 어떻게 읽을 것인가』How to Read the Bible의 저자이다.

● 데이비드 돔벡David A. Dombek은 웨스트민스터신학교 졸업생이다B.D., 1972. 배우요 감독이며, 연설 교사speech teacher이자 연기 지도자drama coach이다. 한 장로교회의 성경 낭독자lector로 섬겨왔다. 지금은 기독개혁교회의 일원으로서 간혹 자신의 교회 목사와 함께 대화 형식으로 드라마적인 성경 본문을 낭독하고 있다. 중서부 지역에 거주하며, 그와 그의 아내 엘런Ellen은 자녀들에게 직접 홈스쿨링을 한다. 그는 또한 교회 주일학교에서 글을 쓰고, 설교를 하며, 가르치는 일을 맡고 있다.

● 싱클레어 퍼거슨Sinclair B. Ferguson은 스코틀랜드 태생으로 애버딘 대학에서 문학 석사M.A.와 철학 박사Ph.D. 양자 모두를 받았다. 1971-82년 목회를 했는데, 가장 최근에는 글래스고우의 성 조지 트론Saint George's

Tron에서였다. 「진리의 깃발지」의 부편집자이며, 수많은 저서 중 『하나님의 뜻을 발견하기』Discovering God' Will, 『은혜 안에서 성장하라』Grow in Grace, 『당신의 기독교적 삶을 알라』Know Your Christian Life 등이 있다. 1982년 이후 퍼거슨 박사는 웨스트민스터신학교의 조직신학 조교수였다. 아내 도로시Dorothy와의 사이에 네 명의 자녀를 두고 있다.

● **로버트 갓프리**W. Robert Godfrey는 캘리포니아 에스콘디도Escondido에 위치한 웨스트민스터신학교의 교회사 교수이다. 스탠퍼드 대학에서 문학 학사A.B.와 문학 석사M.A.와 철학 박사Ph. D.를 받았으며 고든콘웰신학교에서 목회학 석사M.Div.를 받았다. (펜실베니아와 캘리포니아에 위치한) 웨스트민스터에서 11년간 가르쳤다. 기독개혁교회의 목사이다. 『존 칼빈: 서양 세계에 대한 그의 영향』John Calvin: His Influence on the Western World, 『성경과 진리』Scripture and Truth, 『불화와 대화와 일치』Discord, Dialogue and Concord 등에 다수의 글을 기고했다. 『그리스도의 말씀을 통해』Through Christ's Word를 공동편집하고 기고했으며, 몇 년간 「웨스트민스터 신학 저널」Westminster Theological Journal을 편집했다. 결혼하여 세 명의 자녀를 두고 있다.

● **에롤 헐스**Erroll Hulse는 런던 성경 대학London Bible College에서 학업하기 전에 프레토리아 대학Pretoria University에서 건축학 학위를 받고 졸업했다. 진리의 깃발 출판사the Banner of Truth Trust를 위해 그 형성기 수년간 일했으며 23년간 서섹스Sussex의 침례교회 목사였는데, 그 기간 동안 그 교회는 한 명의 교인에서 커다랗고 활동적인 공동체로 성장했다. 『신자의 체험』The Believer's Experience를 비롯한 여러 책을 저술했다. 1970년부터 격월간지 「오늘의 종교개혁」Reformation Today의 편집자로 봉사해왔다. 헐스 목사는 몇 개의 교회를 개척하는 데 관여했으며 영국과 해외에서의 목회자 대회를 설립하는 데 도구가 되었다. 현재 리버풀의

벨비디어 로드 교회Belvidere Road Church의 목사이다. 결혼하여 네 명의 자녀를 두고 있다.

● **글렌 넥트**Glen C. Knecht는 뉴욕의 오그던스버그Ogdensburg에서 태어났으며 테네시Tennessee의 메리빌 대학Maryville College을 졸업했고 풀러신학교를 다녔으며, 프린스턴신학교에서 신학 학사B.D.와 신학 석사Th.M. 학위를 받았다. 또한 펜실베니아의 콘웰신학교Conwell School of Theology에서 추가적인 대학원 학업을 했다. 1957년에서 1962년까지 이란 타브리즈Tabriz의 선교사로 복음을 전했다. 메릴랜드Maryland와 펜실베니아에서 목회직을 감당했으며 1983년 이후 사우스캐롤라이나South Carolina 컬럼비아Columbia의 제일장로교회First Presbyterian Church의 담임목사였다. 아내 베티 제인Betty Jane과의 사이에서 여섯 명의 자녀와 세 명의 손주를 두고 있다. 설교와 목회적 책무 외에, 자신의 지역의 다발성 경화증 위원회the board of Multiple Sclerosis에 참여하고 있으며 리칠런드Richland와 렉싱턴Lexington 카운티의 "예절과 윤리 회복을 지지하는 시민들"Citizens Advocating Decency and Revival of Ethics(일명 CADRE)의 운영위원회의 위원이다.

● **헨드릭 크라벤담**Hendrik Krabbendam(이 저자에 대한 소개는 원서에는 누락되었으며 역자의 보충임)은 네덜란드의 로테르담에서 태어났으며, 캄펀의 신학대학Theologische Hogeschool Kampen에서 문학 학사B.A.와 목회학 석사M.Div.에 준하는 학위를 받았으며, 필라델피아의 웨스트민스터신학교에서 신학 석사와 신학 박사 학위를 받았다. 캐나다 개혁교회와 정통장로교회에 속하는 교회들에서 목회했으며, 1973년 이후 조지아의 룩아웃 마운튼Lookout Mountain에 위치한 커버넌트 대학covenant college에서 성경학Biblical Studies 교수로 사역해왔다. 교수 사역 외에 선교와 전도에 대한 열정으로도 유명한데, 실제로 1980년대 초 아프리카 우간다

에 장로교 선교회를 만들기도 했다. 또한 성경 무오성을 위한 국제 협의회 자문위원으로 섬겼으며, 설교와 강의뿐만 아니라 선교와 전도 세미나를 인도하도록 국내외적으로 빈번히 초청받는 강사이다.

● **사무엘 로건 2세**Samuel T. Logan, Jr.는 미시시피의 빅스버그Vicksburg 태생이며 프린스턴 대학에서 문학 학사B.A., 웨스트민스터신학교에서 목회학 석사M.Div., 그리고 에모리 대학Emory University에서 철학 박사Ph.D.를 받았다. 배링턴 대학Barrington College(지금 고든 대학과 병합됨)에서 9년 동안 가르쳤으며 현재 웨스트민스터신학교의 학장과 교회사 조교수이다. 정통장로교회의 안수받은 목사이며 펜실베니아의 필라델피아와 조지아의 스캇데일Scottdale과 뉴저지의 라파예트Lafayette에서 목회 사역을 했다. 결혼하여 두 명을 아들을 두고 있다.

● **도널드 맥클라우드**Donald Macleod는 1940년 11월 스코틀랜드 북서 해안의 루이스 섬에서 태어났다. 글래스고우 대학과 에든버러의 자유교회대학에서 학업한 후, 1964년 스코틀랜드 자유교회의 목사로 안수 받았다. 1964년에서 1978년까지 두 군데의 목회직을 섬겼는데, 거기에는 매주 다섯 차례 설교를 했던 글래스고우 시에서의 10년이 포함된다. 1978년 자유교회대학의 조직신학 교수로 임명되었다. 1977년 이후에는 스코틀랜드 자유교회의 「먼슬리 레코드」Monthly Record의 편집자로 섬겨왔다.

● **조엘 네더후드**Joel Nederhood는 1960년 12월 이후 기독개혁교회의 라디오 목사였으며 또한 최근에는 기독개혁교회의 "믿음 20"Faith 20이라는 텔레비전 방송의 설교자와 사회자였다. 또한 교회에서 정기적으로 설교하며 집회 강사이다. 『교양 있는 미국인에 대한 교회의 사명』*The Church's Mission to the Educated American*, 『하나님은 풍성하시다』*God Is Too*

Much, 『성삼위』Holy Triangle과 『약속, 약속, 약속』Promises, Promises, Promises를 저술했으며, 그밖에도 여러 책과 잡지에 기고했다. 기독개혁교회의 "하나님께 돌아가는 시간"The Back to God Hour이라는 사역의 책임자로 섬기고 있다.

● **제임스 패커**James I. Packer는 영국 글로스터셔Gloucestershire에서 태어났으며, 옥스퍼드 대학에서 교육받았고, 고전학과 신학D. Phil., 1954에서 학위들을 받았다. 1952년 안수받고 버밍엄Birmingham의 성 요한 영국성공회 교회St. John's Church of England에서 부목사assistant pastor로 섬겼으며, 다음으로는 1955년에서 1961년까지 성공회신학교인 틴데일 홀Tyndale Hall에서 개인지도 주임 교수Senior Tutor가 되었다. 옥스퍼드의 성공회 복음주의 연구 센터인 라티머 하우스Latimer House의 책임자로 9년간 있은 뒤, 브리스틀Bristol로 돌아와 틴데일 홀의 학장이 되었다. 틴데일 홀이 다른 두 복음주의 대학과 병합하여 트리니티 대학Trinity College이 되었을 때, 패커 박사는 부학장Associate Principal이 되었다. 1979년 이후 밴쿠버의 리젠트 대학의 조직 및 역사 신학 교수였다. 결혼하여 세 명의 자녀를 둔 패커 박사는 영국과 미국에서 폭넓게 설교와 강의를 해왔으며 신학 정기 간행물들에 빈번히 기고해왔다. 『새 성경 사전』New Bible Dictionary과 『성경 연감』The Bible Almanac의 편집자였다. 저서로는 『복음주의와 하나님의 주권』Evangelism and the Sovereignty of God, 『하나님을 알기』Knowing God, 『성경을 위한 투쟁을 넘어서』Beyond the Battle for the Bible, 그리고 『성령과 보조를 맞추라』Keep in Step with the Spirit 등이 있다.

● **제임스 프랫**James M. Pratt은 웨스트민스터신학교에서 목회학 석사 학위를 받았다. 목회 안수를 받았으며 현재 캘리포니아 토런스의 제일침례교회에서 청소년과 제자도 사역자로 섬기고 있다.

● R. C. 스프로울Robert. C. Sproul은 웨스트민스터 대학에서 문학 학사, 피츠버그신학교에서 신학 학사B.D., 암스테르담의 자유대학에서 석사Drs. 그리고 제네바 대학에서 문학 박사Litt.D.를 받았다. 미국 장로교회에서 안수 받은 목사이다. 플로리다 올랜도Orlando에 위치한 리고니아 사역 Ligonier Ministries 센터의 대표이자 설립자로서, 개인의 삶과 궁극적으로는 사회 전체에 스며드는 현대 기독교 종교개혁을 마음에 품고 있다. 스프로울 박사는 미시시피의 잭슨Jackson에 위치한 개혁신학교의 조직신학 및 변증학 교수이며, 최근에는 성경 무오성에 관한 국제 협의회의 실행위원회 의장으로 섬겼다. 강의와 세미나로 유명하며 14권의 책의 저자이고, 그 중에는 『존엄성을 찾아서』In Search of Dignity와 『고전적 변증학』Classical Apologetics과 『하나님의 거룩성』The Holiness of God이 포함된다.

● 제프리 토마스Geoffrey Thomas는 카디프Cardiff의 웨일즈 유니버시티 대학University College of Wales과 필라델피아의 웨스트민스터신학교에서 학업을 마쳤다. 웨일즈어를 말하는 아내와 세 딸이 있는 웨일즈 사람인 그는 1965년 이후 중 웨일즈 해안의 대학 도시인 애버리스트위스 Aberystwyth의 앨프러드 플레이스 침례교회Alfred Place Baptist Church, 독립교회 목사였다. 성경 중 20권 이상을 전체적으로 설교했으며 여러 세대의 많은 대학생들이 그의 설교를 좋아했다. 진리의 깃발지의 부편집자이며 은혜 침례교 총회 조직 위원회Grace Baptist Assembly Organizing Committee의 현 의장이다. 애버리스트위스에서의 목회 기간 동안 기독교서점과 정신지체장애인 요양원을 여는 사역도 펼쳤다. 세계 여러 지역에서 많은 초청을 받는 집회 강사이다.

● 피터 보스틴J. Peter Vosteen은 오하이오의 우스터 대학The College of Wooster에서 문학 학사와 웨스트민스터신학교에서 목회학 석사를 받았으며, 미네소타 세인트 폴에 위치한 루터신학교에서 신약으로 대학원

학업을 추가하여 계속했다. 북미연합장로교회에서 복음 사역을 감당하도록 안수 받았고, 1959년 기독개혁교회에 가입했으며, 미국과 캐나다의 일곱 교회를 섬겼다. 현재는 아이다호Idaho의 보이시Boise에서 국내 선교사와 목사로 섬기고 있으며, 세미나와 수련회를 인도자로 자주 초청되고 있다.

● **귄 월터스**Gwyn Walters는 매사추세츠의 사우스 해밀턴의 고든콘웰신학교의 목회학 교수인데, 웨일즈 대학에서 문학 학사와 신학 학사B.D., 그리고 에든버러 대학에서 철학 박사 과정을 졸업했다. 스코틀랜드와 웨일즈와 미국에서의 목회 경험 전에, 스코틀랜드와 웨일즈의 풍부한 설교 유산을 접할 수 있었다. 유럽과 중앙, 극동 아시아와 북미에서 설교했으며, 몇 개국에서 설교를 가르쳤지만, 거의 30여년의 주된 사역지는 고든콘웰이었다. 설교학 아카데미Academy of Homiletics의 대표로 섬겼다.

서문: 왜 설교해야 하는가?

제임스 패커

질문을 보면 그 질문자를 알 수 있다는 말이 있다. 정직한 질문은 질문자의 머릿속에 어떤 무지와 의심과 두려움과 불안과 편견과 선입관이 있는지를 드러낸다. 질문에 대답하기보다 질문함으로써 우리는 서로에게 개방되며, 때로는 그로 인해 (부정적인 말로 하자면) 상처를 받을 수도 있게 된다. (이것이 바로 어떤 사람들이 질문하기를 기피하는 이유인 것이다! 그러나 결코 어떤 것도 질문하지 않는 사람은 또한 어떤 것도 결코 배우지 못하며, 따라서 질문하지 않는 태도는 아주 권할 만 한 일이 아니다.) 필자는 글을 쓰도록 요청받은 "왜 설교해야 하는가?"라는 질문이 정직한 질문이라고 여기는 데, 그것은 우리 시대에 강단 사역의 뚜렷한 근거가 존재하는지에 대한 솔직한 불신을 표현한다. 필자는 그런 의문을 제기하는 그 누구도 비난하지 않으며 – 실제로 필자는 사려 깊은 사람들이 왜 그런 의문을 제기하는지 그이유를 잘 안다 – 표현 그대로 심각하고 정직하게 그것을 다루며 반응하려고 노력할 것이다.

그런데 그것은 누구의 질문인가? 그것은 실망한 설교자에게서 나오는가? 아니면 신물이 난 회중에게서인가? 아니면 다른 일에 더 많은 시간을 할애하길 원하며 설교 준비에 들이는 시간을 아까워하는 목회 행정가에게서인가? 아니면 강단의 독백은 대화나 토론이나 시청각 영화 상영이나 텔레비전만큼 과연 전달력이 있는지에 의구심을 가지는 의사소통 이론 학자에게서인가? 아마도 이 질문은 네 편 모두에게서 나오며, 아마도 어느 편에서 나오는지는 필자의 현재 목적에 중요하지 않다. 왜냐하면 그런 발언을 누구나 그 매개체에 대한 실제적 환멸과 그 활동의 값어치에 대한 실제적 의구심을 말로 표현하고 있기 때문이다. 그런 환멸은 우리 모두가 알듯이 오늘날 널리 퍼져있으며, 필자는 기쁘게 그것을, 만약 하나님께서 도우신다면, 신학적일뿐만 아니라 목회적인 의미를 지니게 될 토론의 출발지로 인정하고 받아들인다. 이 토론 전체에 걸쳐 필자는 특별히 환멸에 빠진 네 부류 모두의 사람들을 염두에 둘 것이다.

본서의 동료 기고자들과 마찬가지로 필자는 설교를 변호하고자 한다. 그러나 여러분이 필자가 단지 명령하기 위해 이것을 행하고 있다고 생각하지 않도록, 필자는 개인적 진술로 시작한다. 후속되는 쪽들에서 필자는 설교 사역을 찬미하고 찬양할 것인데, 필자가 (비록 실제로 그랬지만) 요청되어서가 아니며, 또한 (비록 확실히 그렇지만) 개혁주의 유산의 대변인으로서 마땅히 해야 한다고 생각해서가 아니라, 설교가 필자가 이해하는 바에 따르면 기독교라고 불리는 집단적 현상의 본질 그 자체에 속하기 때문이다. 그 말에 의해 필자는 기독교는 천상에서와 같이 지상에서 성부와 그분의 성자 예수 그리스도와의 교제이며 (필자는 요일 1:4을 반영하고 있음), 하나님의 성령의 능력 안에서의 하나님의 말씀의 설교는 성부와 성자를 인간과 함께 거하시도록 천상에서 내려오게 하는 행위(여기서 필자는 사 64:1과 요 14:21-23을 반영하고 있음)임을 뜻한다. 필자가 이것을 아는 것은 체험했기 때문이다.

1948년과 1949년 동안 수개월간 필자는 마틴 로이드 존스D. Martyn Lloyd-Jones의 일요일 저녁 사역의 청중의 한 사람으로 앉아 있었다. 되돌아보면 필자가 일찍이 설교에 대해 아는 전부가 그 시절에 주어졌던 것 같은데, 비록 필자가 지금과 달리 그때에는 말로 표현할 수 없었을 것이지만 말이다. 당시에 필자가 배운 것이 여전히 필자에게 들음에 있어 무엇을 바라며 소망하고 기도할지와 필자 자신의 설교에 있어 무엇을 목표하고 무엇을 위해 기도할지의 길잡이가 되고 있다. 또한 비록 그 시절 이후 많은 것을 읽고 들었지만, 지금 필자가 설교에 관해 인지하고 있는 것 중에 적어도 그 당시 어렴풋하게나마 이미 파악하기 시작하지 않았던 것은 전혀 없다. 빈번히 필자 자신이 사로잡혀 행하는 바와 같이 설교는 가르쳐지는 것 이상으로 사로잡히는 것이라고 필자가 말할 때, 필자가 염두에 두고 있는 것은 부분적으로는 그 시기 동안 필자 자신이 발견한 것에 대해서 이다. 지금까지 필자가 들은 바 로이드 존스 박사가 올바로 설교한 유일한 설교자로 여긴다는 것을 의미하지 않는다. 곧 과거 세대 동안 필자는 여타의 다수의 설교자가 진정으로 설교하는 것을 듣는 특권을 누렸다. 필자는 다만 하나님 하에서 이 문제에 있어 필자에게 표준들을 주신 분이 바로 로이드 존스 박사였음을 말하고 있을 뿐이다. 그런데 표준들이 필요한 이유는 모든 설교가 다 좋은 것은 결코 아니기 때문이다. 필자는 오랜 동안 다른 평범한 분들만큼이나 좋지 않은 많은 설교를 들어왔으며, 아마도 필자 자신도 여러분이 거명하고 싶은 성직자만큼이나 좋지 않은 많은 설교를 행해왔다고 생각한다. 그럼에도 불구하고 설교가 성경에서 어떻게 이해되는지를 관찰하고, 매우 높은 수준의 설교를 경험하고 나서 필자는 계속하여 설교에 대한 믿음을 가지게 되었다. 설교에 대한 그 어떤 대체물도 존재하지 않고, 설교 없이는 하나님과의 아무런 긴밀한 교제나 능력이나 성장이나 지속적인 비전도 존재하지 않음을 주장하게 되었다. 또한 필자는 끊임없이 만약 오늘날의 갱신에 대한 추구가, 다른 관심사들과 병행하여, 참된 설교에 대한 추구가 아니면, 피상적이며 무익한 것으로 판명될 것이라고 주장한다. 그렇다면 여러분은 "왜 설교해야 하는가?"라는 질문을 제기할 때 필자가 어디에서 출발하고 있는지를 알게 된 것이다.

아주 소수의 사람들만 필자처럼 설교에 대해 확신을 갖는 것 같은 현상은 도대체 어떻게 발생하게 된 것인가? 왜 그러한지에 대한 몇 가지 이유를 생각할 수 있는데, 이것들을 열거하는 일이 필자의 주제를 시작하기에 좋은 출발점일 것이다.

첫 번째로, **우리의 강단에서 수많은, 설교 아닌 설교가 행해져 오고 있다.** 공 예배에서 정해진 이삼십 분의 순서를 채우는 모든 강화discourse가 참된 설교는 아닌데, 비록 매우 자주 그렇게 지칭되지만 말이다. 설교들(라틴어 sermones, "연설들")은 자주 잘못된 원리로 작성되며 전해진다. 따라서 만약 그것들이 성경을 펼쳐 보여주지 못하거나 적용함 없이 강해만 한다면, 또는 지성을 만족시키는 지식을 전달하는 것을 목적으로 하는 강의나 청중의 현재의 자의식에 초점을 맞추기만을 추구하는 강연에 불과하다면, 또는 하나님의 메시지보다 설교자의 견해에 대한 진술로 전해진다면, 또는 사고의 방향이 청자에게 아무런 변화도 요구하지 않는다면, 설교의 자격에 미달되는데, 이것은 너무나 제멋대로이며 혼란스러워서 화자가 무엇을 이야기하고 있는지를 아무도 말할 수 없는 경우와 마찬가지일 것이다. 설교는 가르치는 일이어야 하며 기독교계의 현재의 지식(오히려 무식)의 수준은 가르치는 설교의 필요가 한 순간도 의문시될 수 없을 정도라고 자주 그리고 참되게 말해진다. 그러나 설교는 근본적으로 가르침 더하기 적용(초청, 지시, 요구함)이며, 이 더하기 부분이 결여될 때 설교에 미치지 못하는 일이 일어나게 된다. 그런데 교회의 많은 사람들이 이러한 온전한 성경적 의미의 말씀 설교를 결코 경험해보지 못해왔다.

두 번째로, **주제 설교가 일반적 표준이 되었는데, 적어도 북미에서 그러하다.** 설교가 성경 메시지보다 미리 선정되고 고지되는 주제를 탐구한다. 이것은 왜인가? 필자가 생각하기에, 부분적으로, 강단에 대한 관심을 대부분 상실한 세대에 설교를 흥미롭고 중요한 것으로 보이게 하기 위해서; 의심의 여지없이 부분적으로, 공 예배 시작 전의 성경 반에서 행해지는 것과는 다르게 들리도록; 또한 부분적으로, 많은 주제 설교자(모두는 아님)가 성경이 그들 자신의 입술을 통해 그 자체의 메시지를 이야기하게 할 만큼 충분히 성경을 신뢰하지 않기 때문에. 하지만 그 이유가 무엇이든 그 결과는 불건전하다. 주제 설교에서 본문은 설교자가 자신의 사고 방침을 그 위에 걸어 매는 마치 걸이 못과 같은 역할로 격하되는데, 곧 메시지의 형태와 목적이 본문 자체에 의해 결정되기보다 사람들에게 좋은 것에 대한 설교자 자신의 최선의 견해를 반영하게 된다. 그러나 그럴 경우 그의 설교가 가질 수 있는 유일한 권위는 강조점을 지니고 말하며 아마도 자신의 목소리를 높이는 한 박식한 사람의 인간적 권위에 지나지 않게 된다. 필자의 견해로 이런 종류의 주제 강화는, 그 구성 요소들이 제아무리 성경적이더라도, 온전한 의미의 말씀으로서의 설교에 미달할 것이다. 왜냐하면 바로 그것들의 성경적 내용이 설교자 자신의 지혜의 일부로 보이게 되기 때문이다. 따라서 계시된 하나님의 권위가 종교 전문가의 권위로 바뀌게 된다. 이것은 성경을 대신하여 말한다는 생각을 배제하고 성경이 설교자의 언어 안에서 그리고 그것을 통해 스스로 말하도록 허용되어야 한다고 주장하는 기독교 설교의 개념 그 자체를 훼손한다. 당연하게도 주제 강화는 만약 설교자가 이 일이 발생하도록 하는 일에 전념한다면 진정한 설교가 될 수 있을 것이지만, 다수의 주제 설교자가 성경 본문의 메시지의 대변자가 되기 위해 자기를 절제하는 일을 결코 하지 않는다. 또한 교회들의 많은 사람들이 일찍이 단지 필자가 묘사한 종류의 주제 설교만 접해왔다.

세 번째로, **낮은 기대치가 스스로 가득차 있다**. 대부분의 현대 청중은 설교에서 많은 것을 기대하도록 결코 가르쳐지지 않아 왔으며, 그들의 습관은 설교 시간에 긴장을 풀고 설교자가 이야기하는 어떤 것이 그들을 흥미롭게 하는지를 – 아마도 그들이 표현할 바에 따른다면, "그들을 사로잡는지"를 – 기다려 보는 것이다. 오늘날의 회중과 오늘날의 설교자들은 하나님께서 설교 가운데 당신의 백성을 만나시러 오실 것을 간구하지도 기대하지도 않는다는 점에서 대체로 일치되는 것 같으며, 따라서 이 일이 자주 발생하지 않는 것은 전혀 이상한 것이 아니다. 탱고를 추기 위해서는 두 사람이 요구되는 것과 똑같이, 일반적으로 진정한 설교를 만들기 위해서는 기대에 찬 회중과 자신이 할 일이 무엇인지를 아는 설교자 양자 모두가 필요하다. 한 세기 전까지만 해도 영국(필자는 미국은 장담할 수 없음)의 개혁주의 진영에서 예배에 참석하고 돌아온 사람에게 한 보통의 질문은 그 사람이 말씀의 설교의 중대한 신적 영향력을 "잘 받았느냐"라는 것이곤 했다. 하지만 작금에는 대서양 양 편 모두에서 보다 일반적으로 물어지는 질문은 설교자가 오늘날 규정된 강단 사역으로 여겨지는 것을 "잘 수행했느냐"라는 것이다. 관심과 관점의 이 전환은 설교가 우리의 영혼을 찾으시고 독려하시는 하나님의 다가오심으로 숭모되는 것으로부터 사람을 즐겁게 하려는 인간적 노력으로 여겨지게 된 경로에 대한 명백한 증거인데, 따라서 현재는 설교가 행해질 때 비판적 거리두기가 마음을 연 기대를 대신한다. 우리가 이렇게 설교에 대해 냉담하고 무정열적이 된 것의 직접적 결과는 우리가 설교를 통해 어떤 역사가 일어날 것을 거의 기대하지 않는다는 것이며, 따라서 하나님께서 우리의 불신앙에 따라 우리를 대하시는 것을 의아스럽게 여기지 말아야 한다.

네 번째로, **오늘날의 즉흥성에 대한 예찬이 설교에 악영향을 주고 있다.** 우리가 단지 천박함crudeness으로 칭할 수 있는 것을 진정성의 표지로 대하는 것이 오늘날 가장 활발한 기독교 집단 몇몇의 특색인데, 민요풍의 가사를 가진 민요풍의 노래이든 열성적이지만 비 일관된 것으로 특징지어지는 열광적인 즉흥적 기도이든지 거칠고 어색한 수사가 지적 부정확함과 짝을 이루는 느슨하면서도 겉으로 보기에 덜 준비된 유형의 설교든지 다 그러하다. 특히 은사적 "예언"(하나님의 이름으로 말해지는 즉석의 적용적인 언사)은 이것의 극단적인 형태이다. 그러나 실체보다 즉흥성에 관심이 집중되며, 설교자의 열정이 준비보다 더 상위에 있는 것으로 평가될 경우, 참된 설교는 필연적으로 쇠퇴할 것임에 틀림없다. 여기에 어떤 열성적 기독교인들이 그 능력에 대해 아무런 경험도 하지 못하고 또한 의심도 하지도 않는 추가적 이유가 있다.

다섯 번째로, **오늘날의 예전에 대한 집중이 악영향을 주고 있다.** 이점은 단지 (자연은 진공상태를 싫어하므로) 예상되었을 바대로 개신교의 신학적으로 모호하고 다원주의적인 진영뿐만 아니라, 또한 복음주의자들 중에서도 감지될 수 있다. 우리 시대의 놀라운 움직임의 하나는, 복음주의자들이, 비록 종교적 개인주의와 저속한 예술품의 세계에서 양육되었다는 느낌에도 불구하고, 교부의 모델들로 되돌아가서 정해진 예전들의 엄숙한 신중심주의가 여전히 잔존하고 있는 교회들로 이동하고 있다는 점이다. 그들의 다수가 성공회교도가 되고 있는데, 교육 배경과 판단에 있어 성공회교도인 필자는 그 점에 대해 아무런 불만도 없다. 그러나 그들로 하여금 말씀의 사역을 강조하는 교회를 떠나도록 이끈 이 예전에 대한 관심이 설교에 대한 모든 관심을 그들의 마음에서 밀쳐낸 것 같음을 목도하는 일은 필자를 슬프게 한다. 그것은 마치 그들이 이렇게 말하고 있는 듯한 것이다: "우리는 설교에 대해 꽤 충분히 압니다. 우리의 생애 전체에 충분할 정도로 이미 진저리나게 설교를 들었습니다. 이제 감사하게도 그 모든 것에서 의식과 성례의 세계로 이동하고자 합니다." 그러나 그런 태도는 잘못된 대립을 담고 있는데, 왜냐하면 성경적인 것은 말할 필요도 없이 진정한 개혁파적이며 성공회적인 방식은 복음과 예전, 곧 말씀과 성례가 병행되는 방식 – 설교되는 말씀에 대한 여러분의 교리와 기대가 더 높게 남아있다는 조건 하에서,

원하는 만큼 성례, 곧 가시적인 말씀의 교리를 높게 여기는 자유가 있음을 여러분에게 실제로 제시하는 방식 - 이기 때문이다. 그러나 일반적으로 말해 비예전적 기독교 세계에서의 이 도피자들의 사고방식은 설교를 회중의 예배 행위(분명히 설교는 이것의 주요부로 생각되지 않음)에 복속시키며, 따라서 그 중요성을 축소하고 그것에 대한 기대를 낮춘다. 여기에 오늘날 어떤 기독교인들이 필자 자신이 지지하는 설교에 대한 높은 견해를 공유하지 않는 또 하나의 이유가 있다.

여섯 번째로, **연설의 의미 전달력이 의심받게 되었다.** 현대 서구에서 사실에 대한 냉정하고 무표정한 진술은 수용될 수 있지만, 진술된 사실의 중대성과 의미를 보여주기 위한 어떤 형태의 연설적이거나 수사적이거나 극적 강조는 확신을 주기보다 소원하게 만든다. 오늘날 대중 연설의 전체 범주가 의심스럽고 믿을 수 없는 것으로 느껴진다. 이것은 크게 대중 매체의 영향 때문인데, 거기서 강렬한 감정은 히스테리성이며 인위적인 것으로 보이고 들리며, 차분하고 수다스러운 친밀성이 성공의 비밀이다. 그 영향의 일부는 또한 시사에 대한 뉴스 속보와 프로그램에서의 끊임없는 정신적 외상과 공포로 인한 민감한 감정의 둔화이다. 우리의 감성이 과도한 자극으로 무뎌졌으며, 또한 우리의 감정을 빼앗으려는 시도에 대한 자기 방어 기제로 우리는 무관여의 감각을 개발하고, 따라서 우리에게 말해지거나 보여 지는 어떤 것도 매우 중요하다는 것을 결국 믿을 수 없게 된다. 1-2 그리고 3-4세기 전에 설교자는 왕 되신 하나님, 구세주 그리스도, 영혼, 영원, 그리고 말씀되고 있는 것에 대한 반응에 의해 그 순간에 실제적으로 해결되는 개인적 운명의 문제들의 중요성을 제시하기 위해 합하여 40분이나 60분간 말씀을 전할 수 있었으며, 청중은 공감하며 들으며 그를 신뢰하곤 했다. 오늘날 그런 반응은 순진한 것으로 생각되며, 대부분의 사람은 초기 단계에 설교자가 행하고 있는 것에 내적으로 초연해지며, 아마도 적대적이 될 것인데, 이는 주의를 기울이지 않음으로 연극을 하는 교묘한 사람에 의해 "속지" 않기 위한 것이다.

조나단 에드워즈가 적절한 때에 태어난 17세기의 청교도였던 것과 동일한 의미로 로이드 존스 박사는 나중에 태어난 19세기의 설교자였으며, 필자는 그가 그 과거의 일을 행하시는 것을 듣는 특권을 누리게 된 것을 말로 충분히 감사할 수 없는데, 비록 그가 알았듯이 그의 청중의 일부는 그의 설교를 단지 즐거움을 주는 공연으로 생각했으며, 다른 사람들은 그의 강단에서의 열정을 달갑지 않게 여기고, 런던 웨스트민스터 채플에서의 그의 30년 사역 내내 그의 전임자였던 보다 차분한 전달자에 대한 선호를 유지했다는 사실에도 불구하고 말이다. (필자는 이 점을 확인해 주기에 충분히 그 회중을 잘 알고 있었다.) 그러나 필자의 경험상 거의 어떤 설교자도 의심의 조류를 거슬러 헤엄을 치며 이점에 있어 과거의 길을 따라가는 자원도 (더 중요하게도) 결단력도 지니지 못했으며, 따라서 교회의 많은 사람들이 설교자가 의도적이며 체계적으로 영적인 문제들의 중요성과 중대성을 느끼게 하는 말씀 전하는 것을 결코 듣지 못한다. 이점은 또한 설교에 대한 필자의 평가가 오늘의 기독교계에서 소수적인 견해이며, 기독교 교훈의 다른 방식들이 더 낫지는 않더라도 최소한 똑같은 정도로 좋다고 매우 널리 여겨지는 이유이다.

그러나 설교란 무엇인가? 필자의 일반적 견해는 이미 보여 졌을 것이지만, 우리가 논의를 더 진행하기 전에, 전면적인 형식적 분석이 이 단계에서 바람직한 것 같다.

그런데 먼저 부정적인 관점에서 살펴보자. 필자는 설교는 제도적이며 사회학적인 정의보다 기능적이며 신학적으로 정의되어야 한다고 역설한다. 곧 그것은 근본적으로 행해지고 있는 것, 그리고 어디에서와 언제 보다는 왜 발생하느냐, 그리고 어떤 집단적 기대를 충족시키느냐에 의거하여 정의되어야 한다. 신약성경은 우리고 하여금 이 조건들로 사고하도록 이끄는데, 곧 그것은 설교에 대한 두 주요 단어 중 하나(유앙겔리

조마이: 문자적으로 "좋은 소식을 말하다")를 단지 바울이 비시디아 안디옥의 한 회당의 회중과 아덴의 장터에 모인 무리들에게 연설한 일 뿐만 아니라, 또한 빌립이 수레에 앉아 한 명의 탑승자에게 예수에 대해 이야기한 일에 대해서도 사용한다(행 13:32; 17:18; 8:35). 현대의 많은 설교에 대한 비판은 교회에서의 설교에 대한 관찰로부터 기인하며, 따라서 강단을 겁쟁이의 성, 그리고 설교자를 모순 덩어리라고 하는 비꼬는 말들이 나오며, 또한 설교에 있어 청중에 **대해** 분개하는 언급보다는 청중의 분개하는 언급이 나온다. 물론 대부분의 설교의 시도는 교회 건물에서 일어나지만, 그 점이 핵심은 아니다. 필자가 여기서 역설하는 것은 설교는 의사 전달의 성취로 이해되어야 한다는 점이다. 설교에 관한 필자의 주안점은 만약 설교가 이 기능적이며 신학적 방식으로 정의된다면, 필자가 예를 든 그런 비판을 유발하는 실행은 좋은 설교로 여겨질 수 없으며, 아마도 전혀 설교의 자격이 없는 것으로 여겨질 것이라는 점이다.

그 문제를 긍정적 관점에서 표현하자면, 필자는 설교를 다음과 같은 점들이 실재하는 구두의 의사전달로 정의한다:

1. 설교의 **내용**이 제시된 그대로의 인간에 대한 하나님의 메시지이다. 복음주의자에게 이것은 말씀되는 것의 원천이 성경일 것이며, 더욱이 본문(한 절, 절의 일부, 일단의 절들)이 택해질 것이고, 또한 웨스트민스터 공 예배 규칙서가 표현하듯이, 제시되는 진리 혹은 진리들이 "그 본문에 포함되어 있거나 근거하여서 청중이 하나님께서 어떻게 거기로부터 그것을 가르치시는지를 식별할 수 있어야 한다"는 것을 뜻한다. 설교자는 제공하는 것이 자기 자신의 생각이 아니라 하나님의 책에서의 하나님의 메시지임을 분명히 하도록 유의할 것이며, 본문에 관하여 말하는 것이 아니라 본문이 자신을 통해 말하도록 하는 것을 자신의 책무로 여길 것이다.

또한 바울과 같이 "하나님의 온전한 뜻"(행 20:26-27) - 즉 하나님께서 인류를 위해 행하시는 모든 것과 반응으로 요구하시는 모든 것 - 을 선포하는 임무를 맡은 자로서 복음주의적 설교자는 자신의 모든 메시지들의 특정한 내용을 그리스도와 그분의 중보하심과 그분의 십자가와 부활과 그분을 신뢰하는 자들에 대한 그분의 새 생명의 선물과 연관시킬 것이다(이점은 에드먼드 클라우니가 자신의 장에서 지적하는 대로임). 바로 그런 의미에서 설교자는 바울을 닮을 것인데, 그는 고린도를 방문했을 때(또한 이 문제에 있어 반대되는 일부 자의적인 이론들에도 불구하고 그 밖의 모든 곳에서), "예수 그리스도와 그가 십자가에 못 박히신 것 외에는 아무것도 알지 아니하기로 작정했다"(고전 2:2). 이것은 물론 복음 전도자가 항상 십자가에 못 박히심이라는 있는 그대로의 사실만 늘 노래한다는 것을 뜻하지 않는다. 오히려 그것은 다음을 뜻한다: 그가 그 사실의 의미를 조명하기 위해 모든 성경적 사고의 흐름을 사용할 것이며, 성경의 어떤 부분에 대한 강해도 갈보리의 십자가와 거기서 초래된 구속과 분리되고 따라서 무관하게 보이도록 결코 하지 않을 것이고, 이런 방식으로 목회적일뿐만 아니라 복음 전도적인 목적으로 그리스도 중심적이며, 십자가 지향적인 설교 사역을 해를 거듭하여 유지할 것이다.

2. 설교의 **목적**은 알리며, 설득하고, 전달되는 메시지와 교훈의 대상이신 하나님께 대한 적절한 반응을 불러일으키는 것이다. 그 반응은 회개, 믿음, 순종, 사랑, 노력, 소망, 두려움, 열심, 기쁨, 찬양, 기도, 또는 이것들의 결합으로 이루어질 것이다(사무엘 로건의 "설교의 현상학"에 대한 논의 참조). 설교의 목적은 사람들의 지성을 무시하면서 행동하도록 유발하는 것이 아닌데, 그럴 경우 그들은 설교자가 요구하는 것을 행함에 대한 하나님께서 주시는 어떤 이유를 결코 알지 못할 것이다(이것은 조작이다). 또한 그 목적은 사람들의 생각을 진리로 채우는 것이 아닌데, 그럴 경우 그 진리가 아무리 활력 있고 분명하더라도 쓸모없게 되고 변화된 삶의 모판과 원천이 되지 못한다(이것은 학문주의이다). 오

히려 그 목적은 바울이 로마인들에게 "너희에게 전하여 준 바 교훈의 본을 마음으로 순종하여"(롬 6:17)라고 글을 쓸 때 묘사한 상태를 하나님의 주장하심 가운데 재현하는 것이다. 그 교훈은 하나님의 증거와 명령과 약속이다. 설교자는 청중에게 그것에 반응하도록 간청하며 그렇게 할 때 하나님께서 그들에 대한 그분의 약속들을 성취하실 것이라고 확신시킴에 의해 그들을 그것에 내어 맡긴다. 그들이 전심으로 순종할 때, 설교자는 자신의 목표를 이룬다.

3. 설교의 **관점**은 항상 적용적이다(존 베틀러가 본서의 뒷부분에서 주장할 바 대로임). 이점은 바로 앞의 것의 연장이다. 관점에 있어 하나님 중심적이며 내용에 있어 그리스도 중심적인 것과 마찬가지로, 설교는 초점에 있어 삶 중심적이며 그 목적은 삶의 변화이다. 설교는 우리의 현존과 관련되므로 하나님에 관한 진리의 실제적 전달이다. 성경 교리의 진술도 단지 기독교적 체험에 관한 이야기만도 설교가 아닌데, 비록 설교자들이 흥분하고 어조가 강해지며 독단적이 되어 강조하기 위해 책상을 내리치더라도 말이다. 종교적 연설이 설교가 되는 것은 단지 첫 번째로 그 주제가 청중의 삶 안에서의 성경 진리, 또는 오히려 성경의 하나님일 때인데, 곧 다른 말로 하자면 그것이 성부와 성자와 성령께서 우리에게 침투하시며, 우리를 뒤집어엎으시며, 조명하시고, 통합하시며, 다그치시는 일과 따라서 우리 자신에게 말해지며, 우리 자신이 비난되고, 면책되며, 확신을 얻고, 유혹받는 일에 관한 것일 때이다. 또한 두 번째로는 그 강화가 실제적인 성경적 권고로 흘러나와서, 한 번 더 비 영적인 방식에 굴복하도록 우리에게 가해지는 어떠한 압력에도 불구하고, 우리로 하여금 영적으로 중대한 방식으로 구별되도록 또 그런 구별된 상태를 유지하도록 요구할 때이다(롬 12:1-2).

실제적인 성경적 권고라는 개념은 얼마간의 설명을 필요로 한다. 전통적 견해는 성경적 교훈과 내러티브가 하나님과 인간에 관한, 그리고 한편으로 하나님께서 사랑하시고 상주시며, 다른 한편으로 미워하시고 심판하시는 태도와 행실의 종류에 관한 일반적 진리를 계시하고 예시한다는 것이었다. 그렇다면 해석자의 책무는 각 구절의 역사적이며 문화적인 세부 내용에서 일반적 원리를 정제하고, 그것을 여타의 모든 것이 변하더라도 하나님과 인간과 죄와 경건은 그렇지 않다는 전제 하에서 현대 세계에 재적용하는 것이다. 본문이 저자의 예상하는 독자에 대한 메시지로서 의미했던 것에서 오늘의 우리에게 의미하는 것으로 이동하는 방법은 원칙에 입각한 합리적 분석principled rational analysis에 의한 것인데, 이것은 비평적 주석서에서 볼 수 있는 종류의 역사적이며 주경적인 솜씨에 더하여 현대 삶의 영적 뿌리를 분별하며 따라서 현대인의 마음에 와 닿는 진리의 동시대적인 적용을 하기 위한 성령의 조명을 요구하는 분야이다. 놀랍게도 이 분야에 대한 고전적 기술은 1678년에 출판된 저작인 존 오웬John Owen의 『그분의 말씀에 계시된 것으로서의 하나님의 마음을 그 안에 있는 확신과 더불어 이해하는 근거와 방식과 수단들: 또한 성경 해석의 외적 수단들을 동반하는 성경의 명료성에 대한 선언』*Causes, Ways, and Means, of understanding the Mind of God, as revealed in his Word, with Assurance therein: and a Declaration of the Perspicuity of the Scriptures, with the external Means of the Interpretation of them* 이다. 비록 후대의 책들이 물론 오웬의 요지의 다수를 보다 최근의 자료로 갱신하고 확장했지만, 아무것도 그의 관심 분야 전체를 포괄하지는 못하는 것 같다. 하지만 어쨌든 이 오웬의 저작이 개혁주의적이며 복음주의적인 설교자들이 400년 넘게 실제적인 성경적 권고들에 접근해 온 방식이며, 또한 실제로 여전히 그러하다는 것은 증명할 수 있는 명백한 사실이다.

그러나 바르트 이래로 성경이 하나님의 인간 피조물들을 위한 뜻과 그들과 동행하시는 방식에 관한 일반적 원리를 계시하거나 담고 있다는 것을 부정하며, 대신 하나님께서 성경 본문을 통하여 각각의 새로운 상황에 직접 새로운 말씀을 하신다고 주장하는 것이 보편화되어왔다.

이 견해에서 해석자의 책무는 (바르트 이후의 용어로 표현하자면) 본문에 의해 유발되는 "통찰력"이 자신에게 분명하다고 느껴질 때까지 본문에 "경청하며" 그것과 "씨름하는" 일이다. 그 다음으로 해석자는 그 통찰력을 가능한 만큼 "예언적으로" 전달해야 한다. 그러나 이 견해가 제거하듯이, 일반적 원리들을 찾아내고 상호 연관시키는 부분을 제거하고, 이 사상의 학파가 보통 그러하듯이, 성경 분석(곧, 성경의 하나님의 교훈으로서의 내적 일관성)을 등한시하거나 부인함과 더불어, 하나님께서 현 시점에 말씀하고 계신 것이 무엇인지를 판단하려고 할 때마다, 부정확성과 다원주의와 상대주의가 밀려들어오게 되며, 그것들을 막을 아무런 길도 없다. 여기서는 이 현상을 상세히 분석하거나 비판하는 자리가 아니며, 그것이 필자가 설교의 필요불가결한 요소로서의 적용적인 성경적 권고에 대해 이야기할 때 염두에 두고 있는 것이 전혀 아니라고만 말해두자.

4. **권위** 역시 설교가 무엇인가라는 개념에 필수적인데, 곧 그것은, 지금 분명하듯이, 인간의 입술이 하나님의 메시지를 발언하는 일이다(또다시 사무엘 로건의 장이 이점을 보다 전면적으로 탐구한다). 내용과 방법 양자 모두에서 신적 권위를 나타내지 않는 설교는 진정한 것의 실체가 아니라, 단지 그림자일 뿐이다. 설교의 권위는 설교자의 성경 그리고 그분의 말씀이 곧 성경인 한 하나님이신 삼위와의 관계의 명백성에서 발원한다. 에롤 힐스가 본서의 뒷부분에서 보여주듯이, 설교자가 하나님의 대변인으로서의 권위를 가지며, 또 가진다고 느껴질 수 있는 것은 단지 하나님과 성경의 권위 하에 참으로 있으며, 또 있는 것으로 보여 질 때만이다. 자세히 설명하면 다음과 같다. 설교자는 **성경**의 권위 하에 분명히 있어야 하는데, 곧 성경은 진리와 지혜에 대한 설교자의 원천이다. 또한 그는 **하나님**의 권위 하에 분명히 있어야 하는데, 곧 그는 그분의 사자로 온 것이며, 그분의 이름으로 그리고 그분의 시선 하에서 말하

며, 자신이 말한 것에 대해 언젠가 그분에게 해명해야 한다. 더욱이 그는 분명히 **그리스도**의 권위 하에 분명히 있어야 하는데, 곧 그는 목자장이신 그분을 섬기는 부목자이다. 마지막으로 그는 **성령**의 권위 하에 분명히 있어야 하는데, 곧 그는 자신의 메시지를 전달함에 있어 비전vision과 명료함과 지성의 자유와 마음과 목소리의 유일한 보호자이시며, 그의 회중의 삶에 있어 확신과 반응의 유일한 매개자이신 그분께 의식적으로 의지한다.

여기서 바울을 우리의 스승으로 삼아보자. 그는 "우리는 수많은 사람들처럼 하나님의 말씀을 혼잡하게 하지 아니하고 곧 순전함으로 하나님께 받은 것 같이 하나님 앞에서와 그리스도 안에서 말하노라"(고후 2:16-17)라고 기록했다. 여기서 우리는 우리가 의식적으로 정립해야 할 우리 자신과 권위 있는 메시지, 권위 있는 하나님, 그리고 권위 있는 그리스도와의 올바른 관계를 분명하게 발견한다. (물론 바울은 구두oral의 교훈과 개인적 계시로부터 권위 있는 메시지를 알았던 반면, 오늘의 설교자들은 그것을 성경에서 습득해야 한다. 그러나 만약 우리가 그것을 안다면, 이러한 차이가 그것에 대한 우리의 충실함이라는 원리에 영향을 주지 않는다.) 바울은 다시 한 번 "내 말과 내 전도함이 설득력 있는 지혜의 말로 하지 아니하고 다만 성령의 나타나심과 능력으로 하여 너희 믿음이 사람의 지혜에 있지 아니하고 다만 하나님의 능력에 있게 하려 하였노라"(고전 2:4-5)라고 기록했다. 여기서 우리는 우리가 의식적으로 정립해야 할 우리 자신과 믿음 가운데 확증해주시며 확신시켜주시고 세워주시는 분되신 성령과의 올바른 관계를 분명하게 발견한다. 이 관계들이 어그러질 경우, 설교의 권위 - 즉 하나님의 이름으로 하는 언사로서의 양심에 대한 주장 - 가 약화되고 소멸된다. 하지만 이 관계들이 올바르게 정립되어 있을 경우, "거룩한 목사는 거룩하신 하나님의 손에 붙들려 있는 무서운 무기이다"라는 로버트 머리 맥체인Robert Murray McCheyne의 격언의 사실성이 거듭하여 입증될 것이다. 다음과 같이 기록할 때, 덜 극적인 표현으로, 바울은 맥체인이 염두에 둔 것을 증거했다: "이러므로 우리가 하나님께 끊임없이 감사함은 너희가 우리에게 들은 바 하나님의 말씀을 받을 때에 사람의 말로 받지 아니하고 하나님의 말씀으로 받음이니 진실로 그러하도다 이 말씀이 또한 너희 믿는 자 가운데에서 역사하느니라"(살전 2:13).

5. 설교는 단지 하나님의 권위뿐만 아니라, 그분의 **임재**와 **능력**을 매개한다(참조. 이하의 제프리 토마스의 견해). 설교는 단지 진리뿐만 아니라, 하나님 자신과의 조우를 초래한다. 이점을 예시하는 놀랄 만큼 적절한 언급이 고린도전서 14장에 있는데, 거기서 바울은 방언에 대한 예언(명료한 언어로 하나님의 메시지 말하는 일)의 우월성을 주장하고 있다. "온 교회가 함께 모여 다 방언으로 말하면 알지 못하는 자들이나 믿지 아니하는 자들이 들어와서 너희를 미쳤다 하지 아니하겠느냐?"(기대되는 대답은 "예"이다.) "그러나 다 예언을 하면 믿지 아니하는 자들이나 알지 못하는 자들이 들어와서 모든 사람에게 책망을 들으며 모든 사람에게 판단을 받고 그 마음의 숨은 일들이 드러나게 되므로 엎드리어 하나님께 경배하며 하나님이 참으로 너희 가운데 계신다 전파하리라"(고전 14:23-25). 이 단락에서 다른 어떤 것이 불확정적이더라도, 세 가지는 명백하다.

첫째로 바울이 여기서 말하는 예언은 내용에 있어 우리가 복음을 전하는 일이라고 부를 것 - 죄를 감지하고 하나님의 구제책을 선포하는 일 - 에 상응했다.

둘째로 그런 예언의 기대된 효과는 그 주제인 하나님의 임재 가운데 있으며, 그분에 의해 점검되고 죄를 깨닫게 되고, 따라서 자신을 낮추고 그분을 경배하도록 이끌어지는 느낌을 창출하는 것이었다.

셋째로 바울과 고린도인들 양편 모두의 경험 가운데, 바울이 묘사한 것은 이미 종종 발생해왔던 것임에 틀림없는데, 만약 그렇지 않다면 그런 일이 발생할 것이라고 그토록 확신을 가지고 단언할 때 자신이 신뢰될 것으로 기대했을 수 없을 것이다. 이전에 결코 발생하지 않았던 것이 그토록 확정적으로 예견될 수 없다.

사도 시대 이후로 그런 일들이 한번 이상 일어났던 것으로 알려진 시기들이 명백히 있었다. 예컨대 청교도 데이비드 클락슨David Clarkson은 "사적 예배보다 선호되어야 할 공적 예배"라는 제목의 설교에서 다음과 같이 선언할 때 아마도 경험에 근거하여 말하고 있었을 것이다: "지금 지상에서 행해지는 가장 경이로운 일들은 공적 의식들 가운데 행해진다. 여기서 죽은 자가 하나님의 아들의 목소리를 들으며, 듣는 자들은 살고…. 여기서 그분은 병든 영혼들을 말씀으로 치유하시며…. 여기서 그분은 사탄을 쫓아내신다…. 이 일들은 이적이며, 또 그렇게 간주될 것인데, 비록 공적 사역 가운데 그렇게 자주 일어나지는 않지만 말이다. 주님께서 단지 공적으로만 이런 이적적인 일들을 행하는 것으로 자신을 제한시키시지는 않았지만, 단지 공적 사역만이 그런 일들을 행하시는 그분의 일반적 수단이다."[1] 바울이 묘사하는 것은 우리 시대에 명백히 드물지만, 이점은 설교가 무엇인지, 그리고 설교가 무엇을 초래하는지에 대한 성경적 이상ideal을 조금도 중요한 요소로 만들지 않는다. 아마도 요지는 이렇게 진술되어야 한다: 설교는 하나님의 강력한 임재에 대한 인식이 추구되어야 하며, 화자와 청자 모두 이 인식이 결여될 경우 만족될 수 없다.

이상의 분석이 필요했는데 왜냐하면 훈계하는 일(정해진 시간을 종교적 독백으로 채우는 일)로서의 설교에 대한 보통의 개념은 너무나 느슨하고 부정확하며, 앞서 언급된 바와 같이 그 보통의 설교에 대한 정의들은 우리의 현재 목적들을 위하여 기능적이며 신학적으로 불충분하기 때문이다. 만약 필자가 부여한 정의가 너무 좁다는 비판을 불러일으킨

---

1. David Clarkson, *Works*, vol. 3 (Edinburgh: James Nichol, 1865), pp. 193-94.

다면, 필자는 감내해야 하지만, 필자는 신약성경은 기독교 설교의 어떠한 더 낮은 차원의 개념도 재가하지 않으며, 따라서 바로 내가 진술한 견해, 곧 바로 이것에 의거하여 필자는 논의를 이어간다.

우리는 설교가 무엇인지를 보았기 때문에, 본고의 핵심으로 나아갈 수 있다. 우리는 이제 "왜 설교해야 하는가"라는 필자의 질문을 직접적으로 다룰 지점에 와 있다.

첫째로, 여기서 우리가 한 질문에서 실제로 두 질문을 가지고 있음이 유의되어야 한다. 객관적으로 그 질문은 "설교를 교회 생활의 필수적 요소로 유지하는 데는 어떤 신학적 이유들이 존재하는가?"이다. 주관적으로 그 질문은 "어떤 확신들이 한 사람으로 하여금 이 위엄 있는 항목들에 따라 설교하고자 하는 책무를 받아들이고, 지속하며, 계속하여 최선을 다하도록 독려하는가?"이다. 필자는 두 질문을 차례로 다룬다.

첫 번째 것과 관련하여 필자는 여기서 설교를 현 시대와 모든 시대에 기독교 공동체의 생활의 필수적이며 근본적인 요소로 볼 몇 가지 신학적 이유를 제시한다. 우리가 살핀 바와 같이 강단의 독백이 비효율적인 의사소통의 방식이며 책과 영화와 텔레비전과 테이프와 그룹 공부와 토론이 전부 그것에 대한 온전히 수용될 수 있는 대체물들일 수 있다는 의심이 오늘날 표명된다. 이러한 의견에 필자는 동의하지 않으며, 본고의 이 부분에서 의식적으로 그러한 견해 모두에 반대한다. 확실히 설교는 의사소통이며, 의사소통은 효과적이어야 한다. 이 점에 있어 아무런 이견도 없다. 그러나 설교는 오늘날 의사소통으로 생각되는 것 이상의 것이다. 하나님께서는 현행 의사소통 이론이 관심하는 것과 여타의 형태의 기독교 의사소통이 보통의 상황에서 전달할 것으로 기대될 수 있는 것 이상을 의사소통하시기 위해 설교를 사용하신다. 필자는 책과 영화와 테이프와 공부 그룹의 고유한 역할에 대해 전혀 반대하지 않지만, 하나님께서 설교자를 위치시키신 곳은 그것들의 역할과 다르다. 필자는 후속되는 숙고들이 이점을 명확히 하기를 바란다.

첫째로, **설교는 하나님 자신과 그분의 구원의 언약을 우리에게 알리시는 그분의 계시 방식이다.** 이것은 성경이 제시하는 바와 같이 하나님의 계시 행위의 본성에서 추론된 주장이다.

성경은 창조자 하나님을 의사소통자이시며, 에덴 이래의 그분의 의사소통의 주제와 실체는 믿음을 가진 죄인들과의 은혜로우시며 생명을 공급하시는 관계임을 보여준다. 그분이 현재 그분의 기록된 말씀을 통해 전달하시는 모든 사실적 정보와 윤리적 지침이 이 관계에 반영되는데, 먼저는 예수 그리스도에게로의 회개와 헌신을 통해 그 관계를 세우기 위함이며, 다음으로는 하나님에 대한 증대된 지식과 증대된 예배를 통해 그 관계를 심화시키기 위함이다. 이것은 하나님의 백성의 언약 생활로서 하나님의 그들과의 개인적 교제를 통해 시작될 뿐만 아니라 유지되는 것이다. 이제 성경은 인간 피조물인 우리와의 하나님의 대인적인 의사소통을 지키고 유지하는 하나님의 표준적 방식은 그분이 우리에게 그분의 사자로 보낸 사람들의 매개를 통해서임을 드러낸다. 하나님의 메시지의 대언자와 대변자가 됨에 의해 그 사자들은 청중 각각에 대한 하나님의 개인적 말씀의 상징과 본과 전형이 되며, 또한 그 전하는 메시지에 대한 자기 자신의 헌신에 의해 그 말씀에 대한 개인적 응답의 본이 된다. 선지자들과 사도들이 바로 그러했으며, 성육신하신 성자 예수 그리스도가 최고로 그러했는데, 그분은 인간에 대해서는 하나님이시며 하나님께 대해서는 인간인 분 양편 모두로 잘 묘사되었다. 바로 이것이 오늘날 설교자들이 지켜가도록 부름 받은 계승점이다.

신약성경은 왜 설교의 필요를 강조하는가(다음과 같이 매우 상이한 방식으로 그러한 바와 같이: 마 10:6-7; 막 3:14; 13:10; 눅 24:45-49; 행 5:42; 6:2-4; 10:42; 롬 10:6-17; 고전 1:17-24; 9:16; 빌 1:12-18; 딤후 4:2-5; 딛 1:3 등 참조)? 단지 복음이 전파되어야 했으며 고대에 복음을 전하는 유일한 방법은 구두의 선포에 의한 것이었기 때문만이 아닌데, 비록 이점이 확실히 사실이었지만 말이다. 그러나 그것은 또한 명백히 "성육신적" 의사소통의 능력 때문이기도 한데, 여기서 설교자는 온 마음을 바치며 철저한 방식으로 완전히 전념함에 의해 자신이 선포하는 것을 밝혀준다. 필립스 브룩스Phillips Brooks는 설교를 "인격을 통해 매개되는 진리"라고 정의할 때 근본적으로 옳았다. 설교자의 인격은 설교 상황과 분리될 수 없으며, 그가 어떤 사람으로 보이는가는 – 필연적이며, 불가피하게, 싫든 좋든, 바람직하든 아니든 – 그가 전달하는 것의 일부분이다. 따라서 설교자는 자신의 메시지의 권위 하에 있으며 선포하는 그것의 실제성과 능력을 아는 자로서 말해야한다. 그렇지 않을 경우 그의 인격의 영향이 그의 선포의 신빙성을 떨어뜨릴 것인데, 이는 어떤 남자의 대머리가 그의 발모제를 파는 자로서 행할 어떠한 구입 권유의 신빙성도 떨어뜨리게 되는 일과 마찬가지이다. 헌신된 인격이 이런 의미에서 하나님의 메시지에 필수불가결한데, 왜냐하면 하나님께서 자신의 사자가 말할 때 하나님 자신의 실재를 전하기 위해 그것을 사용하시기 때문이다. 그러나 그 사자의 헌신됨을 온전히 인식하기 위해서 우리는 그로 하여금 "현장의" 설교 상황에서 우리를 대면하게 할 필요가 있다. 테이프에 "녹음된" 설교, 텔레비전의 "무대" 설교, 인쇄된 설교문 형태의 "보존된" 설교 모두는 이 인식을 동일한 정도로 전달할 수 없다. 따라서 "현장에서" 설교자와 청중이 대면하는 가운데 설교할 필요성은 성경 기록 당시와 마찬가지로 지금도 지대하다. 여전히 우선적으로 설교를 통해, 즉 그 메시지와 그 전달자 양자 모두의 우리에 대한 영향을 통해 하나님께서 우리를 만나시며, 그분 자신과 그분의 구원의 은혜를 우리에게 알리신다.

우리의 세계를 성경의 세계와 단절하는 시간적이며 문화적인 간격을 넘어서 성경의 하나님의 실재를 어떻게 전달할지의 문제로 다수의 현대 지성인들이 고민해왔다. 하나님께서 설교자 개인에게 있는 이런 당혹감에 많은 대답을 제공하신다는 점이 항상 인지되지는 않는데, 곧 그는 자신이 선포하는 것의 적실성과 능력의 살아있는 실례가 되도록 부름 받은 것이다. 물론 이 진리의 다른 면은 만약 설교자의 말과 삶이 이 적실성과 능력을 드러내지 못하면, 그의 회중의 하나님에 대한 지식을 적극적으로 방해하게 될 것이라는 점이다. 필자는 신약 복음의 적실성에 대한 오늘날의 널리 퍼져있는 당혹감은 다른 무엇보다도 두 세대에 걸친 부적절한 설교자들의 부적절한 설교에 대한 하나님의 심판으로 여겨져야 하는 것 아닌지 의심한다.

둘째로, 설교는 성경을 다루는 다른 어떤 방식과도 구별되게 성경의 위력을 전달한다. 이것은 성경 자체의 본성에서 추론된 주장이다.

성경은 그 자체가 설교이다. 한 측면에서 그것은 하나님의 종들이 설교하는 것이며, 다른 더 깊은 측면에서 그것은 하나님 자신이 설교하시는 것이다. 66권의 책 중 일부는 이미 명백히 문서화된 설교문이며(필자는 구약의 예언적 신탁들과 신약의 사도적 서신들을 생각하고 있음), 다른 것들은 그렇지 않다. 그러나 예외 없이 그것들 모두는 교회를 목적으로 – 곧 사람들로 하여금 살아 계신 하나님을 알도록 가르치며 그분을 사랑하고 예배하며 섬기도록 – 쓰여졌으며 그러한 정도로 그것들 모두에 설교의 특성이 있다. 따라서 그것들을 설교한다는 것은 그것들을 있는 그대로 인정하며, 그것들의 내용이 우리에게 이미 그 자체에 담겨 있는 것이 되게 하는 일 이상도 이하도 아닌 것이다. 성경 본문이 진정한 설교자이며, 강단과 상담의 대화에서 인간의 역할은 단순히 본문들이 자신을 통해 그것들의 의견을 말하도록 하는 것이다. 필자가 "단순히"라고 말했지만, 실제에 있어서는 결코 단순한 문제는 아니다! 설교자가 스스로 자신의 본문이 말하는 것을 더 이상 막거나 방해하지 않는 경지에 도달하는 일은 종종 생각하는 것보다 어려운 과제이다. 하지만 이것이 책무라는 점에는 아무런 이의가 있을 수 없다. 또한 성경을 설교함에 의해 우리는 "기록된 하나님의 말씀"(성공회 신조 20번)의 의도와 능력이 적절히 깨달아지는 일을 가능하게 하는데, 곧 어떠한 유형의 독립적인 학습, 혹은 성경 자체가 말하도록 하는 일과 다르게 어떤 사람이 성경을 위해서나 성경에 관하여 말하는 어떤 종류의 교훈을 통해서도 결코 가능하지 않은 방식으로 그러하다. 예를 들어, 신학교에서의 성경 과목은 설교가 유발하는 방식으로 성경의 능력에 대한 인식을 유발하지 않는다.

성경을 설교하는 일은 (성령의 매개에 의해 성경으로 기록되고 전달되며, 이제 동일한 매개에 의해 성경으로부터 우리 마음에 계속하여 기록되고 적용되는) 하나님의 말씀과 인간의 삶의 관계를 확언하며 탐구하는 일이다. 다른 말로 하자면, 그것은 그것의 우리 자신과의 관계에 대한 탐구이다. 성경을 설교하는 행위(필자는 성경봉독을 그 일부라고 여김)는 성경을 지성과 심령 양자 모두에 드러내는 일이며, 설교되는 성경을 들으며, 말씀되는 것을 받아들이고, 설교가 펼쳐 보여주는 본문을 묵상하며, 그 본문이 스스로 우리 자신의 생각과 행실에 적용되게 하는 행위는 우리로 하여금 성경이, 또는 더 낫게는 하나님께서 성경을 통해 그 순간에 우리에게 말씀하시는 것을 이해하고 붙잡을 수 있게 함에 의해 우리를 실제적으로 성경으로 이끈다. 성경과의 그런 개인적 관계가 우리의 삶의 일부가 되지 않은 경우, 비록 성경의 언어와 배경과 기원과 내용의 역사적 의미에 대해 많은 것을 알지라도, 성경은 가장 심층적 의미에서 닫힌 책으로 남는다. 이런 의미로 아직 성경을 이해할 줄을 모르는 사람들은 자신들의 삶을 이해할 줄도 모를 것이다. 이것을 표현하는 한 방식은 우리의 삶이 성경 안에 있으며, 우리가 그곳에서 그것을 발견하기 전까지는 그것을 이해하지 못한다는 것이다. 그러나 그런 이해가 발생하는 가장 신속하고 생생한 길은 성경이 살아 운동력 있음을 스스로 체험하며 삶을 변화시키는 능력을 알고 그 일부를 표현할 수 있는 어떤 사람을 통해 성경을 대면함에 의해서이다. 이것은 왜 설교가 항상 필요한지의 추가적 이유인데, 곧 설교가 실패할 때마다 삶과의 연관 속에서의 성경에 대한 이해 역시 필연적으로 실패할 것이다.

셋째로, **설교는 다른 어떤 행위와도 구별되게 교회의 정체성을 분명하게 하며 교회의 소명을 명확하게 한다.** 이것은 우리가 성경에서 배운 바 교회의 본질에서 도출되는 주장이다.

모든 시대에 교회에는 정체성의 문제, 그리고 어떤 시대에는 정체성의 위기가 있어왔다. 왜인가? 왜냐하면 세계는 항상 교회를 자신에게 동화시키며 따라서 그것을 삼키길 원하며 항상 그 목적으로 교회에 압력을 가하고 있으며, 그런 압력에 적어도 서양에서의 교회는 계속하여 매우 취약했던 것으로 증명되었기 때문이다. 그 결과들은 오늘날 수많은 교회들에게 나타나는 극도로 약한 정체성 인식에서 보여질 수 있다. 교회의 신봉자들은 교회들을 하나의 범세계적인 초자연적 회합의 가시적 외양들이기보다는 슈라인회Shriners와 엘크스회Elks와 프리메이슨회Freemasons와 로터리회Rotarians와 같은 사교 클럽, 또는 정당과 도보 여행자 협회와 같은 이익 단체로 생각하며, 그들은 세상의 소금과 빛 된 하나님의 백성이 주변 사람들과 구별되도록 요구된다는 성경적 생각에 거의 중요성을 부여할 수 없다. 이 문제는 계속 반복되며, 하나님이 주시는 정체성과 소명에 대한 교회의 약해져가는 인식을 갱신하기 위해 성경과 그것의 복음과 그리스도와 윤리를 선포할 필요가 늘 존재한다. 설교는 이 일을 성취하는 희망을 드러내는 유일한 행위이다. 그러나 설교는 하나님의 백성이 말씀 지향적이며, 예배 지향적이고, 전도 지향적이어야 하는 하나님의 삼중적 요구를 기독교적 지성을 지닌 사람들 앞에서 준수함에 의해 그 일을 할 수 있다. 이제 이것들 각각에 대한 설명을 하고자 한다.

교회는 **말씀 지향적**이어야 하는데, 곧 하나님의 백성은 항상 성경에 주의를 기울이며 복종해야 한다. 성경은 하나님의 백성들에게 끊임없이 말을 걸어오시는 하나님의 말씀이며, 만약 그들이 그것을 무시한다면 그들에게 화가 임할 것이다(참조. 대하 36:15-16; 왕하 22:8-20; 사 1:19-20; 렘 7:23-26; 계 2:4-7, 15-17 등). 하나님의 백성은 "그분의 말씀에 떨며"(스 9:4; 사 66:5), 경청하며, 익히고, 마음에 새기며, 그분이 자신들에게 말하시는 것을 믿고, 지시하시는 대로 행동하며, 그분의 진리를 부인하는 세상에서 그분의 진리를 위해 싸우기를 익혀야 한다. 본문이 말하도록 하는 행위로서의 설교는 그리스도인들로 하여금 하나님께서 자신들에게 끊임없이 말을 걸어오시며 성경의 권위를 그들에게 강제하신다는 사실에 주의를 환기시킨다. 교회는 필수 음식인 하나님의 말씀에 의해 살아야 하며 인도하는 별인 그 말씀에 의해 운영되어야 한다. 하지만 설교 없이 이 일이 보여 지거나 행해지는 것을 생각할 수 없다.

교회는 또한 **예배 지향적**이어야 하는데, 곧 하나님의 백성은 정기적으로 하나님이 어떤 분이시며 무엇을 행하셨고 행하실지를 기념하며 찬양과 기도와 경배에 의해 그 일 모두에서 그분의 이름을 영화롭게 해야 한다. 성경에 대한 설교는 이 예배의 주원천인데, 왜냐하면 그것은 경배의 불꽃이 타오르게 하며, 끊임없이 그리스도인들로 하여금 자신들을 구원함(구속과 중생과 용서와 수용과 양자삼음과 보호와 인도와 지키심과 공급하심)에 있어서의 하나님의 역사와 행사들을 대면하게 하며, 따라서 그들을 순종과 경배의 반응의 길로 이끌기 때문이다. 실제로 이 견지에서 성경적 설교는 철저하게 송영인데, 곧 성경적 설교자는 매 순간 하나님의 역사와 행사와 지혜에 대해 하나님께 영광을 돌리며 그분의 회중에게 동일한 일을 행할 것을 촉구할 것이다. 이것이 설교가 왜 회중 예배의 절정으로 여겨져야 하는지의 첫 번째 이유이다. 이것에서 두 번째 이유가 나온다. 즉 회중은 만약 하나님께서 행하신 것과 행하시고 계신 것과 그들이 행하도록 부름 받는 것을 알 경우 하나님을 찬양하며 그분께 순종하려는 온전한 의도와 더불어 하나님의 말씀을 경외하는 마음으로 경청하는 일에 의한 것 이상으로 하나님을 결코 경배하지 못한다. 바로 설교를 통해 이 일들이 명확해지며 이 의도가 유지된다.

거룩한 성경의 선포된 말씀보다 주의 만찬의 예전적 극적 의식이 우리의 예배의 중심과 절정이 되어야 한다는 것이 반대된다면, 그 적절한 대답은 그 만찬을 해석하며 매번 그것의 공동체적 정황을 설정하는 선포되는 말씀 없이 그것은 그 자체로 우리에게 그 의미가 모호해질 것이며, 따라서 성만찬 예배가 우리의 마음속의 변덕과 나태에 의해 훼손될 것이다. 이것이 역사적으로 말씀과 성례가 왜 하나님에 대한 예배에 있어 한 짝으로 결합되어 왔으며, 우리의 관심을 끄는 데 있어서의 서로 경쟁 대상으로 대치되어오지 않았는지의 이유이다.

마지막으로 교회는 **전도 지향적**이어야 하는데, 곧 하나님의 백성은 그리스도를 알리며 잃은 자들을 제자삼기 위해 늘 주변 세상으로 나아가기를 추구해야 하며, 그러한 목적으로 "속에 있는 소망의 이유를 묻는 자에게는 대답할 것을 항상 준비해야"한다(벧전 3:15). 하지만 말씀을 설교하는 일과 별개로 교회는 이것을 행할 자원을 결코 지니지 못할 것인데, 즉 가서 말하라는 임무를 맡은 백성으로서의 정체성을 계속하여 잊는 경향이 있을 것이며, 과거 여러 차례 그러했던 것처럼 자기 자신의 메시지의 내용에 대한 이해를 실제적으로 상실할지도 모른다. 역사는 설교 없이 일어난 어떠한 중대한 교회 성장과 확장에 대해서도 이야기해주지 않는다(활기참과 지속적인 능력을 암시하는 "중대한"이라는 단어가 여기서 핵심어임). 오히려 역사가 증거하는 것은 모든 부흥과 개혁과 선교 사역의 중심에는 (비록 종종 매우 비공식적이지만, 강력한) 설교가 있었던 것 같은데, 곧 설교가 그 전체 운동을 지도하며 활력 있게 하고 때때로 정화하고 재 정위시키며, 자주 선봉에서 이끌었다. 그러므로 설교는 항상 적절한 사명감이 교회 어디서나 불러 일으켜지고 유지되기 위해 필수적인 것 같다.

따라서 설교는 하나님의 말씀에 귀 기울이며 그분의 백성으로서 그 말씀에 순종하고 그분의 증인으로서 그것을 전하도록 명령된 백성으로 교회의 정체성과 소명에 대한 인식을 유지할 수 있게 한다. 그러나 설교 없이 이러한 인식의 약화가 피해질 수 있는 도리가 없는 것 같다.

넷째로, **설교에는 기독교 교육의 한 방식으로서의 몇 가지 특유의 이점들이 있다**. 이것은 교회의 교육 책무의 본성에서 도출된 주장이다.

설교는 다른 무엇보다도 가르침이다. 더욱이 그것은 가르침 이상인데, 곧 앞에서 말한 대로 가르침 **더하기** 적용이다. 그러나 그것은 결코 가르침 이하는 아니다. 그것은 지성과 마음 양자 모두를 겨냥하며, 부끄러워할 것 없이 사람들이 생각하고 사는 방식을 변화시키기를 추구하는 성격의 말이다. 따라서 그것은 항상 설득의 시도이지만, 만약 그 기본 요소가 정직한 가르침이 아니라면, 근본적으로 오류가 있고 무가치하다. 이제 필자는 그것의 독백의 형태가 비록 매우 자주 가르침과 배움 양자 모두에 있어서의 방해물로 비판되기도 하지만, 실제로는 양자 모두에 있어 큰 이점이라고 제안한다. 설명하자면 다음과 같다.

필자는 설교가 독백이기 때문에 청중이 계속하여 깨어 있으며 흥미와 집중을 유지하고 설교자가 진행함에 따라 함께 생각하게 하는 일을 확고히 하는 기술(어떤 사람들에게는 이것이 천부적으로 있는 반면, 다른 사람들은 습득해야 함)이 필요하다는 점을 인정한다. 그러나 이점은 설교자에게 그런 기술이 있으며 회중이 배우기 위해 그곳에 착석해 있음을 알 때에는 아무런 장애물도 아니다. 또한 이런 경우, 독백 형태는 크게 도움이 된다. 설교자는 일상적 대화, 또는 토론에서 할 수 없을 말들을 사용할 수 있다. 예를 들어 그는 다루고 있는 위대함, 곧 하나님이나 영원이나 신적 은혜의 위대함에 대한 인식을 강화하는 시간을 사용할 수 있다. 이렇게 하여 그는 회중의 상대적인 중요성을 지닌 것들에 대한 인식을 가르칠 수 있다. 또는 그는 특정한 진리를 믿거나, 특정한 방식으로 행동하거나, 특정한 관심사를 수용할 이유들을 축적할 수 있으며, 따라서 누적된 영향에 의해 자신의 요지들을 강조할 수 있다. 그렇게 함으로 그는 회중의 의무감을 심화시킬 수 있다. 그는 회중을 거울 앞에 대면하게 할 수 있는데, 이를 통해 회중은, 만약 설교 방식이 아니라면 긴 소설이나 연극을 요구할 방식으로, 신실함과 불신실함이 교차되는 다양한 대립적 사고들 가운데 있는 자신들의 실제적 정신 상태를 관찰할 수 있게 된다. 그는 일상적 대화 또는 가벼운 담소에서는 받아들여질 수 없을 직설적 방식으로 양심을 꿰뚫어보며 도덕적이며 영적 문제들의 회피에 이의를 제기할 수 있다. 또한 자신의 메시지의 전달을 위해 성령의 기름부음을 간구하는 자로서, 그는 일상의 언어가 허용할 수 있는 것보다 더 강렬하며 극적이고 열정적인 방식으로 영적 생명과 죽음의 놀라운 실재들에 대해 이야기할 수 있다. 그때에 그는 자신의 느낌과 반응의 정직한 표출에 의해 표현되는 사물에 대한 이상을 찬미하기 위해 하나님을 바라볼 수 있을 것이다. 요컨대 그는 자신의 메시지를 명확하며 생생하고 면밀하며 "본향을 향하고"(알렉산더 와이트 Alexander Whyte의 적용에 관한 말임), 결국 할 수 있는 한 기억할 만한 것이 되게 하며, 이 목적을 위해 독백 형태의 모든 수사적 자원과 가능성들을 사용하는 일을 자신의 책임으로 여길 것이다. 필자의 요지는 다만 이 자원들이 상당하며, 만약 그것들이 지혜롭게 사용되면, (설교의 모든 청자들이 그러해야 하듯이) 그곳에 배우기 위해 착석해 있는 청자들은 동일한 주제에 대한 어떠한 비공식적인 대화나 토론에서 얻을 수 있는 것보다 설교에서 더 많은 것을 얻을 것이라는 점이다.

이것들을 말하는 이유는 성령을 소멸하는 인위적인 "연극"이 아니라, 와이트가 "영원함과 광대함"이라고 칭한 것의 효과적 전달이 산출되는 영적 예민함과 현실성과 철저한 노고를 독려하기 위함이다.

독백이 가능하게 하는 또 하나의 것은 성경적 분석을 위해 개인들의 문제를 강단에서 거론함에 의해 그것을 공동체의 문제로 드러내는 일이다. 이 수단에 의해 지혜로운 설교자는 강단에서 상담의 많은 부분을 실제로 행할 수 있으며 또한 이렇게 하는 가운데 회중 자신들이 상담자가 되도록 구비시킨다. 이것은 설교를 지혜롭게 사용할 줄 아는 사람들에 대한 독백 형태의 추가적인 큰 이점이다.

교육가들에게는 표현하게 하는 일 없이는 아무런 인상도 남지 않는다는 상투적 교훈이 있으며, 교사들에게는 교실의 모든 수업의 3분의 1은 표현하게 하는 일이어야 한다고 가르쳐진다. 따라서 질문되는 것은 다음과 같다: 이 요구가 강단의 독백의 경우는 어떻게 충족될 수 있는가? 또한 이것이 충족되지 않는다면 그 독백에서 어떻게 효과적인 배움이 나올 수 있는가? 설교가 행해진 이후 설교에 대한 체계화된 토론과 제기된 문제들에 대한 회중의 숙고와 그 설교가 특정한 청자의 삶에 미친 영향(만약 어떤 것이든 존재한다면!)에 대한 목회적 질의가 다 함께 이 질문들에 대한 대답을 제공한다. 이 삼중적 후속 조치가 실제에 있어서는 드문 것이라는 사실이 목회자들에 대한 타당한 비판점일 수 있을 것이지만, 이것은 결코 하나님에게서 연유한 주요한 의사전달 방식으로서의 성경에서 연유하는 독백의 설교를 무효화시키지 않는다.

따라서 어떤 회중도 성경적 설교라는 음식 없이는 건강할 수 없으며, 어떤 목회자도 자신의 소명의 책무들 중에서 설교를 최고의 우선순위의 자리로부터 강등하는 일 가운데 자신을 정당화할 수 없다는 것이 충분히 명백하다. 그러므로 객관적 관점에서 "왜 설교해야 하는가?"라는 질문은 이제 답변이 되었다. 남은 모든 것은 하나님 아래서 한 개인의 마음 가운데 작용하여 그를 설교자로 만들며 모든 방해 요소에도 불구하고 계속하여 설교하도록 하며, 결국 "왜 설교해야 하는가?"라는 질문에 대한 개인적 답변을 이루게 하는 확신들에 대해 얼마간 이야기하는 일이다.

예레미야는 하나님께 이렇게 말했다: "내가 말할 때마다 외치며 파멸과 멸망을 선포하므로 여호와의 말씀으로 말미암아 내가 종일토록 치욕과 모욕거리가 됨이니이다 내가 다시는 여호와를 선포하지 아니하며 그의 이름으로 말하지 아니하리라 하면 나의 마음이 불붙은 것 같아서 골수에 사무치니 답답하여 견딜 수 없나이다"(렘 20:8-9). 기독교 설교자들의 체험에서 어떤 것이 이 일에 상응하는가? 대답은 예이다. 설교자를 만드는 하나님이 주시는 이상vision이 있으며, 그 이상을 지닌 사람은 설교를 자신의 일생의 사역으로 삼지 않고서 쉽게 잠들 수 없다. 그 이상(즉 하나님이 보고 계시며, 행하시길 원하시며 또한 그분의 종들로 행하게 하시길 원하시는 것에 대한 인식)은 다소간 다음과 같은 일련의 연관된 확신들을 포함한다.

첫째로, **성경은 계시이다**. 하늘은 침묵하지 않는데, 곧 창조자 하나님께서는 말씀하셨으며, 성경은 그분의 기록된 말씀이다. 하나님께서는 역사라는 무대에서 예언과 섭리와 기적에 의해, 절정으로는 자신의 아들 예수 그리스도 안에서 자신을 알리셨는데, 성경이 이것을 증거한다. 하나님께서는 우리 인생의 삶을 위한 자신을 뜻을 드러내셨으며, 성경은 그분의 율법을 선포한다. 하나님께서는 먼저는 성경에 영감을 주셨던 성령의 해석하시는 역사를 통해 우리에게 이 계시가 어떻게 우리와 관계되는지를 가르치시는 일에 착수하신다. 따라서 그분의 말씀이 어두운 밤의 우리의 발의 등과 우리의 길의 빛과 같은 역할을 할 것이라고 약속된다. 하나님의 말씀은 돌과 같은 마음을 부서뜨리는 방망이, 쓰레기를 다 태우는 불, 생명을 배태하는 씨, 성장하게 하는 젖, 단맛을 내는 꿀, 그리고 풍성하게 하는 금으로 묘사된다(시 119:105; 렘 23:29; 벧전 1:23-2:2; 시 19:10). 성경은 진정으로, 스코틀랜드 국교회의 총회장이 영국의 대관식에서 그 군주에게 말하듯이, 이 세상이 제공하는 가장 귀한 것이다.

그리하여 믿을만 하고 참되며 확고하고 불변하는 하나님으로부터의 확실한 메시지가 이 세상에서 소용될 수 있으며, 따라서 그것은 모두가 알 수 있도록 선포될 필요가 있다. 그것을 전달하는 사자는 하나님의 대변인과 대사로서의 위엄을 지닐 것이다. 아무런 자기 과장과 자기 자랑도 관련되지 않는데, 왜냐하면 사자는 자신의 메시지를 고안하지도 자신으로 이름으로 관심을 요청하지도 않기 때문이다. 그는 하나님과 그리스도와 말씀의 사역자, 곧 종이다. 그는 뛰어나고 독창적이 될 것이 아니라 성실하고 신실하도록 요청되는 하나님의 계시된 신비를 맡은 청지기이다(고전 4:1-2). 하지만 하나님의 사자가 되는 일, 곧 그분의 심부름을 하며 그분의 시중자로 행하고 그분을 알리는데 힘을 소진하는 일은 인간이 이제까지 경험할 수 있는 것 중 최고로 영광스러운 일이다. 그 종의 위엄은 그의 고용자와 그가 행하도록 정해진 일의 위엄에서 온다. 찰스 시므온Charles Simeon은 "목사들은 하나님의 대사이며 그리스도를 대신하여 말한다"라고 썼다. "만약 그들이 성경에서 발견되는 것을 설교하면, 그들의 말은, 하나님의 마음에 합당한 한도 내에서, 하나님의 말씀으로 여겨져야 한다. 이것이 우리 주님과 그분의 사도들에 의해 주장된다. 그러므로 우리는 설교자의 말을 하나님 자신의 말씀으로 받아들여야 한다."[2] 신성한 말씀의 설교자로서 하나님을 섬기는 일보다 더 고상한 어떤 소명도 없다.

둘째로, **하나님은 영광받기에 합당하신 분이다**. 하나님은 자신의 지혜와 사랑과 능력을 창조와 섭리와 구속에서 보여주셨으며, 그분의 모든 자기 계시는 영속적인 찬양을 요청하는데, 왜냐하면 그것은 영원히 찬양받을 만 하기 때문이다. 인간의 소명은 본질과 핵심에 있어 하나님이 보여주신 모든 영광(능력과 업적)에 대해 자신의 창조자께 영광을 돌리는 일이다. 인간의 주요 목적은, 웨스트민스터 소교리문답 첫 번째 답변이 표현하듯이, 하나님을 영화롭게 하는 일이며, 그렇게 함으로써 그분을 영원히 즐거워하는 것이다. 하나님의 행하심이 모든 곳에서 알려지고 찬미되어야 하는데, 그분의 이성적인 인간 피조물들이 이런 식으로 그분께 영광 돌리는 일을 하지 못할 때, 그분께 마땅한 것을 빼앗

---

2. Charles Simeon, *Let Wisdom Judge*, ed. Arthur Pollard (London: InterVarsity Press, 1959), pp. 188-89.

게 될 뿐만 아니라, 자신들 스스로 최고의 행복을 빼앗기게 된다. 왜냐하면 인생은 창조자와의 무한히 풍성하게 하는 사랑의 일, 송영의 즐거움을 끝없이 탐구하도록 의도되었고, 아무것도 찬양에서 오는 이 기쁨의 부재를 보전해 줄 수 없기 때문이다.

하나님의 행사를 선포하며 청중으로 하여금 그것에 대해 하나님을 찬양하도록 이끄는 일이 설교자의 특권이다. "내가 여호와를 항상 송축함이여 내 입술로 항상 주를 찬양하리이다 내 영혼이 여호와를 자랑하리니 곤고한 자들이 이를 듣고 기뻐하리로다 나와 함께 여호와를 광대하시다 하며 함께 그의 이름을 높이세"(시 34:1-3). 혹자는 설교자가 되도록 하는 것이 지배하고자 하는 욕망이라고 생각하지만, 실제로 그를 고무시키는 것은 하나님을 영화롭게 하며 타인들도 동일한 일을 행하는 것을 보길 원하는 열망이다.

셋째로, **사람들이 길을 잃었다.** 인류의 상태는 비극적이다. 하나님을 위해 창조된 인간이 영적으로 눈이 멀고 귀가 멀며 그분에게 등을 돌렸다. 명석하든 그렇지 않든, 그들은 자기 숭배와 방종으로 자멸하는 경향이 있다. 그들의 영혼은 종교적으로 풍성한 세상 속에서 굶주리며, 자신들의 천사와 같은 능력을 야만적이며 짐승과 같은 행위로 손상시킨다. 하나님의 사랑을 받기 위해 지음 받은 그들이 그분의 뜻을 거역함으로써 그분의 분노를 초래한다. 영화롭게 되기 위해 지음 받은 그들이 스스로를 지옥에 들어가도록 만들고 있다. 설교자는 이점을 보며, 동정심이 그들로 하여금 말하도록 이끈다. 그는 만나는 모든 사람의 팔을 잡고, 그리스도를 가리키며, "바라보라!"고 말하길 원한다. 그는 자신의 사역을 유린된 영혼들에 대한 선한 사마리아인으로서의 직분의 일종으로 보는데, 따라서 그것은 하나님에 대해서 뿐만이 아닌 이웃에 대한 사랑의 표현이기도 하다. 그는 그리스도를 타인에게 전하고자 하는 열심에 이끌리는 사람이다.

넷째로, **그리스도는 변치 않는 분이시다.** "예수 그리스도는 어제나 오늘이나 영원토록 동일하시니라"(히 13:8). 오늘날 선포되어야 할 그리스도는 버나드Bernard가 12세기에 다음과 같이 표현했던 바로 그 그리스도이시다:

예수님, 사모하는 마음의 기쁨이 되시는 당신이시여,
    생명의 원천이시요 인간의 빛이 되시는 당신이시여,
지상이 주는 최고의 축복에 만족하지 못하고
    우리는 당신께 다시 돌아오나이다.

또한 그분은 존 뉴턴John Newton이 18세기에 다음과 같이 표현했던 그리스도이시다:

예수님의 이름이 얼마나 정답게 들리는가
    신자의 귀에!
그의 슬픔을 달래시며 상처를 치료하시고
    두려움을 몰아 내시도다.
예수님, 나의 목자와 형제와 친구,
    나의 선지자와 제사장과 왕,
나의 주 나의 생명 나의 길 나의 목적 되신 분이
    나의 찬양을 열납하시도다.

따라서 설교자는 신약성경의 그리스도를 오늘날 죄를 범하며 부도덕하고 무력한 죄인의 살아 계신 주와 구원자로 묘사할 때, 자신이 공상이 아니라 사실을, 꿈이 아니라 실재를 제시하고 있음을 안다. 이 그리스도의 필요성은 보편적이며, 이 그리스도의 타당성은 소멸되지 않고, 이 그리스도의 능력은 측량할 수 없다. 여기에 상세하게 설명해야 할 놀랍도록 풍성한 메시지, 곧 참으로 설교할 가치가 있는 복음이 있는 것이다!

더욱이 설교자는 그리스도의 길이 그분의 사자들에 의해 그분에 대해 말해지는 연설을 통해 신약성경의 문자로부터 성도와 죄인들의 삶으로 전이되어야 함을 안다. 구스타프 빙그렌Gustav Wingren의 말 중에 다음과 같은 대목이 있다: "설교는 단지 과거의 그리스도에 대한 이야기가 아니라, 현재의 그리스도가 오늘 우리에게 생명을 주시는 통로가 되는 입이다." "설교는 그리스도가 듣기 위해 회합한 자들에게 임하실 수 있게 하려는 단지 한 가지 목표만을 가진다."[3] 이런 식으로 그리스도의 다가오심의 인간 통로가 되는 일은 의심의 여지없이 커다란 특권이며, 어떤 설교자도 그렇게 느끼며 따라서 자신의 역할을 중시하는 것이 비난될 수 없다.

다섯째, **설득이 필요하다.** 하나님께서는 우리를 하나님 자신이 만드신 대로 이성적 존재로 대하신다. 따라서 그분은 지성을 무시하는 물리적 수단이 아니라, 우리를 그분의 진리에 순종하며 그분의 아들을 공경하도록 설득하심에 의해 우리를 기독교적 반응으로 이끄신다. 하나님의 대변자 된 설교자는 하나님을 위해 설득하는 책무를 지니는데, 이 역할은 만약 설득이 없다면 사람들이 멸망에 이르게 될 것이므로 필수적이다. 설교는 인간의 지성에 대한 존중과 그 지성을 만드신 하나님에 대한 경외를 표하는 방식으로의 협박이 아닌 설득의 기술이다. 기독교적 설득은 지혜와 사랑과 인내와 거룩한 인간성을 요구한다. 그것은 실제적인 기술일 뿐만 아니라 고상한 기술이며, 그것은 설교자에게 평생의 연구와 관심과 도전이 된다.

---

3. Gustav Wingren, *The Living Word* (London: SCM, 1960), pp. 108, 208.

여섯째, **사탄이 활동하고 있다.** 악마는 사악하며 비열한데, 우리가 상상할 수 있는 것보다 더한 정도로 그러하다. 그는 파괴적인 의도로 끊임없이 공격한다. 비록 그가, 루터가 말하듯이, 하나님의 악마이며, 사슬(인정되듯이 오래된 것이지만 강력한 것임)에 묶여 있지만, 하나님을 반대하는 일에 있어 지칠 줄 모르며, 하나님이 이제까지 인간 삶에 행하신 모든 구속 사역을 망치고 방해하는 일에 진력한다. 이 목적을 위한 한 수단으로서 그는 설교자의 메시지가 잘못 진술되거나 잘못 들려져서 설교된 말씀에 합당한, 해방시키고, 활기 있게 하고, 건설적 효과가 도출되지 못하게 애쓴다. 따라서 설교는 모든 실제 설교자가 바로 발견하듯이 진리와 능력을 위한 끝없는 투쟁이요 깨어 기도함으로 매 순간 새롭게 감당되어야 하는 투쟁이다. 설교자들은 자신들이 적의 포화의 표적이 되는 하나님의 최전선에 있는 용사들이다. 이 경험은 매우 힘든 것이지만, 그들의 책무의 중요성을 확인해줄 것인데, 곧 그들은 그리스도의 대사와 하나님의 전령, 좋은 씨를 뿌리는 자, 구원의 진리를 맡은 청지기, 하나님의 양떼의 목자, 그리고 자신들의 영적 가족을 이끄는 아버지이다(고후 5:20; 눅 8:4-15; 고전 4:1; 행 20:28-32; 벧전 5:2-4; 고전 4:15; 갈 4:19). 최전선의 부대가 하는 바와 같이 그들은 자주 자신들에게 가해지는 적대에 놀라게 되지만, 당황하기 않으며, 그들의 사기는 계속하여 충천한다. 그리스도를 위해 효과적으로 소통하는 도전과 마찬가지로 하나님의 힘에 의해 사탄을 격퇴하는 도전이 그들이 기꺼이 응해야 할 도전이다.

일곱째로, **하나님의 성령은 주권적인 분이시다.** 설교자와 회중 양자 모두에게 있어서의 성령의 매개를 통해 하나님의 말씀은 천하무적이 된다. 만약 풍성한 열매가 최종적으로 인간적인 지혜와 풍성한 자원에 의존한다면, 어떤 설교자도 감히 한 말씀도 말하지 못할 것인데, 왜냐하면 어떤 설교자도 자신의 전달에 있어 충분히 지혜롭고 자원이 많다고 결코 느끼지 못하기 때문이다. 또한 하나님의 능력이 단지 설교자가 말하는 것을 돕는 일에만 작용하고, 청중이 듣는 일에는 그렇지 않다면, 설교가 제아무리 지혜로우며 풍성한 자원이 있더라도, 항상 무익하고 열매가 없는 일이 될 것인데, 왜냐하면 타락한 인간에게는 하나님의 말씀에 반응할 어떠한 자연적 능력도 없기 때문이다. 그러나 사실 풍성한 열매는 마음 가운데 있는 성령 하나님의 전능하신 능력에 달려있다. 따라서 설교자는, 제아무리 자기 자신의 한계점들에 대해 의식하더라도, 기대감에 차서 말할 수 있는데, 왜냐하면 하나님의 말씀이 헛되이 자신에게 되돌아오지 않을 것이라고 말씀하시는 그분을 섬기고 있음을 알기 때문이다(사 55:10-11). 설교자들을 지지하는 이런 이해와 더불어 스스로 흔들리지 않고 좌절하지 않는 모습을 보이는 것이 참된 설교자들의 태도이다.

요컨대 바로 이것들이 **참된**reformed 설교자들을 배출한 확신들이다. 우리가 이 확신들을 검토할 때, 대체로 "갱신된"과 "회복된"이라는 우리의 용법에 상응하는 17세기의 단어의 의미로 "참된" 설교자는 20세기의 단어의 의미로는 개혁파적Reformed 설교자일, 즉 신앙에 있어 어거스틴적이며 칼빈주의적일 필요가 있을 것임이 매우 분명해진다. 왜냐하면 필자가 언급한 일곱 항목 모두 특징적으로 개혁파적 신조들이기 때문이다. 또한 이 발견이 우리를 놀라게 하지 않을 것인데, 왜냐하면 개혁파 전통은 기독교의 다른 어떤 관점보다 오랜 세월 동안 개혁된 설교자들을 배출하는 데 있어 더 결실이 풍성했다는 것은 역사적 사실의 문제이기 때문이다. 필자가 결론으로서 전적으로 자신 있게 단언하는 바는 이 일곱 가지 확신이 마음 가운데 타오르는 유능한 설교자들은 결코 시대를 불문하여 설교가 과연 시간을 쏟을 만한 가치가 있는 일이냐 라는 질문에 대해 결코 머리를 긁적이지 않을 것이라는 점이다. 그들은 성경에서의 하나님의 권고와 하나님의 복음을 설교하는 일은 세상에서 가장 영광스러우며 중요한 행위임을 알 것이고, 따라서 이 책무를 기쁨으로 감당할 것이다. 만약 하나님께서 우리 시대에 그런 설교자의 수를 증대시키신다면 이는 가장 행복한 일이 될 것임에 틀림없다.

1부
사람

THE MAN

Part 1

THE Man

1장. 목사의 소명

조엘 네더후드

목사의 소명이라는 주제에는 생소한 측면이 있다. 한 가지 이유는 실제로 매우 적은 수의 사람만 그 소명을 가지며, 그것은 아마도 이상 심리학abnormal psychology이라는 주제 하에 적합할 것 같다는 점이다. 또 하나의 이유는 그것은 전적으로 주관적이며, 그것을 가장 강한 형태로 소유한 사람들이 정확히 자신들에게 그것이 무엇인지를 표현하기를 어려워하며, 심지어는 어색해한다는 점이다. 또한 물론 이 주제는 "종교적 체험"의 일부이며, 우리 중 다수가 감히 이 분야에 발을 들여 놓는다 하더라도 다소간 곤혹스러움을 느끼곤 한다.

그렇다 하더라도, **소명**에 대해 이야기하는 일이 중요하며, 교회에는 그것에 대해 솔직한 무언가를 알고자 하는 관심 있는 사람들이 많이 있다. 아마도 만약 그들이 소명이 무엇인지를 이해할 수 있다면, 자신들의 목사를 더 잘 이해할 수 있을 것이다. 목사가 사람들이 보통 체험하는 영향과는 다른 무언가를 체험했다는 점에는 의심의 여지가 없으며, 아마도 그의 소명이 그의 행위의 해명이 될 것이다. 교인들은 결국 자신들의 설교자에 대해 깊은 관심을 지니는데, 왜냐하면 흥미롭게도 그들이 역으로는 자주 교인들에게 매우 의존하는 것으로 보이는 설교자 개인에게 의존하는 것을 발견하기 때문이다. 불행하게도 교회와 목회자 사이에 애증 관계가 있는데, 이것은 그들의 목회자가, 특별한 어려움의 시기에, 자신의 소명으로 가졌다고 하며 그렇게 지칭하는 것이 정확히 무엇인지에 대한 회중의 빈번한 의아함에 의해 야기된다.

그러나 만약 회중 가운데 소명에 대한 의문과 의혹이 있다고 한다면, 또한 그것들은 목사 자신들 중에서도 존재한다. 혹자들은 스스럼없이 어떤 특별한 소명을 지녔다는 가식을 버리고, 다른 직업인이 자신의 일에 헌신하는 것과 마찬가지로 목회에 헌신해 왔다. 만약 교회들이 "소명을 받은" 목회자를 찾는 데 더 잘 준비되며, 이미 그런 목회자를 찾은 경우에는 그와 관계를 맺는 데 더 잘 준비되도록 하기 위해 소명의 문제를 논의하는 것이 필요하다고 한다면, 목회자들 자신이 스스로의 소명에 대해 명료해지는 것은 더 더욱 필요하다고 하겠다. 그들의 소명이 무엇인지에 대해 알아야 하며, 자신들이 그것을 지니고 있음을 확신해야 하고, 만약 그렇지 못하다면 목회직에서 물러나야 한다. 또한 하나님께서 자신을 말씀의 사역으로 부르셨다는 확신을 소유한다면, 그들은 자신의 소명을 좇는 일에 있어 약해지거나 흔들리지 말아야 한다. 자신의 소명을 확신하는 목사는 다른 어떤 사람보다도 당당하고 자신 있으며 기쁨에 차 있고 유능할 것이다. 반면 그렇지 못한 목사는 가장 불안정하고 불쌍한 부류에 속할 것이다.

소명의 잘못된 형태

우선 매우 쉽게 소명이라고 주장되는 잘못된 몇몇 형태들을 정리하는 일이 필요한데, 왜냐하면 교회들이 오늘날 자신들의 목사에 대해 지니고 많은 목사들이 스스로에 대해 지니는 어려움은 요즈음 목회직에 있는 상당수의 사람들이 실제로는 소명을 받지 않았음을 시사하기 때문이다. 불행하게도 자신의 소명을 가장 강력하게 고집하는 바로 그 사람들의 일부가 실상은 전혀 소명이 아닌 것에 응답하고 있는 것일 수도 있다.

우리가 아는 바 목회의 일부 요소들은 진정으로 이 사역에 부름 받지 않았음에도 어떤 사람으로 하여금 그 사역에 뛰어들도록 강하게 이끄는 다양한 동기들을 유발하는 경향이 있다. 목회가 실제적으로 오늘날 어떤 사람으로 하여금 말해지는 것에 주의를 기울여야 할 의무를 느끼는 청중에게 오랜 시간 동안 방해받지 않고 말하도록 허용하는 유일한 활동이다. 회중에 관한 한 설교의 능력에 대해 우리가 무엇을 말하길 원하더라도, 말하기 좋아하는 사람들에게 설교는 다른 어느 데서도 모방될 수 없는 만족을 준다. 만약 설교자가 타고난 재능을 지니고 있으며 양심의 거리낌이 거의 없다면, 자신의 회중에게서 성취할 수 있는 정도는 실제로 제한이 없다. 청중에 대한 조종은 단지 텔레비전 산업에 의해서만 행해지는 것이 아니며, 설교자들 역시 늘 그렇게 한다. 그런데 어떠한 전통도 예외가 아닌데, 곧 오순절파 목사들뿐만 아니라, 개혁파 목회자들 또한 나름의 방식을 개발할 수 있다. 이런 자연적인 의미의 매력으로서의 강단의 매력은, 실제적이지만 반드시 진정성 있는 것은 아닌, 설교하고자 하는 충동을 발생시킬 수 있다.

매우 강하지만 결코 진정성 있지 않을 수 있는 또 다른 동기는 목회가 그 사역자들에게 주는 자동적으로 선하다는 인상과 관련된다. 물론 오늘날 목회의 미덕에 대한 널리 퍼져 있는 냉소가 있지만, 보통 어떤 사람이 목회를 준비하기 시작할 때는 이 냉소를 알지 못한다. 많은 경우 복음 사역을 준비하고 있다고 공표하는 일보다 부모, 그리고 아마도 다른 친척 어른들의 인정을 받기에 더 좋은 일은 없다. 우리 모두는 단지 중간정도로 선하기보다는 매우 선한 사람으로 여겨지길 더 좋아하며, 따라서 인정을 받기 위해 목회에 뛰어드는 일은 드물지 않다.

우리는 추가적으로 목회가 매력 있을 수 있는 다수의 이점을 몰라서는 안 된다. 목회 준비가 젊은이들에게 군복무를 면제받도록 해주던 시절이 있었으며, 전투의 고초를 겪지 않기를 선호하는 젊은이들이 징집이 진행되는 시기에 목회 소명을 느꼈다는 점을 기억하는 일은 아마도 다소간 눈치 없는 일일 것이다. 또한 군대에 대해 말하자면, 많은 나라에서 성직자가 장교단의 일원으로 군복무에 투여된다는 사실은 성직자에 대한 특별한 대우를 예시한다.

국세청의 호의적인 대우에서 가구와 조깅화에 대한 할인에 이르기까지 목회자가 받는 광범위한 특전이 있다. 어떤 경우 목사는 교회 회계 장부를 통해 자신의 자동차 면허와 같은 다수의 것을 운용하며 세금을 피할 수 있다. 또한 다음으로 선물들이 있는데, 목사가 떠나갈 때 회중은 넉넉하게 해주는 경향이 있으며, 비록 그런 정서가 좋지 않게 여겨질 때에도 선물이 실재한다. 이 모든 일에 있어 목사는 자주 잘 배려된다. 사실 이것은 교단에 따라 다를 수 있지만, 상대적으로 수입이 낮을지도 모르는 다수의 목사 역시 장기적으로는 괜찮을 것임을 오랜 세월에 걸쳐 알게 된다. 한 가지는 확실하다. 즉 그들은 이 시대에 생활비를 버는 일에 자주 존재하는 극도의 긴장감을 겪는 일을 보통 면한다.

이 모든 것의 결론은 다음과 같다: 목회는 나쁜 직업이 아니며, 혹자들에게 가질 수 있는 최고의 직업이다. 또한 목사의 사역이 일반적으로 교인들에 의해 이해되지 않으며, 그가 광범위한 활동(예를 들어, 아내의 심부름을 하는 일 – 결국 그녀 역시 그의 양떼의 일원이라는 것임)을 자신의 "사역"이라고 부를 수 있기 때문에, 목사가 상대적으로 쉽게 자신의 일을 할 수 있으며, 혹자들은 이 가능성을 이용한다.

이제까지 말해진 것이 무례하다면, 다음 차례로 후속되는 것은 더 더욱 그러할 것이다. 그러나 목회가 또한 어떤 심리 유형의 사람들에게 다른 데서는 얻을 수 없는 만족감을 준다는 점이 인지되어야 한다. "솔직한 고백"을 듣기를 즐기는 사람은 목회를 즐길 것이다. 사람들은 목사에게 다른 어떤 사람에게도 말하지 않으려 할 것들을 말할 것이다.

여성들은 성직자와 책상을 사이에 두고 앉아 태연하게 경악스러운 성적 만남에 대해 이야기할 것이며, 목사가 다만 거기에 앉아 침착하게 자신의 행위를 평가해 주기를 기대할 것이다. 또 다른 경우는 이렇다. 어떤 사람이 목사이기 때문에 여성들은 때로 그를 마치 내시처럼 대한다. 즉 그녀들은 그에게 다른 사람들에게는 눈살을 찌푸리게 할 정도로 과도한 호의의 표현을 퍼부을 것이다. 오늘날 이성과의 이러한 접촉을 즐기는 사역자들이 존재하는데, 그들은 이것을 완전히 합법적으로 행할 수 있다. 누구도 그들을 비난할 수 없을 것인데, 왜냐하면 결국 그들은 다만 자신의 직무를 이행하고 있을 뿐이기 때문이다.

강력하지만 진정성이 없는 동기의 기초가 쉽게 될 수 있는 목회의 이런 차원을 검토하는 일은 그리 유쾌하지 않다. 하지만 이 일은 필수적인데, 왜냐하면 최상의 상황에서도 목회의 동기는 항상 신비한 것이며 궁극적으로 단지 하나님만이 우리의 동기를 온전히 아시기 때문이다. 목회의 일부 차원은 부적합한 동기를 유발할 수 있기 때문에, 스스로 목회 소명을 받았다고 여기는 사람들은 혹시 방금 묘사한 것과 관련된 동기로 인해 이 사역에 들어오지는 않았는지를 확실히 하기 위한 자기 점검할 필요가 있다. 사역 가운데 극도의 불편함을 경험하며 신경쇠약에 걸릴 지경에 있을 수 있는 목사는 자신의 성직이 혹여 전적으로 순수하지 않은 충동에 의한 것이 아닌지 자문해야 한다. 자기 자신의 유익과 회중의 유익을 위해 단지 참으로 소명을 받은 사람에 의해서만 합당하게 감당될 수 있는 책무를 이행하고자 하는 시도를 중단해야 한다.

목회의 잘못된 동기를 아는 일이 중요한 또 다른 이유는 어떤 목회자도 앞에서 검토된 것에서 완전히 자유롭지는 못하기 때문이다. 예를 들어, 본래의 강하고 참된 소명이 어느 시점엔가 약화된 목사가 이 약화를 만회하고 타개하기 위해 방금 살핀 동기 중 하나 이상에 의지하게 되는 일이 가능하다. 예컨대 설교하는 일을 매우 좋아하는 사람은 본래의 소명이 시들해졌음에도 목회에 남아 있을 수 있다. 목사는 자신의 일생에 펼쳐질 일을 점검할 수 있도록 이 가능성을 유념해야 한다.

성경 자료와 소명

우리가 목회 소명에 관한 지침을 얻기 위해 성경을 살핀다면, 성경 자료는 하나님께서 자신을 목회로 부르시고 계신지에 대해 알고자 하는 사람에게 전적으로 도움이 되는 것은 아니며, 한동안 목회 사역을 감당해왔으며 성경의 견지에서 자신의 소명감을 평가하길 원하는 사람에게도 역시 별로 도움이 되지 않는다. 성경 본문에 나오는 부름 받는 사람들은 우리가 일반적인 말씀 사역자로 아는 신분과 직접적으로 비교될 수 없다.

예를 들어, 우리는 소명의 본질에 대한 통찰력을 얻기 위해 모세의 소명을 검토할 수 있을 것이다. 한 작가는 불타는 덤불에서의 모세와 하나님의 대화로부터 목회직에 관한 한 "어떠한 자원자도 없다"고 결론 내렸다. 필자가 은퇴하기 직전 어느 날 밤 그 작가의 이 주제에 대한 글을 읽으면서 필자가 목회직에 더 가까이 감에 따라 어느 정도 자원했음을 기억하고 부들부들 떨었던 적이 있다. 확실히 필자는 불타는 덤불과 같이 깜짝 놀랄만한 일을 결코 대면하지 않았으며, 필자 자신의 자격 없음과 관련된 저항은 모세가 신발을 벗고 하나님의 영광의 현존 가운데 있으면서 고백한 자신의 무능력에 대한 선언과 비교되지 않는다.

성경에는 스스로 나아와서 하나님께 특정 사역에 대해 자신을 받아달라고 간청한 신실한 사역자가 거의 없다. 확실히 그러한 접근을 시도한 불순하고 오염된 신앙을 가진 몇몇이 있었지만, 퇴짜를 맞았는데, 마술사 시몬이 그 사례이다. 보통 이스라엘의 하나님에 대한 합당한 사역을 감당했던 자들은 세습을 통해 직분을 맡게 되었으며, 구약 시대에 참으로 영향력 있던 사람들은 하나님의 요구와 권한 부여에 대한 확언 때문에 특별한 사역에 이끌렸는데, 아모스와 사무엘과 이사야와 예레미야 등이 그러하다.

또한 신약으로 올 때 교회의 역사를 형성하는 데 참으로 중대한 역할을 한 사람들은 인정하지 않을 수 없는 방식으로 소명을 받는 것을 보게 된다. 사도 집단이 이점을 예시하는데, 특별히 사도 바울에게서 가장 뚜렷하게 나타난다. 만약 하나님께서 자신을 목회로 부르시고 계신다는 느낌을 가졌던 사람들이 다메섹 도상의 체험을 했으면서도 그 느낌에 따라 행하지 않았다면 얼마나 큰 잘못인가! 또한 사도 바울이 체험한 일과 유사한 것을 체험했다고 주장하는 어떤 사람의 사역에는 얼마나 크게 참을 수 없는 거만함이 동반되겠는가!

목회 소명을 논할 때 우리는 매우 주의하여 성경을 사용해야 한다. 확실히 우리는 특별 계시가 작용하던 시대에는 현 시대의 형태를 띤 (조직 교회에서와 같은) 목회직으로 알려진 것이 존재하지 않았다는 점에 대해 기억해야 한다. 사도 시대의 교회는 현 시대의 기초로서 기능하도록 의도된 하나님의 특별하신 사역의 일부인데, 현재의 우리는 바로 이 기초 안에서 우리의 다양한 소명들을 표현하게 된다. 동시에 성경 자료는 우리로 하여금 목회 사역이 현 시대에 어떤 것인지를 이해하도록 돕는데, 왜냐하면 그것은 오늘날 목사가 의거하여 사역하는 교회의 기초이기 때문이다.

우리의 의도와 관련하여 디모데와 그의 직분에 관한 계시가 목회 소명에 대해 생각할 때 거의 직접적으로 참조할 수 있는 가장 좋은 본문이다. 디모데의 경우에 있어 그와 우리의 상황 간에는 망각되어서는 안 될 차이가 명백히 존재하는데, 그 중에는 사도 바울과의 특별하고도 가까운 그의 관계가 포함된다. 그렇지만 디모데에 관하여 읽을 때 우리는 초대 교회에서 그가 감당한 역할이 오늘날의 교회의 목사의 역할과 상당히 유사함을 알게 된다.

디모데의 자료에 있어 오늘날의 우리의 소명에 대한 생각에 가장 직접적으로 적용될 수 있는 것은 "하나님의 사람"이라는 표현인데, 디모데전서는 그것과 함께 마무리되며, 디모데후서 3장에 그것이 재등장한다. 오늘날의 목사는 모세, 그리고 심지어는 사도 바울의 현대적 대응 인물도 아니며, 단순히 "하나님의 사람"이라고 할 수 있는데, 이 용어는 그 자체로 꽤 특별한 것이다. 만약 단지 목사만이 "하나님의 사람"이 아니라 (여성을 비롯한) 모든 기독교인이 그러하다는 의견이 피력된다면, 그 의견은 확실히 옳은 것이다. 왜냐하면 오늘날 목사는 비록 특별히 높은 수준이 요구된다 하더라도, 근본적으로는 다른 사람들과 똑같이 "하나님의 사람" 된 자신의 실체를 드러내도록 부름 받은 예수 그리스도의 교회의 평범한 일원일 뿐이기 때문이다.

확실히 그는 모세와 아브라함과 전 시대의 교회의 모든 위대한 지도자에게서 배울 수 있지만, 그들의 특권과 위엄과 책무가 오늘날의 자신의 것과 같다고 결코 단순하게 생각할 수 없을 것이다. 목사는 상대적으로 매우 작은 존재, 곧 제한된 책무를 지닌 사람이다. 다시 말해 그는 특정한 소명을 지닌 하나님의 사람이라고 할 수 있다. 교회의 여타의 사람들과 마찬가지로 목사 역시 스스로 합당한 것보다 더 높게 생각하지 않는 것이 매우 중요한데, 곧 그는 실제로 타인들을 자신보다 더 낫게 여겨야 한다.

소명과 일반적인 신앙의 발전

비록 목사의 소명과 관련된 직접적인 성경 자료가 우리가 바라는 만큼 광범위하지 않지만, 성경에서 추론되는 몇몇 원리가 확실히 밝혀질 수 있다. 우선적으로 어떤 사람의 소명은 단지 성숙의 맥락에서 숙고되는 것이 매우 중요하다. 어떤 경우에 매우 젊은 사람이 – 실제로는 아직 어린아이면서도 – 목사가 될 것이라고 선언할 것이다. 이것은 물론 주님의 참된 인도일 수도 있다. 하지만 때 이른 선언을 일정한 의심과 함께 대하는 것이 최선이다. 곧 당사자와 그가 실제로 섬기는 교인들에게 소명의 궁극적 결정은 성숙한 신앙과 관련하여 이루어지는 것이 최선이다.

비록 여기가 신앙이 성숙해지는 방식을 전면적으로 논하는 자리는 아니지만, 이 주제에 대해 몇 가지 언급을 하는 일이 필요하다. 언약 가정에서 자라나고 어린 시절부터 기독교적 양육에 의해 인격이 형성된 자녀의 경우 신앙의 성숙은 어린아이에게 자연스러운 신앙에서 어른의 신앙으로의 점진적인 전이로 발생한다. 아이의 신앙이 실제적이지만, 그것은 아이는 아이라는 사실에 의해 규정되는 신앙이며, 그 독특한 특성은 그것이 부모의 신앙을 반영한다는 점이다. 10대 내내 아이는 인격에 관한 한 부모와의 유대관계에서 벗어나게 되는 "분리" 단계를 거친다. 이것은 얼마나 놀랍고 신비로운 시기인가! 그 시기 동안, 이상적으로, 자녀는 부모의 신앙에 의존하고 그것을 반영하는 신앙에서 어른의 신앙으로 이동해야 한다. 이 시기는 의심의 때인데, 이 과정이 아무리 고통스러울지라도 그런 때가 있어야 한다. 이 시기는 심지어 반항의 때이기도 한데, 이 반항은 자녀가 부모의 신앙보다 실제로 더 순수하고 나은 신앙에 이르기 위해 필요하다. 결국 자녀는 자기 자신의 인격을 갖추게 된다. 그는 어엿한 사내이며 그의 신앙은 사내의 신앙이다. 그는 성인이며 그가 소유한 신앙은 성인의 신앙이다.

만약 한 사람이 인생의 후반기에 믿음에 이르게 된다면, 회심 이후 일정 기간이 지난 후 소명을 평가하는 것이 중요하다. 빈번하게 10대 후반이나 20대 혹은 더 나중에 구원받은 사람은 곧바로 하나님께서 자신을 목회로 부르시고 계신다고 결론 내린다. 어둠에서 구원되고 그리스도 안에서의 놀라운 생명의 빛에 놓이게 되었을 때 경험하는 안도와 기쁨과 찬양에 대한 일반적 느낌을 목회 소명으로 오해하기 쉽다. 그것은 아마도 전혀 그런 소명이 아닐 것이다.

성경은 분명히 우리에게 "새 신자들," 곧 단지 최근에 신앙을 가지게 된 자들에게 특별한 영적 책임을 맡기는 일에 대해 경고한다(딤전 3:6). 하지만 이 일을 피하기가 어려운데, 왜냐하면 한 젊은이가 특별히 방탕한 죄악 된 삶을 산 후 구원받고 남은 일생을 목회 가운데 예수님을 섬기길 원한다고 선언할 때 우리는 바로 그렇게 하라고 격려하는 경향이 있기 때문이다. 또한 자주 하나님께서는 특별히 추잡한 죄악 된 삶에서 구원된 사람들을 목회로 부르시며, 더욱이 실제로 구원과 동시에 소명을 주실 수 있다. 심지어 그렇다 할지라도 목회 소명이 진정성 있음을 확실히 할 필요 때문에 한 사람의 소명에 대한 최종적 평가는 그의 소명이 감정에 근거한 것이 아니라, 단련되고 참된 것임을 증명할 때까지 유보되어야 한다.

구체적으로 말하면 만약 한 사람이 인생의 더 늦은 시기에 회심했다면, 일반 교회에서 몇 년 동안 신앙생활하며 말씀 선포를 듣고 아마도 주일학교에서 가르치는 일과 같은 교회 내의 일정 형태의 목회를 감당해보기 까지는 자신이 목회 소명을 받았다고 결론 내리지 말아야 한다. 만약 목사가 되는 일에 진지하다면, 자신에게 있다는 소명을 매우 주의 깊게 시험해야 하며, 이것은 필연적으로 일정한 시간을 요할 것이다.

목회직을 감당하는 자들은 기독교인 중에서 가장 성숙한 자들 가운데 속해야 하며, 따라서 가장 진정성 있는 형태의 소명은 삶의 모든 영역에 있어, 특히 영적 성장과 관련하여 일정 정도의 성숙함으로 유익을 얻는 자들의 삶에서 표출될 것이라는 점을 인지하는 일이 중요하다. 디모데에게 새 신자들을 목회 직분에 참여시키지 않도록 권고한 인물 자신이 거짓된 종교에서 주 예수 그리스도의 종교로 급속히 회심한 경험을 한 사람이었다. 그렇지만 종교심이 강한 사람으로서 박해자 사울은 예외적으로 높은 수준의 영적 지식과 분별력을 소유했으며, 심지어 그 자신의 경우에도, 본격적인 목회 사역을 시작하는 일은 주님께서 그를 특별한 교훈으로 준비시키시기 까지는 발생하지 않았다(갈 1:13-23).

성숙성 또는 단련됨은 소명의 진정성을 결정하는 데 있어 극도로 중요한 요소이다.

소명에 대해 의식하게 되는 일

이제 어떤 사람의 소명에 대한 의식이 성숙한 신앙의 맥락에서 발전되어 갈 때 어떤 일들이 개입되는지를 주시하는 일이 중요하다. 목회 소명에 관한 한 그것에 대한 어떤 사람의 의식의 발전이 존재한다. 어떤 경우에 소명은 벼락 같이 갑자기 인생에서 발생하고 하나님이 행하길 원하시는 바에 대한 의식이 즉각적으로 되어 질 수 있다. 하지만 대부분의 목사에게 있어 목회로 부름 받게 되는 일은 상당 기간에 걸친 발전을 포함한다. 시작 시에 그들은 자신들의 생각이 이끄는 방향에 대해 다소간 당황했을지도 모르지만, 소명은 그들의 삶 가운데 가장 지배적인 영향력이 되었을 것이다. 어쨌든 본고에서 목회로 부름 받은 느낌은 일정 기간에 걸쳐 발생하는 것, 곧 다년간에 걸쳐 전개되는 것이다.

또한 이 시점에 우리가 목회 소명에 대해 말할 때 정확히 무엇을 말하고 있는지를 묘사하는 일이 중요하다. 불행히도 소명의 개념이 우리의 언어에서 대부분 사라졌는데, 비록 미국인의 생활에서 그것이 넓은 범주의 인간 활동과 관련하여 이야기될 때가 있었지만 말이다. 소명의 개념이 청교도의 시기에 통용되던 방식에 관한 다음 진술은 교훈적이다:

사회의 규정된 제도적 구조에 관한 청교도의 견해와 직접적으로 관련된 것이 "소명"과 "직분"에 대한 이해였다. 윌리엄 퍼킨스William Perkins는 소명을 "공동선을 위해 하나님에 의해 정해지고 인간에게 부여된 특정 종류의 삶"으로 특징 지웠다. 소명은 개인에 대한 것이었지만, 사회 제도 내에서 봉사하도록 하는 것이었다. 예를 들어 하나님이 한개인에게 치안 판사가 되도록 소명을 주시는 것은 단지 하나님에 의해 제정된 국가 내에서 치안 판사의 직분이 영연방에 봉사한 한에 있어 의미가 있었다. 목사의 소명은 하나님의 교회에서 복음을 전할 직분을 받아들이는 일이었다. 아버지의 소명은 단지 가족 내에서의 직분과 관련해서만 의미를 지녔다.[1]

가장 단순한 형태로 말하자면, 현재 논의되고 있는 목회 소명은 말씀과 성례의 사역에 대한 소명이며, 교회 직분에 대한 소명이다. 물론 현재 우리 가운데 표현되는 목회를 둘러싸고 수반되는 다수의 역할이 있다. 예를 들어 목사는 자주 중요한 사회적 임무를 표출하도록 요구되며, 빈번히 능숙하게 수행할 것으로 기대되는 너무나 다양한 활동에 대해 불평하게 된다. 그러나 우리가 생각하기에 목회 소명은 한 사람이 하나님에 의해 그분의 말씀의 메시지를 선포하고 거룩한 성례들을 집행하도록 구별되었다는 확신인데, 예수께서 그것들을 교회에 제공하셨다. 이 일과 관련하여 사도 바울의 다음과 같은 내적 확신이 오늘의 목사에게 명백히 계승된다: "내가 복음을 전할지라도 자랑할 것이 없음은 내가 부득불 할 일임이라 만일 복음을 전하지 아니하면 내게 화가 일을 것이로다"(고전 9:16).

설교의 전체 문제가 확대 논의할 만 하지만(이 일은 본서의 다른 데서 행해지고 있음), 여기서는 설교가 특별한 순종의 표현이라는 점에서 말씀의 사역자와 관련된다는 점이 주목되어야 한다. 설교를 다른 형태의 공적 연설과 구분 짓는 것은 바로 이 순종이라는 점인데, 이 순종 때문에 목사는 주님에 의해 자신에게 맡겨진 메시지를, 곧 단지 이 메시지만을 선포할 의무 하에 있게 된다. 신약성경에서 "설교"라는 성경적 단어의 중심 개념은 "전령"의 개념이라고 자주 지적되었는데, 전령은 자신의 지휘관이 다른 사령관에게, 아마도 심지어는 적장에게 전하도록

---

1. Gordon Spykman, *Society, State, and Schools: A Case for Structural and Confessional Pluralism* (Grand Rapids: Eerdmans, 1981), p. 55.

지시한 메시지를 의무적으로 전달하는 사자에 불과하다. 전령은 자신을 보낸 사람에 대한 절대 충성으로 특징 지워진다. 그런데 소명이란 목사를 다음과 같은 한 가지 메시지, 곧 단지 한 가지 메시지만을 맡기면서 보내시는 주님에 대한 유사한 순종을 내포한다: 성경에 들어있고 주 예수 그리스도의 인격과 사역 가운데 체현된 메시지. 목사가 성례의 집행에 지니는 책임은 말씀 선포자로서의 그의 주된 책임에서 파생되는데, 왜냐하면 성례는 독립적인 기능을 지니지 않고 표지와 인증으로서 하나님의 말씀에서 그 기능을 얻기 때문이다.

그렇다면 목사의 신분은 하나님의 말씀과 가능한 한 밀접한 연관 속에서 고려되어야 한다. 사도 바울의 고린도전서 4장에서의 다음과 같은 언사는 목사에게 적용된다: "사람이 마땅히 우리를 그리스도의 일꾼이요 하나님의 비밀을 맡은 자로 여길지어다 그리고 맡은 자들에게 구할 것은 충성이니라"(1-2절). 목사는 성경에 매여 있는 자이다. 바로 이것이 우리가 소명과 관련하여 이야기하고 있는 바임을 이해하라. 만약 우리가 하나님의 말씀에 매여 있으며 그것을 선포하는 데 전적으로 헌신하는 자에 대해 이야기하고 있음이 분명히 이해된다면, 목회에 동반되는 여타의 다소간 부수적인 요소들 전부는, 비록 특정한 부류의 사람들에게 목회에 대한 매력을 느끼도록 할지도 모르지만, 물러나게 된다. 목사는 하나님의 말씀을 선포하도록 부름 받았으며, 그의 인생은 이 한 가지 핵심 책무에 대한 순종의 표현이다.

그런데 물론 이것이 목사가 일생 가운데 행하는 유일한 일은 아니며, 더욱이 효과적으로 행하는 유일한 일도 아니다. 목사의 사역은 틀림없이 교회 공동체 내에서 다른 사람들의 사역에 의해 보완되어야 한다. 그러나 현재 우리는 목회 소명에 대해 숙의하고 있으며 그것은 다음과 같이 좁게 정의되어야 한다: **목회 소명은 하나님께서 자신을 그분의 말씀을 신실하게 선포하게 하시길 원하신다는 점에 대한 확신이다.** 목회 소명은 바로 이것이며 그 이상의 다른 무엇이 아니다. 따라서 하나님을 목회 가운데 섬기기를 원하는 자는 자신에게 이 소명이 있음을 확인해야 하며, 이 소명이 있는 자는 그것에 순종할 것을 다짐해야 한다.

우리의 의도와 관련하여 소명 의식의 발전은 부름 받은 사람에게 발생하는 특정한 내적 사건들과 연관하여 살펴질 수 있다. 결국 소명은 말씀의 사역자의 내적 실체이며, 따라서 소명 의식은 한 개인에게 일어나는 다수의 사건들과의 연관 속에서 커간다. 이 사건들은 매우 개인적인 것이며, 따라서 종종 개인적 간증의 방식으로 표현될지도 모르지만, 가장 심층에 있어서는 표현할 수 없는 신성한 측면을 지닌다. 그렇다 하더라도, 우리가 소명으로 파악하는 그 특정한 내적 현상들이 어떻게 개인의 삶과 결부되는지를 이해하기 위해서는 그것들에 대해 이야기하는 일이 필요하다.

"회심"

회심에서 시작하는 것이 중요한데, 왜냐하면 회심이 모든 기독교 봉사 사역의 수행의 근본적 전제 조건이기 때문이다. 요즘 우리가 회심에 대해 말할 때, 매우 일반적으로 불경건함이 뚜렷했던 삶의 방식에서 돌이킨 일을 수반하는 체험과 관련하여 고찰한다. 마약에 빠졌던 사람, 알코올에 노예가 되었던 사람, 그리고 노골적이며 명시적으로 하나님께 반역하는 삶을 살았던 사람 등이 그러하다. 많은 경우 사악함의 전형이었던 사람들이 하나님의 강력한 은혜에 의해 변화되고 그 전능자의 특별한 종으로 변모된다. 현재 척 콜슨Chuck Colson의 책 『거듭남』 *Born Again*이 우리에게 그런 돌이킴의 대표적 사례를 제공한다.

그러나 회심은 목회와 관련하여 이야기 할 때는 좀 더 넓은 의미로 봐져야 한다. 목회에 뛰어든 많은 사람에게 어린 시절부터 기독교 신앙을 접한 배경이 있다. 언약 공동체의 일원이 되고 언약 가정에서 성장하는 일은 측량할 수 없는 특권이다. 하지만 이런 배경은 목회를 고려하는 사람에게 특별한 위험 요소이기도 하다. 그런 사람은 죄의 고백과 회심의 일부인 죄로부터의 확고한 돌이킴을 결코 경험하지 않을 수도 있다.

비록 언약 공동체에서 성장하는 일이 어떤 사람으로 하여금 중대한 형태의 죄악에서 보호하는 경향이 있었을 수도 있지만, 그 언약 경험은 그로 하여금 죄 전반의 참된 특성을 알며 자기 자신의 삶에서의 죄를 매우 분명하게 알게 할 것이다. 실제로 우리 눈의 비늘을 벗겨내어 우리 자신의 실체를 보게 해주는 것은 바로 하나님의 말씀의 계속적인 설교이다.

어쨌든 말씀 사역으로 섬길 사람은 자기 자신의 회심에 대해 이야기할 수 있어야 한다. 물론 혹자들은 자신의 삶에서 이 일이 발생한 바로 그 특정한 때를 묘사하는 데 어려움을 지닌다. 그렇다 할지라도 목사는, 비록 타인들에게는 하길 원하지 않더라도, 언제 자신을 구원의 유일한 소망이 하나님의 주권적 은혜에만 있는 끔찍한 죄인으로 보기 시작했는지를 스스로 확인할 수 있어야 한다. 더욱이 그는 언제 자신이 하나님의 도우심으로 자신의 삶 가운데 진지하게 죄와 싸우기로 결심했는지를 확인할 수 있어야 한다.

성경 연구는 우리로 하여금 필연적으로 우리 각자가 "하나님이여 불쌍히 여기소서 나는 죄인이로소이다"(눅 18:13)라고 말할 수 있는 일이 절대적으로 필요하다고 결론 내리게 한다. 바리새인과 세리에 대한 예수의 이야기를 바리새파에 대한 그분의 평가의 흥미로운 일견으로 지나치는 일은 실수이며, 오히려 우리는 만약 "의롭다함을 입고 본향에 돌아가기"를 바란다면 우리 자신 역시 죄를 겸손히 고백해야 한다. 또한 사도 바울은 자신을 "죄인 중에 괴수"라고 부르기를 고집했다. 우리는 바울이 십자가 앞에 섰을 때 십자가를 여전히 죄악 가운데 있는 어떤 사람들에게 매우 타당한 것으로 보지 않고, 자기 자신이 간절하게 필요로 하는 것으로 보았다.

참으로 부름 받은 하나님의 말씀의 사역자는 하나님만이 제공하시는 구원에 크게 갈급한 뒤 그 생명의 원천 깊은 곳으로부터 생수를 스스로 마신 사람이다. 곧 그는 주님과의 교제에 자격이 없다고 느낀 후에 그 교제를 간절하게 바라며 추구한 자이다. 그가 영생이라는 약을 제공할 때 바로 이 약이 그리고 이 약만이 그를 보존해준 것을 스스로 아는 사람으로서 그렇게 한다. 만약 그렇지 않다면 복음 선포라는 위대한 책무에 대한 열정이 어떻게 존재할 수 있겠는가? 삶과 죽음에 있어 신자의 유일한 위로를 그가 자기 자신의 소유가 아니라 예수께 속했음에 대한 확신으로 묘사한 뒤, 하이델베르크교리문답은 어떻게 이 위로를 맛보는 일이 가능한지를 묻는데, 그 답은 우리가 먼저 자신의 비참함을 알아야 한다는 진술로 시작한다. 단지 그런 다음에야 그는 하나님의 영광스러운 구원의 유쾌한 새롭게 함을 경험할 수 있다. 또한 단지 그런 다음에야 목사의 소명의 필수적인 기초가 형성된다.

"그리스도께 중심을 둠"

목회 소명의 발전의 또 하나의 요소는 목사가 주 예수 그리스도와 개인적 관계를 맺는 일의 절대적 필요이다. 에롤 헐스가 다음 장에서 개인 경건의 주제를 다루기 때문에, 필자는 여기서 단지 몇 가지 간단한 언급만 할 것이다. 기독교의 독특한 특성은 바로 예수를 믿음을 통한 하나님과의 개인적 관계를 경험하는 일의 가능성이라는 것이다. 기독교의 핵심에는 영원히 지속되는 사랑을 지니신 삼위일체 하나님이 계신데, 이 하나님은 자신의 사랑을 주 예수 그리스도의 인격과 사역 가운데 온전히 표현하셨다. 우리가 성경 본문에서 예수님을 만날 때, 그분은 자신을 따르는 자들과의 개인적 관계를 경험하시는 일을 좋아하시는 분임을 발견한다. 예수의 성품은 자기 자신을 벗어나 타인을 지향하는 것이었다. 비록 많은 무리의 사람을 대하실 때에도 그분은 그들을 불쌍히 여기셨으며(막 6:34) 사심 없이 그들의 필요를 채워주신다. 그분은 자주 큰 어려움 가운데 있는 외로운 개인들에게 치유의 손길을 펼치셨다. 그분은 사람들을 자신에게 오라고 초대하셨으며(마 11:28), 그분의 뜻을 행하는 일을 동반하는, 그분과의 교제 가운데 쉼을 얻을 것임을 확언하셨다. 요한복음에서 사람들을 자신에게 오라고 초대하신 예수는 그들이 또한 자신 안에 머물러야 한다고 선언하신다(요 15:1-8).

이점에서 **그리스도께 중심을 두는 일**이 가능한 한 최대한으로 그분의 인격과 사역에 대해 알기를 추구하는 일을 내포한다는 것이 분명할 것이다. 그러나 **예수께 중심을 두는 일**에는 그 이상의 것이 존재한다. 모든 그리스도인이 확실히 이 구주 되신 분과의 개인적 관계를 가져야 하지만, 이 일은 특별히 목사에게 필요하다. 목회직은 만약 예수와의 특별한 관계를 지니지 않는 사람에 의해 이행될 경우 타당하지 않게 된다. 이점은 순종과 소명의 문제와 관련하여 매우 명백할 것이다. 소명은 특별한 순종에 대한 소명인데, 곧 부름 받은 목사는 예수께서 자신의 주인임을 아는 사람이다. 앞에서 주목했듯이 설교자는 자신의 지휘관에게 순종하여 임무를 수행하는 전령이다. 그런데 목사에게 예수가 그 지휘관이시다. 만약 예수를 진정으로 알지 못하면, 그에게는 지휘관이 없는 것이며, 이 주님을 알지 못하면서 목사로 역할하려고 하는 목사는 참으로 매우 비정상적으로 행하는 것이다.

예수께 신앙의 중심을 두는 일은 목사로 하여금 만약 그렇지 않을 경우에는 불가능한 평정심 – 사람들이 서로에게 행하는 보통의 판단에 영향을 받지 않음 – 가운데 있을 수 있게 한다. 우리가 이것에 대해 생각할 때, 사도 바울이 자신의 예수님과의 관계를 바라보았던 방식에 대해 생각하는 것이 확실히 유용하다. 예를 들어 그가 다음과 같이 말하는 것에 경청하라: "너희에게나 다른 사람에게나 판단받는 것이 내게는 매우 작은 일이라 나도 나를 판단하지 아니하노니 내가 자책할 아무 것도 깨닫지 못하나 이로 말미암아 의롭다 함을 얻지 못하노라 다만 나를 심판하실 이는 주시니라"(고전 4:3-4). 지당한 말이며, 실제로 목사는 자신의 구주이신 예수께서 자신의 목회를 계속하여 평가하는 분이심을 안다.

주 예수 그리스도와의 개인적 관계를 가지는 일은 목회에 뒤따르는 불의와 고난을 감내할 수 있게 해줄 것이다. 목사가 빈번하게 비록 자신의 교인에게서는 아니더라도 확실히 비그리스도인에 의해 오해를 받는다는 것은 명백하다. 만약 자신의 소명에 참으로 충실하다면, 때때로 위험을 겪는 것도 요구될 것이다. 만약 자신은 비방을 받으셨으면서도 비방으로 되갚지 않으신 예수님을 따르지 않는다면, 어떻게 이 일을 행할 수 있겠는가?

예수와의 개인적 관계는 얼마나 중요한 것인가! 목사는 이 구주되신 분에 대한 자신의 사랑에 대해 이야기할 수 있는 사람이어야 함이 명명백백하다. 믿음을 통해 그분과 연합되어 있다고 느껴야 하며, 기도 중에 예수님과 대화하는 일을 즐겨야 한다. 목사가 선포하는 것은 바로 이 예수 이야기이다. 목사는 감상이 아니라 심령 깊은 곳으로부터의 생생한 실재에 근거하여 다음과 같이 노래할 수 있어야 한다:

> 위에 있는 보이지 않는 것들과 예수님과 그분의 영광과
> 예수님과 그분의 사랑의 이야기를 전하길 사모하나이다.

진정으로 부름 받은 목사는 예수님과 … 예수님과 그분의 사랑의 이야기를 전하길 사모한다. 그런데 그가 그 일을 사모하는 것은 예수님을 개인적으로 알기 때문이다. 그의 삶과 믿음이 예수 그리스도께 중심을 두고 있다.

"성경에 매료됨"

   우리를 보다 겸손하게 하는 기독교 신앙의 요소 중의 하나는 그 신앙이 전적으로 성경에 뿌리를 두고 있다는 점이다. 예컨대 우리가 예수님에 대해 이야기 할 수 있지만, 우리의 이 예수 이야기는 어디까지나 성경의 예수에 대한 메시지를 반영하는 이야기인 한에 있어 가치가 있는 것이다. 기독교 신앙이 성경에 확고하게 기반한다는 점은 심각한 조작을 행하는 종교 지도자에게는 매우 실망스러울 수 있는데, 많은 종교 지도자에게 그런 경향이 있다. 기독교 신앙에는 아무런 날조의 여지도 없다. 우리가 짜 맞출 수 있는 거창한 종교 개념과 우리가 고안할 수 있는 정교한 구원의 방식은 단지 무가치할 뿐이다. 곧 그것들은 참된 종교와 참된 영성에 해악이 된다. 기독교인이 된다는 것은 자발적으로 자신의 종교적 생각을 성경의 자료에 제한시키며 자발적으로 성경이 자신의 모든 종교적 체험과 관련하여 비판적으로 역할 할 수 있도록 하는 것을 의미한다.

   이점을 강조하는 것이 중요한데, 왜냐하면 성경 자료보다 상당히 더 매력적이게 되는 이런 저런 종류의 종교 체계를 창안하는 것인 인생의 근본적 경향이기 때문이다. 타락하여 죄악에 빠진 이후 인간은 이전보다 덜 종교적이 되지는 않았지만, 그의 삶의 종교적 차원에 혼선이 일어나게 되었는데, 곧 그는 많은 우상을 만들며 숭배하는 자가 되었다. 심지어 하나님의 참된 계시를 소유한 하나님의 백성도 주변 국가들의 우상숭배에 저항할 수 없었는데, 곧 헛된 우상을 숭배하고 스스로 헛되게 되었다(렘 2:5). 우리가 우상을 좋아하는 일은 제어되고 없어져야 한다. 그런데 이 일은 단지 우리의 종교가 철저하게 성경적일 때 일어날 수 있다.

   그것이 바로 왜 참으로 말씀의 사역자로 부름 받은 자는 관심의 초점을 성경에 두는 자이어야 하는 이유이다. 말씀에 매료되는 일, 바로 이 일이 필수적이다. 목사에게는 소명의 발전 초기에 바로 여기에 하나님의 직접적인 말씀이라는 절대적으로 중대한 것이 있음을 깨닫는 시점이 있어야 한다. 그때부터 이 말씀이 중심이 된다. 목사는 성경을 많이 생각하며 많이 읽고 요약하며 심사숙고하고 거듭하여 되살피는 자이다. 성경을 결코 완독한 경험이 없음을 인정하는 수많은 신학생이 있다는 것은 얼마나 불행한 일인가! 만약 어떤 사람이 하나님의 말씀을 대략적으로 아는 데 만족하곤 한다면, 참으로 목회 소명을 받지 않았음에 의심의 여지가 없다. 목사는 성경을 가장 흥미로운 책으로 여기는 사람이며, 그것과 더불어 사는 일에 자신의 일생을 기꺼이 바친다.

성경에 매료됨과 성경에 대한 사랑과 이 영광스러운 책을 순종하는 자세로 읽는 일 등이 복음 사역의 소명에 수반된다. 책을 좋아하지 않으며 특히 책 중의 책인 성경에 흥미가 없는 사람이 만약 하나님이 자신을 목회로 부르셨다고 생각한다면 잘못된 일이다.

은사에 대한 점검

소명과 관련하여 여기까지 논의했던 것은 참으로 헌신된 기독교인이라면 누구나 일정 정도 소유하는 기독교적 특성의 요소들을 다룬다. 회심과 예수께 중심을 둠과 성경에 매료됨 등의 이 모든 점이 확실히 모든 기독교인의 삶에 나타나야 한다. 이것들은 우리가 서로를 위해 기도할 때 하는 것들이다. 그러나 목회 소명이라는 보다 발전된 의식은 이것들을 넘어서야 하는데, 왜냐하면 말씀의 사역은 그리스도의 몸 안에서의 특별한 역할이며, 목사는 모든 기독교인이 공유하는 것들에 추가되는 은사들을 지녀야 하기 때문이다. 요구되는 은사의 목록을 작성하는 일은 다소간 위험스럽지만, 목록이 절대화되지 말아야 한다는 점을 기억하는 한에서, 필요하다. 주님은 자신의 목회에서 매우 다양한 사람을 사용하실 수 있으시며, 특별히 은사가 없음에도 진정으로 소명을 받은 말씀의 설교자에 의한 능력 있는 목회의 사례들이 확실히 있다. 그러나 그런 사례는 예외적으로 여겨져야 하며, 하나님께서 자신을 목회로 부르시는 것 같다고 생각하는 개인과 이 목회 후보생을 평가하는 교회 양편 모두 그에게 은사가 있는지 검토할 의무가 있다.

그렇다면 먼저 우리는 하나님께서 참으로 목회 소명을 주시는 사람에게 필요한 지적 능력을 부여하신다고 생각할 수 있다. 그런데 지성의 은사에 대해 이야기할 때 목사들 가운데 분명히 큰 편차가 있다. 하지만 우리의 의도와 관련하여 하나님께서 한 사람을 목회로 부르실 때 인가된 신학교의 과목 일반을 감당할 수 있을 충분한 지적 능력을 주실 것이라고 생각하는 것이 실제적이다. 이 일은 성경 원어 공부와 교회 교리에 대한 조직적 공부와 구약과 신약에 대한 공부를 포함한다. 그로 인해 목회를 위해 공부하는 사람은 일정 수준의 지적 능력을 요구하는 문제에 직면하게 되며, 만약 그가 이 일을 만족스럽게 감당하지 못할 경우 우리는 그가 복음의 목회 사역에 부름 받지 않았다고 생각할 수 있다.

지적 은사와 밀접하게 관련된 것은 자기훈련self-discipline제력의 은사이다. 자기훈련은 또한 목사의 도덕적 생활과 관련된 것으로 여겨질 수 있지만, 목회를 위한 공식적 요구사항들을 다루는 방식과도 긴밀히 연관된다. 왜냐하면 어떤 사람이 아마도 신학교 과정을 감당할 지적 능력을 지니고 있지만 실제로 학문적 목표를 성취해낼 수 있게 하는 자기훈련은 지니지 못하는 일이 가능하기 때문이다. 이것은 그 사람이 제멋대로이거나 게으르다는 것을 반드시 뜻하지는 않으며, 다만 그가 학문적인 일에 있어 자신의 자기훈련을 나타낼 수 없었음을 뜻할지도 모른다.

신학교 경험은 목회를 준비하는 사람에게 단지 특정 과목의 자료를 공부할 기회를 제공할 뿐만 아니라, 추후에 사역을 해나갈 때 사용하도록 요구될 능력들을 개발할 수 있는 훈련장을 제공한다. 예를 들어 암기는 목회의 수행에 있어 중요한 요소인데, 대부분의 사람에게 암기는 자기훈련을 요구한다. 고등 교육은 학생에게 암기 능력을 개발할 기회를 제공하며, 만약 어떤 사람이 자신에게 이 일을 행할 능력이 없음을 발견한다면, 아마도 말씀의 사역에 부름 받지 않은 것일 것이다.

목사가 소유해야 하는 또 하나의 중요한 은사는 의사소통의 은사이다. 달변이 반드시 요구되는 것은 달변은 아닌데, 실제로 달변은 때때로 그 자체에 지나친 관심을 유도함으로 의사소통에 역효과를 가져올 수 있다. 필요한 것은 말할 때 사람들의 관심을 끌며, 그 관심을 유지시키고, 일정 양의 정보를 목사의 머리에서 청자의 머리로 전달해낼 수 있는 능력이다.

목회 소명과 관련하여 의사소통의 은사의 중요성을 아무리 강조해도 지나치지 않을 것이다. 만약 어떤 사람에게 이 은사가 없다면, 그가 말씀의 사역에 소용될 수 있는 아무런 방도도 없다. 이제 우리는 하나님의 백성들이 교회에서 서로를 섬기는 여러 종류의 다른 방도가 있음을 기억해야 하며, 어떤 사람에게 의사소통의 능력이 없다고 해서 확실히 전혀 부끄러운 일이 아니다. 만약 스스로 이 사역에 부름 받았다고 생각하는 사람이 실제로는 복음을 전달하는 능력을 지니지 못했으면서도 그 결점을 자각하지 못한다면, 교회는 정중하게 그에게 그의 미비함을 알려주어야 한다.

목사가 의사소통의 은사를 지녀야 하지만, 다시 한 번 이 은사는 하나님께서 특정 사람들에게 주시는 어떤 완제품이 아니라는 점이 강조되어야 한다. 오히려 그것은 다년간에 걸쳐 개발되어야 할 능력이다. 이점은 사람들이 여러 형태의 의사소통에 노출되어 있는 고도로 경쟁적인 상황에서 목사들이 복음을 전해야 하는 오늘날 특별히 사실적이다. 목사가 의사소통하는 방식은 세월이 지나감에 따라 필연적으로 변할 것이며, 상이한 부류의 사람들에게 복음을 전하도록 요구되는 단 하루 동안에도 변할 것이다. 목사가 단지 특정한 화법을 채용하고 그것이 항상 효과적일 것으로 기대하는 일은 통하지 않을 것이다. 이렇게 행하는 목사들이 자주 자신의 의사소통의 실패를 청중의 마음의 완악함 탓으로 돌리곤 하는데, 실제로 그것은 청중에게 맞추려고 하는 그들 자신의 의지 부족에 기인한다.

어쨌든 이 은사는 절대적으로 필수적이다. 또한 다음과 같은 또 다른 은사가 있다: 판단력의 은사 또는, 달리 말해, 지혜의 은사. 우리가 알고 있듯이 목회의 수행은 오늘날 자주 긴장되고 복잡한 상황에서 이루어진다. 목사가 보통의 인간사들에서 다소간 비켜나서 살며 공동체 내에서 권위 있는 인물로 여겨지던 시절은 지나갔다. 오늘날 목사는 평범한 삶 바로 그 한 가운데서 역할을 한다. 어떤 경우에 목사는 다른 사역자와 함께 사역을 하도록 요구될 것이다. 또한 교회의 규모가 어떠하든 늘 온갖 종류의 사건들이 발생하는데, 곧 젊은이들 상호 간에, 부모와 자녀 간에, 교회의 다양한 집단들과 심지어는 파당들 상호 간에 그러하다. 이와 더불어 목사가 하나님의 말씀을 그분의 백성의 삶에 가져갈 때, 그는 가장 강한 신념들의 각축장이 되는 인간의 삶이라는 분야를 다룬다. 종교적 양심은 우리의 삶에서 가장 상처받기 쉽고 난해한 요소인데, 목사는 항상 양심의 문제를 다룬다. 오늘에 있어 목사들 자체가 복잡한 역학 관계 속에 있는데, 다른 모든 상호작용과 병행하며 그들은 자신의 회중과도 상호작용한다.

이런 배경에서 목사가 판단력의 은사, 곧 지혜의 은사를 소유하는 일은 절대적으로 필수적이다. 그는 가장 밀접한 관계 속에 있는 사람들 중에서 실제로 무슨 일이 일어나고 있는지 이해하는 능력을 가져야 하며, 악화시키는 것이 아니라 개선하는 방식으로 상황에 대처할 수 있어야 한다. 그런 판단은 단지 목사가 타인들에게서 그리고 자기 자신이 연관된 상황에서 일정 정도의 감정적 거리를 유지할 경우에만 행해질 수 있다. 그런 거리를 유지할 수 있는 단지 그런 부류의 사람만이 스스로에게 거리낌이 없으며 적절한 자부심을 지니고 자기 확신을 소유하는 사람일 것이다.

그렇다면 목사에게 특별히 중요한 것은 바로 이 판단력의 문제이다. 목회의 많은 은사를 지닌 부류의 사람은 자주 단지 자기 자신만이 아닌 타인들에 대해서도 큰 인식력을 지닌 사람이며, 따라서 그는 스스로 상당량의 감정적 지원을 필요로 하는 사람이다. 목사들은 가장 민감한 사람들 중에 속하며 특별히 상처받기 쉬운데, 왜냐하면 늘 남의 눈에 띄기 쉬운 위치에 있기 때문이다. 바로 이런 이유들 때문에 목사들은 어려운 상황에 처할 때 자주 상황을 개선시키는 것이 아니라 오히려 악화시키게 된다. 상황을 해결할 수 있는 길로 이끄는 대신 목사들 자신이 문제의 일부가 되기도 한다. 혹은 설상가상으로 그들은 종종 현재 상황을 무색하게 하는 더 심각하고도 완전히 새로운 문제를 야기할 수 있다.

바로 이점이 목사가 될 사람에게 판단력의 은사가 있어야 하는 이유이다. 만약 어떤 사람이 자신에게 **소명**이 있는지 의심한다면, 그런 상황에 처할 때 자신이 보통 문제를 악화시키는지 개선했는지 자문해야 한다. 군대에서 장교는 동료들에 의해 평가되기 전에는 승진되지 않는 것이 일반적이었으며 아마도 여전히 그러할 것이다. 목회를 준비하는 사람 역시 판단력의 은사가 있는지의 여부에 대해 자신의 동료들에 평가되어야 한다. 또한 교회는 목회 후보자를 평가할 때 그의 삶에 있어서의 이 요소를 매우 주의 깊게 검토해야 한다. 사역 가운데 지혜와 판단력을 표출할 수 없는 사람은 교회에 큰 해악을 야기하게 된다.

태도에 대한 평가

하지만 소명에 대한 어떤 논의도 목회 소명의 필수적 요소로 여겨져야 하는 태도에 관심하지 않고는 온전하지 못할 것이다. 복음 사역에 부름 받은 사람은 회심과 예수 그리스도와의 개인적 관계와 하나님의 말쓰인 성경에 대한 깊은 관심이라는 측면에서 묘사될 수 있는 필요불가결한 신앙의 자질을 소유해야 한다. 이와 같은 점들에 있어 목사는 여느 성숙한 기독교인과 다를 바 없다. 또한 앞에서 논한 은사는 자주 그리스도의 몸의 다른 지체들 중에서 발견된다. 목사들이 은사들을 지니지만, 그것들은 결코 그들의 배타적 소유물이 아니다. 목회 소명의 독특하며 결정적인 모습이 표현되는 것은 바로 내적 태도들과 관련된다.

이 태도들은 무엇인가? 그것들을 정확하게 묘사하거나 적절한 어구로 표현하기는 어렵다. 그러나 그것들은 생각되고 숙고될 수 있으며, 자기 자신의 소명에 대해 생각하는 사람은 이 태도들에 대해 많이 생각해야 한다.

그것들은 특별한 수준의 자발적인 기독교적 순종에 대한 소명인 목회 소명과 관련되는 태도들이다. **순종**이 핵심 단어이며 핵심 개념이다. 만약 혹자가 자신이 특별한 순종의 의무 가운데 예수와 관련되는 것으로 보려고 하지 않는다면, 그는 자신이 목회로 부름 받은 것으로 여기지 않아야 한다. 목사는 보통 다른 기독교인에게 요구되는 것 이상의 자기절제와 자기희생의 수준을 나타내야 하는데, 그런 수준은 단지 목사 자신이 그리스도에 대한 특별한 순종의 관계 속에 있다고 느껴야 성취될 수 있다. 다음과 같은 바울의 디모데에게의 말씀은 이와 관련하여 매우 유익하다: "너는 그리스도 예수의 좋은 병사로 나와 함께 고난을 받으라 병사로 복무하는 자는 자기 생활에 얽매이는 자가 하나도 없나니 이는 병사로 모집한 자를 기쁘게 하려 함이라"(딤후 2:3-4). **병사됨**의 개념과 **부대 지휘관**의 개념이 스스로 복음 사역에 부름 받았다고 여기는 모든 사람에게 매우 중요하다. 그러한 소명을 지닌 사람은 민간인이 아니며, 징병된 자, 곧 병사이며, 그가 가장 중요하게 생각해야 할 사람은 바로 그의 지휘관이다.

부름 받은 사람으로서 복음 사역자는 주 예수 그리스도의 양떼와 관련하여 순종의 모습을 나타내야 한다. 목사의 책무의 가장 놀라운 차원

은 다음과 같다: 목사는 예수께서 금이나 은이 아니라 자기 자신의 피로 사신 양떼를 돌봐야 하는 예수의 지상의 대리자이다. "여러분은 자기를 위하여 또는 온 양떼를 위하여 삼가라 성령이 그들 가운데 여러분을 감독자로 삼고 하나님이 자기 피로 사신 교회를 보살피게 하셨느니라"(행 20:28). 에베소의 장로들에게 말해졌던 이 말씀은 말씀과 성례의 사역자인 목사로 부름 받은 자들에게 특별히 유효하게 적용된다.

따라서 자신이 소명을 받았다고 느끼는 사람들은 목회직을 제대로 수행하기 위해 필요한 순종의 수준을 보일 수 있을지를 확신할 수 있도록 자신의 책무의 중대성을 적절히 인식했었는지를 확인하기 위해 자기 자신의 영혼의 상태를 평가할 의무가 있다. 그런데 이 과정은 목사가 자신의 지휘관이신 예수께 대한 특별한 수준의 순종을 나타낼 의무가 있는 자에게 요구되는 특정한 것들을 행할 준비가 되었는지를 결정하도록 의도된 자기 점검에 의해 수행될 수 있다. 목회로 부름 받은 모든 사람에게 있어야 하는 그리스도께 대한 순종 의식에서 도출되는 태도에는 다음과 같은 것들이 속할 것이다:

1. 자기훈련self-discipline, 곧 기도와 성경 연구에서 적절한 휴식과 운동 습관에 이르기까지 단지 학문에 있어서만이 아닌 삶의 모든 분야에서 요구되는 일.
2. 자기희생self-sacrifice, 곧 그리스도를 위하는 길일 경우라면 재정과 주변의 평판과 신체적 안락 등에 있어 어려움을 감수하고자 하는 참된 의향.
3. 자기를 내어줌self-giving, 곧 발을 씻어주는 자세로 힘 있고 부유한 사람만이 아니라 약하고 가난한 자를 비롯하여 도움이 필요한 모든 사람에게 도움을 베풀고자 하는 진정한 의향.
4. 자기통제self-control, 곧 성령께서 자신의 삶에서 성화의 역사를 행하심에 대한 인식과 단지 그리스도만이 자신의 주인이심에 대한 의식.

십중팔구 필수적인 것으로 제시될 수 있는 다른 내적 태도들이 있을 것이다. 그러나 이것들은 복음 사역자를 특징지어야 하는 것의 본보기 역할을 할 수 있을 것이다. 물론 제시된 모든 태도가 삶에서 완전히 나타날 때까지는 어떤 사람도 스스로 소명 받았다고 여기지 말아야 한다고 제안하는 일은 잘못일 것이다. 유감스럽게도 모든 때와 모든 면에서 이상을 달성하는 일은 결코 불가능하다. 그렇다 하더라도 위에서 논의된 태도들은 중요한 참조점들이 되며 하나님께서 참으로 자신을 말씀의 사역자로 부르시는지 결정하기 위해 자기 자신을 면밀히 살피는 사람에게 도움이 되는 역할을 할 수 있다. 또한 이점에 대해 생각하는 일은 사역 가운데 있으며 자신의 소명의 정도를 결정하고자 하는 사람에게도 동일하게 유용할 수 있다.

장기간에 걸친 소명의 발전

복음의 사역자로 일하는 사람이 주님에 의해 그 사역에 참으로 부름 받는 것이 필요하며, 이 사역에 부름 받은 사람이 이 소명에 대해 다양한 관점에서 이야기하는 것이 가능하다. 그렇다 하더라도 목회 소명은 쉽게 정의되고 규정되며 분별될 수 없는 점이 이해되어야 한다. 곧 소명을 받은 각 개인마다 필연적으로 자신에게 특유한 방식으로 그 목회 사역의 소명을 경험할 것이다. 더욱이 **소명**은 한 개인의 삶의 모든 시점에서 동일하게 경험되지는 않을 것이다. 다른 말로 하자면, 소명은 한 개인이 갑작스럽게 단번에 전부 받고 완료되는 고정되고 절대적인 실재, 결코 변하지 않는 상수로 목사의 영혼 어딘가에 확고하고 견고하게 존재하는 부동의 실체가 아니다.

목사의 인생의 다양한 단계에 따라 목회 소명이 변화할 수 있음을 기억함으로써 그것이 경험되는 방식을 생각해보는 일이 가능하다. 시초의 목회 소명은 아직 꽤 젊은 시기에 경험될 수도 있다. 사람들이 위에서 기술된 은사와 태도를 가진 것으로 보이는 어떤 개인에게 이야기할 때 그는 목회가 자신이 심각히 고려해야 할 것인지 궁금해 하기 시작할 수 있다. 또한 이 초기 단계에는 목회가 큰 제약을 가져오며 빛을 못 보는 일로 여겨져서 그 생각에 대해 거부하는 일이 자주 발생한다. 다음으로는 아마도 그 젊은이가 자신의 소명에 대해 확신하게 되는 시점이 올지도 모르는데, 이 일은 강연이나 설교, 혹은 하나님께서 목회를 하기를 원하심을 자신에게 명시하시는 특정 사건, 혹은 하나님의 백성들의 계속적인 권면을 통해 일어나게 될 것이다.

하지만 소명에 대한 초기의 경험이 자동적으로 복음 사역에 대한 진정한 소명으로 여겨져서는 안 되며, 오히려 그것은 당사자가 준비와 점검을 시작하는 계기가 된다고 할 수 있다. 만약 어떤 사람이 복음의 목회 사역에 부름 받은 것으로 스스로 느낄 경우, 보통 8년여 걸리는 집중적인 훈련 기간을 거칠 필요가 있다. 이 훈련 기간은 하나님께서 소명 받았다고 느끼는 사람이 자신을 면밀히 살피길 원하시는 시간으로 여겨져야 하며, 본장에 포함된 몇몇 사항이 그러한 검토에 있어 아마도 도움이 될 수도 있을 것이다. 추가적으로 복음의 목회 사역을 준비하는 사람은 가족이나 친구나 동료 신학생 등 타인들의 평가를 기꺼이 받아들여야 한다. 만약 어떤 사람이 참으로 소명을 받았다면, 그 준비의 시간은 목회 소명을 심화시키는 때가 될 수 있으며, 따라서 그 목회 후보자가 사역을 시작할 즈음에는 하나님께서 자신이 다른 어떤 일이 아닌 바로 이 일을 하기를 원하심을 확신할 것이다.

목사가 목회 여정을 진행에 나감에 따라 다양한 방식과 다양한 정도로 자신의 소명을 경험할 것이다. 물론 목사도 사람, 곧 연약한 인간이다. 그런데 이것은 그들이 삶의 환경의 변화에 종속된다는 것을 뜻한다. 그들의 다수가 결혼하며 가족을 부양하고 그들의 다수가 가슴을 아프게 하는 경험들을 한다. 목사에게도 감당해야 할 인간적인 감정과 본성이 있다. 목사들도 자주 불현듯이 영적 건강에 유해한 행동과 생활방식에 빠져들게 된다. 그들은 종종 자신이 다른 사람들 그리고 물론 심지어는 하나님에게서 많이 소원해져 있다고 느낄 수 있다. 목사는 중년의 위기를 겪는 가운데 감정적이며 정신적으로 자신의 사역을 잘 감당하지 못할 수 있게 되기도 한다.

이 모든 것이 의미하는 바는 목사 스스로 자신의 소명에 대한 경험이 영속적인 원동력이 되지 않을 것임을 예상해야 한다는 것이다. 때때로 그들은 자신의 목회와 소명을 재평가해야 함을 알게 될 것이다. 본장의 내용은 목사들이 자신의 소명의 현 위치를 정확히 평가하는 일을 도우려는 의도를 지녔는데, 만약 목사들이 현재 보다 훨씬 강한 소명 의식을 지녔던 때가 있었음을 깨닫는다면, 다시금 그 소명의 실재를 경험할 수 있도록 열성으로 삶을 재조정하고 생각을 갱신해야 할 것이다.

목회 소명에 대해 이야기하는 일이 어려운 만큼 그리고 목사가 이 점에 있어 자신의 삶을 평가하는 일이 어려운 만큼, 목회 소명과 관련된 문제들에 대한 분명한 인식이 반드시 있어야 한다. 왜냐하면 소명이 없는 사람이 복음 사역을 제대로 감당하는 일이 실제로 불가능하기 때문이다. 그런데 이점은 만약 어떤 목사의 소명에 대한 느낌이 시들해질 경우 그는 자신의 삶에서 정확히 어떤 일이 벌어지고 있는지를 판단하는 일에 착수하는 것이 매우 필수적인 이유이다. 젊은 시절에 복음 사역에 대한 강한 소명을 지녔던 사람이 이런저런 이유로 그러한 사명이 자신에게 없어졌음을 알게 된 사례들이 있다. 만약 이런 일이 일어나면, 그는 억지로 자신의 사역을 이어가지 않아야 한다. 그럴 경우 자신과 청중 양편 모두를 곤경에 빠뜨리게 될 것이다.

다른 한편으로 자신의 소명 의식이 매우 약화되었다고 해서 바로 복음 사역을 떠나야 한다고 생각해서는 안 된다. **소명**이라는 문제를 논함에 있어 우리는 온전히 발전되는 데 오랜 세월이 걸리는 내적 사건에 대해 이야기하는 것임을 기억하는 것이 중요하며 따라서 우리는 보통의 경우에 그 문제는 평생 동안 지속될 것이라고 예상해야 한다. 이런 저런 이유로 소명 의식이 그렇게 뚜렷하지 않는 경우일지라도 적절한 해결책과 시간의 경과에 따라 바로잡아질 수 있는 일시적인 상황에 기인할 수 있음을 명심해야 한다.

만약 진정한 내적 소명이라면 복음 사역을 맡아달라고 요청하는 회중에게서의 외적 소명으로 확증될 것이다. 만약 오랜 목회에 지쳐 어떤 목사의 소명 의식이 일정 시기에 희미해졌음에도 그에 대한 교회의 강력하고 확실한 목회 요청이 지속된다면, 그는 기도하는 가운데 그 직분을 감당할 때에, 때때로 당신의 사역자로 부르셨음에 대한 강한 확신을 부어주심과 더불어, 주님께서 자신에게 새롭게 찾아오실 것이라고 믿어야 할 것이다.

소명은 실재하는 것이다

본장을 재검토할 때에 우리가 받는 전체적인 인상은 소명이라는 문제에 있어 우리가 매우 신중해야 한다는 것인데, 그 이유는 그것이 자신에게 있다는 어떤 사람들의 생각이 잘못된 것일 수도 있기 때문이다. 불행히도 목회와 관련된 현재의 상황은 소명에 대한 논의가 그러한 논조를 띨 수밖에 없게 한다. 그러나 하나님께서 우리를 복음의 사역으로 부르신다는 사실은 여전히 유효하다.

하나님의 행동이 우리로 하여금 복음의 사역으로 부름 받도록 하는 원인인데, 이점은 결코 망각되어서는 안 된다. 그러한 이유로 이 주제에 관한 모든 논의에서 요구되는 일은 우리가 소명을 받았다고 주장하는 사람이 정말로 하나님의 부르심을 받았는지를 알기 위해서는 그의 내면생활을 검토할 능력을 개발해야 한다는 것이다. 목회 소명을 받은 것으로 느끼는 한 청년이 교회가 그에게 필수적인 은사들이 있는지와 관련하여 그의 소명을 점검하려고 하는 데 분개한다고 교단에서 공개적으로 표명한 일이 있었다. 그의 분개는 잘못된 것이다. 하나님께서 자신을 부르셨다고 주장하는 사람은 그러한 검토에 즐거운 마음으로 응해야 한다.

오늘날 교회는 하나님께서 여전히 당신의 교회를 세우시고 계심에 기뻐할 수 있는데, 그분이 사용하시는 그 수단의 하나가 말씀과 성례의 사역이다. 또한 그러므로 하나님은 계속하여 복음 사역에 사람들을 부르신다. 그분은 그들에게 우리가 검토한 은사들을 주시며, 당신의 성령을 통해 그들의 마음 가운데 그러한 필수적인 믿음의 상태를 마련하신다. 바로 하나님 자신이 당사자에게 소명의 영향력을 창출하시며 복음 선포의 특별한 책임이 있음을 확실히 알게 되는 시점에 이르게 하여 결국은 다음과 같이 말하지 않을 수 없게 하신다: "만일 복음을 전하지 아니하면 내게 화가 있을 것이로다."

하나님의 절대적인 목회로의 부르심 – 본고에서 논의된 내용들과 관련하여 일정 정도 경험하게 되는 – 의 견지에서 말씀 사역으로의 소명은 전적으로 긍정적이며, 마찬가지로 소명을 받은 성직자의 삶에서의 그것의 영향력 역시 완전히 긍정적이다. 이것은 그 소명의 경험에 속상하게 하고, 심지어 큰 충격을 주는 그 어떤 요소도 없음을 뜻하지는 않는다. 그러나 장기적으로 보면 복음 사역에 부름 받은 사람은 스스로 가장 큰 특권을 누리는 사람에 속한다고 느끼게 된다.

또한 그들의 책무는 쉽다. 예수를 주인으로 모신 사람들은 그분이 말씀하셨듯이 그분의 멍에는 쉽고 그분의 짐은 가볍다는 것이 사실임을 발견하게 된다. 이것은 모든 기독교인에게 사실이지만, 하나님께서 복음 사역에 부르시고 자격을 부여하신 자들에게 가장 분명하게 사실이다. 물론 성경에는 그것이 고된 것을 시사하는 기독교인의 삶에 대한 묘사가 있다. 예를 들어 우리는 사도 바울이 빈번하게 기독교인의 삶을 경주에 비교하는 것을 생각할 수 있다. 빌립보서 3:13, 14에서 그가 사용하는 말은 결승선을 향해 돌진하면서 마지막 구간에 모든 힘을 쏟아붓는 고도의 훈련을 받은 육상선수를 생각하고 있음을 가리킨다. 확실히 그런 비유적 표현은 복음의 사역에 특별히 적용된다. 그렇더라도 주님께서 부르실 뿐만 아니라 또한 능력을 부여하시는 자들에게 목회 사역은 쉽다. 최고의 힘을 쏟고 최고의 노력을 기울이는 순간에 육상선수는 가장 큰 희열을 경험한다. 주인 되시는 예수 그리스도는 관대한 주인이시며, 진정으로 소명을 받은 자들은 이것을 증언할 것이다.

그러므로 복음의 사역에 대해 말해지는 그 어떤 것도 어떤 사람으로 하여금 이 위대한 일로부터 물러나도록 하는 데 이용되지 않도록 하자. 자신이 하나님의 소명을 받은 사람이 아닌가 생각하는 사람은 소명의 실재를 분간하기 위해 주의 깊게 자신을 점검하는 일을 기피하지 말아야 한다. 만약 자신에게 소명을 받은 가능성이 조금이라도 있다면, 그는 필요한 준비를 열의 있게 시작해야 한다. 그렇게 할 때 하나님 자신이 원하시는 그의 행할 바를 분명히 해주실 것으로 알면서 말이다.

하나님의 백성 편에서는 하나님 자신이 이 특별한 봉사를 위해 준비시키신 백성의 마음 가운데 강력하게 역사해 달라는 특별한 기도가 있어야 한다. 그분은 이 특별한 봉사를 위해 준비시키셨다. 그분은 소명을 주시는 분이다. 또한 그분은 여전히 오늘에도 그 일을 행하고 계신다. 말씀과 성례의 사역에 대한 특별한 소명이라는 일이 분명히 존재한다. 그와 같은 소명이 있는 자는 세상에서 가장 행복한 사람에 속할 것이다. 보통 그들의 다수가 그러하다. 아마도 여기에 쓰여 진 것이 많은 이들의 소명 의식을 강화시키며 그들을 사랑하시는 삼위 하나님께서 그들이 늘 경험하길 원하시는 평정심과 기쁨을 줄 것이다.

2장. 설교자와 경건
에롤 헐스

    모세가 시내 산에서 내려왔을 때 그는 주님과 이야기를 했기 때문에 그의 얼굴은 광채가 났었다(출 34:29).[1] 설교자의 사역은 모세의 삶에서의 이 현상에 의해 예시된다. 선지자의 사역이 설교자의 사역에 동반되며, 따라서 설교 행위는 설교자의 인격과 결코 분리될 수 없다.[2] 이러한 상황에서 설교자의 개성이 매우 중요하게 된다. 얼굴과 음성과 풍채와 품위가 즉각적인 관심사이겠지만, 이 모든 것들은 만일 진정한 열매로 뒷받침되지 않는다면 단지 잎만 무성한 쓸모없는 것이 되고 만다. 설교는 그의 삶이 모든 면에서 선포하는 메시지와 일치해야 하는 하나님의 대사에 의해 행해지는 거룩한 웅변이다. 설교자의 인격의 형성은 설교의 작성보다 훨씬 더 복잡하고 어려운데, 이는 마치 초음속의 콩코드 Concorde 비행기의 제작이 그것의 비행보다 훨씬 더 난해한 것과 같다.

    설교는 강의가 아니다. 그것은 단순히 학문적으로 정확한 자료의 제

---

1. 영어 원서의 모든 성경 인용문은 따로 표시되지 않는다면 NIV에 근거하며, 본 한글 번역서는 특이점이 없을 경우 모두 개역개정판에 따른다.
2. John R. W. Stott, *I Believe in Preaching. The Preacher as a Person* (London: Hodder and Stoughton, 1982), pp. 265ff.

시가 아니다. 물론 설교자는 주해와 해석학의 분야와 구조와 문맥과 단순하거나 수사적인 문체에 관심을 가지지만, 경건함 없이는 결코 참된 설교자가 되지 못할 것이다. 더욱이 그의 설교자로서의 유능함과 능력은 그의 경건성과 직접적으로 관련된다. 부정적으로 표현하자면, 만약 어떤 태도의 확연한 결점이 메시지를 방해한다면, 설교자의 삶의 도덕적 비일관성은, 다음 성경 구절이 말하듯이, 얼마나 더 그러하겠는가: "죽은 파리들이 향기름을 악취가 나게 만드는 것 같이 적은 우매가 지혜와 존귀를 난처하게 만드느니라"(전 10:1).

한 선교사에게 글을 쓰면서 맥체인은 이 문제를 다음과 같이 주장했다. "성공은 도구의 순전성과 온전성에 크게 좌우될 것입니다. 예수님과 매우 유사하게 하나님이 축복하시는 것은 큰 재능이 아닙니다. 거룩한 목사는 하나님의 손에 들려진 놀라운 도구입니다."[3] 우리가 경건이라고 칭하는 이 본질은 설명을 필요로 합니다. 그것은 정확히 무엇인가? 우리는 먼저 이일에 주의를 기울여야 한다. 그 다음으로 아래와 같은 여타의 면들을 살필 것이다:

1. 첫째로 영어의 용법과 둘째로 신약성경에서 생각되는 경건의 의미
2. 설교자에게 있어 경건의 필요성
3. 경건의 압박감과 실패
4. 경건의 모본이요 원동력이신 주 예수 그리스도
5. 신학생과 전문 설교자의 특별한 필요에 대한 고찰과 격려

---

3. Andrew A. Bonar, *Robert Murray M'Cheyne: Memoir and Remains* (London: Banner of Truth, 1966), p. 281.

1. 경건의 정의: 영어 용법

우선적으로 고려할 것은 "경건"piety과 "경건한"pious의 어원, 곧 어떻게 이 단어들이 기원했으며 이해되어 왔는지에 대한 점이다. 우리의 관심은 단지 학술적인 것만이 아니다. 오히려 탐구를 통해 필자는 경건 생활의 모범이 되는 주도적인 그리스도인을 참조함으로써 설교자에게 있어서의 경건의 중요성과 관련성을 예시할 것이다. 필자는 상당히 자주 저명한 설교자를 참조하고자 하는데, 이 일은 이러한 성격의 주제에 대한 예시에 가장 효과적인 방식일 것이다.

영어 단어 경건piety의 유래는 아마도 라틴어 피아레piare(달래다)와 프랑스어 피위pius(본문에 충실한)로 거슬러 올라갈 수 있을 것이다. 경건주의자pietist라는 명칭은 독일의 목사요 설교자였던 필립 야콥 슈페너Philipp Jakob Spener, 1635-1705의 추종자들에게 처음으로 사용되었다. 그는 1670년경 경건의 심화와 종교 교육의 개혁을 위한 운동을 시작했다. "슈페너는 당대의 종교 운동에 속한 모든 것을 거의 완전히 자신에게 집중시켜서 그의 삶은 17세기 후반부 동안 루터 교회의 역사라고 할 수 있을 정도이다."[4] 슈페너를 유명하게 만든 저작은 『경건한 열망』Pia Desideria, 1675인데, 거기서 그는 결국 루터교 경건주의의 강령이 된 개혁의 프로그램을 제공했다. 강조점은 내적 성결의 필요성과 (사람들에게 떡이 아닌 돌을 먹이게 되는) 무미건조한 논쟁에 목사들이 과도하게 관여하는 일의 회피와 목사 후보생 과정의 근본적 수정에 있었는데, 그 수정은 경건한 작가들을 학생들에게 소개하며 학생들 자신의 삶에 대한 근신 혹은 도덕적 감시를 강조했을 뿐만 아니라 또한 박식한 설교보다 덕을 세우는 설교를 줄기차게 강조했다.[5]

---

4. A. H. Murray, *A New English Dictionary on Historical Principles*, vol. 7 (Oxford: Oxford University Press, 1909), p. 842.
5. 5. John D. Manton, "German Pietism and the Evangelical Revival" *Westminster*

그리 힘들여 생각해보지 않더라도 그런 성경적 강조점들이 세상의 반대와 조소를 야기하기도 했다는 것을 인식할 수 있다. 따라서 세속적인 사전들은, **경건**이라는 단어에 대해 대체로 유용한 뜻들을 제공하지만, 또한 부정적인 어조를 띠기도 한다. 웹스터Webster 사전은 경건piety에 대해 독실함과 정통 신앙과 충절이라고 언명하며, 경건한pious에 대해서는 "신에 대한 경외와 신에 대한 예배에의 전념을 나타내거나 그것으로 특징지어지며, 과시적인 종교성과 위선자로 특징지어지는"이라고 언명한다.⁶ 과거와 현재의 "경건"과 "경건한"의 일반적 용법에 대한 조사는 부정적이며 비판적 요소를 포함할 수 있는 광범위한 의미를 드러낸다.

그 용어의 어원 연구에 등장하는 이 비판적 측면은, 우리에게 유사 경건을 피하고 방지할 필요성을 상기시켜 준다는 점에서 유용하다. 우리가 경건을 추구함에 있어 위선이나 단지 성직자 중심주의에 불과한 것을 엿보이는 요소를 경계하는 일은 유익하다. 목사의 경건이라고 할 때 우리는 내적 교만이나 외적 명성에 의해 표시되는 모든 형태의 콤플렉스를 뜻하지 않는다. 1947년 네덜란드에서 목사의 거룩함은 자주 그의 의복 또는 자전거에 의해 규정되었다. 그는 항상 줄무늬가 있는 바지를 입었으며 다른 모든 사람보다 약 2인치 더 높은 자전거를 탔다. 사람들은 그가 자전거를 타고 거리를 지나갈 때 그를 알아볼 수 있었다. 이것이 우리가 이해하는 경건은 아니다.

여기서 우리 자신의 경건에 대한 정의는 바로 하나님 앞에서 그리고 하나님을 위한 내적 성결의 삶의 끊임없는 훈련이라고 할 수 있는데, 이것을 결국 여타의 모든 삶과 행실의 영역에 확대 적용되게 된다. 경건은 하나님의 보좌 앞에서의 기도와 그분의 임재 가운데서의 그분의

Conference Papers, (1969), pp. 8ff.

6. *Webster's New Collegiate Dictionary* (London: Merriam, 1975), pp. 869, 873.

말씀에 대한 연구와 우리의 영혼에 하나님의 생명을 유지시키는 일로 구성되는데, 그 마지막 요소는 결국 우리의 모든 삶의 방식에 영향을 미친다.

마틴 루터Martin Luther는 우리가 여기까지 정의해온 경건의 훌륭한 본보기이다. 그의 신실한 서기요 벗이었던 바이트 디트리히Veit Dietrich는 그에 대해 다음과 같이 말한다: "그가 기도에 세 시간을 내지 않고서는 하루도 지나가지 않는데, 그것은 연구에 가장 적합할 것이다." 명백히 그는 소리 내어, 곧 매우 큰 열렬함과 깊은 경외심으로 기도했다.[7] 루터는 어떻게, 각권마다 대략 700쪽의 2절판 크기의 100권의 책으로 모아지게 된 일평생의 다작의 서신과 저술 활동은 언급하지 않더라도, 모든 설교와 행정적 책무와 더불어 그렇게 기도하는 일을 유지할 수 있었을까?[8]

루터의 경건은 불, 곧 하나님 앞에서의 헌신의 불에 비견될 수 있을 것이다. 만약 석탄이 우리의 짐과 책임의 상징이라면, 커다란 부담이 그 불 위에 놓여 있는 것이다. 우리는 그런 부담이 불을 소멸시킬 것이라고 생각할지도 모르지만, 루터의 경우는 그 반대였다. 곧 경건의 불은 다만 보다 큰 열기와 빛을 내며 타오르게 되었다. 우리는 루터가 하나님과 교제하는 그 최고의 시간에 삼위일체이신 그분 앞에 설교에 대한 전념과 저술과 여러 짐들과 문제들과 기쁨과 슬픔을 터놓았을 것임을 확신한다.

신약성경에서 경건의 의미 우리 주님에 대하여 그의 간구는 "그의 경건하심으로 말미암아" 들으심을 얻었다고 말해진다(히 5:7). 율라베이

---

7. James Atkinson, *Martin Luther and the Birth of Protestantism* (London: Morgan and Scott Marshall Publications, 1968), p. 250.
8. Gerhard Ebeling, *Luther. An Introduction to His Thought* (Philadelphia: Fortress, 1972), p. 46.

아라는 단어는 "경건" 혹은 "경외"로 번역될 수 있을 것이다. RSV는 **율라베이아**를 그의 "경건한 두려움"godly fear으로 번역한다(히 5:7). 동일한 단어가 다시 히브리서 12:28에 나오는데, 거기서 우리는 하나님을 "경건함과 두려움"으로 예배하거나 섬기도록 권고된다. 여기서 다시 율라베이아는 "경건" 혹은 "독실함"으로 번역될 수 있을 것이다. 시므온은 **디카이오아 카이 율라베스**, 곧 "의롭고 경건한" 것으로 묘사되었다(눅 2:25; 참조. 행 2:5; 8:2; 22:12). 노아는 경외함(**율라베데이스**, "거룩한 두려움"으로 번역됨, 히 11:7)으로 방주를 지었다.

하지만 신약성경에서 경건의 표준어는 독실함 혹은 경건을 뜻하는 파생어 **유세베이아**에 대한 바울의 용법에서 발견된다. 그는 이것을 목회서신에서 약 10회 정도 사용한다. 베드로 역시 자신의 둘째 서신에서 이 단어를 사용한다.[9]

유세베이아에 부여된 이 의미는 우리가 그 관련구절들을 비교할 때 풍부하게 드러난다. 예를 들어 그 용어는 영적 능력을 나타낸다. 경건함에는 능력이 있다. 만약 경건(유세베이아)의 모양은 있으나 능력은 없다면, 바울은 그런 모양은 전적으로 거절되어야 한다고 말한다(딤후 3:5). 또한 이 경건 혹은 독실함은 생활 방식으로 연습되고 개발되어야 한다. 디모데와 같이 목회자들은 스스로 경건을 훈련해야 하는데, 왜냐하면 "육체의 연단은 약간의 유익이 있으나 경건은 범사에 유익하기" 때문이다(딤전 4:7-8). 하나님의 교회에서 우리 자신이 온전히 행하고자 할 때 우리의 모든 경건의 원천은 그리스도이시다. 바울이 밝히길 경건의 비밀은 큰데 왜냐하면 다음과 같이 그것이 하나님의 아들의 이 세상에서의 모든 나타나심과 증거에서 가장 잘 드러나기 때문이다:

---

9. 군터(W. Gunther)는 처음에 이 단어가 비기독교적 경건에 대해 사용되었고, 단지 나중에야 목회서신과 베드로후서에서 기독교적 내용이 이 단어에 주어졌다고 제안한다. *The New International Dictionary of New Testament Theology*, vol. 2 (Exeter, England: Paternoster, 1976), p. 94.

그는 육신으로 나타나신 바 되시고
영으로 의롭다 하심을 받으시고
천사들에게 보이시고
   만국에서 전파되시고
세상에서 믿은 바 되시고
영광 가운데서 올려지셨느니라.

경건은 우리의 그리스도와의 연합과 그분에 의해 주어지는 신적 능력에 기인한다(벧후 1:3). 그러나 다시금 필자는 그것이 묵상과 기도를 통한 영혼 가운데서의 훈련의 자리에서 인간 삶의 모든 구체적 분야로 확대되는 자질임을 강조해야 한다. 따라서 사도 바울은 다음과 같이 주저함 없이 디모데에게 자기 자신의 모범을 보여줄 수 있었다: "나의 교훈과 행실과 의향과 믿음과 오래 참음과 사랑과 인내[를] … 네가 과연 보고 알았거니와"(딤후 3:10-11). 경건은 이 모든 특성을 포함하며 그것들 중 어느 하나도 결여할 수 없다. 따라서 경건은 생활 방식이다. 이것은 가정생활, 곧 한 남자의 아내와 자녀와의 관계를 내포한다. 즉 성경은 "사람이 자기 집을 다스릴 줄 알지 못하면서 어찌 하나님의 교회를 돌보리요"라고 말씀한다(딤전 3:5). 요구되는 미덕과 자격을 충분히 갖추는 경건 생활이 교회의 모든 직분자에게 필수적이다(딛 1:5-9; 딤전 3:1-13). 이점은 우리를 다음 숙고 사항으로 이끈다.

2. 설교자에게 있어 경건의 필요성

그렇다면 경건이란 하나의 생활 방식, 곧 하나님과 교제하며 동행하는 일이기 때문에, 우리는 목사에게 견고한 경건이 필요함을 곧 인지할 수 있게 된다. 타인을 경건하게 훈련시키도록 부름 받은 자들은 자신이 먼저 경건해야 한다. 당연하게도 바울은 "네가 네 자신과 가르침을 살펴"라고 말하는데, 여기서 그 자신의 삶이 먼저 나오고 가르침은 두 번째로 나온다. 이어서 바울은 "이 일을 계속하라 이것을 행함으로 네 자신과 네게 듣는 자를 구원하리라"라고 촉구한다(딤전 4:16). 디도에게 그는 이렇게 쓴다: "범사에 네 자신이 선한 일의 본을 보이며"(딛 2:7). 목회직의 방대함과 복잡다단함은 리처드 백스터의 『참 목자상』 The Reformed Pastor에 매우 훌륭하게 제시되는데, 그것을 패커는 "다이너마이트"와 같다고 묘사한다.[10] 설교와 관련된 것 외에 백스터는 전도와 상담과 신자 훈련과 가족 목양과 환자 심방과 죄를 범하는 자들을 꾸짖고 훈계하며 치리를 유지하는 일을 언급하는데, 백스터가 촉구하듯이 이 모든 일은 다음과 같이 수행되어야 한다: 솔직함과 소박함, 온유함이 어우러진 엄격함, 진지함과 열의와 열정과 애정과 인내와 경외와 영성과 성공에 대한 열망과 기대와 자신의 불충분함과 그리스도에 대한 의존에 대한 깊은 의식과 다른 목사들과의 연합을 동반하는 가운데, 순수하고 성실하며 열심 있고 신중하게! 단지 확고한 헌신의 삶, 곧 생동하는 경건만이 아마도 이런 고된 직무의 필요들을 채워줄 것이며 그것이 요구하는 삶의 특성을 제공할 수 있을 것이다.

우리가 이미 주목했듯이 설교는 단순한 웅변의 기술이 아니다. 그것은 하나님의 이름으로 그리고 그분의 말씀에 권위에 의한 선포이다. 설교 자체는 역동적인 것이 필수적인데, 왜냐하면 그것에 못 미치는 경우 그것의 본질과 모순되기 때문이다. 그러므로 우리는 "능력 있는 설교의 원천이 되는 토양은 설교자 자신의 삶이다"라는 주장의 진가를 인정할 수 있다.[11]

설교자는 시간과 에너지 비축을 크게 요구하는 분주한 천직을 감당

---

10. Richard Baxter, *The Reformed Pastor* (Edinburgh: Banner of Truth, 1974), p. 14.
11. Al Martin, *What's Wrong with Preaching Today?* (London: Banner of Truth), p. 3.

하는 동안, 성경의 어떤 부분을 펼쳐야 하는지에 대해 하나님의 생각을 알고자 열렬히 찾는 시간을 내야 한다. 이 일은 단지 시작일 뿐이다. 주해와 준비의 노고가 뒤따른다. 경건은 이 연습들과 결코 무관하지 않다. 바울이 좋아하는 표현을 사용하자면 이 연습들은 "주 안에서" 그리고 확실히 그분에 대한 두려움 가운데 행해진다. 영적 능력은 설교 전달 시만큼이나 준비 시에도 요구된다.

아마도 어느 누구도 다음과 같이 말한 리처드 백스터보다 이 문제를 더 적절히 진술하지 못했을 것이다:

> 은혜의 상태에 있는 것으로 만족하지 말며, 또한 여러분의 은혜가 힘차고 활발한 실천 가운데 유지되고, 연구한 설교를 다른 사람들에게 설교하기 전에 여러분 자신에게 설교하도록 주의 하십시오. 만약 여러분 자신을 위해 이 일을 행한다면 그것은 헛된 수고가 되지 않을 것입니다. 그러나 본인은 지금 공적인 이유로, 곧 교회를 위하여 그 일을 행하라고 이야기하고 있습니다. 여러분의 마음이 거룩하며 천상적인 분위기에 있다면, 여러분의 회중은 그 열매에 참여하게 될 것입니다. 여러분의 기도와 찬양과 교훈이 그들에게 달콤하고 천상적인 것으로 느껴지게 될 것입니다. 그들은 아마도 여러분이 언제 하나님과 많이 대면했는지 느낄 것이며, 곧 여러분의 마음에서 가장 큰 자리를 차지하는 것이 그들의 귀에서도 가장 큰 자리를 차지하게 될 것입니다. 저는 제 양떼들에게 저 자신의 영혼의 질병을 드러내는 통탄스러운 경험 때문에 그렇게 말하지 않을 수 없음을 고백합니다. 제 마음이 냉랭해질 때 제 설교는 냉랭해지며, 혼란스러운 가운데 있을 때는 설교도 혼란스럽습니다.… 만약 우리가 온전하지 못한 음식을 섭취한다면, 우리의 청중은 더더욱 잘못되거나 무익한 논쟁에 빠지게 될 것입니다. 반면, 만약 우리가 믿음과 사랑과 열정에 있어 풍성한 가운데 있다면, 흘러 넘쳐 청중을 새롭게 하며, 동일한 은혜의 충만함이 그들에게도 나타나지 않겠습니까? 그러므로 동역자 여러분, 자신의 마음을 살피며, 욕구와 욕정과 세상적

열망을 멀리하며, 믿음과 사랑과 열정을 지키십시오.… 무엇보다 은밀한 기도와 묵상에 열심을 내십시오. 그 일로부터 여러분의 제물을 태울 틀림없는 하늘의 불꽃을 얻어야 합니다.[12]

백스터가 매우 잘 개괄한 목회적 책무의 두렵고 떨리는 엄중한 본질은 경건을 매우 다양한 필요를 채워줄 원천으로 제시하는데, 왜냐하면 경건은 항상 우리로 하여금 기도, 곧 단지 집중적인 개인기도만이 아니라, 또한 심령 속에서 진지하게 성령께 의탁하는 가운데 표현되는 기도로 이끌기 때문이다.

경건은 우선순위를 분별해야 할 끊임없는 필요 가운데 설교자를 늘 지지해준다. 어떤 일이 먼저 보살펴져야 하는가? 항상 책무들을 이행하는 데 있어 지혜가 필요할 뿐만 아니라, 또한 그 책무들의 실행이 은혜로운 것으로 규정될 필요가 있다.

매주 노동의 중단이라는 창조 규례의 준수는 경건과 무관하지 않은데, 왜냐하면 경건한 사람은, 하나님이 제정하신 쉼의 규정에 불경한 어떤 것도 없으므로, 그것에 순종할 것이기 때문이다. 영국에서 필자는 이 원리의 결여가 다른 어떤 단일 요소보다 더 크게 유능하고 검증된 사람들의 실패와 결과적인 목회직에서의 사임으로 귀결되는지를 목도해왔다. 이것은 보통 "과로"라고 불리지만, 사실은 사람들이 자신은 중단 없이 일할 수 있다고 생각하는 일의 안타까운 결과이다. 그것은 유지될 수 없는 불균형적인 경건이다. 이점은 우리로 하여금 설교자가 직면하게 되는 압박감의 몇몇 요인을 숙고하도록 이끈다.

---

12. Baxter, *Reformed Pastor*, pp. 61ff.

3. 경건의 압박감과 실패

존 칼빈John Calvin의 생애는 하나님의 사람에게 닥쳐오는 다양한 압박감의 요인들, 곧 가장 용맹하며 은사가 많은 사람의 영혼까지 무너뜨릴 정도로 강력하게 결합될 수 있는 압박감의 요인들을 생생하게 예시한다. 칼빈은 경제적 압박감과 과중한 일의 압박감과 사별과 자신의 가족의 도덕적 실패와 심각한 목회적 고충과 지지자와 동료의 실패와 아마도 최악의 것으로는 매우 빈약하고 안심할 수 없는 건강 등의 어려움을 겪는 일이 무엇인지를 잘 알았다. 재정적 압박감에 대해서 말하자면 스트라스부르Strasbourg에 있을 때 그가 생계를 위해 서재의 책을 팔아야 했으며, 제네바에서의 사역을 시작했을 때 첫 보수를 받는 데 5개월을 기다려야 했다는 이야기들이 눈에 띈다. 스트라스부르에서 귀환한 직후 제네바에서의 압박감과 방해받은 일에 대해 그는 이렇게 썼다: "내가 이곳에 도착한 이후 아무도 나를 찾아오지 않고 훼방하지 않은 두 시간이 주어진 경우를 기억할 수 없다."[13]

이델레트 반 뷔런Idelette van Buren과의 결혼은 행복한 일이었지만, 그들은 사별의 슬픔을 겪었다. 칼빈 부부에게는 단지 한 명의 아들이 있었는데 출생한지 얼마 안 되어 잃었다. 개혁가는 누군가를 잃는 일에 매우 큰 상처를 받았다. 동료 쿠롤Courauld의 사망 시 그의 슬픔은 끝이 없었다.[14] 하지만 부부를 가장 가슴 아프게 했던 것은 바로 도덕적이며 교리적인 탈선이었다. 이델레트의 딸 유디스가 간음에 빠졌다. 개혁가는 너무나 슬퍼서 며칠 동안 일을 중단하고 도시를 떠나야 했다. 도시를 떠나는 일은 심지어 다른 첨예한 분쟁에서도 있지 않았던 것이다. 도덕적 부끄러움은 거룩함을 사모하는 영혼에게 특별히 속상한 것이다.

---

13. Jean Cadier, *The Man God Mastered* (London: Inter-Varsity Press, 1960), p. 119.
14. T. H. L. Parker, *John Calvin* (Tring, England: Lion Publishing PLC, 1982), p. 120.

목회적 고충, 곧 비판과 험담과 적대와 분열과 다툼과 오해와 냉소와 더 잘 이해해야 할 사람들의 부정적 태도를 감당해야 하는 부담은 어마어마할 수 있다. 이것이 목회자들에게 지워지는 참으로 가장 큰 중압감이다. 칼빈의 경험이 이 주장을 인증한다. 파렐Farel에게 쓰면서 그는 이렇게 역설했다: "매일 천 번 넘게 죽으며 짊어져야 하는 십자가보다 차라리 백 번 죽는 것이 더 나을 것이다."[15] 제네바에서의 목회가 바로 그런 것이었다.

우리 주님이 마신 비통의 잔은 썼는데, 베드로의 부인과 유다의 완전한 배교에 의해 마셨기 때문에 더 더욱 그러했다. 친구가 실망스럽게 했을 때 특별히 고통스러운 면이 있는데, 배신을 당할 경우에는 고통이 가중된다(시 41:9; 109:4, 5). 칼빈 역시 이런 유형의 고통을 겪었는데, 심지어는 친한 벗인 루이 뒤 틸레Louis du Tillet가 로마교회로 다시 돌아가는 배신의 아픔까지 겪었다.[16] 칼빈에 의해 그의 대학의 학장이 될 정도로 신임을 받던 카스텔리오Castellio는 결국 재난과 쓰라진 곤경의 원인이 되었다.[17] 그러나 비록 그런 이탈자들이 있었지만, 그 수는 평생 동안 지속된 수많은 상호 신뢰하고 풍성한 교우관계에 비교하면 매우 적었다.[18]

건강의 은사를 깨닫고 꾸준히 신체를 건강하게 단련하여 능률을 향상시킬 수 있는 목회자가 지혜롭다. 때때로 초기의 나쁜 건강이나 신체의 문제는 칼빈의 경우에서와 같이 그런 기회를 지니지 못한다. 그는 "다만 내 상태가 끝없는 죽음과의 사투가 아니라면"이라고 썼다. 담석과 신장결석과 늑막염과 편두통과 궤양과 관절염과 마지막으로 폐결핵

---

15. *Letters of John Calvin* (Edinburgh: Banner of Truth, 1980), p. 59.
16. Parker, *John Calvin*, p. 84.
17. Emanuel Stickelberger, *John Calvin* (Cambridge, England: James Clarke, 1977), pp. 99ff.
18. Parker, *John Calvin*, p. 122.

이 그가 놀랍고 영웅적인 의지로 견딘 육체적 고통에 속했다.[19] 칼빈의 경건, 곧 그의 주 예수 그리스도와의 개인적 교제는 이 압박의 요인들을 막아내는 방어선이었다.

여기까지 여러 압박의 요인을 이겨낸 한 사람에 대해 살펴보았으므로, 다음으로 묻고자 하는 질문은 "오늘날 경건의 실패의 주요 요인은 무엇인가?"라는 것이다. 우리는 목회자의 경건의 가장 현저한 적대 요소들, 곧 원수 마귀가 목회자를 약화시키며, 가능하다면 파멸시키는 일에 이용하는 수단들에 관심을 갖는다.

자기부인의 결여에 기인하는 실패 월터 챈트리Walter Chantry는 자신의 소책자 『십자가의 그늘』*The Shadow of the Cross*에서 한 장을 기독교 목회에 할애한다.[20] 여기서 그는 잘못을 범하는 목사들, 특히 태만하고 방종하며 게으른 목사들에게 맹공을 퍼붓는다. 그의 분노를 비판하는 대신 우리 자신들은 기술된 죄악들에 대해 떳떳하게 되도록 노력하는 것이 바람직할 것이다. 이것들의 몇몇이 특별히 미국에서 매우 명백하게 나타나고 있음을 아무도 부인할 수 없을 것이다. 풍부한 생활을 누리는 일의 법적 보장이 대부분의 다른 지역보다 북미의 상황을 더욱 강하게 특징짓는다. 물질주의적이며 향락적이고 번영을 추구하는 사회의 영향이 너무나 강해서 목사들의 경건을 약화시기까지 한다. 점진적이며 부지불식간에 그들은 세상적 표준과 방종에 익숙해져 간다. 다른 말로 하자면 그들이 세상을 형성해나가기 보다는 세상이 그들을 형성해나간다.

제3 세계에서 우리는 대조적인 상황을 보게 되는데, 곧 교육 기회가 목회자들을 심각한 시험의 요인이 될 수 있다. 그들은 때때로 파트타임의 세속적인 교습이나 여타 직업 활동을 통해 자신의 생활수준을 높

---

19. Stickelberger, *John Calvin*, p. 86.
20. Walter Chantry, *The Shadow of the Cross* (Edinburgh: Banner of Truth, 1981).

일 기회를 가진다. 그들의 소명이 부과하는 상대적 가난을 고수하는 일은 단호한 자기부인을 요구한다. 마찬가지로 부유한 나라에서 수년간의 유학을 해야 하며, 따라서 안락하거나 호사스런 생활방식에 익숙하게 된 목사가 다시금 모국의 가난에 적응하는 일은 결단력 있는 자기부인을 요구한다. 이 지점에서 자기부인의 결여는 어떤 사람으로 하여금 그의 거룩한 소명에서 이탈하게 해왔다. 결과적으로 많은 기도와 심사숙고가 무일푼의 환경에서 풍족한 환경으로 이동하는 일에 선행되어야 한다.

자기부인의 연습은 합법적인 오락과 여가 활동에서도 필요하다. 예수님은 다음과 같이 경고하셨다: "홍수 전에 노아가 방주에 들어가던 날까지 사람들이 먹고 마시고 장가들고 시집 가고 있으면서 홍수가 나서 그들을 다 멸하기까지 깨닫지 못하였으니 인자의 임함도 이와 같으리라"(마 24:38, 39). 그런데 먹고 마시고 결혼하는 일에는 아무런 비합법적인 점도 없다. 만약 빌립보서 4:8의 시험을 통과한다면 – 곧 참되고 경건하고 옳고 정결하며 사랑 받을 만하며 칭찬 받을 만 하다면 – 우리가 행하는 일반적인 활동에는 아무런 잘못된 점도 없다. 그러나 우리가 지나치게 탐닉하게 되자마자, 죄를 범하게 되는 것이다. 우리는 주변에 있는 많은 좋은 오락거리와 합당한 여가 활동을 자유롭게 누릴 수 있다. 하지만 대답되어야 할 질문은 "이 문제에도 자기부인이 적용되는가?"라는 것이다. 확실히 목사는 다른 사람들이 따라야할 본보기가 되어야 한다. 분별력 있게 합법적인 오락과 여가 활동이더라도 줄이거나 축소하고 다른 사람들을 격려하고 돕는 더 나은 활동으로 대체함으로써 그는 지도력을 발휘하며 교인들에게 모범을 제시하게 된다. 환난 중에 있는 고아와 과부를 심방하는 일(약 1:27, KJV)과 텔레비전에서 구기종목을 시청하는 일 중 어떤 것이 추운 겨울밤에 행할 수 있는 더 유익한 일이겠는가?

기독교인에게 자기부인의 실천이란 자기의 느낌과 욕구와 위로가 주님의 뜻 다음에 오는 일을 의미한다. 자기부인은 보편적이고 지속적이어야 한다. 그것은 자주 고통을 수반한다. 우리 주님께서 그분을 따르는 일이 자기부인과 "십자가"를 지는 일을 요구한다고 말씀하셨을 때(눅 9:23, 24), 그의 제자들은 그분 자신이 로마인이 제작한 문자적인 나무 십자가상에서 돌아가실 것이라고 전혀 생각하지 않았다. 가장 극심한 고통을 수반할지라도 우리 주님은 바로 그 십자자로 일부러 나아가셨다. 동반되는 고통을 개의치 않는 가운데 그 일은 고의적이며 계획적이고 의도적이었다. 우리는 과연 이런 식으로 자기부인을 실천하는가? 오늘날 이런 정도의 헌신을 보이는 목사들이 어디에 있는가? 너무나 자주 목사들과 오로지 이 세상의 쾌락만을 위해 사는 그들의 안일한 이웃들과 아무런 차이도 발견될 수 없다.

자기부인은 소유물에도 적용된다. 음향 장치와 가구와 오락 용구와 같은 사치품에 대한 소비 욕망에는 어떠한 제한도 없다. 분수를 아는 일이 필수적이다. 탐욕이 억제되지 않을 경우 그것에 압도될 수 있다. 최근 미국을 여행하면서 필자는 이미 부자이면서도 돈을 축적하는 데 몰두한 일 때문에 사직을 요구받은 한 목사의 이야기를 들었다. 부유한 사회에서 목사는 단지 사치에 노출될 뿐 아니라 위험스럽게도 기부자에게 매이게 될 정도로 돈을 주는 사람의 희생자가 될 수 있다. 기부자에게 참되고 긴급한 필요의 영역을 추천하며 자신은 이해관계에서 멀어지는 것이 지혜롭다.

성경에는 금식에 대한 많은 구절이 있지만, 오늘날은 금식일은 매우 적게 알려진다. 청교도 시대의 목사들은 특별히 기도와 금욕을 위해 구별해 놓은 날에 발견한 기쁨과 즐거움에 대해 증언했다.[21] 우리는 일기장에 토머스 보스턴Thomas Boston이 행한 일을 한 적이 있는가? "9월 13일 집에서 낙담한 가운데 있으며, 심프린Simplin에 정착하는 일이 불편

---

21. Peter Lewis, *The Genius of Puritanism* (Sussex, England: Carey, 1979), pp. 60ff.

하고 불만족스럽게 느껴지기 시작했다. 그래서 한명의 그리스도인으로서의 정체성을 상실해가는 내 자신의 모습을 발견하고 그 다음날 금식과 기도로 얼마간의 시작을 보내기로 결심했다."[22]

절제된 식습관에 의한 자기부인이 목사에게 적합하다. 절제된 식습관의 시작은 친구와 함께 함으로써 더 용이해진다. 행할 일에 대한 규정이나 규칙에 대한 친구와의 약속은 성공에 도움이 된다. 매우 향상된 업무 수행이 과도한 탐닉을 피하는 일에 자주 뒤따른다. 이런 문맥에서 굶어 죽어가는 빈자와 크게 과소비하는 부자 양자 모두가 있는 세상에서 경건이 요구하는 것이 과연 무엇인가에 대한 질문을 제기하는 일은 적절한데, 이것은 로널드 사이더 Ronald S. Sider에 의해 그의 책 『굶주림의 시대의 부자 그리스도인』 Rich Christians in an Age of Hunger에서 논의되는 주제이다.[23]

신경과민에 기인하는 실패 양떼를 감독하는 목회 사역은 목사와 사모 그리고 아마도 자녀들 역시도 정신적 긴장 가운데 있게 할 수 있다. 분열과 다툼과 시기와 이기적 야망은 온갖 종류의 혼란과 악한 일을 야기시킨다(약 3:16). 이 일들은 목사에게 악몽이 되며 그의 정신적 자원을 고갈시키고 신경쇠약에 이르게 할 수 있다. 어떤 목사도 자신의 교회는 예외라고 생각하며 안심할 수 없다. 문제들은 무섭게 발생한다. 주의한다고 해서 모든 문제를 예방할 수는 없을 것이다. 평화로운 때에 대해서는 감사해야 하겠지만, 늘 싸움을 준비해야 할 것이다(엡 6:10-18). 어떤 목사들은 폭풍우를 헤쳐 나갈 준비가 잘 되어 있다. 그들에게는 평정심이 있을 것이다. 만사에는 때가 있으며 그들은 밤에 평안히 잠을 잘 것이다. 그러나 다른 사람들은 매일같이 불면증에 시달리며, 한밤중

---

22. Thomas Boston, *Works*, vol. 12 (Wheaton: Roberts, 1980), p. 84.
23. Ronald Sider, *Rich Christians in an Age of Hunger* (London: Hodder and Stoughton, 1980).

에 몇 번이나 깨어나고 걱정과 염려에 사로잡힐 것이다. 그들은 여러 치료책을 강구하더라도, 아무런 도움이 못될 수도 있다. 심지어 열렬한 기도도 그들의 염려를 해결하지 못하기도 한다. 결국 그들은 더 이상 버티지 못하고 무너진다. 많은 이들은 목회직을 그만둔 것은 설교할 수 없어서가 아니라, 교회 문제의 중압감과 골칫거리를 견뎌낼 수 없었기 때문이다.

목회 시초에 목사는 자신의 소명이란 바로 영혼의 의사가 되는 것임을 인정해야 한다. 더욱이 목회 대상인 교인들의 성화가 단번이 아니라 일평생에 걸쳐 진행된다는 점을 온전히 수긍해야 한다. 지역 교회는 채석장이지 완성된 성전이 아니다. 셀 수 없는 아픔과 고통이 우리가 지역 교회라고 부르는 병원에서 치료되어야 한다. 병약자를 위한 병원은 부적절한 유비가 아니다. 갈라디아의 교회들을 돌보는 일과 고린도의 병폐를 바로잡는 일에서 바울이 경험한 염려를 생각해보라. 또한 그가 거의 아무런 지원도 없으며 큰 낙담 가운데 로마에서 투옥된 일을 기억해보라. 환자가 아프다고 해서 불평하는 의사가 있다고 들어보았는가? 의사가 병자를 돌보는 일 외에 그 어떤 일에 부름 받는다는 말인가? 마찬가지로 영적 의사는 죽음과 어두움의 영역에서 빠져나온 자들을 돌보도록 부름 받는다. 목사의 소명은 문제를 처리하는 것이다. 그의 사역은 길르앗의 유향을 바르며 치료하는 일이다. 목자로서 그는 양떼를 치료할 뿐만 아니라 또한 보호해야 한다. 늑대에 대처하는 일은 유쾌하지 않고 위험한 것이다. 이 긴장감과 요구들을 감당하기에 충분한 경건이 확립되어야 한다.

도덕적 일탈에 기인하는 실패 간음의 문제에 있어 목사들 중에도 수많은 희생자가 있다는 것은 끔찍하고 서글픈 사실이다. 목사는 다른 사람들과 똑같이 연약하다. 어떠한 지역과 나라와 교파도 예외가 아니다. 매 경우마다 뒤따르는 상처는 되 돌이킬 수 없는 것인데, 목회에 관한 한 결국 파멸로 귀결된다. 이것은 달갑지 않은 주제이지만 우리는 그것을 회피할 수 없다. 이 문제는 성실한 대처를 요구한다. 서 있는 사람은 넘어지지 않도록 조심해야 한다. 다윗의 죄에 빠지지 않는 유일하게 확실한 보장책은 정결한 마음을 유지하는 것인데, 이것은 물론 경건의 핵심적 요소이다. "모든 지킬 만한 것 중에 더욱 네 마음을 지키라 생명의 근원이 이에서 남이니라"(잠 4:23). 육체적 욕구와 관련하여 바울은 이렇게 선언했다: "그러므로 나는 달음질하기를 향방 없는 것 같이 아니하고 싸우기를 허공을 치는 것 같이 아니하며 내가 내 몸을 쳐 복종하게 함은 내가 남에게 전파한 후에 자신이 도리어 버림을 당할까 두려워함이로다"(고전 9:26-27). 욥은 소녀를 음란하게 바라보지 않겠다고 자신의 눈과 약속한다고 말했다(욥 31:1). 눈만 아니라 마음도 지킬 수 있는 자가 안전할 것이다.

교만과 이기적 야심에 기인하는 실패 설교자는 직분의 특성과 역할 때문에 다음과 같은 영적 교만에 노출된다: 곧 목회직 자체로 인한 교만과 지적 교만과 능변에 대한 찬사로 인한 교만. 그 어떤 것도 이보다 더 부적절할 수는 없을 것이다. 우리가 소유한 것 중에 받지 않는 것이 어디에 있단 말인가? 설교자의 책무는 값없는, 주권적인 은혜를 붙드는 일인데, 이일의 의미는 구원은 공로로 얻어지지 않고 자비로 부여된다는 것이다. 하나님께서는 우리에게 주권적으로 다가오시며 값없이 우리를 풍족하게 하시고 당신과 당신의 아들의 상속자로 삼으신다. 그 은혜를 덧입은 자의 마음은 감사와 겸손으로 채워져야 할 것이다. 어느 누구보다도 설교자 자신이 겸양의 모범이 되어야 한다. 교만은 죄악으로 타락한 루시퍼와 아담의 본성이다. 교만이 타락한 인간의 본성에 깊이 뿌리박혀 있다. 설교자도 예외가 아니다.

먼저 아첨으로 인해 발생하는 시험에 대해 살펴보자. 우리 중 얼마나 많은 사람들이 다음과 같이 말하는 헨리 마틴 Henry Martyn과 같은 모습을 보일 수 있겠는가: 곧 "사람들이 빈번히 나를 칭찬하는 일이 기쁘다. **그러나 내 자신이 그런 일을 즐긴다고 느껴질 때면 혐오감이 든다.**"[24] 퀘스널Quesnal는 사도행전 14:13-14에 기록된 사건, 곧 사람들이 바울과 바나바를 경배하며 제사를 드리려고 할 때의 사건에 대해 평가할 때 심히 통찰력 있게 이 문제에 대해 표명한다. 즉 그는 이렇게 썼다:

> 자신에게 돌려지는 영광의 최소한의 일부분도 받아들이지 않는 일은 매우 이례적인 것이다. 이 일은 그리스도의 사역자의 충성심이 평가되는 시금석이다. 우리는 거북스러운 칭찬과 과도한 아첨을 거절하는 일을 자랑하는데, 왜냐하면 이 일은 우리 자신을 우스꽝스럽게 만들지 않기 때문이다. 그러나 칭찬이 근사하고 세심하며 솜씨 좋게 준비된 향기와 같을 때 중독되지 않는 경우는 좀처럼 드물다.[25]

지적 교만은 학문적 성취를 이룬 사람들에게 특별한 경계 대상이며 위험 요소이다. 그들은 자신의 학식 때문에 감탄을 받으며 큰 지식 때문에 존경받기를 좋아한다. "저리 비켜! 저리 비켜!"가 그들이 듣기 좋아하는 말이다. 지적 성취와 영리함의 부분에 있어 최고의 위치에 있는 사탄의 주된 죄악이기 때문에 그런 교만의 희생자가 되는 일은 얼마나 애석한 일인가! 많은 사례에 있어 기독교 교회는 학문적인 학위를 권고하며 확실히 대부분 인정하고 찬사를 보낸다. 그러나 우리는 모세가 얻은 명예 학위, 곧 40년간의 인내와 겸손과 온유함의 훈련을 기억해야 한다. 온유함에 있어 아무도 그와 필적할만한 사람은 없었다. 어떤 학문이 오늘날 겸손과 같은 내적 자질에 학위를 수여하겠는가? 동기의 문제가 중요하다. 목사가 자기 자신의 이기적인 야심을 위해 사는 일은

---

24. Charles Bridges, *The Christian Ministry* (Edinburgh: Banner of Truth, 1961), p. 153.
25. Ibid.

불가능하다. 은행업계와 건설업계와 같은 세속 영역과 달리 공식적으로 제도화되어 있지 않지만, 어떤 교단들에는 일종의 사다리가 존재한다. 사람들은 작은 교회에서 점차 더 큰 교회로 옮겨간다. 자기 자신의 능력들에 대한 적절한 평가와 그것들을 온전히 사용하고자 하는 바람은 좋지만(롬 12:3; 딤전 3:1), 완전히 자기중심적인 야심은 자기숭배이며 가증스러운 것이다.

진리와 정해진 은혜의 방편에 대한 의존에서의 이탈에 기인하는 실패 우리는 도덕적 타락을 실패의 한 원인으로 검토했으며 그런 일이 발생하는 빈번함을 숙고했다. 물론 도덕적 타락과 영적 실패 양자 모두 경건과 직접적으로 관련된다. 경건은 영혼의 보호자, 곧 목회 활동의 단지 후원자일 뿐만 아니라, 또한 공급자이기도 하다. 경건은 또한 진리를 사모하는 일을 포함한다. 하나님께서 진리와 진리의 길을 간절히 원하시는 바와 똑같이, 목사도 그러해야 한다. 거룩하게 하는 진리에 전적으로 의지하며(요 17:17) 오로지 공인되거나 정해진 은혜의 방편에만 의존하는 일(행 2:42)은 때가 어둡고 무기력한 시기에는 쉽지 않다. 교회사에는 다수의 복음주의적 목사가 이런저런 이단을 받아들인 쇠락의 시대가 있어 왔다. 합리주의Rationalism와 유니테어리언주의Unitarianism의 어두운 시대를 기억하라. 대중적인 운동과 타협해야 하는 거의 저항할 수 없는 압력이 있는 그런 시기에 경건은 목사를 지킬 것이다. 크리스머스 에반스Christmas Evans의 생애는 이 점을 예시한다. 그는 당신의 메마르고 무익한 지성적 이단인 산드만주의Sandemanianism에 굴복했으며, 냉랭하며 어두운 수년을 보냈고, 그의 목회는 그 자신이 다음과 같이 묘사하는 대로 매우 황폐하게 되었다:

산드만주의 이단은 죄인의 회심을 위한 기도의 열정을 식게 할 정도로 영향을 주었으며, 내 마음에 하늘나라의 더 중요한 일들보다 더 작은 일들에 더 많은 관심을 가지도록 이끌었다. 나는 설교단에서 영혼들을 그리스도께로 회심시키겠다는 열의와 확신과 열심을 주던 활력을 상실했다. 내 심령은 얼마간 시들해 갔으며 선한 양심의 증거를 깨달을 수 없었다. 안식일 밤이면 그날 동안의 수많은 오류를 통렬하게 드러내고 비판한 뒤, 내 양심은 꺼림직 해졌으며 하나님과 가까이 하고 동행하는 일을 상실했음을 자책했다. 이런 일은 교회에 재앙과 같은 결과를 가져왔다. 앵글시Anglesey에서 나는 거의 모든 옛 청중을 잃었으며 결국 우리는 15년에 걸쳐 세운 것 거의 전부를 무너뜨렸다.

하지만 그는 이전의 경건으로 온전하며 갑작스럽고 영광스러운 회복을 체험했다. 그는 자신의 복귀를 다음과 같이 매우 감동적으로 묘사한다:

나는 그리스도와 그분의 희생과 그분의 성령의 사역에 대한 냉랭한 심령과 설교단이나 서재에 있을 때 그리고 홀로 있을 때의 냉랭한 심령에 지쳐 있었다. 지난 15년 동안 내 심령은 마치 예수님과 함께 엠마오에 가는 것처럼 깊은 곳에서부터 타오르는 것을 느꼈다. 내가 기억하는 어느 날, 돌걸라Dolgellau에서 머친럿Machynlleth로 가면서 케이더 이드리스Cader Idris로 올라 가던 중 내 심령이 아무리 완악하고 내 영혼의 상태가 아무리 세속적이더라도 꼭 기도해야겠다고 여겨졌다. 예수님의 이름으로 기도를 시작하자, 곧 정말로 심령의 족쇄가 풀어지고 옛 완악함이 부드러워짐을 느꼈으며, 마치 얼음과 눈으로 뒤덮인 산이 녹아내리는 것 같다는 생각이 들었다. 이 사건은 내 영혼 가운데 성령의 약속에 대한 확신을 불러일으켰다. 내 마음 전체가 어떤 커다란 속박에서 벗어난 것 같은 느낌이 들었다. 눈물이 펑펑 쏟아졌으며 강권적으로 내 마음에 구원의 기쁨을 회복하시는 하나님의 은혜로우신 임재를 울며 간구하며, 목회하고 있는 앵글시의 교회들을 떠올리게 되었다. 내 기도 가운데 그 지역의 모든 교회와 거의 모든 사역을 거명하였다. 이 씨름은 세 시간 동안 지속되었다. 그것은 마치 파도가 연이어 오는 것처럼 또는 강한 바람으로 물결이 높이 솟아오르듯이, 통회자복하며 내 본성이 믿음으로, 충만한 모습으로 변화되기까지 계속되었다. 나는 그리스도께 굴복했다. 곧 그리스도께 몸과 영혼과 은사와 노동과 내게 남아 있는 모든 날과 시간과 모든 염려를 맡겼다. 깊은 산중의 인적이 드문 곳이었기 때문에 나는 아무런 방해 없이 하나님과 완전히 단독으로 대면하며 씨름할 수 있었다.[26]

이것들은 합당한 성경적 경건의 결여에 기인할 수 있는 목회 실패의 단지 몇 가지 원인일 뿐이다. 이제 화제를 바꿔 참된 기독교적 경건의 원천이신 예수님에 대해 상고해보자.

4. 경건의 모본이요 원동력이신 주 예수 그리스도

그리스도는 너무나 상이한 범주에 속하시는 분이므로 우리가 따를 모범이 될 수 없다는 반대를 예상하며 우리는 중요한 기독론 논쟁들은 그리스도의 두 본성, 곧 신성과 인성의 완전한 일체됨을 중시할 것을 교훈해왔다는 점을 상기한다. 동시에 우리는 그것들을 혼동하는 일을 피해야 한다. 이것은 두 본성을 분명하게 구분하며, 또한 그것들의 상호작용을 살피는 일이 우리의 권리요 특권임을 뜻한다. 신적 본성이 현저한 때가 있다. 우리는 이것을 예수님의 놀라운 이적들과 그분의 "나는 …이다"라는 언사가 그분의 유일무이하고 신적인 존재를 가리키는 몇몇 강화에서 본다. 하지만 다른 때에 우리는 그분이 굶주리고 목마르며 피곤하신 것을 관찰한다. 그분은 우리들보다 훨씬 더 육체적 긴장과 커다란 요구들에 직면하셨으며 개인적 기도에 끊임없이 의존해야 하

---

26. *Reformation Today*, 29, pp. 29-30.

셨다. 그분은 우리가 당하는 고초를 모르시는 초인superman이셨다는 생각을 주창하는 것은 이단이다. 성경은 다르게 언명한다. 우리는 그분에게서 비록 죄는 없으시지만, 우리와 똑같이 모든 일에서 시험받으시는 분을 보게 된다(히 4:15). 성경은 우리로 하여금 그리스도를 거룩(요일 2:6)과 오래 참으시는 고난(벧전 2:21)과 사랑(엡 5:2)의 본보기로 따를 것을 독려한다. 복음의 사역자는 지도자이며, 하나님을 잘 본받는 자가 되고, 자신이 인도하는 양떼의 모범이 되어야 한다(엡 5:1).

이미 경건과 성결이 전 포괄적임을 설명했으므로 여기서는 목사가 그리스도를 닮아야 하는 단지 다음과 같은 몇 가지의 두드러진 부분에 초점을 맞추는 것이 좋을 것이다. 즉 사랑과 자기희생과 기도와 금식과 타인에 대한 겸손하고 기쁜 마음의 봉사와 인내의 신앙. 우리의 모본이신 그리스도께 집중한 다음에 우리는 능력주시는 분이신 그분에 대해 고찰할 것이다.

경건의 모본이신 그리스도

사랑 온갖 부류의 죄인에 대한 그리스도의 사랑은 그들을 치유하시며 변화시키고자 하시는 그분의 불쌍히 여기심에 의해 증명된다. 주권적 은혜의 예를 든다면, 거라사의 귀신 들린 사람의 치유 사건이다(막 5:1-20). 타락한 피조물 중 가장 부패하고 사악한 자를 볼 때 우리는 그리스도와 같은 불쌍히 여김을 느끼는가? 언뜻 보기에 무익하고 쓸모없는 경우, 곧 마약 중독자와 같은 사람들을 조금이라고 고쳐보고자 노력할 마음이 있는가? 전도 활동을 하도록 우리를 독려하는 원동력이 되는 인간에 대한 사랑뿐만 아니라 이미 구원받은 자에 대한 사랑도 존재한다.

사랑은 추상적 감정이 아니다. 그것은 지성과 관찰에 의해 작용한다. 많은 요소들이 개입된다. 그리스도는 대상에 대해 잘 아시는 가운데 사랑하셨다. 예를 들어 예수는 젊은 부자 관원을 지켜보시고 사랑하셨다. 그분은 그를 그의 모습 그대로 사랑하셨는데, 곧 그는 하나님의 형상으로 지음 받았지만, 아직 타락 가운데 있으며 구원 받을 필요 가운데 있었다(막 10:21). 예수께서는 지식(에피그노시스)과 총명함과 분별력과 더불어 사랑하시는데, 이것은 빌립보서 1:9이 가르치는 바이다. 예수께서는 요한을 다른 사람들과 구별되게 사랑하셨다(요 13:23). 그분은 베드로를 구별되게 사랑하셨는데, 그 사랑은 베드로가 실패한 후에도 그를 회복시키고자 하는 의지를 포함했다(요 21:15 이하). 그분은 당신의 양떼를 사랑하셨는데, 곧 끝까지 사랑하셨다. 우리는 하나님께서 당신의 백성을 사랑하시는 은혜롭고 자충족적인 사랑과 모든 인간을 사랑하시는 선의의 매우 호혜적인 사랑을 구분해야 한다. 예수께서는 예루살렘의 죄인들을 사랑하셨으며 그들이 초래한 재앙에 대해 슬피 우셨다(눅 19:41). 우리에게 예수님은, 그분 당신이 사랑하셨고 계속하여 사랑하시는 것과 마찬가지로, 우리도 사랑할 모본과 원동력이시다.

목사의 직분에서 이것의 실제적 중요성은 아무리 강조해도 지나치지 않다. 우리에게 강하게 영향을 미치는 진리와 원리의 문제가 관건이 될 분열이나 분쟁의 시기에 동료 신자를 사랑하기는 매우 어렵다. 종종 교인들은 지역 교회를 갈라놓는 죄를 범한다. 자기주장과 신랄함과 분쟁과 시기와 완고함이 지배적이 될 수 있다. 그런 상황에서 "양"을 사랑하는 일은 극도로 어렵다. 하지만 하나님의 사랑은 늘 우리의 모본이 된다(엡 5:1-2; 요 13:34-35). 그분은 결코 당신의 백성에 대한 사랑을 멈추시지 않으신다. 예수님은 당신의 제자들의 성숙되지 못함과 야심에도 불구하고 그들을 사랑하신다(마 20:24-28). 목회자가 사랑의 본보기로 빛을 비추는 일이 중요한데, 특별히 양떼 중 제멋대로인 자를 책망하고 바로잡을 때 특별히 그러하다(갈 6:1; 딤후 2:24). 화가 치밀어 오르는 상황에서 요구되는 온유함과 정중함은 단지 경건으로 잘 정돈된 생활에서만 올 것이다.

자기희생 우리 주님의 제자가 자신의 모든 세상적 기대를 버린다는 것은 어떤 의미인가(마 19:27)? 오늘날 과연 얼마나 많은 목사가 이런 식으로 생각하는가? 목사가 되길 열망하는 젊은이들 중 얼마만큼이나 결혼을 포기하는 일을 생각해보는가? 이 일은 대부분의 사람에 의해 종교개혁 이전의 오도된 행위로 여겨질 것이다! 하지만 우리 주님은 그런 가능성에 대해 심각하게 말씀하셨다. "천국을 위하여 스스로 된 고자도(결혼을 포기한 자도, NIV) 있도다 이 말을 받을 만한 자는 받을지어다"(마 19:12).

종교개혁 시까지 번영의 포기와 결혼 단념의 형태로 나타난 자기희생은 백배의 결실을 수확하는 길로 여겨졌다. 예를 들어 수도원 제도의 시조인 안토니Antony는 젊은 부자 관원에게 들려진 말씀이 자기 자신에 대한 것으로 여겼다. 그는 즉각 고향 마을 사람들에게 아버지에게 물려받은 광대하고 기름지고 아름다운 대지를, 단지 누이를 위한 작은 자산을 제외하고는, 나눠주었다.[27] 필자의 직접적인 경험에서도 안토니와 같은 엄격한 금욕 생활을 한 것은 아니지만, 이런 앞선 희생의 본보기를 본받기 위해 지혜롭고 넉넉하게 교회에 많은 기부를 하신 한 분을 알고 있다.

하지만 우리가 여기서 멈춘다면 본 주제를 매우 불충분하게 다루는 것이 될 것이다. 우리 주님에게 자기희생의 참된 의미는 자기 자신을 내어주심이었다. 그분은 타인을 위한 봉사에 전력을 기울이셨으며 결국은 자신의 생명까지 희생해주셨다. 그분은 우리를 위해 자신의 생명을 내어주셨다. 요한은 사랑이란 바로 그런 일을 행하는 것임을 지적하며, 다음과 같이 말했다: "우리도 형제들을 위하여 목숨을 버리는 것이 마땅하니라"(요일 3:16).

이런 자기희생의 진수가 감사의 보상이나 동료의 칭찬 때문이 아니

---

27. A. B. Bruce, *The Training of the Twelve*, (Kregel, 1979), p. 257.

라, 그리스도께서 모본이 되시기 때문에 행하는 타인에 대한 인내의 섬김 가운데 드러난다. 만약 우리가 겸손히 살며 우리가 소유한 모든 것이 그분이 주시는 보상을 위해 일하도록 그분의 영광을 위해 사용될 선물임을 인정한다면 결코 모순되는 점이 없을 것이다(마 25:34-36; 고전 4:5).

윌리엄 틴데일William Tyndale, 1494-1536과 같이 자신의 생명을 희생하여 내주거나, 혹은 맥체인McCheyne, 1813-43이나 토머스 헐리버튼Thomas Halyburton, 1674-1712과 같이 열정적인 사역의 제단에 헌신하는 일이 가능하다. 화이트필드Whitefield와 스펄전Spurgeon은 신체적 한계를 훨씬 넘어 자신을 소진시켰으며, 결과적으로 그들의 수명은 상당히 단축되었다. 의도적으로 보다 장기간에 더 많은 유익한 일을 하도록 속도를 스스로 조정할 것이냐 아니면 건강을 해치는 큰 위험을 감수하느냐는 개별적인 상황에 달려있다. 때때로 사람들은 기회가 잠깐이라고 생각하기도 하고 활짝 열려있다고도 생각하며 그에 맞게 행동한다. 성경 번역과 같은 학문적 사역에 참여하는 사람들은 확실히 자신의 사역이 최대한의 유익을 창출하는 데 필요한 기간을 고려해야 한다. 어떤 목사도 미래를 알 수 없기 때문에 주안점은 기꺼이 하는 마음으로 자신을 사람들에게 내어주며 섬기도록 하나님의 뜻에 온전히 자신을 바치는 일이다(롬 12:1-2).

기도와 금식 예수님의 기도 습관은 그분의 제자들로 하여금 요한이 그 제자들에게 가르친 것과 같이 자신들에게 기도를 가르쳐달라는 요청을 하게 만들었다(눅 11:1). 만약 요한의 기도가 그의 설교와 같은 것이었다면, 우리는 왜 그것이 언급되었는지 잘 이해할 수 있다. 우리는 곧장 오늘날 목사들의 기도 습관이 그들의 주인이신 예수님의 기도를 과연 닮았는지의 질문으로 나아간다.

기도의 한 가지 중요한 특성은 하나님에 대한 의존을 표현한다는 점이다. 치유하실 때(막 7:34)나 세례 받으실 때(눅 3:21) 우리 주님은 기도하셨다. 기도의 이 측면은 상당히 지속적이 될 때까지 우리가 개발할 수 있는 것이다. 우리는 예수께서 아직 어두운 매우 이른 아침에 집을 떠나 한적한 곳에 가셔서 기도하셨음을 읽게 된다. 결국 베드로를 비롯한 제자들이 그를 찾아냈다(막 1:35). 여기서 얻을 수 있는 교훈은 때로는 굳게 결심한 기도를 위해 아무런 방해도 받지 않고 홀로 있는 과감한 행동을 취할 필요가 있다는 것이다.

금식에 관하여서는 오늘날 목회사역을 감당하는 어떤 사람도 예수님의 금식 모범을 따라 40일 동안 광야에 가려고 할 것 같지 않다(마 4:2). 우리는 주야로 기도하고 금식하며 하나님을 섬긴 안나에 대해 읽게 되지만(눅 2:37), 오늘날에는 금식이라는 개념 자체가 사라진 것 같다. 악을 이기는 능력(마 17:19)과 하나님의 인도의 명료해짐과 영의 자유와 설교의 능력과 마음의 훈련과 위기의 극복과 육체적 강건함과 은혜의 충만은 금식의 실천으로 얻을 수 있는 특권과 유익이다.[28] 만약 회중이 이렇게 유익을 얻는다면 지도자들에게도 요구할 것이 분명하다.

타인에 대한 겸손하고 기쁜 마음의 봉사 손님의 발을 씻기는 일은 사도 시대에 종이 행한 가장 겸손한 봉사 행위의 하나였다. 따라서 이 일은 적절하게도 스스로 죽기까지 복종하신 주님 자신의 큰 비하를 나타내기 위해 그분에 의해 선택되었다.[29] 그리스도의 자신의 교회에 대한 현재적 주권은 그분의 자기비하에 근거한다(빌 2:6-11). 예수의 행위를 반대하면서 베드로는 바로 이러한 원칙의 근저를 흔들고 있었던 것이다.[30] 단지 구속적 교훈만이 아니라 다음과 같은 직접 연관된 실제적 교

---

28. David R. Smith, *Fasting-A Neglected Discipline* (London: Hodder and Stoughton, 1954), pp. 51ff.
29. Jonathan Edwards, *Works*, vol. 2 (Edinburgh: Banner of Truth, 1974), p. 960.
30. Bruce, *Training of the Twelve*, p. 346.

훈이 세족 사건(요 13:6-10)에서 얻어질 수 있다: "내가 너희에게 행한 것 같이 너희도 행하게 하려 하여 본을 보였노라"(15절). 우리는 우리 구주께서 자신의 제자들이 서로에게 모든 필요한 겸손의 행위, 심지어 가장 보잘 것 없게 여겨지고 비천한 일까지도 행하기를 원하셨다고 결론 내린다. 그런 일들에 그들은 늘 준비되고 신속히 응해야 한다.

목회 사역 과정에서 시간 낭비로 여겨지고 교회성장에 도움이 될 아무런 기대도 할 수 없는 것 같은 많은 일들이 발생한다. 예를 들어 우리는 종종 사회에 아무런 영향력도 없으며 교회에 보답을 할 아무런 수단도 없는 명백한 노인이나 환자의 필요를 충족시키도록 요구된다. 시간을 희생하는 것으로 화내는 것이 아니라 즐거운 마음을 가지고 그리스도의 이름으로 그런 봉사에도 기꺼이 응해야 한다. 우리가 봉사할 때의 마음 자세가 중요한 것이다. 우리 주님께서 "먼저 된 자로서 나중 되고 나중 된 자로서 먼저 될 자가 많으니라"고 말씀하실 때, 그분은 분명히 두 종류의 봉사를 가리키고 계셨다. 바리새인 시몬과 같은 자들, 곧 효율적이며 존경스러우며 올바르고 열심히 일하지만, 까다롭고 율법주의적이며 불친절한 사람들이 있다. 반면 열정적인 헌신과 기쁨으로 섬기는 마리아와 같은 사람들이 있다. 비판적인 형과 같은 태도가 있으며, 새로운 마음으로 돌아온 탕자와 같은 태도가 있다. 우리는 단지 겸손과 기쁨으로 만이 아니라, 열심을 다해 섬겨야 한다. 잘못된 동기는 모든 것을 망치게 한다. 우리는 허영심과 자기본위에서 벗어나야 한다. 많은 양의 일도 만약 그 날의 끝에 우리 자신의 영광을 위해 모든 것을 행한 것이 드러난다면 쓸모없게 된다. 따라서 성령께서 우리의 봉사에 기쁨이 있게 하시는 원천이 되는 변함없는 경건함의 필요성을 알아야 한다. 바로 그 기쁨이 우리의 힘이다(느 8:10). 그것은 불가항력의 힘이다. 그것은 복음의 적들을 무찌르게 하는 것이다. 가장 겸손하고 겸허하게 타인을 섬기는 일에서 기쁨을 찾는 자에게 무슨 말을 할 수 있겠는가?

__인내의 신앙__ 목회 직분을 맡은 자들이 감당하는 엄청난 압박감과 시험이 언급되었다. 교회 안에서 발생할 수 있는 분쟁에 더하여, 열매가 없는 시기의 부담이 있다. 열심히 사역을 함에도 아무런 가시적 성공의 증거도 나타나지 않는 긴 기간이 있을 수 있다. 목사 직분을 처음 감당할 때의 달콤함과 우리 마을에 새로운 목사가 온다는 기대감과 어울려지는 초기의 장밋빛 시기가 지난 후, 풀리지 않는 산적한 문제들이 있음을 고통스럽게 알게 되며 수개월이나 수년간 아무런 새신자도 얻지 못하는 열매 없는 끔찍한 시기가 뒤따를 수 있다. 고통을 가중시키는 일은 어떤 사람들이 새로운 목사를 싫어하여 교회를 떠나는 것이다. 자주 사람들은 성경이 아니라 전통이 우선되는 교회를 선호한다. 필자는 성도수가 120명에서 30명으로 감소하고 나서, 다시 점차 늘어나 현재는 90명이 된 한 목사를 안다. 떠난 사람들은 교리와 강해 사역의 훈련 방침에 동의하지 않았다. 성도수가 줄어드는 시기 동안 인내하는 일은 엄청난 결단력과 의지를 요구했다.

우리 주님께서도 거절당하는 아픔을 아셨는가? 확실히 그러했다! 모였던 수많은 군중이 아침 안개와 같이 사라질 수 있었다. 한번은 수천 명의 사람이 따르다 떠나간 뒤, 열두 제자를 향하여 이렇게 말씀하셨다: "너희도 가려느냐?"(요 6:67). 중생의 능력이 있으신 분이 실제로는 설교로 수많은 회심자를 얻는 일에 있어 많은 열매를 얻지 못했음을 음미해보는 것이 필요하다. 500명이 갈릴리에 그리고 120명이 예루살렘에 모였다는 것은 하나님인 동시에 인간이신 예수님의 제한적인 성공을 증거하는데, 그분은 자신의 인간적인 뜻보다는 하늘에 계신 성부 하나님의 뜻에 따르기를 우선적으로 기뻐하신 분이셨다. 의기소침한 목사들이 많은데, 어떤 분들의 상황은 심각하다. 대다수가 이 부분에서의 큰 고민을 하고 있음을 고백한다. 우리는 우리의 구원자이신 분 자신도 낙담 가운데 처하셨음을 알아야 한다. 문자적으로 그 단어는 용기와 확신을 잃는 것을 뜻한다. 그러므로 문자 그대로 여호와의 종께서 낙담하

셨다고 말하는 것은 부정확할 것이다. 그러나 다음과 같은 슬픈 심정이
표명되고 있다(사 49:4):

> 그러나 나는 말하기를 내가 헛되이 수고하였으며
> > 무익하게 공연히 내 힘을 다하였다 하였도다
> 참으로 나에 대한 판단이 여호와께 있고
> > 나의 보응이 나의 하나님께 있느니라

실망감이 솔직히 묘사되지만 믿음의 선언을 동반하고 있다. 그분은 궁극적인 보상을 기대했다. "그는 그 앞에 있는 기쁨을 위하여 십자가를 참으사 부끄러움을 개의치 아니하시더니"(히 12:2). 그분은 마지막 결과, 곧 거룩한 성과 전 세계에 걸친 수확을 바라보셨다. 그분은 다음과 같은 약속을 아셨다:

> 네가 나의 종이 되어 야곱의 지파들을 일으키며
> > 이스라엘 중에 보전된 자를 돌아오게 할 것은
> > 매우 쉬운 일이라
> 내가 또 너를 이방의 빛으로 삼아
> > 나의 구원을 땅 끝까지 이르게 하리라. (사 49:6)

어려운 낙담의 시기에 신앙의 연단은 목사의 사역에서 필수적인 것이다. 여기서 또한 목자장이신 예수님은 우리의 모본이 되신다. 성육신하신 성자 자신이 탁월한 믿음의 소유자이시다. 이것은 성경이 그분을 "믿음의 주요 온전하게 하시는 이"라고 말할 때 뜻하는 것이다.[31] 그분의 믿음은 성부에 대한 전적인 신뢰로 특징지어졌으며 우리가 이미 살

---

31. Philip Hughes, *Hebrews*, (Grand Rapids: Eerdmans, 1977), p. 522.

편 기도에서 표현되었다. 예수님을 바라볼 때 우리는 믿음의 최고의 전형, 곧 믿음으로 산다는 것이 무엇인지를 예시하는 분을 본다. 그분은 우리가 따라야 할 본보기이실 뿐만 아니라, 또한 우리에게 능력주시는 분이신데, 이어서 이 주제를 살필 것이다.

경건의 원동력이신 그리스도

어떤 주제들이 중심적이라는 사실 자체가 그것들을 진부하고 흥미 없게 만드는 결과를 가져올 수 있다. 우리가 이 중요한 주제와 요한복음 15장(그리스도와의 연합)과 빌립보서 4:13("내게 능력 주시는 자 안에서 내가 모든 것을 할 수 있느니라")과 같은 가장 잘 알려진 구절을 고찰할 때, 최고의 설교자들은 중심적인 것들에 집중했으며 평생 동안 중심적인 주제들에 능숙해지는 일에 애를 썼다는 점을 기억하는 것이 중요하다. 조지 화이트필드와 존 머리John Murray 교수는 이 원리를 따랐던 사람들의 본보기이다.

우리의 관심은 그리스도로부터 거룩한 삶을 살며 능력 있는 설교를 할 수 있는 영적 능력을 얻는 일이다. 하나는 다른 하나의 버팀목과 기둥과 토대이다. 이 능력은 우리가 그리스도 안에 거할 때만 누릴 수 있다. 이것은 그리스도의 인격과의 긴밀한 동행을 계속적으로 유지하는 일을 뜻한다. 이 연합 또는 동행은 사도 바울에게서 잘 예시된다. 회심의 때부터 그리스도께서 어디서나 그와 동행하시며 결정적 순간에 필요한 힘을 주신 것 같다. 바울이 예루살렘에서 겪은 호된 시련을 기억하는가? 사람들에게 찢겨질 것 같은 아슬아슬한 순간에 바울은 천부장의 명령으로 구출되었다. "그 날 밤에 주께서 바울 곁에 서서 이르시되 담대하라 네가 예루살렘에서 나의 일을 증언한 것 같이 로마에서도 증언하여야 하리라 하시니라"(행 23:11). 이 약속이 다가올 날들의 폭풍우와 위험을 헤쳐 나갈 때 얼마나 큰 위로가 되겠는가? 이 동행은 마지막

시련으로서 모두가 그를 저버렸을 때 바울이 다음과 같이 증언한 일에서 다시 예시된다: "주께서 내 곁에 서서 나에게 힘을 주심은 나로 말미암아 선포된 말씀이 온전히 전파되어 모든 이방인이 듣게 하려 하심이라"(딤후 4:17).

바울이 "나에게 힘을 주셨다"에 대해 사용한 말은 "능력을 주셨다"(에네뒤나모센)이다. "뒤나미스"라는 단어는 영적이든 신체적이든 정치적이든 간에 혹자가 어떤 일을 행할 수 있는 내적 능력을 함의한다. 우리의 모든 능력의 원천이신 그리스도 자신이 말과 일에 능하셨다(눅 24:19).³² 내주자와 능력주시는 자로서의 성령의 인격은 자신의 백성에 대한 그리스도의 선물이다. 그러므로 그리스도인의 삶은 어떨 때는 그리스도와의 연합(갈 2:20 이하; 고전 1:30; 고후 5:19 이하; 빌 3:8 이하)으로 그리고 다른 때는 성령의 내주(롬 8:11, 14; 갈 4:6; 고전 2:12; 6:19)로 묘사된다.

우리가 그리스도께서 주시는 능력 또는 권능을 경험하는 일은 필수적이다. 윌리엄 헨드릭슨William Hendriksen은 빌립보서 4:13을 다음과 같이 적절히 번역한다: "내 안에 힘을 불어넣어 주시는 분 안에서 내가 모든 일을 할 수 있느니라." 그리스도는 해방자로서 우리에게 능력주시는 자이신데, 왜냐하면 우리를 율법의 공포와 죄와 무거운 마음과 지옥과 죽음으로부터 구원하시기 때문이다. 그분은 우리를 괴롭히는 죄악을 제거하신다. 그러나 그분은 또한 우리를 새 언약의 율법과 연결시키심에 의해 우리에게 능력을 주시는데, 그 율법은 바로 성경에 계시된 하나님의 뜻을 진심으로 사랑하는 일이다.

우리의 목회가 능력 있기 위해서는 또한 우리가 바울이 다음과 같이 말한 대로 성령의 능력주심을 경험하는 것이 필수적이다: "내 말과 내 전도함이 설득력 있는 지혜의 말로 하지 아니하고 다만 성령의 나타

---

32. 예수님의 뒤나미스(능력)는 그분이 기름부음을 받으셨다는 사실에 기초하며, 그분의 엑수시아(권세)는 보내지셨다는 사실에 기초한다. *Dictionary of N. T. Theology*, 2:609.

나심과 능력으로 하여"(고전 2:4). 머리 교수는 "나에게 있어 열정 없는 설교는 전혀 설교가 아니다"라고 역설했다.[33] 그는 여기서 능력뿐만 아니라 열정도 의미하고 있는가? 마틴 로이드 존스Martyn Lloyd-Jones 박사는 1969년 웨스트민스터 신학교에서 행한 강해 시리즈에서 단호하게 긍정적으로 답했다.

그 시리즈의 마지막은 고린도전서 2:4에 대한 것이었는데, 거기서 그는 설교에서 가장 필수적인 요소를 성령의 기름부음으로 묘사했다.[34] 성령의 능력에 대한 이 강조 - "오직 성령이 임하시면 너희가 권능(뒤나민)을 받고"(행 1:8) - 를 잘못 해석하여 "어떤 체험"이 능력 있는 삶에 필수적인 "관건"인 것으로 여기는 가르침으로 만들기 쉽다. 이 오류 때문에 그리고 과도함에 대한 두려움으로 인해 많은 사람들이 능력의 체험이라는 모든 개념을 기피해왔다. 그러나 이 일 역시 잘못이다. 우리는 경건한 삶을 살며 능력 있게 설교하도록 하는 성령을 통한 그리스도의 계속적인 힘의 부여의 여지를 남겨야 한다. "기름부음"을 단순한 신비주의로 거절하는 것은 오도된 행동이다. 그 기름부음이 무엇인지를 정의하는 일은 어려울 수 있지만, 우리 모두 그것이 무엇이 아닌지는 확실히 안다! 그 일의 결과를 알기 위해 우리는 사도행전 2장 이상을 읽어볼 필요가 없을 것이다. 바울은 그것(파르레시아, "담대함")을 절대적인 우선순위로 삼았다. 그는 에베소의 신자들에게 자신에게 담대함이 있도록 기도해주기를 요청했는데, 바로 그 담대함의 경험은 기도와 경건과 불가분의 관계가 있다(엡 6:10-20).

---

33. John Murray, *Collected Works*, vol. 3 (Edinburgh: Banner of Truth, 1982), p. 72.
34. D. Martyn Lloyd-Jones, *Preaching and Preachers* (London: Hodder and Stoughton, 1971), pp. 304ff.

5. 몇 가지 결론적 권고

복음의 설교자들을 다음과 같은 두 가지 권고로 격려하길 원한다:

1. **여러분이 부름 받은 사역은 성경적으로 매우 영광스러운 일이다.** 디모데에게 편지를 쓰면서 바울은 이렇게 말했다: "또 네가 많은 증인 앞에서 내게 들은 바를 충성된 사람들에게 부탁하라 그들이 또 다른 사람들을 가르칠 수 있으리라"(딤후 2:2). 만약 참되며 적절하게 소명을 받은 사람들이 생겨나 설교하고 목양하며 교회를 이끌고 빼앗긴 세상을 복음화하지 않는다면 우리에게 어떤 미래가 남겨져 있겠는가? 설교하는 여러분에게 얼마나 크고 고상하며 자랑스러운 책무가 맡겨졌는가? 매일같이 열두 제자는 군중에게 어떻게 의미 있게 설교하는지의 살아있는 본보기를 보았다. 바로 그 본보기이신 예수님을 계속하여 여러분 앞에 두고 경건의 모범과 근원 양자 모두로 삼아야 한다. 여러분의 삶을 통해 나타나는 그분의 모습이 여러분이 전하는 말씀을 능력 있게 할 것이며 그분의 나라가 임하게 될 것이다. 여러분의 책무가 비록 쉬운 일이 아니지만, 여러분이 매일매일 예수님과 동행하며 그분을 전할 때 더 큰 역사가 나타날 것이다.

2. **여러분의 소명을 따를 때 진리의 끝없는 자원이 여러분에게 공급될 것이다.** 복음의 진리는 영감의 영속적인 흥분과 능력의 원천이다. 우리는 어떤 때는 하나님의 온전한 뜻을 그리고 다른 때는 개혁주의 신앙을 진리라고 지칭한다. 스스로 개혁파라고 자부하는 사람들 중에서도 청교도를 평가 절하하는 일이 유행이 되어왔다. 청교도 운동은 3세대라는 오랜 시기에 걸쳐 이루어졌으며, 따라서 주해와 관례에 있어서의 흠을 찾아내는 일이 그리 어렵지 않을 것이지만, 세르베투스Servetus와 관련된 사건 때문에 칼빈의 모든 업적을 무시한다면 얼마나 어리석은 일

인가? 존 오웬John Owen, 토머스 머튼Thomas Manton, 리처드 십스Richard Sibbes, 또는 존 플라벨John Flavel보다 자신이 우월하다고 느끼는 사람들은 이 목사들의 신학과 주해에 있어서의 능력을 과소평가하지 않아야 하며, 청교도의 기여는 진리를 경험과 실천에 적용하는 그들의 타의 추종을 불허하는 능력에 크게 기초한다는 것을 기억해야 한다. 그러므로 우리는 과거에 기초하여 우리 자신을 풍성히 해야 하는 데, 곧 늘 개선하고 고쳐나가며 개혁해야 한다. 또한 그와 더불어 앞선 세대의 그리스도인의 활기찬 경건에 근거하여 우리 자신의 경건을 향상시켜 나가야 한다.

설교자는 모세와 같이 하나님의 말씀을 하나님의 백성에게 말하는 자이다. 그 말씀을 정확하고 능력 있게 말하기 위해 먼저 설교자 자신에게 그 말씀이 직간접으로 들려지게 해야 한다. 바로 이것이 경건 생활이다.

3장. 설교자와 학식
제임스 몽고메리 보이스

　오랜 세월에 걸쳐 필자는 거의 언제든 논쟁을 할 준비가 되어있는 몇 가지 관심사를 발전시켜왔다. 하나가 설교에 있어 학식이 차지하는 위치이다. 현대 복음주의에 "하나의 유해한 교의" – 필자는 이렇게 부르기를 주저하지 않음 – 가 있는데, 이것은 다음과 같이 말하는 것이다: "어떤 목사의 기술과 지성이 평균적이면 평균적 교회를 맡아야 한다. 평균 이상이면 더 큰 교회를 맡아야 한다. 정말로 탁월하다면 – 곧 책을 매우 좋아하며 하나님의 말씀의 배경과 내용과 적용에 큰 흥미를 지닌 사람이라면 – 신학교에서 가르쳐야 한다. 아, 얼마나 잘못된 생각인가! 필자는 최고의 지성과 교육을 받은 사람들이 설교단에 서야 하며, 그렇지 않고는 설교단은 이전에 지녔던(또한 마땅히 지녀야 하는) 능력을 결코 지니지 못할 것이라고 확신한다.
　이렇게 말할 때 필자는 설교단이 신학교 교탁이 되어야 함을 제안하는 것은 아닌데, 비록 그것이 안타깝게도 많은 목사 연예인minister-entertainer에게 하나의 무대 소품이 된 것보다는 훨씬 나을 것이지만 말이다. 분명히 설교는 강의가 아니다. 설교는 사람들이 하나님의 진리를 이해하고 순종하는 일을 돕는 특정한 목표와 더불어 현대 문화와 관련하여 성경본문을 강해하는 일이다. 그러나 이 일을 잘하기 위해서 설교자는 잘 교육되어야 한다. 그것을 탁월하게 하기 위해 그에게는 다음과 같은 사항들에 대한 탁월한 이해가 있어야 한다: (1) 강해하는 성경, (2) 강해를 적용시킬 대상이 되는 문화, 그리고 (3) 하나님의 말씀을 순종하도록 돕고 있는 사람들의 영성과 심리 상태. 이러한 이해들은 단지 타고난 능력이나 삶에 대한 단순한 관찰에서 오는 것이 아니다. 그것들은 힘든 연구에서 오는데, 곧 설교자가 자신의 책무에 도움이 될 과거와 현재 양자 모두의 지혜를 탐구할 때 온다.

만약 본장의 주된 성과물이 어떤 젊은 학자를 신학교 교수생활을 떠나 동일한 학식을 교회에서 하나님의 온전한 뜻을 가르치는 일에 사용하는, 필자가 확신하기에, 보다 풍성하고 훨씬 더 보람 있는 삶이 되는 길로 돌이키게 하는 것이라면 필자는 매우 기쁠 것이다.

한 설교자의 이야기

학자로서의 설교자라는 주제를 전개하려는 시도 가운데 필자는 필자 자신이 학자나 설교자 중 어느 한쪽에서라도 더 많은 성취를 얻어냈다면 훨씬 더 잘 할 수 있을 것임을 깨달았다. 필자는 이 주제에 대해 마틴 루터에게 듣고 싶다. (어느 누가 그렇지 않겠는가?) 또는 존 칼빈! 또는 조나단 에드워즈! 그러나 설교와 학식에 대해 **필자 본인이** 글을 쓰는 유일하게 타당한 이유는 필자의 생각이 적어도 아직 잘 알려지지 않았다는 것이다.

앞선 초, 중, 고등학교에서의 교육도 좋았지만, 필자는 대학에 가서야 진지한 공부의 기쁨을 알게 되었다. 그런데 이 일은 천천히 그리고 뜻하지 않게 일어났다. 중, 고등학교에서 필자는 항상 반에서 최상위권에 있었는데, 이것은 필자가 생각하는 한도에서 충분히 높았으며, "일

등"을 하는 데는 아무런 관심도 없었다. 그러나 1950년대 후반 고등학교를 떠나 하버드 대학에 갔을 때, 갑자기 모두가 필자보다 더 명석하고 필자의 성적보다 훨씬 더 나은 무리 가운데 있음을 발견하게 되었다. 필자는 단지 따라가기 위해 혹은 (어떤 과목에서는) 단지 낙제를 면하기 위해 열심히 공부해야 했다. 그런 어쩔 수 없는 정신적 적응 과정에서 필자는 하고 있는 일을 좋아하기 시작하고, 심지어는 아무리 소주제라 하더라도 어떤 명확한 주제를 숙달하는 일에 개인적인 즐거움을 가지기 시작함을 발견했다.

하버드는 필자에게 우선적으로 두 가지를 가르쳐주었다. 첫째로 **연구의 더 큰 비중이 원 자료에 있어야 한다**. 필자의 분야는 영문학이었으며, 이것은 다른 사람의 비평이 아니라, 시와 희곡과 소설과 수필 자체를 공부하는 일을 뜻했다. 이것의 결과는 원전에 대한 애착이었다. 둘째로 **학생은 상세한 부분에 관심을 기울여야 한다**. 이것은 연구하는 작품의 세목뿐만 아니라 연구자 자신의 글의 세목을 의미한다. 필자의 개인 지도 교수 한 분이 이 점에서 큰 도움이 되었는데, 그분은 다음과 같은 메모를 하며 내 보고서를 꼼꼼히 평가하셨다: "밀튼이 그것을 어디에서 말하는가?" "이것이 당신이 사용할 수 있는 가장 정확한 단어인가?" "이것은 좋은 영어 표현법이 아님!" "이 단락을 에세이 더 앞부분으로 옮겨보세요" "이 특정 결론을 위해 어떤 증거를 제시했는가?" 하버드에 재학했던 매년 필자의 학점이 한 등급씩 향상된 것은 이 훈련의 효과를 입증하는 것이었다.

프린스턴 신학교에 갔을 때 필자는 커다란 실망을 경험했다. 하버드에 비해 프린스턴은 학문적 수준이 낮았다. 많은 좋은 과목들이 있었다. 일부 교수들은 탁월했다. 그러나 전체적으로 이차 자료(자주 교수 자신의 책)가 원 자료를 대체했으며, 많은 과제가 필자가 참된 공부의 기쁨으로 여기게 된 것을 대체했다.

더욱이 필자가 가장 읽고 싶어 한 책들은 등한시 되었다. 필자는 이 부분에서 문제의식을 가졌는데, 왜냐하면 많은 지루한 과제가 필자가 골라놓은 책들을 읽기 위해 필요한 시간을 빼앗아 갔기 때문이다. 영국의 라브리 공동체에서 사역하는 한 복음주의적 학생을 학업 중에 알게 되었고 읽기를 원하지만 시간을 낼 수 없는 책의 목록을 보관하여 나중에 읽을 것을 나에게 제안했다. 이것은 필자가 받은 가장 유용한 제안 중 하나였다. 필자는 신학교에서 이 일을 시작했으며 점차 가능한 한 그 책들을 구입했으며, 대학원 과정을 마치기까지만이 아니라 현재까지 그 일을 계속 해오고 있다.

폭넓고 제대로 독서할 기회는 스위스 바젤 대학에서의 박사과정 연구 기간 동안 찾아왔다. 바젤은 여러 면에서 프린스턴의 정반대였다. 여기서는 아무런 과제도, 아무런 보고서도 없었으며, 단지 논문과 마지막의 광범위한 구두시험만 있었다. 그러나 이것은 내게 이상적이었다. 필자는 나름의 공부 방식을 개발했다. 월요일에서 금요일까지 보통의 주간에 필자는 논문 작업을 했다. (처음에 필자는 독일어를 배웠으며 관련된 독일어 책을 읽었고, 다음으로는 프랑스어와 다른 언어 본문으로 확장했다. 결국 논문의 틀을 짜고 작성했다.) 밤에 필자는 다른 책들을 읽으며 개인적인 관심 주제들을 살펴보곤 했다.

필자는 프린스턴에서 읽어야 했던 다음과 같은 저작들부터 시작했다: 찰스 하지Charles Hodge의 세권짜리 『조직신학』*Systematic Theology*; 워필드B. B. Warfield의 책들, 특히 『성경의 영감과 권위』*The Inspiration and Authority of the Bible*; 그레셤 메이천J. Gresham Machen의 『그리스도의 동정녀 탄생』*The Virgin Birth of Christ*; 존 칼빈의 『기독교강요』*Institutes of the Christian Religion*; 제임스 오르James Orr의 『하나님과 세계에 대한 기독교적 견해』*The Christian View of God and the World*. 필자는 다음과 같은 보수적 학자들의 자료를 읽었다: 도널드 거스리Donald Guthrie의 (세 권짜리) 『신약개론』*New Testament Introduction*; 알프러드 에더스하임Alfred Edersheim의 『메시아 예수의 생애와 시대』*The Life and Times of Jesus the Messiah*. 필자는

다음과 같은 바젤의 교수님들의 저작을 읽었다: (전부는 아니지만) 칼 바르트의 『교회 교의학』 Church Dogmatics; 오스카 쿨만 Oscar Cullmann의 (당시에는 독일어판만 있었던) 『구원사』 Salvation History와 『초대 교회』 The Early Church와 『초대 기독교 예배』 The Early Christian Worship와 『베드로: 제자와 사도와 순교자』 Peter: Disciple, Apostle, Martyr. 가장 기쁘게 읽었던 책들은 다음과 같은 고전이었다: (지도교수 보 라이케 Bo Reicke의 지도하에 라틴어로 끝까지 읽었던) 어거스틴 Augustine의 『고백록』 Confessions; (하버드 고전 시리즈의 아홉 권짜리) 요세푸스 Josephus의 저서들; 에픽테투스 Epictetus; 타키투스 Tacitus; 수에토니우스 Suetonius; 헤로도투스 Herodotus; 그리고 투키디데스 Thucydides. 평생 동안 이 고대 그리스와 라틴 저자들의 글을 읽는 것보다 더 크게 독서의 기쁨을 누린 적이 결코 없었다.

공적 교육을 마치고, 1968년 이래 필라델피아의 제10 장로교회의 강단에서 해온 설교를 시작한 후 필자의 관심은 (다른 무엇보다도) 앞선 시대의 설교자들로 옮겨갔다. 초기에 필자는 알렉산더 맥클래런 Alexander Maclaren의 『성경 강해』 Expositions of Holy Scripture, 마틴 루터의 『전집』 Works, 찰스 해돈 스펄전 Charles Haddon Spurgeon의 『뉴 파크 스트리트 강단』 New Park Street Pulpit과 『메트로폴리탄 타버너클 강단』 Metropolitan Tabernacle Pulpit에 나오는 수백편의 설교들과 같은 전집들을 철저히 통째로 읽고 연구했다. 어떤 경우 필자의 이런 연구는 일정 분야에서의 독창적인 기여를 하는 일로 귀결되었다. 그런 성격의 성과물의 하나가 『강해자의 성경 주석』 The Expositor's Bible Commentary 중에 있는 갈라디아서 주석이다.

추천하는 지침

방금 개괄한 내용을 비롯한 필자 본인의 경험에 근거하여 장차 설교자가 되고자 하는 사람들에게 진심으로 추천하는 지침을 몇 가지 만들어 보았다.

1. **받을 수 있는 모든 공식 교육을 받으라.** 모든 사람이 오랜 시간의 공식적인 학문적 교육을 받을 수 있는 상황에 있지 않을 것이다. 때때로 재정적 염려가 우리를 주춤하게 한다. 다른 때는 사역의 기회가 열리고, 그것을 받아들이는 것이 현명하게 보인다. 그러나 이러한 경우들을 제외하고, 만약 가능성이 있으며 추가적 학업을 감당할 능력이 있다면, 목회 전에 학업을 더 하는 것이 좋다. 한 가지 또 고려할 점으로는 나중에는 그렇게 하기 어렵다는 것이다. 많은 목사가 목회 사역의 부담과 증가하는 가족의 요구와 여타 많은 행정적 책무 때문에 진지한 독서나 연구를 할 시간이 거의 없다고 고백한다. 가능하면 상위의 학위를 목표로 하고 공부하십시오. 제10 장로교회의 필자의 전임자 중 한분이셨던 도널드 그레이 반하우스Donald Grey Barnhouse는 젊은 목회자들에게 만약 주님께서 사년 뒤에 재림하신다면 3년은 학업에 집중하고 단지 마지막 1년만 전임 사역에 사용하라고 충고하곤 했다.

2. **배우는 일을 결코 멈추지 말라.** 목회를 시작하기 전에 상위의 교육 과정을 이수하는 일의 한 가지 장점은 연구하는 자세를 길러주며 비록 활동적인 목회 가운데서도 일정 형태의 진지한 연구를 계속하는 일을 더 용이하게 한다는 것이다. 그러나 그런 교육이 가능하든 그렇지 않든, 연구하고 준비하는 태도는 어떤 식으로든 목회 내내 유지되어야 한다. 목회자는 좋은 교육과 학위를 받는 것으로 만족해서는 안 된다. 성도들을 잘 가르치기 위해서는 끊임없는 연구가 필요하다. 만약 이런 연구가 계속된다면, 설교자는 늘 신선하며 활기차고 흥미로움을 유지할 것이다. 만약 그렇지 않다면, 금방 자원이 바닥나고 설교는 반복적이며 지루하게 될 것이다.

설교자는 어떤 분야에서 배우는 일을 반드시 계속해야 하는가? 첫 번째 그리고 명백한 분야는 성경 자체이다. 설교자의 인생은 성경책과의 긴 연애 사건에 비유될 수 있다. 그는 각 부분을 상세하게 그리고 전체를 개괄적으로 통달해야 한다. 더욱이 성경에 대한 그의 지식은 그것이 심지어 목숨 자체보다 자신에게 더 소중하게 될 때까지 증대되어야 한다. 이것은 강해 방식으로 설교하는 주요 이유 중 하나인데, 곧 그것은 매주 성경의 각권을 장별로, 문단별로, 그리고 때로는 심지어 절별로나 단어별로 철저히 살피는 방식이다. (제프리 토마스가 본서의 뒷부분에서 이 점을 보다 상세히 논의한다.) 이러한 방식이 청중에게 중요한 이유는 구체적인 성경 본문들에 대한 이해를 제공함으로 청중이 보다 몰입할 수 있게 하기 때문이다. 그 방식은 설교자에게는 더더욱 유용하다. 설교자 또한 흔히 지나치기 쉬운 어려운 주제나 교리를 비롯한 특정 자료 단락을 꼼꼼히 숙달하게 된다. 일정 기간에 걸쳐 이러한 상세한 연구들이 쌓이게 됨에 따라 목사의 후기 설교는 보다 이전의 강해들로 인해 풍성해진다.

계속적인 연구가 필요한 두 번째 영역은 신학, 곧 성경신학과 조직신학 양자 모두이다. 여기서 조직신학의 교재들이 연구될 것이지만, 반드시 목사의 매주의 특정 성경책에 대한 강해와 별개의 분과로서 그러하지는 않다. 강해설교는 설교자를 전에는 자세히 고찰하지 않았던 주제로 피할 수 없이 이끌며, 이 지점에서 본문에 대한 상세한 검토는 그 주제를 다루는 선택된 일련의 신학 서적의 연구에 의해 향상될 것이다. (설교에서 조직신학의 역할에 대한 본서 뒷부분의 도널드 맥클라우드의 면밀한 논의를 참조하라.)

예를 들어, 필자의 목회가 약 칠년에 이르렀을 때 아침 설교에서 빌립보서와 산상설교와 요한복음을 다루고 있었는데, 결국은 성령의 사역이 기술되어 있는 요한복음 14-16장의 강화를 논하게 되었다. 이상한 말일지 모르지만 필자는 그 이전에 성령에 관한 아무런 진지한 설교도 결코 하지 않았었다. 그러나 이 본문을 앞에 두고 필자는 다음과 같은 문헌을 연구함으로써 준비할 수 있었다: 제임스 뷰캐넌James Buchanan의 『성령의 직분과 사역』 The Office and Work of the Holy Spirit과 조지 스미튼George Smeaton의 『성령에 관한 교리』 The Doctrine of the Holy Spirit와 그리피스 토머스W. H. Griffith Thomas의 『하나님의 성령』 The Holy Spirit of God과 르우벤 토리Reuben A. Torrey의 『성령의 인격과 사역』 The Person and Work of the Holy Spirit과 윌리엄 피치William Fitch의 『성령의 목회』 The Ministry of the Holy Spirit와 주요 조직 신학의 관련 부분들. 동일한 방식으로 요한복음 17장은 교회에 관한 교리를 논하도록 이끌었으며, 필자는 제임스 배너먼James Bannerman의 두 권짜리 『그리스도의 교회』 The Church of Christ와 여타의 저작을 철저히 살핌으로 준비했다. 필자는 목사가 그런 독서를 미리 계획하며, 목회 초기에 한정된 시간 동안 성경의 주요 교리들을 다룰 수 있도록 자료를 준비할 것을 추천하고 싶다.

계속적 연구의 세 번째 영역은 역사, 특별히 주요 성경 시기들의 역사이다. 상당량의 연구가 신약성경의 배경과 역사에 대해 행해져야 한다. 이것은 요세푸스Josephus나 라틴어 저자들의 역사 저술과 같은 신약성경과 동시대 혹은 거의 동시대의 작품을 포함해야 한다. 그것은 예수의 삶의 다양한 모습과 사도 바울의 여행과 관련된 현대의 연구들을 포함해야 한다. 구약성경의 설교는 족장과 군주와 후대 예언자 시대의 역사에 관한 독서를 수반해야 한다.

현대의 회중에게 특별한 흥미를 끄는 책이나 주제에 대한 특별한 언급이 있어야 한다. 필자는 여기서 오늘날의 남녀의 의식을 탐구하는 현대 소설들을 생각한다. 또한 생명의 기원과 가치와 유전 공학과 우주와 같은 주제를 다루는 과학 저작들이 있다. 이 분야들에 있어 목사는 (만약 특별한 교육을 받지 않았다면) 평가하기 어려운 논의들을 다루게 될 것이다. 그는 신중해야 한다. 그러나 성경 과목에 대한 목사의 교육은 적어도 전제들이 무엇인지를 알게 할 것이며 읽은 부분을 판단하는

데 있어 안내해 줄 것이다. 게다가 자신의 분야 이외의 분야로 확장해 나가는 일은 사고를 확대시키며 자극제가 될 것이다. 목회 십년 즈음에 필자는 창세기를 연구하기 시작했으며 그 연구를 준비하기 위해 다음과 같은 저작을 읽기 시작했다: 로버트 재스트로Robert Jastrow의 『하나님과 천문학자들』God and the Astronomers와 『태양이 사멸할 때까지』Until the Sun Dies; 클로츠J. W. Klotz의 『유전자와 창세기와 진화』Genes, Genesis and Evolution; 커비 앤더슨Kerby Anderson과 헤롤드 코핀Harold G. Coffin의 『주목받는 화석들』Fossils in Focus; 댄 원덜리Dan Wonderly의 『고대 퇴적물에 보존된 하나님의 시간 기록』God's Time-Records in Ancient Sediments; 도널드 잉글런드Donald England의 『기원에 관한 기독교적 견해』A Christian View of Origins; 로버트 뉴먼Robert Newmann과 헤르만 에켈먼 2세Herman Eckelmann, Jr.의 『창세기 1장과 지구의 기원』Genesis One and the Origin of the Earth, 그리고 또한 헨리 모리스Henry M. Morris와 프랜시스 쉐퍼Francis Schaeffer 등의 비평서의 동일 문제에 대한 논의들.

목회는 실제로 모든 분야의 지식이 유용한 분야이다. 사실상 목사가 더 많이 알면 알수록 그의 목회는 더욱 유용하고 능력 있게 될 수 있다. 배우는 일을 계속하지 않는 설교자는 부적절하게 자신을 제한하고 있는 것이다.

3. **연구하는 시간을 따로 떼어 놓으라.** 많은 경우 목사는 의도적으로가 아니라, 여러 가지 방해하는 긴급한 일들의 결과로 학식을 갖추는 일에 있어 실패한다. 이것은 단지 시간과의 싸움에서 승리하겠다는 결단에 의해서만 극복될 수 있다. 가능한 한 최대로 목사는 자신의 일과를 조정하여 진지한 연구를 위한 일정기간의 확고한 시간을 반드시 확보해야 한다.

목사가 사용할 수 있는 세 주요 시간이 있다. 첫째로 아침이 있다. 이 시간은 진지한 연구를 위해 이상적인데, 왜냐하면 이 시간대를 방해하는 일들이 있더라도 그 대부분은 오후로 미뤄질 수 있을 것이기 때문이다. 필자는 하루의 맨 끝에서부터 약속과 상담 시간을 잡는, 곧 오후 5시에서 처음 약속을 잡고, 그 다음에는 오후 4시, 3시 등의 차례로 일정을 짜는 방식을 습득해왔다. 이것은 일반적으로 상대방에게도 가장 유익했으며, 필자에게도 가장 많은 자유로운 시간을 확보하게 해주었다. 둘째로 저녁이 있다. 아침만큼 저녁에는 전문적인 연구를 하기가 쉽지 않지만, 저녁은 보다 가볍고 현대적인 서적을 읽기에 이상적 시간이다. 필자는 모든 워터게이트 관련 책들뿐만 아니라, 선택한 일련의 소설과 비소설 양자 모두의 베스트셀러를 저녁에 읽었다. 세 번째 주요 시간은 목사의 휴가 기간에 생긴다. 이 때는 무거운 신학 서적과 기독교 전기와 이듬해의 설교의 기초가 될 책과 더불어 보낼 수 있는 시간이다. 여름이면 보통 필자는 『니케아와 니케아 이후의 교부』*Nicene and Post Nicene Fathers* 총서에서 성 어거스틴의 저서 한두 권과 존 오웬의 책과 조나단 에드워즈의 저작과 찰스 해돈 스펄전이나 조지 화이트필드와 같은 분의 전기를 읽을 수 있다. 필자는 다음과 같은 저작을 탐독하며 여름을 보냈다: 토마스 왓슨Thomas Watson의 『신학의 체계』*A Body of Divinity*와 『십계명』*The Ten Commandments*과 『주기도문』*The Lord's Prayer*과 카튼 매더Cotton Mather의 두 권짜리 『미국에서 그리스도의 위대한 역사』*The Great Works of Christ in America*과 칼 헨리Carl Henry의 『하나님과 계시와 권위』*God, Revelation and Authority*의 초기 책들. 소선지서에 대한 설교를 할 때 필자는 그것에 대한 주요 주석을 탐독하며 여름을 보냈다.

두 가지 추가적 문제를 언급할 만 하다. 첫째로 설교자는 단지 특정 연구 시간을 가져야 할 뿐만 아니라 방해받지 않고 집중할 수 있는 특정 연구 공간을 가져야 한다. 가능하면 이 공간은 누구나 목사에게 인사하기 위해 머리를 쑥 내밀 수 있는 교회 정문 근처의 중앙 복도의 사무실이어서는 안 된다. 아마도 그런 방해를 열 번 겪으면 하루가 다 지나 가게 되며 진지한 연구는 불가능해질 것이다. 좋은 목사가 되기 위해서는 상담과 심방에 소용되는 시간이 있는 그만큼 사람들을 떠나 연구에 몰두하는 시간도 있어야 한다.

둘째로 목사는 이 방해받지 않는 시간을 지키는 데 단호해야 한다. 필자는 목사의 생활에서 절대적으로 **즉각적인** 관심을 기울일 필요가 있는 문제는 거의 없음을 알게 되었다. 거의 모든 일이 독서와 연구와 설교 준비 등의 필수적 과제를 계속 진행한 뒤 한두 시간 후에 행해져도 무방하다.

4. 큰 주제와 씨름하라. 대부분의 사람은 풍부한 지식이 있는 주제에 머무르거나 이미 일정한 전문성이 입증된 분야를 계속 연구하는 경향이 있다. 따라서 우리는 성경 해석이나 신학이나 윤리와 같은 참으로 중요한 문제를 피하게 된다. 이러한 경향은 직시되고 극복되어야 한다. 어려운 영역을 연구한다는 것은 그 영역을 통달하거나 심지어 그 영역에 있어 확실한 결론을 도출할 것임을 뜻하지 않는다. 어떤 경우 우리는 학문적 논문이나 여타의 글에서 독창적인 기여를 할 수 있을지도 모른다. 하지만 그렇지 않더라도 최소한 우리의 지식을 넓히게 될 것이며, 심지어는 특별한 전문성이 없는 분야에 있어 독단적인 언사를 자제하게 해줄 겸손함을 배양하게 될 것이다. 아마도 문제가 크면 클수록 우리의 연구는 더욱 흥미롭고 보람 있게 될 것이다.

이 지침들을 따르는 목사는 자신의 연구에 있어 단순히 성경에서 개요를 도출하고 적용을 이끌어내는 것 이상의 작업을 할 수 있음을 발견할 것이다. 그는 성경에 대한 사랑에 중심을 둔 다방면의 지식을 발전시킬 것이며, 따라서 단순히 매주 설교하는 사람이 되는 것보다 훨씬 폭넓게 회중의 지적 욕구를 채워주는 자가 될 것이다. 사람들은 개인적인 공부와 가르치기 위한 준비 양자 모두를 위한 도서를 추천받기 위해 그를 찾을 것이며, 전문적인 문제에 부딪힐 때 해결의 도움을 받기 위해 목사인 동시에 학자인 목회자에게 의지할 것이다.

어떤 시점에 목사는 회중의 질문들을 공개적으로 받는 시간을 낼 것을 고려할 수도 있을 것이다. 필자는 격식을 차리지 않고 많은 소그룹에 대해 이 일을 행해왔다. 또한 매달 한번 정도 주일 저녁 예배의 일부로 이 일을 행해왔는데, 이 때는 질문을 요청하여 받았다. 질문을 미리 받음을 통해 필자가 잘 모르는 문제들에 대해 점검할 수 있었다.

설교에 있어 학식의 역할

"설교자와 학식"이라는 주제를 논의함에 설교 자체와 관련되는 부분이 따로 있다. 어느 정도의 학식이 설교에 요구되는가? 목사는 전문적 주제를 얼마나 자주 다뤄야 하는가? 학구적이며 학문적인 문제를 거론하는 일 자체가 타당한가? 이 질문들은 쉽게 대답될 수 없는데, 왜냐하면 매우 많은 변수가 존재하기 때문이다. 목사들에게는 그런 문제들을 다룰 다소간의 능력이 있을 것이다. 어떤 주제들은 학문적으로 다루는 것이 좋을 것이며, 다른 것들은 그렇지 않을 것이다. 무엇보다 회중이 다양할 것이며, 단일 회중 내에서도 상이한 지적 능력과 관심이 있을 것이다. 우리가 일반적으로 말할 수 있는 것은 다만 전문적 문제들이 적어도 인정되며 때로는 상세히 관찰될 수 있다는 점이다.

필자는 여기서 핵심 요소는 다양성임을 발견했다. 설교자는 설교에서 일반적으로 다양성을 추구할 것이다. 그는 구약성경 공부와 함께 신약성경 공부를 진행하거나, 보다 짧은 책에 대한 공부와 함께 긴 책에 대한 공부를 진행할 수 있을 것이다. 그는 교리 공부 혹은 성경의 주요 인물 공부와 병행하는 식으로 성경의 권별 공부를 다양화할 수 있을 것이다. 필자는 동일한 배려가 학문적 문제와 관련해서도 있어야 함을 제안하고자 한다.

1. 본문의 문제 학문적 연구가 설교와 직접적으로 연관되는 한 영역은 본문 자체이다. 참된 본문은 무엇인가? 우리는 어느 정도로 이문들을 인정하고 다루어야 하는가? 일반적으로 우리는 이문들을 전혀 다룰 필요가 없다. 실제로 설교자는 개인적으로 그것들을 숙고하는 데 많은 시간을 들일 필요조차도 없다. 그 이유는 대부분의 이문들이 중요하지 않은 것들이기 때문이다. 그것들은 상이한 어순, 철자, 또는 사소한 추가나 생략과 관계된다. 그러나 종종 단락의 의미와 관련되는 이문들이 있으며, 이것들은 본문이 정직하게 다뤄지려면 논해져야 한다. 필자는 이것은 보통 메시지의 한 부분에서 행해질 수 있음을 발견했는데, 아마도 이것이 모두에게는 아니지만 일부에게는 흥미로울 것이며 해석의 관건이 되는 문제이기 때문에 어쨌든 다뤄져야 하는 전문적 문제임을 인정하면서 논의의 서론으로 다룰 수 있다.

필자가 갈라디아서를 전체적으로 설교할 때, 갈라디아서 2:3-5은 유의하여 다뤄야 할 의무감을 느낀 구절의 하나였다. 그것은 몇 개의 전적으로 대립되는 해석을 도출하게 되는 중요한 이문들을 포함하는 하나의 고전적 문제를 대변한다. 일부 사본들에 5절의 "그런데 …에게"to whom라는 말이 빠져 있다. 다른 사본들에는 부정사가 빠져 있다. 어떤 사본들에서는 양자 모두가 빠져 있다. 문법적으로 가장 용이한 의미는 양자 모두의 생략 시 도출되는데, 이 경우 이 구절은 이렇게 말하게 된다: "그러나 그 거짓 형제들 때문에 … 우리가 잠시 양보했다." 즉 바울은 기독교 공동체에 침투한 거짓 교사들 때문에 디도가 할례 받도록 하는 요구에 양보했다. 이것은 본문의 대지뿐만 아니라 바울이 이전에 말해왔던 모든 것에 이반되는 것으로 보인다. 우리는 그가 디도에 대한 요구에 저항했을 것이라고 기대할 것이다. 하지만 만약 우리가 그 의문시되는 단어들을 존속시킨다면, 4절은 실제로 끝나지 않으며, 따라서 그 구절을 해명하기 어렵다. 이 문제를 논하면서 필자는 그것을 다루는 데 약 15-20분을 소요했다. 그러나 정리된 설명이 흥미를 유지시켰으며, 필자는 이 문제들에 대한 보다 포괄적인 소개로 논의를 시작하고, 특정한 적용들로 마무리할 수 있었다.

2. 고등비평의 문제 고등비평은 성경책들의 저자와 그 책들의 본래 형태와 관련된다. 하등비평의 문제들에서와 마찬가지로 제기될 필요가 없는 문제들이 있는데, 특별히 보수적 견지에서 설교하고 회중 자체가 보수적인 성향일 경우에 그러하다. 그러나 여전히 적어도 일부 사람들의 생각에 존재하며 논의를 요구하는 질문들이 있다. 이사야가 이사야서 전체를 기록했는가? 창세기의 처음 장들은 역사인가 아니면 교훈적 이야기들이긴 하지만 단지 공상적일뿐인가? 예수의 부활에 대한 복음서의 기사들은 모순적인가? 만약 그렇지 않다면, 그것들은 조화될 수 있는가? 마가복음의 종결부는 어떠한가? 이 질문들은 십중팔구 무작위적인 본문이나 구절에 대한 대부분의 보통 설교에서는 다뤄질 필요가 있다. 그러나 시리즈 공부, 특별히 한 권 전체에 대한 공부에서 그것들은 아마도 서론에서 취급되어야 한다.

필자는 때때로 이것을 이미 제시된, 보다 실제적인 교훈의 부연으로 행한다. 예를 들어 필자는 창세기의 사실성 문제를 그 책의 첫 열두 장에 대한 긴 시리즈 설교에서 세 차례의 분리된 시점에 다뤘다. 첫 번째 경우는 창세기 1:1에 대한 네 메시지 중 두 번째에서 였다. 필자는 첫 번째 메시지에서 창세기를 공부하는 일의 중요성을 숙고했지만, 두 번째에서는 창세기가 "사실이냐 아니면 허구냐?"라는 질문을 던졌다. 필자는 이 문제를 에덴동산과 관련하여 두 번째로 다루면서, 에덴이 실제의 장소였는가의 질문을 던졌다. 필자가 그 문제를 제기한 세 번째 경우는 타락에 관한 논의에서였다. 필자는 그 메시지의 제목을 "타락은 사실인가?"로 붙였다. 세 가지 상이한 상황에서 사실성의 문제를 제기하고 난 그 즈음 필자는 그 문제를 관통하는 창세기가 실제로 일어난 일을 진술하는가 아니면 그렇지 않은가의 문제가 정말로 중요한가라는 핵심 질문에 다다르기 시작했다.

저자의 문제는 보통 성경 한 권의 서론에서 다뤄질 수 있는데, 비록 필자의 요한일이삼서에 대한 공부의 경우에는 두 개의 보다 짧은 서신을 다룰 때까지는 전체서신에 대한 요한의 저작권에 대한 논의를 유보했지만 말이다. 그 이유는 "장로"라는 호칭이 단지 거기에서만 이뤄지며 이 편지들의 저자 논쟁의 열쇠가 되는 점이기 때문이다.

3. 과학적 문제 과학적 문제가 전혀 제기되지 않는 성경 전반의 영역들이 있다. 과학적 문제가 배경에 있지만 단지 일반적으로만 있는 기적과 같은 다른 영역들이 있다. 기적에 대한 모든 논의가 기적이 과학적인 사고를 지닌 사람들에게 제기하는 문제를 다뤄야 하는 것은 아닌데, 비록 특정한 점에 있어서는 어떤 참조의 기준이 제공될 수 있을 것이지만 말이다. 불신앙에 대한 메시지는 이 문제를 기적에 관한 특정한 공부와 상당히 독립적으로 다룰 수 있을 것이다.

다른 한편, 과학적 반대가 단도직입적이며 상세하게 다뤄져야 하는 영역들이 있는데, 만약 단지 우리 시대가 그런 문제들에 이례적인 관심을 가진 경우에 그러하다. 필자는 이 일을 창세기 시리즈의 초반부에 행해야 했다. 필자는 그것으로 시작하지는 않았다. (창 1:1에 대한) 필자의 처음 메시지들은 하나님의 본성과 창조를 다뤘다. (바로 여기에서 필자는 창세기의 사실성을 다뤘다.) 그러나 결국 진화의 문제가 제기되었으며 철저히 다뤄졌다. 끝마칠 무렵 필자는 다음과 같은 다섯 가지 창조에 대한 논쟁적 견해를 공부했다: 무신론적 진화론, 유신론적 진화론, "간격 이론"Gap Theory, 6일 창조설, 그리고 점진적 창조설. 필자는 이것들을 가능한 한 축약하여 다뤘다. 그러나 여전히 메시지는 매번 평균 약 15쪽의 분량이었으며 설교에 대략 40분이 걸렸다. 그것들은 우주의 크기와 복잡성, 늙은(그리고 젊은) 지구와 우주에 대한 증거, 화석의 기록, 돌연변이, 방사선 연대 측정, 그리고 여타의 전문적 문제에 대한 분석들을 포함했다. 아마도 45년 동안 교인이었던 한 신사가 "영적이지 않은 설교"로 여긴 것에 격분하게 되어 교회를 떠났다는 점을 말하는 것이 솔직할 것이다. 그는 결코 돌아오지 않았다! 그러나 다른 사람들, 특히 과학적 흥미가 있는 사람들은 그런 논의에 호의를 보였고 그런 공부보다 더 큰 흥미로웠던 적이 결코 없었다고 말했다.

덜 야심차게 필자는 나중에 창세기 10장에 나오는 이름과 사람들의 표의 역사적 신빙성과 인류 유래의 증거를 다뤘다. 필자는 인도유럽계통의 인종과 동양과 아프리카로 퍼져나간 민족과 셈족 혈통의 인종의 역사와 분포를 공부하는 데 세 메시지를 사용했다. 그 시리즈는 서양의 인종을 이 전 세계적인 상황에 정위시켰다.

제일 우선되는 성경

필자는 이러한 조건과 함께 마무리하고자 한다. 이상의 논의의 대부분은 설교의 배경과 설교에서의 학식의 필요성을 위한 논쟁이었다. 그러나 비록 이것이 가치 있고 필요하다고 하더라도, 어디까지나 성경의 특정 본문의 명확한 강해를 위한 조력의 역할을 하는 것이지 대체하진 못한다. 앞서 필자는 설교가 사람들로 하여금 하나님의 진리를 이해하고 그것에 복종하도록 도우려는 목적을 가지고 현대 문화에 의거하여 성경 본문을 강해하는 일이어야 한다고 말했다. 이 일을 잘 감당하는 것은 건실한 학식을 요구하는데, 특별히 하나님의 말씀이 오늘의 문화 가운데서 들려지게 하며 청자로 하여금 자신의 의식체계 안에서 성경을 이해하도록 돕는 학식을 요구한다. 더욱이 우리가 설교하는 것은 학식이 아니다. 더더욱 우리는 마치 설교에서의 학문적 요소가 설교자의 위신을 얻는 데 사용될 수 있는 것처럼 자신의 능력에 의거한 설교를 해서는 안 된다. 우리는 하나님의 말씀을 설교해야 하는데, 곧 단지 그 말씀만이 죄의 사슬을 부수고 반역하는 아담의 자손을 죄 된 삶에서 구세주께로 돌이키게 하는 능력을 지니고 있음을 알면서 말이다. 상당한 전문성이 있더라도 목사는 그의 목적은 주로 특정 분야에 있어 정보를 전달하는 것이 아니라, 청중으로 하여금 하나님의 말씀에 청종하도록 하는 요구에 직면케 하는 것이다. 이 주제에 대해 나름의 기여를 할 수 없는 아무런 메시지도 없다.

학식을 포함하여 설교자가 가진 모든 것은 하나님의 처분 하에 있을 때 그분에 대하여 쓰일 수 있다. 그러나 만약 그것이 하나님의 말씀의 자리를 차지한다면, 사용되지 않는 것보다 못하다. 그것은 악하며 설교자와 청중 모두에게 해가 될 것이다. 이 소명을 받은 모든 분이 무엇보다 하나님의 책의 사역자가 되길 바란다.

4장. 전인
R. C. 스프로울

학생 시절의 계속되는 골칫거리는 "그냥 바쁘게 하는 일"이라는 범주에 속하는 과제물들에 시달리는 일일 것인데, 그 과제물들은 게으른 손을 바쁘게 하며 텅 빈 머리를 채우게 하는 것 외에 아무런 명백한 교육적 가치도 없는 것들이다. 그와 같은 것이 필자가 신학생 시절에 겪은 곤경이었는데, 당시 필자는 우리 학교를 신학 대학 수준으로 갑작스럽게 끌어올리기 위해 계획된 새로운 교육과정을 위한 실험 대상의 역할을 견뎌내야 했다. 주당 2,500쪽의 야심찬 독서량이 정해졌으며, 학기 당 보고서의 양은 총 200쪽에 달했다. 그 프로그램의 진정한 가치는 대충 훑어보는 일을 통해 속독의 기술을 강제적으로 습득하게 한 것이었다. (필자는 일찍이 칼 바르트의 교회교의학을 20분에 "읽었다." 또한 마르틴 부버의 한 저서에 대한 비평적 서평에 있어 단지 목차만을 읽은 후 A 학점을 "얻는" 일을 해냈다. 부버는 자신의 책에서 필자가 예상한 일, 곧 구약의 선지자들에게 실존주의적인 사고의 범주들을 인위적으로 덧씌우는 일을 정확히 말했다.)

이런 고백들은 그 신학교가 과제물 전체를 다하지 않고 요령을 부린 것을 발견하고 내 졸업장을 취소하는 일로 귀결될지도 모른다. 다행이도 그 기관의 교무위원회는 그 양적 목표치를 조정하고 보다 분별력 있는 기준으로 새로운 교육과정을 개편했고, 그에 의해 마지막 순간 가까스로 집단적인 학생들의 반발을 피했다. 학생들의 불만과 동요의 위기 국면은 "현대 만화에 대한 분석에서 수집된 미국 문화에서의 목사의 이미지의 시사점"에 대한 25쪽의 보고서를 작성하는 숙제가 주어졌을 때 찾아왔다. 그것은 필자에게 있어 최상급으로 바쁘게 하는 일이었다. 또는 필자는 그렇게 생각했다. 필자는 내키지 않았지만 부지런히 타임즈와 리더스 다이제스트와 뉴스위크와 여타 전국적 간행물에서 목사를 묘사하는 만화를 찾아보는 일을 했다. 필자는 텔레비전 프로그램과 현대 소설에 나타난 성직자의 이미지에 관심을 기울였다. 수십 개의 만화를 검토하고 몇 가지 텔레비전 프로그램에 주목한 뒤, 필자는 떠오르는 이미지가 섬뜩한 것임을 알게 되었다. 그 교수의 미친 행동에 실제로는 일리가 있었는데, 그것은 그냥 바쁘게만 하는 일이라는 필자의 과제물에 대한 선입견을 깨뜨렸다. 필자 자신이 대중적 이미지가 존경받는 공동체 지도자에서 무능하고 단정치 못한 시골뜨기로 추락한 직업군의 대열에 곧 끼게 될 것임을 갑자기 깨닫게 되었다.

대중매체가 전달하는 성직자에 대한 풍자만화는 경건을 가장하여 자신의 부적절함을 감추는 대머리이며 과체중이고 엉성한 복장을 하며 말이 어눌한 얼간이의 상이었다. 박력 있고 지적이며 동정적이고 칭찬할만한 개인적 고결함으로 살아가는 것으로 묘사되는 인물이 단 한 번 등장했다. 이 예외는 할리우드 판의 "추기경"The Cardinal에서 톰 트라이언Tom Tryon에 의해 그려진 신부였다.

한번은 세심하지 못한 토크쇼 진행자가 마틴 루터 킹에게 도발적 질문을 했다: "킹 박사님 흑인이 게으르고 과도한 성욕을 지녔으며 가무를 좋아하는 것이 사실입니까?" 필자는 그런 무례하고 모욕적인 질문에 대한 반응으로 목구멍에서 숨이 차오르는 것을 참아야 했다. 숨이 차오르는 일은 킹의 즉각적인 대답으로 강도가 더해졌다. 그는 "맞아요"라고 대답했다. "자주 사실입니다." 필자의 실망은 전적인 충격으로 바뀌었는데, 킹 박사가 자신의 대답에 단서를 달 때까지 말이다. "당신은 무엇을 기대합니까? 200년 동안 백인들은 흑인들을 게으르고 과도한 성욕을 지녔고 가무를 좋아하는 것으로 묘사해 왔습니다. 반복된 묘사의 정황 가운데 산 뒤 사람들은 그들에게 덧입혀진 기대대로 살기 시작하게 됩니다."

동일한 일이 설교자에게 일어날 수 있다. 그는 투사된 거울의 이미지대로 보고 행동하기 시작하며 다음으로 자신의 신분에 대한 신뢰도가 왜 무너지게 되었는지 질문하게 될 것이다. 그런 문화적 반응은 교회와 목회에 재앙과 같다. 설교 사역은 힘을 요구한다. 그 힘은 신체적이며 정서적이고 지적이며 영적이다. 능력 있는 설교의 혹독한 과정을 이겨 내기 위해서는 전인이 강한 사람이 되어야 한다.

설교의 신체적 측면

우리는 하나님께서 성 바울의 탄원들에 다음과 같은 말씀으로 응답하셨음을 알고 있다: "내 은혜가 네게 족하도다 이는 내 능력이 약한 데서 온전하여짐이라"(고후 12:9). 바울은 빈번하게 자신의 연약함을 언급하며 특별히 자신의 신체의 허약성과 약한 시력과 반복되는 고질병의 발병을 지적했다. 그의 신체적 한계가 그의 서신들에 너무나 명백히 발견되므로 우리는 어떤 점에서 바울이 엄청난 신체적 힘의 소유자였음을 쉽게 간과할 수도 있다. 서른아홉 대의 태형을 **다섯 번**이나 견디기 위해서는 얼마나 큰 신체적 힘이 요구되겠는가? (많은 사람이 이십대도 맞기 전에 사망했다.) 또는 세 번 태장으로 맞은 일은 어떠했겠는가? 세 번의 파선? 한 번의 투석 형? 바다에서 밤낮을 보낸 일? 또는 고대 세계에서의 여행의 험난함을 생각해보라. 필자는 사도 바울만큼만 신체적으로 "약해져"(?) 보고 싶다.

30대에 필자는 목회의 가장 어려운 필요조건의 하나가 신체적 스태미나임을 발견하게 되었다. 필자 개인의 배경은 운동에 많은 시간과 노력을 기울였으며, 따라서 일정 정도 신체적 단련의 덕을 입었다. 그러한 훈련과 상대적인 젊음에도 불구하고 필자는 육체적인 인내가 필요한 시점에서 가장 절박한 한계를 느꼈다. 해결책은 심혈관의 기능을 증진하기 위해 조깅을 하는 일이었는데, 그것은 경건하지 않게 보일지 모르지만 마땅히 치러야 할 대가였다. 이번만은 사도 바울을 흉내 내어 필자의 몸을 쳐 복종시키고자 했다.

비록 설교자마다 설교 시 소모하는 에너지의 양이 다르겠지만, 반시간의 설교는 여덟 시간의 육체노동만큼의 에너지를 사용할 수 있다고 추산된다. 예를 들어, 빌리 그레이엄Billy Graham은 설교로 인한 육체적 소진의 위험성에 대해 의사들의 경고를 받아왔다. 물론 단일한 어조로 말하며 역동적이 되고자 하는 유혹을 억제하여 설교함으로써 에너지를 아낄 수 있을 것이다. 이 방식의 추가적 유익은 회중의 에너지 역시 아끼게 해주며, 결국 밀린 잠을 잘 수 있는 기회를 줄 수도 있다는 점이다. 역동적인 설교는 신체적 힘과 스태미나를 요구한다. 설교자의 신체가 정상이 아니면, 필연적으로 설교의 질에 영향을 미친다.

우리는 그것의 적절성에 대해 격렬히 반대할지도 모르지만, 설교자의 신체적 외관은 그의 신뢰도를 크게 좌우한다는 증거를 반박하기 어렵다. 우리는 그런 외적 고려를 일축하는 경향이 있으며, 궁극적으로 우리의 능력은 성령의 능력에 달려 있다는 확신에 피난처를 마련하려고 한다. 그러나 섭리에 대한 우리의 교리는 하나님께서는 자신의 궁극적 목적을 이루시기 위해 수단들을 사용하시며, 외적인 것에 대한 관심이 하나님이 부여하시는 우리의 책무에 포함된다고 분명히 말한다. 설교자는 의사소통자이며 단지 입만으로 의사를 전달하는 것이 아님을 알아야 한다.

의사소통은 언어적인 방식과 비언어적 방식 양자 모두에 의해 이루어진다. 수세기 동안 설교자들은 메시지의 강조점을 강조하는 자세와 몸동작의 중요성을 인식해왔다. 우리는 예전의 외형적 요소들이 예배를 고양시키기도 분산시키기도 할 수 있다는 것을 알아왔다. 우리는 외형주의를 피해야 하지만 마찬가지로 외형적 요소들을 완전히 등한히 하는 오류도 피하도록 유의해야 한다.

외형적인 비언어적 의사소통의 결정적인 요소는 목사의 신체적 외모를 포함한다. 우리는 신체적 외모가 우리의 신뢰성에 절대적으로 아무런 관련도 없을 것이라고 소리 높여 주장할지도 모르지만, 우리의 주장이 문제의 냉엄한 진실을 거의 바꾸지 않을 것이다. 우리는 외모로 판단 받지 말아야 한다고 반대하며 그것의 부당함을 비난할지도 모르지만, 우리가 그렇게 판단된다는 사실은 변함이 없다.

필자의 모친이 필자에게 가르쳐주었으면 하는 비언어적 의사소통에 관한 몇 가지 것들이 있다. 필자의 신학교 교과과정은 복장을 어떻게 하는가에 대한 사회학적 역학을 포함하지 않았다. 하나님의 말씀은 토가Toga(고대 로마인의 헐렁한 겉옷)를 입거나 혹은 쓰리피스 정장을 입고 설교될 수 있다고 필자는 생각한다. 목사 가운은 우리 모두를 평등하게 하며, 민간인 복장으로 인해 발생하는 편견의 반응을 피하게 해줄 수 있다.

귀납법적 조사의 경험적 방식에 의한 최근의 연구들은 복장의 유형이 큰 영향력이 있으며 실제로 사람들에게 비언어적 메시지를 강렬하게 전한다는 것을 보여주었다. 이 비언어적 메시지들은 분명하게 파악되며 우리의 말이 어떻게 받아들여지냐에 종종 막대한 영향을 준다. 옷은 비바람을 막아주는 보호 수단 훨씬 이상의 것이 되었으며, 예술의 한 형태가 되어 상징적인 의사소통의 힘을 행사한다. 우리 각자는 특정한 스타일로 복장을 한다. 우리는 의식적으로든 무의식적으로든 그 스타일을 선택하는데, 경제적 이유들보다는 미적 이유들로 그러하다. 우리는 자신의 내적 개성을 표현한다고 생각하는 옷에 끌린다. 외형적인 것은 우리가 인지하거나 다른 사람들이 인지하길 원하는 것을 표현하도록 의도한다. 한 마디로 말해 우리는 어떤 이미지를 투사하기 위해 우리의 의복의 형태를 선택한다.

자주 우리는 자신의 실재와 모순되는 자기 자신의 이미지를 투사한다. 우리는 비언어적으로 허위의 메시지를 전한다. 이 허위의 메시지들은 청자들을 혼란하게 하며 빈번히 소외시킨다. 복장의 방식이 우리를 교묘한 위선의 형태로 이끌 수 있는데, 이 일은 겉모습을 꿰뚫어보기에 충분한 직관을 지닌 사람들의 분노를 일으킨다. 우리는 자신의 품격을 떨어뜨리는 복장을 할 수 있는데, 곧 현대 문화가 우리에게 덧입힌 목사에 대한 부정적 풍자에 순응하여 자신의 위엄을 낮출 수 있다. 우리 대부분은 다소간 영적인 일을 지향하며 신학적인 것에 몰두하느라 이 문제에 대해서는 결코 아무런 신경도 쓰지 않는다. 우리는 충동적으로 구매하거나 가까이에 있는 사람들의 취향에 맞추려고 하며 본질적인 문제에 대해서는 무관심한 자세를 취하기 쉽다. 우리는 교회의 장식의 세목과 예전의 미묘한 차이에 대해 진지한 관심을 기울이지만 정작 중요한 설교자 자신의 장식은 전적으로 등한히 할 것이다.

필자는 앞에서 복음은 토가를 입든 쓰리피스 정장을 입든 효과적으로 설교될 수 있다고 말했다. 그러나 쓰리피스 정장은 1세기 로마의 성 베드로에게는 아마도 일정한 신뢰도를 하락하게 할 것이다. 우리는 주일 아침 설교단에서 토가를 입고 나타나면 이점을 부분적으로 증명할 수 있을 것이다.

복장을 통한 비언어적 의사소통의 문제는 지역적이며 하위문화적인 선입견에 의해 복잡해진다. 장로교 목사는 피닉스에서는 설교단에서 카우보이 장화를 신을 수 있을 것이지만, 보스턴에서는 그렇지 않다. 은행가들에 대한 사역은 풀을 먹인 칼라에 의해 도움을 얻겠지만, 대학생에 대한 사역은 그렇지 않다. 우리 사회는 작은 하위문화들로 나눠지는데, 그 경계가 복장 스타일의 미묘한 차이에 의해 표시된다.

의상 디자인과 구분되는 의상 공학이라고 하는 새로운 학문은 모든 의상 유형이 일종의 유니폼이라고 강력하게 선언했다. 경찰관의 유니폼은 군 장교 또는 축구 선수의 유니폼만큼이나 구분하기 쉽다. 이 세심하게 구별된 소집단에서 우리는 선수 일람표 없이도 선수를 기꺼이 구분할 수 있다. 다른 유니폼들 역시 문화 속에서 덜 명확하지만 의사소통의 실제적 능력을 발휘하며 기능한다. 오토바이 갱 단원, 중고차 세일즈맨, 은행가, 의사 등의 정형화된 이미지가 있다. 이 정형화된 이미지는 수많은 방식으로 매일같이 강화된다. 필자가 앞서 언급한 만화 작업은 목사에 대한 부정적인 정형화된 이미지가 그렇게 강화되는 한 가지 방식이다.

목사는 지도자가 되도록 부름 받았다. 그의 자리는 종의 자리 일뿐만 아니라 지도자와 권위의 자리이기도 하다. 그의 직분은 거룩한 직분, 곧 정중하고도 큰 위엄이 있는 직분이다. 하나님은 세목들의 상징적 의미에 대한 분명한 인식과 함께 구약의 제사장 복장의 디자인을 세목별로 장식하는 법을 상술하셨다. 제사장의 복장은 화려함을 과시하는 것도 선교용 재활용품과 같은 것도 아니었다. 우리 주님의 세상에서의 유일한 소유물은 길고 헐거운 겉옷 하나였는데, 그것은 우아한 취향과 위엄이 있는 옷으로 다용도이며 아름다웠지만, "호사스럽지"는 않았다. 그분의 겉옷은 그분의 직분과 몸에 어울렸다. 그분은 중고마차 세일즈맨의 복장을 하지 않았다.

우리 사회에는 지도자 직분에 맞는 유니폼이 있다. 적은 수의 성직자만 이 차원을 인식하고 있다. 우리 문화의 지도자의 유니폼은 품위 있고, 정중하며 다용도이고 경제적인 것이다. 그것은 습득하기 쉬우며 경제적으로 분별력 있는 의상 보유 계획의 기초가 된다. 그것을 아는 사람은 다른 사람들에게서 즉각적으로 그것을 인지한다. 그것을 의식적으로 알지 못하는 사람은 직관적으로 그것에 반응한다.

신학교 대학원 수업에서 18명의 목회자들을 가르치면서, 필자는 간단한 실험을 했다. 수업의 시작에 사람들이 서로를 알며 각자의 재능과 은사에 대한 견해를 가지게 되기 이전에 필자는 신학교가 한 큰 자선재단에 20만 달러의 기부금에 대한 제안을 하는 한 가상의 상황을 설정했다. 그 신학교는 그 요구를 발제하기 위해 그 재단을 방문할 세 명의 관계자를 이 학급이 선발하길 원했다. 필자는 그리고 나서 이 학급이 비밀투표 방식으로 그 제안을 발제할 세 명의 급우를 선발하도록 요청했다.

투표가 이루어지기 전에 필자는 종이에 세 명의 급우의 이름을 적었으며 그들이 볼 수 없도록 그 종이를 감추었다. 투표가 끝났을 때 필자는 필자가 써놓았던 세 명의 이름을 갑자기 꺼내 보여주었으며 필자의 목록이 방금 선택될 세 사람과 정확히 일치한다는 것을 보여줌에 의해 그 학급을 놀라게 했다. 그 학급은 "어떻게 아셨죠?"라는 감탄의 반응을 나타냈다. 필자는 모자에서 토끼를 꺼내는 마술사가 된 기분이었다. 그러나 그것은 마술이 아니었으며 곧 속임수를 쓴 것이 아니었다. 필자는 다만 지도자에 어울리는 유니폼을 입은 세 사람을 선택했을 뿐이다. 필자가 그 "마술의" 방식을 공개하기 전에 "여러분은 왜 이 세 사람을 골랐나요?"라고 역질문을 했다. 그들은 왜 그런 식으로 투표했는지에 대해 구체적으로 아무런 생각도 없다는 동의가 이루어지기까지 다소간 말을 더듬었다. 필자의 방법을 설명했을 때 그들은 그 단순성에 탄성을 질렀으며 갑자기 복장이 신뢰할만한지에 대한 첫인상에 주는 영향에 관한 논의에 마음을 열었다.

핵심은 복장이 사람을 좌우한다는 것이 아니다. 이것은 복장이 복잡한 의사소통 과정의 한 요소라는 것이다. 복장은 화자와 청자 양자 모두에게 영향을 준다. 그 영향은 우리가 화자와 청자의 상호관계의 역학을 보다 깊이 탐사할 때 증대될 수 있다. 개인적 청자 혹은 회중이 따뜻한 박수에서 눈썹을 움직임에 이르기까지 긍정의 표시로 반응할 때, 우리의 확신이 커지며 표현의 폭도 넓어진다.

지혜로운 설교자는 말할 때 자신의 복장의 메시지를 고려해야 한다. 그는 잘못된 메시지를 전하는 위선을 피해야 할뿐만 아니라 반항적인 죄인의 마음에 거슬리는 형태의 옷을 피해야 한다. 청중 앞에 의사소통의 방해물을 불필요하게 놓음으로써 그 거슬리는 일을 **가중시키는 것**이 우리의 소명이 아니다.

마지막으로 우리는 모든 옷이 비언어적 메시지를 전달한다는 점을 알아야 한다. 설교자는 다음과 같은 두 질문에 주의 깊게 대답함으로 자신의 의사소통을 강화할 수 있다: 자신의 옷은 어떤 의미를 전달하는가? 자신의 옷이 어떤 의미를 전달하길 원하는가? 만약 이 질문들에 대한 대답이 동일하지 않다면, 변화가 적절하다. (설교자의 신체적 외모에 대한 추가적 논의를 위해서는 본서에 나오는 귄 월터스의 "강단에서의 신체"를 참조하라.)

전인에 대한 설교

감정주의는 개혁파 설교자에게 혐오 대상이다. 대각성 시 발생한 대문자 "E"를 첫 글자로 하는 감정주의Emotionalism에 대한 조나단 에드워즈의 비판에 관한 피상적 이해가 이것의 증거이다. 감정주의는 머리보다 가슴이 앞섬으로 인한 내용 없는 열정, 생각 없는 느낌을 강조한다. 감정주의에 대한 과도한 반작용으로 나타나는 반대의 극단은 지성주의intellectualism, 곧 사랑 없는 지식과 느낌 없는 생각에 대한 무미건조하고 형식화된 강조이다. 지성주의는 19세기 유럽 문화에 대한 다음과 같은 키에르케고르의 비평에 나온다: "내 불만은 시대가 악하다는 것이 아니다. 오히려 그것이 천박하며 열정을 결여하고 있다는 것이다."

우리는 열정을 얻기 위해 실존주의를 받아들일 필요가 없다. 우리는 열정 없는 기독교를 받아들일 수 없다. 열정 없는 믿음은 죽은 믿음인데, 이것은 아무도 의롭게 하지 못한다. 기독교는 정신과 마음의 균형, 열정과 이해의 상호관계 위에 세워진다. 기독교에는 지성의 우선성의 일면이 있다. 기독교에는 마음의 우선성의 일면이 있다. 두 우선성이 어떻게 동시에 있을 수 있는가? 이것은 모순 또는 기껏해야 변증법적 말장난 아닌가? 어림없는 소리이다. 만약 우리가 두 우선성을 동일한 시점에 그리고 동일한 관계에서 두 우선성에 대해 이야기한다면 모순이 존재할 것이다. 우리에게 있는 것은 바로 그 긴장관계가 면밀한 검토를 통해 해결될 수 있는 진짜 모순이다. 두 우선성이 있지만, 동일한 관계에서 그러한 것은 아니다. 순서와 관련하여 지성의 우선성이 있으며 중요성과 관련하여 마음의 우선성이 있다.

이해는 먼저 머리에 있지 않고는 결코 마음(가슴heart)에 있을 수 없다. 마음으로의 매개가 머리이다. 그 매개를 통해 마음으로 결코 전달되지 않는 어떤 것이 머리에 있는 일이 가능하다. 사랑으로 귀결되지 않는 하나님에 대한 인지적 지식, 곧 지적 앎이 있을 수 있다. 사탄은 하나님이 계신 것을 안다. 즉 귀신들은 예수의 확실한 정체를 알았지만, 그분을 미워했다. 따라서 우리는 마음에 아무런 애정도 없는 머리만의 지식을 가질 수 있다.

마음의 우선성은 하나님께 대한 마음의 반응이 구원의 필수 요소임을 강조한다. 대계명은 주 하나님을 온 마음과 뜻(정신mind)과 힘을 다하여 사랑하는 것이다. 영혼의 성향이 칭의를 가져오는 믿음의 본질이다. 우리는 신학 전체에 있어 이성적인 오류를 범할 수 있지만, 여전히 구원될 수 있다. 그러나 만약 우리의 신학이 흠 잡을 데 없는 반면, 마음이 "그분에게서 멀리" 있다면, 구원은 부재한다. 유지되어야 하는 머리와 마음의 필수불가결한 관계가 존재한다. 마음은 진공상태에서 움직이지 않는다. 우리는 나중에 지적 우선성을 숙고할 것이지만, 지금은 믿음과 설교의 감정적 차원에 초점을 맞춘다.

설교는 감정적 반응을 불러일으킨다. 그것은 단순히 정보 전달 행위가 아니다. 강단은 **드라마**의 무대이다. 복음 자체가 드라마적이다. 우리는 드라마의 의미를 꾸며낸 공연이나 가상의 연극의 세계로서 이야기하고 있지 않다. 우리는 드라마적 진리에 대해 말하고 있는데, 곧 영혼을 산산이 부숴 놓은 다음, 치유를 가져오고 인간의 심령이 용솟음치게 하는 진리이다. 만약의 성령의 드라마적인 말씀이 열정 없이 말해진다면 성령을 슬프게 할 것임에 틀림없다. 설교자가 복음을 드라마적이게 만들지 않는데, 곧 그것은 이미 드라마적이다. 복음을 드라마적으로 전달하는 일은 설교에 내용을 제공해주는 것이다. 열정 없는 설교는 거짓말이다. 곧 그것은 전달하는 내용을 부정하는 일이다.

필자는 학생들에게 성경 본문을 읽을 때 드라마를 찾아보라고 강력히 권고한다. 본문에서 감정을 표현하는 말을 강조하라. 정념을 부각시키라. 예를 들어 아래의 본문을 읽어보자.

> 헬라인이나 야만인이나 지혜 있는 자나 어리석은 자에게
> 다 내가 빚진 자라(롬 1:14)

드라마적 요소가 어디에 있는가? 이 본문의 독법에서 어떤 말이 강조되어야 하는가? 이 구절에는 감정을 표현하는 말이 있는가?

드라마적 요소와 더불어 그 절을 시작하게 하는 단어는 **빚진 자**이다. 어느 누가 빚의 압박감을 감정이 없이 느끼겠는가? 빚의 경험에 대한 인간의 감정적 반응을 생각해보라. 영혼과 관련되는 강렬한 의무감이 존재한다. 바울은 여기서 다분히 감정적인 단어를 사용하고 있다. 그는 단순하게 헬라인과 야만인이 자신의 선교에 포함된다거나 더욱이 자신이 그들에 대한 관심을 가지고 있음을 나타내지 않는다. 그에게는 갚아야 할 빚이 있다는 것이다. 그의 의무감이 빚진 자의 수준으로 강렬해진다.

또한 독법의 원칙이 본문에서 예시될 수도 있다. 열쇠가 되는 단어들이 서로 대조될 때, 그것들은 강조되어야 한다. 이 본문에 대한 독법은

다음과 같은 강조점들을 지닐 것이다:

헬라인이나 야만인이나 지혜 있는 자나 어리석은 자에게
다 내가 **빚진 자**라

전달에 있어 드라마는 얼굴 표정과 몸짓과 억양과 무엇보다 "휴지, 강조, 휴지"의 전형적인 양식으로 전달된다. 박자가 드라마에서 결정적이다. 단어를 균일한 시간 간격으로 읽는 일은 드라마를 망치게 할 것이다. **빚진 자**라는 단어는 적절한 박자에 맞춰진 "휴지, 강조, 휴지"의 방식으로 강조되어야 한다.

드라마는 언어의 생동감에 의해 강화된다. 조나단 에드워즈는 표면적으로 설교를 단일한 어조로 원고를 읽는 식(자주 드라마적 설교에 치명적인 장애가 됨)으로 했지만, 청중은 그의 설교의 드라마적 감동에 사로잡혔다. 혹자들은 그 원인을 다만 심령을 꿰뚫는 것 같은 온전한 진리의 능력 또는 에드워즈의 설교에의 성령의 특별한 임재에 돌린다. 아마도 그 외에도 인간적 요소가 관련되었을 것이다.

사무엘 로건은 "설교의 현상학"이라는 본서의 한 장에서 에드워즈의 "감정"affections에 대한 이해를 탐구한다. 에드워즈는 대서양을 횡단하여 영국 경험론자들의 저작의 철학적 통찰력을 매우 잘 알았다. 로크와 버클리와 흄은 현상학에 자신들의 철학적 에너지를 집중시켰다. 그들은 단지 진리가 어떻게 알려지는지 뿐만 아니라, 개념들이 어떻게 정신 가운데 형성되고 유지되는지에 관한 구체적 질문들에 관심을 가졌었다. 흄의 기억의 이미지에 관한 저술들은 하나의 고전으로 남아있다. 에드워즈는 기억의 유지와 정신적 이미지의 생동감의 관계를 이해했다. 그 형상이 더 생생할수록 정신적 지각력이 더 강해지며, 일어나는 감정이 더 강렬해지고, 기억의 유지가 더 길어진다. 다음과 같은 의사 전달 방식을 숙고해보라:

지존하신 존재가 타락한 인류의 일반적 경향에 분노의 성향을 나타내게 되신다.

또는,

진노하시는 하나님의 손아귀에 있는 죄인들.

에드워즈는 회개하지 않는 자의 위태로움에 대해 추상적 묘사를 하는가 아니면 생생한 이미지로 마음을 뒤흔드는가?

아 죄인이여, 당신은 타오르는 불 위의 거미와 같이 가느다란 줄로 지옥의 구덩이 위에 매달려 있습니다. 주변의 이글거리는 하나님의 진노의 불꽃이 언제라도 그것을 태우고 당신을 구덩이에 빠뜨릴 태세를 하고 있습니다.

또는,

하나님의 활이 당겨져 있으며, 그분의 화살이 당신의 가슴을 조준하고 있습니다.

강조점은 명사와 동사들, 곧 구체적 이미지들에 있는데, 이것들은 드라마를 구성하는 가장 중요한 요소가 된다. 에드워즈는 어떻게 설교할지를 명확히 알았다.

혹은 루터가 믿음을 알지 못하는 타락한 이성의 유사지성주의pseudo-intellectualism를 혹평하는 방식을 들어보라. 그는 이성에 대해 어떻게 말하는가? 그는 추상적 추론의 부적절함에 대해 다만 논리적으로 말하는가 아니면 "홀다 부인, 곧 창녀인 이성, 즉 마귀의 가장 악한 정부情婦!"라는 식으로 수사학적으로 말하는가?

생생한 묘사라고 해서 반드시 서정시적인 미사여구에 감상적으로 과도하게 몰두할 필요는 없다. 설교는 시가 아니다. 지저귀는 새와 향기로운 라일락을 필자가 말하고 있는 것은 아니다. 그 목적은 아름다움이 아니라, 드라마로서 복음의 고유한 드라마가 감추어지지 않게 하는 것이다. 그 드라마는 폐부를 찌르도록 윤색될 필요가 없다. 강조는 좋다. 고안은 안 된다. 무시하는 일은 결코 안 된다. 또한 제이 애덤스의 장인 "감각 호소와 이야기"는 이 개념을 훨씬 더 발전시킨다.

아마도 드라마적 설교의 가장 큰 자극제는 즉석 설교이다. 이러한 설교 방식은 그토록 많은 설교를 가로막는 의사소통의 장애물에서 설교자를 해방시킨다. 최근에 한 젊은 목사가 필자에게 다가와 자신의 설교를 관찰하고 철저한 비판을 해달라고 부탁했다. 그의 요청에 응하여 필자는 그의 설교를 들어보기도 하고 지켜보기도 했다. 내용은 탁월했지만, 의사소통의 명백한 장애물이 설교를 회중에게서 가로막고 있었다. 원고 전체를 의지하여 그 목사는 설교 동안 정확히 127번 회중과의 눈 맞춤을 중단했다. (필자가 계수했다.) 회중이 몰입하는 관심을 가장 분명하게 나타난 순간은 목사가 개인적인 고통의 경험을 예화로 들 때였다. 공교롭게도 그 개인적 이야기를 할 때 회중과의 눈 맞춤을 가장 길게 지속한 것으로 드러났다.

예배 후 그 목사가 필자의 관찰의 결과를 물었다. 필자는 그에게 "목사님은 회중과의 눈 맞춤을 몇 번 중단했습니까?"라고 질문했다. 그는 잠시 생각하더니 "10번쯤이라고 추측합니다"라고 대답했다. 필자가 그에게 127회로 계수했다고 말하자 그는 기겁했다. 보다 중요하게도 그는 제안한 변화를 경청하려는 자세를 지녔다. 필자가 그에게 즉석 설교로 바꿔보라고 제안했을 때 그는 두려워하기도 하고 혼란스러워하기도 했다. 그것은 원고라는 안전장치 없이 설교하는 일을 의미했으며 빈약한 설교라는 개념을 시사했다.

즉석 설교는 "즉흥적으로 하는 것" 또는 "사전 준비 없이 하는 것"과 같은 것이 아니다. 학술적으로 라틴어 엑스 템포레ex tempore에서 파생된 그 단어의 의미는 "순간적인 충동으로" 혹은 "상황이 요구하는 대로" 말한다는 개념을 가진다. 필자는 지금 순간적인 충동으로 하는 설교가 아니라 "상황이 요구하는 대로" 하는 설교에 대해 이야기하고 있다. 효과적인 즉석 설교는 다음 두 요소를 결합한 것이다: 진지한 준비와 자유로운 방식의 전달. 그것은 다음 두 가지 필수 요소를 요구한다: 지식과 어휘력 혹은 언어적 재능.

필자에게 즉석 설교 준비의 원리를 가르쳐준 사람은 바로 피츠버그의 유서 깊은 제일장로교회의 담임목사 클래런스 맥카트니Clarence MacCartney의 후임자인 로버트 러몬트Robert J. Lamont였다. 러몬트의 체계는 바로 앞의 설교가 끝나는 순간에 다음 설교를 "준비하는" 것이었다. 그는 다음번의 주제에 몰두하고 한 주 내내 생각했다. 중간에 그 자신이 주제에 대한 진지한 연구를 했다. 그는 설교 성경 본문에 대한 깊이 있는 주석을 하면서, 주제에 대한 정확한 이해를 확보하기 위해 최고의 주석서들을 검토하곤 했다. 그의 지적 목표는 정한 주제에 대한 지식을 늘리는 것이었다. 연구의 과제가 끝난 후 그는 자신이 다루고자 하는 것의 대략적이며 간략한 개요를 작성하곤 했다. 보통 그 개요는 머릿속에 새겨져 있었으며 종종 도움이 필요한 경우 종이에 기록했다. 예화는 주제에 대해 몰두하여 생각하며 독서하는 과정에 구했다. 설교하는 순간이 다가오면 머릿속으로 시작점과 결론과 포함시키고자 하는 핵심 요지를 정리하곤 했다. 다음으로 그는 자신의 기억력과 언어적 재능을 신뢰하며 골격에 살을 덧입혔다.

자유로운 방식의 전달은 자신의 주제에 대한 이해와 자신의 개성과 자신의 언어적 재능에 기초했다. 이 방법은 원고를 세세하게 작성하는 일 또는 설교를 축자적으로 기억하는 일을 피한다. 이 전달은 "순간적으로"(엑스 템포레) 이루어지지만, 장시간의 내용 준비에 의거한다.

구두의 말은 기록되는 말과 명확하게 다르다. 준비되는 원고의 위험성은 거의 어떤 목회자도 구두의 양식으로 기록할 수 없다는 것이다. 글로 잘 통한다고 해서 반드시 말로도 잘 통하는 것은 아니다. 의사전달의 형태가 상이하다. 설교는 말하는 기술이지, 문예적인 기술이 아니다. 또한 암기가 효과적인 의사전달에 방해가 되는 것은 즉흥적인 의사전달의 역동성을 막고 기계적이 되는 경향이 있기 때문이다. 어떤 일들은 암기를 요구하지만, 대중 연설은 그렇지 않다. 아마도 (인용문이나 인용 구절의 경우) 부분적으로 암기가 필요할 때도 있겠지만, 전체적으로는, 암기의 방식은 치명적으로 유해하다.

물론 먼저 자신이 이해하지 못한 것을 다른 사람에게 전하는 일은 실제로 불가능하다. 그러나 (우리가 나중에 수고할 바와 같이) 이해는 의사소통의 단지 절반의 비결이다. 열정이 의사소통의 마법이 일어나는 일의 이해에 추가되어야 한다. 단순하게 말하자면, 의사소통을 위해 실제적으로 필요한 **전부**는 여러분의 주제에 대한 이해와 그것을 전달하고자 하는 열망이다. 만약 어떤 사람이 말할 것을 알며 그것을 **중요시한다**면, 자신의 메시지를 이해시킬 방법을 찾게 될 것이다. 만약 자신의 주제에 흥미가 없다면, 회중 역시 그러할 것이다. 이해에 드라마적이고, 힘차고, 에드워즈가 말하듯이, 감정적인 열정이 추가되는 것이 의사소통의 가장 오래되고 단순한 비결이다.

언어적 재능은 어떠한가? 어휘력은 어떠한가? 이것들이 중요한 기술적 요소인가? 물론이다. 어휘력은 설교를 향상시키고 풍성하게 하는 데 필수적이다. 그것들은 심령을 찌르는 능력을 예리하게 한다. 그것들은 의사소통에 절대적으로 필수적이지는 않지만, 그것의 차원을 상당히 깊게 해준다. 빈약한 어휘의 설교자도 의사소통할 수 있다. 무학이며 어눌한 말씨를 지녔지만 가슴이 활활 타올라 메시지에 감화력이 있는 설교자의 열정적인 증언에 누가 매료되지 않았겠는가?

하지만 장기적으로 드라마적 설교는 풍부한 언어로 채워져야 한다. 즉석 설교의 한 가지 위험성은 반복되는 언어 유형, 곧 진부한 상투어와 공허한 상투문구와 동일한 비유에 거듭하여 의지하는 따분한 의사소통이다. 기독교적 "관용어"가 즉석 설교자의 빈약한 개요 속으로 밀려들어와서 회중의 감각을 과도한 반복으로 둔감하게 만들 수 있다. 다른 삶의 영역만큼이나 다양한 언어는 설교에서도 양념과 같은 역할을 한다. 우리의 단조로운 어휘가 청중의 영양실조를 가져오지 않도록 우리는 말에 조미료를 추가해야 한다. 또한 우리는 설교 시 영양분을 공급하길 추구할 대상은 전인임을 기억해야 한다.

따라서 어휘력을 쌓는 일이 즉석 설교자에게 필수적이다. (그런데 이 점은 조나단 에드워즈의 경우에서 이미 본 바대로 비 즉석의 설교자에게 더더욱 그러하다.) 즉석에서 하는 일은 선행하는 기술의 숙달을 요구한다. 초점 없는 자유는 혼란일 뿐이다. 즉석 전달의 자유로운 방식은 선행하는 언어적 기술의 숙달에서 오는데, 이 기술의 숙달을 대체할 수 있는 것은 아무것도 없다.

필자는 기술의 중요성을 절감하게 해준 두 가지 소일거리 취미를 즐기고 있다. 필자는 피아노를 연주하고 골프를 한다. 특별히 재즈 풍으로 피아노를 연주하는 데 있어 필자의 꿈은 자유자재의 즉흥연주를 한번 해보는 것이다. 주요 선율에서 갑자기 이탈하여 신선하고 상상력 있게 건반 여기저기를 과감하게 누빈 이후, 다시 감미롭고 조화로운 화음으로 되돌아오는 예술가의 악기에서 나오는 신나는 소리를 들어 왔다. 음악가들이 이 일을 어떻게 행하는가? 그들의 자유자재의 이탈이 불협화음이 아닌 화음으로 어떻게 종결되는가? 그들은 확실히 그것을 즉흥에서 하는 것은 아니다. 그들이 자연스럽고 "즉흥적인" 즉석 연주의 자유를 행사하기 위해서는 다년간의 지겨운 음계와 빠른 연주의 반복되고 또 반복되는 연습과 화음 관계의 숙달을 필요로 한다. 비 숙련된 아마추어와 마음대로 연주하는 개코원숭이는 절대로 그런 일을 할 수 없다. 우리는 기술의 숙달을 이루고도 즉석 연주의 영감을 얻지 못할 수 있지만, 먼저 기술을 숙달하지 않고 즉석 연주의 영감을 얻을 수는 결코 없다.

또는 골프를 생각해보자. 필자의 어떤 글도 좌절한 운동선수들의 열망에 고통을 안겨주기 위해 악마에 의해 만들어지고 귀신에 의해 영감을 받은 이 스포츠에서의 적어도 한 가지 예화를 삽입하지 않고는 완료되지 않을 것이다. 필자는 디오게네스Diogenes의 등불을 들고 알기 어려운 "비밀"을 찾아 나서는 「골프」Golf와 「골프 다이제스트」Golf Digest에 게재된 월간 기사들을 읽는다. 골프 순회 대회의 유명 선수들에게 거듭하여 다음과 같은 동일한 질문이 물어 진다: "골프공을 칠 때에 무엇에 대해 생각하시나요?" 대답은 한결같다. 그들 모두가 같은 말을 한다. 그들은 목표에 집중한다. 마음속에 볼이 어떻게 날아가길 원하는지 그려보고 나서 단지 "물 흐르듯이 진행한다." 그들은 단지 몸이 그렇게 움직여지길 요구한다. 그들은 일련의 스윙 비결로 인해 혼란스러워지지 않는다. 곧 그들은 왼팔을 곧게 편 자세를 유지하기, 스윙 공간이 열리도록 왼쪽 엉덩이를 뒤로 빼기, 또는 일일이 분석하자면 아무것도 하지 못하게 될 것이 분명한 수많은 여타 기계적 규칙들로 인해 혼란스러워지지 않는다. 필자가 목표를 바라보고 몸에게 볼을 거기로 치라고 말할 때, 몸은 말을 듣지 않는다. 필자의 몸은 "어떻게 할지 모르겠어요"라고 소리친다. 만약 필자가 물 흐르듯이 진행할 경우, 공은 결국 숲속이나 모래 구덩이로 가고 만다. 필자에게 결여된 것은 보다 이전의 기술의 숙달이다. 그런 숙달로 인해 기술이 몸에 배였을 때 골프선수들이 근육 기억muscle memory이라고 부르는 것에 의해 그 기술은 순간적으로ex tempore 즉석에서 재 발휘될 수 있을 것이다. 그런 기억이 거의 없는 필자의 근육은 자연스럽게 움직일 수가 없는데, 왜냐하면 기술이 연습장에서 결코 숙달되지 못했기 때문이다. 자유는 형식에 뒤따르는 것이다. 드라마와 감정의 온전한 효과가 나타날 수 있도록 설교자는 즉석 설교의 자유를 확대하는 일에 앞서 그 전형적 방식들을 숙달해야 한다.

설교의 지적 측면

우리는 앞에서 기독교인의 삶에 있어 지성의 우선성과 우리가 전하고자하는 내용을 이해하는 일의 절대적 중요성을 언급했다. 건실한 설교는 다양한 수준에서 지적 차원을 내포한다. 건실한 설교에는 정확성에 대한 중시가 있어야 할 것이다. 만약 전달되는 내용이 사실이 아니라면 아무리 극적이고 역동적이며 감동적인 설교라 할지라도 부정적 가치가 매겨질 것이다. 모든 거짓 설교자가 따분한 설교자였으면 좋을 것이다. 하지만 이런 바람은 실제로는 환상이다. 히틀러는 탁월한 전달능력을 지녔었다. 사탄은 설득력이 있다. 카스트로는 역동적이다. 아무리 기교가 대단하더라도 내용이 거짓이라면 설교자가 무슨 유익을 끼치겠는가? 그것은 오락에 기꺼이 돈을 내는 사회에서 그에게 큰 이익을 주지만, 그는 자신의 목에 연자 맷돌, 곧 분노하시는 하나님이 놓으시는 화관을 매달게 되는 미래의 공포에 직면한다.

하나님은 설교를 세상을 구원하시기 위한 방편으로 택하셨다. 동일한 하나님이 거짓 설교에 대해서는 곱지 않은 시선을 보내신다. 해방시키는 것은 바로 진리이다. 곧 복음의 진리성 때문에 복음의 능력이 나타나는 것이다.

예레미야는 사람들이 자신들의 가려운 귀가 듣기를 원하는 것을 말해주는 자극적인 거짓 선지자들을 선호하는 일로 좌절했다. 예레미야는 다음과 같이 큰 소리로 하나님께 불평을 털어놓을 때 자신의 선지자 직분을 반납하고 싶은 심정이었다.

여호와여 주께서 나를 권유하시므로 내가 그 권유를 받았사오며 주께서 나보다 강하사 이기셨으므로 내가 조롱거리가 되니 사람마다 종일토록 나를 조롱하나이다 내가 말할 때마다 외치며 파멸과 멸망을 선포하므로 여호와의 말씀으로 말미암아 내가 종일토록 치욕과 모욕거리가 됨이니이다.

내가 다시는 여호와를 선포하지 아니하며 그의 이름으로 말하지 아니하리라 하면 나의 마음이 불붙는 것 같아서 골수에 사무치니 답답하여 견딜 수 없나이다(렘 20:7-9).

심지어 성령의 감동 하에 있었음에도, 예레미야는 군더더기 말을 하게 된다. 그의 언어의 경제성이 의문스럽다. 그는 말을 낭비했다. 왜 "여호와여 주께서 나를 권유하시므로"라고 말한 뒤 "내가 그 권유를 받았사오며"라는 언사를 덧붙이는 번거로운 일을 하는가? 후자를 말하지 않아도 문제가 없는데 말이다. 또는 왜 누구에게나 이미 명백한데 하나님의 힘의 우월하심에 주의를 환기시키는가? 아마도 그것은 그 군더더기 말이 탄식의 내용이 되기 때문일 것이다. 진리를 말하는 예레미야의 고통이 너무나 커서 하나님이 그의 부르짖음을 알게 하는 일을 이중으로 확실히 하길 원한다. 여기서 성령은 하나님이 아니라 예레미야 선지자 자신을 위해 그에게 작용하신다.

하나님은 거짓 선지자들의 파괴적인 영향력을 예리하게 알고 계셨다. 그분은 예레미야에 의해 그 상황에 대한 보고를 받을 필요가 없으셨다. 예레미야에 대한 그분의 대답은 다음과 같이 명확하다:

내 이름으로 거짓을 예언하는 선지자들의 말에 내가 꿈을 꾸었다 꿈을 꾸었다고 말하는 것을 내가 들었노라… 그들이 서로 꿈 꾼 것을 말하니 그 생각인즉 … 내 백성으로 내 이름을 잊게 하려 함이로다… 꿈을 꾼 선지자는 꿈을 말할 것이요 내 말을 받은 자는 성실함으로 내 말을 말할 것이라 겨가 어찌 알곡과 같겠느냐(렘 23:25-28).

설교자의 책임은 성실한 것이다. 하지만 충실함은 정확성에 의거한다. 마음은 원하지만 머리가 연약할 수 있다. 우리는 진리를 설교하길 바라지만, 무엇이 진리인가에 대한 이해에 있어 실수할 수도 있다. 반대로 거짓 선지자들이 진리를 "우연히" 말하게 되는 경우도 있다. 진지함은 미덕이지만, 진리의 대체물은 아니다. 우리는 진지하게 잘못될 수도 또한 진지하게 사람들을 잘못 이끌 수도 있다.

정확성은 은사라기보다 열매이다. 그것을 산출하는 데는 크나큰 노고가 요구된다. 따라서 목사는 마음을 다하여 설교 준비를 위한 연구에 부지런해야 한다. 정확성은 정신이 바짝 들게 하며 두렵게 하는 책임이다. 만약 우리가 그것을 얻는 데 필요한 고행의 대가를 치르려 하지 않는다면, 입을 닫고 설교를 그만두는 것이 더 나을 것이다.

대중 연설의 불안감은 일반적으로 사람들이 어떻게 반응할까에 대한 염려의 수준에서 정해진다. 물론 궁극적으로 중요한 것은 하나님의 반응이다. 설교단은 하나님에 대한 경외가 가장 우선되어야 하는 자리이다. 필자가 한번은 한 설교자에게 회중 가운데 한 국가적인 저명인사가 있음으로 인해 위축되지는 않는지를 물었던 적이 있다. 그는 이렇게 말했다: "그렇지 않습니다, 제가 왜 그래야합니까? 저는 매 주일 아침 하나님 앞에서 말씀을 전합니다." 이 생각은 매우 단순하지만 참으로 맞는 말이다. 만약 우리가 예배시의 하나님의 임재를 진지하게 고려한다면, 진리의 정확성에 대한 열의는 틀림없이 더 커질 것이다.

정확성은 지식과 이해 양자 모두와 관련된다. 다시 한 번 이해 없는 지식이 있는 일은 가능하지만, 지식 없는 이해는 있을 수 없다. 구약의 지혜문헌이 권하는 목표는 바로 **이해**이다. "지혜가 제일이니 지혜를 얻으라 네가 얻은 모든 것을 가지고 명철understanding("이해")을 얻을 지니라"(잠 4:7).

물론 이해는 설교뿐만 아니라 교육에도 결정적인 것이다. 대학생마다 자신의 머리로 이해가 안 되게 시종일관 강의하는 교수를 한명쯤은 알 것이다. 그런 교수는 보통 다만 학생 수준으로 낮추는 방법을 알지 못할 정도로 너무나 탁월한 것으로 여겨질 것이다. 왜 학생과 그런 교수 사이에 의사소통의 단절이 존재하는지의 다양한 개연성 있는 이유가 있을 것이다. 교수가 단순하게 학생들의 능력을 과대평가할 수도 있다. 학생들을 과소평가하여 낮은 수준으로 말하는 죄를 범하는 오류를 피하려고 할 수 있으며, 따라서 지나친 대응을 하는 것이다. 하지만 가능한 한 가지 이유는 자주 생각되지 않는다. 교수가 사기꾼일 수도 있는 것이다. 교수 자신의 자료를 이해하지 못하며 그 사실을 이해할 수 없는 다량의 전문 용어를 사용함으로써 은폐할 수도 있다. 또한 교수가 대학원에서 접한 전문적 자료를 기록하거나 복사해 놓은 뒤, 설명을 위해 필요한 준비 시간을 갖지 않고 단지 그것 전체를 학생들에게 전달하는 것일 수도 있다. 그는 정보를 **전달**하고 있지, 해석하고 있지 않다. 실제로 이런 선생은 심부름하는 소년이지 선생이 아닌데, 그 이유는 다만 그가 가르치고 있지 않기 때문이다.

만약 선생이 자신의 자료를 참으로 이해한다면, 다섯 살 어린이에게도 그것을 이해시킬 수 있어야 마땅하다. 그는 그렇게 하기 위해 더 많은 시간을 필요로 할지 모르며, 이 일을 해내기 위해서는 메시지를 단순화시켜야 할 것임이 분명하다. 효과적인 교수법의 기초는 왜곡시키지 않는 동시에 단순화시킬 수 있는 능력에 있다. 이 일은 이해를 요구한다. 이해 수준이 깊을수록 단순하게 전달하기가 쉬워진다. 하지만 단순한 전달방식이 과도하게 단순한 전달방식을 말하는 것은 아니다. 얼간이라는 묘사에 딱 어울리는 단순한 설교자와 단순한 선생이 있다. 그들이 단순함을 유지하는 것은 다만 자신들에게 아무런 대안도 없기 때문이다. 그들은 자신의 이해로는 최고의 수준으로 말한다. 여기에서 왜곡이 만연하는데, 이것은 기독교 서점들이 부끄럽게도 증명하는 바와 마찬가지이다. 곧 단순성 때문에 대중의 이목을 끄는 "단순한 교훈"의 많은 경우는 단지 단순한 것이 아니라, 해로울 정도로 과도하게 단순하다. 훌륭한 선생과 훌륭한 설교자는 마치 빙산과 같다. 그들은 본체에 실제로 있는 것의 약 십분의 일만을 표면에 나타낸다. 깊이 있는 이해는 명료함을 증진시키는데, 이 명료함은 의사전달에 절대적으로 중요하다.

좋은 성경적 설교는 전인에서 전인으로 이루어지는 것이기 때문에, 이해가 청자에게도 결정적으로 중요하다. 우리 모두는 선생이요 설교자일 뿐만 아니라 학생이기도 하다. 우리 자신의 준비는 이해를 위한 확고한 노력을 포함해야 하는데, 곧 우리 자신이 먼저 배우지 않은 것을 가르칠 수 없음을 기억하면서 말이다. 이해의 선행됨의 중요성이 철학 전공의 대학생 시절에 필자에게 각인되었다. 많은 명석하고 지적인 학생이 철학의 추상적 분야에 대한 과목을 접할 때 좌절하는 것이 명백했다. 자주 문제는 두뇌가 아니라 방법과 관련되었다. 필자는 일찍부터 철학 논술 시험에 준비하는 방법을 개발했다. 예를 들어, 데카르트에 관한 시험을 보게 되었을 때 필자는 몇 가지 질문을 스스로 던져보곤 했다. 데카르트는 어떤 문제를 해결해보려고 시도하고 있는가? 그의 주요 관심사는 무엇인가? 그의 출발점은 무엇인가? 그의 결론은 무엇인가? 출발점에서 결론까지의 주요 전환점은 무엇인가? 다음으로 이런 큰 질문을 던졌다: 내가 과연 그가 말하는 바를 이해하고 있는 것인가?

필자는 암기를 (1) 출발점, (2) 결론, 그리고 (3) 중간의 몇 가지 **주요 전환점**에 제한시키곤 했다. 따라서 필자의 공부의 많은 부분은 암기하는 일이 아니라 이해에 집중되었다. 만약 필자가 데카르트를 이해하고 몇 가지 주요 주제를 암기할 수 있으면, 그에 대한 구술시험은 용이했다. 이런 방식은 스스로도 정리가 안 된 말들을 하면서 앞에서 언급한 교수와 같은 행동을 하는 몇몇 철학자를 대면하기 전까지는 잘 통했다.

명료화의 방법은 제이 애덤스가 본서의 뒤에서 지적하는 대로 예화의 사용에 의해 강화된다. 사업가들은 부동산의 가치를 결정하는 단지 세 가지의 중대한 요인이 있다고 필자에게 말한다. 첫 번째가 위치이며, 두 번째도 위치이고, 세 번째 역시 위치이다. 위치와 위치와 위치. 다음과 같이 동일한 것이 명료한 의사전달에 대해서도 말해질 수 있을 것이다: 예화를 들고, 예화를 들며, 또 예화를 들라. 결코 어떤 교사도 예수님보다 자신의 주제에 대해 더 깊이 있는 지식을 지니지 못했다.

결코 어느 누구도 그분보다 더 나은 예화 사용자이지 않았다.

예화를 사용하는 원천에 대한 논쟁은 늘 가열된다. 혹자들은 설교자에게 부당한 관심을 끌게 되는 개인적 예화를 결코 사용해서는 안 되다고 주장한다. 다른 이들은 단지 성경의 사례들만이 예화 자료로 적절하다고 역설한다. 좋건 나쁘건, 연구에 따르면 개인적 경험이 다른 어떤 유형의 예화보다 청자의 관심을 불러일으키는 것으로 나타난다. 그 가설은 어느 누구도 어떤 것을 직접 경험한 사람보다 더 많이 그것에 대한 확신을 지니지는 않는다는 것이다. 예수님은 구약에서 예화자료를 가져오셨지만 성경의 범위를 넘어 삶의 모든 부분의 사례를 사용하셨다.

예화의 축적은 설교자가 일종의 르네상스적 인간이 되도록 돕는다. 그는 도축업자와 제과업자와 촛대 제조자에게 설교하도록 요구된다. 그런 책무는 칼과 밀가루와 기름에 대해 일정 정도 알 때 덜 부담스럽게 된다. 다양한 분야에 대한 지식이라는 개념은 에라스무스Erasmus나 여타의 르네상스 사상가들에 의해 고안되지 않았다. 수세기 전 어거스틴은 기독교인에게 가능한 한 많은 것에 관해 가능한 한 많은 것을 배울 것을 권고했다. 지식의 폭이 넓어지면 넓어질수록 예화의 축적은 더 깊어진다.

설교의 영적 측면

비록 다른 분들이 본서에서 설교의 영적 차원에 대해 더 심층적으로 살피지만, 우리는 영적 측면을 숙고함 없이 설교에 있어 전인의 문제를 이야기할 수 없다. 설교는 기술이나 학문 훨씬 이상의 것, 곧 영적 행위요 거룩한 소명이다. 우리는 곧 성 바울의 다음과 같은 언명을 상기하게 된다: "내 말과 내 전도함이 설득력 있는 지혜의 말로 하지 아니하고 다만 성령의 나타나심과 능력으로 하여"(고전 2:4).

설교자와 성령의 긴밀한 관계가 능력 있는 설교를 위해 유지되어야 한다. 성령은 힘을 불어 넣어주시는 분, 곧 능력 있는 설교의 다이너마이트dunamis와 같은 분이시다. 유창하든 그렇지 않든 우리의 말이 완고하게 저항하는 마음으로부터 튕겨져 나와 덧없이 사라지지 않으려면 우리는 성령의 기름 부음을 필요로 한다. 우리가 해야 할 일은 말씀verbum과 성령spiritus에 전념하는 것이다. 성령은 말씀을 통해per verbum 그리고 말씀과 함께cum verbo 임하시지만, 말씀과 동떨어지거나 말씀 없이sine verbo 임하시지 않는다. 말씀과 성령의 균형이 우리가 지켜야 할 점이다.

설교하는 동안 성령이 역사하시는 것을 느끼는 일은 영광스러운 감흥이다. 그것은 아주 신나는 일이다. 필자는 한 흑인 도시 교회의 주교이기도 했던 한 대학원생을 위해 설교했다. 다음 날 수업에서 다른 학생 한명이 그 주교에게 "교수님이 당신 교회에서 어떤 식으로 설교했습니까?"라고 물었다. 그 주교는 "글쎄요, 교수님은 설교를 시작하셨고 사람들은 소리 지르기 시작했으며, 이후 성령께서 방문하셨습니다"라고 답했다.

필자는 그보다 더 적절한 표현을 결코 들어보지 못했다. 성령이 방문하실 때 우리의 영혼은 황홀경에 이끌리게 된다. 그러나 위험성이 여기에 잠재되어 있다. 하나님의 영의 임재 여부를 판단하기 위해 자신의 느낌에 의존하는 감각적 설교자가 되지 않도록 한 가지 특별한 경고 사항이 주장되어야 한다. 우리는 단지 그와 같이 느낄 때 설교하도록 요청되는 것은 아니며, 우리의 느낌은 또한 그 실재적 임재의 시금석도 아니다. 필자가 한번은 한 장로교 회중 가운데서 위기의 때에 성찬 예배를 위해 설교하도록 요청을 받았던 적이 있다. 다년간 그들의 사랑하는 목사였던 분이 길 건너 병원 침실에 누워 사경을 헤매는 위독한 상태에 있었다. 필자는 두려워하는 사람들에게 위로와 희망을 주는 격려의 메시지를 전하길 간절히 원했다. 필자는 하나님의 영의 충만함이 회중에게 임하길 갈망했다. 주간 내내 그 예배를 위해 하나님께 탄원하며 기도하는 가운데 씨름하고 고민했다. 설교 순간이 되었을 때 필자는 갑자기 공허감, 곧 하나님의 영이 전혀 계시지 않는 것 같은 느낌을 가지게 되었다. 필자는 하나님이 부재하신다는 끔직한 느낌을 경험했다. 하나님이 필자를 버리셨으며, 영혼의 어두운 밤을 홀로 헤쳐 나가도록 하셨다는 생각이 강하게 들었다. 필자의 말씀이 필자 자신의 귀에 공허하게 들렸으며, 예배를 마치고 회중과 인사하기 위해 문 쪽으로 걸어갔을 때, 쑥스러움으로 도망치고 싶다는 강한 충동을 느꼈다. 그런데 매우 놀랍게도 경이에 찬 진지한 얼굴 표정을 하고 교인 한 사람 한 사람씩 줄을 지어 다가 왔다. 그들은 필자의 손을 꽉 잡고 "우리는 성령의 임재 의식에 사로잡혔습니다. 너무나 강렬하여 마치 손에 닿는 것 같은 느낌이었습니다"라고 말했다. 필자는 어안이 벙벙하여 유사한 말을 반복하여 들었으며 다음과 같은 야곱의 말과 같이 생각하며 결국 문가에 혼자 남게 되었다: "여호와께서 과연 여기 계시거늘 내가 알지 못하였도다"(창 28:16).

우리는 설교할 때 성령의 임재를 가정할 수 있다. 아니 그래야만 한다. 하지만 그것을 당연히 여겨서는 안 된다. 확신과 교만의 경계선을 넘지 말아야 한다. 고대의 제사장들과 같이 우리는 낭실과 제단 사이에서 울도록 요구되었다(욜 2:17).

마지막으로 설교자 전인이 자신의 삶 전체를 "하나님 앞에서"coram deo 살아야 한다. 그는 하나님의 존전尊前에서 연구하고 실천하며 복장을 하고 일하며 설교해야 한다. 우리의 설교와 교육 전체가 그분의 면전에서 그리고 그분의 주권적 권위 하에서, 그리고 그분의 장엄하신 영광을 위해 행해진다. "오직 하나님께 영광"Soli Deo Gloria을 가장 먼저 노래하는 것은 바로 성령이시다.

2부
메시지

THE
MESSAGE

Part 2
THE Message

5장. 설교의 현상학
사무엘 로건 2세

한 설교자가 표현하듯이, "아무것도 겨냥하지 않으면, 언제나 아무것도 맞추지 못할 것이다." 좋고 활기찬 설교의 필수 요건 중에 이것, 곧 좋은 계획이 그 목록의 최우선적인 자리에 위치할 것임이 틀림없다. 그는 자신이 성취하기를 바라는 것이 무엇인지를 알아야 하며 그것을 염두해서 행할 모든 것을 계획해야 한다. 만약 그렇지 않으면 아무것도 성취하지 못할 것이다. 우리가 무엇을 맞추느냐는 겨냥함에 있어서의 신중함과 정확성에 달려 있다.

대부분의 좋은 설교자들은 자신의 설교의 전체적 내용에 있어서의 정확한 목표 세우기의 중요성을 자각하여 안다. 그들은 주일 아침에 너무 많은 것을 하려고 하기 쉽다는 점, 곧 "회중의 과도한 부담"이, 특히 정통성이 의심받지 않고 준비 연구가 철저한 설교자에게 실제적 위험이 된다는 점을 안다. 그런 설교자들은 또한 회중의 과도한 부담이 반드시 설교의 길이의 작용은 아닌 점, 곧 오히려 설교의 내적 다양성의 작용임을 인식한다. 훌륭한 설교는 매우 당연하게도 상당히 길 수 있다(물론 "긴" 설교가 무엇이냐는 상황에 따라 달라질 수 있지만, 어떤 상황에서든 회중에 의해 긴 설교로 여겨지는 것을 설교하는 일이 확실히 가능하다). 그러나 길든 짧든 설교가 훌륭하고 효과적이려면 반드시 **초점이 맞춰져** 있어야 한다. 설교는 하나의 집단으로서의 특정 회중이 특정 시점에 소화하고 따라 행할 수 있는 것 이상의 것을 하려고 하지 않아야 한다. 목표가 정확해야 하는데 좋은 설교자는 이점을 자주 본능적으로 인지한다. (글렌 넥트와 싱클레어 퍼거슨 양자 모두가 본서의 다른 데서 설교에 있어 구조적 통일성이라는 이 문제를 다룬다.)

그러나 소수의 설교자들만이 설교에서 사용되는 주요 매개, 곧 인간 언어와 관련하여 설교의 목표를 주의 깊게 숙고하는 시간을 가져왔던 것 같다.[1] 설교자는 자신이 사용하는 말이 정확히 무엇을 성취하길 원하거나 기대하는가? 말이 도대체 무엇을 성취할 수 있는가? 언어는 어떻게 작용하는가? 아마도 설교자가 취할 수 있는 명백한 선택 사항은 오늘날 교회에서 들려지는 다음과 같은 두 가지 유형의 설교에 반영된다: 회중의 머리에 교리적으로 정통적인 성경 이해를 축적하는 설교와 회중의 가슴을 뜨겁게 하여 복음적 순종의 사역으로 이끄는 설교. 대부분의 사람들이 참으로 성경적인 설교는 양자 모두를 행한다는 데 동의할 것이며, 또한 아마도 이 두 가지가 머리와 가슴 양자 모두에 적절한 사역이 이루어지기 위해서는 일종의 공생적 관계symbiotic relationship에 있어야 한다는 데 동의할 것이다. 그러나 이것은 왜 그러하며 실제로 어떻게 작용하는가? 강단에서 사용하는 언어에 의해 설교자는 무엇을 목표해야 하는가? 설교자는 자신의 언사가 정확히 무엇을 성취하길 바라야 하는가? 이것이 본장의 주제이다.

하지만 더 진행하기 전에 한 가지 명백한 유의 사항이 분명히 진술되

---

[1] 본서의 다른 두 장이 여기서 특별히 관련된다. 권 월터스의 장인 "강단에서의 신체"는 설교자가 하는 말이 그가 전달하는 것의 전부가 아님을 상기시킨다. 제이 애덤스의 장인 "감각 호소와 이야기"는 그가 표현하듯이 냉담한 교인을 민감하고 관심 많은 회중으로 변화시킬 수 있는 언어 방식을 묘사한다. 본장은 애덤스의 특정한 견해들을 보다 넓은 문맥에서 다루고자 한다. 예를 들어 애덤스가 묘사하는 그런 변화에 의해 신학적으로 무엇이 성취될 것인가?

어야 한다. 설교자가 아닌 성령께서 특정한 설교를 능력 있고, 성공적이며, 심지어 위대하게 하신다는 것이다. 이런 진술은 불필요하게 보일지도 모르지만, 결코 그럴 수 없다. 우리의 주권적인 하나님에 대한 우리의 전적인 의존에 대해 아무리 자주 들어도 지나치지 않다. 또한 모든 영광과 나라와 일이 그분의 것임에 대해 아무리 자주 상기될지라도 지나치지 않다. 설교자는 조나단 에드워즈의 다음과 같은 철저하게 성경적인 경고를 냉정하게 대면하게 된다: 외적으로 좋은 행동이 실제로는 하나님의 영광보다 사람의 영광을 위해 행해질 수 있으며, 그러할 경우 축복보다 오히려 심판을 받아 마땅하다.[2] 따라서 위대한 설교가 - 미래의 전망이든 과거의 회고이든 - 평범한 설교보다 더 위험할 수 있는데, 왜냐하면 그것이 "피조물을 조물주보다 더 경배하도록" 하는 유혹을 더 많이 하기 때문이다. 그러므로 이 위험성에 대한 경고는 불필요하지 않다. 설교자가 훌륭하게 되면 될수록 이런 경고는 더욱 적절하게 것이다.

하지만 이 경고는 설교자가 할 수 있는 한 최선을 다해야 한다는 성경적 요구를 부정하는 것은 아니다. 하나님께서 전도preaching("설교")의 미련한 것으로 구원하신다는 바울의 진술(고전 1:21)은 준비의 엉성함과 부족함을 정당화하지 않는다. 바울은 이 문맥에서 세속적 가치를 자신의 것으로 받아들이는 고린도인들의 경향에 대해 이야기하고 있으며, "세상"과 그 지혜가 예수 그리스도의 나라와 동떨어져 있음을 경고한다. 그것들은 사실 너무나 동떨어져 있어서 한 가지에게 지혜롭게 보이는 것이 다른 것에게는 어리석은 것처럼 보인다. 그러나 하나님께서 믿는 자들을 구원하시기 위해 사용하시는 설교가 세상에 어리석게 보인다는 사실이 설교의 엉성함을 정당화하지 않는 것은 하나님의 주권이 윤리적 율법폐기론을 정당화하지 않는 것과 마찬가지이다. 성령께서는 자신이 원하시는 곳으로 움직이시지만(요 3:8), 우리는 할 수 있는

---

2. Jonathan Edwards, *A Dissertation Concerning the Nature of True Virtue*, in *The Works of Jonathan Edwards*, vol. 1 (Edinburgh: Banner of Truth, 1974), chap. 4.

한 온전히 하나님께서 주신 모든 은사, 곧 능력을 사용하도록 요구된다. 예수께서 주인에 대한 표면적인 경외함으로 인해 달란트를 감추어 두었던 종을 내쫓으셨던 것처럼(마 25), 자신의 책무를 부주의하게 행하는 설교자는 주님에게 칭찬보다 비난을 받을 것이다. 그것은 하나님의 일이지만, 그 일에 있어 설교자는 신실한 청지기가 되어야 한다. 따라서 그는 설교하는 말의 본질과 기능을 주의 깊게 심사숙고해야 한다.

1. 역사적 배경

언어의 본질과 기능에 대한 20세기의 논의는 다양한 방식으로 범주화될 수 있을 것이다. 보다 유용한 것 중의 하나는 아마도 『형이상학 서론』*An Introduction to Metaphysics*에서 앙리 베르그송Henri Bergson에 의해 간접적으로 제안되고 있다. 그 간략한 연구 논문에서 베르그송은 두 종류의 지식, 곧 분석적인 것과 직관적인 것을 구분하려고 시도한다.[3] 분석적 지식에 있어 지성은 외적 관점에서 해석되도록 어떤 사항에 접근하며, 그것의 추상적이며 개념적인 발견을 표현하기 위해 상징을 사용하며, 베르그송의 말에 따르면, 그리하여 정적이며 상대적인 지식을 도출한다. 반면 직관적 지식은 연구되는 실재 "안으로 들어가며" 일종의 지적 공감intellectual sympathy에 의해 그것을 파악하며, 따라서 완전하고 절대적인 지식을 제공한다.[4]

베르그송의 관심은 분명히 인식론적이지만(그리고 그의 평가는 매우 단순하지만), 그의 범주화는 최근의 다양한 언어학 이론을 다루는 데 아

---

3. Henri Bergson, *An Introduction to Metaphysics*, trans. T. E. Hulme (Indianapolis: Bobbs-Merrill, 1949), p. 21. (실제로는 오래된) 이 이분법의 보다 최신 형태에 대해서는 다음을 보라: James Barr, *The Bible in the Modern World* (London: SCM, 1973), p. 55.

4. Bergson, *Introduction to Metaphysics*, pp. 10-11.

마도 유용할 것이다. 베르그송의 분석적 유형의 지식에 상응하는 것은 정확성과 정밀성과 객관성을 가장 중시하는 언어 접근법이다. 언어에 대한 이 접근법의 보다 이전의(그리고 극단적인) 사례는 논리 실증주의 곧 논리적 언어 분석인데, 이것은 대체로 특정 언어 사용의 의미의 표준이 검증가능성verifiability의 원리인 영국과 미국적인 현상이다. 『언어와 진리와 논리』Language, Truth, and Logic에서 아이어A. J. Ayer는 그 원리를 다음과 같이 설명한다:

> 우리가 외면적인 사실의 진술의 진정성을 시험하는 데 사용하는 표준은 검증가능성의 표준이다. 우리가 한 문장이 특정인에게 실제로 유의미하다고 말하는 것은 만약 그리고 단지 만약 그가 그것이 표현하길 의도하는 명제를 검증하는 법을 알 경우에 그러한데, 곧 만약 그가 어떤 관찰이 특정 상황에서 그로 하여금 그 명제를 사실인 것으로 받아들이든지, 아니면 허위로 거절하도록 이끄는지를 알 경우이다. 반면 만약 추정되는 명제가 그 사실성과 허위성의 가정이 그의 미래의 경험의 본질과 관련된 어떠한 가정과 일치하는 성격을 지닌다면, 그에게 관한 한, 그 명제는 비록 동어반복은 아닐지라도 단순한 유사명제pseudo-proposition일 뿐일 것이다. 그것을 표현하는 문장은 감정적으로 그에게 유의미할 수도 있지만, 실제로는 유의미하지 않다.[5]

『언어와 진리와 논리』는 본래 1935년에 출판되었으며, 후속되는 수십 년 동안 "비타협적" 실증주의(자신의 이전의 작업에 대한 아이어 자신의 나중의 묘사)가 점차 수정되었다. 제시된 수정안 중에 검증가능성의 원리를 반증가능성falsifiability의 원리로의 대체하자는 의견이 있었다. 앤토니 플류Antony Flew는 이 새로운 접근법이 함의하는 바를 다음과 같이 탁월하게 요약한다:

---

5. A. J. Ayer, *Language, Truth and Logic*, 2nd ed. (New York: Dover, 1952), p. 35.

한 가지 비유로 시작해보자. 그것은 잊을 수 없고 시사적인 글인 "신들"Gods에서 존 위즈덤에 의해 말해진 이야기에서 발전된 비유이다. 옛날 옛적에 두 탐험가가 밀림에서 한 개간지를 우연히 발견했다. 그 개간지에는 많은 꽃과 잡초가 자라고 있었다. 한 탐험가가 "어떤 정원사가 이곳을 돌보는 것이 분명해요"라고 말한다. 다른 탐험가는 "아무 정원사도 없는데요"라고 동의하지 않는다. 그래서 그들은 천막을 치고 보초를 세운다. 아무 정원사도 결코 보이지 않았다. "그러나 아마도 그는 보이지 않는 정원사일 거예요." 그래서 그들은 가시철조망을 두른 담장을 설치하고 전기가 흐르게 한다. 그들은 블러드하운드 사냥개와 함께 순찰을 돈다. (왜냐하면 그들은 웰스 H. G. Wells의 『투명인간』The Invisible Man은 비록 보이지 않더라도 냄새 맡아지며 접촉될 수 있었음을 기억하기 때문이다.) 그러나 어떤 침입자가 감전되었음을 암시하는 아무런 비명 소리도 없다. 보이지 않게 담장을 넘는 사람이 있음을 나타내는 아무런 철조망의 움직임도 없다. 블러드하운드 사냥개는 전혀 짖지 않는다. 하지만 정원사가 있다고 믿는 사람은 여전히 마음을 돌리지 않았다. "그러나 보이지 않고, 만질 수 없고, 감전되지 않는 정원사, 아무런 냄새도 없고, 아무런 소리도 내지 않는 정원사, 좋아하는 정원을 돌보기 위해 은밀하게 오는 정원사가 있어요." 결국 정원사가 있음에 대해 회의적인 사람은 체념하며 말한다. "그러나 당신의 원래 주장에 남는 것은 무엇인가요? 당신이 보이지 않고, 만질 수 없고, 계속하여 붙잡기 어려운 정원사라고 칭하는 것은 상상속의 정원사 혹은 심지어 정원사가 전혀 아닌 존재와 정확히 어떻게 차이가 나는가요?"[6]

다음으로 플류는 위즈덤의 비유의 특정한 함의들을 다음과 같이 논했다:

---

6. Antony Flew, "Theology and Falsification: The University Discussion," in *New Essays in Philosophical Theology*, ed. Antony Flew and Alasdair MacIntyre (New York: MacMillan, 1955), p. 96.

그렇다면 이러저러한 것이 그 경우라고 주장하는 일은 필연적으로 이러저러한 것이 그 경우가 아님을 부정하는 일과 같다. 우리가 어떤 언사를 하는 사람이 무엇을 주장하는지에 대해 의문을 가지거나, 보다 극단적으로는, 실제로 무엇인가를 도대체 주장하고 있기는 하는지에 대해 의심하는 경우를 가정하면, 그의 언사의 이해(또는 아마도 그것의 잘못의 폭로)를 시도하는 한 가지 방법은 그가 그 언사의 사실성에 반하거나, 양립될 수 없는 것으로 보는 것이 무엇인지를 발견하려고 시도하는 것이다.… 그런데 만약 어떤 추정되는 주장이 부정하는 것이 아무것도 없다면 그것이 주장하는 것 역시 아무것도 없는 것이며, 따라서 그것은 실제로는 아무런 주장도 아니다.[7]

특정 명제 혹은 언어 구성체의 유의미성은 이제 그 명제나 구성체가 주장하는 것을 반증하는 특정 조건이 있느냐의 여부에 달려있는 것으로 봐져야 한다. 만약 그런 조건이 적어도 마음속에서 떠올려지지 않는다면, 유의미한 아무것도 말해지고 있지 않는 것이며, 아무런 지식도 전달되고 있지 않고, 따라서 검토되는 언어의 특정한 해석에 도달하는 아무런 길도 없다.

플류의 반증가능성에 대한 이해 자체가 실증주의 운동 내부에서 비판되어 왔는데, 이것은 그 전체 전통 내부에서의 지속적인 다양성을 암시한다.[8] 그럼에도 불구하고 기본적 강조점은 상당히 동일한 채로 유지되어 왔음이 분명하다. 아이어의 검증가능성의 원리는 위즈덤과 플류의 반증가능성의 원리로 대체될 수 있었으며, 이후의 실증주의자들은 다른 원리들을 주장할 수 있게 되었지만, 모두가 언어적 정확성을 확립하고 유지하며 모든 해석학적 혼동을 불식시키려는 데 관심한다. 이 일을 달성하기 위하여 다수의 해석상 혹은 해석학적 원리가 언어 용법을

---

7. Ibid., p. 98.
8. R. M. Hare and Basil Mitchell, "Theology and Falsification: The University Discussion," in *New Essays*, ed. Flew and MacIntyre, pp. 99-105.

규정하고 또한 그럼으로써 그 희망되는 목표를 달성하기 위해 도입되었다. 그런 원리들은 과학적으로 틀림없는 개념 정보를 전달하는 능력에 의거하여 언어의 주요 기능을 규정함에 의해 언어를 엄밀하게 제한시켜 왔는데, 주로 명료성에 대한 이 근본적 강조가 현대 철학계에 대한 실증주의의 기여점이 되어 왔다.

그러나 이 난해한 철학이 현역 설교자와 무슨 상관이 있는가? 꽤 많은 상관이 있는데, 왜냐하면 그것은 설교자가 매 주일 강단에서 사용하는 언어의 역할을 이해하는 한 가지 방식을 제공하기 때문이다. 실증주의자들의 특정 주장들의 상세한 타당성에 대한 문제를 일단 젖혀두면,[9] 그들의 강조점은 분명한데, 곧 베르그송의 염려에 반하여 분명하다. 실증주의자들은 언어 진술의 개념적 정확성이 그것의 가치의 핵심적 표준이라고 주장했다. 다른 말로 하자면, 설교자가 말하는 것이 도대체 의미가 있다면, 분석적이며 객관적인 정보를 전달하기 때문에 그리고 그러한 정도로 의미가 있는 것이다. 따라서 이 관점에서는 설교자의 언어의 주요 기능은 명제적(정통적이라고 말할까?) 진리를 전달하는 것이어야 한다.

독특한 철학 운동으로서의 실증주의는 수많은 다른 언어 접근법으로 대체되어 왔는데, 그 중의 어떤 것들은, 비록 (검증가능성과 반증가능성의 원리와 같은) 그것의 특유의 관점들은 거절하더라도, 그것의 객관적 거리 두기와 개념적 정확성에 대한 전반적 강조점을 유지해 왔다. 예를 들어 구조주의Structuralism는 검증가능성과 반증가능성의 원리를 완전히 폐기하고 의미의 원천으로서의 문맥에 초점을 맞추지만, 여전히 주요 관심사는 언어의 사용과 해석 양자 모두에 있어서의 개념적 정밀성이다.

---

9. 실증주의적 입장에 대한 비판에 대해서는 다음을 참조하라: Frederick Ferré, *Language, Logic, and God* (New York: Harper and Row, 1961), pp. 42-57; Philip Wheelwright, *The Burning Fountain: A Study in the Language of Symbolism* (Bloomington: Indiana University Press, 1968), pp. 61 ff.; and Langdon Gilkey, *Naming the Whirlwind: The Renewal of God-Language* (Indianapolis: Bobbs-Merrill, 1969), pp. 305 ff.

앙리 베르그송은 20세기의 다른 여러 이론가들이 그랬던 것과 마찬가지로 이의를 제기할 것이다. 그들은 설교자에게 이렇게 말할 것이다: "여러분의 책무는 회중에게 하나님에 대해 말하는 것이 아닙니다. 곧 그것은 명제적 신학의 혼란하게 하는 추상화를 통해서가 아니라 직접적이며 즉각적으로 하나님을 알도록 하는 것입니다." 비록 그의 주제가 표면적으로 문학 해석이지만, 리처드 팔머Richard Palmer는 **해석학** Hermeneutics에 대한 자신의 저작의 요약으로 (스물일곱 개의 다른 명제들 사이사이에서) 다음과 같은 명제들을 제시한다.

5. 해석의 경험은 사건, 곧 "언어사건"이다. 문학이 만약 개념적 앎의 정적 범주에서 파악된다면 참된 역동성과 힘을 빼앗긴다. 단순한 개념적 앎이 아니라 한 사건에 대한 경험으로서의 한 작품의 존재와의 만남은 모든 시간과 일시성을 벗어난 정적이며 관념적인 것이 아니다. 곧 진리는 은폐로부터 발생하며 드러나지만, 그 만남을 개념과 객관성에 한정시키는 모든 시도를 피한다.…

18. 본문의 의미를 파악하는 것은 해석자가 아니다. 본문의 의미가 그를 사로잡는 것이다.…

23. 본문을 이해하는 것은 단순히 본문에 질문의 공세를 퍼붓는 것이 아니라 본문이 독자에게 제기하는 질문을 이해하는 일이다. 그것은 본문 이면의 질문, 곧 본문을 있게 한 질문을 이해하는 일이다. 문학 해석은 듣는 일, 곧 경청의 역동성과 기술을 개발하는 일을 필요로 한다. 그것은 창조적 부정에 대한 열린 자세를 발전시켜야 하는데, 왜냐하면 그것은 어떤 것을 배울지를 예상하거나 예견할 수 없을 것이기 때문이다.[10]

---

10. Richard Palmer, *Hermeneutics* (Evanston: Northwestern University Press, 1969), pp. 243, 248, 250.

팔머의 강조점은 언어에 대한 또 하나의 접근법, 곧 실증주의적인 것과 근본적으로 다른 한 가지의 전형이 된다. 실존주의적이며 현상학적인 관점은 "신 해석학파"the new hermeneutic로 알려진 운동을 이끈 에른스트 푹스Ernst Fuchs와 게르하르트 에벨링Gerhard Ebeling과 같은 학자들에 의해 유럽에서 가장 잘 표현되었다. 언어의 정확성 대신 그들은 언어의 역동성을 중시했으며, 명제적이며 과학적인 엄밀성 대신 삶을 변화시키는 경험을 우선시했다. 에벨링은 그것은 이런 식으로 표현한다: "우리가 어떤 구두 진술 자체가 외부에서 이해의 단서가 끌어와져야 하는 모호한 것이라는 개념에서 시작하는지, 아니면 반대로 그 구두 진술의 내용과 배경이 되는 상황이 그 구두 진술에 의해 반영되는 모호한 것이라는 사실에서 시작하는지의 해석학적 문제에 대한 적절한 파악은 내 생각에 중요하지 않은 일이 아니다."[11] 제임스 로빈슨James Robinson이 설명했듯이, "본문을 다루는 중에 **그것**이 우리에 의해 해석되는 일은 우리가 본문에 의해 해석되는 일로 바뀐다."[12] 푹스는 해석자가 본문의 처분 하에 있다고 주장함으로써 이 관계를 다뤘으며, 펑크Funk는 그 상황을 본문과 해석자 양자 중 어떤 것이 주인이 되어야 하는가라는 짧은 질문에 의해 탁월하게 묘사했다.[13] 물론 신 해석학파에 있어 그 답은 본문이다.

그런데 신 해석학파의 목적은 언어, 곧 첫 번째로 신약성경의 언어와 그 다음으로 설교자의 언어가 청자의 상황을 해명해주는 데 어떻게 기능하는지 이해하려고 시도하는 것이다. 먼저 언어의 능동적이며 도전적이고 현상학적 잠재력은 신약성경의 말씀이 신 해석학파에게 있어서

---

11. James M. Robinson, "Hermeneutic Since Barth," in *The New Hermeneutic*, ed. James M. Robinson and John B. Cobb, Jr. (New York: Harper and Row, 1964), p. 94.

12. Ibid., p. 68.

13. Ibid., pp. 132, 143. See also Robert W. Funk, *Language, Hermeneutic*, and Word of God (New York: Harper and Row, 1966), p. 38.

는 우선적으로 정보가 아니라 선포로서 존재한다는 것을 의미했다. 푹스와 에벨링은 이 사실을 주장했는데, 특별히 자신들의 입장을 하나님의 말씀을 성경과 동일시하는 정통적 견해와 구분하는 배경에서 그러하다.[14] 나중에 신약성경의 본문으로 기록되어진 원래의 선포는 그 선포가 말해지던 상황에 대한 해석 행위였으며, 따라서 단지 그렇게 이해될 경우에만 신약성경은 적절히 이해될 수 있다.

푹스는 신약성경에서 발생하는 말씀 사건의 정확한 성격을 보다 명시적으로 다뤘다. 그는 언어의 "본질적 특성"이 일시성temporal quality이라는 주장에 근거하여 자신의 분석을 수행했다.[15] 그가 주장한 바에 따르면, "언어에 있어 차이가 나는 것은 개별 단어의 내용도, 생각이나 명칭도 아니며, 오히려 시간과 시대의 차이에 따른 그것의 주안점과 용례와 적용이다."[16] 따라서 신약성경의 말씀은 그 시간이 무엇을 위한 때임을 말하는 데, 특별히 그 시간이 "새로운 상황 안에서 그리고 이 새로운 상황을 위하여 하나님께 참된 순종"[17]을 할 때임을 말한다. 이것이 한 문장으로 요약되는 신약성경 선포의 전체인데, 신약성경 메시지의 목적과 기능과 가치뿐만이 아닌 예수 자신에 대한 이런 이해가 있다면, "믿음은 예수를 직접적으로 믿는 것이 아니라, 오히려 예수의 설교를 믿는 것이다"[18]라는 푹스의 주장을 이해하는 일은 전혀 어렵지 않다.

신 해석학파에 따르면, 해석자 또는 설교자로서의 나의 목적은 예수의 설교가 재현되도록 하는 일, 곧 지금이 무엇을 위한 때인지를 다시 한 번 알리며 또한 그와 더불어 현재의 상황을 해석하기 위해 신약성경

---

14. Robinson, *New Hermeneutic*, pp. 86-88. See also Palmer, *Hermeneutics*, pp. 14-20.
15. Ernst Fuchs, "The New Testament and the Hermeneutical Problem," in *New Hermeneutic*, ed. Robinson and Cobb, p. 125.
16. Ibid.
17. Ibid., pp. 127-28.
18. Ibid., 130-31.

의 말씀이 현재의 상황 속에서 새롭게 들려지도록 하는 일이다. 에벨링은 이 과정을 다음과 같이 꽤 분명하게 기술한다:

> 발생했던 선포가 발생하는 선포가 될 것이다. 본문에서 설교로의 이 전환은 성경에서 구술되는 말씀으로의 전환이다. 따라서 여기서 묘사되는 과제는 기록된 것을 구술되는 말씀으로 바꾸는 일 혹은, 우리가 지금 말할 수 있는 바와 같이 본문이 다시 한 번 하나님의 말씀이 되도록 하는 일에 있다.[19]

그러므로 설교자의 목적은 회중들 자신이 개인적이고 실존적으로 바로 여기서 그리고 바로 지금 "신뢰하고 순종하라고 하는" 초대 혹은 요구에 직면하게 되는 방식으로 언어를 사용하는 것이다.[20]

실증주의자와 현상론자는 강단에서 사용하는 언어를 어떻게 이해하느냐에 의거하여 설교자에게 상호 배타적인 견해를 제시한다. 그렇지 않다면 그들이 어떤 방식을 제시하겠는가? 분석적 언어와 직관적 언어 **양자 중 하나**를 선택해야 하는가? 이것들을 상호 대치되는 것이 아니라 보완적으로 보는 방식은 있는가? 필자는 그런 방식이 있다고 생각한다. 만약 설교 언어에 있어 우리의 목적이 온전히 성경적이려면, 실제로 우리는 설교자로서 실증주의자와 현상론자 양자 모두에게 귀기울여야한다. 두 유형 사이의 언어 사이의 적절한 관계는 다음과 같이 진술될 수 있을 것이다: 분석은 직관의 필수적이지만 불충분한 기반이다. 즉 분석적 언어는 직관적 언어의 필수적 토대이며, 적절한 분석에 기초한 직관적 언어는 설교의 궁극적 목적과 연관된다.

필자가 여기서 제안하고 있는 것은 단지 설교자의 설교 목표에 대한 적용의 방식에 있어서만 독창적이다. 아더 쾨스틀러Arthur Koestler는 자

---

19. Gerhard Ebeling, "Word of God and Hermeneutic," in *New Hermeneutic*, ed. Robinson and Cobb, p. 107.
20. Fuchs, *New Hermeneutic*, p. 137.

신의 방대한 저작인 『창조 행위』The Act of Creation, 1964에서 유사한 통찰들을 과학적이며 예술적인 창조와 발견 분야와 관련된 문제들에 적용한다. 제1권 2부에서 쾨스틀러는 "현인"The Sage을 논하며, 자신이 "진리의 순간"이라고 칭한 것과 관련되는 것이 정확히 무엇이지를 보여주려고 시도한다. 그는 생각이 알려진 것에서 알려지지 않은 것으로 전환하는 행위를 예시하는 꽤 다수의 사례를 제공하며, 또한 충분히 적절하게도 생각의 이 특별한 작용을 묘사하는 데 "직관"이라는 단어를 사용한다.

쾨스틀러가 제공하는 가장 분명한 사례의 하나가 아르키메데스Archimedes의 경우인데, 그는 한 통치자의 왕관의 부피를 측정하는 문제를 접하게 되었다. 아르키메데스는 자신이 아는 기하학 공식들을 가지고 씨름하고 씨름했지만, 아무런 소용이 없었다. 그런데 하루는 목욕을 할 때에 그 통의 물이 자신이 그곳에 몸을 낮추어 들어갈 때에 차오른다는 것을 발견했다. 순간적으로 번뜩이는 직관적 통찰력으로 그는 문제의 해결책을 찾았다. 곧 대체된 물의 양이 대체하는 물건의 부피와 같을 것이라는 것인데, 따라서 그는 단지 자신의 몸 대신 왕관을 물에 넣기만 하면 되었다. 쾨스틀러가 물은 질문은 아르키메데스가 어떻게 또는 왜 물속의 자신의 몸과 자신이 다루는 문제의 유사성을 알게 되었느냐는 것인데, 『창조 행위』의 대부분은 어떤 종류의 정신적 과정이 그런 문제 해결에 연관되었는지를 설명하는데 할애되었다. 예를 들어 그는 아르키메데스의 경우에서와 마찬가지로 채용되는 가장 빈번한 수단은 이미 알려진 것과의 유사성의 탐구와 발견이다. 그러나 결국 그는 인간의 생각이 왜 바로 알맞은 유사성을 발견할 수 있는지를 실제로 설명하려고 시도하지 않는다.

하지만 쾨스틀러는 한 가지 매우 필수적인 점을 지적한다. 그는 우리가 먼저 어떤 문제의 특정 상황과 관련된 일정한 지식을 얻지 못하면 어떤 문제에 심지어 다가갈 수도 없으며, 더더욱 그 문제를 풀 수 없다.

비록 쾨스틀러가 전이해와 직관의 행위 간의 관계를 논하는 데 수백 쪽을 사용했지만, 필자는 단지 다음과 같은 몇 가지 가장 중요한 단락만을 인용할 것이다:

달성될 적절한 발견의 통계적 확률은 각각의 여전히 개별적인 기술들 혹은 사고의 틀들이 보다 확고하게 세워지고 잘 활용되면 될수록 커진다.… 물론 이런 의미의 준비됨은 발견의 충분조건이 아니라 단지 필요조건일 뿐이다.…

일정한 유형의 발견을 위한 상황이 준비된다 해도, 그것을 잠재적인 것에서 실재로 바꾸는 일은 여전히 특별한 착상을 요하는 직관력과 때로는 호기가 되는 사건을 필요로 한다. 다른 한편, 어떤 발견들은 시대를 너무나 앞서 나가서 동시대인들은 이해할 수 없을 것 같은 특정 개인들의 놀라운 재능을 나타낸다. 따라서 한편으로 다소간 의식적이며 논리적인 추론에 기인하는 것 같은 발견들이 있으며, 다른 한편으로 심원한 무의식적 상태에서 순간적으로 떠오르는 갑작스런 통찰들이 있다.

진리의 순간, 곧 새로운 통찰의 갑작스러운 떠오름은 직관 행위이다. 그런 직관들은 이성의 기적적인 섬광이나 번득임이 나타나게 한다. 실제로 그것들은 물에 잠긴 줄에 비교될 수 있을 것인데, 그것의 단지 시작부와 끝부분만이 의식의 표면 위에서 가시적이다. 잠수부는 줄의 한쪽 끝에서 사라져 다른 끝에서 다시 나타나는데, 그는 보이지 않는 연결부에 안내를 받는다. 따라서 습관과 독창성이 의식적 과정과 비 의식적 과정 사이의 양 방향의 흐름에 있어 반대 방향을 가리킨다. 배움의 습관화와 기술의 숙련이 하향의 움직임을 구성하는 반면 상향의 움직임은 땅 밑으로부터의 작고 힘찬 파동들과 드물게 나타나는 큰 창의력의 솟구침으로 이루어진다.[21]

---

21. Arthur Koestler, *The Act of Creation* (New York: Dell, 1964), pp. 108-9, 120, 211.

쾨스틀러의 경우에서 과정의 성취, 곧 다른 모든 일이 지향하는 것은 창의적 통찰력, 곧 순간적인 발견과 직관이다. 그러나 그러한 목표를 달성할 기회라도 얻으려면 우리는 준비되고 완숙해져야 한다. 현상론자들은 설교자가 목표해야 하는 것을 올바로 파악했는데, 그것은 곧 자신의 회중의 매력적이면서도 부담이 되는 하나님의 말씀과의 역동적 만남, 곧 회중 각 사람을 새롭게 대면시키고 해석하는 만남이다. 그러나 실증주의자들은 언어가 의미 있기 위해서는 인지적이며 정밀하고 정확해야 함을 올바로 파악했다. 성경적 설교자들은 양편 모두에 귀 기울여야 하는데, 다른 한편으로 물론 설교의 모본과 지침을 위해 궁극적으로 성경 자체를 참조해야 하지만 말이다.

2. 신약성경에서의 설교

물론 20세기의 언어 이론을 분류하는 일보다 신약성경의 메시지를 구성하는 일에 훨씬 더 많은 방식이 있다. 따라서 명백히 필자가 제안하고자 하는 방식은 배타적이고 최종적인 것임을 전혀 주장할 수 없다. 그것은 단지 한 가지 관점과 견해일 뿐이며, 필자가 바라는 것은 그것이 신약의 메시지 전체에 철저히 충실하며, 실증주의자와 현상론자 양자의 강조점들의 일부를 결합하며, 설교자들이 자신의 설교의 목표를 명확히 하고자 할 때 일정한 도움이 되는 것이다.

예수 자신이 설교자였으며, 따라서 우리가 그분의 모범을 따르기를 추구하는 방식에 대해서는 늘 유의해야 하는 반면(예컨대 우리는 그분의 대속의 죽음을 모방할 수 없다), 그분의 설교는 우리가 우리 자신의 설교자로서의 책무를 이해하고자 할 때 교훈적일 것이다. 복음서들은 예수의 첫 번째 설교가 정보와 도전 양자 모두를 포함했음을 시사한다: "이 때로부터 예수께서 비로소 전파하여 이르시되 회개하라 천국이 가까이 왔느니라 하시더라"(마 4:17).²² 바로 뒤에서는 다음과 같이 말씀된다: "예수께서 온 갈릴리에 두루 다니사 그들의 회당에서 가르치시며 천국 복음을 전파하시며 백성 중의 모든 병과 모든 약한 것을 고치시니"(마 4:23).

그분의 공생애 내내 예수의 사역은 말씀과 행동의 이 균형으로 특징지어지지만, 이것은 양자가 어떤 양적인 역동적 긴장 가운데 유지되는 전적으로 구별되는 현상인 것처럼 그러한 것은 아니다. 이것의 한 예는 그의 첫 번째 설교인데, 거기서 예수께서 하나님 나라의 도래를 알리실 때, 그분은 청자들이 불행하게도 알지 못한다고 생각하신 이전에 발생한 사건을 묘사하는 리포터로서 말씀하고 계시지 않았다. 그분의 하나님 나라에 대한 선언은 그 나라의 도래 자체가 되는데, 왜냐하면 예수께서는 단순한 전달자가 아니라 그 나라의 왕이셨기 때문이다. 따라서 그분이 말씀하셨을 때, 그 일은 창세기의 시작 장들에 묘사된 것만큼이나 온전히 말씀과 사건의 융합**이었다.**

따라서 예수의 설교는 "수행적 강화"performative discourse로 분류될 수 있을 것인데, 왜냐하면 그분의 말씀에는 그것의 수행이 동반되었기 때문이다.²³ 여기서 특별히 유용한, 성경에서 빈번히 암시되는 한 가지 이미지는 재판을 하는 재판관의 이미지이다. 예수께서는 중립적인 의미로 재판하기 위해 오셨다. 즉 재판관은 악한 자에게 유죄를 선고할 수 있는 것과 똑같이 확실하게 무고한 자에게 무죄를 선고할 수 있다. 예수께서는 그와 같이 하셨다. 하나님 나라의 도래를 선언하고 성취하심에 있어, 예수께서는 인간의 상황과 관련된 진리와 의를 초래시키신다. 어떤 경우들에 하나님 나라의 이 새로운 드라마적 임재는 무죄 판결을

---

22. 영어 원서의 모든 성경 인용문은 새미국표준성경(New American Standard Bible)에 근거하지만, 본 한글 번역서는 특이점이 없을 경우 모두 개역개정판에 따른다.
23. 이 주제 전반에 대해서는 다음을 참조하라: J. L. Austin, *How to Do Things With Words*, 2nd ed. (Cambridge: Harvard University Press, 1975).

뜻했으며("심령이 가난한 자는 복이 있나니 천국이 그들의 것임이요"), 다른 경우들에 유죄 판결을 뜻했지만("화 있을진저 외식하는 서기관들과 바리새인들이여"), 모든 경우들에 판결은 예수께서 말씀하신 자들에게 들려졌을 뿐만 아니라 또한 경험되었다.

이것을 넘어서서 예수의 재판의 말씀은 심지어 신체적 실재까지 변화시켰다. 앞에서 인용된 단락에서 마태는 그리스도의 치유 사역을 일반적인 말로 기술한다. 그러나 때때로 정확한 상세가 제공된다. 보이지 않던 눈이 보며, 들리지 않던 귀가 듣고, 나병에 걸린 몸이 깨끗해지며, 죽었던 조직이 되살아난다. 자신의 사역 내내 예수께서는 말씀하시는 것을 그 용어의 가장 근본적 의미에서 행하신다. 실제로 세례 요한의 제자들이 과연 예수께서 그 왕, 곧 기름부음 받은 자이신지를 자신들의 주인을 위해 알아내기 위해 그분께 다가올 때, 예수께서는 그들에게 주위를 돌아보고 다음과 같이 본 것을 보고하라고 말씀하신다: "맹인이 보며 못 걷는 사람이 걸으며 나병환자가 깨끗함을 받으며 못 듣는 자가 들으며 죽은 자가 살아나며 가난한 자에게 복음이 전파된다"(마 11:5). 요지는 예수께서 선포하실 때 실제로 어떤 일이 발생하고 있었다는 것이다. 즉 하나님 나라가 **그분의 말씀 가운데** 도래하고 있었으며, 재판이 **그분의 설교 가운데** 이루어지고 있었다. 확실히 우리의 그 나라에의 참여의 구원론적 토대는 예수의 죽음과 부활이지만(만약 이 사건들이 없다면, 우리는 단지 유죄 판결만을 경험할 것이다), 그 나라 자체와 그것이 수반하는 재판이 예수께서 말씀하실 때 발생했다.

그러나 여기서 멈추는 일은 신정통주의 신학적 오류를 범하고 예수의 설교가 어떻게 그리고 왜 그렇게 기능했는지를 설명하지 않은 채로 남겨두는 일이 될 것인데, 신약성경은 이 신학적 오류 혹은 선명하지 않은 채로 남겨두는 일을 행하지 않는다. 예수의 설교는 심판 자체가 되는데 왜냐하면 그분의 설교는 객관적이며 사실적으로 참되기 때문이다. 예수께서 선포하셨던 것은 역사적 엄밀성이라는 기초적 명제에 근거하는데, 이것은 모든 성경의 언명의 무오성의 인정과 선포가 왜 오늘의 교회에서 그토록 중요한지의 이유가 된다. 실증주의적 관점이 여기서 도움이 된다. 만약 예수께서 실제로 그 왕이시지 않다면, 그분의 천국의 도래에 대한 선언은 당연히 터무니없는 허튼 소리가 될 것인데, 이는 루이스C. S. Lewis가 어떤 사람이 그분은 노른자가 없는 수란水卵, poached egg이 되는 것이라고 주장한 것을 상기시키는 바와 같다.[24] 객관적으로 참된 내용이 없다면, 그분의 말씀은 아무것도 성취하지도, 아무것도 발생하게 하지도 못할 것이다. 바로 그 내용과 더불어 그분의 말씀이 오류가 없으며 종말론적으로 실증 가능한 것이다. 곧 그것은 그분이 기뻐하는 뜻을 이루며 그분이 의도하시는 일 가운데서 흥왕하게 된다(사 55:11).[25]

그러나 우리는 여전히 실증주의자와 현상론자의 이분법에 대한 쾨스틀러의 해결책을 따르며 논의를 좀 더 진행해야 한다. 만약 예수의 말씀들이 모든 초자연적이며 초이성적인 차원에서 성취했다고 신약성경의 기록이 말하는 바를 실제로 성취하지 않았다면, 우리는 왕이 아니라 사기꾼을 대하고 있게 된다.[26] 즉 만약 예수께서 마태복음 11장에서 자신의 말씀들이 이룬 바에 대한 분석에서 의도적으로 거짓말을 하시거나, 예수 자신이 실수를 하고 계신다면, 아마도 모든 것이 가짜가 되며, 그분의 말씀들은 아무것도 성취하지 않은 것이 된다. 또한 더욱이 만약 신약성경의 기록의 말씀이 도대체 의심을 받는다는 것은, 그것들 전체가 의심된다는 것이며, 우리는 어떤 나라가 일찍이 임박했었거나 장래

---

24. C. S. Lewis, *Mere Christianity* (New York: MacMillan, 1960), p. 41.
25. 필자는 이 관점들의 일부를 제안해 준 데 대해 케임브리지의 케빈 밴후저(Kevin Vanhoozer)에게 빚이 있다. '종말론적 실증'(eschatological verification)이라는 주제에 대해서는 다음을 참조하라: John Hick, "Theology and Verification" in *Religious Language and the Problem of Religious Knowledge*, ed. Ronald E. Santoni (Bloomington, Indiana: Indiana University Press, 1968), pp. 362-82.
26. Lewis, *Mere Christianity*, p. 41.

에 임박할지에 대해 알 수 있는 방법이 전혀 없게 된다. 쾨스틀러는 우리에게 자신이 "완숙함"ripeness이라고 칭한 것의 필요성을 상기시켰는데, 그렇게 함에 있어 그는 확고한 토대에 대한 실증주의적 강조의 중요성을 간접적으로 인정했다. 창조적 통찰은 아무것도 없는 데서 발생하지 않으며, 성경적 설교 역시 그러하다. 재판관의 선고가 유효하기 위해서는 그는 먼저 실제로 재판관이 되어야 한다. 예수에게도 마찬가지이며, 신약성경의 저자들도 그러함을 깨달았다. 요한은 이렇게 기록했다: "예수께서 제자들 앞에서 이 책에 기록되지 아니한 다른 표적도 많이 행하셨으나 오직 이것을 기록함은 너희로 예수께서 하나님의 아들 그리스도이심을 믿게 하려 함이요 또 너희로 믿고 그 이름을 힘입어 생명을 얻게 하려 함이니라"(요 20:30, 31). 생명으로 이끄는 믿음이 요한의 목표였으며, 곧 그가 전한 말씀은 바로 그 "사건"을 목표로 했다. 그러나 그는 만약 그런 사건이 유효하게 되며, 단지 또 하나의 심리적인 소망 충족에 그치지 않으려면, 사실들, 곧 실증주의자들이 원할 만큼 실제적인 사건들에 근거해야 한다.

따라서 예수께서 설교하신 것의 토대는 존재론적이며 역사적인 진리이다. 그분은 창조자이시기 때문에, 말씀하시자 행해지며, 또한 그분은 재판관이시기 때문에, 그분의 말씀은 결코 헛되이 되돌아오지 않고 항상 그분의 의도를 성취하고, 다른 한편으로 그분은 그 왕이시기 때문에, 그분의 왕국에 대한 선언은 청자들과 관련된 왕국의 요구와 기회를 즉각적으로 초래시킨다. 언어에 대한 실증주의적 관점이 없다면, 예수의 말씀은 1세기의 전설로서 안개와 같이 사라지게 될 것이며, 현상론적 관점이 없다면, 그분의 말씀은 역사적이거나 교리적인 것으로 남게 되고 원래의 목표인 개인적인 것은 결코 되지 못할 것이다. 만약 쾨스틀러의 관점이 없다면, 우리는 실증주의적 태도와 현상론적 태도 양자 중 하나를 채택하고 그것들이 결합되는 적절한 균형을 놓치게 되기 쉬울 것이다.

그러나 예수의 설교와 우리 자신의 설교의 관계는 어떠한가? 우리는 어떻게 그분의 설교와 관련하여 사실인 것을 우리의 상황으로 적절히 전환시킬 수 있을까? 확실히 우리는 앞에서 제안한 대로 단지 예수께만 속한 것을 우리 자신에게 함부로 돌리지 않도록 유의해야 한다. 예수의 모범에서의 적절한 전환은 아마도 복음서들이 그 나라의 수립을 묘사할 때에 전개된 주제들 중의 하나에 특별히 초점을 맞춤에 의해 달성될 수 있을 것이다. 필자가 여기서 염두에 두는 주제는 예수의 **권위**라는 것인데, 이 주제에 관심하는 초기 구절들 중의 하나는 다음과 같은 마태복음 7:28, 29이다: "예수께서 이 말씀을 마치시매 무리들이 그의 가르치심에 놀라니 이는 그 가르치시는 것이 권위 있는 자와 같고 그들의 서기관들과 같지 아니함일러라."

이 절들은 산상설교의 말미에 나오며 명백히 그 전체 강화에 적용되도록 의도된다. 그 설교를 들은 사람들에게 가장 인상적이었던 것은 예수께서 전하실 때에 여기에 동반된 "권위"였다. 여기서 사용된 단어, 그리고 신약성경 도처에서 빈번히 사용되는 단어는 **엑수시아**인데, 이것은 완전한 능력과 본유적 권리 양자 모두를 암시한다. 예수께서 말씀하시는 대상은 그분의 당연하신 재량 하에 있었으며, 그분에게는 자신이 말씀하신 것을 뒷받침해줄 수 있는 권능이 있다. 어쨌든 자신의 설교 가운데 이 점을 드러내셨으며, 그분의 청자들은 그분의 설교와 서기관들의 설교 사이의 그와 같은 큰 차이에 즉각 감동되었다.

이 권위는 마태복음의 다음 장에서 바로 다시금 강화되는데, 거기서 한 나병환자가 예수께 다음과 같은 말을 하며 다가왔다: "주여 원하시면 저를 깨끗하게 하실 수 있나이다"(마 8:2). 나병환자가 말하고 있는 것은 그가 앞 장의 교훈을 잘 배웠음을 암시하는데, 곧 그것은 예수께 그를 치유할 권리와 능력 양자 모두가 있다는 것이다. 또한 나병환자의 예수께 대한 반응이 충분히 타당했음을 암시하는데, 왜냐하면 예수께서 "내가 원하노니 깨끗함을 받으라"라고 말씀하셨기 때문이다. 그리하여 즉

시 그의 나병이 깨끗하여졌다(마 8:3). 거듭하여 그 점이 마태복음의 중간부에서 강조된다. 백부장이 자기 자신의 권위와 예수의 권위 양자 모두에 대해 언급한 바로 다음 장면은 백부장의 종의 치유와 베드로의 장모의 치유와 바람을 잔잔케 하신 일과 가다라 지방의 귀신들린 자들의 치유 앞에 나오는데, 그것들 모두가 예수의 권위의 추가적 사례가 된다.

아마도 최소한 마태복음의 이 부분에서 이 주제의 절정은 9장에 나오는데, 거기서 한 중풍병자가 예수께 데려와진다. 이 구절은 매우 중요하기 때문에 그 전체를 다음과 같이 인용할만하다:

침상에 누운 중풍병자를 사람들이 데리고 오거늘 예수께서 그들의 믿음을 보시고 중풍병자에게 이르시되 작은 자야 안심하라 네 죄 사함을 받았느니라 어떤 서기관들이 속으로 이르되 이 사람이 신성을 모독하도다 예수께서 그 생각을 아시고 이르시되 너희가 어찌하여 마음에 악한 생각을 하느냐 네 죄 사함을 받았느니라 하는 말과 일어나 걸어가라 하는 말 중에 어느 것이 쉽겠느냐 그러나 인자가 세상에서 죄를 사하는 권능이 있는 줄을 너희로 알게 하려 하노라 하시고 중풍병자에게 말씀하시되 일어나 네 침상을 가지고 집으로 가라 하시니 그가 일어나 집으로 돌아가거늘(마 9:2-7).

적어도 세 가지 점이 이 절들에 대해 지적될 필요가 있다. 첫째로, 예수 자신이 서기관들의 문제가 권위의 위기의 문제인 것으로 파악하셨다. 6절에서 그분은 자신이 그 일을 행하신 것은 그들과 주변의 다른 모든 사람들에게 자신의 권위의 정도를 입증하시기 위함이었다고 구체적으로 진술하셨다. 그들은 그분의 육체와 관련된 이적들을 보았고, 그분의 설교를 들었는데, 이제 그분은 자신의 권위는 여기와 지금을 넘어 영원까지 뻗어 있음을 증명하고 계셨다. 둘째로, 서기관들은 죄를 용서할 수 있다고 주장함에 있어 예수께서 자신의 권위에 대해 절대적 주장을 하고 계심을 올바로 인지했다. 아무것도 그분의 권위의 범위 밖에 있지 않는데, 심지어 영적 실재들도 그러했다. 따라서 예수께서는 자신의 신성을 주장하고 계신 것이다. 셋째로, 5절에서 예수께서는 몸을 치유하는 일과 영혼을 치유하는 일 양자 모두의 활동을 한 가지 표제 하여 포함시키고 수사적 질문에 의해 권능과 권리가 자신의 인격에서 결합되기 때문에 모든 피조물이 자신의 목소리에 순종해야 하며 또 그렇게 할 것임을 주장하셨다. 바로 이것이 예수의 권위의 본질이다.

물론 마태가 기록한 것은 정확히 메시아에 대해 예언되었던 바와 같다. 이사야 40장과 61장은 주의 백성의 소망이신 임하실 왕의 권위를 분명하게 나타낸다. 후자는 이런 맥락에서 다음과 같이 그 성취가 이루어지는 누가복음 4장과 더불어 직접 인용할 가치가 있다:

주 여호와의 영이 내게 내리셨으니 이는 여호와께서 내게 기름을 부으사 가난한 자에게 아름다운 소식을 전하게 하심이라 나를 보내사 마음이 상한 자를 고치며 포로된 자에게 자유를, 갇힌 자에게 놓임을 선포하며 여호와의 은혜의 해와 우리 하나님의 보복의 날을 선포하여 모든 슬픈 자를 위로하되 무릇 시온에서 슬퍼하는 자에게 화관을 주어 그 재를 대신하며 찬송의 옷으로 그 근심을 대신하시고 그들이 의의 나무 곧 여호와께서 심으신 그 영광을 나타낼 자라 일컬음을 받게 하려 하심이라(사 61:1-3).

예수께서 그 자라나신 곳 나사렛에 이르사 안식일에 늘 하시던 대로 회당에 들어가사 성경을 읽으려고 서시매 선지자 이사야의 글을 드리거늘 책을 펴서 이렇게 기록된 데를 찾으시니 곧 주의 성령이 내게 임하셨으니 이는 가난한 자에게 복음을 전하게 하시려고 내게 기름을 부으시고 나를 보내사 포로 된 자에게 자유를, 눈 먼 자에게 다시 보게 함을 전파하며 눌린 자를 자유롭게 하고 주의 은혜의 해를 전파하게 하려 하심이라 책을 덮어 그 맡은 자에게 주시고 앉으시니 회당에 있는 자들이 다 주목하여 보더라 이에 예수께서 그들에게 말씀하시되 이 글이 오늘 너희 귀에 응하였느니라 하시니(눅 4:16-21).

여기서 예수의 주장은 중풍병자의 죄를 용서하심에 있어서의 그분의 주장과 하나이다. 예수 그분은 가난한 자에게 복음을 전하시며, 포로 된 자에게 자유와 눈 먼 자에게 다시 보게 함을 전파하고, 눌린 자를 자유롭게 하고 주의 은혜의 해를 전파하는 **권위**를 지니신다. 그런데 하나님 나라의 축복은 이 권위에 대한 인정과 순종의 반응에 달려있는데, 이는 백부장과 중풍병자의 벗들이 깨달았던 바와 같다.

예수께서는 그런 절대적이고 무조건적인 권위를 소유하시는데 이것은 그분의 존재와 그분의 행위 양자 모두에 기인한다. 그분은 영원하신 말씀이시며 하나님과 하나이시고 알파와 오메가이시지만, 다른 한편으로 또한 자신의 죽음과 부활 가운데 세상의 죄를 도말하신 하나님의 어린양이시기도 하다. 아마도 복음서 중에서 그분의 권위에 대한 가장 놀라운 실례는 다음과 같은 전율케 하는 말씀에 등장한다: "그가 여기 계시지 않고 그가 말씀 하시던 대로 살아나셨느니라"(마 28:6). 사도 바울은 궁극적 권위의 측면에서 예수의 부활의 의미를 확언하면서 다음과 같이 쓰고 있다:

그러나 이제 그리스도께서 죽은 자 가운데서 다시 살아나사 잠자는 자들의 첫 열매가 되셨도다 사망이 한 사람으로 말미암았으니 죽은 자의 부활도 한 사람으로 말미암는도다 아담 안에서 모든 사람이 죽은 것 같이 그리스도 안에서 모든 사람이 삶을 얻으리라 그러나 각각 자기 차례대로 되리니 먼저는 첫 열매인 그리스도요 다음에는 그가 강림하실 때에 그리스도에게 속한 자요 그 후에는 마지막이니 그가 모든 통치와 모든 권세와 능력을 멸하시고 나라를 아버지 하나님께 바칠 때라 그가 모든 원수를 그 발 아래에 둘 때까지 반드시 왕 노릇 하시리니 맨 나중에 멸망 받을 원수는 사망이니라 만물을 그의 발 아래에 두셨다 하셨으니 만물을 아래에 둔다 말씀하실 때에 만물을 그의 아래에 두신 이가 그 중에 들지 아니한 것이 분명하도다 만물을 그에게 복종하게 하실 때에는 아들 자신도 그 때에 만물을 자기에게 복종하게 하신 이에게 복종하게 되리니 이는 하나님이 만유의 주로서 만유 안에 계시려 하심이라(고전 15:20-28).

모든 역사의 목표는 여기에서의 바울의 분석에서 나오는데, 이것은 빌립보서 2:9-11과 같은 다른 구절들에서와 마찬가지이다. 그런데 그 목표는 실제로 예수께서 영원무궁토록 만왕의 왕이요 만주의 주로 통치하시는 것에 대한 모든 피조물의 궁극적이며 온전하고 영광스러운 인정이다(계 19). 자신의 죽음과 부활에 의해 예수께서는 자신의 권위에 대한 마지막 도전 상대인 마지막 대적을 물리치셨으며 자신의 나라를 정복할 수 없으며 영원하게 세우셨다. 따라서 그분의 첫 설교에서 이루어진 선언은 궁극적으로 실현되며 최종적으로 정당화된다.

그러므로 예수께는 자신의 현상론적 설교에 대한 합당한 근거가 있으셨는데, 왜냐하면 그분의 설교는 청자로 하여금 권위 있는 새로운 상황에 대면하며 그들에게서 반응을 요구하도록 의도되었기 때문이다. 그러나 우리에게 그러한 근거가 있는가? 만약 우리의 설교가 진리의 능력으로 특정지어지려면, 곧 우리가 실증주의가 경고하는 헛된 무의미를 피하려면 합당한 근거가 존재해야 한다. 우리는 정확히 어떻게 예수의 권위에서 오늘날 우리 자신의 강단으로 전환할 수 있는가? 마태복음 28:18-20은 다음과 같은 한 대답을 제시한다:

예수께서 나아와 말씀하여 이르시되 하늘과 땅의 모든 권세를 내게 주셨으니 그러므로 너희는 가서 모든 민족을 제자로 삼아 아버지와 아들과 성령의 이름으로 세례를 베풀고 내가 너희에게 분부한 모든 것을 가르쳐 지키게 하라 볼지어다 내가 세상 끝날까지 너희와 항상 함께 있으리라 하시니라.

자신에게 속한 권리, 곧 본유적 권리에 의해 자신의 것인 바로 그 권위(권세authority)를 예수께서는 자신의 제자들에게 부여하셨다. 그것은 말하는 일과 행하는 일 양자 모두의 권위, 곧 말함에 의해 행하는 권위였다. 그들의 언어는 예수 자신의 언어와 유사하게 기능하게 되어 있었는데, 곧 하나님 나라가 청자들에게 임하도록 하며 또 그것에 의해 모든 민족을 제자로 삼도록 했다. 그분의 제자들과 세상 끝날까지 함께 있을 것이라는 예수의 마지막 약속은 그들이 그분의 이름으로 지니는 권위를 강화하도록 의도되었다. 그분이 그들과 함께 있었기 때문에, 그들은 그분의 권위로 말하고 행할 수 있었다.

이런 방식으로 권위라는 주제에 집중하는 일은, 기독교회에서 끝없고 열띤 논쟁의 원천이었던, 우리의 복음서 메시지를 적절한 문맥에 위치시키는 데 도움이 된다. 그리스도께서는 마태복음 16장에서 베드로에게 말씀하시며 다음과 같이 이야기하셨다: "너는 베드로라 내가 이 반석 위에 내 교회를 세우리니 음부의 권세가 이기지 못하리라 내가 천국 열쇠를 네게 주리니 네가 땅에서 무엇이든지 매면 하늘에서도 매일 것이요 네가 땅에서 무엇이든지 풀면 하늘에서도 풀리리라"(마 16:18, 19). 개신교인들은 이 단락이 교황의 권한을 정당화한다는 로마 가톨릭교인들의 주장을 강하게 반대하고 빈번히 교회가 세워져야 할 반석을 16절의 베드로의 신앙고백으로 해석해 왔다. 그러나 그런 해석은 예수께서 "베드로"(페트로스)와 "반석"(페트라) 간에 행하신 명백한 병행을 적절히 다루지 못하며, 예수께서 19절에서 베드로에게 주신 사명의 진의를 합당하게 파악하지 못한다.

이 단락은 특별히 마태복음 28:18-20과 연관하여 볼 때 놀라운 구절이다. 예수께서는 베드로에게 그분의 나라와 관련하여 놀라운 권위를 부여하신다. 그러나 베드로에게 그러한 이유는 무엇이며, 베드로의 고백은 이 문제와 어떤 관계가 있는가? 예수께서 마태복음 16장에서 베드로를 선택하셨는데, 왜냐하면 그가 방금 전 "주는 그리스도시오 살아계신 하나님이 아들이시니이다"라는 예수에 대한 결정적 진술을 했기 때문이다. 따라서 개신교 해석자는 이 진술에 집중하는 데 있어 올바른 방향 가운데 있어 온 것이다. 교회가 세워질 기초가 되는 것은 바로 **바르게 신앙고백을 하는** 베드로였는데, 이는 그리스도의 이름으로 제자를 만드는 자들이 바로 바르게 가르치는 제자들이었던 것과 똑같다. 베드로 개인이 특별했던 것은 다만 그가 적절한 때에 올바른 신앙고백을 한 반면, 다른 사람들은 그렇지 않았다는 점에 있다. 그런데 그가 마태복음 16:22에서 신앙고백을 하는 베드로가 아니라 시험하는 베드로가 되었을 때, 예수께서는 그를 더 이상 교회의 반석이 아니라 사탄으로 보셨다.[27]

여기서 두 가지 점이 지적되어야 한다. 첫째로 객관적이며 명제적 진리의 중요성이 마태복음의 이 두 구절에서 분명히 재확인된다. 단지 진리를 고백할 때만 베드로는 교회의 반석이었으며, 단지 청자들에게 예수께서 명하셨던 것을 준수하라고 가르칠 때만 제자들은 모든 민족을 제자로 삼는 희망을 지녔다. 그러나 둘째로 실제적 권위, 곧 **하늘에서 매고 푸는** 권위가 예수에 의해 그를 따르는 자들에게 주어졌다. 예수께서는 자신을 따르는 자들이 무엇을 할 수 있는지 깨닫기를 원하셨으며, 또한 무엇을 해야 하는지 깨닫기를 원하셨다. 그들은 영원한 중요성을 지닐 반응을 불러일으키는 방식으로 하나님 나라가 개인들에게 임하게 하는 권위를 지녔다. 그런데 바로 이 일이 그들이 해야 하는 것이다. 그들의 설교 목적은 단순히 그 나라에 대해 설교하는 일이 아니었는데, 곧 그것은 청자들이 있는 자리에서 그 나라가 현실화되는 일이었다. 확실히 한 측면에서 예수께서는 그 나라를 이미 도래시키셨으며, 다른 측면에서는 그분의 재림 시 그 나라를 도래시키실 것이다. 그런데 그분을 진정으로 믿는다고 고백하며, 그분을 온전히 전하는 것과 똑같은 정도로 확실히 그 "이미"와 "아직 아니" 사이에 사는 예수를 따르는 자들은 자신들이 말하는 상황에 그분의 권위가 역사하게 한다. 또한 우리가 살

---

27. 필자는 마태복음 16장에 대한 이 해석을 제안해준 일에 대해 웨스트민스터 신학교의 총장이신 조지 풀러(George Fuller) 박사에게 빚졌다.

핀 바와 같이 그분의 권위는 그분의 통치를 말하며, 그분의 통치는 그분의 나라를 말한다.

그러나 그 제자들은 특별한 존재들이 아니었는가? 그들의 특별한 은사는 그들의 죽음과 함께 끝나지 않았는가? 이적과 계시의 은사는 사도시대의 종결과 함께 중지되었지만, 교회의 권위 있는 설교 사역은 계속된다.[28] 디도서 1:5, 9에서 디도와 디모데전서 3-4장과 디모데후서 4장에서 디모데에 대한 바울의 권면을 빨리 재검토해보라. 명백히 여기서 언급되는 설교자들, 그리고 그들을 따르는 모든 자들은 예수께서 마태복음 16장과 28장에서 교회에 위탁하신 권위를 유지한다. 그러나 그 진술은 이런 방식으로 되어져야 하며 앞의 단서들이 지켜져야 한다. 하나님 나라의 권위가 주어진 것은 바로 **교회**이며, 설교자 개인은 교회를 대표하여 설교할 때 그것을 소유하게 된다. (그런데 이것은 물론 안수 절차가 의미하는 바, 곧 안수되는 개인이 교회에 대해 그리고 교회를 위해 설교할 그 나라의 권위를 지님에 대한 교회의 인정이다.) 그런 권위는 오류가 없을 수 없는데 왜냐하면 우리는 이 보물을 지상의 그릇에 담고 있으며 따라서 앞의 단서가 다시 중요하게 보여지기 때문이다. 설교자 개인의 권위, 그리고 실제로 교회 전체의 권위는 전적으로 신앙고백이라는 토대에 의거한다. 만약 신앙고백이 복음의 진리로 가득 찬다면, 권위는 그 나라의 권위가 될 것이다. 그러나 만약 신앙고백의 견고함이 흔들린다면, 권위는 사라진다. 따라서 교리적 정통성이 설교의 권위에 필수적이다.

곧 교리적 정통성은 필요하지만, 충분하지는 않은데, 이것은 인식론과 언어 이론 양자 모두에서 분석과 직관의 관계를 묘사하는 데 우리가 앞서 사용했던 어구이다. 성경적 설교자는 자신의 목표를 예수에게서 취해야 한다. 그의 목표는 단순히 그 나라에 대해 말하는 일, 곧 그 나라

---

28. 이점에 대한 전면적 논의를 위해서는 다음을 참조하라. Richard B. Gaffin, *Perspectives on Pentecost* (Phillipsburg, N.J.: Presbyterian and Reformed, 1979).

의 구성 요소들을 정밀하게 묘사하는 것이 아니다. 성경적 설교자는 그 나라에 관한 객관적으로 참된 사실에 기초하며 따라서 예수의 권위가 청중에게 그들의 삶의 자리 가운데 직접적이며 즉각적으로 역사하는 일을 추구해야 한다. 따라서 성경적 설교는 올바로 이해될 때 심판의 설교이다. 예수께서 자신의 교회에 위탁하신 권위로 설교할 때, 설교자는 그 백성들 가운데 그 나라를 실현시킨다. 설교자는 단지 말만 하는 것이 아니라, 예수의 이름으로 행동하는 것이다. 곧 그는 풀고 매며, 제자를 만들고, "나라가 임하시오며 뜻이 하늘에서 이루어진 것 같이 땅에서도 이루어지이다"라는 예수 자신의 기도의 성취를 위해 나아간다.

한 가지 유비가 설교자의 책무와 특권의 본질을 다소간 설명해줄 수 있을 것이다. 특별히 개혁주의 신학 전통에서 성례의 효력의 정확한 성격이 많은 관심을 끌어왔다. 세례보다 훨씬 더 주의 만찬에 대해 신학자들은 양 극단을 피하려고 시도해왔는데, 곧 한편에는 떡과 포도주의 성분의 물리적 변화가 일어난다는 이론이 있으며, 다른 한편에는 순전한 기념설이 있다. 따라서 주의 만찬에 대한 칼빈의 입장은 루터와 츠빙글리Zwingli의 입장 양자 모두와 달랐다. 개혁주의적 입장의 핵심에는 성경적 방식으로 그 만찬에 참여하는 자는 그 참여를 통해 실제적이며 개별적으로 그리스도와 연합한다는 확신이 있어왔다. 마찬가지로 개혁주의적 유아세례 전통에 있는 자들에게 성경에 따라 세례 받는 아이는 실제로 그 세례를 통해 언약 공동체의 일원이 된다. 성례는 참여하는 자들에게 단순히 증거만 되는 것이 아니라, 성경적 지침에 따라 지켜지는 한에 있어 실제적 사건이 된다.

성경적 설교 역시 그러하다. 많은 이들이 그것을 단지 그리스도인의 다른 그리스도인들에 대한 이야기로 여기지만, 그것은 훨씬 이상의 것일 수 있으며 또한 그래야 한다. 그리스도의 권위와 교회의 권위 사이의 관계, 그리고 교회의 권위와 설교자의 권위의 관계 때문에, 예수께 대한 참된 신앙고백에 근거하여 행해지는 설교는 주의 만찬이 사건인 것만큼이나 사건일 수 있다. 두 가지는 동일하지 않은데, 곧 설교는 성례가 아니다. 그러나 그것들의 유사점들과 상호 관련된 의미는 칼빈과 여타의 인물들이 말씀의 신실한 설교와 성례의 적절한 집행을 참된 교회의 두 표지로 본 이유 두 가지이다.

하지만 최소한 한번 더 다음과 같은 주의가 요청된다. 모든 설교가 어떤 상황에 하나님 나라가 임하도록 하는 것은 아니며, 오로지 진리를 담고 있고 그 왕 되신 분의 이름으로 그 나라의 심판이 이루어지는 일을 목표로 하는 설교가 그러한 것이다. 분석과 직관 양자 중 하나만으로는 적합하지 않다. 하나는 죽은 명제주의를 산출하며, 다른 하나는 모호하고 내용 없는 도덕주의만 산출한다. 성경적 심판은 단지 진리에 기초해서만 이루어지는데 바로 이것이 설교자의 우선적 관심사이다. 그러나 성경적 진리는 심판하며 도전하고 대면시키는데, 바로 이 일이 설교자가 교회와 주님을 위해 설교할 때의 궁극적 목표여야 한다. (이 점을 말함에 있어 필자는 본서의 다른 저자들, 특히 제프리 토마스와 존 베틀러에게 전심으로 동의한다.)

3. 몇 가지 실제적 지침

필자의 처음 진술로 돌아가자면, 설교자는 자신이 하고자 하는 바가 정확히 무엇인지를 먼저 알아야 그것을 실제로 행할 수 있다는 것이다. 본장은 "설교의 현상학"이라는 제목이 붙여졌는데 왜냐하면 앞에서 언급된 대로 모든 어떤 특정 설교의 궁극적 목표는 다음과 같은 표현, 곧 예수의 권위가 반응 곧, 그 나라의 반응을 이끄는 방식으로 회중에게 영향을 미치는 일로 이해되어야 한다(그런 반응을 실제로 야기하는 분은 바로 성령이심을 여전히 인정하고 진심으로 긍정하면서 말이다). 어떤 설교에서 추구되는 반응은 그 나라를 즐거워함일 수 있는 반면, 다른 설교에서 그것은 그 나라의 회개일 것이지만, 모든 설교에서 설교자는 예수의 나라의 일정 측면을 그분의 백성을 위해 현실화하는 일을 추구해야 한다.

구체적으로 말하자면 설교자는 특정 설교에서 이끌어내길 추구하는 주요한 반응을 한 가지 간략한 문장으로 진술할 수 있어야 한다. 확실히 여러 감정적인 부분이 자극되고 여러 생각이 탐구될 수 있을 것이지만, 이것들 각각은 이끌어내길 바라는 한 가지 주요한 반응으로 나아가게 하는 방식으로 행해져야 한다. 우리는 본장의 첫 번째 문장을 다음과 같이 의역할 수도 있을 것이다: "더 많이 겨냥하면 할수록 더 적게 맞출 것이다." 또는 다르게 표현하자면 위에서 묘사된 한 가지 간략한 문장이 중문이나 복문으로 발전되는 바로 그 정도로 반응의 가능성이 줄어든다. 초점의 단순성과 명료성과 정확성(그런데 이것들 중의 어떤 것도 피상성과 동의적이지 않음)이 권위 있는 성경적 설교를 특징지으며 그 작용을 촉진한다.

다음으로 설교의 목표를 설정하는 데 있어 설교자는 설교할(그 나라가 표현될) 때 아마도 어떤 일이 발생할 수 있을지를 깨달아야 하며, 설교의 정확한 목적을 주의하여 정해야 한다. 이 과정에서 설교자가 성경 외에 사용할 수 있는 (본서를 비롯한) 보조 자료 중에 가장 유용한 것은 아마도 조나단 에드워즈의 『신앙 감정론』*Treatise Concerning Religious Affections*일 것이라고 말할 수 있을 것이다. 이것은 에드워즈의 견실한 성경적인 토대와 심도 깊은 인간학적 관찰 양자 모두 때문이다. 즉 에드워즈는 『신앙 감정론』에서 성경과 인간 양자 모두를 너무나 탁월하게 분석하여 하나님 나라의 권위가 회중에게 임하게 하려는 설교자에게 매우 귀중한 도움이 된다.

에드워즈의 논문의 핵심은, 그의 다른 저작과 설교에서도 빈번히 발견되듯이, 모든 인간 개인 행위의 뿌리가 성향 또는 감정이라는 점에 대한 그의 관찰이다. "감정"에 의해 에드워즈는 단순한 열정 이상을 염두에 두는데, 곧 그는 자주 열정으로 여겨지는 것의 많은 부분을 포함하는 용어로 감정을 사용하지만, 그의 초점은 보다 구체적으로는 인간 존재의 기본적 지향과 근본적인 사랑과 증오, 어떤 것을 향한 영혼의 움직임과 다른 것으로부터의 영혼의 이탈에 있다. 그러나 에드워즈 자신이 시도하는 설명을 소개하면 다음과 같다:

감정과 열정은 빈번히 동일한 것으로 말해지지만, 보다 일반적 어법에서 일정 부분 차이점이 있다. 감정은 보통의 어의로 열정보다 광범위한 것으로서 의지와 의향을 지닌 모든 활기차고 능동적인 활동에 대해 사용되지만, 열정은 보다 갑작스러우며 야성적 충동에 대한 영향이 보다 격렬하고 마음이 제어하는 것이 아니라 오히려 제어를 당하는 활동에 대해 사용된다.

의향과 의지를 지닌 모든 행위가 승인하고 애호하는 일과 불승인하고 거절하는 일 양자 중 하나에 관심하는 것과 마찬가지로, 감정에는 두 종류가 있다. 곧 그것들은 영혼이 염두에 놓은 일을 수행하게 하며, 고수하거나 추구하게 하는 것들이거나, 또는 그것을 싫어하거나 반대하게 하는 것들이다. 전자의 종류에 속하는 것은 사랑과 욕구와 희망과 기쁨과 감사와 만족이다. 후자의 부류에 속하는 것은 미움과 두려움과 분노와 슬픔 같은 것들인데, 지금 그것들을 구체적으로 규정하는 일을 진행할 필요는 없는 것 같다.[29]

열정과 감정의 또 다른 구분은 우리로 하여금 실증주의자들의 현상론자들과의 다툼과 그 다툼에 대한 쾨스틀러의 명백한 해결책으로 되돌아가게 한다. 에드워즈는 다음과 같이 주장한다:

거룩한 감정은 빛이 없는 열이 아니며, 항상 일정한 오성의 정보, 지성이 받아들이는 일정한 영적 교훈, 일정한 빛 또는 실제적 지식에서 발원한다. 하

---

29. Jonathan Edwards, *A Treatise Concerning Religious Affections* in Works, 1: 237.

나님의 자녀가 은혜의 영향을 받는 이유는 이전보다 더 많은 영적인 것과 하나님이나 그리스도와 복음에 나타난 더 많은 영광스러운 것을 알고 이해하기 때문이다. 그는 은혜의 영향을 받지 않았던 이전보다 더 분명하고 나은 관점을 지닌다. 즉 그는 신적인 것에 대한 새로운 이해를 얻거나 과거의 지식이 폐기된 후 그것을 새롭게 한다. 즉 요한일서 4:7: "사랑하는 자마다 … 하나님을 알고." 빌립보서 1:9: "내가 기도하노라 너희 사랑을 지식과 모든 총명으로 점점 더 풍성하게 하사." 로마서 10:2: "그들이 하나님께 열심히 있으나 올바른 지식을 따른 것이 아니니라." 골로새서 3:10: "새 사람을 입었으니 이는 … 지식에까지 새롭게 하심을 입은 자니라." 시편 43:3, 4: "주의 빛과 주의 진리를 보내시어 나를 인도하시고 주의 거룩한 산에 이르게 하소서." 요한복음 6:45: "선지자의 글에 그들이 다 하나님의 가르치심을 받으리라 기록되었은즉 아버지께 듣고 배운 사람마다 내게로 오느니라." 지식은 먼저 완악한 마음을 열고 감정을 고조시키며 사람을 하늘나라로 이끄는 길을 연다. 곧 누가복음 11:52: "너희가 지식의 열쇠를 가져가서."

작금에 오성의 아무런 빛에서도 발원하지 않은 많은 감정들이 있는데, 이는 이 감정들이 영적이지 않다는 확실한 증거인데, 그것들이 그토록 고조되는 것을 굳이 상관할 필요가 없다.[30]

열정과 구별된 감정은 지식에 기반하며, 에드워즈가 자신의 논문 도처에서 주장하듯이, 참된 은혜의 감정은 그리스도의 복음의 진리에 관한 지식에 기반한다. 만약 분석이 실재하지 않으면, 아무런 감정도 없을 것이고(단지 열정만 있을 것임), 만약 분석이 참되지 않다면, 감정(직관)은 허위적일 것이다. 이 기본적인 심리학적 모델과 함께 작업하며(그리고 그것을 필자가 여기서 할 수 있는 것보다 훨씬 전면적으로 발전시키며), 에드워즈는 다음으로 자신의 논문의 다음과 같은 기본 명제를

---

30. Ibid., pp. 281-82.

주장한다: "참된 종교는 상당 부분 거룩한 감정으로 형성된다."[31] 필자가 말하고자 하는 것은 그런 생각에 대한 에드워즈의 해설은 철저하고 전적으로 성경적이며, 설교의 초점을 맞추는 일을 중시하는 하나님 나라의 설교자에게 매우 유용하다는 것이다. 만약 궁극적으로 중요한 것이 우리가 **실제로** 사랑하거나 미워하거나 바라거나 두려워하는 것이라면(이 단어들 각각은 단순한 열정이 아니라 에드워즈적인 감정으로 이해되고 있음), 주님의 권위로 말하는 설교자는 그리스도에 대한 사랑이 **발생하며**, 죄에 대한 미움이 **발생하고**, 하나님의 축복에 대한 욕구가 **발생하며**, 죄의 결과에 대한 두려움이 **발생할** 수 있는 설교 상황을 조성하기를 추구해야 한다. 바로 이것이 정확히 에드워즈 자신이 설교한 방식인데, 그의 가장 유명한 설교인 "진노하시는 하나님의 손아귀에 있는 죄인"이 그것들 중 마지막 사항의 완벽한 사례이다.

그러나 에드워즈는 우리로 하여금 다만 자신의 설교의 사례로부터 올바른 결론을 도출하도록 내버려두지 않는다. 즉 그는 자신의 주장을 다음과 같이 분명하고 구체적으로 하고 있다:

그리고 신령한 것들을 인간의 마음과 감정에 각인시키는 일이 하나님이 정해 놓으신 하나의 큰 목적인데, 그 일은 곧 성경에 전해진 그분의 말씀이 **설교** 가운데 인간에게 열려지고 적용되며 안착되도록 하는 것이다. 또한 따라서 단지 성경에 관한 좋은 주석서나 강해서와 여타 경건 서적을 가지는 것만으로는 하나님이 이 제도 속에서 지니신 목표에 부응하지 못한다. 왜냐하면 이것들이 설교만큼이나 하나님의 말씀에 대한 사변적 이해의 좋은 교리를 제공하는 경향이 있을지 모르지만, 인간의 마음과 감정에 그것들을 새기는 데 있어서는 동일한 정도의 경향이 없기 때문이다. 하나님께서는 자신의 말씀의 설교 가운데 그것의 구체적이며 생생한 적용을 다음과 같은 일을 하

---

31. Ibid., p. 236.

기에 적합한 수단으로서 정해 놓으셨는데, 곧 이것은 죄인들에게 종교의 중요성과 자신들의 비참함과 치유책의 필요성과 제공된 치유책의 영광스러움과 충분함을 각인시키며, 성도들의 순수한 지성을 일깨우고, 비록 그들이 알고 있으며 이미 전적으로 교훈되었더라도, 자주 종교의 위대한 일들을 상기시켜서 감정을 북돋고, 고유한 특성을 유지시키는 일이다(벧후 1:12-13). 특별히 그들에게서 본문에서 말해지는 **사랑**과 **기쁨**이라는 두 가지 감정을 다음과 같이 진작시키는 일이다: "그가 어떤 사람은 사도로, 어떤 사람은 선지자로, 어떤 사람은 복음 전하는 자로, 어떤 사람은 목사와 교사로 삼으셨으니 … 그리스도의 몸[이] … 사랑 안에서 스스로 세우느니라"(엡 4:11, 12, 16).**32**

성경적 설교는 성령의 능력을 통해 은혜의 감정을 이끌어냄에 의해 그리스도의 나라, 곧 그리스도의 통치를 실현시킨다. 바로 이것이 설교자를 교회에 주신 하나님의 목적이었으며, 바로 이것이 교회에서의 설교 시 설교자의 목적이어야 한다. 그러나 에드워즈는 설교자와 회중 양자 모두에 대한 한 가지 추가적인 경고를 가지고 있는데, 곧 성경 이해에 근거해야 한다는 점에 덧붙여 참된 은혜의 감정은 그 왕 되신 분과 그분의 나라에, 곧 피조물보다 창조자에게 초점이 맞춰져야 한다는 경고이다. 현상론적 설교자, 심지어는 견고한 정통주의 현상론적 설교자가 대면하게 되는 유혹 중 하나는 그리스도의 나라를 다음과 같은 일종의 계몽된 공리주의로 격하시키는 유혹이다: "회개하라, 그러면 장기적으로 이익을 얻을 것이다!" 아니다. 그리스도의 메시지는 다음과 같은 다른 초점을 지녔었다: "회개하라 천국이 가까이 왔느니라." 확실히 회개는 회개자에게 궁극적이 이익을 산출할 것이지만, 회개는 가장 근본적으로 왕 되신 분과 그분의 나라의 본질 때문에 적절한 것이다. 예수께서

---

32. Ibid., p. 242. 에드워즈가 앞선 단락에서 기독교적 경험에 있어 예술의 중요성에 대해 말하는 것 역시 주목될 수 있을 것이다. 심지어 교회 건축과 예전과 같은 매우 다양한 영역에 대한 시사점들도 매우 놀랄만하다.

는 우리의 예배와 경배와 찬양을 받으시기에 **마땅하시며**, 바로 이 사실이 설교자의 설교와 회중의 반응 배후의 동기가 된다.

에드워즈는 이것을 다음과 같이 간명하게 표현한다:

> 반면 성도들 가운데 참되고 거룩한 사랑의 작용은 다른 식으로 발생한다. 그들은 처음에 하나님이 자신들을 사랑한다는 것을 알지 못하며, 나중에 그분이 자애로우신지 알게 된다. 그들은 먼저 하나님이 자애로우시고, 그리스도가 탁월하시고 영광스러움을 안다. 곧 그들의 마음은 처음으로 이러한 시각에 사로잡히며, 그들의 사랑의 작용은 때때로 여기서 시작되며, 주로 이 견해들에서 발생하는 것이 상례이며, 그 다음으로 결국 그들은 그들에 대한 하나님의 사랑과 큰 호의를 알게 된다. 성도들의 감정은 하나님에게서 시작되며, 자기사랑은 단지 결과적이며 이차적으로만 이 감정과 관련된다. 반대로 잘못된 감정은 자신에게서 시작되며, 하나님의 탁월성에 대한 인정과 그것의 영향력은 결과적이며 종속적이다. 참된 성도의 사랑에 있어 하나님은 가장 근본적인 토대인데, 곧 그분의 본성의 탁월성에 대한 사랑이 뒤따르는 모든 감정의 토대이며, 거기서 자기 사랑은 시녀로서 관련된다. 반대로 위선자는 자기 자신을 첫 번째 토대로서 모든 것의 밑바탕에 놓으며, 하나님을 그 위의 구조물로서 놓으며, 심지어 하나님의 영광에 대한 그의 인정 자체도 자신의 사적 유익에 대한 그의 관심에 기초한다.[33]

성도의 감정은 하나님과 그분의 본성의 탁월성에 대한 사랑에서 시작되며, 설교자는 설교를 준비하고 행할 때에 이점을 기억해야 한다.

본장의 이 부분에는 "몇 가지 실제적인 지침"이라는 제목이 붙여졌다. 조나단 에드워즈에 대한 이 관찰들이 어떻게 실제적 지침으로 여겨질 수 있는가? 아마도 다음과 같은 방식으로 그러하다. 설교자는 자

---

33. Ibid., p. 276.

신의 설교의 다음과 같은 일반적 목표를 기억함으로써 준비를 시작해야 한다: 그 왕 되신 분의 권위 – 장엄하고 은혜로우며 구속적인 권위 – 가 자신의 회중에게 역동적이며 "많은 역사가 나타나도록"eventfully 임하도록 하는 일(이것은 에드먼드 클라우니의 말에 의하면 그리스도를 설교하는 일임). 그러나 이 일반적이고 전체적인 목표는 설교자가 특정한 설교에서 다루는 본문이나 주제를 연구할 때 구체적 형태를 띠어야 하는데, 이 구체적 형태는 에드워즈가 감정에 대해 말해야 한 것과 조화되도록 개발되어야 한다.

설교 본문이 예수 자신의 첫 번째 공적 설교인 마태복음 4:17이라고 해보자. 이 설교의 일반적 목표는 그리스도의 권위가 현재 상황에 임하며 회중 개개인의 회개의 적극적 반응을 이끌어낼 수 있는 방식으로 그분의 나라의 본질과 현재적 실재를 증명하는 것일 수 있을 것이다. 그러나 설교자가 이 목표를 구체화하는 일로 나아갈 때, 에드워즈가 감정에 대해 말하는 것, 곧 감정이 참으로 성경적이려면 (이 사례에서 그 나라의 본질에 대한) 올바른 이해를 포함해야 하지만, 그 이해에 그쳐서는 안 되고 그것을 넘어 하나님 자신에 초점을 두어야 하는 방식을 주의하여 재검토할 것이다. 따라서 설교자는 구체적 목표로서 그 왕 되신 분과 그분의 나라의 위엄에 대한 경외의 감정과 이것에 뒤따르는 그분의 현존 앞에서의 우리의 무가치함의 감정과 그럼에도 불구하고 그분이 자신의 아들 예수의 인격을 통해 우리에게 그 나라를 임하게 하셨음에 대한 찬양의 감정의 유발을 선택할 수 있을 것이다. 추구되는 결과는 회중이 이 세상의 나라"에서"from 그리스도의 나라"로"to 새롭게 돌이킴에 의해 반응하는 것인데, 물론 이 일은 그 나라, 곧 그분의 백성 중에서의 예수의 통치의 실현 이상도 이하도 아니다. 확실히 그런 설교는 이 돌이킴의 매우 정확한 내용을 나타낼 필요가 있을 것이며, 똑같은 정도로 확실하게 에드워즈의 『신앙 감정론』에 대한 더 많은 숙지가 그런 설교를 구성하는 데 있어 설교자에게 커다란 유익이 될 것이다. 그러나 아마도 이 몇 가지 제안은 에드워즈의 통찰들을 활용하길 바라는 설교자에게 도움이 될 것이다.

4. 결론

강단에 서게 될 때 설교자의 주요 도구는 말이다. 그러므로 바른 말을 선택하는 것은 설교 상황에서 중대성을 띠며, 그런 선택은 설교자의 정확한 목표에 의거해야 한다. 실증주의자들(그리고 다른 이들)은 우리에게 언어의 정확성과 정밀성의 가치와 필요성을 환기시켰다. 현상론자들은 (시인에 의해서든 설교자에 의해서든) 역동적이며 효과적인 말의 실제 목표는 청자의 삶의 변화이어야 함을 지적함으로써 반응했다. 아더 쾨스틀러는 후자의 유형의 언어는 전자에 의거하는 동시에 그것을 성취한다고 제안했다. 또한 조나단 에드워즈는 참된 기독교적 경험의 본질에 대한 성경적 묘사의 견지에서 인간 심리학을 분석함에 의해 이 모든 것을 당대의 설교자에게 깨닫게 했다. 그러므로 누적된 증거는 설교자가 현상론적으로, 곧 "많은 역사가 나타나도록" 설교함에 있어 교리적 정통성에 기초해야 한다는 것이다.

그러나 물론 설교자가 이렇게 해야 하는 주된 이유는 실증주의자들이나 현상론자들이나 쾨스틀러나 심지어는 에드워즈가 그렇게 말하기 때문이 아니다. 곧 그것은 "성경이 내게 그렇게 말하기" 때문이다. 천국이 가까이 와 "있으며" 따라서 성경적 설교는 이 사실을 선언할 뿐만 아니라 촉진시킨다. 예수의 그분의 나라에 대한 통치의 성취와 관련된 자신의 책무와 기회를 알 때, 설교자는 신적 권위가 청자들에게 즉각적으로 역사하게 하는 바로 그 일을 수행할 수 있다. 또한 성령의 주권적이며 은혜로운 능력에 의한 바로 이 일이 설교의 현상학이다.

I. 메시지 내용

Part 2
THE Message

6장. 모든 성경에서 그리스도를 설교함

에드먼드 클라우니

　여러분의 성경책을 한번 살펴보시겠습니까? 제본된 부분을 굽히고 책 끝의 닳아있는 표시가 나는 곳들을 자세히 관찰하라. 만약 여러분의 성경책이 꽤 새것이거나 여러분이 특별한 설교자가 아니라면, 필자가 예언하건대 여러분은 엄지손톱으로 신약성경이 어디서 시작되는지 찾을 수 있을 것이다. 그것은 결정되는 구분선에서 끝부분의 빛나는 금박이 닳아져 있는 곳이다. 매우 개연성 있게도 여러분은 또한 닳아진 모서리에 의해 시편이나 이사야서를 분간할 수 있을 것이다.
　여러분의 설교 파일을 조사해봄으로써 또 다른 측정을 해볼 수도 있다. 여러분은 구약과 신약 본문 중에서 얼마만큼의 비율로 설교했는가? 만약 우리가 포켓 성경이 아니라 성경전서를 휴대한다면, 확실히 지금보다 더 많이 구약성경을 사용하게 될 것이다. 사도 교회의 선교용 성경은 구약성경이었다. 나사렛 회당에서의 우리 주님(눅 4장)과 오순절 시의 베드로(행 2장)와 소아시아와 그리스의 회당들에서의 바울 모두는 구약으로 복음을 설교했다. 그리스도에 대한 사도적 증거가 여전히 기록되고 있던 때에도, 구약성경은 교회가 그리스도를 설교하는 원천이 되는 성경이었다.

우리는 왜 설교 시 구약을 매우 적게 사용하는가? 어떤 설교자들은 성경 본문으로 전혀 설교하지 않기 때문에 구약을 등한시할지도 모른다. 그들은 다소간 성경적으로 특정 주제들에 대해 설교하기를 선호한다. 다른 이들은 구약은 현대 생활과 너무나 동떨어져 있다고 느낀다. 그러나 한 가지 큰 장애물은 구약 본문은 복음을 분명하게 제시하지 않는다고 하는 불편한 심기였다. 기독교 설교자가 회당 식 설교를 하는 일, 또는 강단 사역에서 율법주의적이거나 도덕주의적이 되는 일을 두려워하는 것도 당연하다.

만약 우리가 성경 전체로부터 설교하려면 성경 전체가 예수 그리스도를 어떻게 증언하는지 알 수 있어야 한다. 성경에는 열쇠, 곧 신약에 의한 구약의 사용법을 밝혀주는 열쇠가 있다. 이 열쇠는 누가복음의 말미(눅 24:13-27, 44-48)에 제시된다. 그것은 부활 후 예수의 가르침에서 발견된다. 예수께서 부활의 아침 엠마오로 돌아가던 실망한 두 제자를 만나셨을 때, 곧바로 자신을 그들에게 드러내심으로 그들의 슬픔을 끝나게 하시지 않았다. 앞서 "마리아야"라고 말씀하셨던 것(요 20:16)과 달리 "글로바야"라고 말씀하심으로써 알게 하시지 않았다. 대신 그들의 어리석은 슬픔에 대해 꾸짖으셨다. 그들은 빈 무덤에 대한 여인들의 보고를 듣고 나서도 부활을 믿지 못했다. 왜 믿지 못했는가? 왜냐하면 그들은 "선지자들이 말한 모든 것을 마음에 더디 믿었기" 때문이다(눅 24:25하). 그들은 그리스도가 이런 고난을 받고 자기의 영광에 들어가야 하는 것을 깨닫지 못했다. 예수께서는 모세의 책으로 시작하시고, 더 나아가 모든 선지자들을 살피시며 "모든 성경에 쓴 바 자기에 관한 것을 자세히 설명하셨다"(27절). 모든 성경이 어떻게 그리스도께 초점을 두고 있는지를 알게 되었을 때 그들의 마음속은 뜨거워졌다. 오직 그 배움의 경험 이후 그들의 눈이 밝아져 떡을 뗄 때 주님을 알아보게 되었다.

나중에 부활하신 그리스도는 다음과 같이 말씀하시며 계속하여 가르치셨다: "모세의 율법과 선지자의 글과 시편에 나를 가리켜 기록된 모든 것이 이루어져야 하리라… 이에 그들의 마음을 열어 성경을 깨닫게 하시고"(눅 24:44하, 45).

부활과 승천 사이의 40일 동안 예수께서는 제자들에게 무엇을 가르치셨는가? 명백히 그 범위는 광범위하여 모세와 선지자와 시편을 포괄하는데, 이것들은 히브리 성경의 세 주요 부분이다. 또한 진전된 점도 있었다. "모세와 모든 선지자의 글로 시작하여"라는 어구와 동사 "디에르메뉴오"의 사용은 합리적 해석을 암시한다. 예수께서는 "자의적인 해석"eisegesis에 관한 어떤 강의를 하신 것이 아니다. 그분은 성경이 실제로 말씀하는 것을 해석하셨으며 그것을 깨닫도록 제자들의 마음을 여셨다. 이해가 확신과 뜨거운 마음을 초래하였다. 예수 자신이 그들의 선생이셨지만, 그분은 단지 자신만이 성경을 그렇게 해석할 수 있다고 여기지 않으셨다. 오히려 그분이 그들을 미련하고 마음에 더디 믿는 자로 비난하셨던 이유는 그들이 구약성경의 명백한 의미를 이해하지 못했기 때문이다. 실제로 구약성경의 메시지는 너무나 분명하여 그들의 오해는 일종의 정신적 장애, 곧 명시적인 진리에 대한 눈 멈으로써 설명되어야 한다.

여러분은 그 40일 동안의 그리스도의 세미나에 참석했었더라면 하고 바라는가? 여러분은 구약에 대한 그리스도의 포괄적이며 설득력 있는 해석법이 무엇이었는지에 대한 단서가 없다고 서글프게 결론 내리는가?

잠깐만 멈춰보자. 누가는 예수께서 부활과 승천 이전과 이후 양자 모두에서 행하시고 **가르치신** 것에 관한 자신의 두 권의 저작 한가운데서 구약 해석법에 대해 다음과 같이 주목한다(행 1:1). 그렇다면 누가는 영지주의적 방식으로 비밀스러운 가르침을 기술하고 있는가? 그는 예수께서 비법 전수자인 소수의 제자들에게 은밀한 교훈을 하고 계시는 것으로 묘사하는가? 물론 아니다! 예수께서 구약에 대해 제자들에게 설명한 것이 그들의 설교의 열쇠가 되었다. 누가는 사도들이 어떤 식으로 그리스도를 전함에 있어 모든 성경에 원천을 둔 새로운 이해를 활용했는지를 우리에게 보고한다. 오순절 시 베드로의 설교는 요엘서와 시편 16편과 110편의 구절들을 해석했다(행 2:17-21, 25, 28, 34). 더 뒤에서 베드로는 성전에서 "하나님이 모든 선지자의 입을 통하여 … 미리 알게 하신 것"을 선언했다(행 3:18). 그는 신명기를 인용하며 다음과 같이 덧붙여 말했다: "또한 사무엘 때부터 이어 말한 모든 선지자도 이 때를 가리켜 말하였느니라"(행 3:24).

스데반이 변론할 때 그리스도를 가리키기 위해 구약의 역사를 개관했다(행 7). 빌립은 에디오피아 내시에게 예수를 전하기 위해 이사야 53:7로 시작했다. 또 바울은 다윗의 씨 메시아를 가리키기 위해 하나님이 이스라엘에 주신 통치자들을 재검토하며 출애굽 시의 하나님의 구속을 되살폈다(행 13:16-41). 베드로와 같이 바울은 시편을 인용했다.

사도행전에 기록된 모든 설교에서 우리는 동일한 주제들이 재등장하는 것을 발견한다. 명백히 누가는 우리가 예수의 구약 해석법에 관하여 어두움 가운데 남겨져 있다고 생각하지 않았다. 주님께서 제자들에게 가르치셨던 것을 제자들은 교회에 선포했다. 신약 전체가 그 하나님의 약속의 성취를 해석한다. 구약 없이 복음의 메시지 자체가 바르게 이해될 수 없다. 구약에서의 인용이 신약 도처에 퍼져 있는데, 인유引喩, allusion는 훨씬 더 많다. 네슬판의 헬라어 성경을 살펴보면, 인유되는 구약의 어구들이 볼드체로 되어있는데, 거의 매 쪽에 산재한다.

이렇게 풍성한 해석의 지침이 있는데도 우리는 왜 구약의 사용에 있어 그토록 확신을 가지지 못하는가? 의심의 여지없이 우리는 하나님의 성령이 우리에게 주신 것을 등한시했다. 신약 해석에 있어 자의성과 대범함이 우리에게 과도하게 드러났다. 우리는 혼란을 겪게 되었다. 신약이 구약을 정말로 해석하는가, 아니면 단지 그 언어만 사용하며 헌 포도주부대에 새 포도주를 채우고 있는가? 구약을 해석하기 위해 신약에서 사용된 원리들을 파악하기는커녕, 빈번히 우리는 주어진 해석들을 신뢰하는 일도 하지 않는다. 우리는 신약이 그리스도를 명시적으로 표현하지 않는 구절들에서 그분을 감히 찾으려고 하지 않을 것이며, 명시적으로 표현하고 있는 구절들의 일부에서도 어려움을 지닌다.

만약 우리의 구약 설교가 새로워지려면, 그리스도께서 제자들에게 주셨던 마음의 열림이 필요하다. 또한 우리는 그분이 성경을 펼쳐 보이기 위해 주신 열쇠를 사용할 필요가 있는데, 그 열쇠는 바로 성경의 그리스도에 대한 증거라는 것이다.

1. 골격을 형성하는 하나님의 약속

메시아적인 것으로 여겨진 단지 소수의 구절들만이 아닌 모든 구약 성경이 우리에게 그리스도를 가리킨다. 우리 모두는 구약의 메시아 예언에 익숙하다. 빌립이 에디오피아 관리의 마차로 달려가 그가 이사야 53:7을 읽는 것을 들었을 때, 그 복음전도자는 그 구절로 시작하여 예수를 전했다(행 8:35). 우리는 빌립이 무엇을 말했을지 충분히 짐작해볼 수 있다. 동일하게 우리는 시편 22편이 메시아적이라고 이해할 수 있는데, 왜냐하면 예수께서 십자가 위에서 그 시작부의 신음소리를 내셨기 때문이다. 예수 자신이 시편 110편을 인유하셨으며, 다윗의 주로 하여금 하나님의 우편에 앉으시라고 하는 그 시작부의 초대에서 우리는 그리스도의 승귀의 예언을 인지할 수 있다(시 110:1; 막 12:36; 14:62).

그러나 구약 전체의 구조는 어떠한가? 아마도 우리는 기록된 성경을 어떻게 가지게 되었는가를 질문함으로 시작할 수 있을 것이다. 수많은 세기 동안 작성된 표면적으로 다양한 저술들의 이 모음집을 어떻게 설명할 수 있는가?

구약성경 자체가 분명한 답을 준다. 성경은 하나님의 이스라엘과의 언약의 역사 가운데 그분에 의해 주어졌다. 기록된 성경은 하나님께서 시내 산에서 이스라엘과 맺은 언약의 협정문으로 구약의 역사에 처음 등장한다. 시내 산으로부터 여호와의 말씀이 신적 계시의 모델을 제시하는 것과 똑같이 돌판 위의 여호와의 글은 성경 기록의 신적 모델을 제시한다. "여호와께서 시내 산 위에서 모세에게 이르시기를 마치신 때에 증거판 둘을 모세에게 주시니 이는 돌판이요 하나님이 친히 쓰신 것이더라"(출 31:18; 참조. 24:12; 32:16).

돌판은 "증거판"이라고 불리며(출 31:18; 40:20), 궤는 "증거궤"라고 불린다(출 25:16, 21, 22; 26:33; 39:55). 그 언약의 협정 양식이 "증거" 또는 "증언"이라는 용어를 설명해준다. 하나님의 이스라엘과의 언약의 규정과 약속이 구술의 기록으로 증명되고 증거된다. 이중의 사본이 같은 이유로 요구된다.[1] 하나의 사본은 하나님의 것이고, 다른 하나의 사본은 이스라엘의 것이다. 양자 모두 그 궤에 넣어진다. 그 궤의 뚜껑은 속죄소인데, 이것은 하나님께서 자신의 백성 가운데 좌정하시는 보좌의 상징이다. 하나님의 언약 증서가 그분의 보좌 아래 보관된다. 만약 하나님께서 자신의 언약의 약속에 신실하지 않으시다면, 백성은 그분 자신이 주신 이 증거에 호소할 수 있을 것이다. 하지만 만약 백성이 신실하지 않다면, 모세에 의해 돌에 새겨지고 기록된 하나님의 "증언들"이 그분의 언약 규정의 증거로 하나님의 보관 하에 있을 것이다. 모세오경, 특히 신명기 도처에서 이스라엘이 하나님의 언약을 파기할 것이며 처벌이 적용될 것임이 분명하게 나타난다(예. 신 30:1-3).

그렇다면 성경이 하나님의 언약의 증거로 제시될 것이다. 하나님의 처음 기록된 말씀에 사실인 것은 나머지에도 계속하여 그러하다.

예를 들어, 선지자 직분의 제정은 모세의 사역을 본보기로 한다(신 18:18). 선지자는 하나님의 말씀을 전하는 하나님의 대변자인데, 이는 아론이 모세의 말을 전하는 모세의 대변자였던 것과 마찬가지이다(출

---

1. Meredith Kline, "The Two Tables of the Covenant," *The Westminster Theological Journal*, 22 (May, 1960): 133-46.

4:12, 16). 더욱이 선지자들은 모세를 통해 주어진 하나님의 언약을 상기시키는 역할을 한다. 그들은 그 경고와 약속을 강화한다. 또한 그들은 이스라엘의 신실치 못함에 대해 하나님의 "증거"를 강조한다. 선지자 미가는 하나님의 이스라엘과의 언약에 관한 논쟁을 선포하는데, 즉 하나님께서는 자신의 신실하심과 이스라엘의 언약의 파기를 증거하신다(미 6:1-5).

재난에 대한 준엄한 예고가 이스라엘의 언약 파기의 예언되는 결과이다. 그러나 선지자들은 하나님의 분노의 심판으로 끝내지 않는다. 그들은 보통 분노를 넘어 자비를 지적한다. 신명기 30:1-10에서 우리는 언약의 역사에 관한 개관을 발견한다. 하나님이 약속하신 축복은 모두 성취될 것이며, 이스라엘은 그 땅에 들어가고 대적들을 쫓아낼 것이고, 하나님께서는 그분이 선택하신 곳에서 그들 중에 자신의 성호를 두실 것이다. 그러나 이스라엘은 계속하여 반역할 것이며 따라서 그 언약의 저주 역시 현실화될 것이다. 백성은 그 땅에서 쫓겨나 포로로 끌려갈 것이다. 다음으로 그 복과 저주 이후에 하나님께서 흩어진 백성을 모으시고 마음에 할례를 베푸셔서 마음을 다하며 뜻을 다하여 여호와를 사랑하게 하사 생명을 얻게 하실 것이다.

이 구조가 구약성경 전체를 형성한다. 약속된 복이 실현된다. 이스라엘은 그 땅에 들어가며, 그 적국들은 여호수아와 사사와 다윗 왕 하에서 진압된다. 모든 사람이 자신의 포도나무와 무화과나무 아래서 안식을 얻는다(왕상 4:25). 솔로몬은 성전을 봉헌하며 하나님이 행하신 모든 약속을 지키심을 다음과 같이 찬양한다: "여호와를 찬송할지로다 그가 말씀하신대로 그의 백성 이스라엘에게 태평을 주셨으니 그 종 모세를 통하여 무릇 말씀하신 그 모든 좋은 약속이 하나도 이루어지지 아니함이 없도다"(왕상 8:56).

그러나 이 높은 산봉우리는 절벽의 가장자리임이 드러난다. 솔로몬의 지혜는 그가 이방인 아내들을 위해 우상의 산당들을 지을 때 어리석음으로 변모한다. 그의 아들 르호보암은 더욱 더 어리석게 되며, 그 나라가 분열된다. 북쪽 지파들의 공개적인 배교가 유다에 의해서도 뒤따르고, 양자 모두 포로가 되는데, 곧 이스라엘은 앗시리아로 그리고 유다는 바벨론으로 끌려간다.

선지자들이 이 슬픈 역사를 기록하며 탄식의 심판을 선언한다. 하지만 신명기 30장의 청사진은 유지된다. 심판은 전면적이거나 최종적이지 않은데, 왜냐하면 하나님께서는 자비와 상상할 수도 없는 은혜의 하나님이시기 때문이다. 그분은 자신의 백성 전부를 멸하시지 않을 것인데, 곧 **남은 자**remnant가 보존될 것이다. 그분은 그들을 영원히 멸하시지 않을 것인데, 곧 **갱신**이 이루어지는 영광스러운 미래가 도래할 것이다. 복과 저주 양자 모두 이후의 때인 "훗날"은 하나님께서 무너진 다윗의 장막을 회복하시고 주권적 은혜 가운데 새 언약을 체결하실 때일 것이다(암 9:11, 12; 렘 31:31-34; 32:36-41).

어떻게 그런 영광스러운 피날레가 반역적인 백성과의 하나님의 역사에 기록될 수 있는가? 단지 하나님 자신이 개입하셔서 자신의 백성의 구원자가 되실 때에만 그러할 것인데, 곧 그들의 대적뿐만이 아닌 그들 자신들로부터의 구원자가 되실 때이다.

하나님께서 임하셔야 하는 이유는 이스라엘의 곤경이 너무나 절망적이어서 단지 하나님만이 구원하실 수 있기 때문이다. 에스겔은 포로로 잡혀간 백성에 관한 환상을 본다. 앞에 펼쳐진 광경은 끔찍하다. 그는 커다란 골짜기, 곧 죽은 자들의 골짜기에 있다. 그의 사방이 뼈가 널려 있었는데, 심지어 해골도 없고, 흩어진 뼈들이었다. 단지 하나님의 영만이 이 뼈들에게 생기를 부여하며 이 백성의 무덤에서의 부활을 가져올 수 있다(겔 37:1-4).

하나님께서는 자신의 백성을 압제자들에게서 구원할 자가 아무도 없음을 아시며, 따라서 공의의 갑옷과 구원의 투구를 착용하신다. 그분 자신이 그들을 구원하기 위해 오실 것이다(사 59:15하-21). 백성의 제사장과 지도자들은 그 양떼를 전혀 돌보지 않는 거짓 목자이다. 하나님 자신이 그분의 양을 구하시는 선한 목자가 되시기 위해 오실 것이다(겔 34:1-16).

다른 한편 하나님의 약속은 단지 그분만이 성취하실 수 있을 정도로 큰 것이다. 솔로몬은 실제로 이스라엘이 소유한 땅에서 그들에게 평화를 주심으로 그분의 약속을 지키심에 대해 하나님을 찬양할 수 있었다. 그러나 이스라엘의 죄와 반역으로 말미암아 또 다른 차원의 신적 약속이 나타난다. 하나님의 진노에 뒤따를 자비는 모든 상상을 초월할 정도의 것일 것이다. 하나님은 단지 포로로부터의 회복만이 아니라 우주적 복을 약속하신다. 자연의 저주는 하나님이 들과 숲을 축복하실 때 사라질 것이다(사 43:18-21; 65:17). 피조물이 변화될 것인데, 곧 해는 더 큰 빛을 낼 것이며, 동물 피조물은 평화롭게 살게 되고, 여호와의 지식이 물이 바다를 덮음 같이 이 세상에 충만할 것이다(사 11:6-9; 60:19-22; 30:23-26). 이스라엘의 회복된 자들에 열방의 남은 자들이 더해질 것이며(사 49:6; 19:19-25; 66:19-21), 만방이 여호와의 성호를 찬양하기 위해 여호와의 산에 모여들 것이다(사 2:2-4; 25:6-8).

아담과 아브라함과 모세와 다윗에 대한 모든 약속을 성취하시며 그런 최종적 복을 이루시기 위해 하나님은 자신의 백성을 죄에서 구원하셔야 한다. 그분은 이 일을 행하셨는데, 왜냐하면 오실 때 그분은 단지 하나님의 백성의 모든 대적을 정복하실 뿐만 아니라(미 7:14-17), 그들의 죄악을 발로 밟으시고 "모든 죄를 깊은 바다에 던지실" 것이기 때문이다(미 7:18-20).

하나님의 어떤 도래가 그런 놀라운 일들을 성취할 수 있는가? 그것은 다음과 같이 적대적인 권세에 대한 보복의 도래일 것임에 틀림없다: 곧 하나님은 가난하고 억눌린 자들을 구하시기 위해 싸우시는 용사이시다(사 59:16, 17). 그것은 다음과 같이 흩어진 양떼를 모으며 인도하는 자비의 도래일 것임에 틀림없다: 하나님은 애굽에서 탈출시키시며 광야 가운데 이끄셨던 출애굽 시와 같이 자신의 백성을 구원하시는 목자이시다(겔 34:10-16; 사 40:3, 11). 그것은 하늘과 땅의 구조 자체를 새롭게 만드는 피조물에의 도래일 것임에 틀림없다(사 65:17). 하나님은 새 생명을 불어넣으시며 모든 것을 새롭게 하시는 창조주 되시는 영이시다(겔 37:11-14).

그러나 이 신비에는 더 심층적 차원이 있는데, 왜냐하면 약속이 서로 상충되는 것으로 보이기 때문이다. 하나님의 구원은 그 여호와의 놀라운 날에 심판 가운데 임할 것이다. 하지만 그날을 사모하는 자들은 자신들이 무엇을 갈구하는지 알지 못한다(말 3:2; 암 5:18-20). 하나님이 오실 것이지만, 그분이 나타나실 때 누가 능히 서겠는가? 긍휼 가운데 하나님은 "에브라임이여 내가 어찌 너를 놓겠느냐"(호 11:8)라고 울부짖으시지만, 정의로우심 가운데 하나님은 자신의 죄악에 찬 백성에게 파멸을 선고하신다. 그들은 백성도 아니며(로암미), 아무런 긍휼도 입을 수 없는 자들(로루하마, 호 1:9, 6)이다. 만약 불이 세상을 개조하여 생명과 빛과 거룩함의 새로운 질서를 초래한다면, 과연 무엇이 최후 심판의 대재난을 이겨낼 수 있겠는가? 여호와의 임재의 영광의 불꽃이 모든 타락한 죄인을 불사를 것이다.

바로 이런 역설적 상황이 광야에서 이스라엘에게 닥쳤을 때, 하나님께서 해결책을 예시해주셨다. 하나님은 너무나 거룩하셔서 죄악에 찬 이스라엘 가운데 거하실 수 없으셨다. 그분은 그들을 한순간에 소멸하셔야 한다(출 33:5). 그렇다면 그분을 결국 그들 가운데 거하시지 않으셔야 하는가? 그분은 거리를 유지하시고 진 밖에서 모세를 만나셔야 하는가? 그분은 천사의 임재 가운데 그들보다 앞서 가셔서, 그들의 대적들을 쫓아내시고 그들 가운데 거하시지 않으며 그들에게 그 땅을 주실 수 있으실 것이다. 모세는 올바르게도 다음과 같이 이 시나리오에서는 참된 구원이 상실됨을 알았다: "주께서 친히 가지 아니하시려거든 우리를 이 곳에서 올려 보내지 마옵소서"(출 33:15). 모세는 다음과 같이 올바른 기도를 드렸다: "원하건대 주의 영광을 내게 보이소서." 살아계신 하나님과의 교통이 구원의 의미이다.

구원은 여호와 **안에** 있으며 그분**의** 것이다. 곧 우리는 단지 여호와가 우리의 기업이며 우리가 하나님의 기업이 되고, 알려주시는 대로 알 때에만 구원을 소유할 수 있을 것이다(출 34:9). 하나님이 우리 가운데 오시며, 우리 중에 거하시고, 그분의 영광의 빛과 그분의 성호의 구원의 능력이 드러나야 한다. 상징 가운데 하나님은 그것을 모세에게 주셨다. 그분은 자신의 이름을 모세에게 주권적 은혜의 하나님으로 선포하셨다(출 33:19; 34:6, 7). 그분은 위협하셨던 일을 행하지 않으셨다. 그분은 진 **밖의** 회막을 선호하여 진 **가운데서의** 장막의 건설을 취소하지 않으셨다. 오히려 하나님은 상징 가운데 이스라엘 중에 거하셨다. 그 기구들과 더불어 장막은 여호와 임재의 거룩한 위협을 억제하는 차단막이 되는 동시에 죄인들이 피 흘림과 제사장 직분의 중재를 통해 그분 앞에 나아올 수 있는 통로가 되었다.

이스라엘의 생활은 그 상징을 중심으로 형성되었다. 그러나 상징하는 것의 실재는 무엇인가? 에스겔 선지자는 새 에덴이 되는 땅에 물을 공급하는 생명수 샘이 있는 성전을 본다. 성전에서 흘러나오는 강가로 생명나무가 다시 자라고 열국을 치유한다(겔 47). 그러나 하나님이 오실 때 어떤 희생 제물이 바쳐질 것인가? 그분이 구름 기둥의 상징이 아니라 성취가 이루어진 실재로 오실 때 어떤 거처가 충분할 것인가?

또한 하나님의 언약의 성취는 어떤 것인가? 만약 하나님이 오신다면, 이스라엘은 그분을 어떻게 만나러 올 수 있는가? 여호와께서 계신 곳에 들어갈 깨끗한 손과 정결한 마음을 누가 지닐 것인가(시 24)? 하나님은 언약의 주이신데, 그렇다면 언약의 종이란 무엇인가?

하나님의 정의는 명백하며, 그분의 요구 조건은 타협될 수 없다. 하나님께서는 단지 주로서, 또한 심지어는 용사와 목자와 창조자로서만 오시지 않을 것이다. 구원을 초래하시기 위해 그분은 자신이 언약의 주의 역할뿐만 아니라 언약의 종의 역할도 이행하셔야 함을 약속하셨다.

장막은 희생 제단을 통한 접근 방법을 묘사했다. 그러나 황소와 염소의 피는 죄를 속할 수 없다. 최종적이며 참된 희생 제물은 단순하게 그 무리 중의 어린양이 아니라 그 품의 아들이시다. 첫 번째로 태어난 자에 대한 유월절의 위협은 그 약속의 대표적인 후손, 곧 하나님이 주신 이삭이라는 배경 하에서 성취되어야 한다. 아브라함의 사랑하는 아들은 약속의 후손이지만, 아직 하나님의 아들은 아니다. 그 약속은 "여호와 이레"라는 것인데, 즉 여호와 자신이 세상의 죄를 도말하시는 하나님의 어린양이시기도 한 아들을 주셔야 한다(창 22).

선지자들이 하나님의 오심을 약속할 때, 다음과 같이 하나님의 기름 부음을 받은 자가 오셔야 하는 것을 알도록 인도된다: 곧 만약 하나님이 목자이시면, 다윗의 아들, 곧 하나님이 세우신 왕 역시 그러하다(겔 34:23). 주의 종이 오실 때, 그분은 이스라엘의 역할을 수행하실 것이다(사 49:3). 그분은 또한 이스라엘의 잃어버린 양을 모으시며 남은 백성을 회복하시고 이방인들에게 빛, 곧 땅 끝까지 하나님의 구원이 되실 것이다(사 49:6).

메시아의 이름은 "기묘자와 모사와 전능하신 하나님과 영존하시는 아버지와 평화의 왕"이 될 것이다(사 9:6). 다윗의 집은 실제로 하나님과 같이 될 것인데, 왜냐하면 그 신비가 펼쳐질 때 하나님 자신이 인간의 몸이라는 장막으로 오시기 때문이다. 그 주님이신 분이 오셔야 하며, 그 종이신 분이 오셔야 한다. 주님이자 종이신 예수 그리스도가 오시는데, 이것이 바로 임마누엘, 곧 하나님이 우리와 함께 계심의 역사이다.

그런데 구약성경은 그 구조 자체에서 다음과 같이 하나님의 약속으로 구성된다: 에덴동산에서 아담과 하와에 대한 약속(창 3:15), 아브라함에 대한 약속(창 12:1-3), 이스라엘에 대한 약속(신 30:6), 다윗에 대한 약속(삼하 7:12-16). 이것들은 단순한 삽화나 우연한 신탁이 아니다.

그것들은 하나님의 구속 계획의 전개를 특징짓는다. 여자의 씨와 아브라함의 씨에 대한 약속이 오경에서 주어지는데, 그것들은 이스라엘의 소명의 배경과 목적을 제시한다. 그것들이 없다면 이스라엘을 통한 열국의 축복의 관점은 상실될 것이다. 창세기 12장의 아브라함의 소명에 앞서 이스라엘은 창세기 10장의 열국의 목록을 읽어야 한다. 이스라엘은 열국을 향한 하나님의 목적과 그 임하실 씨에 대한 하나님의 약속이라는 견지에서 자신의 소명을 인지해야 한다.

바로 이런 이유로 이스라엘의 남은 자와 더불어 열방의 남은 자에 대한 축복(예컨대 사 19:19-25)이라는 주제는 보다 범세계적인 선지자들에게 덧붙여진 새로운 왜곡이 아니다. 그것은 자신의 백성에 대한 하나님의 원래의 소명, 곧 하나님 자신의 오심이라는 놀라운 역사 가운데서의 하나님의 백성의 새로운 형성이라는 비전의 재확인이다.

구약의 그리스도에 대한 초점은 단지 구약성경의 계시가 실제로 그리스도께로 이끌어지는 역사의 틀 가운데 주어진다는 사실에서만 기인하는 것은 아니다. 또는 보다 구체적으로는 그리스도로 이끌어지는 역사는 사건의 무작위적인 연속이 아니다. 또한 그것은 단순히 하나님의 주권적 목적에 기여하며 그분의 섭리적인 통치 하에 있는 역사가 아니다. 오히려 그것은 하나님 자신이 역사에 개입하시는 역사, 곧 자신의 아들의 인격 가운데 자기 자신이 임하시는 일을 준비하는 그분의 위대한 구원 사역의 역사이다.

하나님의 아들의 현현은 하나님께서 나중에 덧붙이신 생각, 곧 선택된 민족의 배교라는 예기치 못한 재난에 대처하기 위해 나온 **임기응변의** 계획이 아니다. 그리스도의 오심을 필수적이게 한 것은 이스라엘의 실패가 아닌데, 그럴 경우 만약 그 백성이 순종했다면 하나님이시면서도 성육신하신 구원자가 불필요했을 것이라고 볼 수 있을 것이다.

실제로 구약의 이야기는 여호와의 이야기, 곧 그분이 행하신 것과 그분이 행하시길 의도하신 것의 이야기이다. 구약성경은 우리에게 자서

전이나 민족의 역사를 제공하지 않는다. 그것은 인간의 사역이 아닌 하나님의 사역에 관한 이야기이다. 그것은 하나님의 인간과의 언약이라는 맥락에서 인간에 대해 말한다. 구원은 인간이 아니라 여호와의 것이기 때문에, 관건은 항상 믿음이다. 히브리서가 명백히 말하듯이 구약의 영웅들은 믿음의 사람들이다. 그들은 하나님을 신뢰하고 그 약속들을 믿으며 하나님이 계획하시고 지으시는 터가 있는 성을 바라본다(히 11:10).

2. 예표와 성취

구약 계시의 이 하나님 중심적이며 또한 따라서 그리스도 중심적인 특성은 신약에서 구약에 대한 예표론적 해석의 근거와 이유가 된다. 만약 하나님께서 자신의 아들을 세상에 보내시기 전에 구원 사역을 시작하지 않으셨다면, 구약에 대한 마르시온파적 견해가 올바를 것이다. 그렇다면 우리에게 이스라엘의 종교는 단지 세계의 거짓 종교의 또 다른 예가 될 것이며, 구약의 여호와는 우상숭배의 대상이 되는 부족 신이 될 것이다. 다른 한편으로 만약 구약에서의 하나님의 사역이 그리스도의 오심 가운데 단지 계속되기만 하고 변화되지는 않는다면, 신약은 구약에 종속적이 될 것이다. 구약에 대한 랍비적 해석은 그 본문을 현재의 삶에 열렬히 적용하려고 추구했다. 그러나 그들은 예수께서 초래하신 변화는 파악할 수 없었는데, 왜냐하면 새 언약의 능력과 영광에 대한 예기를 통해 옛 언약에서 명백하게 된 부분적이며 조건적이고 임시적인 특성을 이해하지 못했기 때문이다(참조. 마 22:29; 렘 31:31-34; 히 1:1, 2).

예표는 하나님의 계획에 근거한다. 그것은 하나님의 구원 사역의 연속성과 차이점에 기인한다. 연속성이 있는 이유는 자신의 아들을 주시기 오래 전에 구속 사역을 시작하신 분이 바로 하나님이시기 때문이다. 하지만 불연속성 역시 존재한다. 그리스도 안에서의 구속은 단순히 구약의 구속에 대한 개선이 아니다. 그것은 단순히 하나님의 자신의 백성에 대한 처분의 최종 국면이 아니다. 오히려 그것은 구약 구원의 근거이다. 하나님의 이스라엘에 대한 부르심은 예수 그리스도의 보냄을 전제한다. 그리스도 안에서의 구원은 유일한 참된 구원, 곧 궁극적이며 영속적 의미를 지닌 유일한 구원이다. 아브라함이 구원에 참여한 것은 그가 믿음으로 그리스도의 날을 보고 기뻐했기 때문이다(요 8:56; 참조. 롬 4:3). 옛것을 생각하는 일 자체가 우리로 하여금 필연적으로 새것의 필요성을 깨닫게 하는데, 실제로 이것이 선지서 뿐만이 아니라 지혜서의 메시지이기도 하다.

만약 참되고 최종적인 구원이 단지 그리스도에게만 있다면, 하나님은 어떤 의미에서 그리스도 이전에 자신의 구원 사역을 시작하시는가? 명백하게도 그 최종적 역사를 예기하심에 의해서이다. 이 예기는 하나님이 그리스도의 미래 사역을 통해 인간을 자신과의 구원의 관계로 이끄실 때 발생한다. 하나님은 하나님 자신의 작정의 확실성 때문에 그리스도의 사역이 완료된 것으로 간주하신다. 그리스도는 세계의 창조 이후로부터 죽임을 당한 어린 양이시다(계 13:8, NIV; 엡 1:4).

그러나 하나님께서는 믿음을 통해 인간을 자신과의 관계로 이끄시기를 기뻐하신다. 그분은 그들이 단지 그분만이 그들을 구원하실 수 있음을 알기 원하시며, 그들이 신뢰 가운데 그분께 의탁하기를 요구하신다. 믿음을 교훈하시기 위해 하나님은 모형, 곧 그분의 최종적이며 궁극적인 구원의 유비를 제공하신다. 이 모형은 단지 하나님만이 구원자이심을 보여줘야 한다. 또한 그것은 하나님 자신에게서 이탈하여 하나님과 별개의 형상으로 믿음을 전환시키게 하는 일을 피해야 한다.

모형이나 형상이나 상징의 사용은 아직 드러날 수 없는 온전한 의미를 예기하기 위한 하나님의 계획의 일부분이다. 황소와 염소의 피는 죄를 대속할 수 없다(히 10:4). 그러나 제물로 바쳐지는 동물의 피는 표상적 의미를 전달할 수 있을 것이다. 그것은 표상, 곧 그 자체를 넘어 그리스도의 속죄의 희생이라는 실체를 가리키는 상징으로 역할을 할 수 있을 것이다.

하지만 상징의 역할에는 제한점들이 있다. 이것은 성막에서 인상적으로 묘사된다. 광야에서 하나님의 성소는 그분의 백성 가운데서의 그분의 거하심을 묘사한다. 이 상징은 풍부한 건축과 의식의 상세에 의해 정교해지는 기본 모형으로 발전된다. 하나님의 보좌 자체가 "속죄소"(출 25:17), 곧 금으로 만든 언약궤 덮개에서 상징된다. 그 위의 금으로 만든 그룹들은 그 보좌의 천상의 수호자들을 나타낸다. 그러나 여기 하나님의 거하심에 대한 그분의 모형의 중심에는 본뜰 수 없는 것이 있다. 그 언약궤 위의 보좌는 비어있다. 아무런 형상도 하나님 자신의 자리에 있을 수 없다(신 4:15-24). 이것은 아무런 하나님의 형상도 있을 수 없음을 말하지는 않는데, 왜냐하면 하나님은 인간을 자신의 형상으로 만드셨기 때문이다(창1:27). 오히려 이스라엘 예배의 중심에서 형상의 부재는 이스라엘의 하나님의 대리물이 아닌 하나님 자신, 곧 자신의 백성을 구원하시고 자신에게 이끄시는 참되고 살아계신 하나님을 예배한다는 것을 보여주는데(출 19:3), 그것은 그들이 그분 앞에 서며(출 19:17; 20:3), 그분이 그들 가운데 거하실 수 있도록 하기 위함이다(출 34:9; 참조. 33:3, 4, 15).

속죄소는 하나님의 보좌를 묘사하는데, 이것은 그것이 "그 안에는 신성의 모든 충만이 육체로 거하시기"(골 2:9) 때문에 "보이지 않는 하나님의 형상이신"(골 1:15) 예수 그리스도를 위해 예비 된 것과 마찬가지이다. 하나님이신 동시에 사람이신 분, 곧 성육신하신 주님은 하나님의 임재의 단순한 상징, 곧 그분을 나타내는 형상이 아니다. 그분은 주님 자신, 곧 삼위의 둘째 위격이시다. "나를 본 자는 아버지를 보았다"(요 14:9).

그룹들 사이의 빈 곳에 하나님께서 이스라엘이 볼 수 없게 가려진 채로 어둠 가운데 계시지만, 그들 중에 거하고 계신다. 상징적인 금으로 만든 날개들이 상징적이지 않은 것, 곧 하나님의 실재적 임재를 둘러싼다. 상징과 실재가 밀접하게 연관되지만, 동일하지는 않다. 다음과 같이 그리스도가 오실 때 실재가 왔으며, 하나님이 그분의 현존의 가시적인 현현 가운데 예배될 수 있었다: "생명의 말씀에 관하여는 우리가 … 눈으로 본 바요 … 우리의 손으로 만진 바라"(요일 1:1); "말씀이 육신이 되어 우리 가운데 거하시매 (우리가 그의 영광을 보니 아버지의 독생자의 영광이요) 은혜와 진리가 충만하더라"(요 1:14).

성육신하신 주님은 하나님의 현존의 상징이 아니라, 우리와 함께 계시는 하나님 자신이시기 때문에, 성막의 모든 상징은 그분을 가리키며 그분에게서 성취된다. 바로 이 이유로 예수께서는 사마리아 여인에게 다음과 같이 말씀하실 수 있다: "여자여 내 말을 믿으라 이 산에서도 말고 예루살렘에서도 말고 너희가 아버지께 예배할 때가 이르리라 … 아버지께 참되게 예배하는 자들은 영과 진리로 예배할 때가 오나니 곧 이때라 …"(요 4:21, 23).

사마리아인들이 하나님이 예배될 곳이라고 믿은 산은 그리심 산이었는데, 그것은 그 여인과 대화할 때 예수 너머로 어렴풋이 솟아 있던 산이다. 사마리아인들이 틀렸는데, 이는 예수께서 "구원은 유대인에게서 남이니라"(22절)고 말씀하신 바와 같다. 예루살렘이 하나님께서 자신의 이름을 두신 곳이었다. 그러나 예수께서는 그리심과 나란히 예루살렘의 예배할 곳으로서의 지위를 박탈하신다. 그분은 어떻게 이렇게 선언하실 수 있는가? 그것은 단지 하나님의 영적 본성에만 근거하는 것은 아니다. 예수께서는 다만 하나님은 영이시며 따라서 장소에 제한되실 수 없기 때문에 하나님이 어떤 한 장소에서 예배될 수 없다고 주장하시지 않는다. 만약 그것이 예수의 주안점이라면 예배가 더 이상 예루살렘에서 있지 않을 도래할 때에 대해 이야기할 아무런 이유도 없을 것이다. (하나님은 항상 영이시다!) 도래할 때는 예수의 죽음과 부활의 때이다(요 2:4; 17:1; 16:32; 참조. 5:25, 28; 11:25). 지상적 제사의 장소는 참되고 궁극적인 제사가 드려질 때 그 의의를 잃을 것이 틀림없다. 예수께서는 참된 성전으로 오셨다(요 1:14). 그분은 이렇게 말씀하셨다: "너희가 이 성전을 헐라 내가 사흘 동안에 일으키리라"(요 2:19).

예수께서는 그 여인에게 "성전이 없이" 예배할 것을 요청하신 것이 아니라, 진리로 예배할 것을 요청하신다(요 4:24). 그런데 그분은 진리이시오 참된 성전이시며, 예배에 동반되어야 성령은 그분이 주시는 성령, 곧 영생하도록 솟아나는 샘물이시다(요 4:14). 그러므로 그 여인은 다음과 같이 예수를 통해 성부께 온다: "네게 말하는 내가 그라"(요 4:26). 예수 안에서 성부께서는 참된 예배자들을 찾으시는데, 야곱의 우물가의 수치스러운 여인이 그 중의 한명이다.

그러므로 예수안에서 하나님의 자신의 백성 중에 거하심의 실재와 상징 양자 모두가 성취된다. 예표에 대한 신약 이해의 열쇠는 예수 그리스도 안에서 성취가 이루어진다는 의미에 있다. 레온하르트 고펠트 Leonhard Goppelt는 "튀포스"의 신약에서의 독특한 의미를 지적했다.[2] 그 의미는 로마서 5:8에서 분명한데 거기서 바울은 아담을 오실 분에 대한 "튀포스"라고 말한다. 그리스도는 하늘에서 나신 사람이신데(고전 15:47), 곧 새로운 인류의 머리이실 뿐만 아니라, 인간 안에서의 하나님의 형상의 실현이시다(히 2:6-9). 그리스도는 아담과 **동일한** 존재라는 의미에서의 단순한 또 다른 아담이 아니시며, 마치 첫째 아담에게서 시작된 역사의 주기와 비견될 수 있는 또 다른 주기가 있는 것처럼, 또 다른 인류를 다시 시작하신다는 의미의 둘째 아담도 아니시다. 오히

---

2. Leonhard Goppelt, *Typos: The Typological Interpretation of the Old Testament in the New*, trans. D. H. Madvig (Grand Rapids: Eerdmans, 1982), p. 199. 또한 다음과 같은 그의 글을 보라: "Typos" in Gerhard Kittel, Gerhard Friedrich, eds., *Theological Dictionary of the New Testament*, vol. 8, trans. Geoffrey W. Bromily (Grand Rapids: Eerdmans, 1972), pp. 252ff.

려 그리스도 자신은 하나님의 온전한 형상이시며, 그리스도는 창조된 인간 본성의 **참된 의미**이시다. 곧 창조된 인간의 자녀됨의 온전함과 영광스러움이 하나님이신 동시에 인간이신 분에게서 유일무이하게 현시되는 것이다. 신약의 사고에서 예표를 규정하는 것은 단순히 종말론적 차원의 더 큰 영광이 아니며, 심지어 옛 언약의 형태가 새롭게 되는 변형도 아니다. 신약의 "예표"에 대한 이해의 핵심은 신약의 기독론에 있다. 단지 신적인 구세주이신 그리스도에게서만 우리는 완전히 새로운 차원을 도출하는 초월적이며 변화시키는 성취를 발견한다. 요한복음에서 그 차원이 "참된" 것은 (비록 요한이 이 대조 역시 행하고 있지만) 거짓된 것과의 대조에 의한 것이 아니라, 그림자와 약속과 예기와의 대조에 의한 것이다. 예수는 **참된** 포도나무(요 15:1), **참된** 하나님의 아들, **참된** 이스라엘(사 49:3; 롬 15:8), 하늘로부터의 **참된** 떡(요 6:32, 33)이시다. 그분 안에서 실재가 나타나며, 그분 안에서 그 실재가 그분의 백성에게 주어진다.

그러므로 구약 역사의 예표적 기능은 다음과 같은 몇몇 뚜렷하게 상징적인 사건의 사례에 제한되지 않는다: 하나님이 죽음의 바다 사이로 길을 내실 때의 출애굽, 또는 하나님이 자신의 백성에게 기업으로 주실 때의 그 땅으로의 진입. 오히려 그리스도의 오심 이전의 구속사 전체에 상징적 차원이 있다. 하나님께서 자신의 백성을 구원하시고, 인도하시며, 축복하시고, 심판하신다. 하지만 하나님의 온전하고 최종적인 구원은 도래하지 않았기 때문에, 그분 자신의 백성에 대한 행위는 항상 예기적이다. 그 땅은 하나님의 최종적 약속의 새 창조가 아니며, 아말렉인이나 가나안인에 대한 승리는 사탄과 어둠의 권세들에 대한 승리가 아니고, 그 포도나무의 열매는 성령의 열매가 아니다. 하나님께서는 살아있는 교제 가운데 자신의 백성을 자신과 동여매시므로, 그들의 구원은 **단순히** 그림자, 곧 버려질 겉껍데기가 아니다. 아브라함은 믿음으로 주님을 알며 임시적 복의 약속 이면과 너머에 있는 실재를 파악할 수 있다. 그러나 구약 성도들의 믿음은 우리에게 그들의 지상적 순례에 관한 계시된 역사를 이해하고 해석하는 열쇠가 된다(히 11:13-16). 그들은 단지 이삭이 아니라, 그리스도에게서 약속이 성취될 때까지는 안식을 얻지도 얻을 수도 없었다(히 4:8, 9).

신약은 구약의 모든 예표적 상징의 그리스도 안에서의 성취를 선포한다. 이 성취는 다음과 같이 예표보다 크다. 곧 솔로몬(마 12:42), 요나(마 12:41), 성전(요 2:19-21)보다 크신 분이 오셨다. 다윗의 자손이 다윗보다 크며, 따라서 다윗은 자신의 자손을 자신의 주라 부른다(마 22:41-46). 그러나 우리가 살핀 대로 예수께서는 단지 상대적으로만이 아니라 초월적으로 더 크시다. 선지자 중 가장 큰 자인 요한은 물로 세례를 베풀었지만, 예수께서는 성령으로 세례를 베푸셨다(마 3:11, 12). 유월절 상징에서 그 백성은 그 무리 중의 어린 양을 선택하지만, 예수께서는 세상 죄를 지고 가는 하나님의 어린 양이시다(요 1:29).

우리는 신약의 예표의 원리를 구속사의 전개와 예수 그리스도에게서의 절정에 근거시킴으로써 다음과 같은 도해를 만들 수 있다.

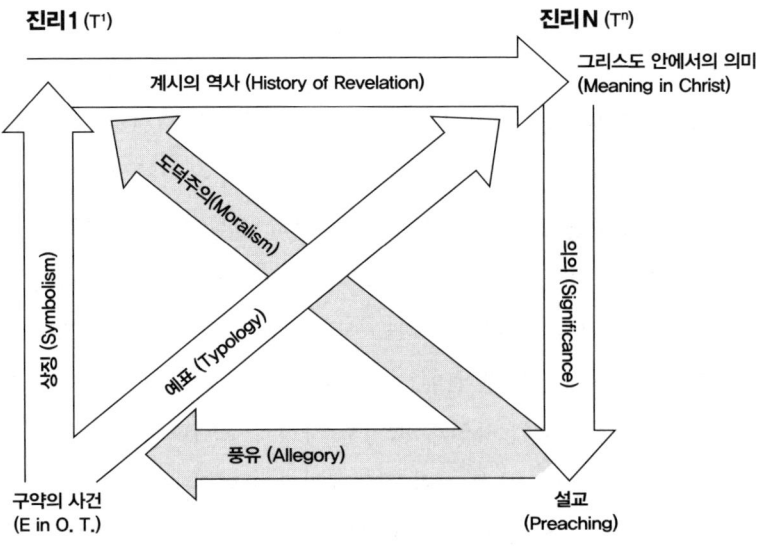

만약 우리가 그 역사를 그리스도로 이어지는 수평선으로 표시한다면, 하나님의 계시의 모든 진리가 그리스도에게서 성취된다고 여길 수 있을 것이다. 진리들이 구속사의 한 시기에 다른 시기보다 강조될 수 있을 것이지만, 아무런 진리도 제거되거나 잊혀지지 않는다. 어떤 구약 상징의 의미는 상징되는 개념이다. 성경적 문맥에서 그 개념이 확증되거나 부인된다. 곧 그것은 어떤 진술이 이루어지는 방식으로 다른 개념들과 관련된다. 어떤 진리가 표현되는 것이다. 구약의 사건, 의식, 또는 선지자적이거나 제사장적이거나 왕적인 행위는 따라서 구속사의 특정 시점에 계시되는 하나의 진리(첫 번째 능력이 되는 진리: T^1)를 아마도 상징하며 가리킬 것이다. 우리는 이 진리가 예수 그리스도에게로 진행되어 나갈 것임을 확신할 수 있을 것이다("n번 째" 능력이 되는 진리: T^n). 따라서 우리는 그 사건, 의식, 또는 행위를 그리스도에게서 온전히 드러나는 진리와 직접적으로 연관시킬 수 있을 것이다. 이 선은 그것이 형성시키는 직각삼각형의 빗변이며, 바로 이것이 예표의 선이다. 만약 구약의 사건이나 인물의 상징이 파악되지 않거나 존재하지 않는다면, 아무런 예표의 선도 그어질 수 없다. 또한 그 사건은 그것의 구약의 맥락에서의 상징적 기능과 다른 의미에서의 예표일 수 없다.

예를 들어, 출애굽 사건은 명백히 상징적이기 때문에, 우리는 구약의 맥락에서 그것의 상징적 의미를 파악함에 의해 그것의 예표적 의미를 발견한다. 그것은 하나님께서 자신을 유일한 주와 주인으로 자유롭게 예배하며 섬길 수 있도록 자신의 백성을 다른 주의 권세로부터 구원함을 상징한다(출 4:22, 23). 더욱이 그들의 구원은 인간적으로는 아무런 구원도 가능하지 않은 상황에서의 단지 하나님의 사역이기만 하다. 유월절 의식과 구름의 상징을 비롯하여 상징의 세목에 훨씬 많은 것들이 포함된다. 그러나 그 구원의 현저한 특징은 그것이 단지 죽음으로**부터** from가 아니라, 죽음을 **통한**through 것이라는 점이다. 바로의 마차가 뒤쪽에서 죽음으로 위협한 똑같은 정도로 홍해 바다가 앞쪽에서 이스라엘을 죽음으로 위협한다. 게다가 구약에서 깊은 바다는 음부grave의 동의어인 심연이다(참조. 욘 2). 바로 이 깊은 바다를 통과하여 이스라엘이 바로의 지배에서 구출되도록 인도된다.

예수의 변화되심에 대한 누가의 기사에서 우리는 모세가 예수께서 예루살렘에서 이루실 그분의 "출애굽"에 대해 그분과 이야기하는 것을 알게 된다(눅 9:31). 사탄의 권세에서 하나님의 아들들을 해방시키는 구원의 진리는 예수 그리스도에게서 온전히 성취될 것이다. 그분의 기적들은 실제로 표적이지만, 단지 심판이 아니라 축복의 기적이라는 점에서만 모세의 기적들과 다른 것이 아니다. 또한 그것들을 행하시는 주님과 따라서 모세의 구원이 상징한 약속들의 실현을 직접적으로 가리키는 표적들이라는 점에서도 다르다. 모세는 바로와 대면했는데, 주님에게서 그에게 주어진 표적들은 바로의 제사장들의 마술을 압도한다(출 7:12). 그러나 예수께서는 사탄을 대면하시며, 그 "강한 자"를 제압하신 후, 그에게 포로 된 자들을 구원하실 수 있으시다(눅 11:19-22; 마 12:27-29). 그분은 단지 귀신들을 쫓아내시고 사탄의 압제를 받는 자들을 구원하실 뿐만 아니라, 죄를 용서하시고, 사람들을 어둠의 나라에서 빛의 나라로 이끄신다(막 2:5-11; 골 1:12, 13).

죽음과 부활 가운데 예수께서는 자신의 "출애굽"을 이루신다. 그분은 우리를 위해 죽음의 바다를 통과하시고 우리로 하여금 그분을 신뢰하는 자들에게 이미 하사된 부활의 기쁨의 경험 가운데 모세와 그 어린 양의 노래를 부를 수 있도록 해주셨다(벧전 1:3-5; 계 15:3; 출 15:2; 시 118:14; 사 12:1-2).

출애굽 사건을 정치적 해방의 본보기로 설교하는 일은 하나님이 이스라엘을 구원하시는 언약적 약속의 틀에 적절하지 않다. 하나님께서는 단지 이스라엘이 자유롭게 행하도록 하기 위해 그 멍에를 부수시지 않았다(레 26:13). 이스라엘이 자신을 섬기도록 하기 위해 자유롭게 하신 것이다(출 4:23). 그분은 이스라엘을 애굽에서 구출하시고 독수리 날개로 업어 자신에게로 인도하신다(출 19:4). 하지만 시내 산과 시온 산으로의 하나님의 부르심에 대한 이해도 우리로 하여금 출애굽의 의미를 설교하도록 준비시키지 못한다. 우리는 출애굽 사건에 예시된 대로 그리스도의 구원의 실재를 파악해야 한다. 단지 그리스도 안에서의 성취라는 기초에서만 출애굽은 우리에게 의의가 있다.

그러므로 우리는 그리스도에게서 성취되고 계시되는 대로의 진리의 의미meaning로부터 우리에 의해 파악되는 대로의 진리의 의의significance로 선을 내려 그음으로써 도해를 완성해야 한다. 이것은 이 도해에서 그을 수도 있을 다른 두 선이 합당하지 않음을 뜻한다. 확실히 우리는 출애굽에 의해 상징되는 진리를 숙고함 없이 우리의 상황에서 곧바로 구약의 출애굽으로 되돌아가는 식으로 관찰하지 말아야 한다. 때때로 이런 일이 풍유에 의해 행해진다. 구약의 사건들이 설교자가 발견하고자 선택하는 어떤 의의를 예시하기 위한 상징으로 만들어진다. (이 잘못된 해석은 도해의 맨 밑의 점이 찍힌 수평선에 의해 표시된다.) 그렇다면 설교자는 모세의 표적 기사를 읽고 권위의 오용에 대해 경고하거나, 또는 미덕이 악덕이 되는 일을 묘사하기 위해 뱀이 된 막대기에 대해 의견을 늘어놓는다. 그의 상상력은 성경의 어떤 제약에서도 자유롭게 된다.

성경 해석에 있어 덜 뻔뻔한 실패는 윤리화이다. (이것은 구약의 특징 시점에 계시된 진리로 되돌아가는 것을 가리키는 대각선의 점이 찍힌 선에 의해 표시된다.) 윤리적 설교자는 자신의 마음에 드는 본문의 어떤 요소를 함부로 남용하지 않는다. 그는 본래적 맥락에서 본문의 의미를 고려한다. 그는 이 진리가 청중 자신의 삶과 경험에서 지니는 의의를 그들을 위해 해석한다. 그러나 그는 이 진리가 어떻게 그리스도에게서, 또한 단지 그리스도에게서만 온전한 의미로 드러나는지를 보여주는 데는 전적으로 실패한다.[3]

---

3. 필자는 웨스트민스터 신학교의 학생으로서 "도덕주의"의 선과 "풍유"의 선을 이 도해의 일부로 제안해준 리처드 크레이븐 목사에게 감사한다.

윤리주의적인 접근법은 때때로 본문 이상도 이하도 아닌 단지 본문이 말하는 것 그리고 본문이 말하는 모든 것을 선포하는 순수하고 소박한 해석법으로 변호되었다. 그러나 구약에서 약속의 차원을 간과하는 일은 그것을 완전히 잘못 해석하는 것이다. 그 일은 성경의 원저자이신 성령의 메시지를 망각하는 것이다. 구약성경의 성령은 인간 저자들로 하여금 그리스도의 고난과 뒤따를 영광에 대해 증언하도록 영감을 준 그리스도의 영이시다(벧전 1:11). (성경 해석에서 의미와 의의의 대비에 관한 추가적 논의에 대해서는 헨드릭 크라벤담의 장인 "해석학과 설교"를 보라.)

해방신학은 기껏해야 출애굽 구원에 관한 윤리주의적 해석의 예가 될 뿐이다. 그것은 구속사에 있어 출애굽의 의의를 올바로 인지하지 못한다. 실제로 해방신학은 정통적 해석을 영해적인 것, 곧 정치가 세상에서의 하나님의 일임을 인지하지 못하는 개인주의적 경건주의라고 여기면서 폐기한다. 경건주의는 개인주의의 잘못을 범했고, 출애굽 상징이 보여주는 하나님의 백성에 대한 집합적 이해를 무시하는 잘못을 범했다. 하지만 그럼에도 불구하고 경건주의는 우리의 출애굽이 성취되는 예수 그리스도의 중심성과 복음을 인지했다.

3. 그리스도에 관한 설교는 구약의 의의를 인지한다

구약이 그 자체의 약속의 구조의 견지에서 해석되며 그 약속이 예수 그리스도에게서 성취되는 것으로 볼 때, 구약의 의의가 신학적 깊이와 실제적 능력을 지니도록 설교될 수 있다. 그리스도에 중심을 두지 않는 설교는 구약 계시의 깊은 차원을 항상 놓칠 것이다. 바로 이 차원에 구약 계시의 실제적 의의가 있다.

그리스도와 연관되지 않는다면 구약의 언약의 율법은 율법주의가 된다. 설교자는 십계명에 대한 일련의 설교를 행할 수 있을 것이다. 설교자가 개혁파 신조들을 중시하기 때문에, 묵상의 지침으로 웨스트민스터 회의의 대교리문답이나 하이델베르크 교리문답을 사용한다. 예를 들어 그가 제7계명에 대해 설교한다고 하자. 그의 설교는 두 부분으로 구성되는데, 곧 첫째는 그 계명이 금지하는 것과 둘째는 요구하는 것이다. 그는 욕정이 표출되는 악덕들의 목록을 기술하는 데 성공하며, 또한 그런 죄들을 극복하는 순결이라는 중심적 미덕을 제시한다. 설교는 경고, 곧 하나님의 율법에 순종적일 사람들에 대한 생활의 갱신과 회개의 요청으로 끝난다.

의심의 여지없이 설교자는 또한 성경(다윗과 밧세바)과 오늘날의 생활로부터의 사례를 통해 그 경고를 강화시킬 것이다. 적극적인 측면에서 그는 게으름에서 오는 욕정의 유혹을 줄이기 위해 다른 관심사들과 직업의 유익에 대해 제안할 수 있을 것이다. 그는 선정적인 영화와 음란물을 피하라고 권면할 수 있을 것이다.

이것은 풍자적 묘사인가? 아마도 일정 정도는 그러하다. 성경에 입각한 어떤 설교자가 제7계명을 우리 주님의 가르침과 연관시키지 않겠는가? 확실히 그는 간음이 단지 외적 행위일 뿐만 아니라, 내적 생각이라는 예수의 말씀을 강조할 것이다. 하지만 그 계명이 그리스도의 가르침의 문맥 안으로 좀 더 가져와질 때, 그 의미가 곧 보다 깊어진다. 만약 설교자가 이것을 인지한다면, 그리스도께서 제시하신 대로 율법의 핵심을 설교하는 데로 이끌어질 것이다. 그런데 그 문제는 단순히 욕정을 억누르는 일이 아니라, 사랑, 곧 율법을 완성하는 사랑의 표현이다. 예수에 따르면 그 사랑은 무엇인가? 그것은 선한 사마리아인에 의해 보여진 사랑, 곧 불쌍히 여김과 자기 부인과 자발적이며 희생적인 긍휼의 사랑이다. 이 사랑은 예수 그리스도 안에서의 하나님의 사랑을 본 딴 것이다. 이웃 사랑은 하나님 사랑에서 나오며, 하나님 사랑은 그분의 우리에 대한 사랑에 대한 우리의 반응이다.

단지 십자가에서만 우리는 사랑, 곧 하나님의 구원하시는 사랑의 참된 의미를 안다. 단지 십자가에서만 우리의 욕정이 제어될 수 있다. 단지 갈보리에서 열려진 샘으로부터만 정결하게 하는 피와 성령의 생수가 흘러나온다. 율법이 복음 없이 설교되지 않아야 한다는 것만 사실인 것이 아니다. 보다 심층적으로는 율법 자체가 복음 안에서의 성취됨 없이는 이해될 수 없다. 바로 구원받은 백성에게 하나님께서 자신의 율법을 주신 것이며, 따라서 **하나님**의 율법, 곧 그분께 중심을 둔 율법은 우리에게 단순한 공의로움 이상의 것을 요구한다. 그것은 우리가 용서받은 것처럼 용서하고, 하늘에 계신 자애로우신 하나님에 의해 사랑을 받은 것처럼 사랑할 것을 요구한다.

설교자는 교리문답의 십계명에 대한 분석을 그 나머지 부분과 분리시키지 말아야 한다. 거기서 십계명은 주의 깊게 구속의 맥락에 놓여진다. 설교자로서 우리는 동일한 일을 행해야 한다.

더욱이 하나님께서는 자신의 백성에게 자신의 계명들을 주시기 때문에, 우리는 다음과 같은 이중적 목적을 이해해야 한다: 계명들은 우리가 그분을 알 수 있도록 그분의 거룩한 본성을 드러내며, 또한 우리가 그분의 영광을 드러내도록 우리의 삶을 형성한다. 하나님의 목적의 양측면 모두가 그리스도 안에서 실현된다.

우리는 "하나님께서 왜 자신의 언약의 백성에게 간음을 금하셨는가?"라고 질문할 수 있을 것이다. 답은 단순히 하나님께서 이스라엘의 사회적 안녕을 위한 안정적인 가정생활을 주시길 바라셨다는 것이 아니다. 보다 깊은 이유, 곧 하나님의 구원의 언약의 본질 자체와 긴밀하게 관련된 이유가 있다. 하나님께서는 질투하는 사랑jealous love의 실재를 강조하며 신성화하고자 하셨다. 성적 결합으로 표현되는 결혼 관계의 사랑은 그 관계에 있지 않은 타인들과 나눠져서는 안 된다. 결혼에 있어 질투하는 사랑의 신실성은 하나님의 백성이 그분에게 나타내야 하는 신실한 사랑, 곧 그분의 그들에 대한 질투하시며 선택적인 사랑에 대한 반응을 이해하는 이스라엘의 본보기가 된다. 하나님은 이스라엘에게 자신을 다음과 같이 질투하시는 하나님으로 드러내신다: "너는 다른 신에게 절하지 말라 여호와는 질투라 이름하는 질투의 하나님임이니라"(출 34:14).

우상숭배를 간음에 비교하는 계속적인 성경 은유는 하나님이 결혼 관계를 제정하시면서 정하신 유비에 근거한다. 하나님은 단지 자신의 아들 이스라엘의 아버지로서만이 아니라, 또한 자신의 신부 이스라엘의 남편과 주로서 알려지실 것이다.

이스라엘의 배타적 헌신을 요구하는 하나님의 질투와의 유비가 없다면, 사랑으로 이루어지는 모든 성적 간통이 정당화될 것이라고 볼 수 있다. 다른 한편으로, 아내에 대한 남편의 질투적 사랑의 유비가 없다면, 하나님은 모든 신을 향한 어떠한 종교적 예배의 행위도 용인하실 것이라고 잘못 생각할 수 있을 것인데, 왜냐하면 단지 그분만이 하나님이시며 따라서 스스로 그 예배 행위를 받으실 수 있을 것이기 때문이다.

그러나 성경 도처에 나오는 그 유비는 우리에게 다른 모습을 가르친다. 하나님은 우리로 하여금 배타적 특성을 지닌 순전한 사랑의 강도, 곧 만약 우리가 그것에서 벗어나 다른 것과 동일한 정도의 친밀한 관계를 추구한다면 오염된 마음의 헌신의 강도를 알게 하고자 하실 것이다. 우상 숭배는 자기 자신을 이스라엘에게 드러내신 참되신 한분 하나님을 숭배하는 간접적 방법이 아니다. 그것은 여호와로부터 이탈하는 배교이며, 영적 간음이다. 솔로몬은 이방인 아내들과 더불어 시돈 사람의 여신 아스다롯과 암몬 사람의 가증한 밀곰과 모압의 그모스와 암몬의 몰록을 예배했다. 그렇게 행할 때 그의 마음이 여호와에게서 멀어진다(왕상 11:1-13; 출 34:10-17). 그는 더 이상 자신의 하나님 여호와를 온 마음과 뜻과 힘을 다하여 사랑하지 않는다(신 6:5).

더욱이 이방인의 제사는 결국 단순한 가상의 신비로운 존재에게 드려지는 것이 아니다. 그것은 귀신에게 드려진다(고전 10:20). 그러한 이유로 바울은 이렇게 말한다: "그러면 우리가 주를 노여워하시게(영어 원서-'질투하시게') 하겠느냐"(고전 10:22, 한글개역개정판). 하나님은 자기 자신의 거룩한 이름을 위해 질투하시며 jealous, 열심이신 zealous 분이다. 그분은 자신의 마땅한 영광을 어둠의 권세에게 돌리는 신성모독을 용납하지 않으신다. 물론 하나님이 요구하시는 것은 또한 우리를 멸망과 구속과 파괴에서 구하시는 일이다. 하지만 하나님이 그것을 요구하셔야 하는 이유는 단순히 우리를 위한 것만이 아니라 또한 그분을 위한 것이다. 하나님은 자기 자신에게 진실하셔야 한다.

자신의 이름과 백성을 위한 하나님의 질투의 본질이 예수 그리스도 안에서 드러난다. 우리가 하나님의 삼위 일체적 본성을 알 때 그분의 거룩한 질투의 의미를 더 잘 이해할 수 있다. 하나님의 아들로서 예수는 성부의 이름과 영광을 위해 질투하신다. 그분은 다음과 같이 말씀하시면 장사꾼들을 성전에서 쫓아내신다: "이것들을 여기서 가져가라 내 아버지의 집으로 장사하는 집을 만들지 말라"(요 2:16). 그분의 제자들이 다음과 같은 성경 말씀을 기억했다: "주의 전을 사모하는 열심히 나를 삼키리라"(요 2:17; 시 69:9). 예수께서는 하늘에 계신 자신의 성부에 대한 순전한 예배를 위한 질투로 불타오르신다. 그분의 질투는 하나님의 참된 종(예컨대, 비느하스, 민 25:10, 11)의 질투보다 더 크다. 그분의 질투는 자신의 아버지의 이름과 명예를 위한 아들의 질투이다.

또한 마찬가지로 성부 역시 자신의 성자를 위해 질투하신다. 하늘에서의 그분의 목소리가 그분의 사랑하는 아들을 인정하셨다. 그분은 자신의 아들을 하늘과 땅의 모든 피조물보다 높이시고 모든 이름보다 높은 이름을 주셔서 모든 무릎이 예수의 이름에 꿇고 모든 입이 예수 그리스도가 주이심을 고백하도록 하신다(빌 2:9-11).

그러므로 간음을 금하는 하나님의 계명은 다음과 같은 맥락 안에서 이해되어야 한다: 전개되어지는 하나님의 구속사. 단순한 성적 순결만이 아니라, 또한 언약적 헌신이 이 계명의 근거의 요구점이다. 이런 이유로 사도 바울은 한 남자의 아내에 대한 질투하는 사랑을 묘사하면서 계속하여 하나님의 예수 그리스도 안에서의 자신의 백성에 대한 질투하시는 사랑에 대해 숙고하지 않을 수 없다(엡 5:25-33). 바울에게 있어 큰 이적과 비밀은 결혼 관계의 사랑의 신비가 아니라, 그것의 의도적 유비인 하나님의 사랑의 신비이다. 바울은 더 이상 예수께서 다메섹 도상에서 만나셨을 때의 율법주의적 바리새인이 아니다. 그는 계명들을 그 계명들을 주신 여호와 또는 구속에 있어서의 여호와의 목적과 분리하지 않는다. 결혼에 있어 신실함이 여호와를 섬기는 일인 이유는 단순히 하나님께서 그것을 명하셨기 때문이 아니라, 하나님의 구속의 사랑에서 나오는 사랑을 나타내기 때문이다. 여호와를 섬기겠다는 비전이 그리스도인의 동기의 가장 깊은 원천과 관련된다. 타인을 섬기는 가운데 우리는 우리를 먼저 사랑하신 그분에 대한 우리의 사랑을 나타낸다.

기독론적 관점에서 율법은 율법주의가 아니며, 언약의 역사는 도덕주의가 아니다. 우리가 살핀 대로, 구약은 우리에게 예화의 목적에 유용한 이야기들의 스크랩북을 제공하지 않는다. 오히려 그것은 여인의 후손과 뱀의 후손의 충돌 가운데 계속되는 하나님의 구속의 역사에 대한 기록을 담고 있다. 우리는 다윗의 골리앗과의 대치를 우리를 공격하는 "거인들"과의 대결 가운데 우리가 모방할 용맹의 본보기로 감히 설교하지 않는다. 그런 접근법은 구약의 계시를 진부하게 만든다. 여호와의 기름부음을 받은 자로서의 다윗의 소명과 임명은 하나님의 구속의 사역을 드러내는 일에서 근본적 의의를 지닌다. 여호와는 우리로 하여금 사탄과 어둠의 권세에 대한 그리스도의 궁극적 승리의 의미를 일정 정도 이해하도록 준비시키신다. 다윗에 의해 초래된 구원은 역사적 실재와 분리되는 것이 아니라, 오히려 그것에 근거하는 전형적 의미를 지닌다.

한 가지 다른 간단한 예로서, 구약의 율법만큼 시도 구속사에 근거한다. 시편의 다수가 일인칭 복수로 쓰여 있다. 하나님의 백성이 여호와에 대한 믿음을 고백하며, 그분의 이름에 찬양을 돌리고 원수들로부터의 구원을 간구한다. 개별 시편 기자는 단순히 사적인 감정을 표현하지 않는다. 많은 경우 시편 기자는 다윗인데, 그는 자신이 여호와의 기름 부음 받은 자임을 온전히 인식하며 하나님께 부르짖는다(삼하 22:51). 영감을 받은 다른 개인이 시편의 저자일 때에도, 여호와를 섬기도록 부름 받은 자의 대리적 권한 가운데 쓰여진다.

하나님께서 자신의 백성을 대하심에 있어 시편들의 기능은 모세의 노래가 하나님의 영감으로 주어지는 시작부에서 명시된다(신 31:19). 그 노래는 이스라엘에 전해지는 직접적 예언이 아니며, 또한 십계명과 달리 언약의 율법의 형식을 취하지도 않는다. 오히려 그것은 하나님의 계시에 대한 찬양이라는 반응의 형태를 취한다. 하지만 그것은 하나님의 이스라엘 대한 증언의 일부를 형성한다. 이스라엘의 유산의 일부로 기억되고 노래되며, 그것은 그들이 바위와 같으신 여호와에게 불성실이 드러날 때 "그들 앞에 증인처럼" 될 것이다(신 31:21, 22). 영감 받은 이스라엘의 이후의 노래들에 동일한 기능이 있다.

여호와의 백성 또는 여호와의 종들이 그분의 이름을 부를 때, 그들의 노래들은 명백히 유희를 위해서가 아니라 예배와 도고를 위해 쓰여진다. 예배의 표현으로서 그것들은 하나님이 이스라엘을 대하심의 독특성, 곧 구속사에 의해 특징지어진다. 하나님의 속성을 묘사하는 그분에 대한 찬양은 다신교적인 이방인들 중에 있는 찬가들과 같은 동기를 지니지 않는다. 영감 받은 시편 기자는 다신교도의 문제를 지니지 않는다. 많은 여자 친구가 있는 바람둥이와 같이 다신교도는 호의를 얻길 바라는 신에게 적어도 잠시 동안은 그 신이 모든 신들 중에 승리자임을 확신시켜야 한다.

오히려 이스라엘의 시편들은 묘사적 찬양뿐만 아니라 선언적 시편으로 특징지어진다.⁴ 여호와는 존재 자체뿐만 아니라 행하신 것으로 인해 숭배된다. 그분은 출애굽의 하나님이시며(시 80; 81; 114), 이스라엘을 구원하시며 다윗과 언약을 맺으신 하나님이시다(시 89). 하나님의 구원의 역사가 죄의 고백과 하나님의 구원의 자비의 갱신에 대한 탄원의 기초가 된다(시 74, 80). 시편은 또한 여호와 자신이 자기 백성의 구원자와 심판자와 구원자로 다시 오실 때 하나님의 약속의 성취를 선포한다(시 96:10-13). 구원의 새 노래가 그 큰 날에 불려질 것이다(시 96:1; 98:1; 참조. 144:9).⁵

신학적 심층에 있어, 시편은 하나님의 언약과 그 언약에 대한 소망의 노래들이다. 하나님의 위대하신 구원의 역사는 다윗의 자손에 의해 성취될 것이기 때문에, 시편은 명백히 메시아적이다. 예수께서는 시편의 구절들로 자신의 원수들에 맞서신다. 그들은 다윗의 자손이 다윗의 주임을 이해하지 못했다(시 110:1; 마 22:41-46). 그들은 바로 건축자들이 버린 돌을 하나님께서 모퉁이의 머릿돌로 만드셨던 것을 알지 못한다(시 118:22, 23; 마 21:42, 43).

이스라엘의 노래들이 예수 그리스도를 가리키는 것은 단지 소수의 "메시아적 시편"에만 국한되지 않는다. 실제로 우리는 명백히 메시아적 시편들로부터 다른 여러 것들에 적용되는 해석의 원리들을 파악할 수 있을 것이다.

예를 들어 시편 22편은 명백히 메시아적이다. 그 시편의 시작부의 울부짖음은 그리스도의 십자가상의 울부짖음이며, 그 고난자의 고통의 세부적 묘사는 갈보리에서 놀랍도록 구체적으로 적용된다. 히브리서의 저자는 그리스도와 관련하여 시편 22:22을 인용한다(히 2:11, 12). 단지

---

4. 이 특징과 시편과 고대 근동의 찬가의 대조에 대해서는 다음을 참조하라: Claus Westermann, *The Praise of God in the Psalms*, trans. Keith Crim (London: Epworth, 1966), pp. 15-51.

5. Geerhardus Vos, "The Eschatology of the Psalter," reprinted in *The Pauline Eschatology* (Grand Rapids: Eerdmans, 1953), pp. 323-65.

버림받음의 울부짖음만이 아니라 찬양의 맹세가 그리스도 자신의 언사이다. 이것이 사실인 것은 단지 예수께서 지상 사역 가운데 시편들을 노래하시며 그런 가운데 자신의 것으로 삼으셨던 것 때문만이 아니라, 또한 그것들을 성취하셨기 때문이다. 다윗은 의로운 고난자로서 박해를 받는데, 그 이유는 그가 여호와의 기름부음 받은 자였으며, 진정으로 의로운 고난자, 곧 하나님 자신의 아들이요 거룩하신 분을 예시하기 때문이다. 단지 시편 22편의 첫 절만이 아니라 전체가 그리스도께 적용된다.

(시편 22와 같이) 확연하게 메시아적인 시편들에 더하여, 그것들 못지않게 명백히 그리스도를 가리키는 다른 범주의 시편들이 있다. 시온과 시온의 왕들에 관한 노래인 "제왕시들"royal psalms은 신약 성취의 견지에서 분명히 메시아적이다. 모든 대적을 정복하시고 득의양양하게 영광의 왕이 시온에 들어갈 때(시 24), 묘사되는 장면은 그리스도의 승천에서 성취된다. 광야를 행진하고 그 거룩한 언덕에 들어가시며 사람과 선물을 주고받는 주님(시 68; 18)은 바로 광야에서 세례요한에 의해 그 길이 준비된 주님이시다(사 40:3; 마 3:1-3). 임하실 심판자이신 분(시 96:13; 97:7; 참조. 히 1:6)은 승리의 행진 가운데 자신의 백성을 자신과 함께 하도록 이끄는 구세주이시다. 그분의 보좌는 영원히 세워지며(시 2, 110), 그분의 통치는 전 세계적이다(시 2; 72; 110). 그 왕은 자신의 신부와 자신의 가족을 축복의 면류관으로서 영접한다(시 45). 예수 안에서 다윗 계보의 왕을 높이는 시편들과 영원한 왕이 결합된다.

4. 결론

단지 우리가 그리스도에 대한 초점을 인지할 때 구약 의미의 심층을 알게 된다. 우리의 설교에 실제적 능력을 부여할 것은 바로 이 신학적 심층에 대한 발견이다. 혹자들이 구약의 기독론적 설교에 반대하는 이유는 그것을 주장할 가능성에 이의를 제기하기 때문이 아니라, 단지 그것이 너무나 복잡하다고 생각하기 때문일 것이다.

만약 우리가 말씀과 가르침에 수고하는 사역자가 되고자 하지 않는다면, 이 반대는 그 문제를 거기서 끝내고 말 것이다(딤전 5:17). 금과 은과 보석을 사용하는 기술자가 되기보다 나무와 풀과 짚으로 설교를 구성하는 일이 훨씬 더 쉽다(고전 3:12-15).

기독론적 설교는 성경과 성경의 인내심 있는 비교와 성구사전의 광범위한 사용과 평생에 걸친 성경 연구와 묵상과 기도에의 전념을 요구한다. 하지만 기독론적 설교는 인위적인 것도 아니며, 또한 그 윤곽이 성경에서 모호한 것도 아니다. "구원은 여호와께 속하였나이다"(욘 2:9)는 성경의 중대한 본문이며 우리에게 여호와에 대한 우리의 지식과 그분의 긍휼에 대한 경험의 주관적 실재를 강조하기 위해 구원에 있어 하나님께서 행하시는 바의 객관적 실재를 희생시키지 않아야 함을 상기시킨다. 만약 우리가 우리 자신의 경험에 초점을 맞추는 것이 보다 실제적이거나 사람들의 삶에 부합된다고 잘못 생각한다면, 구원이 하나님의 역사라는 절대적인 복음의 사실을 간과하게 될 것이다. 믿음을 불타오르게 하는 것은 그것을 묘사함에 의해서가 아니라 그리스도를 묘사함에 의해서이다. 바울은 지칠 줄 모르고 하나님의 역사에 대해 이야기하는데, 곧 그에게 있어 하나님이 행하신 것에 대한 **직설법**indicative이 우리가 행해야 할 바에 대한 **명령법**imperative에 항상 앞선다(예. 골 3:1-4).

모든 성경에서 그리스도를 설교하는 일은 믿음을 은혜에 연결시킨다. 하나님은 그리스도 안에서 구주이시다. 구약의 신자들은 그 구원이 도래할 것을 기다리면서 믿었다. 그들은 신자로서 우리에게 귀감이 되는데, 곧 하나님의 구속의 객관적 사실과 별개로서가 아니며, 믿음으로 먼저 산 사람들로서 그러하다.

사랑의 순종은 그 믿음의 관계에서 나온다. 믿음과 마찬가지로 사랑은 내적 성찰이 아니라 믿음의 주요 온전케 하시는 분인 예수를 바라봄에 의해 불타오른다. 우리가 사랑하는 것은 그분이 먼저 우리를 사랑하셨기 때문이며, 우리의 마음에 흘러넘치는 것은 바로 하나님의 사랑이다.

성경은 도덕적 교훈과 윤리적 권면으로 가득하지만, 모든 것의 근거와 동기는 예수 그리스도의 긍휼에 있다. 우리는 성경의 풍성한 모든 것을 설교해야 하지만, 만약 그 중심이 우리의 설교단에서의 상담과 사회적 죄악에 대한 질타와 긍정적이거나 부정적인 생각 등의 모든 구성 요소들을 붙잡지 않으면, 모든 것이 주일 아침의 허공으로 날아갈 것이다.

바울은 고린도에서 예수 그리스도와 그분이 십자가에 못 박히신 일 외에는 아무것도 알려고 하지 않기로 작정했다. 설교단에서 일시적으로 유행할 것을 개발하는 일은 다른 사람들에게 맡기라. 하지만 여러분은 예수를 설교하는 데 전문가가 되라!

7장. 주해
싱클레어 퍼거슨

주해 설교란 무엇인가? 어떤 측면에서 참으로 기독교적 설교인 모든 설교는 본질적으로 주해적인 설교라고 할 수 있다. 주해는 한 문장이나 단어나 개념에 대한 설명 혹은 해설이다. 실제에 있어 그것은 앞선 자료의 존재에 의거한다. 그것은 창의적인 분야일 수 있지만, 무에서ex nihilo 창조하는 일은 아니다. 이런 의미에서 설교자는 항상 주해자인데, 그 이유는 단지 그는 그리스도의 전령 또는 대사이기 때문이다.

설교자는 **설교**를 만들지, 메시지를 만들지는 않는다. 오히려 그는 자신이 받은 메시지를 선포하고 설명한다. 그의 메시지는 독창적이지 않으며, 그에게 주어진다(고후 5:19). 결과적으로 주제 설교와 교리 설교와 본문 설교 중 어떤 것이든, 또는 한 단락을 다루든 한 책 전체에 걸쳐 조직적으로 설교하든, 다음과 같은 주해의 원리가 항상 있어야 한다: 즉 설교자는 이미 주어진 메시지를 설명하고 해설하는 것이다. 설교자의 권위와 확신이 있는 자리는 바로 하나님의 도움과 축복의 약속에 있다. 설교는 설교자의 말이 아니라, 하나님의 말씀이다.

하지만 우리가 "주해 설교"exegetical preaching 혹은 "강해 설교"expository preaching에 대해 말할 때, 관례적으로 설교 일반이 아니라,

특정 유형의 설교를 떠올린다.[1] 주해적 설교에 있어 성경의 설명이 메시지의 구성 원리와 주요 특징이 된다. 모든 설교는 사도적 **케뤼그마** kerygma와 **디다케** didache에 근거해야 한다. 주해 설교는 전해진 실제의 방식에 의거하여 이 "과거에 전해진 믿음"faith-once-delivered의 의미와 의의를 해설하는 목표에 지배되는데, 그 방식은 진리가 일련의 신학적이거나 주제 중심(하나님, 죄, 칭의, 성화; 전쟁, 돈, 사회 윤리 등)의 형태가 아니라 역사, 비유, 서사, 논증, 시 등을 통해 계시되는 성경 계시의 구조와 내용에 따른 것이다. 그러므로 주해 설교가 근본적 과제로 삼는 것은 문맥 안에서 본문의 의미를 설명하는 일과 본문에 담겨진 원리들을 찾아내는 일과 단지 이 선행하는 일들 이후에 그 원리들은 청중의 세계에 적용하는 일이다. 앞선 세대의 저명한 강해 설교자였던 윌리엄 테일러 William Taylor가 잘 표현했듯이, 강해는 "다음과 같은 질문들에 대해 설교자가 충실한 연구를 한 이후에 행하는 정직한 답변이다: 이 단락에서 성령의 생각은 무엇인가? 그리고 그 생각과 관련된 기독교 진리들과의 관계 또는 기독교인 자신의 삶과 대화와의 관계는 무엇인가?"[2]

두 가지 주의점이 이 시점에서 삽입될 필요가 있다.

1. 첫 번째는 주해 설교는 본문에 대한 설교 형식의 연속 주석과 혼동되지 않아야 한다는 것이다. 주해 설교의 기능은 정보를 제공하는 데 제한되지 않는다. 오히려 그것은 메시지에 지배되며 교훈을 주는 일 뿐만 아니라 행동을 도출하는 일을 의도로 한다. 실제로 정확히 이것이 성경의 가르침의 역할이기 (곧 은혜가 믿음으로 이끌어지며, 직설법이 명령법으로 이끌어지기) 때문에, 또한 필연적으로 주해 설교의 한 차원이기도 하다(그리고 이것은 정확히 본서의 뒤에서 존 베틀러가 모든 성경적

---

1. "주해적"(exegetical)이라는 말과 "강해적"(expository)이라는 말이 때때로 다른 것을 지칭하는 데 사용되기도 하지만, 이 문맥에서 그것들은 실제적 동의어로 사용된다.
2. William Taylor, *The Ministry of the Word* (Grand Rapids: Baker Book House, 1975), p. 157.

설교는 적용적인 설교라고 주장하는 이유이다). 자신의 설교에 대한 조나단 에드워즈의 다음과 같은 말은 주해적이며 본문적인 설교에도 똑같이 적용될 수 있다:

> 나는 할 수 있는 한 청중의 감정affections을 강하게 고조시키는 일을 의무로 여겨야 한다.… 그런 설교가 설교의 목적에 맞는 가장 어울리는 것으로 생각되어왔다. 회중의 머리가 채워지기보다 마음이 어루만져지게 해야 하는데, 그들은 이것을 행하는 데 가장 어울리는 그런 종류의 설교를 필요로 한다.[3]

바로 이것이 성경적 설교이기 때문에 주해 설교는 이것을 행하기를 추구하며, 또한 이것이 그와 같이 단지 인간의 지적인 부분만 아니라 전인을 대상으로 설교할 것임을 인지한다.

2. 두 번째 주의할 점은 주해 설교는 **단순히** 성경 중 한권에 대해 일련의 설교를 한다는 의미에서 체계적인 설교가 아니라는 것이다. 역사적으로 다수의 강해 설교자들이 성경 전권에 걸친 설교의 논리적 귀결에 의거하여 성경 본문을 따라가는 방법을 채택했다. 여기서 우리는 크리소스톰과 어거스틴과 루터와 칼빈과 조지프 카릴Joseph Caryl과 토머스 맨톤Thomas Manton과 알렉산더 맥클래런Alexander Maclaren과 마틴 로이드 존스을 떠올릴 수 있을 것이다. 그러므로 특별히 젊은 설교자가 지난주에 앞 문단을 그리고 이번 주에 다음 문단을 설교함으로 성경을 강해하고 있다고 생각하기가 상대적으로 쉬울 것이다. 그러나 강해 설교의 핵심은 설교 간의 연관점이 아니라, 오히려 특정 설교의 방식과 내용이다. 그것은 실제로 "이번 주에" 주해에 의거하여 강해를 한다는 말이지, 단지

---

3. Jonathan Edwards, *Some Thoughts Concerning the Present Revival of Religion in New England in The Works of Jonathan Edwards*, vol. 1 (Edinburgh: Banner of Truth, 1974), p. 391. 또한 본서의 다른 장에서의 사무엘 로건의 에드워즈의 감정에 대한 언급에 대한 보다 상세한 논의를 참조하라.

"다음 주"에는 다음 구절들을 설교한다는 말이 아닌 것이다! 강해적일 뿐만 아니라 체계적이어야 한다는 것은 아마도 설교의 "잠정적 요건"bene esse일 것이지만, 성경 본문의 의미와 의의를 드러내야 한다는 것은 설교의 "본질"esse이다. 바로 이 특정한 과제가 우리의 관심의 초점이다.

체계적이며 주해적 설교에는 많은 장점이 있다. 실제로 장점이 매우 많기 때문에 그것은 설교자의 사역의 (유일하지는 않지만) 주된 메뉴가 되어야 한다.[4] 한 가지를 들자면, 그것은 회중에게 성경을 스스로 어떻게 읽을지를 가르쳐준다. 대부분의 기독교인은 개인적인 성경 공부에 있어 설교단에서 제시된 공부 방식을 사용하는 경향이 있다. 공부의 모범이 필수적인데, 주해 설교가 기독교인에게 성경에 대한 주해적 독법을 가르쳐주는 가장 좋은 방식이다. 더욱이 우리는 (크리소스톰과 칼빈과 마찬가지로) 회중이 성경의 교훈과 적용에 있어 지도받는 일이 가장 필요한 시대에 살고 있다. 주해 설교는 그러한 목적에 부합되며, 청중을 하나님의 말씀의 **내용**과 하나님의 말씀이 우리에게 전해진 통로가 되는 **성령** 양자 모두의 영향 하에 있게 한다.

게다가 목사 개인이 성경의 학도와 하나님의 사람과 설교자로서 성장할 수 있는 것은 아마도 주로 주해적인 설교 방식에 의해서일 것이다. 설교자 집단의 다소간 안타까운 특성의 하나는 우리 중 매우 소수만이 **설교자로서** 계속적인 성장의 모습을 보이는 것 같다는 점이다. 우리의 회중은 우리 자신이 점점 더 하나님의 말씀을 사랑하며 섭취한다고, 또는 계속적인 주해 설교의 준비에서 나오는 감격 가운데 그것에서

---

4. 스펄전(C. H. Spurgeon)과 같은 몇몇 위대한 설교자는 물론 그런 체계적 강해에 강한 반감을 표명했다. 또한 오늘날 지나치게 낙관적으로 보일 것 같은 쉐드의 다음과 같은 진술에 유의하라: "강해 설교는 가끔 사용되어야 한다. 이 별종의 방식은 토요 안식일 학교와 성경공부반이 마련되기 이전보다 다소간 덜 요청된다." *Homiletics and Pastoral Theology* (New York: Charles Scribner and Co., 1867), p. 137. 체계적인 강해 설교가 매우 중요한 열 가지 이유를 열거한 삐에르 샤를 마르셀(Pierre Charles Marcel)의 것보다 최근의 진술과 비교하라. *The Relevance of Preaching*, trans. R. R. McGregor (Grand Rapids: Baker Book House, 1977), pp. 74-75.

"옛 것과 새 것"을 내어온다고 거의 느끼지 못하고 있다.

  이것은 주해 설교에 관한 신념의 승인이 하룻밤 사이에 우리의 강단을 혁명적으로 변화시킬 것이라고 말하는 것이 아니다. 왜냐하면 그런 설교는 하룻밤에 만들어 질 수 있는 것이 아니기 때문이다. 그것은 결코 용이하거나 자연스러운 작업이 아니다. 또한 우리는 하나님이 자신의 나라를 세우기 위해 사용하는 것은 하나님이 보내신 사람들이지(참조. 요 1:6), 이 사람들에 의해 고안된 방법들이 아니라는 점을 결코 망각하지 않아야 한다.

강해 설교의 요소들

  주해 설교의 준비와 실행에는 여섯 가지 요소가 있다. 그것들은 선택과 이해와 결정화crystallizing와 골격 형성과 구체화와 전달이다.

1. 선택

  우리는 어떻게 강해를 위해 성경의 한 본문이나 단락을 선택해야 하는가? 우리는 많은 강해자들이 체계적 형태의 설교를 택한다는 점에 이미 주목했다. 일정 정도 이 체계는 적어도 매주 단위의 선택의 필요성을 없앤다. 실제로 이것은 강해 설교가 설교자에게 매력적인 이유의 하나인데, 즉 본문을 다루기도 이전에 많은 준비 시간을 들이지 않는다는 것이다. 그러나 만약 설교자가 수년간 지속되는 시리즈 설교를 하기로 약속되어 있지 않다면, 강해는 여전히 선택을 요구한다. 성경 전권이 강해될 경우에는 선택하는 일은 덜 빈번히 행해질 것이다. 그러나 이 경우에도 선택이 필요한데, 한 번 선택이 이루어지면, 그 약속은 단지 몇 분만이 아닌 몇 달을 좌우하는 일이 될 것이다. 그러므로 체계적으로 연속하여 강해할 책(혹은 본문)의 선택은 설교자뿐만 아니라 근본적으로 회중의 삶의 전체적 기조에도 엄청난 중요성을 지닌다. "실패한" **시리즈** 설교는 실패한 한 번의 설교보다 회중에게 훨씬 더 큰 폐해를 가져올 수 있을 것이다! 따라서 올바른 선택이 무엇보다 중요하다.

우리의 첫 번째 원리는 (성경의 단일 단락을 설교하든 성경 전체에 걸쳐 설교하든) 설교자가 다음과 같은 두 지평에서 작업을 한다는 점을 인지하는 것이어야 한다: (1)성경 본문과 (2) 하나님의 백성과 그들의 세상에서의 상황. 보통 설교자는 이 두 지평을 의식적으로 결합하지 않고는 선택을 하지 않아야 한다. 결국 이것이 그의 설교 전체가 행하려고 한 것이다. 따라서 그의 생각은 여기서 시작되어야 한다. 설교자의 책무는 하나님의 온전한 뜻을 그분의 백성에게 전달하는 것이다. 사역 기간 동안 설교자는 이 책임을 신실하게 이행하려고 노력해야 한다. 이것이 그의 사역이 지향해야 할 하나의 지평이다. 도널드 맥클라우드Donald Macleod가 본서의 뒷부분에서 상기시키듯이, 설교자는 다음과 같은 몇 가지 질문을 자문해보아야 한다: 내가 성경 교훈의 전 범위 – 구약과 신약, 역사적이며 신학적이고, 시적이며 산문적이고, 권고적이며 비난적인 부분 등 – 를 다루고 있는가? 내가 성경적 교리의 전 범위 – 하나님과 인간, 그리스도와 성령, 죄와 은혜, 하늘과 지옥 등 – 를 다루고 있는가? 내가 복음의 메시지의 모든 적용 – 개인, 가정과 가족, 일과 여가, 남자와 여자, 교회와 사회, 사적이고 공적인 부분 등에 대한 – 을 다루고 있는가? 강해자는 자신의 사역에 대해 이런 종류의 분석을 행하는 사람일 것인데, 그로 인해 그가 선택하는 한 가지는 항상 그가 성경 계시와 교리의 전체 틀 속에서 작업하고 있음을 드러낼 것이다.

이런 맥락에서 설교자는 필연적으로 또한 성경 신학자이기도 할 것이다.[5] 그는 성경을 폭넓고 깊이 있게 제시하는 데 관심할 것이다. 그는

---

5. 필자는 여기서 칼빈이 더 나은 설교자가 되기 위해 신학자가 되었다는 언급을 떠올린다.

성경 교훈의 핵심이 되는 가르침에 초점을 맞추는 일을 자신의 과제로 여길 것이다. 그는 회중이 소위 믿음의 "보다 깊은 진리들"을 들을 필요가 있다는 생각에 현혹되지 않아야 한다. 성경에서 그러한 진리들은, 그것들의 함의들 전체가 올바로 파악될 때, 다름 아니라 믿음의 기초적 진리들임이 드러난다.

그러나 이 객관적인 행위와 나란히, 설교 자료의 선택에 있어 요구되는 영적 예민함의 행위도 있다. 설교자는 기독교 신앙에 대한 내적으로 일관성 있는 설명을 하는 일만을 배타적인 과제로 삼는 조직 신학자가 아니다. 그는 하나님의 양떼를 먹이는 일을 주된 과제로 삼는 목사이다. 그러므로 회중의 상황이 그의 자료의 선택에서 주요한 역할을 한다. 회중은 기독교인으로서의 순례에 있어 어느 자리에 있는가? 그들의 환경과 필요와 부족한 것과 압박받는 일과 특성은 무엇인가? 물론 우리의 설교가 **필요에 의해 결정되는**need-determined 것이어서는 안 되겠지만, 예수 그리스도처럼 **사람 중심적인**people-oriented 것이어야 한다(참조. 요 16:12).

여기서 우리는 조직신학의 중요성의 일면을 생각하게 되는데, 왜냐하면 그것은 우리로 하여금 기독교 진리의 상호 연관성을 알 수 있게 해주기 때문이다. 그런데 설교자가 그 연관성을 늘 유지하는 것 같지는 않다. 한 가지 명확한 예를 들어 보자. 곧 확신이 결여되어 있다는 것이 주요한 특징인 회중에게 설교하도록 요청된다고 하자. 이것은 우리의 성경 자료의 선택을 어떻게 좌우하는가? 자연스러운 직관은 "참된 확신의 본질에 대한 시리즈 설교를 하라"고 답하는 것이다. 그러나 이렇게 하는 것은 단지 목회적으로 의심스러운 대답일 뿐만 아니라, 신학적으로 분명치 않은 대답이다. 왜인가? 확신은 확신에 대해 아는 일이라기보다 그리스도를 아는 일에 의해 얻어지기 때문인 것이다! 다른 말로 하자면, 그런 상황에서 자료의 선택은 당면한 문제의 특성보다 복음의 모형, 곧 바울이 "너희에게 전하여 준 바 교훈의 본"(롬 6:17)이라고 칭하는 것에 좌우되어야 한다. 이것이 다양한 사례에 적합한 선택의 원리이다.

　추가적인 한두 가지의 전체적 평가가 아마도 이 시점에서 적절할 것이다. 모든 일반적 상황에서 강해 시리즈는 과도하게 길어져서는 안 된다는 것이 필자의 확신이다. 이 문제에 있어 사람들의 취향과 은사가 상당히 다르다. 설교자로서 그런 능력이 있으며 긴 시리즈의 강해가 정당화될 수 있는 상황에 있는 사람들이 있다. 그러나 그런 사람과 상황은 드물다. 이와 관련하여 크리소스톰과 루터와 칼빈 등의 위대한 설교 시리즈는 일반적으로 평일에 매일 같이 전한 몇 편의 설교를 포함했기 때문에 전체 시리즈가 몇 년 간으로 길어지지 않았음을 기억해야 한다. 회중은 영적 식사에 있어 폭넓음과 다양성을 **필요**로 하는데, 이것이 반드시 피상성과 진기함과 동일한 것은 아니다.

　개별 단락의 강해에 있어 우리에게 먼저 감동적인 것이 아마도 우리를 통해 다른 사람들에게도 감동을 줄 것이라는 것이 일반적 의견이다. 하지만 이것은 우리가 우리에게 가장 최근에 감동을 준 본문을 설교해야 한다는 것을 의미하는 것으로 여겨지지 않아야 한다. 그것이 지혜로울 때가 있을 수 있다. 그러나 자주 젊은 설교자는 이것을 본문 선택의 주된 원칙으로 삼는 유혹을 받는다. 특별히 그들은 말씀을 명확히 듣는 우리의 능력과 동일한 말씀을 명확히 **설교하는** 데 있어서의 우리의 은사와 경험 간에는 차이가 있음을 기억할 필요가 있다. 자주 우리에게 큰 의미가 있었던 본문이나 구절로부터 메시지를 작성하는 일은, 우리가 단지 우리 자신의 경험에 의지하여 하나님의 백성을 본문에서 본문으로 억지로 끌고 가는 것이 아니라 그들의 건덕을 진정으로 세우는 방식으로 그 자료를 사용할 수 있기 전에, 수개월, 심지어는 수년의 경과를 포함할 것이다.

2. 이해

강해를 하기 위한 책이나 단락을 선택한 후, 우리는 이제 그 본문을 연구하는 과제에 직면하게 된다. 우리의 주요 임무는 무엇인가? 여기서 우리는 자주 신학 교육을 목회의 실제 행위와 구분하는 근본적 문제에 직면하게 된다. 왜냐하면 신학 교육에 참여하는 사람들은 "첫 번째 단계는 히브리어 성경이나 헬라어 성경을 찾아보는 일이다"라고 말할 유혹을 받기 때문이다. 다른 극단에서 어떤 설교자들은 단지 원문을 들여다보지도 **않을** 뿐만 아니라, 아마도 심지어는 복잡한 서재에서 원어 프로그램이 어디에 있는지도 알지 못하면서 매 주일 설교단에 나아가는 것 같다! 그들은 하나님의 말씀을 자신의 언어로 된 번역본으로 완벽하게 강해할 수 있다고 말하는 유혹을 받고 있다(그런데 그들 중 다수에게 이런 생각을 확증하기에 충분히 많은 열렬하면서도 잘 교육된 회중이 있다).

일정 정도 학자와 현장 목회자의 이런 내부적 논쟁은 자주 실제로 잘못된 문제에 초점을 둔다. 한편으로 아마도 많은 사람들이 신학교에서 원문을 정기적으로 이용하라고 권면되었지만 그것에 대해 충분히 숙달되지 않았다. 신학교들은 다음과 같이 자문해 볼 필요가 있다: "성경 본문에 대해 이삼년 동안 훈련시키는데도 적절히 준비시키지 못하는 것은 어떻게 된 일인가?" 그러나 다른 한편으로 우리 현장 목회자들이 번역 성경이 강해 작업에 전적으로 적합하다는 전제 하에서 행하는 것도 합당하지 않을 것이다. 우리는 다음과 같이 자문해 보아야 한다: "나는 회중에게 최선의 것을 공급하기 위해 내게 소용되는 모든 도구를 사용해야 하지 않겠는가?"

하지만 단순히 simpliciter 언어에 초점을 맞추는 일은 현 상황에서 잘못된 것이다. 오히려 우리의 관심은 **본문을 이해하는 일**이라는 보다 폭넓은 것이어야 한다. 그런 이해는 본문이 쓰여 진 언어에 대한 **일정 형태의 비평을 요구하는데, 그 비평이 어떻게 그리고 어디서 얻어지든지**

말이다. 따라서 우리가 원문을 읽을 수 있는 사람이든, 단순히 성구 사전과 원어 사전과 문법책과 신학 용어집과 전문적인 언어 주석을 통해 천천히 진행할 수 있을 정도의 원어 지식이 있든지, 우리의 주요한 책무는 항상 동일한 것, 곧 능력을 최대한 발휘하여 본문의 의미를 이해하는 일이다. 순수언어학은 설교 작성에 제한적인 도움이 되지만, 성경을 바르게 해석하는 일이 관심이라면 근본적인 도움이 된다. 더욱이 개념을 전달하는 방식으로서의 언어의 본질 자체 때문에 원어와 그 원어를 읽도록 도움을 주는 보조 도구의 사용은 때때로 놀랍도록 유용할 수 있다. 에드윈 호스킨스Edwyn Hoskyns 경은 사전에 몰두하고 하나님의 존전에 서는 일에 대해 지혜롭게 말했다. 우리는 그런 경험을 나누기 위해 언어 전문가가 될 필요는 없다. 그러나 만약 우리가 그것을 공유한다면, 틀림없이 우리의 청중 역시 더욱 풍성해질 것이다.

이 맥락에서 우리의 주해를 좌우할 일련의 원리를 계속하여 열거하는 것은 부적절할 것이다. 하지만 꼭 알아야 할 것은 우리의 성경에 대한 주해가 설교라는 궁극적 목표에 기여해야 한다는 점이다. **설교자로서의 우리의** 주해는 본문을 분석한 것으로 완료되지 않는다. 바로 그런 이유 때문에 그것은 문법과 관련된 일에 제한되지 않아야 한다. 동일한 정도로 중요한 것 – 어떤 의미에서는 더 중요한 것 – 은 본문이 첫 독자에게 **말한** 것과 의미한 것 양자 모두를 밝혀내는 주해를 행하는 일이다. 주해로부터 이 하나님의 말씀이 처음 말해진 문맥과 상황이 드러난다. 바로 여기서 주해자는 또한 상상력을 발휘하는 사람이 된다. 그는 문맥을 독창적으로 "상상하지" 않고, 본문에서 말해지는 것이 입체적인 의미를 지니는 방식으로 문맥을 "상상해야" 한다. 그는 **이러이러한 본문이 저러저러한** 상황에서 전달된다는 것을 안다. 한 마디로 말해 설교자인 동시에 주해자인 사람은 본문이나 진술이나 단락의 문맥이 되는 역동적 관계를 파악한다.

빈번히 주해의 이 요소는 우리가 피상적 강해라고 칭할 수 있을 것과 청중으로 하여금 다음과 같이 말하게 할 역동적 강해를 구분 짓는다: "이 단락이 말하는 것은 바로 이거였구나, 지금 이렇게 분명한 것을 전에는 왜 몰랐을까." 이것은 "심층적 주해"라고 불릴 수 있을 것인데, 주의할 점은 여기서 우리가 본문의 실제적인 역동적 관계에 대해 말하고 있는 것이지 본문의 근본적 의미와 거의 무관한 영적이며 신비롭고 풍유적인 의미에 대해 말하고 있지 않다는 것이다.

몇 가지 사례가 이 점을 분명히 드러내는데 유용할 수 있다. 예수의 비유 중 두 가지가 사례로 유용할 것인데, 그 이유는 부분적으로 그 강해될 성경 자료가 너무나 친숙하여서 "이 단락이 의미하는 것은 바로 이거였구나, 전에는 왜 몰랐을까?"라고 말하는 것이 불가능할 것이라고 생각될 수 있을 것이기 때문이다. 두 비유는 관례적으로 "선한 사마리아인"과 "탕자"로 알려진 것이며 면밀한 주해는 단지 원어를 사용하는 것 이상의 작업임이 분명한 사례들이다.[6]

"**선한 사마리아인**" 이 비유의 핵심이 되는 대목은 "가서 너도 이와 같이 하라"이다(눅 10:37). 정밀한 주해는 이것이 우리 강해의 구조에서 결정적 요소가 되는 것으로 볼 것이다. 청중은 선한 사마리아인을 닮도록 촉구될 것이다. 그러나 어떤 근거에서 그러한가?

그리스도의 말씀은 비유의 끝에서 그분이 제기한 다음과 같은 질문에서 나온다: "네 생각에는 이 세 사람 중에 누가 강도 만난 자의 이웃이 되겠느냐?"(눅 10:36). 우리 주님의 대답은 원래의 **질문**이 **아니라** 원래의 **질문자**에게 답하고 있는 것임에 유의하라. 원래의 질문은 "내 이웃이 누구니이까?"였다(29절). 그런 이유로 예수의 대답은 자주 어려움

---

6. 현대 학문은 비유가 단지 하나의 주안점을 지닌다는 것의 인식의 중요성을 강조했다. 일반적으로 말해 이것은 사실일 수 있지만, 그 하나의 주안점이란 비유에 필수적인 다양한 주안점들의 결합의 결과임을 기억해야 한다. Cf. V. S. Poythress's review of Robert H. Stein: *An Introduction to the Parables of Jesus* (Philadelphia, Westminster Press, 1981) in the *Westminster Theological Journal* 44 (Spring 1982): 158-60.

에 처한 누구나가 내 이웃임을 뜻하는 것으로 여겨진다. 그러나 그것은 그분이 말씀하는 바가 아니다. 그 이야기에서 이웃은 강도 만난 자가 아니라, 사마리아인이다. 예수께서는 "내 이웃이 누구니이까?"라는 질문에 다음과 같이 답하신다: **네가 이웃이다.** 필자가 "내 이웃이 누구니이까?"라고 질문할 수 있는 한, 필자는 필자 자신의 책임에 한계를 정할 수 있다. 그러나 이것은 예수께서 말씀하시는 바의 정반대이다. 그분은 바로 **네가** 이웃이기 때문에 네 책임에는 아무런 한계도 없다고 말씀하고 계신다.

따라서 여기서 우리는 본문에 대한 면밀한 주해가 어떻게 그리스도의 대화의 역동적 관계와 그 결과로서의 우리의 강해의 강조점에 완전히 새로운 빛을 비춰주는지의 사례를 본다. 이것이 만약 그렇지 않을 경우 우리가 알게 되었을 것보다 더 부담되고 혁명적인 메시지를 우리에게 즉각적으로 전달한다는 것을 알기 어렵지 않다. 한 측면에서 타인의 필요를 돌아본다는 의미에서 "이웃다움"의 권면인 것이 하나님의 나라를 규정하는 원리들과의 관계에서 우리 자신의 정체성 – 곧 하나님 나라의 삶의 방식에의 무조건적 헌신 – 에 대한 도전으로 변화된다.

"탕자" 이 비유에서 "하나의 비유에 하나의 주안점"이라는 원리가 우리를 풍유적 해석에서 지켜주는 것이 충분히 명백하지만, 이 원리는 또한 예수의 가르침의 뉘앙스들의 하나도 놓치지 않는 방식으로 적용될 필요가 있다. 따라서 그 비유의 통일성은 그 인물들 – 아버지와 바리새인과 죄인 – 모두가 동등하게 살펴질 수 있으며 여기서 그들 각각에 대해 어떤 점이 언급되고 있음을 인정하는 일에 의해 깨지지 않는다.

이점을 염두에 둘 때, 비유의 세목이 매우 의미심장하게 된다. 한 예로 아버지가 자신을 사랑하며 노예가 아니라 아들로 환영한다는 것을 사실로 믿지 못한 작은 아들의 경우를 들어보자. 탕자의 마음에 새겨져 있는 것은 그가 더 이상 아들의 자격이 전혀 없다는 것이다. 대조적으로 큰 아들의 마음에 새겨져 있는 것은 그의 아들 됨이 노예 됨을 뜻했다는 생각이다(참조. 눅 15:29의 "내가 이 수년간 내내 당신을 위해 노예와 같이 일했거늘"[NIV의 번역]이라는 생생한 표현). 작은 아들은 심지어 아버지가 용서하는 가운데 목을 안고 울며 입 맞출 때에도 자신이 받아들여졌음을 믿지 못하는 반면, 큰 아들은 아들 됨이 무엇인지에 대해 완전히 잘못된 개념을 가지고 있다. 이 두 형제가 공유하고 있는 부분에서 하나의 인식이 있다. 그들 양자 모두 아버지가 어떤 분인지를 알지 못했다. 궁극적으로 이것은 바리새인들에 대한 예수 자신의 비난이다. 그들은 아버지 하나님을 욕되게 했는데, 곧 스스로를 그분의 나라에 들어가지 못하도록 막았으며, 또한 다른 사람들도 막으려 했다.

예화가로서의 특별한 재능이 없거나 뛰어난 교사와 설교자에게 있는 상상력의 자질이 부족한 우리들에게 면밀하게 행해지는 주해가 구제 수단인 것이다! 왜냐하면 성경의 역동성, 곧 적절히 강해된 계시의 상상력 자체에 매력적인 하나님의 말씀이 담겨져 있기 때문인데, 그 말씀은 청중의 마음에 교훈하며 그것을 드러내고 그것에 도전할 때에 열매를 맺는다. 학문적 가르침에 종사하는 사람들이 시험의 **답**은 문제를 이해하는 데 달려 있다 – 즉 만약 여러분이 문제의 의미를 이해하면 그것에 답할 내용이 있게 된다 – 고 학생들에게 말하는 것과 똑같이, 설교도 그러하다. 만약 우리가 한 구절의 의미를 이해하면, 이미 강해와 적용의 핵심을 얻은 것이다.

3. 결정화

강해 준비의 세 번째 단계는 우리가 결정화 과정이라고 부를 수 있는 것이다. 결정화는 원자나 이온이나 분자의 질서 정연한 배열로 이루어진 물체가 액체 상태에서 점차 형성되거나 커지는 과정이다. 이 은유는 적절한데, 왜냐하면 강해 설교에 관계되는 것은 우리가 이미 언급했듯이, 충실한 주해적 주석을 만드는 것 이상의 일이다. 오히려 이 단계에서 우리는 주해에서 단일 메시지로 질서 있게 정리하는 일로 옮겨간다. 강해에서 원리가 되는 관심사는 **통일성**에 대한 관심사이다. 그것이 모든 수사학의 기본 원리이며, 또한 확실히, 우리 주님 자신이 자신의 본보기를 통해 보여주듯이, 거룩한 수사학의 기본 원리이다.

그러므로 우리가 여기서 질문하게 되는 것은 "이 구절의 **주안점이** 무엇이냐?"이다. 물론 통일성이란 획일성을 함의하지 않는다. 한 구절의 근본적 메시지가 강조되어야 한다는 사실은 이 메시지가 단조롭게 표현될 것임을 뜻하지 않는다. 결정화 과정은 하나의 크고 아름다운 결정체를 산출할 수 있지만, 그것이 결국 그렇게 된 것은 그것이 다른 결정체들로 구성되기 때문이다. 그러므로 우리는 부분들과 전체의 관계를 조사하며, 전체(**메시지**)와의 관계 가운데 그 부분들(**주해**에 의해 제공되는)을 결합하는 일을 시도한다.

강해자에게 이것은 매우 힘들지만 대단히 열매가 많은 훈련이다. 거듭하여 한 사례가 관련된 원리들에 대한 긴 토론보다 논지를 분명하게 할 수 있다. 에베소서 3:1-13의 주요 주제의 하나는 하나님의 지혜라는 주제이다. 자기 자신의 사역에 대해 논하며, 바울은 그것의 중심에 "교회로 말미암아 … 하나님의 각종 지혜"를 알게 하고자 하는 하나님의 목적이 있다고 본다(엡 3:10). 그러나 이 주제가 전체 구절의 문맥에서 어떻게 결정화되는가? 바울이 어떻게 이 문맥에서 하나님의 지혜의 다양한 현시에 대해 말하는지를 알게 되는 일은 매우 흥분되는 것이다. 우리가 이 구절의 수준을 높여 그러한 견지에서 바라볼 때, 그것의 다면적인 미를 발견하게 된다. 왜냐하면 하나님의 지혜가 여기서 세 가지 방식으로 보여 지기 때문이다. 첫째로, 자신의 지혜를 드러내고자 하는 하나님의 계획은 **그리스도 안에서** 나타났다(11절). 그러나 바울은 또한 그것이 **교회를 통해** 드러난다고 말한다(10절). 그러나 이 작은 단락은 처음 볼 때 지혜라는 전체 맥락에서 완전히 벗어난 것으로 보이는 적용으로 끝난다. 바울은 자신이 이미 말한 것에 기초하여("그러므로," 13절) 에베소인들에게 낙담하지 말라고 독려한다. 그가 앞서 말한 것이 어떻게 그러한 결과를 가져오는가? 그 이유는 바로 그들이 그리스도 안에서의 그리고 그분의 백성을 통한 하나님의 놀라운(**폴뤼포이킬로스**-다채로운) 지혜에 대해 알았기 때문이다. 그들은 동일한 **지혜**가 사도 바울의 삶에서도 나타나는 것을 볼 것을 기대할 수 있을 것이다.

그러므로 하나님의 지혜는 다음과 같은 세 곳에서 보여 질 것이다: (1) 그리스도 안에서, (2) 교회에서, 그리고 하나님의 종들의 고난 가운데서("너희를 위한 나의 여러 환란 … 이는 너희의 영광이니라," 엡 3:13). 흥미롭게도 다른 (옥중) 서신에서 바울은 이 원리를 매우 구체적 방식으로 보여준다. 빌립보인들에게 그는 이렇게 쓴다: "형제들아 내가 당한 일이 도리어 복음 전파에 진전이 된 줄을 너희가 알기를 원하노라 이러므로 나의 매임이 그리스도를 위한(개역 개정은 '그리스도 안에서') 것임이 … 나타났으니 형제 중 다수가 나의 매임으로 말미암아 주 안에서 신뢰함으로 겁 없이 하나님의 말씀을 더욱 담대히 전하게 되었느니라"(빌 1:12-14). 참으로 다채로운 지혜이다!

한 구절의 일반적 교훈에서 특정 주제의 파악으로의 이런 종류의 전환에 포함된 기본 원리는 무엇인가? 그것은 통일성의 원리의 파악이다. 단지 연습만이 우리로 하여금 이 원리의 범위와 한계를 민감하게 인지하게 할 수 있다. 하지만 그것은 신비스러운 원리가 아니다. 그것은 우리가 말할 때의 일반적 원리이다. 우리는 특정한 어떤 것을 말하는 것이다. 성경의 구절들 역시 그러하다. 그러므로 우리는 그 "어떤 것"이 무엇인지를 분간하며, 그것이 통일된 "어떤 것"으로 어떻게 결합되는지를 인지할 수 있다. 이것은 단지 우리의 메시지를 결정화하는 단계만이 아니라, 또한 바로 후속되는 단계에서도 유용하다.

4. 골격 형성

　지금까지 우리의 작업의 방식은 강해될 본문이라는 꾸러미를 풀고 구성요소들을 가지런히 놓는 것이었다. 바로 이 시점에서 강해 메시지는 연속 주석 설교에 요구되는 것들과 다른 훈련들을 요구한다. 왜냐하면 강해 설교에서 본문 자료는 단지 검토될 뿐만 아니라, 또한 설교가 되기 위해 **재구성되기** 때문이다. 대조적으로 문제의 핵심을 드러내기 위해 본문이 분해되기 전에, 그것이 이제 새로운 일련의 원리들, 곧 청중의 정체성에 입각한 확고한 수사학과 의사소통의 원리들에 기초하여 다시 결합된다. 같은 요지를 다른 말로 표현하자면, 설교에 있어 우리는 우리가 모든 자료를 우리에게 전해진 그것의 원래의 매개와 다른 매개로 변경한다. 그것은 **기록된** 하나님의 말씀이었는데, 이제 **설교되는** 하나님의 말씀이 된다. 우리는 더 이상 원래의 주해의 지평 - 원래의 화자와 원래의 청자의 지평 - 에 제한되지 않는다. 오히려 우리는 원래 주어진 것을 완전히 다른 차원으로 변경하고 해석하기 위해 제3의 지평, 곧 현재의 청자에 대해 관심을 집중시킨다. 그러나 이 일에 있어 설교되는 메시지에 어떠한 축소나 과장도 있어서는 안 될 것이다.

　이것이 어떻게 성취되는가? 그것을 성취하는 최선의 길은 이미 제안된 방향으로 죽 이어나가는 것이다. 메시지를 결정화하는 과정에서 우리는 강해의 핵심이 본문의 여러 구성 요소들을 통일시키는 중심에 달려있음을 보았다. 우리는 이미 그것의 다양한 요소들을 검토했다. 앞에서 우리가 근본적 메시지를 발견하기 위해 그것들을 결합한 반면, 이제 우리의 강해에서 복음의 핵심을 이해시킬 생각의 분절들을 위치시키기 위해 그것들을 다시 한 번 분리해야 한다. 이 부분들이 전체와 어떻게 연관되는지에 대한 분석이 우리에게 관련되는 생각의 분절을 제공한다. 아마도 다시 한 번 사례를 제시하는 일이 일련의 막연한 원리들 보다 더 효과적일 것이다.

시편 121편을 강해하려고 선택했다고 해보자. 기본 준비에 있어 우리는 다수의 사항들에 유념할 것이다. 그것은 "성전에 올라가는 노래"라는 표제를 지닌다. 그 표제는 시편 120편에서 134편까지의 시편에 공유되고 있지만, 아무런 여타의 시편도 이 표제를 지니지 않는다. 우리가 조사에 따르면 아마도 이 시편의 실제적 사용은 구약 교회의 예루살렘 순례자의 축제에서였을 것이다. 비록 우리가 그것이 정확히 어떤 배경에서 쓰여진 것인지 모를 수도 있지만, 순례자를 위한 교훈으로 이용된 것임은 안다. 이것은 결국 이 시편의 사용의 배경에 대한 해명의 실마리를 던져 준다. 여기서 우리는 염려하는 마음으로 순례를 앞두고 있으며, 다른 사람들의 집단적 지혜와 아마도 그 시편의 나머지 부분에 권고가 기록된 개인 양자 중 한편으로부터 권면을 얻는 젊고 경험 없는 순례자인 것 같은 사람을 본다. 젊은 순례자는 그 순례의 다음과 같은 위험과 위난에 대해 걱정한다: 강도의 공격과 일사병의 가능성과 정신이상("밤의 달")에 대한 두려움. 그는 어디에서 도움과 힘을 얻을 수 있는지 알기 원한다. 응답하는 목소리는 안전과 평안의 원천으로서의 하나님의 특성과 활동을 지적한다.

보다 상세한 주해와 어원에 관한 질문들과 더불어 우리의 기본적인 준비작업은 우리를 본문의 의미로 이끌려는 의도를 지닌다. 그러나 목수의 작업실에 보다 창의적인 공정을 위해 사용할 수 있도록 절단의 공정을 통해 주변에 놓이게 되는 목재들이 있는 것과 같이, 강해도 마찬가지이다. 이제 우리의 목표는 처음 보았던 방식으로 그 자료를 되돌려 놓는 일이 아니라, 우리 자신의 특정한 청중에 적합한 무언가를 그것에서 만들어내는 것이다. 이 자료들로부터 우리는 메시지의 골격을 세울 수 있을 것이다.

시편 121편에서 이 일이 행해질 수 있는 몇 가지 방식이 있다. 어쨌든 시편에는 두 명의 화자에 의거한 이중의 분절이 나타난다. 그러므로 우리는 메시지를 위해 다음과 같은 이중의 분절을 택할 수 있을 것

이다: (1) 증험되지 않는 신앙의 주장("나의 도움은 천지를 지으신 여호와에게서로다") **그리고** (2) 충분히 증험된 확신("여호와께서 … 아니하게 하시며 … 여호와는 너를 … 이시라"). 다시 다른 각도에서 자료를 바라보면서, 우리는 이 시편을 다음과 같이 재구성할 수 있을 것이다: (1) 새로운 순례자의 두려움(실족과 한낮에 이글거리는 태양과 강도와 달 등등은 어떠할까?) 그리고 (2) 경험 많은 순례자의 격려("하나님은 이러이러한 분이시며"; "하나님은 이러이러한 일을 행하신다"). 유사하게 우리는 제자의 두려움과 하나님의 충족성, 또는 제자의 연약함과 주님의 능력에 대해 보다 직접적으로 말할 수 있을 것이다. 그러나 이 분절들 중 어떤 것을 선택하든지 원리는 다음과 같이 동일한 것이다: 우리는 청중에게 단계별로 간단명료하게 메시지를 전하도록 특정하게 조정된 방식으로 그 시편을 재구성했다.

이 단계들을 어떻게 설정할 것인가는 자주 개인적 선택의 문제이다. 우리는 매우 분명하게 분절을 제시할 수도 있고, 덜 분명한 분절 가운데 한 단계에서 다음 단계로 전환할 수도 있으며, 또한 단순하게 자료들로부터 논리적 주장을 세워나갈 수도 있다. 우리는 설교자로서 발전하는 것과 같이, 또한 접근법의 다양성에 있어서도 발전해야 한다.[7] 그러나 근본 원리는 의사전달을 목적으로 재구성하는 일일 것이다.

5. 구체화

준비의 다음 단계는 강해 사역에 있어 가장 중요하면서도 어려운 일 중의 하나이지만, 풍성한 보상을 위해 마땅히 치러야 할 것이다. 우리는 지금까지 주로 분석과 종합의 과정을 수행했다. 이제 우리는 성경의 지평을 오늘의 지평과 결합해야 하는 중대한 단계에 이르렀다. 우리는

---

7. 이와 관련하여 예수의 다양한 설교 "방식"에 대한 연구가 유용하다.

다음과 같은 질문을 해야 한다: 이것(예. 시 121)에는 이 사람들(내 회중 중의 이러저러한 사람들)에게 말할 어떤 것이 담겨 있는가? 이 단계에 대해 우리는 콘크리트를 굳히는 일의 은유를 사용할 수 있을 것이다. 그것은 성경 세계에서 "용해되어 나왔으며," 또한 면밀한 분석을 통해 결정화된 것을 현 세계에서 콘크리트와 같이 단단히 응결시키는 일을 내포한다.

이 일이 행해지는 과정은 무엇인가? 우리는 성경 본문에서 시작하여 그것의 메시지를 탐구한다. 그 메시지에서 우리는 다수의 기본 원리들을 추출한다. 바로 이 기본 원리들을 우리는 이제 우리 자신의 세계로 가져오며 해석해야 한다. 하지만 우리는 여기서 성경의 통제를 벗어날 수 없다. 또한 우리는 그 구절에 대해 다음과 같이 질문해보아야 한다: "성경 저자는 이 원리들로 어떤 일을 행하고 있었는가?" 우리는 단순히 원리들을 밝혀내고 그것들을 우리가 선호하는 어떤 방식으로든 이용할 수 없다. 그런 강해는 적절한 성경의 통제에서 이탈했을 것이다. 대신 우리는 원저자의 실제적 용법에 충실한 방식으로 이 기본 원리들을 사용하려고 노력해야 한다. 원저자가 자신의 상황에서 행했던 일을 우리가 우리의 상황에서 할 수 있겠는가?

이것이 엄밀한 절차이긴 하지만, 단순히 학문적인 것만은 아니다. 왜냐하면 "저자가 자신의 시대에 이 원리들로 어떤 일을 행하고 있었는가?"라는 질문 자체가 우리가 또한 우리 자신의 시대에 행할 강해와 적용에 많은 점을 시사할 것이기 때문이다. 여기서 위험한 일은 본문은 내버려두고 **강해에서 직접적으로 산출된 것이 아닌** 적용으로 전환하는 것이다. 바울의 용어로 강해와 적용을 연결하는 "따라서"가 부재하며, 결과적으로 그 적용은 강해에서 **직접적으로** 산출되는 것이 아니다. 그러나 만약 우리가 본문에 내재된 적용의 방침에 따라 적용하는 보다 엄밀한 노력을 기울인다면, 우리의 적용이 단순한 추가 사항이나 흥미로운 개인적 견해가 아니라, 참으로 하나님의 말씀 자체에서 나오는 결과가 점차 증대할 것이다. 결국 청중은 하나님의 말씀의 중요성과 대지와 빛을 보다 분명하게 파악할 것이다(사무엘 로건과 존 베틀러 역시 본서의 다른 곳들에서 이점을 주장함).

아마도 비록 시편 121편이 너무 일반적 성격을 지니므로 이 원리를 가장 분명하게 예시하지는 못하더라도, "구체화"가 그런 구절에서도 여전히 실증될 수 있을 것이다. 우리는 그 시편이 젊은 순례자요 신자인 사람의 연약함과 두려움에 대한 명시적 인정을 포함하고 있음을 언급했다. 그것들은 고대 근동의 한 젊은 제자의 상황과 생활방식의 옷을 입고 있다. 그러나 그의 두려움은 과연 어떤 것이었는가? 그의 경우에 "근동의" 살과 피를 덧입고 있던 근본적 두려움은 어떤 것인가? 그 시편의 두 번째 목소리의 대답에 의거하여 판단해볼 때, 젊은 순례자는 (1) 하나님이 자신을 버릴지 모름, (2) 여정 가운데의 다양한 위험(해, 달, 강도) - 상황에 대한 두려움과 밤에 대한 두려움, 그리고 (3) 여행을 마치고 집에 돌아올 수 없을지 모름 - 난관을 극복하는 데 필요한 인내심을 결여하고 있을지 모름 - 에 대해 두려워한다. 시편 121편의 지평과 젊은 현대의 회심자들의 지평이 그리 동떨어져 있지 않다는 점을 파악하는 데는 많은 상상력을 요하지 않는다. 유사하게 필요한 권면도 다음과 같은 동일한 방향을 가리킨다: 하나님은 자신의 백성의 언약의 아버지(여호와)이시며, 그들을 지키고 보호하시는 분이다. 하나님은 환경을 지배하는 분이며, 우리의 시작과 끝을 주장하시는 분이다. 지금과 마찬가지로 당시에도 순례자의 염려에 대한 답은 하나님의 계시와 하나님의 본성에 대한 신뢰에서 찾아져야 한다. 더욱이 실제로 이 짧은 시편에서 우리는 상상력이 크지 못한 우리의 심령이 성경에 나타난 성령의 풍성한 상상력으로 설교하도록 도울 본보기 - 실족하는 발을 지키시는 자와 보호하는 부모와 보호의 그늘과 자기 백성의 호위자로서의 하나님 - 를 얻을 수도 있을 것이다.

이것은 예화로 다른 성경 자료 혹은 심지어 성경 외의 자료의 사용이 잘못이라고 말하는 것은 아니다. 오히려 그것은 우리가 가장 엄밀한 강해의 의도로 본문에 집중할 때 강해와 예화와 적용의 충분하고도 남는 자료를 발견할 것이라는 점을 강조한다. 우리 편에서 주도적으로 이점에 보다 엄밀하면 할수록, 강해 설교 작업을 위한 성경의 절대적 적절성에 대한 인식으로 고무될 가능성이 더 많아질 것이다. 아마도 최우선적으로 바로 이것이 존 "랍비" 던컨John "Rabbi" Duncan이 조나단 에드워즈의 설교방식에 대해 말한 바와 같이, 교리가 모두 적용이고 적용이 모두 교리라고 말해질 수 있는 강해 설교 방식으로 이끌 것이다.

6. 전달

데모스테네스Demosthenes에게 수사학의 주요소로 여기는 것이 무엇인지에 대해 질문했을 때, 통설에 의하면 "첫 번째 전달이요, 두 번째 전달이며, 세 번째 전달이다"라고 대답했다고 한다(본서에서 레스터 데코스터의 수사학에 관한 논의를 참조하라). 언뜻 보기에 강해와 전달의 관계가 상당히 모호한 것으로 보일지도 모른다. 결국 강해 설교는 설교 방식에 대한 정의라기보다 의사전달의 형식이다. 그러나 정확히 그것은 성경 강해이기 때문에, 설교의 내용이 그것이 전달되는 방식에 영향을 미친다.

바울은 두 번 자신의 설교를 "**파네로시스**"라고 묘사하는데, 곧 거기에서 그 자체의 내재적인 실재와 능력 가운데서 메시지를 드러내거나 나타내는 행위가 이루어진다. 골로새서 4:4에서 바울은 그와 같이 설교할 수 있도록 기도해달라고 도움을 호소했다. 고린도후서 4:2에서 그는 거짓된 설교를 "진리의 공개적 진술(파네로시스, '나타냄, 강해')과 대조했다. 비록 그가 그 자신이 아니라, 그리스도를 설교했지만(고후 4:5), 그런 나타냄에 의해, **자기 자신**을 하나님 앞에서 각 사람의 양심에 추천한다고 기록했다(고후 4:2). 그는 하나님의 말씀의 전달에 있어 자신의 동기들에 대해 생각하고 있었다. 그러나 그 동기들이 전달의 방식과 서로 연관되어 있음에 주목하라. 그것은 진리의 공개적 드러냄과 나타냄이다. 이것에 의해 그는 자기 자신을 단지 특정한 설교 방식만이 아니라, **메시지** 자체에 의해 사역을 하는 자로 추천했다. 그것에 대한 나타냄이 그것에 대한 그의 제시를 좌우했다. 복음의 내용이 복음이 전해지는 방식과 태도를 좌우한다. 이런 한에 있어 그 표현 수단이 또한 타인에 의해 "들려지는" 메시지이기도 하다.

이점이 최우선적으로 강해 설교의 특징이어야 한다. 그것은 강해되는 진리에 사로잡힌 태도를 표현해야 한다. 비록 실제로 말씀이 형식적으로 강해된다하더라도, 이점이 부족하다면, 회중은 그 말씀의 양식을 위해 정기적으로 예배에 참석하면서도 굶주린 채로 돌아가게 될 수 있다. 왜냐하면 하나님께서는 자신의 백성이 그분의 인간 종들의 입술과 삶과 인격을 통한 그분의 진리의 나타냄에 의해 먹고 영양분을 공급받도록 정해 놓으셨기 때문이다. 바로 이 특유한 방식에 의해 그분은 전인에게 역사하시며, 상처 난 사람들을 온전하게 하신다. 바로 이것 - 강해되는 가르침에 지배되며 그것과 조화되는 태도 - 의 결여 때문에 인간의 필요가 충족되지 못하는 것이다.

우리는 형식적으로 "정확한" 강해에 결코 만족할 수 없다. 만약 강해가 그 강해되는 진리의 주인이신 성령의 역사를 내뿜지 못한다면, 부정확한 것이 되며, 그 자체의 교정과 수정을 요구하게 된다. 무엇보다 이것이 오늘날 북미에서 매우 보편적인 설교와 상담의 대립 관계의 주요 원인일 것이다. 많은 경우에 만약 설교가 마음가짐과 메시지가 밀접하게 결합된 전인으로부터 전인을 향한 것이라면 영적 건강이 훨씬 더 이른 시기에서 유지될 수 있을 것이다.

어느 월요일 아침에 친구 로버트 머리 맥체인Robert Murray McCheyne은 앤드루 보너Andrew Bonar에게 전날 어떤 주제로 설교했는지에 대해 질문했다. "지옥에 대해서 라네"라고 대답하자, 맥체인은 다시 "설교하면서 눈물을 흘렸는가?"라고 질문했다. 성부의 마음을 나타내는(엑세게사토, 요 1:18) 사역 가운데 예루살렘을 향해 스스로 우셨던 그분의 메시지를 강해하면서 어떻게 그렇게 하지 않을 수 있겠는가?

8장. 해석학과 설교
헨드릭 크라벤담

한 장의 짧은 범위 내에서 전면적인 성경적 설교 해석학의 광범위한 함의를 다루는 일은 불가능하다.[1] 필자는 바로 그것을 하려고 착수했지만, 동일한 기본 전제에 의거한 두 가지 근본적 문제를 다루는 훨씬 더 절제된 목표를 위해 그 시도를 포기해야 했다.

기본 전제는 성경 본문의 특성과 관계되며 두 가지 근본적 문제를 위

---

1. 적절한 구성의 성경 해석학의 목차는 아마도 다음과 같은 것일 것이다:

    서론
      1. 해석학의 개념 / 2. 해석학의 경향

    1장: 해석학의 출발점: 성경의 현상
      1. 성경본문의 특성 / 2. 성경본문의 의미 / 3. 성경본문의 의의

    2장: 해석학의 중심 항목: 성경의 해석
      1. 성경에 대한 접근법 / 2. 성경의 언어 / 3. 성경의 장르

    3장: 해석학의 목표: 성경의 이해
      1. 이해의 본질 / 2. 이해의 습득 / 3. 이해의 전달

    이 목차는 성경 해석학이 단지 명백히 그것의 중심 항목인 성경의 해석만이 아니라, 또한 출발점인 성경의 현상과 목표인 성경의 이해와도 관련된다는 확신에 근거한다. 필자는 보다 광범위한 연구서에서는 전면적인 해석학을 위해 이 세 문제 모두를 동일하게 필수적인 것으로 다루는 것이 역사적으로 정당하며, 어원적으로 적절하고, 성경적으로 타당하며, 구성상으로 매우 유용할 것이라고 주장하고자 한다.

한 지면을 최대한 확보하기 위해 간략히 진술될 것이다. 이 문제들 중 첫 번째는 성경 본문의 **의미**meaning와 관련되며 **강해**exposition에 해당되고, 두 번째는 그 **의의**significance와 관련되며 **적용**application에 해당한다.[2] 그것들은 두 가지 논제의 형태로 진술될 것인데, 그 논제들이 뒤이어 전개될 것이다.

기본 전제는 구약과 신약성경이 참되고 온전하게 신적인 동시에 인간적인 책, 곧 신적 저자로서의 하나님과 매개자로서의 인간 저자들 양편 모두의 순일한 작품이라는 것인데, 여기서 신적이며 인간적인 요인이나 요소는 서로를 배제하거나 억제하거나 대체하지 않는다.

첫 번째 논제는 성경 본문이 특정 회중을 염두에 두면서 본문에 표현되고, 그 맥락을 살피고 그 목적에 의거하여 재발견될 수 있는 저자의 뜻에 의해 결정된 **단일한** 의미를 지닌다는 것이다.

두 번째 논제는 성경 본문이 정확히 본문의 의미에 기초하며 그것에서 특정 회중을 염두에 두고 얻어질 수 있는 보편적 원리와 모본들에 의해 표현될 수 있는 **다중의** 의의를 지닌다는 것이다.

이 개론의 나머지는 기본 전제의 내용을 확실히 하기 위한 다수의 언급으로 이루어진다. 다음으로 이것은 두 가지 논제를 해명하는 본장의 본론으로 이어질 것이다.

한편으로, 성경은 통일성과 무오성과 신뢰성과 명료성과 권위에 있어 명백한 신성의 흔적을 나타낸다. 성경은 전체와 부분에 있어 하나님의 진리로서 그분에게서 기원하며, 그분의 감독 하에 형성되고, 그분의 목적을 이루도록 의도된다.

---

2. 의미와 의의의 구별의 중요성에 대해서는 다음을 참조하라: E. D. Hirsch, Jr., *Validity in Interpretation* (New Haven and London: Yale University Press, 1967), pp. 8, 38, 57, 62, 127, 141, 216, 255, and *The Aims of Interpretation* (Chicago and London: The University of Chicago Press, 1976), pp. 1-13, 79-86, 146. 또한 다음을 참조하라: Walter C. Kaiser, Jr., *Toward an Exegetical Theology* (Grand Rapids: Baker Book House, 1981), pp. 31-32.

다른 한편으로, 성경은 동일하게 분명한 인성을 나타낸다. 그것은 다양한 역사적 상황과 문화적 배경의 특징을 지닌다. 그것은 다양한 언어와 문학적 장르로 진술된다. 그것은 구전 전승 자료와 기록된 자료 정보와 대화로부터의 통찰과 같은 다양한 구성 요소로 이루어진다. 그것은 하나님의 진리이며 또 그 진리로 남아있는 동시에 완전히 인간적이기도 하다. 그것은 인간의 상황에서 나오고, 인간의 환경에 뿌리박고 있으며, 인간의 곤경을 다룬다.

그런데 이 모든 것은 성경 해석학으로 하여금 그 신적 저자와 조화되는 성경의 속성을 열거하고 분석하며 평가하고, 또한 성경 저자들의 인성의 인식과 더불어 자료와 전승과 편집의 조사뿐만 아니라 역사적이며 문화적인 연구와 언어와 장르 연구를 하도록 독려한다.[3] 이것은 결국 인간을 위한 하나님의 진리의 실체는 아니더라도 중심으로서의 성경 본문의 온전한 의미와 의의를 해명하는 이중적 목표에 기여할 것이다.

1. 성경 본문의 의미: 첫 번째 논제

이 단락은 첫 번째 논제에서 언급되는 주요 문제들에 대한 일반적 평가와 이 평가 과정에서 드러나는 한 가지 특징에 대한 상세한 논의와 더불어 시작된다. 그것은 성경적 설교의 전제 조건인 해석 작업에 대한

---

3. 역사적이며 비평적인 방법이 단지 계몽주의에 뿌리를 두고 있다는 것이 필자의 의견이다. 그것을 위한 무대가 합리주의적 학문이 성경과 하나님의 말씀을 구분하고, 결국 분리하기 시작했을 때 마련되었다. 그 때 이래 성경은 자료, 양식, 전승, 그리고 편집 비평의 적법한 사냥감이 되었다. 보수적 학자들이 "비평"을 "연구"로 대체함으로써 자신들의 입장을 명백히 구별하는 것도 당연하다. 역사적이며 비평적인 방법이 자유롭고 제약받지 않는 역사적 연구에 대한 주장에 있어 동일하게 르네상스와 개혁주의 운동에 뿌리를 두고 있다고 말해져왔다. 하지만 후자는 역사적 학문들을 중세교회의 지배에서 해방시키려고 했던 반면, 계몽주의는 영원한 하나님의 말씀으로서의 성경의 권위에서 "벗어나려고" 의도했다는 결정적 차이점이 있다.

이 상세한 논의에서의 몇 가지 추론과 더불어 마무리된다.

1. 단일한 의미와 그것의 인지

성경 본문은 언어적 상징들로 본문에 표현된 저자의 의도에 의해 결정되는 단지 하나이며, 단일하고, 불변하는 의미를 지닌다. 이것은 중대한 주장인데, 왜냐하면 그것은, 유대 신비적 의미, 중세의 사중적 의미, 개신교의 보다 깊은 의미, 그리고 로마 가톨릭의 보다 온전한 의미 sensus plenior 중 어느 형태든, 모든 유형의 다중적 의미를 배제하기 때문이다. 그러나 그것은 논박될 수 없을 것 같다. 성경 본문이 인간 저자들을 통해 하나님에 의해 저작된다는 점에 대한 인식도 이 사실을 변경하지 않는다. 인간 저자들의 것과 다른 의도된 의미intended meaning를 신적 저자에게 돌리는 것은 성경이 합성이 아닌 단일한 작품이라는 개념뿐만 아니라, 또한 방해받지 않는 인성이라는 개념 역시 훼손할 것이다. 하나님께서 성경을 자신의 말씀으로 만들기 위해 인간 저자들을 사용하실 때, 그와 더불어 자발적이면서도 당연하게 그들의 인성에 내재된 전범위의 가능성과 한계를 수용하신 것이다. 의도된 의미의 경우에 예외를 허용하는 일은 단지 임의적으로 보일뿐만 아니라, 또한 신적인 요소와 인간적 요소의 균열을 가져오고 일종의 기계적 영감과 같은 생각에 길을 열어준다.

그러나 그 외에도 다중적 의미에 대한 주장은 성경에서 입증될 수 없다. 호세아 11:1과 마태복음 2:15의 비교에 근거한 아마도 가장 유명한 논거도 입증에 실패한다. 언뜻 보기에 애굽에서 불러낸 아들을 이스라엘 민족과 동일시하는 호세아 11:1은 마태복음 2:15에 의해 그것을 넘어 그리스도를 또한 가리키는 것으로 보고된다. 하나의 어구가 두 의미를 지니는 것으로 보이는데, 그 첫 번째 의미는 한 가지 배경에서 아마도 신적 저자와 인간 저자 양자 모두에 의해 의도되고 즉각적으로 계시된 것이며, 두 번째 의미는 회상하건대 후대의 배경을 위해 신적 저자에 의해 유보되고 일시적으로 보류된 것이다. 하지만 이 해석은 "이루다"라는 단어에 결국 하나의 실재로 실현될 의도된 예언이라는 개념이 내포되어 있다는 가정에 근거한다. 그러나 이것은, 야고보서 2:21-23을 잠시만 살펴봐도 확실하듯이, 거의 필수적이지 않다. 야고보는 "이루다"라는 단어와 더불어 아브라함의 순종이, 이삭을 희생 제물로 기꺼이 바치려함에서 증거되고 창세기 22장에서 보고되듯이, 창세기 15장에 따르면 그에게 의로 여겨지게 된 그의 믿음의 필수적 "함의"였다고 밝힌다. 유사하게 마태는 "이루다"라는 단어와 더불어 하나님의 그리스도의 애굽에서의 부르심이 호세아에 의해 본래 만들어진 어구의 추가적 "적용"이었다는 뜻을 전달한다. 이 적용에서 마태는 유대인에게 전해지는 자신의 복음서의 틀 속에서 그리스도가 실제적 의미로 하나님의 이스라엘임을 강조하기 위해 이스라엘과 그리스도의 유비를 활용한다.

전체적으로 의도된 의미는 그것의 가능한 함의들과 적용들로부터 날카롭게 구분되어야 한다. 이 구분은 많은 어려움을 제거할 것이며 신적 저자와 인간 저자들의 의도된 의미가 항상 그리고 당연하게도 특정 성경 구절에서 동일함을 보여주는 데 많은 도움이 될 것이다.[4] 또한 그것은 해석 과정에도 다음과 같은 유익한 결과들을 가져오는 것으로 판명된다.

첫째로, 본문의 의미가 본문 밖의 또는 본문을 넘어선 기준에 의지하는 일이 결코 필요하지 않은데, 곧 본문에 덧붙여진 계시(유대 신비적 의미와 개신교의 보다 깊은 의미)와 본문에 부과된 개념적 체계(중세의 사중적 의미)와 본문보다 상위의 교회의 권위(로마 가톨릭의 보다 온전한

---

[4]. 하나님과 호세아가 호세아 11:1에서 그 아들을 이스라엘 민족과 동일시하려고 의도한 것과 똑같이, 하나님과 마태는 호세아의 말을 더 나아가 그리스도께 적용하려고 의도했다. 의도된 의미와 영감의 관계에 대한 추가적 논의를 위해서는 다음을 참조하라: Bruce Vawter, *Biblical Inspiration* (Philadelphia: Westminster Press, 1972), pp. 115ff.

의미) 중 어떤 것이든 말이다.

둘째로, 구약에 대한 인용과 참조와 의견을 포함한 그들의 성경 사용에 있어서 충분하고 필요하며 권위 있는 본보기로 사용하는 신약 저자들의 방법론을 채택하는 길을 예비할 것이다. 이러한 방법론을 앞에 두고도 반대한다는 것은 놀라운 일일 것이다. 교회는 믿음과 실천의 모든 분야에서 무조건적이며 주저함 없이 그리스도와 사도들의 발걸음을 따라가도록 요청된다. 그들의 성경 사용법 역시 왜 예외가 되겠는가?

하지만 한마디 주의의 말을 하는 것이 적절할 것이다. 성경본문의 의미의 배타적 결정요소로서 저자의 의도에 대한 강조는 해석자로 하여금 저자의 마음의 깊은 곳을 조사할 것을 요청하지 않는다. 그것은 그로 하여금 미지의 것으로의 증명 불가능한 비약으로 이끌며 주관주의와 상대주의에 빠지게 할 것이다. 그렇지 않은데, 곧 첫 번째 논제가 강조하며 진술하듯이, 저자의 의도는 본문에 표현된다. 그러므로 해석자의 초점은 본문에 있어야 한다. 바로 그 본문이 그가 의도한 의미를 발견할 곳이다. 본문이 그 자체의 입증 기준이다. 이것이 첫 번째 논제에서 행해지는 두 번째 주요 진술에 근본적이다.

본문의 의미는 일반적으로 전체적인 언어적 구조와 특별히 모든 언어적 요소를 설명해야 하는 본문에 대한 문법적이며 구문적이고 의미론적인 연구에 의해 발견되고, 인지되고, 증명되어야 한다. 결국 이것은 본문의 배경과 상황과 표현 방식을 최대한으로 해명해줄 역사적이며 지리적이고 문화적인 연구에 의해 보충된다. 최종적으로 그것은 장르와 문맥 분석으로 귀결될 것인데, 그것은 본문의 구체적인 특징을 밝히는 일을 목표로 하고 본문의 목적을 입증하는 일을 돕는다.

이 모든 일이 모험을 뜻한다. 의미의 탐구는 자주 지루하게 보일지 모른다. 때때로 그것은 결코 끝 모를 작업으로 보일 수 있다. 다른 때에 그것은 막다른 골목으로 보일지도 모른다. 그러나 갑작스럽게 그것에는 놀랍고도 풍성한 보상이 뒤따르게 될 것이다. 이것은 의미의 추적을 독려하며 그것을 흥미롭게 할 것이다.

같은 이유로 그것은 한계를 뜻한다. 본문의 의미는 본문이 작성된 원 독자들의 언어의 규칙과 한계를 초월하지 않는다. 또한 그것은 본문이 나오게 된 원 수신자들의 상황의 특징과 특수성을 넘어서지 않는다. 또한 그것은 본문의 의도나 특징 밖에서 찾아지지 않아야 한다. 이것은 의미를 본문과 결부시키는 데 있어서의 자제의 요청이다.[5]

요컨대 해석자는 최대한으로 관련된 모든 가능한 연구의 도움을 받아 본문의 모든 단서를 추적해야 하지만, 본문의 의미의 추적에 있어 그 단서들의 한계를 넘지 말아야 한다.

특별히 중요한 것은 장르와 그것의 특징, 그리고 본문과 그것의 문맥에 대한 공부이다. 문제는 전체와 부분과의 관계이다.[6] 한편으로 전체는 부분들의 합보다 크다. 다른 한편으로 부분들은 전체의 구성 요소이다. 결과적으로 보다 큰 전체의 부분으로서의 특정 본문, 곧 궁극적으로 성경 모든 본문의 의미는 그 자체가 한 부분인 전체의 의미와 결코 분리될 수 없다. 또한 전체의 의미는 전체를 이루는 부분들과 분리되어 있을 수 없다. 이 사실을 간과하면 적절한 균형이 무너지게 될 것인데, 이것은 통일시키는 전체가 시야에서 사라질 때의 의미의 단편화, 혹은 부분들의 고유성이 부인될 때의 의미의 강요로 이어질 것이다.

비록 이것은 부분이 전체를 통해 그리고 전체가 부분을 통해 이해됨을 의미하지만, 해석자가 불가피한 악순환의 덫에 빠진다는 결론을 입증하지는 않는다. 전혀 그렇지 않다! 의미의 파악을 위해 필수불가결한 것은 자주 많은 노력을 요구하며, 때때로 고통스럽지만, 또한 다른 때

---

5. 이 자제는 풍유적 해석에서는 행해지지 않는데, 그것은 자주 본문과 어긋나며 심지어는 반대되는 관심사를 충족시키기 위해 본문 밖에서 의미를 끌어온다.
6. Hirsh, *Validity*, p. 77은 해석학적 순환(hermeneutical circle)이 전체와 부분보다는 장르와 그것의 특징에 의거하여 더 잘 규정된다고 제안한다. 하지만 장르와 그것의 특징과 본문과 그것의 문맥 양자 모두를 전체와 부분이라는 범주 아래의 세부 항목으로 배치하는 것이 더 바람직한 것 같다.

에는 놀랍도록 자연스러운 과정인데, 이 과정에서는 처음에 조건적이고 잠정적인 의미의 구성이 본문이나 문맥의 새롭게 인지되거나 추가적으로 밝혀진 단서의 유무에 따라 교정되거나, 수정되거나, 유보되거나, 거절되거나, 확정되거나 입증된다.[7]

이 과정에서 도움이 되는 가장 중요한 단서의 하나는 보다 넓은 문맥의 틀에서 관찰되는 본문의 명시적으로 진술되는 목적이라는 것이다. 적절한 사례는 창세기 22장이다. 그 본문은 계속하여 되풀이되는 주제로서 하나님의 다면적인 언약들이 나오는 문맥(창 11:27-25:11)을 배경으로 하나님께서 아브라함의 믿음을 시험하려는 목적(창 22:1)으로 그에게 아들을 제물로 바치라고 지시하셨다고 명시적으로 진술한다. 결과적으로 이것이 이 장의 여러 가지 두드러진 특징들의 해석의 방향을 결정해야 한다. 따라서 아브라함이, 하나님의 목적을 알지 못함에도 불구하고 하나님의 약속과 그 안에 포함된 규정에 의탁하면서,[8] 그분에 대한 지극한 사랑과 절대적 순종과 전적인 신뢰를 나타냄으로 그분을 경외함을 입증했다는 의미를 전달하는 것으로 여겨져야 한다(창 22:12). 부정적으로 이것은 이 장이 그리스도의 대속을 예시하려고 의도하지 않으며, 따라서 그런 식으로 이해되거나 진술되지 않아야 함을 함의한다. 실제로 그 장에 대한 면밀한 분석은 그런 해석이 가용한 단어의 한계를 넘어선다는 것을 보여준다. 이것은 이 장의 메시지가 대속에 대한 언급을 포함하지 않을 것임을 말하는 것은 아닌데, 거기서 그것에 대한 언급은 본문의 의미를 제시하는 것으로서가 아니라, 아브라함이 표현한 "여호와께서 준비하실 것이라"는 보편적 원리의 다수의 적용들 중 단지 하나로서만 그리고 다른 여러 적용들과 동등한 것으로서 행해진다.

---

7. 이것은 새삼스러운 일이 아닐 것이다. 결국 배움의 과정 전체가 바로 이것과 동일한 형태를 나타내는 것으로 보인다.

8. 이것은 추가적으로 히 11:17-19에 의해 뒷받침된다.

2. 가장 넓은 범위에서의 "해석학적 순환"

만약 전체에 대한 이해가 부분들의 이해에 필수적이며 부분들에 대한 이해가 전체에 대한 이해를 구성한다면, 주요 부분들을 특별히 서로에 대한 관계 속에서 분석함으로 가장 크고 포괄적인 전체로서 적절히 규정된 성경에 대한 견해를 수립하는 것이 일차적인 일이어야 한다. 이 일이 가장 중요하다. 이것은 단지 모든 사람이 의식적이든 무의식적이든 성경 전체에 대한 일정한 견해와 함께 성경에 접근하며, 따라서 또한 일정한 정보와 논리와 근거를 가진 선택을 하도록 요구될 수 있다는 말이 아니다. 또한 이것은 그것이 덜 포괄적인 전체들에 대한 연구의 본보기로 기능할 수 있다는 말도 아니다. 이것은 그 일을 훨씬 넘어선다. 이것에서 다수의 기본 해석 원리들이 결정화될 것인데, 그것들은 합해져서 부분들 각각의 의미가 해석될 일종의 보편적 해석 틀을 형성하고 그 틀로 기능할 것이다. 물론 그 의미가 그 과정에서 그리고 부분들에 대한 검토에 의해 수정될 수도 있지만 말이다.

따라서 그것은 결코 사소한 문제가 아닌 것으로 보인다. 만약 해석자가 성경에 대한 타당하고 포괄적인 성경에 대한 견해를 가지고 있지 않다면, 본문에 있는 것은 보지 못하고, 본문에 없는 것을 볼 수밖에 없다. 이것은 터널의 좁은 시야와 눈가리개와 신뢰할 수 없는 콘택트렌즈 등등에 비유될 수 있는 것으로 방해하는 인간의 전통들에 희생되어서 성경을 다소간 왜곡하거나 곡해하거나 그것에 더하거나 뺄 수밖에 없게 되는 일과 같다. 이 일의 설교에 대한 영향은 거의 두말할 나위가 없다!

필자는 20년이 넘는 기간의 분석을 통해 성경이 근본적으로 언약의 성격을 지니고 있다는 확신, 보다 정확하게는 아담과 노아와 아브라함과 모세와 다윗과 새 언약을 연속되는 이야기 소재로 삼아 오랜 동안 꾸준히 쌓아올려지는 언약의 건축물이라는 확신에 이르게 되었다.

맹약 관계bond-relationship[9]로 정의될 수 있는 **언약**이라는 용어는 그 계약들 전체의 근본적 연속성을 보여주는 불변의 것을 나타낸다. 쌓아올려지는 **건축물**의 개념은 그 계약들의 점진적 전개에서 이루어지는 점차적인 진보를 잘 나타내준다. **언약의 건축물**이라는 결합어는 이전의 이야기들이 온전히 이후의 이야기들의 토대가 되며, 또한 역으로, 단지 이후의 이야기들에서 이전의 이야기들이 온전히 제 모습을 드러낸다는 함의를 지닌다. 요컨대 언약들 간의 관계는 획일적인 통일체와 급진적 단절 양자 중 그 어느 것의 관계도 아니며, 오히려 점진적 연속성의 관계이다. 이 모든 것은 해석 작업이 이루어져야 하는 틀이 되는 가장 넓은 범위들을 가리킨다.

그러나 그것에 살이 붙여져야 한다. 하나님의 도덕적 탁월성을 반영하고 인간의 위치와 곤경에 알맞은 하나님의 주권적 사랑으로 시작되고 동등하지 않은 하나님과 인간 사이의 맹약 관계에 전형적인 것은 율법과 약속이라는 두 가지 주요 부가물이다. 하나에 대한 선포는 다른 하나 없이는 결코 일어나지 않는다. 하지만 그 몇 가지 언약 각각은 나름의 강조점을 가진다. 타락 전 아담과의 언약은 율법을 강조했다. 그것의 뒤를 이어, 타락 후 아담과의 언약과 노아와의 언약과 아브라함의 언약에서는 삼중의 약속에 대한 강조가 나타난다. 다시, 이것 다음으로는 모세와의 언약에서의 율법에 대한 초점과 다윗과의 언약에서의 약속에 대한 초점이 후속되었다. 이 언약이라는 건축물은 새 언약에서 최고점에 달하게 되는데, 거기서 약속과 율법은 각각의 자체적인 기능을 지니지만, 동등하게 중심적인 것으로 나타난다.[10]

---

9. 언약이라는 주제에 대한 다음과 같은 탁월한 논문을 참조하라: J. J. Mitchel, "Abram's Understanding of the Lord's Covenant," *The Westminster Theological Journal* 32 (1969): 24ff., esp. 29, 43-48. 그는 언약이란 모든 수식어와 부가적인 것을 제거할 때 기본적으로 맹약 관계라고 결론 내린다.
10. 창 15:18과 17:1의 비교는 즉각적으로 아브라함과의 언약에서 약속에 대한 강조가 율법을 배제하지 않는다는 것을 보여준다. 반면에 신 5:1-21과 30:6의 비교는 동등하게

율법의 언약들과 약속의 언약들 사이의 날카로운 대조를 추론하는 일은 전혀 용납될 수 없다.[11] 한 가지의 선포가 다른 하나 없이는 결코 일어나지 않는다는 사실과 양자 모두가 새 언약에서 일체적이라는 사실은 그 일을 어렵게 한다. 그러나 이것을 넘어, 그런 구조는 연속적인 언약들이 나름의 강조점과 함께 나타내는 정교한 융단의 모습을 놓친다. 율법에 대한 강조는 하나님과 함께하는 인간의 존재라는 배경에서 이루어지는 반면, 약속은 인간의 하나님 앞에서의 파산이라는 배경에서 전면에 드러난다. 이것은 당연하다. 하나님의 현존은 거룩함을 요구한다. 인간의 파산은 공급을 요구한다.

그러나 그 융단에는 그 이상의 것이 있다. 율법의 반포는 인간의 파산을 드러내며 따라서 후속되는 약속의 반포를 야기한다. 역으로 약속의 반포는 하나님과 함께하는 인간의 존재를 목표로 하며 따라서 후속되는 율법의 반포를 요청한다. 그 두 가닥은 처음부터 서로 엮여 있다. 그것들은 항상 서로 함께 있다. 그것들은 서로의 근거를 마련함에 의해 서로의 목적에 의도적으로 기여하려고 한다. 그것들은 서로 앞서거나 뒤서거나 하며 전진한다. 그것들이 결국 병합되는 것은 놀랄 일이 아니다.[12]

이것에 더하여 율법과 약속, 약속과 율법의 연속적인 반포 가운데 점

모세와의 언약에서 율법에 대한 강조가 약속을 무시하지 않는다는 것을 명시한다. 마지막으로 렘 31:31 이하에서 여호와께서는 율법을 그분의 백성의 마음에 기록하겠다고 약속하신다. 둘 사이의 이보다 더 긴밀한 관계는 거의 생각될 수 없을 것이다.

11. D. R. Hillers, *Covenant: The History of a Biblical Idea* (Baltimore: Johns Hopkins Press, 1969), pp. 46-71, 98-119은 두 가지 상이한 전승과 관점을 대표하는 두 가지 유형의 언약의 차이를 추론한다. 시내 산과 세겜(수 24)의 언약은 율법을 강조하며, 노아와 아브라함과 다윗의 언약은 약속을 강조한다. 보다 초기의 유형이 목적을 달성하지 못하자 후자의 유형이 우세해지기 시작했다. M. G. Kline, *By Oath Consigned* (Grand Rapids: Eerdmans, 1968), pp. 22-25은 각각 인간적 맹세와 신적 맹세에 의해 추인되는 율법의 언약과 약속의 언약의 철저한 대조와 대립과 날카로운 분리에 대해 말한다. O. Palmer Robertson, *The Christ of the Covenants* (Grand Rapids: Baker Book House, 1980), p. 60은 올바르게 그러한 접근법을 거부한다.

12. 이 병합은 인격화된 새 언약이신 그리스도의 인격과 사역에서 발생한다(사 42:6; 49:8). 특별히 사 51:4-5과 눅 1:69, 72, 74-75을 참조하라.

증하는 표현의 온전함과 초점의 예리함이 있음을 간과하지 않아야 한다. 따라서 율법과 약속의 구조가 언약의 구조와 동일한 것으로 보인다. 하나의 획일적인 언약이 아니라 언약의 건축물의 연속적인 이야기로서의 다수의 언약들이 있는 것과 똑같이, 하나의 율법과 하나의 약속이 아니라 다수의 연속적인, 그러나 점점 더 예리해지는, 율법과 약속의 선언이 있다. 더욱이 다양한 언약들에 있어서와 똑같이, 율법과 약속의 보다 이전의 반포들은 보다 이후의 반포들의 토대가 되는데, 단지 이후의 반포들에서 이전의 반포들이 제 모습을 드러낸다.

그러나 그 언약의 건축물에는 좀 더 살이 입혀져야 한다. 삼위의 하나님이 그것의 이면에 계신다는 점뿐만 아니라, 그분은 궁극적으로 어떤 삼중의 목적을 달성하시기를 의도하신다는 점이 점차 더 명백해진다. 양 특성 모두가 그 언약의 건축물의 절정으로서의 새 언약에서 가장 온전히 표현되기 때문에, 이제 다음과 같은 것이 추가적 논의의 초점이 될 것이다.

첫째로, 새 언약은 삼위의 하나님께 뿌리를 둔다. 그것은 성부 하나님에 의해 약속되며(렘 31:31-34), 성자 하나님 안에서 인격화되고(사 42:6), 성령 하나님에 의해 개인화된다(사 59:21).

둘째로, 그 삼중의 목적은 새로운 마음 또는 중생, 새로운 기록 또는 칭의, 그리고 새로운 삶 또는 성화라는 삼중의 약속에 의거하여 설명된다(겔 36:26, 25, 27).

셋째로, 삼위의 하나님의 각각의 위격은 특별한 방식으로 그 삼중의 목적을 달성하기 위해 협력하신다. 성부 하나님은 세 가지 모두에 대한 전망을 드러내신다(겔 36:26, 25, 27). 성자 하나님은 자신의 십자가에 달리심과 부활 가운데 그분과의 연합을 통해 **새로운 마음**(롬 6:3-6, 11), 자신의 십자가상의 대속을 통해 **새로운 기록**(고후 5:21), 그리고 거룩함의 원천이신 그분과의 교통하심을 통해 **새로운 삶**(요 15:5; 빌 4:13)을 획득하신다. 성령 하나님은 말씀에 의해 **중생**(요 3:5; 벧전 1:23), 신자에게 자신의 내주하심을 인침으로써 칭의(엡 1:13-14), 그리고 말씀과 교제와 기도를 수단으로 **성화**(롬 15:16; 행 2:42-47; 엡 4:12-16; 딤전 4:5)를 성취하신다.

넷째로, 그 세 가지 목표 각각에는 나름의 특별한 역할이 있다. 중생과 그에 뒤따르는 하나님 나라로의 들어감은 그 체험의 시작점이며, 칭의와 그에 뒤따르는 하나님과의 평화는 법적 토대이고, 또한 성화와 그에 뒤따르는 하나님과의 교제는 인간의 하나님과의 맹약 관계의 절정이 되는 부분이다.

요약하자면, 성경은 연속적인 언약들과 그것들의 요소와 부가물과 역사에 대해 기술하는 것으로 보인다. 다함께 그것들은 하나님과 그분의 백성의 계속적이며, 점진적인 맹약 관계의 본체가 된다. 그 안에서 하나님은 점차 예리해지는 일련의 약속들에 의해 자신을 그들과 동여매시며, 점차 예리해지는 일련의 율법에 의해 그들을 자신과 동여매신다. 그분은 그것을 궁극적으로 새로운 마음과, 정결해진 기록과 거룩한 삶이라는 삼중의 약속에 정초시키는데, 그것들은 성육신하신 하나님의 아들에 의해 만들어지며 성령에 의해 실행된다. 그분은 궁극적으로, 그 삼중의 약속의 내용이 가리키듯이, 자신의 율법에 대한 기쁘고 흠 없는 순종을 목표하신다.

3. 일련의 근본적 해석 원리들

이 모두는 성경 전체의 의미를 밝혀줄 보편적 틀을 제시하는 몇몇 근본적인 해석 원리를 산출한다.

가장 광의로 그 해석은 언약사적covenantal-historical이며, 성경에서 명백한 근본적 연속성과 확실한 발전 양자 모두를 유지해야 한다. 하지만 이미 주장된 것의 견지에서 이것은 다음 세 가지 주요 원리로 바꿔 말해질 수 있다.

첫째로, 이전의 것은 이후의 것의 토대가 될 뿐만 아니라 씨앗과 같다고 여겨져야 한다. 이것은 구체적으로 후자가 전자에 기초할 뿐만 아니라 후자에서 전자가 제 모습을 드러낸다는 것을 뜻한다. 만약 이점이 인정된다면, 양자 모두의 온전성과 권리가 존중될 것이다. 후자의 의미가 전자에 강요되지 않을 것이며, 또한 전자의 의미가 후자와 동등한 것으로 여겨지지도 않을 것이다.

예를 들면, 아브라함의 믿음이 그에게 의로 여겨졌다고 하는 창세기 15:6의 사실은 로마서 4:2-5이 가리키듯이 이신칭의 교리의 토대가 되며 그것을 유발한다. 만약 해석자가 방금 진술된 원리를 채택한다면, 아마도 두 구절 중 창세기 15:6이 칭의에 대한 성경 교훈의 보다 완전한 진술이라고 주장할 수 없을 것이다. 이것은 꽃봉오리를 위해 꽃을 거절하는 일일 것이다. 또한 동시에 그는 아마도 바울의 이신칭의 교리를 창세기 15:6에 끼워 맞추는 식으로 해석할 수 없을 것이다. 하지만 이 후자의 과정은 정확히 대부분의 해석자들에 의해 따라지는 것이다. 그 구절은 일반적으로 아브라함이 믿음에 의해 의로 여겨졌다(칭의함을 받았다!)고 말하는 것으로 이해되는데, 이것은 아브라함의 믿음 자체가 하나님 앞에서 그의 의로움이 되었다는 달갑지 않은 대체적 결론에 대한 명백한 혐오로 인한 것이다. 기이하게도 창세기 15:6에 대한 논쟁은 똑같이 수긍될 수 없는 두 해석의 상대적 장점에 중심을 두고 있는 것으로 보인다. 하나는 그 구절의 표현에 비추어볼 때의 본문 상 지지될 수 없다. 다른 하나는 그 구절에 의해 찬성되는 것으로 보이지만, 성경 전체에 비추어볼 때 문맥 상 지지될 수 없다.

해결책은 그 구절을 하나님의 약속과 아브라함의 믿음이라는 이중적 주제에 강조점을 두고 근접 문맥(창 11:27-25:15)에 의거하여 보는 것이다. 이러한 배경에서 창세기 15:6은 아브라함의 믿음은, 정확히 하나님의 약속의 무조건적 수용과 승인이기 때문에, 모든 의도와 목적에 있어 의와 "동일하다"는 것을 가르치고 있는 것 같다. 그것은 그것의 성격을 규정하지도 그것의 수용의 수단을 가리키지도 않는다. 단지, 더욱 많은 "새로운 기록"의 정보가 입수 가능해진, 후속되는 언약 역사에서 이 의가 하나님의 의이고(시 85:11), 그리스도의 의이며(렘 23:6), 또 믿음의 의임(합 2:4)이 명백해진다. 이 모든 가닥이 최종적으로 바울에게서 결합되는데, 곧 그는 자연스럽게 후속되는 것을 발생시키는 창세기 15:6의 토대와 씨앗 상태의 배경 가운데 로마서 3장과 4장에서 칭의의 온전한 융단을 선보인다.

이 모두는 이후의 것에 끼워 맞춰 이전의 것을 해석하는 일이 본문의 온전성을 훼손하며 그것의 특유의 메시지를 가린다는 것을 입증하는 역할을 한다. 실제로 우리는 믿음이 하나님의 약속의 무조건적 수용이며 그 자체로 모든 실제적 목적에 있어 의와 "동일하다"는 파괴력 있는 진리를 놓쳐서는 안 된다. 만약 이 사실에 대한 보다 빠르고 보편적인 인식이 있었다면 교회사의 방향이 급격하게 바뀌었을 것이다!

둘째로, 언약사적 방법은 삼위일체적 특성을 지닌다. 이것은 단지 이미 넓은 개관에서 살핀 삼위일체적 참여에만 기인한 것은 아니다. 그것은 또한 삼위 하나님의 자기계시가 언약 문서들의 기본 요소에 속한다는 인식에 근거한 것이다. 창세기 1장의 창조 기사부터 요한계시록 22장의 예수 재림의 요청에 이르기까지 성경은 성부와 성자와 성령에 관한 자료와 그들의 위격에 관한 언급과 그들의 사역에 관한 묘사와 그들의 말씀에 대한 기사로 가득 차 있다. 삼위일체적 해석법의 채택은 많은 유익을 가져다 줄 것임에 틀림없다. 한 가지는 그것이 성경에 대한 새로운 전망을 열어준다는 것이다. 이사야 40-66장의 구조가 여기서 적절한 하나의 사례이다. 주의 깊은 분석은 저자가 자신의 자료를 삼위일체적 견지에서 배열함을 드러낸다. 그는 먼저 서론의 방식으로 그리고 다음으로는 추가 부연의 방식으로 두 차례의 순환을 완료한다. 따라서 이사야 40-41장과 45-48장은 성부 하나님, 이사야 42-43장과 49-57장은 성자 하나님, 그리고 이사야 44장과 58-66장은 성령 하나님께 초점을 맞춘다. 덧붙여 말하자면, 하나님의 자기 계시의 삼위일체적 특성에 대한 온전한 인식은 삼위일체의 위격의 어떤 한분과 관련된 하나님의 진리의 특정 부분을 간과하거나 무시하거나 약화시키는 해석자 편에서의 중대한 위험성을, 비록 제거하지는 못하더라도, 최소화할 것이다.

셋째로, 언약사적 방법은 삼중적 범위를 가진다. 그 자체로 그것은 중생과 칭의와 성화와 관련되는 새로운 언약의 삼중적 약속을 반영할 뿐만 아니라, 또한 이 한 쌍을 이루는 세 가지 것의 각각을 그 기능의 관점에서 적절히 강조한다.

이러한 견지에서 칭의 교리가 "교회의 존망이 걸린 신조"articulus stantis et cadentis ecclesiae라고 선언하는 것은 부적절할 것이다. 그런 선언은 종교개혁의 논쟁이 한창일 때는 이해할 수 있을 것이지만, 내재적 위험성이 덜 있는 것은 아니다. 그것은, 다른 진리들은 부차적이거나 부가물로 역할하게 하면서, 칭의를 비록 복음의 핵심heart은 아니더라도 주요소centerpiece로 여기게 하는 제안인 것 같다. 하지만 칭의 없이 하나님의 평화를 받는 사람이 되는 것이 불가능한 것과 똑같이, 중생 없이 하나님의 나라에 들어가며 성화 없이 하나님과의 교제를 누리는 것은 불가능하다는 것을 간과하지 않아야 한다. 세 가지 모두가 똑같이 필요하며 필수적이고, 똑같이 새로운 언약의 유익이다. 마찬가지로 세 가지 모두가 똑같이 성부에 의해 약속되며, 성자에 의해 이루어지고, 또한 성령에 의해 실행된다. 그리고 세 가지 모두가 똑같이 복음의 은사이다. 만약 한 가지가 존재하면, 모든 것이 존재하는 것이다. 만약 한 가지가 빠져 있다면, 모든 것이 빠져 있는 것이다. 그러므로 세 가지 모두가 다음과 같이 동일하게 강조되고 관심을 받아야 한다. 경험상의 출발점으로서의 중생과 법정적 기초로서의 칭의와 그리스도인의 하나님 앞에서의 열매 맺는 최상위의 부분으로서의 성화. 만약 도대체 계층적 질서가 있다면, 십중팔구 최상위의 부분은 성화인 것으로 동의될 것이다. 통계적으로 그것이 다른 둘을 합한 것보다 더 많은 성경적 관심을 받는다.

요약하자면, 언약사의 방법은 이전의 것을 이후의 것의 토대와 씨앗 양자로 보며, 삼위일체적 특성을 지니고, 삼중의 범위를 가진다. 이 모두는 해석의 틀을 제안하는데, 그것의 중요성은 아무리 강조해도 지나치지 않다. 이점은 십중팔구 일련의 대조에 의해 가장 설득력있게 입증될 수 있다.

만약 언약사적 해석법이 옳다면, 세대주의적 방법은 용인될 수 없다. 그것의 율법과 은혜의 세대의 급진적 분리의 구조는 연속성 가운데서의 점진적 진전의 개념과 조화되지 않을 것이다. 만약 율법과 약속이 언약의 똑같이 중요한 부가물이라면, 하나에의 배타적 강조 혹은 심지어는 특별한 강조는 단지 다른 것을 희생시키게 될 것이며 따라서 부적절한 것으로 배제되어야 한다. 만약 이전의 것이 이후의 것의 토대가 된다면, 이후의 것에 끼워 맞춰 이전의 것을 해석하는 인기 있는 예표론적 접근법은 거절되어야 한다. 그것은 자체의 특유한 메시지를 지닌 이전의 것의 온전성을 훼손한다. 만약 합당한 해석 방법이 삼위일체적 특성을 지닌다면, 배타적으로 또는 심지어 지배적으로 기독론 중심의 해석은 심각한 문제들을 제기하게 될 것이다. 그것은 의식적으로든 비의식적으로든 성경 메시지의 초점을 협소화하게 된다. 실제로 그것의 엄격한 적용은 아마도 치명적인 결과를 가져올 것이다. 루터의 기독론 중심주의는 경고의 역할을 한다. 만약 그것이 지배적이었다면, 야고보서는 정경에서 탈락하는 것이 당연했을 것이다! 만약 성경이 삼중의 범위를 지닌다면, 새로운 언약의 세 가지 유익 중 하나에 대한 부당한 강조 혹은 심지어 중심적인 강조는 단지 다른 둘을 가로막게 될 것이며, 따라서 용인될 수 없다. 그것은 온전한 성경의 구원 메시지를 손상시킬 것이다.[13]

---

13. 개신교 종교개혁은 아마도 칭의 교리를 불균형적으로 강조했던 것으로 여겨지는데, 이것은 또한 그것의 찬송가가 가리키는 바와 같은 것으로 보인다. 루터는 그것의 자신의 신학의 중심 주제로 삼은 것으로 알려졌다. 칼빈은 자신의 『기독교강요』에서 복음의 두

대체로 교회의 실패와 몰락은 항상 성경의 온전한 언약사적 내용에 대한 이해의 부족과 그에 따른 그 메시지에 대한 설교 부족과 병행된다. 얼마나 이것이 치명적일 수 있는지를 아는 일은 어렵지 않은데, 왜냐하면 단지 설교가 하나님이 정해놓으신 우선적인 은혜의 방편일 뿐만 아니라(행 2:42; 롬 10:14-15), 또한 그 하나님의 온전한 뜻을 대체할 수 있는 아무것도 없기 때문이다(행 20:25-27).

그러나 여전히 해결되지 않은 가장 근본적 질문이 남아 있다. 세 가지 해석 원리를 수반하는 언약사의 방법이 왜 다른 방법, 특별히 방금 대조된 방법들보다 선호되어야 하는가? 다른 말로 하자면, 올바른 해석법을 결정하는 기존의 표준이 있지 않는가?

대답은 원칙적으로 간단하다. 곧 그런 인지 가능한 선험적 표준은 전혀 없다는 것이다. 방법론은 관련된 단서들 전체에 정성껏 면밀한 관심을 기울임을 통해 성경 본문 자체에서 도출되어야 한다. 이후의 그것의 유효성은 언제 어디서나 본문 스스로 말하도록 본문에 온전히 충실한지의 여부에 달려 있다.

이 모든 것은 다른 어떤 접근법보다 언약사적 방법을 선호하는 것으로 보인다. 이 방법은 성경 본문 전체에서 나올 뿐만 아니라 또한 그것 전체를 포괄하는 것 같다. 실제로 이 방법은 성경 전체나 부분의 어떤 것도 왜곡하거나 곡해하거나 짜 맞추거나 무시하거나 과소평가하거나 과대평가하거나 축소하거나 은폐하거나 생략함 없이 성경 전체의 의미를 발견하며 깨닫고 확증하며 입증할 수 있는 유일한 해석의 틀을 제공하는 것 같다. 다른 말로 하자면, 이 방법은 성경적으로 보이기 때문에 최종적이고 온전한 결정을 함에 있어 성경을 돕는 것으로 신뢰할 수 있다.

가지 유익, 곧 칭의와 성화에 대해 조직적으로 논의한다는 면에서, 더 넓은 관점을 지니지만, 여전히 성화에 대한 논의가 칭의에 대한 논의만큼 철저한지에 대한 의문이 남아 있다. 더욱이 중생에 대한 독립적 논의가 전혀 없다는 점이 매우 뚜렷하다. 이 모두는 기본적인 약점을 가리킨다. 결국 새 언약은 삼중의 유익을 강조한다. 하지만 여기에서 그 함의를 상세히 다룰 수는 없다.

2. 성경 본문의 의의: 두 번째 논제

이 단락은 설교와 관련하여 그리고 연관된 최근의 해석학적 논쟁의 관점에서 의미와 의의의 관계의 결정 문제로 시작한다. 그것은 본문의 의의를 규명하는 데 이르기 위해 사용될 방법에 대한 제안으로 계속된다. 그것은 제안한 방법이 원하는 목표를 달성하는 데 비록 필수불가결하지는 않더라도 적합한 것임을 설득력 있게 보여주려고 의도된 다수의 사례를 제시하는 것으로 마무리된다.

1. 의미와 의의의 관계

한 유명한 정의에 따르면 설교란 하나님의 진리를 인간이 인간에게 전달하는 일이다.[14] 이것은 설교가 본문의 의미의 제시로 제한되는 강의 이상의 것임을 시사한다. 그것은 자료의 나열에 국한되지 않는데, 그 자료가 하나님에 대해서건 인간에 대해서건, 또는 사람에 대해서건 사물에 대해서건 사건에 대해서간 말이다. 그런 나열은 아무리 유능하고 능숙하더라도, 너무나 자주 부적절한 특징을 지닌다. 진리의 전달로서의 설교는 당연히 하나님의 인격과 사역과 말씀 안에서의 그분의 실재와의 대면을 함의한다. 실제로 그것은 항상 위압적이다. 그것은 요구하고, 지시하고, 약속한다. 또한 그것은 제공하며, 힘을 불어넣고, 전율케 한다. 가능한 것의 목록은 끝없다. 그러나 그것은 항상 어떤 문제에 맞닥뜨릴 것을 강요한다. 따라서 인간은 반응하며, 복종하고, 순응한다. 또한 반대하고, 반항하며, 무시한다. 다시 한 번 그 목록은 아마도 끝없을 것이다.

다른 말로 하자면, 설교에서 하나님의 진리가 필수적으로 청자의 삶

---

14. 필립스 브룩스(Phillips Brooks)의 이 정의는 다음에서 인용된 것이다: John R. W. Stott, *Between Two Worlds* (Grand Rapids: Eerdmans, 1982), p. 266.

과 관련되도록 전달된다는 것이다. 그러므로 핵심적인 것은 본문의 의미와 의의 양자 모두가 전달되는 일이다. 진리의 전달로서의 설교는 단지 강해일 뿐만 아니라, 또한 적용이기도 하다.

두 번째 논제는 본문의 의의 혹은 적용을 탐색하는 일과 관련된다. 본문의 의의의 충분하며 필수적 조건만 아니라 본문의 의의의 성격을 항상 바르게 이해된 해석학의 관심사였으며 물론 설교학의 근본적 관심사이다.

의의는 어떤 사람 또는 사물, 혹은 어떤 개인 또는 상황 또는 곤경과의 의미의 관계라고 정의되었다.[15] 주장된 바와 같이, 본문의 의미는 하나이며, 항구적이며 변하지 않는다. 그것은 적절한 해석학적 절차에 의해 발견될 수 있다. 반면, 본문의 의의는 다중적이며 끝없이 변화한다. 그것이 다중적인 이유는 본문과 결부될 수 있는 개인과 상황과 곤경이 다중적이기 때문이다. 그것이 끝없이 변화하는 이유는 본문과 결부될 수 있는 개인과 상황과 곤경이 결코 동일하지 않기 때문이다.

따라서 다음과 같은 두 가지 질문이 제기된다. 의미와 의의의 관계는 무엇이며, 본문의 의의는 어떻게 결정될 수 있는가? 두 가지 핵심 문제 모두가 두 번째 논제에서 다뤄지는데, 그것은 의의에는 확고한 기준점과 예측 가능한 구조가 있다는 점을 보여주려고 시도한다. 다음 세목은 그 첫 번째 문제를 다룬다.

본문의 의의는 정확하게 본문의 의미에 기반하며 그것에서 도출되어야 한다. 만약 해석이 본문의 고유하거나 온전한 의미를 재현하는데 실패한다면, 본문의 의의에 대한 탐구는 시작하기도 전에 곁길로 나가거나 심각하게 방해될 것이다. 역으로 만약 주장된 의의가 본문의 의미에 기초하지 않다면, 본문의 진리를 제시한다고 말할 수 없다. (이것은 근본적으로 본서의 "설교의 현상학"에서 사무엘 로건이 주장하는 견지와 동일

---

15. Hirsch, *Validity*, p. 8, Aims, pp. 2-3.

하다. 그의 "분석"과 "직관"이라는 용어는 필자의 "의미"와 "의의"라는 용어에 대략적으로 상응한다.)

이제 그것은 두 가지 방법론 사이의 최근의 논쟁에 대한 분석으로 예시될 것이다. 첫 번째 것은 "모범적"exemplary 방법으로 지칭되며 매우 오래 되었다. 그것에 대한 반발로 발전된 두 번째 것은 소위 "구속사적"redemptive-historical 방법이며 20세기 후반에 등장했다.[16] 이 논쟁은 우리의 목적에 잘 소용되는데, 왜냐하면 전자의 초점은 본문의 의의이며, 후자의 초점은 본문의 의미이기 때문이다. 이것은 다양한 비난과 반론에 반영되어 있다. 반대파의 관점에서 모범적 방법은 강해의 부분에서 심각한 오류가 있는 반면, 구속사적 방법은 적용의 부분에서 심각한 결함이 있다. 역설적인 사실은 양 견해 모두 정당성이 없지 않다는 것이다. 동시에 이 논쟁이 교착 상태와 상호 불만으로 끝났다는 것은 거의 놀랍지 않다. 의미와 의의의 관계라는 근본적 문제가 결코 진정으로 결합되지 않았다. 반대자들은 다른 차원에서 서로에게 말했는데, 이것은 합당한 의사소통을 막았다.

올바르게 관찰된 바와 같이,[17] 모범적 방법은 인간의 가능한 모든 곤경과 삶의 정황에 해당하는 것으로 의도된 "모범들"의 방대한 모음으로 이루어진 일종의 "전시관"으로 여기며 성경에 접근한다. 결과적으로 이 방법은 본문을 도덕적이며 심리적이며 영적이며 때로는 심지어 풍유적으로 해석하는 일을 반대하지 않는다. 우리는 이 방법을 굳이 승인하지 않더라도 이 방법이 일상생활에서 의미가 있는 진리를 포함하고 있다는 것으로 보여주려는 동기에서 비롯되었음을 알 수 있다.

하지만 구속사적 방법의 지지자는 세 가지 점에서 모범적 방법에 반대한다. 첫째로, 그것은 성경 본문을 토대적인 것이 아니라 예화적인

---

16. 이 논쟁에 대한 탁월한 논의에 대해서는 다음을 보라: S. Greidanus, *Sola Scriptura* (Toronto: Wedge Publishing Foundation, 1970).

17. Ibid., pp. 9-10.

것으로 간주하며, 그것을 장구한 세월 동안 보급되어온 성경 가르침의 기초로 보기보다 그것에서 그 장구한 세월을 넘어 "그때"와 "지금"의 표면적 병행 교훈을 얻어내고자 한다. 둘째로, 그것은 잘 조직된 유기적 전체가 아니라 분열된 단편들의 모음으로 여기며 성경에 접근하고, 그 초점을 여러 독특한 단계를 지닌 구속사에서 다소간 단조롭게 획일성을 지닌 구원의 순서로 바꾼다. 셋째로, 그것을 성경 본문을 종합적이기 보다 원자적인 것으로 해석하며, 성경 본문의 주제상의 구조적 통일성을 희생하는 대신에 단절된 개별적 특성을 강조한다.[18]

이 세 가지 반대는 잘 되어진 것 같다. 그러나 가장 불리한 비판은 아직 말해지지 않았다. 결국 모범적 방법에서 본문의 역할이 무엇인가? 본문이 그로부터 나왔다고 주장되는 메시지에 절대적이며 필수적인가? 그런 것 같지 않다. 도덕적이며 심리적이며 영적 해석에서 본문은 "교훈"을 전달하기 위한 출발점으로 사용된다. 유사하게 풍유적 해석에서 본문은 "시의적절한 진리"를 도출하는 판도라의 상자로 기능한다. 그러나 양 경우 모두에서 독특한 내용과 목적과 상황을 지닌 본문이 등한시될 뿐만 아니라, 또한 교회사 속의 인물과 사건에 대한 이야기와 같은 비성경적 "본문"이 본문의 역할을 맡기 쉽다.

이 모든 것이 검토되는 "교훈"과 "시의적절한 진리"가 필연적으로 용인될 수 없다거나 무익하다고 이야기하는 것은 아니다. 그러나 그것은 이 방법론에서 본문 자체는 실제적으로 침묵하도록 만들어지며 본연의 권위 있는 메시지를 말하도록 허용되지 않는다고 이야기하는 것이다. 구속사의 방법은, 그 두 구성 요소가 이미 가리키고 있듯이, 이중적 주제를 지닌다. 하나는 그것이 성육신 전후 모두의 그리스도의 인격과 사역이 중심 무대를 차지할 것을 요구한다는 것이다. 그분이 하나님의 모든 사역의 개요이며, 모든 계시의 내용이고, 성경 전체의 초점

---

18. See B. Holwerda, *Begonnen hebbende van Mozes* (Terneuzen: Littooij, 1953), pp. 87-91, esp. 94.

이며, 모든 해석의 기준점이다. 이것은 기독교 메시지에 그리스도의 성육신과 십자가에 달리심과 부활과 승천 이외의 것이 있다는 것을 부정하는 것은 아니다. 그러나 이것은 만약 그분과 단절되고 분리된다면 그 어떤 것도 기독교적 특성을 잃게 되고 말 것임을 말하는 것이다. 모든 것이 그리스도 중심성에 좌우된다. 그러나 아마도 훨씬 더 근본적인 두 번째 기초가 되는 주제가 있다. 그리스도라는 말은 전적으로 그분이 역사의 중심이심을 뜻한다. 그분 안에서 역사의 통일성과 연속성과 진보가 보장되는데, 이것은 역사가 의인화된다는 말은 아니다. 역사는 연속성을 지니시며 진보를 이루시는 한분 그리스도의 이야기이다. 따라서 선지자와 제사장과 왕의 삼중직을 맡으신 그리스도의 인격이 매우 강조되는데, 그 삼중직은 그리스도가 창조에서 성육신까지 그리고 다음으로 재림에 이르기까지 계속하여 말씀하시며 사역하시고 지시하시면서 나아가실 때에 행하시는 바이다.

이 모든 점이 성경의 그리스도 중심성에 대한 주장, 해석의 그리스도 중심성에 대한 강조, 그리고 설교에 있어서의 그리스도 중심성에 대한 열망을 해명한다. 성경이 그리스도 중심적인 것은 그것이 직접적이거나 간접적인 – 다른 이들의 매개를 통한 – 말씀과 행위와 통치 가운데 행해진 구속사 전면에 걸친 그리스도의 승리의 행진의 모든 국면과 사실에 대한 충실한 보고를 하고 있기 때문이다. 따라서 그리스도 중심적 해석은 성경 본문의 구성 요소들을 통일성 있게 주제에 따라 분석함에 의해 드러나는 그러한 국면과 사실들을 정조준하고 끄집어내며, 다른 한편으로, 그리스도 중심적 설교는 그러한 국면과 사실들을 장대한 역사의 일부로 제시한다.

적절히 행해질 때 성경 본문의 구속사적 강해는 아마도 동시에 그것의 적용이 될 것이다. 이것은 삼중적인 근본적 정체성에 의해 명백히 보장되는데, 비록 동시에 실제적 차이가 있지만 말이다. 동일한 그리스도께서 역사의 모든 국면에서 말씀하시고 행동하시며 통치하시는데, 비록 그분이 점차적으로 더 온전히 자신을 드러내고 나타내시지만 말이다. 동일한 행진이 역사의 본질을 형성하는데, 비록 그분은 국면의 진행에 따라 진전을 이루시며 그 행진의 모습이 점차적으로 더 명백해지지만 말이다. 동일한 백성이 역사 내내 그리스도와 더불어 행진하는데, 비록 그들이 점차적으로 더 풍성한 그리스도의 계시를 누리며 점차적으로 더 앞으로 나아간 그분의 행진 가운데 함께 있지만 말이다. 하지만 그리스도 중심적 설교에서 강해가 적용과 동일하게 되는 것은 단지 전 과정에 걸쳐 동일한 구조와 특성을 지니는 구속사의 장대한 범위에 대한 강조에 의해서만이 아니라, 또한 그리스도 중심적 설교 자체가 구속사의 일부, 곧 그리스도께서 자신의 백성을 휩쓸어 가시는 승리의 행진의 일부이기 때문이기도 하다. 우리는 굳이 구속사적 방법에 동의하지는 않더라도 그 방법이 그리스도의 승리를 온전히 동참하려는 생각과 더불어 세세하게 드러내고자 하는 동기에서 유발된 것임을 인정할 수 있다.

하지만 모범적 방법의 지지자들은 두 영역에서 의혹을 표한다. 그들은 구속사의 실재를 곧바로 인정하지만, 배타적으로 구속사적인 방법은 그리스도 중심적 해석과 가능한 적용 양자 모두에 있어 비록 환원주의적이지는 않더라도 제한적이라고 비난한다.

이 이중적 비난을 가볍게 여겨서는 안 된다. 구속사 전통의 한 설교자가 성령이 승천하신 그리스도의 선물이라는 누가의 진술에 의해 "성령의 절기는 그리스도의 절기입니다"라는 주제로 사도행전 2장의 진리를 담아낸다면, 문제가 있음을 부인하기 힘들다. 왜 사도행전 2장이 성령의 부음과 성령의 존재의 현현과 또한 그분의 임재가 행해지는 방식을 보여주는 전형적 장인 것을 외면하는가? 배타적으로 그리스도 중심적인 관점의 해석은 반드시 하나님의 온전한 삼위일체적 자기 현시와 강조를 막게 되어 있다는 것 외에 다른 어떤 결론을 낼 수 있겠는가? 사도행전 2장의 귀중한 진리를 회중에게서 막는 이 제한적 경향은 로마서 8:9에서 성령의 임재가 생사의 문제라고 이해될 때 우려된다.

더욱이 동일한 전통의 다른 설교자가 여호수아 4:24 상반절을 참조하여 여호수아 4:19-24의 열두 돌을 배타적으로 "역사에서 하나님의 구원하시는 능력의 기념물"로 묘사하며, 그 적용으로 청중에게 성경과 교회의 역사에서의 유사한 기념물들을 통한 하나님의 구원하시는 능력에 주의하라고 권면할 때, 다시 한 번 쉽게 잦아들지 않는 의문이 들게 된다. 과연 무엇이 여호수아 4:24 하반절에 따르면 여호수아의 기념물의 궁극적 목적이 여호와에 대한 경외라는 매우 감동적인 진리를 간과하며 보지 못하도록 만들었는가? 단지 한 가지에만 시선을 돌리는 듯하며 결과적으로 본문의 적용적 가능성을 축소하는 것으로 귀결되는 동일한 제한적 해석법 외에 어떤 것일 수 있겠는가? 여호수아 4장의 온전한 진리를 타협하게 하는 이 환원주의적 경향은 성경에서 여호와에 대한 경외가 지혜의 시작이요 경건의 핵심임이 깨달아질 때 더욱 더 반대할 수밖에 없다.

단지 그분의 삼위일체적 자기 현시에 있어서 뿐만 아니라, 그분의 중생과 칭의와 성화라는 삼중적 목적에 있어서도 하나님을 중시하는 잘 조직된 언약사적 방법론은 사도행전 2장과 여호수아 4장 양자 모두의 온전한 의미와 의의 둘 다 곧바로 인지했을 것이다.

이 모든 것이 결국 모범적 방법에 대한 것과 유사한 근본적 비판으로 귀결되는 것은 역설적이다. 구속사적 방법에서 본문의 기능이 무엇인가? 이 방법의 초점은 가장 우선적으로 본문이 아니라, 오히려 전개되는 구속사의 다양한 사실과 국면인 것이 날카롭게 관찰되었다. 본문은 다소간 역사를 가로지르는 그리스도의 행진의 국면과 사실들을 목도하는 "창문"으로 기능한다.[19] 따라서 빈번히 본문 자체의 범위가 좁아지

---

19. Greidanus, *Sola Scriptura*, pp. 191-95, 212. 그는 모범적 방법과 구속사적 방법 양자 모두를 본문 밑의 사실의 차원으로 내려간다고 비난하는데, 그 이유는 양자 모두 본문 이면의 원래적 사실을 설교하려고 시도하기 때문이라는 것이다. 모범적 방법은 묘사된 하나님의 백성의 행실에 있어서의 원래적 사실을 찾는다. 따라서 이것은 긍정적이거나 부정적인 윤리 모범이 된다. 구속사적 방법은 원래적 사실을 그리스도 안에서의 하

거나, 의도가 무시되거나, 또는 심지어 본질까지도 훼손되는데, 왜냐하면 그것은 궁극적으로 "심미적 사색"으로 묘사될 수 있는 목적에 소용되도록 되어 있기 때문이다. 실제로 구속사적 전통의 설교는 뜨거운 사막과 눈 덮인 산맥과 광활한 강과 밀림과 널따란 대초원과 바위투성이의 언덕과 깊은 호수 등이 펼쳐지는 지형 위의 높은 창공으로 보잉 747기를 타고 비행하는 일에 자주 비견된다. 그 풍경은 광대하며 웅장하고 인상적이며 놀라우며, 언제나 편안하다. 그러나 한 가지 문제가 있다. 그리스도인은 사물들의 "위에" 있지 않다. 그는 사물들 속에 있다. 그는 그 지형을 하나하나 거쳐 가며 느리고 고된 도보 여행을 한다. 따라서 그는 더위나 추위나 고통이나 실패를 경험하게 된다. 때때로 그 여행은 끝이 없거나 단조롭거나 즐겁지 않거나 불가능한 것처럼 보인다. 종종 여행자는 방향 감각이나 계속할 힘이나 성공의 희망이나 인내할 의지를 상실한다. 다른 때에는 지혜나 전문 지식이나 자원이나 도움이 부족하다. 항상 그는 분투 가운데 있게 된다. 바로 이것이 "심미적 사색"이 결코 그리스도인의 인생길의 충분한 양식이 되지 못하는 이유이다. 단지 그것만으로는 매우 빈약한 식사가 될 것이다.

나님의 구속사적 행위로 규정한다. 따라서 그것은 하나님의 백성의 관심 대상이 된다. 그레이다누스는 양 방법 모두 성경 본문을 놓치게 되며 "오직 성경"(sola Scriptura)을 "성경 아래에"(sub Scriptura)로 대체시킨다고 주장한다. C. Trimp, "The Relevance of Preaching," *The Westminster Theological Journal* 36 (1973): 1-30, esp. 17-30은 구속사적 전통에서 설교의 적실성이 "오직 성경"의 원리와 관련되며 실제로 그 원리와 함께 주어진다고 주장한다. 하지만 유감스럽게도 그는 이 문맥에서 바로 "오직 성경"의 문제에 대해 그의 전통이 기대 이하라는 그레이다누스의 비난에 답하지 않는다. 더욱이 "종교개혁의 '오직 성경'의 원리가 어떻게 설교의 적실성을 함의하며, 인증하고, 보장하는지"를 설명하기 시작할 때, 그는 다소간 실망스럽다. 다음과 같은 진술들은 설교가 적실함을 입증할지는 모르지만, 너무 일반적이어서 적실성 있는 설교를 산출하게 하지는 못할 것이다: "설교의 적실성은 원칙적으로 성경이라는 옷을 입고 교회 안에 현존하시며 활동하시는 그분 안에서 주어진다"; "동시에 성경의 그리스도에 대한 설교가 아닌 모든 적실성은 가짜 적실성이다"; "말씀의 사역에서 그분, 곧 성령은 자신의 역사를 이루어 나가시며 바로 인간의 마음에 구애하신다"; 그리고 "성령의 사역은 매우 구체적이며 적실함으로 모든 사람이 … '하나님의 큰 일을 말함을 듣는다'(행 2:11)."

이것은 구속사적 설교에 아무런 진리의 요소도 없다고 말하는 것은 아니다. 그런 광대한 조망은 활력을 불어 넣어주며 따라서 때때로 필요하다. 그러나 이것은 구속사적 설교가 인생의 풍성함을 다루려고 하지 않으며 따라서 결국 방법론으로서 별 성과를 내지 못하도록 정해져 있다고 말하는 것이다.

결론적으로 양 방법론 모두 그리 전망이 밝아 보이지 않는다. 구체적 적용이라는 칭찬할만한 목표를 가졌지만, 모범적 방법은 본문의 의미에 정초하고 있지 않으므로 올바로 해석된 의의를 규명하는 데 이르지 못한다. 합당한 강해라는 똑같이 칭찬할만한 목표를 가졌지만, 구속사적 방법은 본문의 온전한 의미와 그에 따른 의의를 규명하는 데 이르지 못한다. 양자 모두 본문에 부과되지만, 본문에 의해 보장되지 않는 격자 눈금과 더불어 작동한다. 요약하자면 양자 모두 성경 본문의 합당하며 온전한 의미와 또 그 의미에 기초한 본문의 합당하며 온전한 의의로 이루어지는 성경 본문의 진리를 내놓기에는 부족하다.

2. 성경적 의의와 보편적 원리들

본문에 대한 합당하며 온전한 강해에 기초하여 똑같은 정도로 본문에 대해 합당하며 온전한 적용을 하는 일이 가능한가? 이 질문에 대한 답은 단연코 긍정적이다. 이것은 본문의 적용이 항상 즉각적으로 소용된다고 말하는 것은 아니다. 이유는 단순하다. 본문의 진리는 자주 현대인에게 익숙한 것과 매우 다른 다양한 문화 양식에 둘러싸여 있다. 본문의 진리는 자주 현대의 청중의 상황과 맞지 않는 다양한 역사적 상황 가운데 놓여 있다. 그것은 오늘의 사회가 필연적으로 친숙하지 못한 다양한 문학 장르로 쓰여 있다. 그것은 현대인에게 아마도 낯설 수 있는 다양한 언어적 특성으로 표현된다. 이 모두는 성경 본문의 적실성이 오늘의 우리에게 상실되는 이유는 설명해준다. 본문의 의미를 제시하려고 의도하는 설교가 자주 청중을 이해하지 못하기 때문에 메마르고 김빠지는 것은 기이하다. 다른 한편, 생동감 있으며 청중의 자리에서 그들을 만나려고 시도하는 설교는 자주 성경 진리의 올바른 제시를 결여한다. 그러나 꼭 그러할 필요는 없다. 본문의 진리가 온전한 의미와 적실성 가운데 전달되도록 보장하는 방식이 있다. 그것은 보편적 원리와 방침들이 본문에서 얻어지는 방식이다. 뒤에서 보게 될 바와 같이, 이것은 성경 자체가 보여주는 모범이다.

이 원리와 방침을 인지하고 재현하기 위해 먼저 언어와 문화와 역사와 여타 관련 분야에 대한 연구의 도움이 최대한으로 확보되어야 한다. 그것들은 자주 본문의 해명에 비록 필수적이지는 않더라도 놀라운 빛을 던져준다. 예시 자료의 견본을 드는 일이 이 점을 뒷받침해줄 것이다.

최근의 한 연구는 "죽은 자들을 위해 세례를 받는"(고전 15:29)이라는 어구에서 "세례를 받는"이라는 동사는 상징적으로 "온전히 열중하다" 또는 "몰두하다"로 여겨져야 한다고 제안하는데, 이것은 사전적으로도 꽤 합당하다. 이 제안은 제사를 드리고 술과 음식을 장만하는 등의 일을 통해 죽은 자를 세심하게 돌보던 당시의 널리 퍼진 관습에 비추어 볼 때 상당히 타당한 것 같다. 심지어는 이러한 종류의 서비스를 제공했을 장의사 길드들까지 있었던 것으로 보인다. 그렇다면 바울은 수사적 질문을 하고 있는 것일 것이다. 만일 죽은 자들이 살아나지 못하면 어찌하여 그들을 위한 돌봄에 몰두하는가? 만약 이 해석이 옳다면, 고린도전서 15:29에 관한 혼란을 확실히 종식시키게 될 것이다.[20]

유사하게 그리스도의 가다라 땅으로의 여행이 이방 선교의 시도였는지 아니면 잃어버린 이스라엘에 대한 사역의 일부였는지를 알기 위해서는 마태복음 8:28-34의 의미와 적용이 필수적이다. 지리학적이며 역사적인 연구 양자 모두가 한때 가다라 지방이 이스라엘 연방의 일부였

---

20. J. van Bruggen, *Het lezen van de bijbel* (Kampen: Kok, 1981), pp. 43-53, esp. 51-53.

는데 경제적 이유로 독립했음을 가리킨다. 따라서 그 구절은 "이방 선교의 첫 번째 실패"를 기록하는 것이 아니라 "잃어버린 상태에 있는 이스라엘에 대한 그리스도의 점검들의 한 예"에 대한 기록된 보고이다. 그 상황은 암울한 것으로 보인다. 부정의 상징인 돼지와의 친숙한 연관성은 죄악으로부터의 분리에 대한 전적인 무관심을 나타낸다.[21] 더욱이 그 땅의 길목에 귀신들린 자들이 공포감을 조장하며 있었던 것은 사탄의 지배를 가리킨다. 더욱 심각한 점은 다시 한 번 일상생활의 안전을 보장하며 또한 이것과 밀접하게 관계된 것으로 금지된 돼지와의 연관성의 종결을 보장하고, 다시 한 번 거룩함의 미덕을 바라볼 수 있게 한 귀신의 지배로부터의 구원이 두려움에 사로잡힌 적대에 부닥친다는 것이다.

본문의 특성 또는 심지어는 구조를 해명해주는 이 "보조적" 연구들보다 더는 아니더라도 동일하게 중요한 것은 궁극적으로 가장 넓은 문맥에서의 성경 본문의 주요 목적 또는 일반적 취지 또는 통일된 주제에 대한 탐구이다. 이것은 본문의 의미를 발견하며 그 의의를 결정하는 데 매우 중요한 것임을 드러낼 것이다.

예를 들어, 요한복음을 그 진술된 목적(요 20:31)대로 그리스도의 신성과 믿음과 생명이라는 세 가지 주제에 따라 살피는 일은 요한복음 1-11장의 구조를 해명해주는데, 만약 그렇지 않다면 파악되지 않았을 것이다. 말씀으로서의 그리스도와 (그분께로 이끈) 세례 요한과 (결국 그분으로부터 나아가게 되는) 제자들에 대한 강조점을 지닌 첫 번째 장을 이어서, 요한은 요한복음 2, 3, 4장에서 신성과 믿음과 생명에 대해 소개하고, 요한복음 5, 6, 7장에서 그것들의 본질을 설명하며, 요한복음 8, 9, 10장에서 그것들의 함의를 진술한다. 이 세 가지 순환이 요한복음 11장에서 절정을 이루는데, 거기서 세 가지 주제 모두가 나사로를 살리

---

21. 레 20:22-26, 특히 25절에 따르면 하나님께서는 성별의 필요성을 상징하기 위해 정결하며 부정한 음식을 구분한다. 고후 6:14-18에서 동일한 진리가 제시되는데, 여기서는 다른 상징과 연관된다.

신 기사에서 결합된다. 단지 상호관계 속에서의 세 주제의 세 번에 걸친 반복만으로도 이미 강력한 적용을 예약한다.

"보조적" 연구들이 완료되며 일반적 목적 또는 통일된 주제(들)가 결정되면, 다음 단계는 성경 본문에서 보편적 원리와 방침을 얻어내는 것이다. 이것은 문맥의 틀 내에서 그리고 유사한 상황의 모든 시대와 사람에게 적용될 수 있는 방식으로 본문의 개요를 작성함에 의해 행해질 것이다. 본문의 세목을 제시하는 사실들에 대한 개요들은 본문의 윤곽과 구조와 내용과 또한 더불어 그 의미를 선명하게 하는데 큰 도움이 될 수 있다. 그러나 그것들은 단지 보편적 용어로 표현되는 하나의 개요를 만드는 최종적 목표로 나아가기 위한 단지 중간 과정일 뿐이다.

이런 개요가 유익한 점은 다양하다. 첫째로, 그것은 이제까지 달성하기 어려웠던 목표를 달성하게 한다. 강해가 실제로 적용이 된다. 의미와 의의의 이 결합은 설교 사역이 동시대를 위한 하나님의 말씀이 되는 메시지를 전할 수 있도록 해준다.

둘째로, 그 개요가 보다 상세하면 상세할수록 보편적 원리들은 더욱 구체적이게 될 것이다. 그 개요의 주요 부분의 보다 일반적인 보편적 원리는 하나님의 진리와 그리스도인의 삶의 보다 큰 구조와 넓은 범위를 가리킨다. 그 개요의 하위 부분의 보다 구체적인 보편적 원리는 하나님의 진리와 그리스도인의 삶의 보다 세밀한 점과 보다 구체적인 문제를 드러낸다. 일련의 보편적 원리 전체가 하나님의 진리와 그리스도인의 삶이라는 융단 전체를 포괄하게 된다.

셋째로, 보다 이전의 계시의 개요들은 보다 이후의 계시의 개요들에서 나타나는 보편적 원리의 배경과 토대와 틀이 되는 보편적 원리를 보게 해준다. 때때로 보다 이전의 원리들이 보다 이후의 것들의 서론과 준비가 되며, 다른 때에는 이전의 것들이 이후의 것들에 의해 구체화되거나 확장된다.

넷째로, 빈번하게 보편적 원리는 군cluster의 형태로 발견되는데, 다시 그 군들을 결합하여 전반적 방침을 형성할 수 있다. 이 방침 전체를 도출해낼 수 있다면 성경 본문의 메시지의 최대한의 이해를 끌어낼 수 있을 것이다.

다섯째로, 많은 보편적 원리는 쉽게 인지된다. 그것들은 본문의 표면에 나타나 있거나 특정 상황을 초월하는 일반적 진술로 온전히 표현되는 것으로 보인다. 제자들에 대한 그리스도의 지상 명령(마 28:19)은 전자를 예시하며, 유사하게 하나님의 "살인하지 말라"는 명령(출 20:13)은 후자를 보여준다.

여섯째로, 다른 보편적 원리들은 그리 쉽게 발견되지 않는다. 이것들은 금 광산의 덩어리와 같이 채굴되어야 한다. 그것은 대체로 역사적 자료와 예언뿐만이 아니라 소위 구약의 의식과 관련된 부분의 경우에 해당하는데, 왜냐하면 시간과 문화의 간격뿐만 아니라 하나님의 경륜의 변화 역시 고려되어야 하기 때문이다. 하지만 해석자 편에서의 노력이 더 크면 클수록 더 많은 보상이 뒤따를 것이다!

3. 한 가지 사례와 성경의 모범

지금까지 말한 것을 예시하기 위해 아래와 같은 한 가지 예를 들고자 한다. 이것은 최종적 목표를 달성하기 위해 권장된 중간 과정을 통합하기 위해 보편적인 동시에 사실적으로 진술되는 개요로 이루어질 것이다. 다음으로, 후속되는 절차와 그에 따라 얻게 되는 결과에 대한 의구심을 없애기 위한 몇몇 설명이 덧붙여질 것이다.

창세기 11:27-25:11(특히 12:4-20에 강조점을 둠)

Ⅰ. 아브라함의 생애   Ⅱ. 모든 신자의 조상

서론: 11:27-12:3　　　　　　서론:
　a. 가나안에 들어가라는 명령　　a. 그의 유산을 주장하라는 명령
　b. 땅과 민족과 세계에 관한 약속　b. 그의 유산과 후손과 세계에 대한 약속

1. 아브라함과 약속의 땅:　　　1. 약속된 유산
　12:4-14:24
　a. 아브라함과 애굽의 왕:　　　a. 하나님의 명령없이
　　12:4-20　　　　　　　　　　약속의 한계를 벗어남
　b. 아브라함과 롯:　　　　　　b. 믿음의 순종에 있는
　　13:1-18　　　　　　　　　　약속의 기초
　c. 아브라함과 동방의 왕들:　　c. 약속에 의거한
　　14:1-24　　　　　　　　　　형제 사랑의 행동

2. 아브라함과 약속된 자녀:　　　2. 약속된 후손
　15:1-21:34

3. 아브라함과 약속된 미래:　　　3. 약속된 미래
　22:1-25:11

　아브라함의 생애에 관한 이야기의 이중적 주제는 하나님의 약속과 아브라함의 (불)신앙이다. 그 자료는 다른 관점과 다른 주제로 다뤄졌을 수도 있을 것이다. 그러나 그렇지 않았다. 명백히 하나님께서는 약속과 믿음 양자 모두가 하나님의 자녀에게 필수적이라는 뜻을 전달하고자 원하셨다. 개요가 제안하듯이,[22] 이 이중적 주제는 땅과 자녀와 미래와 관련하여 세 가지 변동을 겪게 된다. 아브라함의 애굽으로의 피신

---

22. 아브라함의 생애에 관한 이야기의 삼중적 구분은 아브라함에 대한 삼중적 약속, 곧 유산으로 받을 땅과 태어날 후손과 맞이하게 될 세계의 미래와 관련된 약속에 병행되는 것으로 보이는 것으로서, 둘째와 셋째 부분의 시작을 표시하는 "이 일들 후에"라는 어구(창 15:1; 22:1)에 의해 암시된다.

은 첫 번째 변동의 예이다.

본장을 보편적 용어로 개관하는 일은 다시 한 번 이 방식에서 강해가 동시에 적용이 되며, 더욱이 일상생활에 대한 적용의 구체성은 강해의 상세성에 동반된다는 것을 입증할 것이다.

하나님의 약속과 하나님의 명령은 자주 신자를 한계점까지 내모는 것 같다(전적으로 미지의 땅에 가기 위해 모든 것과 모든 사람을 떠나라는 명령이 그러함). 하지만 하나님의 약속에 대한 의지와 그분의 명령에 대한 순종이 결합될 때면 언제나 그분의 축복(약속된 땅에의 안전한 도착)과 만나게 될 것이다. 다른 한편, 이 축복에는 항상 시험(새 땅에서의 기근)의 때가 동반될 것이다. 하나님의 약속을 잊고 생존을 위해 잘 모르는 행로를 택하게 된다(애굽으로의 피신). 그런 행로는 더 큰 곤경(바로에 의해 가해진 위협)으로 이어질 것이다. 만약 사람이 본래의 오류를 인정하지 않고 참된 회개 가운데 돌이키지 않는다면, 재난을 모면하기 위해 전적으로 무책임해지는 거스를 수 없는 아담적 성향이 도출될 것이다. 필요하다면 그는 자기 자신을 구원하기 위해 아내를 기꺼이 희생시킬 것이다. 결국 아내를 더럽혀지게 할 것인가 아니면 자신을 죽게 할 것인가의 선택이 관건이라면, 그는 전자(사라에게 요청)를 선택할 것이다. 접근 방법은 정당한 것처럼 위장될 것이다(엄밀히 말해 그는 그녀의 오라비이기도 했음). 다른 한편, 그의 아내가 믿음 가운데 화를 내며, 인간적으로 말해, 똑같이 거스를 수 없는 지배하고자 하는 자신의 성향(창 3:16하)[23]에 따르지 않고, 예상될 수 있는 결과에도 불구하고 남편의

---

23. 남자 편에서의 무책임해지는 거스를 수 없는 성향은 창 3:21에 의해 지적되고 성경 도처에서 나타나며, 창 12:11-13에서 마지막으로 나타나는 것이 아니다. 여자 편에서의 지배하고자 하는 거스를 수 없는 성향은 창 3:16, 특히 "네 소원이 남편에 대해 있을 것이고"(개역개정-"너는 남편을 원하고")라는 구절에 대한 특정한 주해에 근거한다. Susan T. Foh, "What is the Woman's Desire," *The Westminster Theological Journal* 37 (1974): 376ff. esp. 380-82은 동일한 어구를 사용하는 창 4:7을 참조하면서 그것이 "남편을 제어하며," "남편과 주도권을 다투고," 또한 "하나님이 정해놓으신 남편의 주도권을 빼앗고자 하는" 여자의 소원임을 결정적으로 보여준 것 같다.

외면상으로 합당한 요구에 순종할 때, 일단 한 고비를 넘기게 된다. 하지만 재앙이 점점 더 크게 드리워질 수 있다(바로의 궁으로 보내짐). 그럼에도 불구하고 하나님의 약속에 의지하여 그분의 명령에 순종하는 일(벧전 3:6)은 궁극적으로 그분의 축복을 낳게 되는데, 비록 그것이 그분의 개입을 요구하지만 말이다(결국 그러했다!) 덧붙여 말하자면 남자는 자주 첫 번째 실제 시험에서 탈락하는데(아브라함이 그러함), 이것은 그의 아내와 다르다(사라는 탈락하지 않음). 하나님께서는 자기를 부인하실 수 없기 (실제로 그분은 그렇게 하실 수 없었다!) 때문에 사람(모든 신자의 조상!)의 신실하지 않음이 하나님의 신신하심을 폐할 수 없음을 아는 일은 얼마나 격려가 되는가! 또한 성경 본문이 도덕적이거나 심리적이거나 영적이거나 풍유적 해석에 사로잡히지 않으면서 매우 구체적 상황에서 매우 철저하게 매우 큰 적실성을 지닌다는 것을 아는 일 역시 격려가 된다.

하지만 궁극적으로 어떠한 방법론도 성경 자체에 정초해 있음을 증명하지 못하면 설교자에게 요구될 수 없을 것이다. 그렇다면 이것이 마지막 주제가 될 것인데, 이 문맥에서 바라기는 단지 두 가지 설득력있는 논지만을 다루고자 한다.

첫째로, 구약과 신약 양자 모두에서 성경 자체가 관례적으로 이전의 성경에서 보편적 원리와 방침들을 얻어내며 그것들을 동시대를 위한 하나님의 말씀으로 제시한다. 어떠한 유형의 문헌도 예외가 되지 않는다. 보편적 원리는 역사적 사건과 이야기(창 22:14; 시 126:5-6; 롬 4:1-5; 약 2:20-25), 법률적 선언과 기사(스 9:10-12; 10:10-12; 13:1-4, 23-27; 말 3:8-10; 고전 9:9; 엡 6:2-3), 잠언과 시편과 같은 지혜 문학(롬 3:10-18; 12:20; 히 12:5-6; 13:5-6), 그리고 예언적 선언(마 2:18; 13:14-16; 행 28:26-27; 고전 1:19; 히 8:10-12; 10:16-17)에서 얻어진다.

둘째로, 성경 자체의 다른 성경 구절에 대한 "풍유적이며" "예표적인" 용법은 아마도 훨씬 더 인상적인 점일 것이다. 관련된 자료에 대한 검토는 금방 이것이 본문 밖에서 본문에 끼워 맞추는 식으로 의미를 해석하고 외적인 관심사에 따르는 고대에 유행하던 풍유적 해석 또는 후대의 성경으로부터 본문에 의미를 삽입하며 후대의 계시의 관심사에 따르는 현대의 예표론적 해석과 전혀 같지 않음을 보여준다. 실제로 성경에서 발견되는 다른 성경 구절에 대한 "풍유적이며" "예표적인" 용법은 의미와 아무런 관계도 없다. 그것의 초점은 항상 그리고 배타적으로 의의의 영역이다.[24] 보다 정확히 말하자면, 성경의 "풍유적이며" "예표적인" 용법에 있어 성경 본문은 그 고유의 특성과 원래의 의미에 있어 항상 존중되는 반면, 본문의 의의는 사실상 보편적 원리와 방침에 의해 본문에서 추론된다!

"풍유"(개역개정-"비유")라는 용어가 실제로 나오는 유일한 구절인 갈라디아서 4:24 이하가 적절한 사례이다. 바울은 아브라함의 두 아들이 태어난 방식과 그의 두 아내가 그 자신 그리고 서로에 대해 지니는

---

24. 성경에 대한 풍유적이며 예표적인 "해석"이라는 말과 성경의 풍유적이며 예표적인 "용법"이라는 말의 날카로운 구분에 유념하라. 전자는 기본적으로 본문 밖에서 본문에 의미를 부여하는 오류가 있는 해석자의 행위이다. 필자는 이 접근법을 본문의 온전성을 용납할 수 없게 훼손하는 것으로 보고 반대한다. 후자는 오류가 없는 성경에 단순히 주어져 있는 것으로서 본문의 의의가 본문을 넘어서서 드러나게 하는 일을 목표로 한다. 필자는 이것을 권위 있는 모델로 받아들인다. 이 주제 전체는 명백히 난해하며, 따라서 결정적이지 못하고, 때로 혼란을 야기하는 일련의 문헌을 양산해 왔다. 그런데 해석과 용법을 구분하지 못하는 일과 그에 수반되는 일들이 이 결정적이지 못함과 혼란함의 중요한 이유인 것 같다. John Goldingay, *Approaches in Old Testament Interpretation* (Downers Grove: Inter-Varsity Press, 1981), pp. 97-155은 풍유적이며 예표론적인 해석 양자 모두 다른 데서 의미를 삽입함을 공개적으로 시인하는데, 곧 풍유는 성경 본문에 대해 그리고 예표는 성경 사건에 대해 그러하다(pp. 103, 107, 112). 이것은 아마도 특별히 구약과 신약 간의 유비(analogy)와 대응(correspondence)뿐만 아니라, 구약에서 신약으로의 강화(intensification)에 의해 가능해질 것이다(pp. 98-101). 구약의 본문(풍유)과 사건(예표)의 신약의 그리스도 사건과의 관계 그리고 그 정반대의 관계를 주요 초점으로 삼는 풍유적이며 예표적인 해석(pp. 109-15)은 성경적 유비와 대응과 강화를 존중하는 한, 합법적일 것이다(p. 106). 그러나 이 체계는 그 훼손을 되돌리지 못한다. 본문이 아니라 해석자가 결정적 역할을 하는 것으로 보인다. 실제로 골딩게이는 또한 예표론은 성경의 사건을 상징적 의의에 대한 관심에서 연구한다고 진술한다! 그러나 해석자 편에서의 추가적 설명 없이는 그 일로부터 어떠한 결론도 도출하기 어렵다(p. 107).

관계와 관련하여 아브라함의 생애에서의 보편적 방침을 발견해내는데, 그는 그것을 매우 강력하고 효과적으로 갈라디아 회중이 처한 상황에 적용한다. 이삭이 자유인인 여인 사라를 통해 약속에 의해 태어났으며, 이스마엘이 여종 하갈에 의해 육체를 따라 태어난 것과 똑같이, 신자들은 자신들의 기원을 약속의 결과로서의 자유로운 위에 있는 예루살렘에서 찾으며, 유대주의자들은 율법의 행위를 통해 종노릇 하는 지금 있는 예루살렘에서 찾는다. 더욱이, 이스마엘이 이삭을 박해했으므로 이스마엘과 그의 어미가 쫓겨나야 한다는 사라의 주장이 맞는 것과 똑같이, 교회는 유대주의자들이 예수께 대한 믿음에 적대적이므로 그들을 제거하고 그들의 영적 어미와 거리를 둘 의무가 있다.

여기서 관찰할 수 있는 것은 일반적 유비 혹은 흥미로운 비교 이상의 것이다. 바울은 성경 본문에서 근본적이며 따라서 강력한 적용성을 지닌 보편적 원리를 끄집어낸다.

두 번째 구절로서 "예표"(개역개정-"본보기")라는 단어가 나오는 고린도전서 10:6 이하는 성경의 "예표적" 용법과 관련하여 동일한 방법론을 기술한다. 이스라엘의 광야 여정에 대한 기록을 정독하면 이스라엘이 악한 열망과 우상숭배와 음행과 불평에 빠져있던 민족이었음을 알 수 있다. 하나님의 심판은 다양한 방식으로 처벌된 죽음으로 이루어진다. 바울에 따르면 이 모든 것이 광야 여정에 우연한 것이 아니다. 그것은 하나님이 자신의 백성을 다루시는 보편적 방침을 볼 수 있는 창문을 열어준다. 악한 열망과 우상숭배와 음행과 불평의 길은 어디까지나 죽음의 길이다. 바울이 엄숙하게 경고하는 바는 이것이 모든 곳의 모든 사람과 모든 때에 대해 적용된다는 것이다(고전 10:11-12). 요컨대 그것은 보편적 원리이다!

지금까지 논의한 것이 보편적 원리와 방침에 의거한 성경의 의의에 대한 결정은 단순히 개별 해석자의 개인적 취향의 문제가 아님에 대한 인식에 큰 도움이 되었으면 한다. 그것은 권위 있는 것으로 인정되어야 할 성경적 모델인 것 같다. 그리스도와 그분의 사도들에게 적합한 것은 모든 시대의 교회에도 적합할 것임에 틀림없다.

요약하자면, 이 방법론이 단지 모범적 방법, 곧 원래의 의도된 의미를 간과하고 쉽게 근거 없거나 잘못되거나 무책임한 적용으로 귀결되는 경향이 있는 방법뿐만 아니라, 또한 구속사적 방법, 곧 원래의 의도된 의미에 대한 접근법과 범위를 협소하게 만들며 쉽게 천상적이며 미적인 사색이나 축소된 적용으로 이끄는 방법보다도 우월하다는 것을 거의 본능적으로 알 수 있다.

결론적으로, 이상에서 약술한 언약사적 방법이 "보조적" 연구들의 도움과 더불어 성경 본문의 단일하고 적절하며 온전한 의미를 도출하는 데 가장 적합하며, 본문의 의도와 조화되고, 보편적 원리와 방침에 의해 본문의 다양하며 적절하고 온전한 의의를 밝히는 데 가장 효과적인 것 같다.

9장. 설교와 조직신학

도널드 맥클라우드

"선포 없는 신학은 공허하며, 신학 없는 선포는 맹목적이다."[1] 게르하르트 에벨링Gerhard Ebeling이 그렇게 말했는데, 만약 그의 말이 사실이라면 - 확실히 그러하다 - 신학과 설교의 관계는 긴밀할 것이다. 신학 과정은 그 자체로 존재하지 않는다. 그것은 단지 설교를 위한 준비로서 존재한다. 만약 신학이 선포로 이어지지 않는다면, 낙태 혹은 사산과 같은 것이다. 관점을 달리하여, 만약 우리의 신학(또는 그것의 한 세목)이 설교될 수 없다면, 신학이라고 하는 주장 자체가 매우 의심스러운 것이다. 제임스 데니James Denney의 다음과 같은 말은 매우 타당하다: "나는 설교에 도움이 되지 않는 신학에는 아무런 관심도 없다."[2] 참된 신학은 명확한 설명을 추구하며, 교회의 예배에서 일정한 역할을 담당하고, 사망의 음침한 골짜기 가운데 있는 하나님의 백성에게 도움이 되고자 할 것이다. 만약 신학이 현실 문제에 침묵하거나 학문의 세계에

---

1. Gerhard Ebeling, *Theology and Proclamation* (London: Wm. Collins Son and Co., 1966), p. 20.
2. Quoted by Alexander Gammie, *Preachers I Have Heard* (London: Pickering and Inglis, n. d.), p. 163.

머물러 있다면, 예언적 특성과 온전함을 잃게 될 것이다.

하지만 신학이 설교에 필수적인 것이 똑같이 사실이다. 신학 없이 어떠한 설교도 있을 수 없는데, 적어도 신약의 의미에서 그러하다. 설교란 하나의 방법일 뿐만 아니라 메시지이다. 더 나아가 설교는 방법이라기보다 메시지라고도 주장될 수 있다. 빈약하게 선포된 올바른 메시지가 근사하게 선포된 잘못된 메시지보다 낫다. 바울은 자신의 역할을 십자가의 말씀을 선포하는 일로 보았다. 그는 그리스도가 죽으시고 부활하신 사실들을 선포해야 했다. 그러나 그는 또한 그 사실들의 의미도 선포해야 했다. 해석되지 않는다면, 그것들은 무익하고 무의미하다. 그리스도의 대속을 위한 고난과 그분의 하나님의 아들과 주되심에 대한 증거로 해석될 때, 그것들은 하나님의 구원의 능력이 되었다.

바울은 고린도후서 5:20에서 훨씬 더 정밀한 신학적 용어로 설교자의 역할을 정의한다. 그리스도의 사신된 설교자에게는 다음과 같은 메시지를 세상에 강해하는 책무가 주어진다: "하나님이 죄를 알지도 못하신 이를 우리를 대신하여 죄로 삼으신 것은 우리로 하여금 그 안에서 하나님의 의가 되게 하려 하심이라." 설교자가 그 메시지에 모순되지 않는 것으로 충분하지 않다. 불행하게도, 전혀 이단적이지 않지만, 설교자의 사명에 전혀 충실한 것도 아닌 경우가 있을 수 있다. 위대한 신학적, 기독론적, 구원론적 주제들이 명백히 전달되어야 한다. 그렇지 않다면, 설교가 될 수 없다. 워필드B. B. Warfield는 "영혼이 구원받는 것은 바로 진리를 통해서이다"라고 썼다. "따라서 이 진리를 사람들에게 진술하는 것이 설교자의 주요 책무이며, 또한 결국 그렇게 그것을 사람들에게 진술하며 그들의 영혼을 구원하기 위해 설교자 자신이 이 진리에 사로잡히는 것의 그의 근본적 임무이다."[3]

계속하여 워필드의 조직신학에 대한 적절한 정의를 인용하면 다음과

---

3. B. B. Warfield, *Selected Shorter Writings*, vol. 2, ed. John E. Meeter (Phillipsburg, N.J.: Presbyterian and Reformed, 1973), p. 180.

같다: "그것은 바로 조직적 형태로 진술되는 하나님의 구원의 진리이다."[4] 조직신학은 계시의 연속된 각각의 시기에 의해 드러난 중대한 교리를 이해하는데 뚜렷한 기여점에 관하여 성경신학이 발견한 것을 활용한다. 또한 조직신학은 역사 신학이 이전 세대들이 제기한 질문에 대해 대답해야 했던 것과 이단이 준 도전과 위대한 신학자가 준 기여점을 활용한다. 그러나 조직신학은 성경신학이나 역사신학 보다 포괄적이다. 그것은 학문적이며 논쟁적인 논의의 기여점과 모든 관련 성경 구절을 분석하고 종합하면서, 전체적인 성경적, 역사적 관점을 추구한다. 그것은 자매 학과들과 달리 최종적이며 규범적이다. 그것은 구약성경 또는 심지어 사도행전의 과도기적인 관점보다 성경의 최종적 관점을 추구한다. 유사하게 그것은 단지 (역사신학의 방식으로) 교부와 이단의 관점을 진술할 뿐만 아니라, 신앙의 규범 rule of faith에 비추어 평가한다.

따라서 조직신학에는 다음과 같은 네 가지 특징이 있다:

첫째로 그것은 **주제적**이다. 그것의 관심사는 특정 본문이나 책 또는 저자나 개인이 아니라, 성경의 교리적 주제에 있다. 둘째로 그것은 **포괄적**이다. 그것은 성경과 역사신학이 특정 주제에 대해 말해야 할 모든 것에 기초한다. 셋째로 그것은 **규범적**이다. 그것은 그것 자체의 결론을 특정 성경 저자가 생각한 것이나 특정 신학자가 믿는 것이나 교회가 받아들이도록 독려하고자 하는 것이 아니라, 진리로 여긴다. 넷째로 그것은 **조직적**이다. 그것은 주제를 최대한 질서 있게 정리하며, 개별적 교리를 최대한 명료하게 분석종합하고, 최대한 일관되고 설득력 있게 교회와 세계 양자 모두의 상황과 관련짓기를 추구한다.

---

4. Ibid., p. 281.

조직신학과 주해

이러한 종류의 연구와 설교 사역의 관련성에 대해 우리가 물어야 할 첫 번째 질문은 "특정 본문의 주해와 조직신학 전체의 관계가 어떤 것이어야 하는가"이다. 일반적으로 그 대답은 각 본문이 계시된 진리의 전체 체계의 견지에서 이해되어야 한다는 것이다. 이것은 두 가지를 뜻한다.

첫째로, 진리의 체계가 각 본문을 해명한다. 실제로 이것은 다음과 같은 "신앙의 유비"analogy of faith라는 원리가 뜻하는 것이다: "성경 해석의 무오한 규범은 성경 자체이며, 따라서 어떤 성경 구절의 참되며 온전한 의미에 대한 질문이 있을 때, 보다 분명히 말하는 다른 구절들에 의해 찾아지고 이해되어야 한다"(웨스트민스터 신앙고백 1.9). 예를 들어, "성령으로 충만함을 받으라"라는 에베소서 5:18의 바울의 명령을 살펴보자. 이것을 강해하는 유일한 방법은 다음과 같은 신자의 성령과의 관계에 대한 전체 교리를 고려하는 것이다: (1) 모든 신자가 성령 충만함을 받았다(행 2:4; 고전 12:13), (2) 신자는 거듭하여 성령 충만함을 받을 수 있다(행 2:4; 참조. 4:8), (3) 주님께서는 모든 위급한 경우에 성령께서 우리에게 마땅히 할 말을 가르쳐주실 것임을 약속하신다(눅 12:12), (4) 그리스도를 영접하는 일뿐만 아니라 그리스도 안에 머무르는 일도 있다, 그리고 (5) 그리스도인의 이상적 상태는 성령 충만함을 받는 것이다(행 6:5) 등의 사실. 만약 우리가 전체 교리에 기초하지 않는다면 아마도 에베소서 5:18을 해명할 수 없을 것이다.

동일한 점이 다른 모든 구절에서도 적용된다. "주 예수 그리스도를 믿으라"는 구절은 믿음에 관한 전체 교리에 기초할 것을 요구한다. "우리가 지금은 하나님의 자녀라"는 본문은 양자 삼음에 대한 전체 교리에 기초할 것을 요구한다. "거룩하다 거룩하다 거룩하다 만군의 여호와여"라는 구절은 하나님의 거룩성에 대한 전체 교리에 기초할 것을 요구한다. 그와 같은 모든 예에서 주해는 단일 본문에 성경이 특정 주제에 관련하여 말하는 전체를 연관시킴에 의해 진행된다. (예를 들어, 이것은 특정 개별 본문에서 성경이 하나님의 거룩성에 대해 말하는 것 전체를 설교해야 한다는 것을 뜻하지 않는다. 우리는 문맥에 가장 적실한 측면들을 선택해야 한다.)

둘째로, 교리의 체계가 특정 본문의 강해를 **통제한다**. 정확히 어떤 체계가 있으며, 진리는 하나이기 때문에, 교의학은 우리의 주해가 결코 넘어서는 안 될 경계를 정해준다. 어떤 구절에서, 이것은 결정적으로 중요한 문제이다. 다음과 같은 시편 6:5을 예로 들어보자: "사망 중에서는 주를 기억하는 일이 없사오니 스올에서 주께 감사할 자가 누구리이까." 이것(또는 유사한 구절들)에 대한 어떤 강해도 결코 영혼불멸의 교리와 모순되거나 사망과 부활의 중간 상태가 의식적인 상태와 다른 것임을 제안해서는 안 된다. 조직신학은 다음과 같은 요한복음 3:5과 같은 구절에 대해서도 유사한 통제 역할을 한다: "사람이 물과 성령으로 나지 아니하면 하나님의 나라에 들어갈 수 없느니라." 세례 시의 중생에 대한 어떤 제안도 성경의 나머지 부분이 구원의 영적 본질에 대해 말해주는 바에 의해 즉각적으로 배제된다. 동일한 원리가 다음과 같은 고린도후서 5:21에도 적용된다: "하나님이 죄를 알지도 못하신 이를 우리를 대신하여 죄로 삼으셨다." 우리는 그리스도의 무죄 교리를 고수하며, 곧바로 대속의 고난이 주님을 어떤 도덕적이거나 영적인 타락에 연루시켰다는 생각도 배제시킨다. "죄로 삼으셨다"라는 말은 "죄를 범했다"는 말이 결코 될 수 없다.

기독론적 문제를 제기하는 다른 구절은 다음과 같은 골로새서 1:15이다: "그는 보이지 아니하는 하나님의 형상이시오 모든 피조물보다 먼저 나신 이시니." 교회가 아리우스 논쟁에서 배운 모든 것은 구세주의 선재성이나 신성(창조주 되심)에 대해 타협하는 어떠한 주해도 관용하는 일을 금한다. 마지막 예로서, 우리는 다음과 같은 히브리서 6:4 이

하의 악명 높은 난제 구절을 들 수 있다: "한 번 빛을 받고 하늘의 은사를 맛보고 성령에 참여한 바 되고 하나님의 선한 말씀과 내세의 능력을 맛보고도 타락한 자들은 다시 새롭게 하여 회개하게 할 수 없나니." **언뜻 보기에** 이 구절은 참된 신자가 배교할 수 있음을 암시하는 것 같다. 하지만 교의학은 그런 해석이 옹호될 수 없다는 사실을 환기시키며, 또한 그 구절 자체에 대한 보다 세밀한 검토는 그것이 전혀 다른 교훈 – 곧 일시적 믿음의 교훈 – 을 지적하고 있음을 확증한다.

보다 주의 깊게 생각해볼 때, 각각의 본문이 계시된 진리의 전체 체계의 견지에서 이해되어야 한다는 원리는 또한 세 번째 원리, 곧 우리가 하나의 단일 본문에서 어떤 교리를 만들려고 해서는 안 된다는 원리를 내포한다. 하지는 "그것은 마치 한 쪽 다리로 의자의 균형을 맞추는 일과 같다"[5]고 말했다. 법적인 문제뿐만 아니라 신학의 문제에 있어서도 다음과 같은 원리가 지켜져야 한다: "두세 증인의 입으로 말마다 확정되게 하라." 이 원리는 자주 망각되는데, 특별히 종말론에 있어 그러하다. 실제로 어떤 단일 본문(살전 4:17; 계 20:4; 20:5)에 근거하여 휴거와 첫 번째와 두 번째 부활과 특히 천년왕국 교리를 내세우는 경우가 있다. 이 교리들은 성경의 전체적 견해와 모순된다는 추가적인 약점을 지닌다. 하지만 그렇지 않다고 하더라도, 빈약한 본문상의 근거 때문에 그것들은 금방 의심받게 되어 있다.

하지만 조직신학은 주해자와 강해자에게 몇몇 위험을 초래한다. 하나는 우리 특정 신학 체계에 대한 관심으로 인해 특정 본문을 교훈을 억제하고 소홀히 하게되는 유혹이다. 예를 들어, 칼빈주의적 선택 교리를 고수하는 사람들은, 자신들의 입장을 훼손할 것이라는 잘못된 두려움 때문에, 요한복음 3:16과 디모데전서 2:4에 선포된 하나님의 사랑의

---

5. Quoted by C. A. Salmond, *Princetoniana: Charles and A. A. Hodge With Class and Table Talk of Hodge the Younger* (Edinburgh: Oliphant, Anderson, and Ferrier, 1888), p. 167.

광대함을 제대로 다루지 못할 수 있다. 유사하며, 똑같이 잘못되게도, 우리는 우리 자신의 구원을 이루어가며(빌 2:12), 우리 자신의 옷을 씻고(계 7:14), 우리 자신을 깨끗하게 하는 일(요일 3:3)에 대한 강조를 축소시킬 수 있다. 또한 결단주의decisionism에 대한 반감으로 결단을 요청하는 일을 주저할 수도 있다(하지만 결코 어떤 사람도 그렇게 되고자 하는 결단 없이는 그리스도인이 될 수 없었다). 더욱이 일부 부흥사들의 신파극에 대한 반발로 그리스도에 대한 즉각적 응답에 대한 요청을 주장하지 못할 수도 있다. **지금**은 지금이며, 기회가 언제 다시 올지 아무도 모른다. 오순절의 삼천 명은 베드로의 설교를 단지 지적으로 **깨닫기**만 한 것은 아니다. 그들은 결단과 세례로 이끌렸다.

  동일한 위험이 다른 주제들에도 존재한다. 신약성경은 배교의 위험성에 대한 많은 경고를 담고 있다. 이것들이 성도의 견인 교리에 대한 관심 때문에 침묵되어서는 안 된다. 실제로 이 경고들은, 엄중하게 적용될 때, 하나님께서 자신의 백성을 배교를 배태할 수 있는 안일함과 부주의에서 지키기 위해 사용하시는 수단들 가운데 하나이다. 때때로 우리는 칭의 교리에 대해서도 똑같이 잘못을 범하지 않을까 두려워하며 결국 충실하지 못하게 된다. 율법의 행위가 아니라, 믿음으로 구원받는다는 것은 참으로 복음의 토대 자체이다. 그러나 이것은 우리의 청중이 다음과 같은 마태복음 7:21의 메시지를 결코 들어서는 안 된다는 것을 뜻하지는 않아야 한다: "나더러 주여 주여 하는 자마다 다 천국에 들어갈 것이 아니요 다만 하늘에 계신 내 아버지의 뜻대로 행하는 자라야 들어가리라." 진정으로 전 생애에 걸쳐 설교자는 구원이 단지 은혜에 의한 구원뿐만 아니라, 좁은 문으로 들어가며, 좁은 길을 걷고, 주님의 말씀을 행하는 일 역시 내포한다는 사실과 신학적이며 설교학적으로 씨름해야 한다.

  두 번째 위험은 첫 번째 것과 밀접하게 관련된다. 본문 스스로 자체의 메시지를 말하도록 하기보다, 우리는 종종 그것이 어떻게 우리 자신의 학파가 선호하는 교리와 조화될 수 있는지를 입증하는 변증적 행위를 시도할 수 있다. 여기서 다시 요한복음 3:16과 같은 구절이 가장 크게 훼손된다. 너무나 많은 설교가 주는 인상은 설교자의 주된 관심사가 하나님의 사랑을 자기 부인과 관대함과 무제한성의 영광스러운 특성 가운데 드러내기 보다는 조건을 달며 제한하는 일이라는 것이다. 그러나 다른 구절과 교리들 역시 훼손된다. 모든 사람에 대한 차별 없는 복음의 무상의 공급이라는 교리는, 설교자가 그 보다는 복음의 공급이 하나님의 주권과 어떻게 조화될 수 있는지를 입증하려고 할 때, 침묵되거나 억제된다. 칭의의 무상성gratuitousness이라는 교리는, 우리가 그것의 성화의 명령과의 일관성을 보여주려고 애를 쓰며 결국 하나님의 은혜를 무너뜨리는 일로 귀결될 때, 손상된다. 심판과 지옥의 엄중한 실재는, 설교가 그보다는 하나님의 사랑에 대해 말하며 그분의 심판이 이 사랑과 조화되어야 한다고 절대적으로 주장할 때, 망각된다. 설교자는 하나님께로부터 난 자는 죄를 짓지 않는다(요일 3:9)는 구절과 대면하고 실제로 죄를 짓지 않음을 보여주려고 애를 쓴다. 그리스도인의 생활에 있어 죄가 예외적이며 기이한 것이라는 본문의 강조점은 망각된다.

모든 경우에 적용되어야 할 원리는 확실히 다음과 같은 것이다: 성경 구절을 서로 비교함으로 본문의 실제적 메시지를 결정하는 일(조직신학)을 한 후, 본문 스스로 자체의 진리를 말하도록 한다. 모든 필요한 조화와 모든 불균형의 수정은, 진리의 다른 측면들이 하나님의 온전한 뜻을 설교하는 과정에서 함께 강조될 때, 발생한다.

또 한 가지의 위험이 언급될 만 하다. 한 본문에 어떤 교리가 규정되어 있을 때 한 번의 설교에서 그 특정 주제와 관련된 조직신학의 모든 것을 제시하려는 유혹을 받기가 매우 쉽다. 이것은 거의 항상 지혜롭지 못하다. 본문 자체가 암시하는 그 교리의 두세 가지 주안점에 집중하는 편이 더 낫다. 그렇지 않을 경우, 그 설교는 산만하고 활력이 없게 될 것이다. (순전히 인간적 측면에서도 수사학적 호소력을 가져오는 것은 자료와 매개를 제한하고 한정할 때인데, 글렌 넥트는 다음 장에서 세심하게 초점이 맞추어진 설교를 해야 할 필요성에 대해 잘 교훈해줄 것이다.) 존 브로더스John A. Broadus는 이렇게 말한다: "말할 거리를 충분히 확보하기 위해서는 매우 넓은 주제를 택해야 한다고 생각하는 것은 미숙한 설교자와 작가의 흔한 착각이다. 큰 주제의 한 측면을 선택하는 것이 일반적으로 훨씬 더 나은데, 왜냐하면 설교자가 새로운 무언가를 내놓기에 훨씬 더 큰 기회가 있으며, 청중이 전체 주제에 생생한 관심을 가지게 만들 훨씬 더 큰 전망이 있기 때문이다."[6] 브로더스가 인용하는 알렉산더는 그 원리를 다음과 같은 분명하게 진술한다: "주제를 좁히면 좁힐수록, 더 많은 착상이 떠오를 것이다."[7] 어떤 교리가 보다 근본적이며 따라서 보다 명백하게 계시되면 될수록, 이 원칙을 지키는 것이 보다 중요하게 된다. 기독론 전체나 칭의 전체를 단일 설교에 쑤셔 넣는 것은 불가능하다. 우리는 특정 본문의 관점과 강조점에 제한될 필요가 있다.

그러한 위험의 전형적인 예는 다음과 같은 히브리서 2:4이다: "우리가 이같이 큰 구원을 등한히 여기면 어찌 그 보응을 피하리요." 우리는 바르트Barth와 벌카우워Berkouwer의 교의학을 합친 것만큼의 많은 책을 저술하더라고 여전히 구원의 위대함을 다 해명하지 못할 것이다. 그러나 만약 우리가 그 문맥에 한정하여 본다면, 그것이 위대한 까닭은 위대하신 구세주, 곧 하나님의 아들을 제공하기 때문이며, 또한 그 뒤를 이어, 권위 있는 계시(1:1), 죄의 온전한 정결(1:3), 그리고 전능하고 살아계신 인도자를 제공하기 때문이다. 문맥을 넘어서는 일은 설교에 재난을 자초하는 일이다.

---

6. J. A. Broadus, *A Treatise on the Preparation and Delivery of Sermons* (London: James Nisbet and Co., 1874), p. 90.

7. Ibid.

설교의 구성

조직신학은 설교를 구성하는 데 어떤 역할을 하는가? 우리의 즉각적인 반응은 교의학이 설교의 구조를 결정하도록 허용하는 것에 대한 거부감을 털어놓는 일이다. 보통 본문 자체가 단지 설교의 주제만이 아니라 또한 설교의 각각의 세부 항목 역시 제공한다(다시 한 번 이점에 대한 글렌 넥트의 언급을 참조하라). 또한 본문은 우리가 그것의 교훈의 연속적인 양상을 따라가는 동력을 제공한다. 무엇보다 본문의 문맥과 삶의 정황은 거의 항상 본문의 교훈이 어떻게 적용되어야 하는지를 가리켜줄 것이다. 본문을 성경에서의 실존적 상황과 분리시키고 대신 그것에 단순한 문학 양식(두운)이나 교의학과의 관련성만을 부여하는 일은 단지 설교의 생생함과 적실성을 위태롭게 할 뿐만 아니라, 강해자의 역할을 방기하는 것이다. 우리는 단지 본문의 교훈뿐만 아니라 그것의 근저에 있는 목회적 관점에 충실해야 한다. 빌립보서 2:5-11을 설교하는 일은 단순히 기독론을 설파하는 것만이 아니라 또한 우리 자신의 권리에 대한 모든 집착을 버리라고 간청하는 것이며, 고린도후서 8:9을 설교하는 일은 단지 성육신의 경이로움을 선포하는 것만이 아니라, 또한 기독교적 내어줌이라는 성경 신학을 규정하는 것이고, 갈라디아서 2:19 이하를 설교하는 일은 단지 결정적 성화definitive sanctification의 교리를 선언하는 것만이 아니라, 또한 그것을 은혜에 의한 칭의의 교리가 죄를 조장한다는 비난과 가능한 한 긴밀하게 연관시키는 것이다. 단지 설교의 교리적 주안점뿐만 아니라 윤곽과 적용도 본문 자체에서 나온다.

동양적 사고의 비조직적 특성에 대해 빈번히 말해지는 바에도 불구하고, 조직신학의 범주에 따른 가장 자연스럽게 분류되는 몇몇 본문이 있다. 예를 들어, 빌립보서 2:5 이하의 메시지의 교리적 부분은 다음과 같이 분류될 수 있다: (1) 선재하시는 그리스도, (2) 비하되신 그리스도, (3) 승귀되신 그리스도. 요한복음 3:1 이하에 대한 설교는 교의학의 중요한 주제의 하나인 중생을 다룰 것이며, 그 구절 자체의 범위 내에서 (1) 중생의 창시자와 매개자, (2) 중생의 본질, (3) 중생의 결과, (4) 중생의 필요성을 다룰 수 있을 것이다. 여기서 조직신학의 윤곽이 본문 자체의 윤곽에 상응한다. 동일한 것이 칭의 교리에 대한 중요한 성경 진술의 하나인 로마서 3:24-25에 대해서도 적용된다. 그것은 (1) 칭의의 의미, (2) 칭의의 근원(은혜), (3) 칭의의 근거(그리스도의 희생), 그리고 (4) 칭의의 수단(단지 믿음)을 진술한다. 하지만 그러한 제한점에 갇혀 있다면, 설교하기가 쉽지 않을 것이다. 또한 그 설교는 지나치게 딱딱해질 것이다. 균형을 이루게 할 일정한 실제적 관점을 발견하여 설교가 회중의 필요, 관심과 무관심, 혹은 질문과 의심과 끊임없이 관련되도록 하는 것이 필수적일 것이다.

다른 경우에는 조직신학이 설교의 부제(부가적 윤곽)를 제공할 수 있을 것이다. 예를 들어, 사도행전 16:31에 대한 설교는 믿음의 의미에 집중하고, 그것을 그리스도의 인격과 사역에 가능한 한 밀접하게 연관시켜야 할 것이다. 따라서 그것은 이 본문 자료를 다음과 같은 그리스도의 중보 사역의 삼중적 구분에 따라 구성할 수 있을 것이다 – 선지자이신 그리스도에 대한 믿음(우리의 지성을 그분께 굴복시킴), 제사장이신 그리스도에 대한 믿음(우리의 죄를 그분께 가져감), 그리고 왕이신 그리스도에 대한 믿음(그분의 주 되심과 인도자 되심을 인정함). 설교의 나머지 부분은 "구원을 받으리라"라는 약속을 설명하는데 할애될 수 있을 것이다.

유사한 접근법이 세목의 하나로서 회개의 본질을 다루는 설교에서도 취해질 수 있을 것인데, 한 가지 예는 다음과 같은 마가복음 1:15이다: "때가 찼고 하나님의 나라가 가까이 왔으니 회개하고 복음을 믿으라." 회개에 관한 부분은 교의학을 매우 적절히 차용하여 (1) 마음의 변화, (2) 태도의 변화, (3) 방향의 변화로 설명할 수 있을 것이다.

소수의 드문 경우에, 설교와 신학 강의가 (표현이 아니라 내용에 있어)

곧바로 중첩되기도 한다. 이것은 예를 들어 우리가 창세기 1:26에 기초하여 하나님의 형상으로서의 인간이라는 교리를 설명하고자 할 때 그러하다. 설교자는 이 주제에 관해 조직신학이 말하는 것에 광범위하고도 주의깊게 의존해야 할 것이다. 그는 도덕적 형상(상실됨)과 자연적 형상(인간 본성의 필수적이며 절대적 본질임)을 구분하는 이중적 형상 개념을 거의 이용하지 않을 수 없을 것이다. 하지만 그러한 행위의 목적이 학문적인 것이 아니라 설교적인 것을 유념하면서, 실제적인 적용을 할 것을 분명히 기억해야 한다. 하나님 형상의 교리는 인간의 존엄성의 중대한 상징이며, 따라서 살인의 심각성이 도출되고, 또한 더욱 놀랍게도, 비방과 중상의 심각성이 도출된다.

조직신학을 다루는 방법

설교자는 매년 조직신학의 모든 주요 부분을 다뤄야 하는가? 이 질문에 답하고자 할 때 기억해야 할 최소한 세 가지의 원칙이 있다. 첫째로, 주님께서는 우리에게 성경을 탐구할 것을 명령하셨다. 이것은 우리의 주요 관심사는 상대적인 인간의 체계를 다루는 것이 아니라, 사람들에게 하나님의 기록된 계시에 대한 포괄적인 이해를 제공하는 것임을 암시한다. 아침 시간에는 창세기 1:1로 시작하며 저녁 시간에는 마태복음 1:1로 우리의 사역을 시작하는 일은 어쨌든 규칙에 얽매이는 일일 것이다. 그러나 우리는 다음과 같은 성경의 모든 부분을 관통하며 설교해야 한다: 구약과 신약, 복음서와 서신서, 역사적인 부분과 교훈적인 부분, 윤리적인 부분과 교리적인 부분, 경험적 부분과 신학적 부분. 이것이 균형 있는 양식을 보장하는 유일한 길이다.

둘째로, 우리에게는 하나님의 온전한 뜻을 전하도록 지시되었다. 그 뜻은 교리, 곧 적어도 엄격한 의미에서의 조직신학의 교리 이상의 것을 포함한다. 그러나 이것은 우리에게 모든 교리를 선포할 책임이 있으며 우리의 성경 강해 방식이 이 점을 주의 깊게 고려해야 한다는 것을 뜻한다.

셋째로, 우리는 성경적 비율과 균형을 유지해야 한다. 너무 자주 우리가 선호하는 교리와 교단적이거나 분파적으로 독특한 것을 설교하고자 하는 유혹이 항상 존재한다. 하나님의 주권 교리 - 그리고 연관 개념인 예정과 선택 - 에 대하여 우리는 다음과 같은 찰스 하지의 지혜로운 말을 기억해야 한다: "이 교리가 지닌 성경의 다른 모든 교리와의 관계는 화강암 지대의 다른 지층들과의 관계와 같다. 그것은 그것들의 밑에 있으면서 받쳐주지만 단지 가끔씩만 표면에 나타난다. 그와 같이 이 교리는 우리의 모든 설교의 밑에 있지만 단연코 단지 가끔씩만 표출되어야 한다."[8] 이 "단지 가끔씩만"은 하나님의 주권과 같은 토대로서의 위상을 주장할 수 없는 분파적으로 독특한 것들에는 훨씬 더 강하게 적용된다. 어떠한 설교자도 무슨 확신이 있든 간에 천년왕국이나 휴거나 안식일이나 십일조나 유아세례나 지옥에 관한 교리에 대해 계속하여 되풀이하여 말할 권리를 가지고 있지 않다.

다른 한편으로, 일 년에 한번 설교하는 것으로는 거의 충분하지 않은 매우 중요한 몇몇 교리가 있다. 성경적 비율을 관찰하면 우리가 이것들의 일부를 반복적으로 - 어떤 경우는 매 주일 - 다뤄야 한다는 것을 알 수 있다. 이것은 특별히 그리스도의 인격에 관한 교리에 해당한다. 그분의 신성은 신약성경의 매 쪽에서 드러나며, 전 세계 기독교의 분열되지 않는 동의를 요청하는 하나의 교리이고, 우리의 모든 예배의 토대이며 전제이다. 결과적으로 교회는 그것에 집중해야 하는데, 에드먼드 클리우니는 본서의 앞부분에서 이 사실을 일정 정도 논한다.

결코 덜 중요하지 않는 다른 교리들이 있다. 믿음을 통한 단지 은혜에 의한 칭의에 대해 루터는 "교회의 존망이 걸린 신조"라고 말했다.

---

8. Charles Hodge, *Princeton Sermons* (Edinburgh: Banner of Truth, 1979), p. 6.

속죄의 교리에 대해 바울은 이렇게 말했다: "내가 너희 중에서 예수 그리스도와 그가 십자가에 못 박히신 것 외에는 아무것도 알지 아니하기로 작정하였음이라(고전 2:2)." 사랑의 은혜에 대해 동일한 사도는 그것이 없으면 우리는 "소리 나는 구리와 울리는 꽹과리"라고 말했다. 우리는 그런 진술을 다시 한 번 숙고해보아야 한다. 이 교리들이 신약성경에서 만큼 우리의 설교에서 비중이 있는가?

명백히 모든 설교자는 신학적 비중에 대한 감각을 지녀야 한다. 모든 계시된 교리가 중요하다. 그러나 어떤 것들은 절대적으로 근본적이며 우선적이다. 우리는 그것들을 어떻게 분별할 것인가? 적어도 네 가지 밀접하게 상관되는 표준이 있다. 첫째로 "구원을 위해 알려지고 믿어지며 지켜져야 할 필수적인" 것들이 있다(웨스트민스터 신앙고백 1.7). 그 신앙고백은 이것들을 규정하지는 않지만, 하나의 범주로 존재한다는 것을 인정한다. 특정 교리들을 듣지 않고서는 믿음이 불가능하다(롬 10:14).

둘째로, 어떤 교리들은 "학식이 있는 사람뿐만 아니라 없는 사람도 일반적 방법의 적절한 활용에 의해 충분한 이해에 이를 수 있을 정도로 성경의 이런저런 곳에 매우 명료하게 제안되고 드러난다"는 웨스트민스터 신앙고백(1.7)에서도 인정되는 사실이 있다. 여기서 그 표준은 계시의 온전성이다. 진리의 몇몇 측면은 아무런 모호함과 불확실성으로 둘러싸이지 않을 정도로 매우 명백히 제시되는데, 여기서 명백성이 그것들의 우선적 중요성의 특징이 된다.

셋째로, 그리고 명료성의 요소와 밀접한 연관된 것으로서, 존 스토트가 다음과 같이 규정한 원칙이 있다: "동등하게 경건하며, 겸손하고, 성경을 믿고 공부하는 기독교인이나 교회가 상이한 결론에 이르는 주제는 우선적이 아니라 부차적이며, 중심적이 아니라 주변적인 것으로 여겨져야 한다."[9] 너무나 작은 단서만이 있기 때문에 양식 있는 분들 사

---

9. John R. Stott, *Christ the Controversialist* (Downers Grove: Inter-Varsity Press, 1970), p. 44.

이에서도 의견이 다른 많은 주제들 - 속죄의 범위, 유아세례, 교회 직제 등등 - 이 있다. 물론 이 주제들도 선포해야 하지만, 상대적으로 사소한 것들이므로 절제하고 자제하며 삼가면서 해야 한다.

넷째로, 그리고 가장 중요하게도, 성경 자체가 어떤 교리가 근본적인지에 대한 매우 분명한 지침을 준다. 그 교리의 목록은 놀랄 정도로 길다. 예를 들어, 우리는 다음과 같은 구약성경의 핵심적 주장을 본다: "이스라엘아 들으라 우리 하나님 여호와는 오직 유일한 여호와이시니"(신 6:4). 우리는 다음과 같은 기독교 전승의 "첫 번째 것들"에 대한 바울의 진술을 본다: "내가 받은 것을 먼저 너희에게 전하였노니 이는 성경대로 그리스도께서 우리 죄를 위하여 죽으시고 장사 지낸 바 되셨다가 성경대로 사흘 만에 다시 살아나사"(고전 15:3 이하). 바울 사도의 견지에서 그리스도의 특별하신 구속과 부활의 교리가 명백히 가장 중요했다. 다음과 같이 골로새인들에게 전해진 메시지의 핵심 요소인 그리스도의 주 되심 역시 그러하다: "그러므로 너희가 [전승에 의해] 그리스도 예수를 주로 받았으니 그 안에서 행하되"(골 2:6). 역으로 사도 요한은 다음과 같이 그리스도의 참된 인성의 교리가 근본적임을 선언한다: "예수 그리스도께서 육체로 오신 것을 시인하는 영마다 하나님께 속한 것이요 예수를 시인하지 않는 영마다 하나님께 속한 것이 아니니 이것이 곧 적그리스도의 영이니라"(요일 4:2 이하).

그래서 계속 나열할 수 있을 것이다. 갈라디아서 1:8 이하에 따르면, 믿음을 통한 단지 은혜에 의한 칭의의 교리는 절대적으로 필수적이다. 고린도전서 15:19에 따르면, 죽은 자의 부활의 근본적이다. 요한복음 3:1-15에 따르면, 거듭남이 근본적이다. 고린도전서 13장에 따르면, 사랑이 근본적이다. 주님과 사도의 설교의 반복되는 다수의 개요에 따르면, 믿음과 회개가 근본적이다. 또한 가장 기본적인 성경적-신학적 관점(특히 "약속"의 개념)에 따르면, 성령 안에서의 세례에 의한 입회가 근본적이다.

성경적 비중에 대한 감각을 지닌 설교는 반복과 강조에 의해 이 모든 교리를 부각시킬 것이다. 하지만 정확한 성경적 균형을 유지하는 문제는 우리의 특정한 목회 상황에 의해 복잡해진다. 예를 들어 여러 논쟁이 존재한다. 우리는 특정 교리가 반대되고 위협되며 따라서 그것을 변증하기 위해서는 일반적 상황에서 불균형적 강조일 수 있는 일에 의존해야 한다. 예를 들어 아리우스주의자들과의 논쟁에 있어서의 아다나시우스, 펠라기우스파와 도나투스파와의 논쟁 중의 어거스틴, 그리고 종교개혁 시의 루터가 그러했다. 우리 자신도 유사한 상황에 처하게 될 수 있는데, 왜냐하면 교회에는 거짓 선지자의 문제가 여전히 있기(또한 항상 있을 것이기) 때문이다. 그것은 은사 운동이나 세대주의나 완벽주의나 반율법주의나 성도의 견인과 같은 특정 교리에 대한 반발일 수 있다. 그런 시기들에 논쟁으로 인해 보통의 경우에는 그렇지 않을 특정 교리에 중요성이 부여된다.

또한 우리는 다양한 종류의 신학적 약점이나 불균형을 지니고 있는 회중을 물려받을 수도 있다. 예를 들어, 그들은 교리에 대해서는 과도할 정도로 많이 배웠지만 실천적이며 윤리적인 것들에 대해서는 전혀 배우지 못했을 수도 있다. 그런 상황에 처한 설교자는 일정 기간 동안은 산상설교나 야고보서를 특별히 강조할 필요가 있다. 그런데 오늘날의 회중은 비록 신학적 공급의 전적인 결여는 아닐지라도(많은 경우 사실인 듯함), 최소한 특정 교리의 결여를 겪을 가능성이 더 많다. 예를 들어, 존 머리 John Murray 교수는 하나님의 심판, 기독교인의 소명의 고상한 요구, 끊임없는 자기점검과 같은 교리가 오늘날 설교에서 실제로 부재하며 시급하게 회복되어야 한다고 주장했다.[10] 어떤 경우에 복음의 값없는 제공이라는 개념이 오랜 동안 관심을 받지 못했을 수도 있다. 다른 경우에 교회는 복음에 대한 인간의 반응을 최소화하는 경향이 있

---

10. John Murray, "Some Necessary Emphases in Preaching" in *The Collected Writings of John Murray*, vol. 1 (Edinburgh: Banner of Truth, 1976).

는 바르트주의 신학의 과장된 독력주의monergism의 문제를 겪을 수 있다. 구원에 있어 하나님의 행위가 전부이다. 인간의 믿음과 회개를 통한 반응은 아무것도 아니다. 인간은 구원되기 위해 믿으라고 요청되기보다는, 다만 구원받은 것을 믿으라고 요청된다. 보다 정통적 교회에서도 동일한 상황이 과도한 복음전도hyper-evangelism와 특별히 "결단주의"decisionism 대한 두려움 때문에 발생해 왔다. 그런 상황에서 다음과 같이 은혜 언약의 쌍무적 특성을 강조하는(또한 명확하게 규정하는) 일이 중요하게 된다: "죄로 인해 우리에게 마땅한 하나님의 진노와 저주를 피하기 위해, 하나님께서는 예수 그리스도에 대한 믿음과 생명의 길로의 회개를 **우리에게 요구하시는데**, 이것은 그리스도께서 우리에게 구속의 유익을 전달하시는 모든 외적 방편을 성실하게 이용하는 일을 수반한다"(웨스트민스터 소교리문답 85문의 답).

설교의 신학적 균형에 영향을 미치는 것이 틀림없는 또 다른 요소는 회중의 성숙성의 정도이다. 만약 우리의 회중이 이미 잘 교육받았고, 포괄적인 신학 지식을 지니고 있다면, 그들에게 보다 깊은 교리라는 질긴 고기를 줄 수 있을 것이다. 다른 한편, 하나님이 우리에게 맡겨주신 회중이 교육을 제대로 받지 못했을 수도 있다. 설사 그들이 그리스도인이 된지 오래 되었으며 활동적이며 열심 있고 확신에 차 있다고 하더라도 그럴 수 있다. 다수의 교회가 다음과 같이 히브리서 5:12에 묘사된 상황 가운데 있다: "때가 오래 되었으므로 너희가 마땅히 선생이 되었을 터인데 너희가 다시 하나님의 말씀의 초보에 대하여 누구에게서 가르침을 받아야 할 처지이니 단단한 음식은 못 먹고 젖이나 먹어야 할 자가 되었도다." 그런 사람들은 칼빈주의의 5대 교리나 기독교인의 경험의 복잡한 문제가 아니라, 초보적인 것을 필요로 한다. 그들은 결코 하나님과 죄와 구원에 관한 근본적 교리를 결코 적절히 이해해 보지 못했다.

조직신학이 명시되어야 하는가?

조직신학의 존재가 회중에게 명시되어야 하는가? 신학의 한 분야라면 당연한 일이다. 제임스 스튜어드James Steward 박사는 이렇게 썼다: "만약 사람들의 머리에 설교하는 일이 나쁘다면, 머리에 전혀 설교하지 않는 일은 더 나쁘다."[11] 우리는 교사이다. "교육"(디다케)이 우리의 본분이며, 따라서 우리의 설교는 부끄러움 없이 신학적이다.

이것은, 비록 더욱 특별히는 아니더라도, 심지어 복음전도에 있어서도 그러하다. 성경적으로 비신학적인 복음전도 같은 것은 전혀 있을 수 없다. 창세기 3:15의 "원시 복음"protevangelion은 매우 교리적이다. 여자의 후손은 누구인가? 그는 어떻게 뱀의 머리를 상하게 했는가? 그 자신의 발꿈치가 상하게 되는 일에 어떤 일이 개입되었는가? 동일한 것이 다음과 같은 창세기 17:7에 주어진 은혜 언약의 미발달된 형태의 계시에도 적용된다: "내가 내 언약을 나와 너 및 네 대대 후손 사이에 세워서 영원한 언약을 삼고 너와 네 후손의 하나님이 되리라." 복음전도란 이 하나님을 잃어버린 인류에게 소개하며, 그분의 약속을 선포하고 그분의 규정을 밝히는 일을 뜻한다.

복음전도의 동일한 신학적 특성이 신약성경에서도 명백하다. 사무엘 로건이 본서의 앞부분에서 상기시켰듯이, 우리 주님의 설교는 "회개하라 천국이 가까이 왔느니라"는 메시지로 시작된다. 그 구절을 충실하게 강해하기 위해서는 다음과 같은 신학적 질문들과 씨름해야 할 것이다. "회개의 의미는 무엇인가?" 그리고 "천국이 임박했다는 의미는 무엇인가?" 오순절 시의 베드로와 빌립보에서의 바울과 아덴에서의 바울 모두가 신학적이다. 고린도전서 1:18에서 바울은 자신의 기본적 메시지를 십자가에 관한 말씀이라고 규정하며, 고린도전서 15:3 이하에서 복

---

11. James Stewart, *Heralds of God* (London: Hodder and Stoughton, 1946), p. 152.

음 전승의 기본 주장은 그리스도의 죽음과 부활이고, 고린도후서 5:18 이하에서 화목하게 하는 사역은 "하나님께서 죄를 알지도 못하신 이를 우리를 대신하여 죄로 삼으신 것은 우리로 하여금 그 안에서 하나님의 의가 되게 하려 하심이라"는 놀라운 진술을 설명하는 일에서 규정된다. 요한의 다음과 같은 복음에 대한 요약은 근본적으로 훨씬 더 위협적이다: "하나님이 세상을 이처럼 사랑하사 독생자를 주셨으니 이는 그를 믿는 자마다 멸망하지 않고 영생을 얻게 하려 하심이라"(요 3:16).

성경에 규정된 복음전도는 지성을 대상으로 하는 싸움이다. 그것의 본질 자체가, 다음과 같은 윌리엄 테일러William M. Taylor의 지적과 같이, 진리에 대한 주장과 설명이다: "사람들에게 계속하여 '그리스도께로 나아오라'고 요구하며 끊임없이 '주 예수 그리스도를 믿으라'는 바울의 간수에 대한 말만을 반복하고, 예수가 어떤 분이며, 그분께 나아가고 그분을 믿는 것이 어떤 일인지는 말하지 않는 것은 단지 그들을 조롱하는 일일뿐이다. 그것은 마치 비밀 주문처럼 그리스도의 이름을 사용하며 복음의 메시지를 단지 공허한 상투적 문구로 격하시키고 있다. 그러므로 만약 우리가 유능한 설교자가 되려면, '예수께서 어떤 분이시기에 제가 그분을 믿을 수 있나요? 그리고 그분의 죽음에 저와 관계되는 어떤 부분이 있나요'라고 질문하는 사람에게 대답할 준비가 되어 있어야 한다."[12] 그런 질문들에 조금이라도 답하려고 시도한다면 신학적 작업에 관여하지 않을 수 없을 것이다.

마찬가지로 신학적 설교가 목회적 돌봄의 주요 수단이다. 양떼에게 양식을 공급해야 하는데, 실제로 목사는 그들을 단지 이단만이 아니라, 굶주림으로도 죽게 할 수 있음을 잊지 말아야 한다. 단지 진리만이 그들을 거룩하게 할 수 있다(요 17:17). 관점을 달리하여, 만약 그들이 진리로 허리띠를 띠지 않는다면, 하나님의 전신갑주의 필수적 부분을 결

---

12. William M. Taylor, *The Ministry of the Word* (London: T. Nelson and Sons, 1876), p. 83.

여한다(엡 6:14). 교리는 경험과 서로 배치되지 않는다. 곧 찰스 브리지스Charles Bridges는 "기독교인의 경험은 교리적 진리가 감정에 영향을 미친 결과이다"¹³고 썼는데, 이것은 사무엘 로건이 본서에서 상기시키는 대로 조나단 에드워즈가 강하게 주장하는 점이기도 하다. 그 이유는 실제로 성경 저자들이 경험과 실천의 부분에서의 문제에 직면할 때 거듭하여 기독교 교리에 호소하기 때문이다. 요한복음 14:1의 "너희는 마음에 근심하지 말라"는 주님의 권고를 예로 들어보자. 이 권면은 다음과 같이 전적으로 신학적 토대에 기초한다: 하나님을 믿으니 또 나를 믿으라 내 아버지 집에 거할 곳이 많도다 내가 너희를 위하여 거처를 예비하러 가노니 내가 다시 와서 너희를 내게로 영접하리라. 궁극적으로 "너희는 마음에 근심하지 말라"는 "나 있는 곳에 너희도 있게 하리라"는 형언할 수 없게 영광스러운 토대에 기초한다.

우리는 이와 동일한 접근법을 신약성경 도처에서 빈번히 발견한다. 바울의 고린도후서 8:9에서의 그리스도인의 관대함에 대한 강해는 다음과 같은 성육신에 대한 호소에서 절정에 이른다: "우리 주 예수 그리스도의 은혜를 너희가 알거니와 부요하신 이로서 너희를 위하여 가난하게 되심은 그의 가난함으로 말미암아 너희를 부요하게 하려 하심이라." 그는 빌립보에 있는 교회의 문제에도 동일한 방식으로 대처한다. 다툼과 허영과 교만과 과민함이 있었다. 그 해답은 다시 한 번 문제 전체를 다음과 같이 성육신의 관점에서 바라보게 하는 것이다: 너희 안에 이 마음을 품으라 곧 그리스도 예수의 마음이니 그는 근본 하나님의 본체시나 자기를 비워 종의 형체를 가지사 사람의 사람들과 같이 되셨고 십자가의 저주의 죽음을 당하심이라.

신약성경의 나머지도 동일한 방식을 따른다. 히브리서의 저자는 편지의 수신자들 중에서 증대하는 배교의 문제에 직면하여 신앙고백을

---

13. Charles Bridges, *The Christian Ministry* (Edinburgh: Banner of Truth, 1961), p. 259.

고수하며 은혜를 지켜나가기 위해 기도할 것을 촉구했다. 그런데 그는 자신의 간청을 다음과 같은 신학적 사실에 근거시키고 있다: 우리에게 큰 대제사장이 계시니 크신 것은 하나님의 아들이시고 휘장을 통과하셨으며 우리의 연약함을 동정하시기 때문이라(히 4:14). 유사하게 사도 요한(그리고 그의 이면의 부활하신 주님)은, 많은 신자가 일곱 봉인에 담겨진 재난을 이미 경험하고 있음을 의식하면서, 보좌와 그 보좌에 앉으신 그분에 대한 환상을 묘사하는 일로 자신의 계시를 시작했다(계 4:2). 후속되는 모든 것은 위엄 있는 주님이신 동시에 죽임당한 어린 양이기도 하신 그분 주권의 견지에서 이해되어야 한다.

신학적으로 어떤 것도 망설여지지 않아야 한다. 하나님께서 계시하신 것은 학문과 신학 대학이 아니라, 하나님의 백성을 대상으로 의도된 것이었다. 만약 어떤 것이 성경적이지 않다면, 설교에서 어떤 역할도 할 수 없다. 만약 그것이 성경적이라면, 그것을 가르치지 않을 권한이 우리에게는 없다. 우리는 큰 주제들과 씨름해야 하는데, 비록 그것들이 우리를 매우 당혹스럽게 할지라도 말이다. 우리는 너무 고차원적이거나 심층적이거나 복잡하다고 항변할 수 없다. 우리는 하나님의 **신비**를 맡은 청지기이며, 따라서 너무 **신비롭다**고 해서 어떤 것을 내놓지 않는다고 하는 것은 어리석은 변명일 것이다. 필립스 브룩스Phillips Brooks는 이렇게 말했다: "지극히 작은 의무에 지극히 숭고한 동기를 부여하며 지극히 작은 어려움에 지극히 큰 위로를 전하는 일을 결코 두려워하지 말라."

신약성경에 주어진 이 방식은 오랜 동안 계속하여 위대한 설교자들에 의해 명백히 따라졌다. 그들의 선포는 신학을 결여하지 않았으며, 그들의 설교는 교리를 배우고자 하는 자에게 여전히 보고이다. 심지어 우리는 성경 본문 자체를 제외하고 신학자들의 최고의 원천은 위대한 설교자의 설교라고도 말할 수 있을 것이다. 아다나시우스Athanasius의 『아리우스파를 반대하는 연설』Orations Against the Arians은 그의 설교였다. 어거스틴은 인간과 죄와 은혜에 대한 견해를 설교했다. 루터와 칼빈은 단지 믿음으로만의 칭의와 의지의 노예됨과 구원에 있어 하나님의 주권을 설교했다. 굴드Goold가 16권으로 편집한 존 오웬John Owen 전집의 가장 좋은 책 중 둘은 설교이다. 에드워즈의 설교는 교리로 가득 채워져 있다. 웨슬리의 설교는 실제로 감리교의 신학적 표준이 되었다.

우리는 대중적 설교와 신학적 설교 둘 중에서 하나만 양자택일 할 수 없다. 계시 안에 주어져 있는 신학 - 우리가 선포할 뿐만 아니라, 고수할 권리가 있는 유일한 신학 - 은 하나님의 백성을 위한 신학이다. 그러나 신학을 설교하는 일에는 피해야 할 몇 가지 위험이 있다. 신학은 신학교에서 가르쳐지는 방식으로 설교단에서 가르쳐져서는 안 된다. 신학은 동일해야 하지만, 그것을 전달하는 법은 그렇지 않아야 한다. 세 가지 특별한 위험이 지적되어야 한다.

첫째로, 설교단에서 특수 용어의 사용을 피해야 한다. 신학에는 학문적 토론에 매우 적합하지만, 대중적 선포에 사용될 때 이해를 방해할 수 있는 자체적인 전문 용어가 있다. 문제는 단순한 것이 아니다. 이 용어의 다수(예를 들어, **칭의**, **예정**, **중생**, **회개**)가 성경에서 직접적으로 왔으며, 따라서 설교단에서 그것을 사용하는 것은 단지 허용될 뿐만 아니라 요구된다. 교회의 신앙고백 전통에 포함되는 **삼위일체**와 **성육신** 같은 몇몇 단어 역시 마찬가지이다. 그러나 학교의 언어를 설교단에 소개하는 일에는 자제해야 한다. 신학교를 갓 졸업한 목회초년생들은 신학교의 용어가 얼마나 특수한지를 전혀 모르기가 매우 쉽다. **존재론**과 **해석학**과 **종말론**과 **실존적**과 같은 단어는 학계의 일상적 용어일지는 모르지만, 바깥세상에서는 뜻 모를 주문일 뿐이다.

두 번째 위험은 설교를 온통 인용으로 버무리고자 하는 유혹이다. 이것은 학문적 강연에서는 유용할 뿐만 아니라 필수적일 수 있다. 설교단에서 인용은 좀처럼 적절하지 않다. 인용은 불필요하게 학식을 뽐내는 것으로 비춰지며, 그 문체는 구어체에 어울리지 않고, 메시지의 흐름을 끊는다. 틀림없이, 바로 이러한 점들이 웨스트민스터 회의가 『하나님에 대한 공 예배 규칙서』Directory for the Public Worship of God를 편찬함에 있어 "아무리 감동적이더라도 고대와 현대의 교회와 여타 인간 저자의 문장"은 단지 가끔씩만 인용해야 한다고 규정하도록 이끈 요인일 것이다. 경구의 능숙한 이용은 매우 효과적일 수 있지만, 지나친 인용은 단지 산만하게만 한다.

세 번째로 피할 점은 주제를 **속속들이** 다루는 일이다. 거듭하여 이 일은 학문적 강연에서는 전적으로 합당하다. 거기서는 진리의 가능한 모든 측면이 도출되며, 소용되는 모든 논거가 동원되고, 짐작할 수 있는 모든 반론에 답해질 수 있을 것이다. 설교단에서 그런 과정은 전적으로 부적합하다. 농담과 같이 들릴지 모르지만, 우리는 많은 것 중에 단지 **네 가지**만으로 충분할 것이라고 제안할 수 있다. 그 한계를 넘어서면, 청중은 지치고 초점을 상실하기 쉽다.

토머스 찰머스Thomas Chalmers는 신학이 신학교에서 다뤄지는 방식과 설교단에서 다뤄져야 할 방식의 두 가지 추가적인 결정적 차이점에 주목했다. 첫째로, 설교단에서 주된 관심사는 교리를 권고적이며 실제적으로 적용하는 것이어야 한다. 그 목표는 학문적 강해가 아니라, 실제적 영향이다. 찰머스는 이렇게 썼다: "기독교 계시는 지성으로 끝나는 것이 아니라, 시작한다. **크레덴다**credenda('믿어야 할 것')는 종착점이 아니라 **아겐다**agenda('해야 할 것')를 위한 디딤돌이다."**14** 다른 말로 설교단은 사람들을 개인적이며 실제적으로 기독교인으로 만드는 일을 목표로 한다.

둘째로, 설교자는 교리를 개인에게 납득시켜야 한다. 조직신학에서 우리는 기독교에 대한 일반적이며 초연한 설명, 곧 "일군의 다양한 부류의 사람들과 관계되는" 교리를 본다고 찰머스는 말했다. 설교에서는

---

14. Thomas Chalmers, *Selected Works*, vol. 8 (Edinburgh: Thomas Constable and Co., 1856), p. 239.

다음과 같이 관점이 전혀 다르다: "청중 각자를 개별적으로 살피며 여러분에게 맡겨진 문제가 그에게 구체적이며 개인적으로 다뤄지고 있다고 느끼게 만들라."[15] 각자가 진리를 자신의 양심에 적용하도록 이끌어져야 하는데, 이는 정확히 베드로가 다음과 같이 오순절에 자신의 청중에게 촉구했던 바와 같다: "너희가 회개하여 각각 예수 그리스도의 이름으로 세례를 받으라"(행 2:38).

신앙고백과 교리문답의 사용

설교자는 교회의 신앙고백과 교리문답을 어떻게 사용해야 하는가? 이에 대한 첫 번째 대답은 아마도 그 문서들을 주해의 보조 도구로 사용하는 것이다. 그것들은 자주 성경 주제에 대한 탁월한 개요를 제공한다. 특별히 십계명과 주기도문과 같은 성경의 핵심 부분들에서 그러하다. 실제로 모든 기독교 전통의 교리문답이 이것들에 대한 해설을 담고 있다. 하지만 그것들의 사용은 이 제한된 부분에 한정되지 않는다. 예를 들어, 웨스트민스터 전통에서 회심에 대한 설교는 다음과 같은 소교리문답 87문에 대한 답을 넘어서기가 좀처럼 쉽지 않을 것이다: "생명의 길로의 회개는 죄인이 자신의 죄에 대한 참된 자각과 그리스도 안에서의 하나님의 긍휼에 대한 이해로부터 그 죄를 슬퍼하고 미워하며 죄에서 하나님께로 돌이키고, 새롭게 순종하고자 온전히 결심하고 노력하게 하는 구원의 은혜이다." 동일한 문답의 14문에 대한 답은 흠정역 King James Version보다 요한일서 3:4에 나오는 요한의 죄에 대한 정의의 의미를 다음과 같이 훨씬 더 정확하게 포착하고 있다: "죄는 하나님의 율법에 대한 순종의 부족 또는 그 율법의 위반이다." (흠정역은 다만 "죄

---

15. Ibid., p. 247.

는 율법의 위반이다"고 한다.)

우리는, 간결하게 진술된 것으로서, 다음과 같은 표현보다 믿음에 대한 더 나은 정의를 어디에서 얻을 수 있겠는가? 곧 "예수 그리스도에 대한 믿음은 복음서에서 그분이 우리에게 값없이 주어지는 바와 같이 구원을 위해 단지 그분만을 영접하며 의탁하게 하는 구원의 은혜이다"(소교리문답 86문 답). 마찬가지로 우리는 "너희가 어떻게 들을까 스스로 삼가라"(눅 8:18)는 말씀에 대해 그 웨스트민스터의 신학자들이 "말씀을 어떻게 읽고 들어야 구원에 효력이 있겠는가?"라는 질문에 다음과 같이 답한 것보다 더 나은 어떤 주석을 찾을 수 있겠는가? 곧 "우리는 부지런함과 준비와 기도로 그것에 주의를 기울이며, 믿음과 사모함으로 그것을 받아들이고, 마음에 비축하며 생활 가운데 실천해야 한다." 또한 고린도전서 11:22-34에서 바울의 주의 만찬에 대한 설명이 암시하는 실제적 문제로 씨름하는 사람은 누구나 소교리문답의 동일 주제에 대한 논의에서 다음과 같은 시사적인 지침을 확실히 발견할 것이다: "주의 만찬에 합당하게 참여하고자 하는 자들에게는 주의 몸을 분별할 지혜와 그분을 양식으로 삼을 믿음과 회개와 사랑과 새로운 순종에 대해 자기를 살피는 것이 요구되는데, 이는 합당하지 않게 참여함으로 자기의 심판을 먹고 마시지 않기 위함이다"(97문에 대한 답).

웨스트민스터 신앙고백도 마찬가지로 강해의 보조 도구로 유용하다. 예를 들어, 그것의 기독교인의 자유에 관한 설명(20장)은 아주 훌륭하며 다음과 같은 갈라디아서 5:1과 같은 본문에 매우 선명한 빛을 던져준다: "그리스도께서 우리를 자유롭게 하려고 자유를 주셨으니 그러므로 굳건하게 서서 다시는 종의 멍에를 메지 말라." 동일한 것이 확신에 관한 장에도 적용되는데, 그것은 한편으로 근거 없는 추정을 독려하는 일과 다른 한편으로 의심을 악용하는 일 양자 사이의 길을 잘 헤쳐 나간다. 하지만 목회와 설교의 관점에서 웨스트민스터 신앙고백에서 두드러진 부분은 십중팔구 칭의에 관한 장(11장)의 다섯 번째 문단에서 발견될 것이다. 그것은 다음과 같이 빈번하게 긴급한 목회적 문제인 것을 다룬다: 곧 우리가 칭의 이후 짓는 죄는 어떻게 된 것인가? 그 신앙고백은 다음과 같은 최고의 본보기를 준다: "하나님은 칭의 받은 자들의 죄를 용서하시는 일을 계속하신다. 비록 그들이 칭의의 상태에서 결코 탈락할 수는 없지만, 스스로 겸비해지고 죄를 고백하며 용서를 구하고 믿음과 회개를 새롭게 할 때까지, 죄로 인해 하나님의 아버지같은 심정의 노여움 가운데 있으며 그분의 밝은 얼굴을 다시 볼 수 없게 될 수 있다." 마지막 부분의 감상적 의견은 신앙의 실패자들의 회복의 단계를 매우 감동적으로 묘사한다.

비 영미 전통의 신앙고백과 교리문답도 똑같이 귀중하다. 만약 우리가 요한복음 16:7의 "내가 떠나가는 것이 너희에게 유익이라"에 대해 설교한다면, 우리가 어디서 "우리는 그리스도의 승천에서 어떤 유익을 얻는가?"라는 질문에 대한 하이델베르크 교리문답의 다음과 같은 답에서 보다 더 나은 설명을 발견할 수 있겠는가? 곧 "첫째로 하늘에서 그분은 성부 하나님 앞에서 우리의 변호인이 되신다. 둘째로, 머리되신 그분이 지체들인 우리 역시 자신에게로 이끌어 올리실 것이라는 확실한 표증으로서 우리는 우리의 육신을 하늘에 두게 된다. 셋째로, 그분은 우리에게 하나의 증표로서 그분의 성령을 보내주시는데, 그 성령의 능력으로 우리는 땅에 있는 것이 아니라, 그리스도가 하나님 우편에 앉아계신, 하늘의 것을 추구하게 된다."

동일한 교리문답은 다음과 같이 믿음에 대한 탁월한 정의를 포함하고 있다: "그것은 단지 하나님이 자신의 말씀 가운데 우리에게 계시해 주신 모든 것을 진리로 삼게 하는 지식일 뿐만 아니라, 또한, 성령이 복음을 통해 내 안에 일어나게 하신 것으로서, 죄의 용서와 영원한 의와 구원이 단지 그리스도의 공로와 은혜로 하나님에 의해 값없이 타인들 뿐만 아니라 내게도 주어졌다는 것을 믿는 진심어린 신뢰이다."

특정 주제를 설명하는 데 있어서의 지침으로 교리문답과 신앙고백을 사용하는 일 외에, **잘 알려진** 신조의 문구를 해설하는 것도 종종 유익할(또는 심지어 필수적일) 수 있다. 널리 유포된 이것들의 개수는 명백히 지역에 따라 매우 다양할 것이며 그것들에 대한 언급의 적절성은 개별적인 목회적 판단의 문제일 것임에 틀림없다. 하지만 그리스도의 신성에 대한 어떤 주장도 "호모우시오스"homoousios("동일 본질의")라는 단어를 거의 무시할 수 없을 것이며, 남의 의견에 귀 기울이는 설교자라면 누구나 확실히 다음과 같은 질문을 마주 대하게 될 것이다: 우리 주님이 지옥에 내려가셨다는 말, 성도의 견인, "선택된 유아가 유아기에 죽는다는 말," 성령의 내적 증거, 그리고 인간이 "영혼과 몸의 모든 기능과 부분에서 온전히 부패했다"는 주장이 무슨 뜻입니까?

때로는 교리문답과 신앙고백의 약점을 지적하는 일도 적절할 수 있다. 웨스트민스터 전통에서 가장 큰 결점은 아마도 하나님의 말씀이 구약과 신약성경에 "포함되어 있다"는 진술(소교리문답, 2문의 답)일 것인데, 이것은 하나님의 말씀이 아닌 성경 부분이 있음을 강하게 암시한다. 또한 4문의 답에 주어진 하나님의 속성에 대한 요약, 31문의 답의 효력 있는 부르심effectual calling에 대한 정의, 그리고 35문의 답의 성화에 대한 정의(**결정적** 성화에 관한 모든 언급을 빼놓고 있음)에 관하여 의구심을 표명해야 할 수도 있다. 그 신앙고백 자체와 관련하여, 설교자는 (그리스도만이 교회의 머리시라는 교리에 덧붙여) 교황이 죄의 사람 Man of Sin(곧 "적그리스도")이라는 주해적 진술에 거리를 두어야 할 수도 있다. 그런 진술들이 말없이 지나쳐질 수 없는 이유는 그것들이 교리문답과 신앙고백에 포함되어 있다는 사실 자체가 그것들의 왜곡된 견해에 권위를 덧입히며 통용되게 하며, 또한 시정되지 않을 경우 그것들이 특정 전통의 신학에 고유한 것이 될 것이기 때문이다. 교황을 죄의 사람으로 언급하는 경우에, 그 왜곡은 종교적 편협성을 더욱 악화시킨다.

교리문답이나 신앙고백 자체에 대해 설교해야 하는가? 단지 매우 예외적 상황에서만 그러할 것이다. 우리의 사명은 말씀을 설교하는 일이다. 대신 인간의 문서를 해설하는 것에 의존하는 일은 규범적 계시인 것과 그 계시에 의해 판단되어야 할 것의 구분을 모호하게 함으로 회중을 혼란시킬 것이다. 설사 신조들이 무류하다(예컨대, 사도신경에 대해 말해질 수 있는 주장임)고 하더라도, 그것들의 비율과 비중과 주제 선정은 성경과 같지 않을 것이다. 더욱이 신앙고백과 교리문답은 실존적 상황 - 성경의 삶의 정황 - 과 분리된 교리를 제시하며 따라서 그 교리의 실천과의 관련성을 보지 못하게 하거나 전혀 적용하지 않도록 만든다.

마지막으로 신조와 신앙고백에 대해 두 가지 점을 지적할 수 있을 것이다. 첫째로, 이 문서들은 장구한 기독교 역사 가운데 모아진 집단적 지혜이다. 결과적으로 그것들의 자극과 범주 안에서 설교하는 누구나 사적인 견해를 설교하거나 교회의 평화와 일치를 위협하는 교리를 소개하고 있지 않다고 절대적으로 확신할 수 있다. 물론 많은 이들이 설교자를 특정 신앙고백에 제한시키는 일은 그의 자유에 대한 비성경적 제약이라고 주장한다. 하지만 이것은 그 신앙고백 자체가 보편적이거나 포괄적이기보다 분파적일 때만 해당된다. 질서가 잘 잡힌 교회에서 신조가 강제하는 것은 단지 근본 교리들의 훼손을 막는 일뿐이다. 실제로 신조는 자유의 헌장으로 이해되어야 한다. 그것은 교회가 관용할 수 없는 일탈에 대해 분명히 규정한다. 자신의 신학적 표준에 의거하여 설교자는 자신의 정확한 위치를 알게 된다. 그의 신조가 말하는 범위에 그는 제한되며(만약 그 신조가 잘못되었음을 보여줄 수 없다면), 그의 신조가 침묵하는 부분에 대해서는 자유롭게 자기 자신의 의견을 표현할 수 있다. 예를 들어, 안수 때에 단지 웨스트민스터 신앙고백만 따르겠다고 서약한 목사는 자유지상주의, 전천년설, 흡연, 또는 아담의 죄의 즉각적 전가와 같은 문제에 있어 제약을 받지 않는다고 절대적으로 확신할 수 있다. 실제로 동일한 신앙고백에 서약한 사람들이 매우 치열하고 격렬하게 여러 문제에 대한 논쟁을 펼칠 수 있는데, 이는 러더퍼드Rutherford와 보스턴Boston, 캔드리쉬Candlish와 크로퍼드Crawford, 쏜웰Thownwell과 핫지Hodge, 그리고 워필드Warfield와 카위퍼Kuyper의 다툼이 명백히 보여주는 바와 같다.

둘째로, 신조와 신앙고백은 설교자에게 다양한 교리의 상대적 중요성을 알게 해주는 귀중한 지표를 제공한다. 설교자는 "주요한 것들을 가장 많이" 다뤄야 하는데, 이 "주요한 것들"은 우리가 가장 좋아하거나 가장 온전하게 공부한 교리가 아닐 수도 있다. 하지만 그 주요한 것들은 우리의 신앙고백이나 교리문답에 포함되어 있는 것들 - 곧 성도의 공동체가 동의하며 교회의 심사숙고의 판단에 의해 타협할 수 없는 것으로 간주된 교리들 - 일 가능성이 많다. 찰스 핫지는 이렇게 썼다: "활기찬 경건이 있는 곳마다, 타락과 부패와 중생과 속죄와 그리스도의 신성의 교리가 있을 것이다. 나는 경건한 모습을 드러내면서 이 교리 중 하나라도 거절하는 단 한 사람도 결코 보거나 듣지 못했다."[16] 이 교리들이 바로 신앙고백이 담아내는 신학의 핵심이다.

결론

본장이 부여하는 과제는 설교자가 자신이 아는 모든 신학을 설교해야 한다는 것이었다. 성경은 사람들의 책이며, 삼위일체에서 지복직관 beatific vision에 이르기까지 성경의 모든 교리는 믿음의 공동체를 이루는 학식이 있기도 하고 없기도 하는 개개인의 소유이다. 우리에게는 어떤 것도 제지할 권리가 없다. 그러나 그런 진리에 대한 선포라 할지라도 우리 자신의 태도에 의해 손상될 수 있으며, 따라서 결론으로 바로 이 점을 숙고해야 것이다.

---

16. Salmond, *Princetoniana*, p. 30.

첫째로, 우리는 권위 있게 설교해야 한다. 이것은 자기 의나 자기 확신의 문제가 아니다. 그것은 우리가 선포하는 것이 하나님의 말씀임에 대한 확신에서 나오는 내적인 동시에 외적인 권위이다. 우리의 신학이 성경의 강해에 기초하는 한, 우리는 구약의 모든 선지자와 같이 확신 있게 "여호와께서 이와 같이 말씀하시니라!"라고 선언할 수 있다. 바르트는 "그리스도의 말씀을 이야기하는 나와 모든 사람은 자신의 입이 그리스도의 입임을 자유롭게 자랑할 수 있을 것이다"라는 루터의 위대한 주장을 인용하고, 이렇게 부연한다: "교리는 죄와 잘못이 없으며, 또한 우리 죄를 용서해달라고 말하는 주기도문에 속하지도 않는데, 왜냐하면 교리는 우리의 작업물이 아니라, 죄와 잘못이 있을 수 없는 하나님 자신의 말씀이기 때문이다."[17] 이것이 설교에 교의학이 필요한 중요한 이유 중 하나인데, 곧 우리가 선포하고 있는 것이 하나님의 말씀임을 가능한 최대한으로 확신시키기 위함이다. 다시 한 번 바르트를 인용하자면, 교의학의 중대한 역할은 다음과 같이 교회의 주일 설교(이 설교가 교회의 최대의 책무임)를 비판하고 교정하는 일이다: "어제의 교회에서 사람들이 하나님에 대해 어떻게 이야기했는지에 대한 질문에서 출발하여, 교의학은 내일 이것이 어떻게 행해져야하는지를 질문한다."[18]

둘째로, 아무리 심오한 계시의 주제를 다룬다할지라도, 명료함을 추구해야 한다. 우리의 교리의 주장되는 난해함은 흔히 우리 자신의 무지에 기인한다. "어리석은 사람마다 철학적 안개 속에서 자신을 잃는다"고 하미쉬 맥켄지Hamish Mackenzie가 썼다. "단순성을 획득하는 일은 일급의 지성과 매우 순수한 마음과 많은 노고를 요구한다."[19] 우리에게는

---

17. Karl Barth, *Church Dogmatics*, vol. 1 (Greenwood, South Carolina: Attic Press, 1962), p. 107.
18. Ibid., p. 86.
19. Hamish Mackenzie, *Preaching the Eternities* (Edinburgh: Saint Andrew Press, 1963), p. 93.

심오하다는 이유로 신학적 주제를 회피할 권리가 없다. 만약 그러하다면, 우리는 입을 전혀 열지 않을 것이다. 우리의 소명은 교회의 규정된 강의안인 성경에 나오는 모든 주제를 설명하고 해설하는 일이다. 그러나 우리는 이 일을 가능한 한 단순하고 명료하게 해야 한다.

  무엇보다 우리는 사랑의 심정으로 설교해야 한다. 이점은 특별히 우리가 논란이 많고 논쟁적인 주제를 다뤄야 할 때 그러하다. "신학적 증오"odium theologicum라는 말이 잘 알려져 있다. 우리의 설교는 다른 의견을 지닌 사람들을 사랑으로 대하는 일의 본보기가 되어야 한다. 그러나 이 원리는 보편적으로 적용된다. 우리는 "사랑 안에서 참된 것을 해야"(엡 4:15) 하는데, 그 사랑이란 우리에게 사명을 주신 하나님에 대한 사랑, 그분이 우리에게 주신 진리에 대한 사랑, 그분이 우리에게 보내신 자들에 대한 사랑, 그리고 우리를 거절하며, 또한 그런 가운데 그분을 거절하는 자들에 대한 사랑이다.

Ⅱ. 메시지 형태

Part 2
THE Message

10장. 설교의 구조와 흐름

글렌 넥트

부흥을 체험한 설교자는 단지 한 가지 도구만을 소유하는데, 그것을 소유함으로 다른 어떤 것도 필요로 하지 않는다. 그는 불의 혀, 곧 오순절 시 교회에 주어진 바로 그 무기를 지닌다. 그의 혀는, 성령의 능력을 덧입어, 마음이 변화되며 하늘이 땅에 임하게 하는 방식으로 하나님의 진리를 세상에 분명히 표현하는 수단이 된다. 평생에 불의 혀를 참되게 한 번만이라도 경험하게 되면, 하나님의 회심케 하는 사역이 인간 영혼에 이루어지기 위해 필요한 모든 것이 준비되었다고 할 수 있다. 그런 경험을 하고나서 우리는 결코 다시 이전과 동일한 존재로 되돌아가지 못할 것이다.

윌리엄 아더William S. Arthur는 지당하게도 불의 혀가 교회의 주요 상징이며, 그 자체로 그리스도의 몸의 하나님의 엄선된 은사로서 간직되고 개발되어야 한다고 말했다. 설교자는 이 은사의 상속자이며 매 주일 이 권능의 무기를 휘두를 특권이 있다. 그것을 **어떻게** 휘두르느냐가 본 장의 주제이다.

불의 혀는 타오르는 심장이 원하든 대로 열기와 빛을 발산하게 하자고 유혹한다. 그 심장에는 화자와 청자 모두를 사로잡은 감동과 표현의 유창함이 있다. 그 불같은 혀의 자유로운 흐름을 위해 구조를 정하는 모든 노력을 포기해야 하지 않을까? 결국 불에는 아무런 형태도 없으므로 그 형태는 무시하고 다만 불타오르는 심장이 그 자체의 메시지를 제시하도록 해야하지 않을까? 만약 설교자가 무엇을 전해야 할지에 대해 확실히 느끼고 있다면, 결국 그것으로 충분하지 않은가? 그는 하나님의 진리의 전달을 위해 타오르는 심장에 의지할 수 있지 않는가?

본서의 답은 "아니다"이다. 왜 그러한가? 왜냐하면 하나님은 질서의 하나님이시기 때문이다. 그분은 모든 것을 단번에가 아니라, 순서대로 창조하셨다. 그분은 만물을 종류별로 분류하셨으며 동일한 날에 동류의 것들을 창조하셨다. 그분은 단계별로 자신을 계시하셨으며 자신의 계시의 절정이 되는 것, 곧 주 예수 그리스도를 드러내기 전에 모든 것이 예비 되도록 하셨다. 행하시는 일에 있어 하나님은 열정으로 가득 차 있으실 뿐만 아니라, 또한 전적으로 질서 있게 하신다.

우리는 이 질서에 있어 하나님을 모방해야 하는데, 곧 그분의 질서의 원천이 그분의 사랑임을 깨달으면서 말이다. 우리를 사랑하시는 바로 그 이유 때문에 그분은 자신의 사역과 말씀을 우리의 상태에 맞추시며 우리가 그분에게 배운 것을 이해하고 적용할 수 있는 방식으로 우리에게 이야기하신다. 그분의 말씀을 선포하며 그분의 성령의 열매를 세상에서 보고 싶어 하는 우리의 열정 역시 사랑에서 비롯된 열정일 것이다. 우리가 설교하는 것은 바로 그분과 타인을 사랑하기 때문이다. 하나님의 말씀을 선포함에 있어 바로 그러한 사랑 때문에 우리는 열정을 질서로 승화시키게 된다.

내용에 질서를 부여하는 일은 청중을 사랑하며 계시의 주인공이신 분을 사랑하는 행위이다. 그것은 오리를 가자하면 십리를 가는 사랑의 실천이다. 파스칼Pascal은 우리에게 이렇게 상기시킨다: "훌륭한 착상이 풍성하지만, 그것들을 조직하는 기술은 그렇지 못하다." 오리를 가는 설교자와 십리를 가는 설교자의 차이는 한 사람은 타오르는 심장에서 나오는 강력한 의견들을 가지고 있지만, 다른 사람은 동일한 진리들을 소유하며 전적인 열정을 품은 동시에, 그 사랑에 그것들을 청자에게 유익하고 간직될 수 있는 형태로 만드는 정력적인 노력을 덧붙인다. 본 장의 명제는 다음과 같다: 부흥을 체험한 설교자는 청중을 진리로 이끌며, 그 지성과 마음에 양식을 공급하고, 하나님의 말씀에 적절히 반응하도록 요청하는 방식으로 자신의 설교에 질서를 부여할 때에 청중을 사랑하는 것이다.

1. 질서: "하늘의 첫사랑"

창조 시 하나님은 자기 자신의 질서에 따라 자신의 세계를 지으셨다. 따라서 질서 개념이 "저녁이 되고 아침이 되니 이는 첫째 날이니라"와 같은 구절에서도 볼 수 있듯이 사물의 본성에 심겨져 있다. 피조세계의 예측 가능성과 천체의 조화로운 움직임과 계절의 변화는 설계자로서의 하나님을 상기시키는 것들이다.

히브리서 저자는 다음과 같은 하나님의 모세에 대한 명령을 언급할 때에 하나님의 이 질서의 요구를 지적한다: "모세가 장막을 지으려 할 때에 지시하심을 얻음과 같으니 이르시되 삼가 모든 것을 산에서 네게 보이던 본을 따라 지으라 하셨느니라"(히 8:5). "네게 보이던 본을 따라"는 질서의 명령이다. 성경은 설교의 본과 같은 것 자체를 포함하고 있지는 않지만, 우리는 주어진 때에 가장 유용한 본을 개발하는 일에 도움을 얻기 위해 교회의 경험과 인간의 심리학의 원리와 수사학에 관한 일반적 지식에 의지할 수 있다.

적절한 질서의 명백한 장점이 숙고해보면 떠올려진다. 첫째로 적절한 구조가 설교자에게 어떤 의미가 있는지 생각해보자. 자료를 어떻게 구성하겠다는 확고한 생각을 가짐으로써 설교자는 청중을 확신 있게 만날 수 있다. 그는 어디로 진행해야 할지를 아는데, 곧 그 목표가 분명히 규정된다. 마음의 눈으로 목표지를 고정해 놓고 여러 장애물을 헤쳐 나가는 택시 운전사와 같이, 설교자는 어떠한 난관에 직면하더라도 능숙하고 확신 있게 나아갈 수 있다.

설교자의 가슴은 적절한 질서가 있는 경로를 따를 수 있다. 머리와 가슴 간의 이분법은 단지 상상의 것일 뿐이다. 가슴 역시 논리를 지니며 지성의 논리에 반대되지 않는다. 확실한 계획과 더불어 인간의 감성 능력을 분출하게 할 분명한 제방이 있게 된다. 우리는 어떤 지점에서 가슴이 충만하게 될지 항상 예상할 수는 없지만, 적절한 계획은 감정의 갑작스러운 고조를 가능하게 하며 정해진 목표를 향하도록 제어한다.

목사의 마음 역시 구조에 의해 도움을 받는다. 만약 그가 원고 없이 진행한다면, 계획이 명확하고 자연스러워질 만 하면 자꾸 다른 생각들이 떠올려질 것이다. 만약 그가 메모나 온전한 원고를 사용한다면, 계획을 어떻게 펼쳐갈지 그때그때 생각해야 하는 이런 부담에서 보다 자유로워질 것이다.

시간 조정이 설교의 주요 요소이다. 오늘날의 회중은 빠르게 전개되는 라디오나 텔레비전에 익숙하여서 집중할 수 있는 시간이 짧다. 설교자는 하나의 긴 이야기보다는 단계적으로 전달할 3분 단위의 몇 편의 이야기를 생각해야 할 것이다. 그러나 이 생각의 단편들이 어떻게 결합되는가? 만약 견고하며 순차적이고 절정으로 전개되는 구조가 없다면, 그 단편들이 어떻게 메시지의 의미와 힘을 모을 수 있겠는가?

견고한 구조는 목사로 하여금 설교 기술 중 가장 중요한 것, 곧 생략의 기술을 실행할 수 있게 해준다. 앤드루 블랙우드 Andrew W. Blackwood는 다음과 같이 말하길 좋아했다: "좋은 설교란 어떤 것을 남겨야 할지를 알며 또한 그 다음으로 그것을 남길 용기를 지니는 일이다." 만약 적절히 짜여지고 규율 있게 지켜질 경우, 계획은 자료의 수집 시에 알맞은 것으로 보였을지 모르는 예화나 개념이나 인용문의 일부를 배제하게 될 것이다. "하지만 이것을 어디에 놓지? 아무데도 맞지 않구나." 그렇다면 그것을 남겨놓으라. 그것을 다른 날을 위해 아껴두라. 만약 그것이 딱 들어맞지 않으며 채택한 계획 내에서 사고를 진전시키지 않는다면, 배치할 자리가 없는 것이다. 어떤 계획의 요소들은 한 요소가 다음 요소를 암시한다는 점에서 도미노와 같이 서로 연쇄작용을 일으킨다고 할 수 있다. 그러나 만약 간격이 너무 크거나 그 방향이 옆으로 벗어난다면, 목표를 향한 전개가 있을 수 없다. 계획 자체가 설교자의 훈련 도구이다.

설교의 가장 중요한 요소인 청자와 관련된 적절한 구조의 장점에 대해 생각해보자. 청자는 설교에 적절한 구조가 있음을 인지할 때 목사가 이끄는 순례 가운데 편안함을 누릴 수 있다. 그는 목사가 그 지형에 대한 지식이 있으며 여러 함정과 장애물을 통과하며 바라는 목표지로 이끌 수 있는 능력이 있다고 신뢰하게 된다. 사람들이 구조의 세부 사항을 항상 인식하는 것은 아니며, 계획 자체를 상술할 수는 없지만, 그럼에도 불구하고, 목사의 마음속에 있으며 설교의 윤곽에 나타나는 계획의 존재에 의해 유익을 얻을 것이다.

계획은 그 자체를 훌륭하다거나 심오한 것으로 부각시켜서는 안 된다. 계획의 목적은 사람들이 그것을 통해 제시된 진리를 보도록 돕는 것이다. 구조는 그림의 액자인데, 그것은 그림에서 시선을 분산시키지 않으면서 그것의 아름다움을 담고 있고 그 아름다움을 부각시킨다. 액자는 우리로 하여금 다른 모든 것에서 시선을 돌려 그 미술작품에 초점을 맞추도록 돕는다. 마찬가지로 구조는 하나님의 계시를 질서 있고 제한되게 제시함으로 청중으로 하여금 특정한 때에 그것을 잘 이해할 수 있도록 돕는다. 적절한 질서가 있는 설교는 회중에 대한 사랑의 증표이다.

중생한 사람들이더라도 그냥 하나님의 말씀을 듣게 되는 것은 아니다. 그들은 자신의 목사의 설교들을 듣고 소화하는 법을 배워야 한다. 그들은 어떻게 훈련될 것인가? 가장 중요한 방법은 명확하게 기억될 수 있으며 다른 사람에게 기꺼이 재진술할 수 있게 잘 작성된 메시지를 그들에게 전하는 것이다. 그들은 서로 상이한 양식의 설교 구조를 접할 때 자신의 머리로 그것을 식별할 것이며 지적으로 적응하게 될 것이다. 그들은 로버트슨Robertson적인 설교인지, 보다 전형적인 삼대지 설교인지, 진리를 입체적으로 제시하며 몇 가지 항목으로 이끄는 청교도적 접근법인지 인지하게 될 것이다. 그들은 마지막 부분에서 그들에게 무엇이 요구되는지에 대해 경청하며 그 날에 성령의 부르심에 기꺼이 반응할 것이다.

견고한 구조는 단지 설교에 대한 생각만 전달하는 것은 아니다. 그것은 화자와 청자에게 우리에게 있는 진리의 본체가 질서 있는 계시임을 표현해준다. 그것은 일관되며 통합적이고 생각과 행동이 균형 잡힌 형태를 이룬다. 많은 기독교인이 전체적인 체계와 무관하게 여기저기서 얻어진 작은 단위의 지혜와 진리에 의존한다. 견고한 구조에 따른 하나님의 진리에 대한 논리적 해설을 듣는 일은 그들에게 질서 있고 일관되는 교리 체계를 드러낸다. 그런 질서는 하늘의 숨결이며, 건전한 지성을 지니신 하나님에 대한 사랑의 증표이다.

만약 구조가 그토록 중요하다면, 그것을 파악하는 일 역시 어렵다는 것을 아는데 놀라지 말아야 한다. 주해와 신학과 문학적 원천과 개인적 경험에서 모은 자료를 하나의 일관되며 통일된 주안점으로 취합해 내는 일은 고된 작업이다. 그런 일은 성경구절을 서로 비교하며, 관련된 것과 관련되지 않은 것을 구분하고, 진리의 상이한 측면의 경중을 재며, 개념의 순서를 정하고, 진리의 거룩한 의도와 목표에 적합한 하나의 모형에 나머지 요소들을 맞추는 일을 요구한다. 이것은 깊은 집중과 강한 노력, 그리고 때로는 고통을 요구한다.

이것이 목회자 대부분에게 요청되는 설교 준비의 요소이다. 이 시간 동안 최대한 고요하며 최대한 일관되게 하나님께 의지하는 마음을 가지도록 하며, 주제에 대해 연구할 때에 지닐 수 있는 가장 큰 창의력과 상상력을 가지도록 하라. 그 시간에 하나님의 전령으로 그분의 백성 앞에 서는 특권에 대해 감사하라. 이 일 자체가 설교자 안에서 창조적인 능력이 나타나도록 할 것이다. 하나님이 그 장소와 그 날에 이 본문에서 무엇을 말씀하고자 하셨는지를 알기 위해 그분의 마음을 살피라. 자기 자신의 죄를 고백하며 단연코 타인과 결부되도록 하기 이전에 진리를 자기 자신의 마음에 먼저 적용하라. 이런 분투와 감사와 자기 점검과 기도로부터 구조의 인지가 발생한다. 그러나 많은 경우에 그것은 순간적으로 일어난다.

2. 직관: 질서의 열쇠

제임스 스토커James Stalker의 펜에서 나온 많은 지혜로운 말 중에 다음과 같은 말이 있다: "진리에 대한 설교의 독창성은 그것에 대한 고독한 직관에 달려 있다."[1] 한 구절에 대한 직관이란 그 구절에 대해 곰곰이 생각해보고 연구하며 기도하고 난 후 그것이 여러분에게 의미하는 바이다. 직관은 유일무이하게 여러분의 것이라는 점에서 독창적이다. 여러분은 스스로 직관에 이르게 된다. 진리에 대한 여러분의 진술이 다른 사람들이 발견한 것을 매우 닮았더라도 여러분의 것이다. 한 구절에 대한 여러분의 직관은 여러분 자신의 영적 순례의 특정한 시기의 특정한 해석의 특정한 진술이다. 본문이나 구절에 대한 이 독창적인 이해가 여러분의 구조의 열쇠가 된다.

따라서 독창성 자체가 설교의 하나의 열쇠가 된다. 필자는 발명을 뜻하는 것은 아닌데, 왜냐하면 전에 말해지지 않았던 것이 거의 없으며, 설교는 자주 과거의 것을 상기시키는 일이기 때문이다. 그러나 독창성

---

1. James Stalker, *The Life of St. Paul* (Old Tappan, N. J.: Fleming H. Revell, 1950), p. 47.

이라는 말로 필자는 복음의 다른 어떤 사역자도 아닌 여러분 자신을 통해 진리가 흘러나오는 일을 뜻한다. 한 사람의 설교는, 위대한 오라토리오가 매 악절에서 작곡가의 특징을 나타내듯이, 그 안에 그 자신의 영혼을 담고 있으며 그 위에 자신의 지문을 남겨 놓아야 한다. 만약 독창성이 그토록 중요하다면, 열심 있는 설교자라면 그것을 마땅히 계발하고 연구해야 할 것이다. 우리는 우리 자신이 되어야 하는데, 왜냐하면 이것이 기독교적 독창성을 얻는 길이기 때문이다. 궁극적으로 설교에 포함되는 것마다 먼저 설교자에게 있는 것이어야 하는데, 이는 에롤 헐스와 제프리 토마스가 본서의 다른 데서 상기시키는 바와 같다. 만약 독창성이 메시지에서 발견되어야 한다면, 그것은 설교자에게서 계발되어야 한다. 필자가 이점을 강조하는 이유는 우리 자신의 본연의 모습이 되는 일을 방해하는 것들이 너무나 많기 때문이다. 우리는 다른 목사의 이미지를 우리 앞에 두고, 그 이미지에 사로잡혀 우리 자신의 고유한 방식과 은사를 상실할 수 있다. 그런 영향력 하에서 작업할 때, 우리 고유의 자원을 활용하지 못한다. 더욱이 우리는 이상적 설교자라고 일컬어지는 것의 보다 광범위하고 포괄적인 영향력 하에서 작업할 수 있는데, 이 일 역시 우리의 독창성을 억누를 수 있다.

그런 압제에서의 구제는 복음의 사역자로서의 우리의 깊은 책무를 새롭게 인식함을 통해 온다. 만약 우리가 자신의 놀라운 책무와 우리의 말씀 혹은 말씀의 결여에 대해 제시해야 할 훌륭한 대답을 안다면, 타인을 모방함으로 인한 독창성의 결여에서 벗어나게 될 것이다. 그러한 행동 유형을 버리는 일이 어떤 것을 요구하든, 우리는 그 일을 해야 하며, 우리 자신의 고유한 자유 안에서 하나님이 우리 각자에게 독특하게 주신 창조의 은사를 발견해야 한다.

따라서 독창성에 대한 요청은 – 기쁘고 감사하고 창의력 있게 – 목사가 본연의 자신이 되라고 하는 요청이다. 그러나 이 일 역시 너무 지나쳐서 자신이 마치 설교 대가가 된 것 같은 허상에 사로잡힐 수도 있다.

그는 달라야 한다는 것에만 집착하고, 유용한 방향을 제시하는 어떤 설교 전통의 우호적인 조력자를 활용하지 못할 수 있다. 그는 올바른 설교 계획이 다만 삼대지를 포함한다는 이유로 거절한다. 이것은 독창적인 것이 아니라 경직된 태도이며 자신이 다른 사람과 공유하는 부분을 거절함으로 실제로는 독창성을 방해하게 될 것이다.

한 구절에 대한 직관을 발견하는 일은 설교자를 설교자 자신과 대면하게 한다. 설교자 자신의 내면생활이 노출된다. 그는 여기서 마귀와 대면하는 것이 아니라, 자기 자신과 대면한다. 자기 자신이 그의 적대자가 된다. 왜냐하면 그의 내면의 어떤 것이 본문을 은폐하려고 하며, 다른 사람처럼 그것을 다루려고 하고, 본문을 회피하고 지엽적인 진리만을 알고자 하기 때문이다. 그러나 설교자는 자신의 본래의 직관을 막는 이 대적자들에게 양보하지 말아야 한다. 설교자는 하나님 앞에서 자기 본연의 모습이 되며, 자신의 내면생활에 대한 영상에서 보는 그대로의 본문에 대한 단독의 직관을 포착해야 한다. 바로 이것은 그의 고유의 것이며 그의 설교의 싹이 될 것이다.

그러나 우리는 한 구절에 대한 직관의 신비를 풀어보려고 시도해야 한다. 우리는 그것이 설교자 개인의 고유한 것이라고 주장했다. 하지만 이 직관은 정확히 어떤 것인가? 만약 한 설교자가 한 구절의 주요 단어를 연구하고, 관련된 구절들을 깊이 숙고하며, 하나님의 말씀의 이 부분에 대한 다른 사람들의 연구 결과를 수집하고, 교리 연구서의 관련 문헌을 읽으며, 본문을 자신의 삶에 개인적으로 적용하고, 이 성경 구절을 자신의 청중의 양심과 마음에 와 닿게 할 적절한 방법에 대해 기도했다면, 이제 그는 전체 과정 중 가장 흥분되는 지점에 도달해 있는 것이다.

목사는 직접 작성한 메모 노트(여기서 메모가 풍부해야 할 것임)에서 한 본문이나 구절의 진리의 요소 중 가장 두드러진 것을 선택해야 한다. 그는 종이 한 장에 절대 빼놓아서는 안 될 사항들을 적어야 한다. 그것들은 반추하고 연구하는 기간에 그에게 와 닿았던 특정 주제의 여러 측면들이다. 작업의 이 단계에는 신성한 면이 있는데, 왜냐하면 설교자는 이미 자신의 회중이 주일에 공급받을 영적 양식을, 비록 단지 예비적일지라도, 취사선택하고 있기 때문이다.

그 필수 사항들을 기도하는 심정 가운데 자신의 말로 열거한 후, 설교자는 성경 구절의 의미를 최대한 깊게 묵상하는 시간을 가져야 한다. 그는 인적이 드문 곳을 걷거나 홀로 기도실에 있거나 성경을 펴놓고 서재 주변을 걸을 수도 있을 것이다. 여기서 가장 중요한 것은 그 순간 아무런 방해도 받지 않고 긴장을 푼 채 자신의 앞에 있는 성경 구절에 전적으로 집중할 수 있는 일이다. 그는 그것을 읽고 또 읽어야 한다. 그는 그것의 표면을 넘어 중심에 이르러야 한다. 여기서 지배적인 개념은 무엇인가? 이 모든 말씀을 하나로 결합시키는 것은 무엇인가? 이 구절의 핵심에 무엇이 있는가? 지금까지 적어 놓은 측면들의 어떤 것보다 더 근본적이고 통합하게 하는 것은 무엇인가? 이제 설교자는 그 구절에 대한 직관에 이르게 된다.

직관은 구절 자체의 몇몇 단어로 요약될 수도 있는데, 예를 들어, 필자가 생각하기에 로마서 12:14-21 단락은 다음과 같은 그 종결부의 말씀에서 그 직관이 발견된다: "악에게 지지 말고 선으로 악을 이기라." 하지만 보다 빈번하게는, 직관은 이 성경 단락의 근본적 진리를 묘사하는 설교자 자신의 말로 표현되는 것 같은데, 왜냐하면 그 직관은 바로 설교자 자신을 통해 떠올려졌기 때문이다.

본문의 내적 의미를 밝히는 한 가지 방법은 그것에 여러 질문을 퍼붓는 것이다. 본문과 대화하며 본문이 어떤 진리를 지니고 있는지 질문하다. 하나님과 대화하며 이 말씀을 통해 그분이 무엇을 말하고자 하시는지 질문하라. 여기서 발견되는 진리를 드러낼 기회를 가진 것에 대해 매우 감사하라. 주일이 다가오고 설교를 해야 한다는 이유 때문에 그렇게 해서는 절대로 안 된다. 오직 기대와 소망의 태도와 경탄의 자세로 본문에 대한 직관의 포착을 위해 내적 목소리에 귀 기울이라. 따라서 설교의 핵심은 본문이 말하는 바에 대한 설교자의 직관이다. 설교는 본문의 내부와 설교자의 내면으로부터 밝혀진다. 그것은 성경과 삶의 깊은 곳에서 오며 그 직관은 표면에 있지 않다. 이런 식으로 만들어진 설교가 다른 사람들의 영혼의 깊숙한 곳에 감흥을 일으키게 된다. "깊음이 깊음을 부른다."

본문이 말하는 것에 대한 단독의 직관을 가지는 일이 준비의 중요한 단계이지만, 해야 할 더 많은 일이 있다. 설교자는 다음으로 이 기본적 직관에서 메시지의 명제를 정할 필요가 있다. 그것은 직관과 같을 수도 있고 그렇지 않을 수도 있다. 명제란 특정한 날에 특정 본문을 통해 하나님께서 청중에게 전달하고자 하시는 것에 대한 간략한 진술을 작성하고자 하는 설교자의 시도이다. 만약 직관이 성경 자체의 말로 되어 있다면, 명제는 필연적으로 달라야 한다. 명제의 준비는 계획을 세우는 데 필수적인 단계이다. 이 단계는 성급하게 하거나 생략해서는 안 되는데, 왜냐하면 그럴 경우 계획의 아무런 기초도 없게 될 것이기 때문이다.

명제는 한 문장 이상이 되어서는 안 되는데, 그 이유는 너무 길어져서 설교를 감당할 수 있는 범위를 벗어나지 않게 하기 위함이다. 그 표현은 신중하게 선택되며 기억되기 쉽고, 형용사와 부사를 가능한 한 적게 사용해야 한다. 문장을 호소력 있게 하는 명사와 동사를 선택해야 하지만, 가장 중요한 것은 그 직관을 명확한 말로 진술하는 일이다. 예를 들어 로마서 12;14-21에 관한 설교의 명제는 다음과 같을 수 있다: "기독교인은 모든 악을 사랑의 승리로 이긴다." 진리를 호소력 있고 단순한 말로 진술할 수 있으려면 연습이 필요하지만, 바로 이 작업이 좋은 설교를 만들게 하는 것이다. 어느 누구도 명제가 쉽게 떠오르지 않는다고 실망해서는 안 된다. 그것이 어렵게 떠오를수록 더 값진 것이다. 왜냐하면 그것이 회중을 위한 노고와 기도와 사랑을 대표하기 때문이다.

모든 경우에 그 명제가 설교 시 진술될 필요는 없다. 자주 그것은 도입 부분의 마지막에 주어질 것이다. 여기서 회중은 신중하고 분명하며 다른 모든 것의 기초가 되는 문장에 귀 기울일 것이다. 때때로 메시지 중간에 몇 차례, 곧 아마도 주제들 사이에서 명제를 재진술하는 것이 도움이 될 것이다. 명제의 사용법은 설교에 따라 다양할 것이다. 명제는 설교자가 메시지를 준비하고 이어서 전하게 될 때 그의 생각 가운데 유용한 역할을 한다. 그것은 그에게 통일성을 부여하는 요인, 곧 메시지의 정확한 목표를 계속하여 환기시켜주는 것이다. 명제는 본문에 대한 설교자의 직관을 담아내고 그의 생각 가운데 설교 구조와 관련시키는 필수적 연결 고리가 된다. 이 직관과 명제를 마음속에 지니면 설교자는 설교에 질서를 부여하는 일로 나아갈 준비가 된 것이다.

3. 질서 있는 계획: "회중을 진리로 이끄는 일"

본장의 논제는 "부흥을 체험한 설교자는 청중을 진리로 이끌며, 그 지성과 마음에 양식을 공급하고, 하나님의 말씀에 적절히 반응하도록 요청하는 방식으로 자신의 설교에 질서를 부여할 때에 청중을 사랑하는 것이다"라는 것이다. 청자를 진리로 이끄는 일은 질서 있는 계획을 짜는 일을 통해 이루어진다. 웅변가는 입에서 나오는 황금의 사슬로 사람들로 하여금 자신을 따르게 한다고 말해져왔다. 설교자의 황금의 사슬은 계획이라고 할 수 있는데, 이것은 연쇄적으로 회중의 마음을 점점 더 진리 가까이로 이끈다.

그 계획의 요소들은 무엇인가? 상이한 시기의 설교자들이 그것들을 다양하게 열거했다. 필자는 여기서 로버트 대브니Robert L. Dabney의 구도를 사용하는데, 왜냐하면 그것이 개혁파적 관례의 많은 부분을 요약하며 필자의 매주 강단 사역에서 유용한 것으로 입증되었기 때문이다.[2]

---

2. Robert L. Dabney, *Sacred Rhetoric* (Edinburgh: Banner of Truth, 1979), pp. 137-67.

메시지는 서론의 요소인 **"서언"**exordium으로 시작한다. 서언의 기능은 설교자와 현재의 그의 생각을 소개하는 것이다. 그것은 청자를 설교자의 의도로 이끄는 단일한 생각을 펼쳐 보임과 더불어 메시지를 예비한다. 간략하고 압축적이며 교훈적이고 흥미롭게 그것은 설교자의 의중으로 이끄는 통로가 된다.

"해설"explication은 현재 강해될 성경 구절을 소개한다. 그것은 그것의 배경과 현재와의 특유한 관련성을 다룰 수 있다. 그것은 본문과 관계되는 오해를 다룰 수 있으며, 본문에 의해 제기되는 질문의 몇몇을 제시할 수 있다. 그것은 중요한 단어나 주제의 몇몇을 설명하거나 특정 본문이 어떻게 하나님의 말씀의 다른 부분에서 더 상술되거나, 혹은, 겉으로 보기에, 반대되는 의견을 가지고 있는지를 보여줄 수 있다. 본문이 해설의 핵심 요소이다. **"명제"**proposition는 이 해설의 종결부에서 말해질 수 있는데, 그것은 하나님의 말씀의 특정 구절에서 나오는 중요한 진리를 드러내는 것이다. 그것은 보통 주어와 술어를 지니는 주의 깊게 다듬어진 하나의 문장으로 진술된다. 예를 들어 다음과 같은 호레이스 부쉬넬Horace Bushnell의 진술을 생각해보라: "모든 인간의 삶은 하나님의 계획이다."

"논증"argument이 그 다음으로 이어진다. 여기서 본문과 명제에 대한 주장들과 더불어 의견의 본론이 제시된다. 논증은 본문에서 발견된 중요한 진리들을 깊이 있게 다룬다는 점에서 설교의 핵심부이다. 메시지의 성패는 이 논증 부분의 강도와 온전함에 달려 있다. **"적용"**application은 설교의 하나의 분리된 부분으로 논증에 뒤따르거나, 또는 논증 부분 자체에 포함될 수 있다(이 후자는 본서의 뒤에서 존 베틀러가 주장하는 방식임). 적용의 목적은 하나님의 말씀을 그 능력과 적실성이 상실되지 않게 하는 방식으로 참석한 사람들의 특정 질문과 상황과 결부시키는 것이다. **"결론"**conclusion은 명제에 표현된 한 가지 큰 지배적 진리를 참석한 모든 사람이 인식하고 파악하도록 부각시키는 일을 시도한다. 이러한 질서 있는 계획의 요소들은 이하에서 보다 온전히 다뤄질 것이다.

본문과 본문의 의미에 대한 직관과 명제를 갖출 때, 설교자는 회중의 마음과 지성을 주어진 진리로 이끌 계획을 세울 준비가 된다. 여러 측면에서 이것은 설교 준비의 창조적 과정의 결정적 부분이다. 그것은 마치 건축가가 비용과 기능과 위치와 가용 자원을 인지하고, 설계를 고심하는 순간과 같다. 그렇다면 문제는 다음과 같다: "어떤 계획으로 설교자에게 깊은 인상을 남긴 주제를 개진해나갈 것인가?"

몇 가지 일은 피해야 한다. 설교자는 순전히 지적인 논의를 하고자 하는 유혹을 물리쳐야 한다. 마찬가지로 설교자는 어떻게 자신의 목표를 달성할 수 있는지를 보여주는 계획을 세움으로 사람들의 이기심에 영합하는 일을 거절해야 한다. 설교자는 살아계신 하나님의 전령이다. 설교자가 하도록 요청되는 것은 일반화의 방식으로 생각하는 것이다. 그는 이미 한 가지 그런 일반화를 했는데, 곧 그런 방식으로 그의 명제를 산출했다. 이제 그는 자신 앞에 놓인 본문에서 자신의 명제를 지지하고 강화할 항목들을 발견해야 한다. 그것들은 본문에서 나와야 한다. 본문에 없는 항목은 설교에 포함되지 말아야 한다. 항목들이 발견되어야 하는데, 바로 그것들을 찾는 일이 설교자의 책무이다.

이 일을 행하는 한 가지 방식은 다음과 같은 질문을 던지는 것이다: "이 하나의 주요 진리에 어떤 일반화할 수 있는 개념이 포함되어 있는가?" 혹은 "이 하나의 주요 진리에서 어떤 일반화할 수 있는 개념들이 추론될 수 있는가?" 인간의 지성은 일반화의 능력을 은사로 받았으며 설교자는 그 기술의 장인이 되어야 한다. 이것은 메시지의 범위가 넓어야 한다는 것을 뜻하지 않는다. 설교자는 그 명제와 본문이 요구하는 초점의 한도에 머물러야 한다. 이 일반화의 과정은 그 의미가 모든 사람이 이해할 수 있게 드러나도록 설교의 구상에 포함된 진리에 대한 주장들을 도출하는 것이다. 따라서 요한계시록 22:14에 대한 설교에서 설교자는 "영원한 행복은 생명나무에서 나는 것을 먹을 권리에 달려있다"는 명제를 만들고, 그 다음으로 성경에 등장하는 생명나무와 관련하여 다음과 같은 일반화를 할 수 있다: 즉 에덴과 갈보리와 낙원 각각에서의 생명나무. 각각의 생명나무에 대한 묘사는 그 명제에 표현된 포괄적 진리의 상이한 측면을 드러낸다. 한 나무는 생명에 대한 권리의 상실을 그리며, 다른 하나는 하나님께서 그 나무에 대한 접근권을 제공하시는 일을 보여주고, 세 번째 것은 영원한 천국을 배경으로 하나님의 동산에 위치하는 하나님의 백성을 치유하고 영양분을 공급하는 열매와 잎을 지닌 생명나무를 묘사한다. 또는 로마서 16:25-27을 예로 들어보자. 그 명제는 "그리스도인의 삶은 하나님의 영광을 위한 것이다"일 수 있다. 설교자는 그런 본문과 명제에서 다음과 같은 주장들을 도출할 수 있을 것이다. 그리스도인은 하나님의 권능에 영광을 돌리기 위해 살며, 기독교인은 하나님의 권세에 영광을 돌리기 위해 살고, 그리스도인은 하나님의 지혜에 영광을 돌리기 위해 산다. 이 항목들 각각이 그 구절 자체에서 유래한다.

일반화하는 일은 사람들이 진리를 사모하고 진리에 반응하는 일을 돕기 위해 진리에 대한 주장들을 도출하는 일로 귀결된다. (바로 이것이 설교자가 진리를 가능한 한 아름답게 묘사하는 이유이다.) 우리는 이 주장들을 설교의 대지들이라고 부를 수 있다. 그것들은 설교 구상의 내용을 다루기 쉬운 단위별로 전달하기 때문에 중요하다. 이것들 역시 일반적 개념이지만, 설교 주제나 명제만큼 일반적이지는 않다. 자주 이 대지들은 사람이 자기 자신의 마음과 다른 사람들을 위한 메시지의 핵심을 상기시키는 틀이 된다.

이 대지들을 만드는 일에는 위험성이 있다. 그것들은 설교의 능력을 세 가지 이질적인 작은 설교들로 분산시킴으로 메시지의 위력을 떨어뜨릴 수 있다. 그 어떤 것도 본문이나 명제가 담고 있는 것을 완전히 이야기하지 못한다. 따라서 대지들이 통일성을 세우기보다 흐트러뜨림으로써 설교의 주안점을 드러내기보다 가릴 수 있다. 설교는 하나의 중심적 핵심을 지니며, 대지들은 바로 이 한 가지 핵심을 약화시키는 것이 아니라 강화하기 위해 있는 것이다. 설교자는 반드시 대지들 각각이 명제의 진리에서 벗어나는 것이 아니라 그 진리로 이끌어지도록 함으로 그것을 약화시키는 일을 막아야 한다.

대지들을 정하는 일을 정형화할 염려가 있긴 하지만, 그 세부 대지들에서 자주 발견되는 몇몇 공통적 특징을 제시하고자 한다. 필자가 이렇게 하는 것은 새내기 설교자나 필자의 접근법을 따라가기 어렵게 여기는 동료를 돕기 위해서이다. 필자는 인내를 간청하고 독자들이 자기 자신의 창의적인 재량권을 희생하면서 이 방식에 따라 항목을 만들지 않기를 요청한다. 그러나 여전히 자주 첫째 항목은 주제의 정의definition of the topic, 둘째는 동기부여motivation, 셋째는 실행execution, 그리고 넷째는 결실fruition을 다룬다는 것을 진술하는 일은 유용할 것이다.[3] 이 일이 해가 되지 않기를 바란다!

우리는 이 대지들이 명제와 어떻게 관련되는지에 대해서는 어느 정도 살폈지만, 이제 그것들이 서로 어떻게 관련되는지에 대해 질문해야 한다. 설교의 본론에 포함되는 대지들 간의 관계의 상이한 유형들은 무엇인가? 우리는 이 관계를 "전개"movement로 부를 수 있는데, 왜냐하면 설교가 한 대지에서 다른 대지로 진전되어 나가기 때문이다. 설교의 논증에는 다양한 전개의 유형이 있다. 그 유형 중 몇 가지만 제시하고자 한다. 한 설교는 첫 대지로 "잎사귀", 그 다음으로는 "이삭"을 가질 수 있으며, 마지막 부분은 "이삭 안의 온전한 알곡"을 묘사할 수 있다. 즉 이러한 전개 유형은 청중으로 하여금 점진적으로 하나님의 말씀의 교훈 혹은 명령의 온전한 이해에 이르게 하는 유형이다.

설교의 내적 전개를 이해하는 또 하나의 방식은, 에스겔 47장의 생명수의 환상과 같이, 메시지가 진전됨에 따라 깊이가 더해지는 접근법

---

3. William Evans, *How to Prepare Sermons and Gospel Addresses* (Chicago: Bible Colportage Association, 1913), pp. 91-101.

에 대해 살펴보는 것이다. 거기에서 설교자는 그 구절의 표면적 의미를 보여주는 것으로 시작하고, 다음으로 그것을 넘어 보다 심층적 의미를 밝히며, 최종적으로 주제의 궁극적 일반화를 시도할 수 있다. 또는 설교자는 종종 다양한 영역들에 본문을 적용하는 방식으로, 초기에 명제들을 명확하고 설득력 있게 진술하고, 다음으로 그 원리를 인간 삶의 다양한 부분들과 관련짓는 데 대지들을 사용할 수 있다. 설교자는 또한 역사적 관점에서 대지들을 다루고, 다양한 문맥에서의 본문의 의미를 묘사하며 하나님께서 이 말씀 가운데 말하시는 것에 대해 보편적 일반화를 할 수도 있다. 예를 들어, 설교자는 하박국과 로마서와 갈라디아서 각각의 문맥에서 "의인은 믿음으로 살리라"라는 말씀에 대해 해설할 수 있다. 때때로 그는 동심원을 대지들 간의 관계의 모형으로 사용할 수 있다. 즉 중심부에서 시작하든 주변부에서 시작하든, 설교자는 본문을 검토하고 적용하기 위해 다양한 삶의 단계를 거쳐 갈 수 있다. 로마서 12:1(이 구절에서 "몸"이 전인을 가리킴을 기억할 것이 요청됨)을 예로 들어보자. 먼저, 하나님께 (육신으로서의) 몸을 드릴 필요성을 지적하고, 다음으로 감정과 마음을 드리는 일, 그리고 마지막으로 양심과 뜻을 드리는 일로 이동할 수 있을 것이다. 따라서 설교는 인간 삶의 한복판에서 결론이 나게 될 것이다.

   때때로 건축가가 집을 세우는 방식으로 대지들을 정하는 것이 유용할 수 있다. 맨 아래의 기초에는 다른 모든 부분의 토대가 되는 강력한 근본적 진술이 놓여진다. 다음으로 생활공간이 그 위에 배치된다. 이는 진리가 일상생활과 관련되는 자리이다. 마지막으로, 기쁨과 소망과 영생이 있는 지붕이 구조물의 맨 위에 놓여 지며, 결국 하나님의 말씀의 풍성한 진리 가운데 영혼의 안식처가 된다. 설교자가 본문의 진리를 회중에게 유익하고 매력적으로 전달하기 위해 대지들의 상호 관계 방식을 구상하는 일은 단지 그의 생각 속에서만 제한될 뿐이다.

필자가 반드시 그래야 할 것을 명백한 것으로 말해도 되겠는가? 이 일은 시간을 요구하는데, 왜냐하면 이 계획은 단번에 구상되거나 떠오르지 않기 때문이다. 그 계획은 그 과정에서 일찌감치 도출되며, 너무나 손쉽게 드러날지도 모른다. 그러나 대지들을 정하는 일이 가능하기 전에 주제가 제대로 숙지되어야 한다. 주님의 임재를 기다리라, 그러면 그분께서 여러분의 소원을 들어주실 것이다. 바로 이 점이 설교 준비가 토요일로 미뤄져서는 안 되고, 오랜 시간 본문과 그 진리에 대한 연구와 숙고와 씨름과 반추의 산물이어야 하는 이유이다. 대부분의 설교자는 천재가 아니며, 그들의 겸손의 증표는 이 사실을 기꺼이 자인하고 그 창조적인 과정을 위한 시간을 내는 것이다.

대지들이 떠올려지고 받아들일 것을 종용할 때, 그것들은 다시 검토되어야 한다. 거룩한 사역을 위해 이 후보 대상에 어려운 질문을 던지라! 그것들은 간결하고 압축적인가? 그것들은 서로 일관되며 점진적으로 절정을 향해 나아가는가? 그것들이 진부한가? 그것들은 청중에게 예기치 못한 요소를 내놓는가? 이 검토는 주보에 대지들을 인쇄하거나 다른 사역자들과의 주일 이전 설교 계획에 연계하는 일을 삼가야 하는 한 가지 이유이다. 강단에서의 놀라움의 요소는 목사가 자신의 회중 가운데 불러일으키기 원하는 기대감의 한 부분이다.

대지들은 명제를 중심으로 통일되며 과일 나무 가지 위의 송이처럼 군을 이루는가? 인간 지성 자체에 통일성에 대한 욕구가 있다. 그 대지들은 이런 식으로 지성을 충족시키는가? 흔한 오류는 본문의 정수를 그 대지들 중 한 가지의 부차적인 점으로 다 담아내려고 하는 일이다. 그런 상황은 대지들이 적절히 구상되지 않았음을 드러낸다. 명제의 진리는 대지들 각각에서 환히 빛나야 한다. 그것들은 내용에 있어 중첩되는가, 아니면 상호 배타적인가? 만약 두운법을 사용한다면, 그것은 근사하고 자연스럽기보다 억지스럽고 터무니없지 않은가? 진부한 수사법을 사용하느니 보다 차라리 아무런 수사법도 사용하지 않는 것이 나을 수 있다.

필요한 일을 하는 데 적절한 대지들의 숫자가 있는가? 두 가지 대지가 세 가지가 되거나, 세 가지 대지가 넷이나 둘이 되어야하진 않는가? 대지 각각에 정확히 무엇을 포함시키길 원하는지 스스로 말하기 힘들 때는 변화가 필요하다. 본문과 명제에 대해 적절한 숫자의 대지들을 정하는 일은 설교의 강조점을 적절히 나누는 데 도움이 될 것이다. 대지들의 단순성이 결정적 시금석이다. 대지들이 단순하면 단순할수록, 설교자와 청중에게 더 많이 유익할 것이다. 그것들이 유치하거나 깊이가 없는 것이어야 한다는 말은 아니다. 그러나 단순하기 위해서는 간결하고 명확하고 적절히 진술되어야 한다.

때때로 대지들은 처음에 구상한 순서와 다르게 배열될 필요가 있다. 맨 처음과 마지막의 것들이 가장 중요한 반면, 중간의 것들은 자주 가장 실질적이며 설명적이다. 대지들을 해변으로 밀려드는 파도들이라고 생각해보자. 그것들 각각은 회중의 지성과 가슴에 더욱 더 깊숙이 본문의 의미를 전달하며 목표점에 더욱 더 가까이 나아간다. 반드시 마지막 대지가 소홀히 되지 않도록 하라. 자주 설교자는 설교의 앞부분에 시간과 정력을 소모하고 마지막 부분은 등한시한다. 설교단에서 각 대지들에 배정되는 시간을 점검하고 그렇지 않은지 확인해보라. 주 예수께서 만드신 포도주가 어떻게 묘사되었는지를 기억하라. 곧 "사람마다 먼저 좋은 포도주를 내고 취한 후에 낮은 것을 내거늘 그대는 지금까지 좋은 포도주를 두었도다." 설교를 계획하는 사람의 표어는 다음과 같은 장거리 육상선수의 것과 동일하다: "마지막에 강한 것이 중요하다."

메시지의 초반부에 대지들을 알릴 것인가? 필자는 단지 그렇게 하지 않으면 따라가기 어려울 경우에만 그리고 아주 가끔씩만 그렇게 할 것을 제안한다. 물론 이것은 만약 그것들이 그렇게 알려지지 않을 경우에는, 메시지가 전개됨에 따라 그것들이 소개되어야 한다는 것을 뜻한다. 미리 알리는 일은 자연스러운 진행과 예술성의 느낌을 약화하는 경향이 있다. 또한 그런 예고는, 실제로는 좀처럼 그렇지 않지만, 설교자 자신이 대지들을 인위적으로 나눈다는 인상 가운데 교만하게 하는 교묘한 유혹일 수 있다. 설교자를 부각시키는 모든 일은 메시지 자체에 대한 집중을 분산시킬 것임에 틀림없다.

이 단락에서 필자는 질서 있는 계획이 청중의 지성과 가슴을 진리로 이끈다는 것을 보여주려고 시도했다. 이런 시도의 일부는 진리는 회중이 그것을 이해하고 적용하는 데 있어 큰 공을 들이기에 충분할 만큼 중요함을 지적함에 의해 행해졌다. 명제에서 도출되는 주장들의 형태로 나타나는 대지들은 청중으로 하여금 연관된 진리의 넓이와 온전함을 알게 한다. 그러므로 청중은 그 진리를 자신에게 와 닿는 의미 있는 실재로 볼 수 있게 된다.

4. 개별화의 과정: "지성과 마음에 양식을 공급하는 일"

지금까지 우리는 명제들과 대지들이라고 불리는 일반적 개념들을 도출하는 방법에 대해 논의했다. 그러나 이 일반적 개념들만으로는 회중의 영혼에 양식을 공급하지 못할 것이다. 우리는 그것들을 필요로 할뿐만 아니라, 또한 회중이 그 일반적 진리들이 자기 자신의 경험에 어떻게 부합되는지를 깨닫는 일을 도울 구체적 사례들도 필요로 한다.[4] 이것은 앞장에서 도널드 맥클라우드가 강조한 점이다.

그러므로 모든 일반적 개념은 회중의 삶 속으로 한걸음 더 나아가야 한다. 이것은 상상과 예화와 설명과 열거와 개인 간증으로 행해진다. 바로 이 주장 혹은 대지들을 구체화하는 일이 설교를 풍성하게 하며, 지성과 마음에 양식을 공급하는 데 유용하다. 이것은 개요에 필요한 살

---

4. Henry Grady Davis, *Design for Preaching* (Philadelphia: Fortress, 1958), pp. 242-64.

과 피와 근육과 심장을 제공한다. 따라서 만약 설교자가 항목 중 하나에서 그리스도인의 삶은 하나님의 지혜를 묘사하는 초상화라고 주장한다면, 그것을 하나님께서 그리스도인에게 회복과 인도와 생존과 적대적 상황 가운데서의 보호에 필요한 모든 것을 공급해 주셨음을 이야기하는 구체적 사례들로 설명해야 한다. 그 다음으로 이어서 설교자는 하나님께서 신자에게 그리스도인의 삶의 보호 수단으로서 성경과 성령과 교회생활에 대한 추억과 양심을 제공하심에 있어 얼마나 지혜로운지를 지적할 것이다. 그리스도인은 구체적 사례로 상세히 논해진 일반적 개념을 접할 때 가장 잘 그것을 소화한다. 일반적인 것과 구체적인 것 양자 모두 단독으로는 그의 마음에 양식을 공급하지 못할 것이다. 그는 일군의 적절한 대지들이 구체적 진술로 효과적으로 설명되는 방식으로 양자가 결합되는 형태를 필요로 한다.

전환은 사고의 흐름을 단절함 없이 하나의 진리에서 다른 하나의 진리로 이끄는 방식으로 하나의 일반적 개념에서 후속되는 일반적 개념으로 이어주는 다리이다. 실제로 각각의 전환은 하나의 주장이 다음 주장과 어떻게 관계되는지를 보여줌에 의해 그 사고의 흐름에 기여한다. 다리가 실재적이며 견고한 것과 마찬가지로, 전환도 그러해야 한다. 그것은 실재적 사고이지, 단순히 간격 사이를 뛰어넘어가는 일이 아니다. 의미의 모호함과 흐름의 단절은 다리가 없이 뛰어넘어가려고 하는 일에 기인한다. 다른 한편, 지루함은 예를 들어 "두 번째"와 같은 동일한 전환 용어를 항상 사용하는 일로 인해 발생한다. 그런 상투적 전환 방식은 설교자와 청중에게 도움이 안 된다. 목사가 전환을 하는 데 유용한 한 가지 방식은 매 대지의 논의 이후 하나의 요약하는 문장을 만드는 것이다. 이것은 다음 주요 주장으로 적절하게 넘어가도록 하는 자극제가 될 것이다. 만약 전환이 어색함 없이 이루어지지 않는다면, 설교자는 구조의 결함이라는 문제에 직면해 있는 것이다. 그는 선택한 본문에 대해 합당한 숫자와 순서의 대지를 정했는지 살펴보아야 한다. 전환은 설교의 흐름에 중요한데, 왜냐하면 지성과 마음에 양식을 공급함에 있어 우리는 메시지 전달이 전체적으로 균형 잡히고 일관되게 이루어진 느낌을 주느냐에 관심하기 때문이다. 더욱이 우리는 설교의 어떤 부분에서도 청중의 주목을 잃고 싶지 않을 것이다. 하나님의 말씀을 받아들이고 소화하는 일에는 이미 충분한 장벽들이 있다. 우리는 그것들에 사고의 단절을 덧붙이지 않아야 한다.

설교 전에 그 원고를 전부 작성하는 일은 설교의 흐름을 증진시킬 것인데, 특별히 설교자가 자신의 앞에 자신의 발견의 감격을 나눌 회중의 한 사람이 있다고 생각하면서 작성할 경우 그러하다. 하지만 설교의 흐름의 가장 중요한 열쇠는 설교자 자신의 마음의 감동이다. 설교자가 서재에서 발견한 진리들에 의해 자기 자신의 존재의 심층을 들여다보도록 독려될 때, 그의 마음은 설교문을 작성하는 동안 감동에 휩싸일 것이다. 또한 그가 설교할 때, 만약 마음이 감동에 휩싸여 있다면, 문장이 흘러나오게 될 것이다. 바로 이것이 기도가 연구 시간에 동반되며 설교 시간에 선행되는 일이 필수적인 이유이다(이점에 대해서는 다시 한 번 에롤 헐스와 제프리 토마스를 참조하라). 설교자의 마음이 감동 가운데 있을 때, 청중은 큰 도움을 받는다.

설교의 흐름은 또한 연결어를 풍성하게 사용함에 의해 촉진된다. 작문에 있어 우리는 그것들을 자제할 것을 배웠지만, 연설에 있어서는 매우 유용한데, 곧 이야기를 결합하며, 앞의 것을 상기시킨다. "Both … and"(…와 … 양자 모두), "on the one hand … on the other hand"(한편으로 … 다른 한편으로), "if … then"(만약 …하다면 …하다). 이 연결어들은 설교되는 말씀의 흐름을 부드럽게 하려는 시도로 많이 사용하더라도 좀처럼 과도하지 않을 것이다.

지나치게 반복하지 않으면서도, 목사는 이미 말했던 것의 토대 위에 세우는 법을 배워야 한다. 그는 반복하지 않으면서 요약해야 한다. 그는 "만약 이것이 그 경우라고 가정하면", "여기서 보았던 것을 기억하면서, 다음 사항으로 화제를 돌려 봅시다"와 같은 말을 사용할 수 있다. 앞뒤의 것을 가리키는 이 지시어들은 청중의 머릿속에서 메시지가 결합되도록 하며, 그가 개념의 흐름을 파악하는 일을 돕는다. 설교의 본론에서 주장을 적용하는 일 역시 메시지의 흐름을 향상시킨다. 적용은 감정에 영향을 미치는 경향이 있는 반면, 설교의 주안점 자체는 주로 지성을 대상으로 한다. 듣는 과정에 지성과 더불어 감정이 작용하도록 만든다면 청중을 메시지에 더욱 빨려들게 할 수 있을 것이다. 감정은 지성을 불러일으키고, 지성은 감정을 불러일으킨다. 예배자가 메시지의 흐름 가운데 경험하는 것은 진리가 드러나는 가운데 설교자와 더불어 감동을 받고 있음에 대한 바로 이러한 느낌이다.

만약 목사가 너무 많이 열거하는 유혹을 물리친다면 설교의 흐름은 더욱 매끄러울 것이다. 일련의 활동이나 죄나 기도 제목을 제시할 경우, 전부가 아니라 여러 가지 중 몇 개만 들라. 모든 것을 속속들이 제시하지 말라. 청중의 지성이 여러분보다 앞서 나가게 된다면, 설교자를 따르지 않고 자신의 길을 가기 시작할 것이다.

메시지의 진리를 구체화하는 과정에서 설교자는 자신의 설교를 보석으로 덧입히듯 장식해야 한다. 즉 그는 설교 계획안과 설교를 회중에게 구체적으로 설명하길 바라는 방식을 검토하고 그 일을 더 효율적으로 할 수 있게 하는 아름다운 보석이 없는지 살펴보아야 한다. 예를 들어 그것은 설교자가 말하는 것을 예시하고 강화시켜주는 성경구절이다. 설교자는 예수 자신의 성경 사용법을 따르며 그분이 어떤 식 – 위대한 진리를 예시하기 위해 성경의 잘 알려지지 않은 작은 구절을 사용하심 – 으로 바로 이 일을 행하셨는지 보아야 한다. 메시지를 장식하는 일은 그와 더불어 통찰, 혹은 통찰의 단서를 주며, 따라서 회중은 자신이 얻었다고 생각하는 것 이상의 양식을 공급받게 된다. 그런 식으로 "설교에 온갖 재료를 채워 넣었던" 사람이 바로 카튼 매더Cotton Mather였다.

설교 계획안을 전개하는 가운데 대지들의 뼈대에서 세목과 적용과 장식의 전면적인 개요에 이르기까지의 이 일들을 행한 후, 설교자는 이제 최종 작업물에서 제외시키고 싶지 않은 두드러진 점들을 살펴보아야 한다. 그는 실제로 이 주안점들의 일부가 빠지지는 않았는지 검토해야 한다. 이것은 중요하면서도 위험한 단계인데, 왜냐하면 실제로 없는 것을 포함시키고자 하는 유혹을 받기 때문이다. 그러나 만약 그가 다만 특정한 주안점을 놓쳤던 것이고, 그 주안점이 대지들 중의 하나에 적합하다면, 그것은 남아 있으며 제자리를 찾을 권리를 가진다.

다음으로 설교자는 계획안에 포함된 특정 개념들을 올바른 순서로 배열했는지를 점검해야 한다. 성경적 개념들의 순서는 중요한 문제이다. 예를 들어 좋은 것이 나쁜 것 앞에 배치되어 관심을 받게 해야 한다. 십계명을 강해할 때, 먼저 자족함에 대한 그리스도의 요청을 기술하고, 그 다음으로 탐욕의 죄에 대한 기술로 나아가는 것이 더 낫다. 인간의 마음은 악에 대한 설명에는 빠져들지만, 선에 대한 해설에는 쉽게 싫증을 낸다. 일반적으로 자연적인 것이 영적인 것 앞에 놓여야 하는데, 이는 예수께서 니고데모에게 행하셨던 바와 같다. 니고데모가 자연적인 교훈을 이해하지 못하기 때문에, 예수께서는 그가 영적인 진리에 대해서도 준비되지 않았다고 말씀하셨다. 우리는 하나님이 어떻게 배열하셨는지를 관찰하고 그분의 예를 따르면서, 그분이 정해 놓으신 사물의 질서를 추구해야 한다.

신자의 지성과 마음에 양식을 공급하는 일은 하나님께서 맡기신 설교자의 책무이다. 본문의 진리를 회중의 삶과 결부시키는 구체적 방식을 개발하는 일은 설교자가 평생에 걸쳐 훈련해야 하는 기술이다.

5. 설교의 시작과 마무리: "회중에게 올바른 반응을 요청하는 일"

설교는 단순히 회중 앞에 진리를 제시하는 일 이상의 것이다. 또한 그것은 회중으로 하여금 진리를 받아들이고, 그것에 의거하여 행동하며, 그것에 의해 위로 받고, 그것을 타인과 나누도록 설득한다. 그것은 행동과 신뢰와 믿음을 요구한다. 사무엘 로건이 앞에서 상기시킨 대로, 설교는 현상학적인 것이다. 비록 설득의 요소가 메시지 전반에 있지만, 특별히 시작과 종결 부분에서 설교자의 마음에 두드러지게 나타난다. 우리는 여기서 이 부분들을 좀 더 자세히 다룰 것이다.

설교의 결론은 특정 설교에서 설교자와 청중의 생각이 만나는 최종적 교전의 자리이다. 그것은 결정적 전투이다. 인간적으로 말해, 영생이 설교자의 결론의 효력에 달려있다고 할 수 있다. 설교자는 결론에 자신의 모든 것을 투여해야 한다. 여기서 그의 명제가 머릿속에서 분명해진다. 즉 곧 한 가지 빛나는 큰 진리가 모든 사람이 가장 포괄적인 진술로 볼 수 있도록 높이 들어 올려져야 한다. 그것 전체가 한 번에 보여져야 한다. 따라서 설교자는 결론에서 단지 한 가지 점을 강조하는 데 노력을 집중시킨다. 그것은 새롭지 않을 것이며, 지금까지 주장한 모든 것을 모으고 간수하는 일일 것이다. 그는 청중이 그 진리와 더불어 무엇을 행하길 원하는지를 결정해야 한다. 만약 교훈이 숙지되기를 원한다면, 가르친 것을 요약하고 정리하라. 만약 설교자가 청중이 하나님의 사랑의 실재 혹은 다른 어떤 큰 영적 진리를 느끼기를 원한다면, 어떤 동작이나 외적 표현을 하면서 진리에 대한 인상적인 구두의 묘사를 하라. 그러나 만약 설교자가 결단의 반응을 바란다면, 결론을 이끄는 원동력으로서 위대한 기독교적 동기 혹은 기독교적 인물 또는 본보기에 호소해야 한다.

결론이 제대로 도출될 리가 없는 경우는, 그것이 지나치게 간략하게 서둘러 행해지고, 앞선 논증과 잘 연결되지 않을 때일 개연성이 높다.

결론에 전체의 중대한 부분이 되기에 충분한 분량과 청중이 무언가 중요한 것이 하나님의 말씀의 이 마지막 순서에 요구되고 있음을 깨닫기에 충분한 시간을 할애하라. 결론은 설교 사건의 일종의 절정이어야 한다. 혹자는 결론을 석공이 확고하게 자리를 잡도록 벽돌을 마지막으로 가볍게 두드리는 일에 비유했다. 설교자는 그렇게 두드리는 일을 메시지의 너무 이른 시점에 하지 않도록 조심해야 할 것이다. 비유를 바꾸자면, 만약 우리가 너무 일찍 설교 전개의 크레센도crescendo에 이른다면, 결어 부분에 절정이 남아 있다는 아무런 느낌도 없게 될 것이다. 대신 우리는 진리가 부각되어 지성과 마음의 모든 것을 지배하게 되는 방식으로 점진적으로 결론으로 진행해야 한다. 바로 그 때에 청중은 하나님의 말씀에 온전히 드러나는 이 마무리 순서에 대한 기억을 마음 가운데 간직하게 될 것이다.

결론의 방식은 보통 웅변적이지 않다. 오히려 그것은 가장 예리한 설득의 방식인데, 항상 호소의 어투는 아니지만, 항상 진실하고 진지하며 애정 어린 어조로 행해져야 한다. 여기서 설교자와 회중의 영혼이 그날 강해되는 말씀의 저자되신 분 발 아래에서 결합된다. 결론은 청중을 하나님의 말씀에 적절히 반응하도록 이끄는 열쇠이다.

설교의 시작부는 서언과 해설로 이루어진다. 예배 시 일반적으로 시작부에서 회중의 이목을 완전히 사로잡을 필요는 없다. 회중은 하나님의 말씀이 강해되는 것을 듣기 위해 왔다. 설교자는 그들이 이미 어느 정도의 흥미를 가지고 있다고 가정할 수 있으며, 그는 다만 그것을 유지시키는 일을 하는 것뿐이라고 할 수 있다. 하지만 서언은 다양한 방식으로 제시될 수 있다. 지난 주의 메시지가 강단 사역의 연속성과 매 주일의 예배 참석에 대한 기대를 나타내기 위해 환기될 수 있다. 설교자는 "제가 이번 주에 무엇을 설교할까 고민한 바에 따르면"과 같은 표현을 피해야 한다. 그것은 "비록 제가 대중 설교에 익숙하지 못하지만"이라는 말과 마찬가지이다. 오히려 청중은 이번 교훈의 이유, 필요성,

가슴의 열망 또는 이 시간에 말해져야 하는 것이 바로 이것이라는 점에 대한 설교자 자신의 절대적 확신에 이끌려야 한다. 서언에서 회중은 설교자를 신뢰하고 그에게 필요한 청중이 되기 시작하며, 따라서 신뢰 관계가 이 시작부의 문장들에서 형성되어야 한다.

해설은 본문을 현재 권위 있는 하나님의 말씀으로 공개적으로 제시하는 일이다. 그것은 청교도들이 했던 것처럼 그 문맥에서 설명될 수 있다. 그 의미가 진술되고 잘못된 해석들이 반박될 수 있다. 그러나 여기서 본문에 대해 다른 여러 일도 행할 수 있겠지만, 우선적으로 설교자는 본문의 근본적 진리를 부각시켜야 한다. 이렇게 함에 있어 설교자는 자신이 진리의 창안자가 아니라 강해자이며, 후속되는 시간에 상세히 이야기될 것은 사람의 말이 아니라 하나님의 말씀임을 명확히 할 것이다.

이 두 부분으로 이루어진 서론 부분은 길지 않아야 하는데, 왜냐하면 회중은 그들의 영적 식사의 주된 고기 메뉴 순서가 오길 열망할 것이기 때문이다. 그러나 이 부분은 식욕을 돋우며 주제로 이끄는 역할을 한다. 그것은 청중에게 후속될 것을 예비시킨다. 그것은 사람의 생각을 하나님의 생각으로 전환하는 기능을 한다. 합당한 종류의 시작 어구에 의해 회중은 설교자가 여러 일 혹은 여러 주 동안 고민했던 곳에 이르게 될 수 있다. 또한 서론은 설교자에게도 도움이 되는데, 왜냐하면 여기서 설교자가 연구 중에 발견한 번뜩이는 착상들을 내놓을 것을 고대하는 가운데 그의 마음이 다시 한 번 정한 주제를 전하고자 하는 열망으로 뜨겁게 되며 말씀할 문장들이 떠오르게 될 것이기 때문이다.

청중으로 하여금 하나님의 말씀에 적절히 반응하도록 이끌어냄에 있어, 설교자는 어느 시점에서 구체적이며 개별적인 적용의 말씀을 할 것인가? 필자는 주장들을 해 나가는 중간 중간에 적용을 하는 일은 진리에 대한 추구 가운데 지성과 마음을 결합시키는 경향이 있음을 이미 언급했다. 보통 이것이 적용의 최선의 시점인 것 같다(다시 한 번, 존 베틀러 역시 이렇게 강력히 주장함). 그러나 어떤 두 가지 설교도 동일하지 않으며, 때때로 전체 진리가 회중 앞에 온전히 드러날 때가 지성과 마음에 그 유효성을 적용할 가장 이상적 시점으로 보일 경우도 있다. 그러므로 매 설교마다 설교자는 기도하는 심정으로 다양성의 필요와 회중의 주장들을 기억할 수 있는 능력과 논의되는 주제의 특이점을 기억하면서, 구체적 적용의 최고의 적소를 심사숙고해야 한다.

자주 설교자는 특정한 적용 설교에 있어 청교도들을 따르길 원할 것이다. 우리는 다양한 종류의 시험과 상태 가운데 있는 회중에게 말씀을 전한다. 어떤 사람들은 중생했고 다른 사람들은 그렇지 않다. 어떤 사람들은 퇴보하고 있는 자이며 다른 사람들은 빠르게 성장하고 있을 것이다. 새로운 기독교인들도 있으며 여러 분이 태어나기도 전부터 그리스도와 동행해온 분들도 있다. 한 가지 방식이 모든 경우에 적용될 수 없다. 그러므로 때때로 (결코 어떤 것도 항상 행하지는 말라) 우리는 상이한 청중 집단 하나하나에 직접적으로 말하도록 이끌릴 것이다. 이 일을 바르게 행하는 데는 특별한 능력이 요구된다. 큰 지혜와 전략과 절제가 큰 애정과 더불어 요청된다. 아마도 그런 직접적이며 특정한 적용에서 가장 큰 유익을 얻을 집단은 젊은이들이다. 그들은 설교자가 특별히 자신들을 가리켜 말씀하며 영원히 지속되는 것에 시간과 관심을 기울일 것을 촉구하던 날을 금방 잊지 못할 것이다. 에베소서 끝부분에서 바울은 바로 이렇게 했는데, 곧 아내와 남편과 자녀와 부모와 종과 상전에게 차례로 말했다. 우리는 여전히 이 특정한 적용 방식에서 중요한 교훈을 얻는다. 따라서 회중은 우리가 주일마다 그들에게 행한 하나님의 말씀의 적용을 오랫동안 기억할 것이다.

이 단락에서 우리는 구조에 대해 다뤘으며 하나님의 손에 들린 효과적인 도구가 될 메시지를 구성하는 기술에 대해 말했다. 설교 계획에 있어 이런 유의는 찬사를 받을 예술 작품을 만들어내기 위한 것이 아니라, 본래의 사명 – 회중을 하나님의 말씀에 합당하게 반응하도록 이끄는 일 – 을 행하는 수단을 고안하는 일이다. 이 반응은 예수 그리스도에 대한 면전 의식 가운데 하나님의 영광을 사모하며 순종하는 일이다.

6. 질서의 인지: "듣는 과정"

설교자는 자신의 설교가 회중의 지성과 마음에 전달되는 통로가 무엇인지를 명심하는 것이 매우 중요하다. 그 통로는 청취의 과정이다. 필자는 이점을 생생하게 깨닫게 되었다. 설교가 끝난 후 여러 차례 필자는 메모를 위해 주보를 사용하고 그 주보를 회중석에 남겨 놓은 사람들의 주보를 보게 되었다. 자주 그들이 들은 내용은 필자가 말했다고 생각한 것과 일치하지 않았다. 필자는 왜 그러한가를 질문해야 했다. 필자는 필자의 눈으로 설교 구조를 본 반면, 회중은 그들의 귀로 그것을 들었다고 결론 내렸다. 그들은 자신들에게 전해진 일련의 연속되는 음성을 듣고 요지들이 무엇인지에 대해 메모를 시도했다. 그러나 그들이 항상 그것들을 정확히 파악한 것은 아니었다. 그들의 잘못은 효과적인 설교 구조를 짜려는 필자의 분투에 도움이 되었다.

설교는 청중에게 연속되는 흐름의 말로 전해진다. 아무런 쪽도, 구두점도, 대문자도, 밑줄도 없다. 청중에게 있는 것은 단지 인상적인 제스처와 말 뿐이다. 우리가 구분되는 것으로 여기는 것을 그들은 연속되는 것 혹은 구분되지 않는 것으로 인지한다.[5] 그러므로 설교의 흐름은 실제로 이 연속되는 특성을 지닌다. 설교자로서 필자는 청중을 돕기 위해 이 연속성을 증진하고 유지하는 과제에 직면하는데, 곧 독자가 아니라 청자에게 호소하고 있음을 내내 기억하면서 말이다(이는 스프로울R. C. Sproul이 본서의 앞부분에서 주장한 점임).

---

5. Ibid.

따라서 우리가 설교자로서 메시지를 계획하고 작성할 때 마주하는 질문은 "이것이 회중의 귀에 어떻게 들릴까?"라는 것이다. "그들은 여기서 내가 일반화를 하고 있는지 그리고 그들에게 구체화를 의도하는지를 파악할 것인가?" "그들은 내가 여기서 이 진리를 예시하고 있으며 내 목적은 그들이 이 진리를 일상생활 가운데 깨닫도록 도우려는 것임을 알 것인가?" 필자는 단지 아무 단어나 사용할 수 없으며, 필자의 생각에 호소력 있고 매력적인 언어를 덧입혀야 한다. 필자는 다양성을 추구해야 한다. 필자는 단지 단어들의 의미와 기능뿐만 아니라, 그것들이 어떻게 들려지고 결합되는지에 관심을 가질 것이다. 필자는 전환 부분들에 면밀한 관심을 기울일 것인데, 왜냐하면 그것들이 흥미를 잃게 하지 않으면서 청중을 한 개념에서 다른 개념으로 이끌게 하기 위해서다. 필자는 많은 연결어들을 사용하려고 할 것인데, 곧 그것들이 생각의 단위가 되는 벽돌들을 단단하고 견고하게 결합하는 회반죽의 역할을 함을 깨달으면서 말이다. 필자는 예화의 취지를 드러내고자 할 것인데, 곧 그 예화를 그것이 드러내는 진리와 밀접하게 연관시킴으로 청중이 예화에 매료되기 보다는 필자가 그것을 통해 예시하는 영적 실재에 이를 수 있게 하려고 할 것이다.

메시지가 귀를 매개로 들려진다는 점을 기억하는 일은 설교자가 메시지의 질서를 정하면서 하는 모든 일에 영향을 미친다. 청자의 기억이 전적으로 중요하다. 그는 뒤로 돌아가 재검토할 수 없다. 그는 자신 앞에 말해진 것들을 간직하고 그것들의 질서를 인지하고 개념들을 결합함으로 전체적인 인상을 얻는 것이 틀림없다. 따라서 계획이 청자가 들은 것들을 간직하고 서로 연관시킬 수 있게 해줌에 있어 매우 중요하다. 설교자에게는 자신의 본문과 명제와 개별 대지가 메시지의 중대한 구성 요소임이 매우 분명히 드러나도록 그것들을 청자에게 소개할 큰 책임이 있다. 각각이 명료하고 강력하게 제시되어야 한다. 만약 그렇지 않으면, 그것들은 청자의 귀를 매개로 들려지는 일련의 말 속에서 쉽게 인지되기 어려울 것이다.

이 점을 아는 가운데 설교자는 설교 문장을 다르게 작성할 것이다. 많은 책이 설교자에게 짧은 문장을 사용할 것을 요청하지만, 이러한 관례는 설교의 흐름을 끊을 것이다. 문장의 대부분은 길어야 한다. 그것들은 긴 문장이 아니라, 어떤 생각을 전달하기에 충분한 숫자의 단어들의 조합이어야 한다. 몇몇 문장은 강조를 위해 단문일 것이지만, 청자에게 호소력 있는 설교는 단문과 장문이 결합된 형태이다. 단문은 주요 주장들을 제시하며 장문은 기독교 진리의 그러한 짧은 진술을 구체화하고 적용한다. 우리가 말할 때 문장의 새로운 요소는 그 끝 부분에 와야 한다. 그것은 청자에게 기억되며 다음 문장에서의 새로운 통찰의 기초가 될 것이다.

설교의 주요 통로는 인간의 귀이기 때문에, 귀가 중시되어야 하지만, 설교자가 청각 한 가지에만 호소하는 것은 아니다. 설교자는 듣는 과정을 통해 전인에 접근해야 한다. 우리는 회중이 그 빈 무덤을 형상화시키는 말로 볼 수 있게 도와야 한다(제이 애덤스의 장 참조). 우리는 부사와 형용사는 최소화하며 서술적인 명사들을 사용함으로 회중의 시각에 호소해야 한다. 우리는 회중이 광야의 만나의 달콤함과 은은한 맛(꿀의 뒷맛과 같음), 곧 결코 물리지 않을 맛을 경험하게 해야 한다. 해변에서의 조식은 묘사되는 진리와 함께 그리스도 자신이 구우신 생선의 냄새와 질감이 느껴지도록 설교되어야 한다. 우리는 청중이 십자가의 잔혹함 또는 그리스도를 위해 매 맞을 때 사도의 등에 난 상처를 실감할 수 있게 해주어야 한다. 전인으로서의 청중이 우리 앞에 앉아 있으며, 하나님께서는 영적 실재를 경험하도록 그들에게 청각 한 가지만이 아닌 여러 가지 감각 능력을 주셨다.

하지만 귀를 통해 우리는 최초로 성경의 진리를 알게 된다. 귀는 본장 서두에서 언급한 인간의 혀에 상응하는 상징이다. 만약 교회의 상징이 혀라면, 설교자의 우선적 이미지는 인간의 귀이다. 바로 여기에 설교자의 목표물이 있다. 모든 것의 성패가 귀를 통해 전달되는 인상에 좌우된다. 이 귀를 목표로 하는 설교의 구조와 흐름은 다른 어떤 종류의 설교의 구조와 흐름과도 다르다. 따라서 설교자는 진리를 깨닫는 모든 통로 중 가장 중요한 통로가 되는 귀에 관심을 집중시켜야 한다. 곧 귀는 감정과 연결되는 마음과 양심과 마지막으로 의지의 통로인데, 바로 그곳은 우리의 삶의 내적 원천이 있으며, 우리의 삶이 하나님의 뜻에 복종하고 그것에 따라 변화되며 그것을 지향하게 되는 자리이다.

7. 결론

필자는 여기서 실재보다 형식, 곧 내용보다 구조의 우선성을 요구하고 있지 않다. 그런 우선성은 복음을 가리는 일로 이어질 것이다. 필자가 말하고 있는 것은 열정과 질서 간에는 아무런 대립도 없다는 것이다. 실제로 설교에서 진리를 전달하고자 하는 열정은 우리를 구조에 대한 관심으로 이끌 것임에 틀림없다. 우리가 말씀을 전하는 대상이 되는 청중은 하나님께서 주신 질서 인지의 능력을 가지고 있다. 우리의 진리 선포는 바로 그것에 부합되어야 하며, 그렇지 않을 경우에는 능력 있게 받아들여지지 않을 것이다.

이 점이 매주 우리가 설교를 구성할 때 증명될 것이다. 우리가 설교 작업을 시작할 때, 설교의 순서를 가다듬고 짜는 것은 우리 자신의 일이다. 그러나 일단 만들어진 후로는, 인간적으로 말해, 바로 이 설교의 구조가 청중의 삶에 대한 설교의 영향력을 좌우한다고 할 수 있다. 그러므로 인간적 관점에서 설교 작업의 올바른 시점에서 설교의 적절한 계획안을 짜는 일이 매우 중요하다. 따라서 우리는 청중의 지성과 마음에 감동을 줄 수 있도록 우리의 진지한 열의를 유용한 질서로 환원시켜야 한다.

그러므로 우리는 또한 모든 메시지에는 일종의 구조가 있음을 알게 될 것이다. 질문은 그것이 부주의하고 무계획적이고 급하게 생각된 것이냐, 아니면 하나님이 주신 본문에 대한 애정과 숙달됨과 더불어 그 본문에 대해 사려 깊게 적용한 결과물이냐이다. 우리는 예술적 기교로 짜여지며 거룩한 상상력에 영감을 받으며, 애정 어린 마음과 예리한 정신에서 나오는 구조로 설교 작업을 하는데 전념해야 한다.

우리는 효율성을 위해 설계와 구조에 의존하는 다음과 같은 다른 사람들의 근면하며 헌신적인 노동을 상기해야 한다: 극작가, 건축가, 작곡가. 이들은 무언가를 타인에게 전달하려는 자신의 기술을 완벽히 하려고 얼마나 열심히 노력하는가! 그들은 탁월성이란 오로지 오랜 노동에서만 올 수 있음을 아는데, 그것은 여러분에게도 결코 더 값싸게 제공되지는 않는다. "스스로 아무런 값도 치르지 않은 것을 주님께 바치겠는가?" 만약 영원한eternal 메시지와 더불어 청중에게 그것을 전할 매개가 되는 일시적temporal 형식을 숙달하지 않는다면, 우리는 인간 정신에 깊은 인상을 남길 수 없다. 본장에서 필자는 말씀 설교에 대한 성령의 기름부음이라는 매우 중요한 요소를 다루지 않았다. 필자는 설교를 능력 있게 하는 데 있어 성령의 축복하심의 절대적 필요성을 폄하하고 싶지 않다. 필자가 보여주려고 노력한 것은 하나님께서 우리 설교자에게 하시는 "부끄러울 것이 없는 일꾼이 되라"는 요구이다.

이 세상의 예술가들은 지상적 면류관 - 곧 타인들의 존경 또는 자기 자신의 마음의 명예를 추구하지만, 우리는 하나님의 신탁을 전하는 자로 부름 받았다. 그렇다면 우리는 질서를 싫어하며 구조를 연구하는 일을 게을리하는 태도를 버리고, 질서의 하나님의 이름으로 검과 같이 날카롭고 손질되어서 인간의 폐부를 찌르고 양심을 드러내며 사람들이 새 생명을 얻게 하는 도구가 될 메시지를 준비하고 전하는 데 전념해야 하지 않겠는가?

11장. 수사학자로서의 설교자
레스터 데 코스터

본장은 역사로서의 수사학과 설교단의 감화력을 증진시키는 데 있어 수사학의 활용 가능성을 다룬다. 설교자는 하나님의 말씀의 선포에 사용되는 기술을 연마할 수 있는 모든 수단을 이용하며, 또한 이용해야 한다. 이 수단은 생생한 수사학의 전통 속에 있다. 우리의 목표는 여기서 이 전통의 대표적 사례를 선택하고 살피는 일이다.

구술 언어의 사용은 인간됨에 부수적인 것이 아니다. 오히려 언어는 "후마니타스"humanitas("인간성")의 본질에 속한다. 교양과목들의 오랜 전통에서 말은 인간 영혼에 특정 양상의 문화를 새기는 데 사용되는 도구이다. 창조와 구속 양자 모두에 있어 하나님의 계시의 중심이 말씀에 있다는 점은 우연한 것이 아니다. 고대인들은 인간을 동물과 구분시켜 주는 것은 말의 사용이라고 말했다.

인간의 언어 사용 능력을 자연적 기원에서 찾고자 하는 모든 노력은 시작부터 안개 속에 빠지게 된다. 언어를 해명해주는 것은 인간이 하나님의 형상 - 곧 말씀으로 천지를 지으셨으며 육신과 상징들을 덧입으신 하나님의 형상 - 을 부여받음에 대한 성경의 보고이다. 동물의 "멍멍 소리"와 아이의 혀 짧은 말의 간격이 결코 진화론으로 이어지지 않는다. 그러나 거의 누구도 창조를 확증하는데 이 놀라운 사실을 활용하지 않는 것 같다. 심지어 플라톤도 아이의 언어 습득 능력에 대해 고심하다가 영혼의 선재를 가정했다. 아이가 말하는 법을 습득하는 것을 듣는 일은 가까이서 기적을 관찰하는 일과 같다. 유감스럽게도 어떤 측면에서 말은 너무나 자연스럽게 습득되기 때문에 이 자연적인 기술을 얻으려고 시간과 노력을 기울이는 사람은 거의 없다. 학생들이 아무런 노력 없이 구두 표현의 용법을 습득하지 못했길 바라는 사람들 중 많은 수는 언어 교사일 것임에 틀림없다.

언어가 공동체에 영향을 주는 특성은 바벨탑 사건에서 드러나는데, 왜냐하면 하나님께서 인간을 서로 갈라놓길 원하셨을 때 다만 자신의 언어의 은사를 혼동케 함으로 그렇게 하셨기 때문이다. 또한 다시 하나님께서 교회를 위해 그 바벨탑의 흩어지게 하신 일을 취소하고자 작정하셨을 때, 사도들의 말이 오순절에 분리된 세계의 각종 언어로 들려지도록 허락하셨다.

철학자 하이데거가 표현하듯이, 언어가 "존재의 집"house of being일 수는 없을지 몰라도, 인간과 언어는 상관적이다. 수사학의 기술은 말을 잘 사용하는 것을 목표로 한다. 실제로 고대 수사학자들은 수사학을 연설의 능력을 통해 영혼을 인간화하려는 의도로 언어를 지도하는 일로 보았는데, 이는 오늘날 심리 상담사의 환자가 대화에서 일종의 자기 해방을 얻는 것과 마찬가지이다.

언어의 아름다움과 신비와 능력이 오랫동안 그 관찰자를 매료시켜왔다. 또한 언어의 본질을 찾는 일이 현대의 열망이 되었는데, 다음과 같은 인물과 부류에게서 그러하다: 마르틴 하이데거, 유겐 로전스톡 후시 Eugen Rosenstock-Huessy, 프란츠 로젠츠바이크Franz Rosenzweig, 마르틴 부버Martin Buber, 장 폴 사르트르Jean Paul Sartre, 그리고 다양한 현대 언어 철학 학파. 실제로 한 동안 – 막바지에 이른 듯함 – 현대 철학은 각종 범주를 나누어서 언어의 의미 방식을 연구할 만큼 언어라는 매개에 깊이

사로잡혀 있었다. (이 문제에 대한 추가적 논의를 위해서는 본서의 "설교의 현상학"이라는 사무엘 로건의 장을 참조하라.)

설교는 수사학을 내포하며, 또한 그에 못지않게 설교는 구두의 사역을 통해 자신을 하나님의 계시 언어에 복종시키는 연습이다. 이 복종이 말씀을 다룸에 있어 설교자가 발휘하는 다양한 훈련된 역량에 의해 보다 효과적으로 행해지면 질수록, 그의 설교단은 보다 나은 선포의 통로가 된다.

현재의 말씀 사역을 보다 잘 감당하기 위해 과거의 이론가들에게서 설교자가 어떤 교훈을 얻을 수 있을지를 제안하려는 시각에서 우리는 수사학의 역사를 간략히 개관할 것이다. 더욱이 우리는 고대의 수사학적 지혜의 광산이 목사 자신의 탐구를 자극할 만큼 충분히 흥미롭게 되기를 희망하는데, 이는 확실히 이 자료들이 아직 알려지지 않은 것이라는 가정이 아니라, 오히려 무한정적으로 풍성하다는 확신에 근거한 것이다. 다음으로 우리는 설교단의 수사학에 대한 종교개혁의 영향으로 화제를 바꿀 것이며, 추가적으로 읽을 문헌을 제안함으로 마무리할 것이다.

고대의 수사학

라멕은 아내들에게 푸념을 했으며(창 4:23), 호머는 작품 속의 영웅들을 통해 말했다. 인간은 자신의 행위에 대한 이론을 정립하기 전에 먼저 말을 하였다. 이론이 행동에 뒤따르며, 다시 그 행동을 완벽하게 해주었다.

플라톤은 웅변술에 대해 의심을 했는데, 왜냐하면 소크라테스와 마찬가지로 지혜가 없이도 (그것을 마치 아는 것처럼) 언어 사용법을 가르칠 수 있다는 소피스트들의 주장에 대해 의혹을 가졌기 때문이다. 반면 아리스토텔레스는 수사학에 대한 불후의 논문을 작성할 정도로 연설을 진지하게 대했다. 그것은 그의 『수사학』*Rhetoric*이라 불린다.

특유의 간결함으로 아리스토텔레스는 수사학을 "특정한 경우에 무엇이 가용할 수 있는 설득의 수단들인지를 발견하는 재능 혹은 능력"으로 정의한다(1.2). 이것은 2천년 넘게 통용되어 온 정의이다.

이론가로서의 아리스토텔레스에 상응되는 위대한 수사학의 실천가는 물론 데모스테네스Demosthenes인데, 그는 웅변술과 수사학이 전제하는 정치적 자유의 마지막 대변인(또한 순교자)이었다. 밀접하게 연관된 분야들과 더불어 수사학의 기술은 자유가 보장되는 분위기에서 가장 번성했는데, 비록 그것이 그리스 도시 국가의 상대적으로 제약이 있는 자유일지라도 말이다. 아테네가 몰락했으며, 이윽고 데모스테네스 역시 알렉산더의 공격으로 추락하게 되었는데, 매우 역설적이게도 알렉산더는 아리스토텔레스의 문하생이었다. 그러나 그 웅변가의 놀라운 설득력과 그 철학자의 예리한 분석은 오랜 시대에 걸쳐 남겨지게 되었다. 오늘날의 목회 사역은 그들에게서 무엇을 배울 수 있는가?

첫째로, 데모스테네스는 아리스토텔레스가 체계화시킨 원리들을 실천 가운데 온전하게 만들었다. 말씀의 명령에 따라 능력 있는 연설의 능력을 온전하게 하고자 결심한 설교자는 적어도 "왕관에 관한 웅변들"Orations on the Crown을 정독하는 것이 온당한데, 그것들은 아테네로 하여금 조금씩 상실하고 있는 자유들에 대해 주의를 환기시키려는 데모스테네스의 최종적이며 숙명적인 분투였다. 오랫동안 수사학을 진지하게 다룬 때와 장소에서는 데모스테네스와 그의 적수 아이스키네스Aeschines의 웅변들이 적절한 비평 하에 암송되고 전해졌다. 입을 열어 연설을 하는 일이 칭송하는 일이 되기 쉬우며, 빈번히 엄청난 경제적 보상을 얻고자 하는 일이 되는 우리 시대에, 대의명분에 충실하려는 동기에서 웅변에 대해 엄격한 평가를 하고자 하는 사람은 데모스테네스의 웅변에서 여전히 도움을 얻을 것이다.

둘째로, 설교자는 아리스토텔레스가 웅변의 설득력의 원천을 다음과 같은 융합적인 세 가지 방편에서 찾는다는 점에 주목한다:

1. 사실과 논증과 논리를 통한 머리에의 호소력
2. 감정을 통한 가슴에의 호소력
3. 은연중에 연설자의 인물됨에 기인하는 호소력

아리스토텔레스는 세 번째 것을 가장 중요하게 여긴다. 여기서 이런 격언이 나왔다: "당신의 됨됨이가 더 크게 말하므로 나는 당신이 말하는 것을 들을 수 없습니다." 다행이도 설교자는 자신의 인물됨의 한계에 필연적으로 제한받는 것은 아닌데, 비록 설교단에서 성 존 헨리 뉴먼John Henry Newman의 영향력은 이 아리스토텔레스의 격언을 놀랍게 반영하고 있는 것이 명백하지만 말이다. 아리스토텔레스는 웅변가가 신중하면서도 주제넘지 않게 다음을 청중(고대 저자들에 의해 자주 "판사"로 불렸는데, 그 이유는 연설을 하게도 하고 멈추게 하는 것은 연설자가 아니라 바로 이들이었기 때문임)에게 암시하며 이해시킬 것을 제안한다: 곧 연설자가 (a) 능력 있고 정통하며, (b) 고결한 인품과 이상이 있고, (c) 청중의 이익에 골몰함. 우리는 전자 매체를 통해 접하는 수많은 설교에서 이 고대의 권고의 실천을 식별할 것이다.

셋째로, 비록 아리스토텔레스가 모든 청중이 철학자로 이루어져서 단지 이성만이 항상 지배하길 원하지만, 감정이 실제로 판단에 영향을 주며, 때로는 냉정함을 압도한다는 것을 인정한다. 따라서 『수사학』은 수십 가지 인간 감정에 대한 통찰력 있는 정의와 일관성 있는 분석이 되는데, 이 분석은 감정이 (연설자에 의해) 유발되거나 (그의 반대자에 의해) 수그러드는 각각의 방식에 대해 세밀하게 열거하는 일을 동반한다.

만약 칼빈이 기록하는 대로 시편이 영혼에 일어날 수 있는 모든 감정을 드러낸다면, 아리스토텔레스의 『수사학』은 시편에 상응하는 이교도의 작품의 하나이다. 현대는 감정들을 발견하지 않았으며, 단지 이용할 뿐이다. 하나님의 목적에 맞게 감정을 다스리길 원하는 설교자는 아리스토텔레스에게서 무궁무진한 자원을 발견할 것이다.

넷째로, 또한 그에 못지않게 『수사학』은 문제를 다루는 관점들의 제시에 있어 유용한데, 그 관점들은 아리스토텔레스가 "주제들"topics이라고 칭한 것이며, (필자가 최고라고 생각하는) 레인 쿠퍼Lane Cooper라는 번역자가 수사적 개념들의 풍성한 "사냥터"라고 칭하는 것이다.

요약하자면, 아리스토텔레스의 『수사학』은 오늘날까지 오랫동안 누려왔던 찬사가 결코 빈말이 아님을 증명한다. 일찍이 키케로와 같은 거장이 그것을 칭송했으며, 볼테르Voltaire는 "그를 벗어나서 그 기술을 개선할 수 있는 것이 한 가지도 있다고 생각하지 않는다"고 말했고, 토머스 아놀드Thomas Arnold는 "그것의 엄청난 가치가 내게 다시금 너무나 강력하게 느껴져서 그것을 완전히 잃어버릴 대학에 내 아들을 보내는데 동의할 수 없었다"고 말했다. 그런데 이것은 자유에 대한 올바른 인식과 그것의 기술들의 실천 양자 모두가 약화되고 있는 우리 시대에는 납득하기 어려운 결정인 것 같다.

교회 설교단에서의 설교의 등장은 아리스토텔레스의 범주들의 어떤 것에도 그리 맞지 않는 유형의 연설을 소개했으며, 설교는 수사학 선생이기도 했던 성 어거스틴에게서 이론적으로 상술되고 종교개혁 시 더욱 정교해졌다.

한편 아리스토텔레스의 『수사학』은 오늘날의 대중적인 연설 교본보다 계속하여 훨씬 더 나으며, 퀸틸리안Quintilian의 『웅변술 강요』*Institutes of Oratory*와 함께 서양 수사학 이론의 토대가 된다. 수사적 전달 수단 중 최고인 하나님의 말씀을 공급하는 데 진력하는 사역은 아리스토텔레스를 오래된 벗으로 삼을 것이다.

로마의 수사학

로마의 수사학은 두 인물로 요약되는데, 첫째는 이론가이자 실천가였던 키케로Cicero이다. 둘째는 퀸틸리안Quintilian인데 그의 『웅변술 강요』Institutes of Oratory는 종교개혁을 통해 교양교육의 전형이 되었으며, 또한 의심의 여지없이 뒤에서 살필 이유들로 칼빈에게 『기독교강요』 Institutes of the Christian Religion라는 저서의 제목을 시사해주었다. 이들에게서 무엇을 배울 것인가?

마르쿠스 툴루스 키케로Marcus Tullus Cicero(한동안 자주 툴리Tully로 불림)는 노련한 정치인과 고상한 인본주의자의 모습이 독특하게 결합된 인물이었다. 그는 로마의 웅변가 중에서 데모스테네스와 같이 정치적 자유가 쇠락하는 시기에 최고의 자리를 차지했으며, 또한 데모스테네스와 마찬가지로, 결국 직설적인 연설 때문에 안토니우스의 강도들의 손에 목숨을 잃었다.

데모스테네스(그의 웅변의 능력에 대한 처방은 유명한 "연습하고, 연습하며, 또 연습하라"는 말로 집약됨)와 달리, 키케로는 세심한 산문으로 적어도 세 가지 수사학 논문을 썼을 뿐만 아니라, 인간사에서 말의 능력의 최고의 전형으로 군림했다. 그가 말하는 바는 이론과 실제의 계속적인 상호작용인데, 여기서 그것을 요약할 수는 없다. 훌륭한 웅변술 전체가 얼마나 근본적으로 의식적인 기술에 달려 있는가에 대한 증거가 키케로의 언어의 운율에 대한 세심한 연구에 의해 제시된다(로마 청중은 이 언어의 운율에 특별히 민감하여서 운율이 맞지 않으면 자주 연설자에게 야유를 보내고 단상에서 물러나게 했음). 실제로 설교자는 키케로에게서 다음을 배울 수 있을 것이다:

첫째로, 아리스토텔레스가 제안한 설득의 수단 – 머리와 감정과 연설자의 인물됨 – 이 다른 형태로 제시될 수 있다. 키케로는 다음과 같은 세 가지 짝을 선호한다: 달래며, 교훈하고, 감동시키라. 또는 다르게 표현하자면 애정affections과 이해understanding와 격정passions에 대한 호소를 통한 설득. 연설자의 인물됨에 대한 강조가 빠진 것이 분명하다. 이것은 키케로가 그것의 강한 영향력을 몰라서가 아니라, 아마도 이 수단은 직접적인 통제를 벗어나 있다 – 곧 우리는 우리의 모습 그대로이다 – 고 믿기 때문일 것이다.

둘째로, 이 설득의 형태에 대한 매개로서 다음과 같은 웅변의 세 가지 문체style가 키케로에 의해 유명해졌다: 평범한 문체, 중간적 문체, 그리고 최고조의 또는 의기양양한 문체. 평범한 문체는 교훈할 때 사용되는 것으로서 중간적이며, 보다 감정적인 문체와 더불어 연설의 앞부분 도처에 산재하게 된다. 중간적 문체는 비유와 예시와 때로는 심지어 주도면밀하게 계산된 유머의 사용에 의해 환심을 산다. 다음으로 절정에서의 최고조의 문체는 "앞에 있는 모든 것을 일소하며" 승리하게 된다. 독자는 아돌프 히틀러의 자석과 같이 끌어당기는 힘이 있는 연설로 인해 지지자로 돌아선 반 나치주의자들에 대해 기억할 것이다. 키케로는 – 성 어거스틴과 마찬가지로 – 수사적 승리를 인간의 성취 중 최고의 것 하나로 여기는데, 그것은 의사를 전달하기보다 사로잡고, 청중이 계몽되기보다 사로잡히도록 하기 위해 언어가 사용되는 경우이다.

셋째로, "인물됨"을 강조하는 대신 키케로는 "판사"인 청중의 애정을 얻는 일을 강조한다. 뒤에서 퀸틸리안은 만약 청중이 여러분을 좋아하면 여러분이 말하는 것을 믿기가 더욱 쉽고, 믿지 않기가 더욱 어려워질 것이라고 말할 것이다. 중간적 문체의 역할은 환심을 사는 일, 곧 단지 "판사의" 확신뿐만이 아니라, 애정을 얻는 일이다.

넷째로, 오랜 세월 동안의 키케로의 영향력의 증거가 칼빈의 결심에서 드러나는데, 곧 그는, 비록 설교단에서 (천식 환자였지만) 최소한 중간적 문체를 사용할 수 있었으며 펜을 통해서는 최고조의 문체를 사용할 수 있었음에도 불구하고, 말과 글 양자 모두에서 단지 "평범한" 문체(여기서 그는 키케로의 정의들을 생각하고 있음)만을 사용하기로 결심한다.

문체는 목적에 맞춰지며, 목적이 "고안," 곧 착상들의 구상의 기초가 된다. 키케로의 시대에 연설의 구성을 다음과 같은 다섯 단계로 나누는 것이 보편적이었다: 고안invention, 고안된 착상들의 배열arrangement, 표현wording(청중과 목적에 맞는 언어로 진술된 착상들), 기억memorization과 전달delivery. 그런데 평범한 문체는 우선적으로 표현에 관심을 두지 않는다. 명백성 또는 단순성이 목적의 기능이다. 루돌프 플레쉬Rudolf Flesch의 『분명한 대화의 기술』*Art of Plain Talk*과 『읽기 쉬운 글쓰기의 기술』*Art of Readable Writing*과 같은 몇몇 현대의 안내서는 명료성에 대한 처방에 있어 주로 단어와 문장의 길이에 역점을 둔다. 우리는 음절의 숫자와 문장의 길이의 비율을 조사함으로 일종의 지능지수를 산출할 수도 있다.

매우 인위적인 기교가 키케로의 관심을 끌었던 것 같지 않다. 표현은 작문의 우선순위 상 뒤에 위치하며 연설자의 의도에 종속되어야 한다. 전달 수단이 내용을 규정해서는 안 된다. 연설자로 하여금 자신이 전달하고자 원하는 것과 결과적으로 발생하길 원하는 것을 명확하면서도 열의 있게 인식하도록 하라. 그러면 표현은 자연스럽게 따라올 것이다.

키케로가 염두에 두고 있는 것은 아마도 앨프레드 노스 화이트헤드Alfred North Whitehead가 "스타일"style이라고 칭한 것일 것 같다. 화이트헤드는 "교육의 목적들" 중 최종적인 것은 모든 정신적 자질 중 가장 엄격한 것의 계발이라고 주장하면서 계속하여 다음과 같이 말한다:

> 모든 정신적 자질 중 가장 엄격한 것이라고 할 때 나는 스타일에 대한 감각을 뜻한다. 그것은 소박하고 낭비 없이 예견되는 목적을 곧바로 얻고자 하는 열망에 기초한 미적 감각이다. 예술과 문학과 과학과 논리와 구체적 실행 각각에 있어서의 스타일은 근본적으로 공통적인 미적 자질, 곧 조예가 있으면서도 절제할 줄 아는 특성을 지닌다.… 그러나 스타일보다 그리고 지식보다 상위에 있는 것, 곧 그리스 신들보다 상위에 있던 운명과 같이 모호한 모습의 존재가 있다. 그것은 바로 능력이다. 스타일은 능력을 기르는 일

이며 능력을 절제하는 일이다.… 스타일로 여러분은 여러분의 목적, 곧 다름 아닌 여러분의 목적을 성취한다.… 이제 스타일은 전문가의 배타적 특권이다(Aims of Education, Mentor, p. 24).

단지 스타일을 결여하고 있는 사람들만이 단어와 문장의 길이에 대한 고민을 필요로 한다고 키케로는 우리에게 말하고자 할 것이지만, 여기에 우리가 생각하는 것보다 더 많은 사람이 해당될 것이다.

다섯째로, 설교자는 키케로에게서 진정한 웅변가에게는 설득이라는 목표와 언어라는 수단과 언변이라는 기교가 있음을 배운다. 웅변가의 전문성의 잣대는 청중을 얼마나 잘 자신의 의도에 따르게 하느냐에 달려있는데, 목회에 있어 그것은 회중을 얼마나 잘 신적 계시의 뜻에 따르게 하느냐에 달려있다고 할 수 있다.

여섯째로, 키케로주의자에게 수사학적 기교의 여정은 이야기(설교단에서는 교훈)로 시작되는데, 이것은 청중을 연설자와 청중 자체 양자 모두와 한 마음이 되도록 이끈다. 만약 그렇게 하기 위해 문장이 짧고 언어가 구어체라면, 그것은 선행하는 의도에 의해 결정된다. 그런데 그 의도는 다양한 청중 개인들로부터 일체로서의 청중의 개성을 창출(이 용어의 가장 예술적인 의미로)하는 매우 중대한 일이다. 더욱이 그런 집단적 개성의 창출은 연설자의 눈으로 보며, 연설자의 감정으로 느끼고, 연설자의 관점에서 서로 교감하도록 한다. 결국 "의사전달"이 공동체를 창출한다.

노래나 서약이나 기도를 함께 하는 일, 예배 전 연주나 음악 공연 등과 같은, 청중이 하나가 되도록 독려하는 비 수사학적 기교가 우리 시대에 매우 많은데, 흔히 보다 감성적일수록 보다 많이 사용된다. 물론 키케로주의 웅변가는 그런 인위적이며 유사 예술적인 수단을 경멸한다. 실제로 키케로의 관점에서 연설자가 그런 "비예술적" 도구에 더 많이 의지하면 할수록, 더 많이 수사학적으로 빈약함을 자인하는 것이 된다.

단지 연설자가 자신의 능변으로 청중이 일체가 되도록 만든 후에만, 전형적 웅변가는 청중의 반응을 이끌어냄으로써 자신의 성취를 증명할 것인데, 이는 데모스테네스가 아이스키네스Aeschines를 "알렉산더의 앞잡이"라고 조롱하고, 노련한 "판사"와 같은 청중으로 하여금 이 위험한 반역에 대한 고소에 동의하여 외치도록 이끌 때와 같다.

마지막으로 우리의 의도에 부합되게 키케로가 가르치는 것은 능력 있는 연설의 원천은 열정적인 확신에 있다는 것인데, 그것은 정확하게 구상된 웅변의 목적에 초점을 맞추며, 모든 음절과 동작이 그 정해진 목적을 따르도록 하는 "스타일"로 이루어진다. 그런 기술을 얻기 위해 (또한 설교자의 경우에 말씀 선포에 그것을 활용하기 위해) 키케로는 웅변술의 모든 요소와 웅변술 전문가들이 행한 연설들에 대한 집중적 공부와 일생 동안의 지식 전반에 대한 열심 있는 습득을 권한다.

이것은 키케로 자신이 추구한 방침으로서 로마의 웅변술을 그 역사에 있어 최고의 정점에 올려놓은 것이었다.

퀸틸리안

수사학은 주후 1세기에 퀸틸리안과 더불어 교육학적인 것이 되었다. 그의 『웅변술 강요』는 웅변을 교육의 목표로 설정하고 그 자신의 시기부터 종교개혁 시기를 넘어서까지 교육학적 실제의 기초가 된다. 퀸틸리안의 열두 권으로 이루어진 저작은 대가가 기록한 수사학 이론의 개요이다.

여전히 적어도 명목상으로 대학교육의 주된 부분인 교양과목 전통은 퀸틸리안의 『웅변술 강요』에 뿌리를 두고 있는데, 곧 그는 이렇게 쓴다: "그렇다면 우리는 좋은 사람으로서가 아니면 존재할 수 없는 완벽한 웅변가를 육성해야 한다. 그러므로 우리는 그에게 단지 능숙한 말의 능력뿐만 아니라 정신의 전적인 훌륭함을 요구한다"(서문).

이 교육자는 다음과 같이 계속하여 말한다: "말의 기술은 큰 노력과 끊임없는 연구와 다양한 연습과 반복적인 시도와 매우 심원한 명민함과 매우 신속한 판단에 달려있다"(2.13). 그러나 이 모든 것은 만약 "웅변가가 무엇보다 좋은 사람이지" 않다면 헛된 것이다(2. 16).

퀸틸리안의 『웅변술 강요』는 교양과목에 의해 좋은 영혼을 육성하고자 한다. 교양과목의 토대가 되는 것은 언어가 영혼이 조각되는 도구라는 가정인데, 이 교양과목은 언어라는 도구를 통해 "좋은 사람과 연설"(16세기 중반 스트라스부르Strasbourg에서의 요한 스투름Johann Sturm의 교육학적 이념)을 창출한다. 오랜 동안 영향력이 결코 줄어들지 않았던 퀸틸리안 이후 15세기가 지나 칼빈은 이『웅변술 강요』의 근본적 가정이 성 바울의 고린도전서에서의 능변에 대한 평가절하와 충돌함을 인지했으며 – 따라서 칼빈은 좋은 사람을 육성하는 보다 나은 길을 제시하는 다른 『강요』를 집필하기로 결정함 – 말보다는 행동으로 인간성을 확인했다.

한편 퀸틸리안이 해설한 것이며, 오랜 세월 동안 변하지 않은 것으로서 교양과목의 기초가 되는 것은 다음과 같은 3학과trivium이다: 문법과 논리학과 수사학. 문학을 포함하는 문법은 이해력을 일깨우고, 논리학은 판단력을 형성하고, 수사학은 배운 모든 것에 대한 예술적 표현을 이끈다. 표현 없는 인상은 있을 수 없다.

퀸틸리안의 틀의 흔적이 박사 과정을 마무리하는 "구술시험"에 오늘날까지 여전히 남아 있는데, 곧 단지 구술로 표현될 수 있는 것만 진정으로 숙달했다고 할 수 있는 것이다. 실재res는 말verbum로 표현되는데, 곧 교육의 실재는 웅변의 말로 드러난다.

그러나 퀸틸리안은 고전적 강조점을 교묘하게 바꾸어 놓았다. 이제 웅변술은 웅변에 있어 승리하는 영웅보다는 교양 교육을 궁극적 목표로 삼는다. 뉴먼Newman이 18세기 후에 『대학의 이념』*Idea of a University*

에서 주장해야 했던 바와 같이 그런 교육 자체가 목적이요 본래적인 목표이다. 수사학은 단지 교육학 전체를 완성할 뿐이다. 퀸틸리안이 말하듯이 연설자 자신이 스스로 연설을 잘 했는지 여부를 결정할 것이며, 자신의 자기분석을 정당화하기 위한 아무런 결과물도 입증할 필요가 없다. 구술 표현의 능력은 선거 유세나 법정에서의 성공을 목표로 할 필요가 없다. 수사학적 탁월성은 정치적 자유가 대중적이지 못하게 되었을 때 말의 자유에 대한 주장으로 웅변을 토하는 헌신으로 목숨을 거는 일을 상정하지 않는다. 퀸틸리안은 여전히 키케로를 이상으로 삼았음에도 불구하고 키케로 자신이 따르기를 거절한 방식으로 웅변술과 수사법을 억제하고 길들인다.

수사학은 화석화되어 담쟁이덩굴에 둘러싸인 박물관의 진열품이 되었으며, 단지 대학이라는 사각모와 가운 속에서만 나타나고, 그 상아탑에서만 연습된다. 퀸틸리안은 수사학이 내면화되고 감성적 관심에서 역할을 하도록 만든다. 순수 문학belles lettres이 데모스테네스의 광포함과 키케로의 세련된 비타협적 태도를 대체한다. 결과적으로 이후에 능력 있게 진리를 이야기하는 웅변은 일반 연단보다는 설교단에서 더 많이 나타나는데, 곧 그곳에서 용기 있는 감독의 입술을 통해 새로운 말씀이 울려 퍼진다. 그렇지만 퀸틸리안은 15세기가 넘는 기간 동안 교육의 기본 방향을 설정해 준다. 수사학적으로 중요해진 것은 교육과정을 통한 진보로서 그 교육과정은 초등학교부터 능숙한 연설자 단계에 이르기까지 『웅변술 강요』에 세심하게 개관되어 있는데, 그 능숙한 연설자란 말의 자유를 위한 투쟁보다는 교양 문학에 더 친숙한 웅변가를 뜻한다.

그러나 이 모든 것이 그렇다고 치고 이제 퀸틸리안에게서 무엇을 배울 수 있는가? 많은 점에서 그러한데, 특별히 표현의 적절함에 있어 그러하다. 퀸틸리안은 가르치려는 내용을 숙달했으며 침착한 문체와 생생한 유머가 있는 확신과 더불어 글을 쓴다. 키케로보다 훨씬 더 많이 그는 연설자의 기술의 모든 측면과 고안부터 전달까지의 행위의 모든 측면을 탐구한다. 퀸틸리안은 교양인이 모든 지식을 자신의 분야로 여겨야 한다고 생각하기 때문에, 유창한 연설의 최고의 능력을 위한 광범위한 준비 과정을 개괄한다. 인문교육에 필수적인 그리스와 로마의 문헌에 대한 그의 개관은 주목할 만한 비평으로 남아 있다. 그러나 이 일들은 『웅변술 강요』 자체의 정독을 요구한다.

지금 여기서 퀸틸리안은 우리에게 다음을 제공한다: 첫째로, 숙련된 연설이 요구하는 지식과 훈련의 범위와 분야에 대한 이해. 한편으로 웅변술은 교양 교육을 궁극적 목표로 삼으며, 다른 한편으로는 교양 교육을 전제한다. 대화는 시시한 것이 될 수 있지만, 지속적인 웅변의 능력은, 아이스키네스가 데모스테네스에 대한 조롱에서 말했듯이, 등잔불의 냄새를 풍긴다. 데모스테네스는 입술에 있는 다른 영들의 냄새보다는 낫다고 대답하는데, 퀸틸리안은 데모스테네스의 편에 선다. 수사적 탁월성에 이르는 길은 멀고도 험하다. 게티스버그 연설Gettysburg Address은 젊은 링컨의 필기용 석판을 밤늦게까지 비추어 준 벽난로 불빛의 일부를 반영한 것이다.

무학자가 열정을 드러내며, 속임수를 사용하고, 심지어 쉽게 믿는 사람들을 유인할 수도 있을 것이며 선동가는 웅변술을 교묘한 속임수로 변용할 수 있을 것이지만, 해마다 신선한 방식으로 하나님의 말씀을 능숙하게 전할 줄 아는 위대한 설교자는 탁월성을 얻기 위해 커다란 노력과 시간을 쏟았을 것이다. 초대 교부 시대부터 현대 설교단의 대가들에 이르기까지의 설교의 역사는 광범위한 배움과 웅변의 탁월성 간의 인과관계를 확증한다.

둘째로, 퀸틸리안은 아리스토텔레스와 아마도 키케로가 확정하지 않은 다음과 같은 견해를 확실하게 단언했다: 선량함이 웅변의 기초이다. 보다 높은 권위는 좋은 열매를 얻기 위해서는 나무가 좋아야 한다고 가르친다(마 12:33).

아리스토텔레스는 연설자의 인물됨이 설득의 요소 중 하나이며, 아마도 가장 중요한 요소일 것이라고 주장했다. 그러나 아리스토텔레스는 적어도 청중이 연설자의 미덕이라고 여기도록 교묘하게 이끌리는 것이 실제를 반영하지 않을지도 모른다는 의심의 여지를 남긴다. 곧 『수사학』에서 중요한 것은 청중이라는 "판사"에게 연설자가 박식하며 능력 있고, 고결한 성품을 지니고, 청자의 유익에 열중하는 인상을 주는 것이다. 이것들이 설득의 역할을 하는 한, 아리스토텔레스는 "그것으로 충분하지 않은가"라고 암시한다고 해석될 수 있다. 결국 수사학은 윤리학이 아니다. 이것에 대해서 아리스토텔레스는 또 하나의 논문을 썼다.

키케로는 높은 수준의 개인 윤리를 준수했으며, 항상 일관된 것은 아니지만 스토아학파에 매료되었다. 그러나 법정에서 행한 그의 연설을 공부하는 학생은 때로는 목적이 수단을 지배하지 않는구나 하고 의구심을 가질 것이다. 아리스토텔레스와 퀸틸리안과 달리 키케로는 설득에 있어 인물됨의 작용에 의거하지 않는다. 위에서 제시되었듯이, 그는 퀸틸리안의 대안적 견해는 인정하지 않았으며, 아마도 아리스토텔레스의 잠정적인 방식으로 보았던 것 같다.

그러나 퀸틸리안에게는 아무런 모호성도 없다. 위대한 연설자는 좋은 사람이어야 한다. 과연 퀸틸리안이 히틀러를 위대한 웅변가로 여겼을 것인가라는 질문을 해보는 것은 흥미로우며 유익할 수 있다. 효과적이었는가, 그러하다. 키케로의 세 단계로 전개되는 문체에 재능이 있었는가, 그러하다. 나라의 절반을 최면에 걸리게 만든 자이며, 그것도 최고의 교육을 받은 자들에 대해 그러했는가, 그러하다. 웅변술의 절대적 대가였는가, 그러하다. 그러나 과연 "좋은" 사람이었는가? 누가 이점을 긍정하겠는가? 히틀러는 청중을 꼼짝 못하게 할 때 스스로 체면에 걸려 있었는가? 아니면 무엇을 하고 있는지 자각하고 있었는가? 그의 웅변은 그것 전후의 거대한 야외극과 같이 하나의 연극과 같은 것일 뿐이었는가? 그것 모두가 그가 항상 중앙에 위치하게 되는 무대였는가?

설교자는 이것들에서 무엇을 배울 것인가? 고대의 수사학 전문가들의 견지에서 그런 질문들에 답할 수 있다면 아마도 많은 것을 배울 것인데, 필자가 생각하기에 그들은 히틀러를 자신들의 대열에 끼워주지 않을 것이다. 처칠Churchill은 물론이며, 루즈벨트Roosevelt는 참으로 그러할 것이다. 그러나 히틀러와 무솔리니는 똑같이 강력한 선동가였음에도 불구하고 고대의 수사학 전문가들에 의해 성공적으로 악용한 것에 정비례하게 수사의 기술을 남용한 죄를 범한 것으로 여겨졌을 것이다.

셋째로, 진실성에 대한 자신의 묘사와 부합되게 퀸틸리안은 연설자가 전달 순간 스스로 경험하거나 되살리지 못하는 감정이나 회상을 진정으로 전달할 수 없다고 여긴 점에서 키케로에게 동의한다. 생생한 예시와 더불어 퀸틸리안은 연설자가 그 감정이나 생각을 묘사하는 대상자가 되는 사람들의 특성을 어떻게 다루어야 하는지를 상술한다. 말하자면, 웅변가는 마치 자신이 "그 현장에" 있는 것처럼 "듣거나" "보는" 사건을 다만 생생하게 전달하고 있어야 한다. 곧 그는 어떤 감정을 스스로 깊이 경험함으로 다른 사람에게도 불러일으켜야 한다. 어떠한 겉치레도 "판사들"을 감동시키지 못할 것이다.

그러나 퀸틸리안의 글이 예기치 않은 통찰의 전개 가운데 어떤 식으로 유효한지에 대해 생각해보는 마지막 예시로서 진실한 사람은 청중을 자신에게 반대하도록 오도한 거짓에 대해 어떻게 말해야 될까를 질문해보자. "좋은" 사람이 거짓을 거짓으로 대응할 수 있을까? 순진한 태도로 퀸틸리안은 청중을 진리의 길로 인도하는 것이 웅변의 역할이라고 대답하지만, 만약 청중이 그 길에서 이탈하여 잘못된 우회로에 들어선다면 어떻게 할 것인가? 거기서 그들은 궤도에서 벗어나 거짓에 빠진다. 그들을 그 길로 돌아오게 하기 위해서는 또 다른 우회로를 모색하는 일이 필요하지(또한 전적으로 정당하지) 않겠는가? 하나의 사기는 – 일정 기간 동안 – 다른 하나의 사기로 대응되어야 할 수도 있는데, 선량함은 그런 구제책에 의해 더럽혀지지 않는다.

우리는 단지 고전적 수사학자 중 가장 두드러진 인물들만을 다루었다. 그런데 만약 우리가 "옛 것"과 "새 것"이 단지 시간의 범주일 뿐 가치의 범주가 아니며, 고대의 저자와 웅변가들이 미래에 대해서와 마찬가지로 현재의 사역에 "최신"의 것이라는 인상을 남겼다면, 우리 자신의 수사적 목적을 달성한 것이다.

성 어거스틴

이제 이론가와 웅변가 양자 모두로서 기독교 수사학자 중 가장 위대한 인물로 화제를 바꿔보자. 우리가 논한 저자와 실천가들과 여기서 언급되지 않았던 수많은 그들의 동시대인들에게서 깊이 있는 교육을 받았던, 어거스틴은 자신의 시기에 이미 3세기 이상 동안 들려지던 설교 또는 강론의 이론적 기초를 제공했다.

우리는 설교가 아리스토텔레스가 논하고 이교 수사학자들이 일반적으로 받아들인 연설의 유형에서는 실제로 아무런 자리도 차지하고 있지 않음을 이미 관찰했다. 또한 어거스틴은 설교를 아리스토텔레스적 전형에 맞추려고 시도하지 않았다. 어거스틴 당시 설교는 자신들이 행하고 있는 것이 무엇인지를 제대로 아는 위대한 교부들에 의해 정립되었다. 어거스틴이 설교 또는 강론을 수사학적으로 기술하게 되었을 때, 그는 설교를 다만 그 자체의 장르로 다룬다. 또한 설교 역시 그러하다.

자신의 전후의 수많은 기독교 사상가들과 같이, 어거스틴은 교회의 고전적 지혜의 이용을 이스라엘이 애굽에서 가지고 나온 금과 은에 비유한다. 어거스틴은 나중에 칼빈이 말했듯이 하나님께로부터 기원하지 않는 어떠한 진리도 없다고 말했다. 따라서 흡수할 수 있는 모든 것을 활용하고 기뻐하자. 그러므로 『기독교적 교훈에 관하여』*On Christian Doctrine*라는 제목의 설교 수사학에 관한 상대적으로 간략한 저서가 고

전적 저자들, 특히 키케로를 많이 인용하는 것은 놀랍지 않다.

그러나 교회는 웅변의 원동력으로 어거스틴이 고려한 새로운 자원, 곧 성경을 추가하게 된다. 또한 성경이 설교자의 수사학적 원천이 될 수 있는 정도를 강조하기 위해, 어거스틴은 거듭 반복하여 수사학의 원리를 성경으로부터 예시한다. 예를 들어 키케로에게서 물려받은 평범하고, 중간적이며, 최고조의 세 가지 문체를 어거스틴은 성경의 인용문들을 통해 예시한다.

하지만 퀸틸리안이 웅변가는 선량해야 한다고 주장한다고 한다면, 어거스틴은 웅변가가 지혜로워야 한다고 주장하는데, 그 지혜는 말씀에 대한 지식과 화해의 경험과 하나님과의 교제로 이루어진다. 더욱이 설교자의 말은 결코 전적으로 자기 자신의 것이 아니다. 그의 기술은 고안보다는 전달을 목표로 한다. 혹은 오히려 그의 고안은 이미 그에게 있는 말씀을 전달하는 방식을 탐구하는 것이다. 그러므로 어거스틴은 신적 계시에서 온 진리의 주해와 적용에 있어 고전적 작가들이 권고한 다음과 같은 다섯 단계에 집중한다: 고안과 배열과 표현과 기억과 전달. 그 사역은 아리스토텔레스의 "주제적" 관점들을 통해 성경을 살피는데, 곧 성경을 교회와 세상에 선포하는 데 있어 훨씬 더 효과적 방식들을 모색하면서 말이다.

어거스틴의 논문의 처음이면서도 주요한 부분은 그의 해석학적 원리에 근거하여 성경의 해석을 다룬다. 또한 어거스틴 역시 설교자가 모든 지식을 자신의 분야로 삼기를 원하지만, 무엇보다 설교자는 성경에 정통할 것을 요구하는데, 모든 시대의 위대한 주해자와 마찬가지로 어거스틴 자신은 성경을 꽤 많이 외웠다.

그는 이렇게 쓴다:

그런데, 비록 유창하게 말할 수는 없더라도, 지혜롭게 말해야 할 의무가 있는 사람은 성경 말씀을 암기하는 일이 특별히 필요하다. 왜냐하면 자신의 언어의 빈약함을 더 많이 분별하면 할수록, 성경의 풍성함에 더 많이 의지해야 하기 때문이다. 그렇게 함으로 그는 자신의 말로 이야기하는 것을 성경의 말씀으로 입증할 수 있으며, 비록 자신의 말에 있어서는 한계가 있고 빈약할 지라도, 그 자신이 위대한 인물들의 확고한 증거에서 힘과 능력을 얻을 수 있다. 왜냐하면 이 입증은, 그가 자신의 언어 방식으로 기쁨을 줄 수 없을때, 기쁨을 주기 때문이다. 그러나 만약 어떤 사람이 단지 지혜뿐만 아니라 유창함을 가지고 연설하길 원한다면, 나는 그로 하여금 수사학 선생에게 가서 시간을 보내라고 권면하기 보다는 오히려 유창한 사람의 것을 읽고 들으며 모방하는 연습을 직접 해보라고 보낼 것이다. 특별히 그가 읽고 듣는 대상이 되는 사람들이 단지 능변만이 아니라 지혜를 가지고 연설했거나, 늘 연설해오고 있다고 정당하게 평가되고 있을 경우에 그러하다. 왜냐하면 유창한 연설자는 청자에게 기쁨을 주지만, 지혜로운 연설자는 유익을 주기 때문이다. 따라서 또한 성경은 다수의 능변가가 아니라, "다수의 현자가 세상의 복이니라"고 말씀한다(지혜서 6:24).

그는 계속하여 바울(롬 5:3-5; 고후 11:16-30)과 아모스(6:1-6)로부터 성경에서 지혜와 능변이 결합된다는 것을 예시한다.

키케로에게서 웅변가의 "가르치고, 기쁘게 하며, 감동시킬" 의무를 받아들이면서, 어거스틴은 다음과 같은 키케로의 부연 설명을 승인한다: "가르치는 일은 필수적인 것이며, 기쁘게 하는 일은 아름다움이고, 설득하는 일은 승리이다." 그러나 행위에 영향을 미치는 관점에서 그는 다음과 같이 가르치는 것이 기독교 웅변가에게 중요성에 있어 제일 우선된다고 주장한다: "가르치는 일은 필수적인 것이다. 사람들이 아는 것에 있어, 행하느냐 그렇지 않느냐는 그들 자신의 손에 달려 있다. 그러나 그들이 알지 못하는 것을 행하는 것이 그들의 의무라고 누가 말하겠는가?"

기쁨을 주는 일은 필수적인 것이 아니며, 설득 역시 항상 그런 것은 아닌데, 비록 어거스틴이 "너무나 까다로워서 즐거움을 주는 강화의 형태로 표현되지 않으면 진리를 거들떠보지도 않는 자들"에게 양보하지만 말이다. 가능한 한 그들을 기쁘게 하라, 그러나 동시에 다음과 같이 "연설자가 진리를 촉구함에 있어 자신이 말하는 것에 세심한 주의를 기울이는 것이 다만 청자의 동의를 얻는 것이라고 할 때, 청자가 진리를 고백하기도 하며 유창함을 칭찬한다고 해도 그에게 무슨 유익이 되겠는가?"를 기억해야 한다.

그렇다면 유창한 목사는, 구체적 진리를 촉구할 때, 단지 교훈을 주기 위해 가르치며 관심을 유지하기 위해 즐거움을 줄뿐만 아니라, 또한 의지를 굴복시키기 위해 마음을 지배해야 한다. 왜냐하면 만약 어떤 사람이 진리의 힘으로 감동되지 않는다면, 비록 그것이 그 자신의 고백에서 나타나고, 아름다운 외양을 덧입고 있다 할지라도, 유창한 언변의 능력으로 그를 굴복시키는 것 말고는 아무것도 남지 않는다(4권에서).

키케로는 그것을 다르게 말하지 않았을 것이다.

어거스틴에게 있어 전체 교회와 관련하여 설교단의 강화는 도덕 교육이다. 그것의 본문은 성경이며, 청중은 회중이고, 목표는 순종이며 목적은 성숙해져 가는 신자이다. 이것이 설교의 본질과 강론의 역할을 규정한다. 고전적 수사학의 열정과 기교의 어떤 것도 상실될 필요는 없지만, 모든 것의 초점이 재설정된다.

데모스테네스의 헌신과 능력과 아리스토텔레스의 분석과 키케로의 균형과 세련미와 퀸틸리안의 식견은 애굽의 보석과 같이 실제로 어거스틴에 의해 하나님의 백성을 섬기도록 설정된다. 구술되는 말의 위력이 이제 연단뿐만 아니라 설교단에서도 강하게 나타나고 있으며, 정치적 행위뿐만 아니라 도덕적 행위도 웅변의 영향 하에 있고, 따라서 고전적 논문들이 권고하는 것 못지않은 수사학적 훈련이 요구된다.

종교개혁

우리는 이제 천년을 뛰어 넘어 종교개혁 시의 수사학으로 화제를 돌리는데, 주로 칼빈의 영향에 제한시켜 다룬다. 그런데 우리는 다시 한 번 "설교자가 제네바에서 무엇을 배우길 바랄 수 있는가?"라고 묻는다.

칼빈은 퀸틸리안의 처방에 따라 교육되었다. 그는 영혼에 선량함을 형성하기 위해 교양과목들의 교육을 받았던 수많은 사람 중의 한 명이었으며, 참된 후마니타스("인간성")의 달성을 증명하려는 목적에서 웅변술에 있어서도 제대로 훈련 받았다. 칼빈은 고대의 다른 어떤 인물보다 키케로를 광범위하게 인용하며 한동안은 분명하게도 그를 닮으려는 보편적인 노력에 동참했다. 그의 첫 출판물인 세네카의 "관용론"De Clementia은 고전적 방식으로 되어 있었다.

그러나 때때로 결코 기록되지 않았지만, 칼빈은 (거의 암기할 정도로 정통했던) 어거스틴이 재빨리 뛰어넘은 장애물에 걸려 넘어졌다. 그 장애물은 (필자가 추측하건대) 그 젊은 인문주의자humanist로 하여금 다음과 같은 두 가지 장애물을 맞닥뜨리게 했다: (1) 웅변술이 참된 인간화 교육을 지닌다고 증명하는가? (2) 웅변술에 필수불가결한 선량함은 교양과목을 통해 얻어질 수 있는가?

비록 필자의 직관에 대한 아무런 문헌적 증거도 알지 못하지만, 필자는 칼빈이 바울의 고린도전서를 읽을 때 이 의문들이 그에게 생겨났던 것이 아닌가 싶다. 거기서 그 사도는 다만 다음과 같이 말씀한다: "그리스도께서 나를 보내심은 세례를 베풀게 하려 하심이 아니요 오직 복음을 전하게 하려 하심이로되 말의 지혜로 하지 아니함은 그리스도의 십자가가 헛되지 않게 하려 함이라… 내 말과 내 전도함이 설득력 있는 지혜의 말로 하지 아니하고 다만 성령의 나타나심과 능력으로 하여 너희 믿음이 사람의 지혜에 있지 아니하고 다만 하나님의 능력에 있게 하려 하였노라"(고전 1:17; 2:4-5).

명목상의 가톨릭교에서 "개신교"로의 칼빈의 "개종"conversion의 정확한 시점과 본질은 알려져 있지 않고 많은 추측의 대상이었다. 필자가 생각하기에 그런 개종이 발생한 것은 그가 퀸틸리안의 『강요』가 많은 점에서 가치가 있지만 그 기본 논지가 영혼을 오도하며, 따라서 성경에 근거하는 『강요』Institutes(교범, 훈련 과정을 뜻함)가 대신 요구된다는 것을 깨달았을 때였을 것이다. 선량함은 교양과목에 좌우되는 것이 아니라, 하나님의 능력에 따른다. 웅변술은 진정한 인간화 교육의 최고의 성취가 아니며, 심지어 인간을 참된 인간성으로 회복하는 유일한 통로인 하나님의 지혜와 부조화될 수도 있다. 필자가 짐작컨대 그런 결론이 칼빈의 "개종"을 초래했으며, 그의 삶의 방향을 설정했다.

고린도전서에서 인용된 구절들에 대한 칼빈은 주석은 "개종" 이후에도 그 구절들이 그를 얼마나 많이 고심하게 했는지를 보여준다. 그는 이렇게 쓰고 있다. 곧 "두 가지 질문이 여기서 제기된다: 1) 바울이 이 절(1:17)에서 말의 지혜를 그리스도와 적대적인 것으로 완전히 정죄하는가? 2) 그는 복음의 가르침이 언제나 웅변술과 분리된 채로 있어야 함을 뜻하는가?"

칼빈은 다음과 같이 대답한다: "첫 번째 질문에 나는 바울이 그 기술들을 즉각적으로 정죄할 만큼 그렇게 불합리하지 않을 것이라고 답한다. 곧 그것들은 어떠한 의심의 여지도 없이 하나님이 주신 멋진 은사요, 사람들로 하여금 가치 있는 활동을 하도록 돕는 수단이라고 부를 수 있을 은사이다.… 그것들이 성령으로부터 왔다는 것에는 아무런 의심의 여지도 없다." 바울은 웅변술 자체가 아니라, 그것의 오용을 비난하고 있다.

하지만 바울은 말의 지혜가 그리스도의 십자가를 헛되게 한다고 말하며, 따라서, 그 자신의 이야기에 따르면, 칼빈이 제기한 두 번째 질문은 다음과 같다:

그러므로 약간 더 난해하다. 왜냐하면 바울은 그리스도의 십자가가, 만약 어떤 식으로든 말의 지혜와 섞이게 된다면, 헛되게 된다고 말하기 때문이다. 내 대답은 우리가 바울이 말하는 대상자들을 주목해야 한다는 것인데, 왜냐하면 고린도인들의 귀는 어리석게도 야단스러운 말을 몹시도 갈망했기 때문이다.… 왜냐하면 그리스도의 설교는 꾸밈없고 단순하며, 따라서 과도한 언어적 외양으로 혼잡해지지 않아야 하기 때문이다.

앞에서 인용된 두 번째 구절(고전 2:4)에 대해 칼빈은 이렇게 쓰고 있다: "만약 그 사도의 전도가 단지 웅변의 능력에 의해서만 뒷받침되었다면, 그는 보다 뛰어난 웅변술에 의해 거꾸러질 수 있었을 것이다. 더욱이 그 누구도 웅변술의 탁월함에 근거한 진리를 참된 것이라고 부르지 않을 것이다. 실제로 그것은 그것의 도움을 받을 수 있지만, 그것에 의지해서는 안 된다."

교육을 잘 받았기 때문에 칼빈은 수사학과 웅변의 기술들에 대한 감각을 결코 잃지 않았으며, 따라서 지속적 영향력이 있는 설교를 했고, 원할 경우 힘차고 유창한 산문을 쓸 수 있었다. 그러나 성 바울이 칼빈으로 하여금 간결하고 단순한 언어로 특징지어지는 평범한 문체를 채택하게 만들었다.

고린도서 주석에서 조명된 그러한 대조는 칼빈이 1538년 제네바를 떠나도록 강요되어 스트라스부르에 오게 되었을 때 공개적으로 표명되었다. 거기에는 요한 스투름Johann Sturm이 이끈 유명한 아카데미가 번창했다. 발터 좀Walter Sohm은 이렇게 쓴다: "다음과 같은 고대의 세 사람이 항상 능변가 중 탁월한 예로 선택되었다: 아리스토텔레스와 키케로와 헤르모게네스Hermogenes.… 그들의 중간에 키케로가 자리하는데, 키케로는 스투름이 당대의 모든 사람들과 더불어 누구보다 중시했으며, 모델로 삼은 바로 그 인물이다." 이어서 좀은 스투름이 키케로적 전통에서 웅변술이 교회를 재건할 수 있다고 주장했다고 말한다. 왜인가?

왜냐하면 스투름의 표현으로 "이상적 이해는 이상적 수사와 이상적 발성에 달려있다. 실재res와 말verbum은 서로를 함축한다." 실재와 말은 항상 상관적이다. 이것은 키케로와 퀸틸리안과 교양과목 전통의 확신인데, 그 전통에 따라 스투름은 자신의 아카데미를 만들었었다. 웅변술이 교양교육의 마지막을 장식한 이유는 단지 표현만이 생각을 드러내고, 멋들어진 표현이 면밀한 이해를 증명했기 때문이다. 말 잘하는 좋은 사람이라는 표현은 우연한 결합물이 아니며, 오로지 이런 식으로 영혼은 교양과목을 통해 선량함을 확득한다는 것이 확실히 드러난다. (비교하자면 칼빈은-교육 없는 믿음이 아니라-행위 없는 믿음이 죽은 것이라고 말하는 다른 말씀을 청종하는 것으로 추정된다.)

칼빈은 키케로를 존중했지만, 키케로가 그의 이상적 인물은 아니었는데, 곧 칼빈 자신과 칼빈의 영향으로 세워진 제네바의 아카데미의 결과물들 양편 모두에 대해 그러했다. 유배 이후 칼빈은 굳은 결심과 중대한 논문으로 발전된 자신의 『강요』와 더불어 제네바로 귀환했다.

또한 그렇다면 칼빈은 오늘날 현직에 있는 설교자에게 무엇을 가르쳐주어야 하는가? 첫째로, 전체적 관점. 칼빈에게 있어 기독교의 목표는 인간 갱신이다. 스트라스부르에서 작성한 사돌레토Sadoleto 추기경과의 서신 교환에서 칼빈은 자기 자신의 영혼의 구원에 대한 관심은 그리스도의 종에게 합당한 것이 아님을 밝힌다. 구원은 주님의 일이며, 그분이 그 일을 별 탈 없이 진행시키실 것이다. 주님의 영광을 위해 사는 삶이 신자의 사명인데, 신자가 그렇게 행하도록 독려하는 것이 교회의 사역이며 설교단의 목적이다.

둘째로, 칼빈은 말이 영혼에 영향을 주는 열쇠가 된다는 데 상당 정도 동의한다. 제네바와 고전적 전통 간에 문제가 되는 것은 단지 "어떤 말이냐?" 또는 더 적절하게는 "누구의 말이냐?"이다.

셋째로, 순종 가운데 열매를 맺는 선량함은 교양과목을 통해 전수될 수 있는 것이 아닌데, 비록 그것이 하나님의 말씀을 선포할 의무를 지닌 자들에게 유용하지만 말이다. 하나님께서는 구원하는 믿음이, 그것이 인도하는 순종의 삶과 함께, 설교를 통해 발생하도록 정해 놓으셨다.

넷째로, 설교자는 다음과 같은 짝을 이루는 훈련 가운데 사역을 감당해야 한다: (1) 회중의 필요가 서재에서의 연구를 지배하게 하는 훈련과 (2) 본문에 대한 최대한의 철저한 순종이 설교단에서의 선포를 지배하게 하는 훈련.

다섯째로, 구원론은 물려받은 죄와 매일같이 범하는 죄의 짐으로부터의 신자의 해방과 관계되어야 한다. 그리스도 안에서 그리스도인은 이스라엘과 같이 애굽의 속박에서 벗어났으며 순종의 삶이 요청되는데, 이는 교회에서 가르쳐지는 바와 같다.

여섯째로, 영혼 안에 있는 선함의 현존은 웅변술이 아니라, 단지 사랑의 삶으로 증명될 수 있는데, 그것은 성경에 규정되고 하나님의 율법에 요약되어 있다.

일곱째로, 영혼 또는 자아는 하나님의 말씀에 대한 의지적 순종의 행위를 통해 상실한 참된 인간성humanitas의 특징을 다시 형성하게 된다. 인간이 행하는 모든 것은 우선적으로 자기 자신에 대한 것이며, 따라서 선택, 곧 자아 안으로 들어오는 것이 아니라 나오는 것을 통해, 인간은 최종적으로 정해진 자아로 빚어지게 되는데, 그 자아는 성부의 "기쁨"이 되도록 정해진 "양" 또는 창조자로부터 영원히 멀어지도록 정해진 "염소"이다.

여덟째, 퀸틸리안의 목표와 마찬가지로 칼빈의 목표도 교육이다. 바로 이 이유 때문에 그는 자신의 대표 저작을 위해 퀸틸리안의 제목을 선택한다. 칼빈은 교회를 하나님의 학교, 성경을 하나님의 교과서, 목사를 하나님의 교사로 이야기하길 좋아한다.

칼빈에게 설교는 결국 실제로 자체적인 장르로 만들어진다. 설교는 칼빈이 친숙하게 알았던 고전적 자료에 의해 전적으로 풍성해지지만, 설교는 수사학적 전통의 이교적 한계에서 자유롭다. 하지만 칼빈은 데모스테네스가 알렉산더의 사절들에게 도전했을 때의 시기로 거슬러 올라가는 용기있는 웅변의 전통을 유지한다. 칼빈은 이렇게 쓴다(Institutes 4. 8. 9):

> 그렇다면 여기에 호칭이 어떠하든 교회의 목사들에게 부여되어야 하는 주권적 능력이 있다. 그것은 그들이 담대하게 하나님의 말씀으로 모든 일을 행하며, 모든 세상의 권력과 영광과 지혜와 환희가 그분의 위엄에 굴복하고 순종하도록 만들고, 그분의 능력에 힘입어 가장 높은 자로부터 심지어 가장 나중 되는 자까지 모두를 명령하며, 그리스도의 집을 세우고 사탄의 집을 무너뜨리며, 양 무리를 먹이고 늑대를 쫓아내며, 가르칠 수 있는 자들에게 가르치고 교훈하며, 반항하고 완고한 자들을 비난하고 견책하며 제지하고, 매고 풀며, 마지막으로 필요하다면 오직 하나님의 말씀으로 벼락과 같이 호통을 칠 수 있다는 것이다.

키케로의 세 가지 문체에 기독교적 세례가 베풀어졌다. 수사법의 형성의 근원이 되는 자유에 대한 열정은 이 처방에 따라 설교단에서 설교한 칼빈주의자들로 하여금 프랑스와 네덜란드와 잉글랜드에서 독재자들에게 도전하게 하도록 되어 있었으며, 또한 뉴잉글랜드의 해안에서 "보다 완벽한 연합"을 형성시키는 힘을 작동하게 할 것이다.

참고문헌적 소론

각주 참고문헌으로 본문을 흉하게 만드는 대신 앞에서 논의한 견해들에 이르게 될 때에 유용했던 몇 가지 책제목을 제시하고자 하는데, 그것들은 대체로 논의한 주제들의 순서에 따라 분류된다.

언어학

제시한 이름들 - 로전스톡 후시 등등 - 은 현세기에 언어의 본질에 대해 글을 쓴 사람들 중 단지 적은 일부분에 불과하다. 안내서와 입문서와 선집들이 있다.

유겐 로전스톡 후시Eugen Rosenstock-Huessy(아내의 결혼 전 성을 자신의 성에 하이픈으로 연결함)는 상당히 장수하여서 자신의 견해를 보급하기 위해 한 미국 출판사를 만든 적지만 헌신적인 일군의 제자들의 후견인이 되기도 했다. 그의 『연설과 실재』*Speech and Reality*, Norwich, Vt.: Argo Books, 1970는 로전스톡의 "실재의 교차"로서의 언어에 대한 견해를 두 가지 형태 가운데 하나로 설명하는 논문 모음이다: 나와 그, 우리와 당신, 또는 안과 밖, 과거와 미래. 보다 광범위한 주제들을 다루지만 역사에 있어 말의 근본적 역할에 초점을 맞추고 있는 보다 긴 저서는 『혁명으로부터, 서양인에 대한 자서전』*Out of Revolution, Autobiography of Western Man*이다. 이 독본은 대중적이지는 않지만, 통찰력이 있으며 지적 호기심을 자극한다.

루돌프 불트만에게 많은 영향을 준 견해를 가진 독일 철학자 마르틴 하이데거는 주요 작품인 『존재와 시간』*Being and Time*, trans. John Macquarrie and Edward Robinson, New York: Harper and Row, 1962에서 언어를 다루지만, 하이데거의 사고와 표현의 조밀함 때문에 독자들은 좌절하게 된다. 보다 읽기 쉬운 것은 『언어로의 도상』*On the Way to Language*, trans. Peter Hertz, New York: Harper and Row, 1971과 『시, 언어, 그리고 사고』*Poetry, Language, and Thought*, trans. Albert Hofstadter, New York: Harper and Row, 1971이다.

프란츠 로전츠바이크Franz Rosenzweig는 전도유망한 경력이 비극적이게도 신경질환으로 인해 단축된 인물로서 1차 세계대전의 참호 속에서 종이 쪽지에 대표작을 썼다. 그것은 유대 실존주의 관점에서의 헤겔에 대한 비판인 『구속의 별』 *The Star of Redemption*, trans. William Hallo, Boston: Beacon, 1972인데 언어가 그러한 문맥에서 논의된다. 구약을 독일어로 번역하는데 있어 마르틴 부버와 협력한 데서 기인한 소론과 평론들은 언어학을 보다 직접적으로 다룬다. 나훔 글라처 Nahum Glatzer는 로전츠바이크와 그의 작품에 대한 매우 읽기 쉬운 비평서인 『프란츠 로전츠바이크, 그의 생애와 사상』 *Franz Rosenzweig, His Life and Thought*, New York: Schocken, 1972을 내놓았다. (유대교에서 기독교로 개종하는 일을 사절한) 로전츠바이크와 (그렇게 개종한) 로전스톡 후시 간의 흥미로운 서신 교환이 『기독교에도 불구하고 유대교』 *Judaism Despite Christianity*, New York: Schocken, 1971에 나온다. 로전츠 바이크는 "아버지의 집을 결코 떠난 적이 없는 내가 어디로 가야 한단 말인가?"라고 질문한다.

마르틴 부버는 다른 사람을 "당신" Thou으로 대하여 너 자신 yourself을 풍요롭게 하는 일과 다른 사람을 "그것" It으로 대하여 너 자신을 사물로 만드는 일의 구분과 더불어 인간관계에 대한 새로운 접근법을 대중화시켰다. 이 철학적 관점에서 부버는 언어의 역할에 대한 자신의 견해를 발전시켰다. 많은 저서 중 십중팔구 『사람과 사람 사이』 *Between Man and Man*, trans. R. Gregor Smith, Boston: Beacon, 1955가 언어에 대해 가장 명확하게 다룬다. 모리스 프리드먼 Maurice Friedman은 자신의 저서 『마르틴 부버, 대화의 인생』 *Martin Buber the Life of Dialogue*, New York: Harper and Row, 1960에서 부버의 견해들을 모아 놓았다.

장 폴 사르트르 Jean Paul Sartre의 견해들은 그의 『존재와 무』 *Being and Nothingness*, trans. Hazel Barnes, New York: Philosophical Library, 1965에서 가장 체계적으로 설명되고 있지만, 복잡한 이 논문은 우리로 하여금 타인과 세계 양자 모두와의 관계됨 engagement이라고 하는 언어관에 대한 그의 가설에 눈을 돌리게 한다. 그의 『실존주의와 인문주의』 *Existentialism and Humanism*, trans. Philip Mairet, London: Methuen, 1948는 그의 철학을 가장 명료하게 설명한다.

밀러 슈베퍼H. R. Müller-Schwefe 박사는 자신의 『말과 말씀』*Die Sprache und das Wort*, Hamburg: Furche, 1961에서 자기 자신의 언어관의 서론으로서, 그리고 설교학의 관점에서 하이데거와 부버와 사르트르의 이론을 개관한다. 물론 거기서 암시되는 대조는, 모든 방식의 인지되는, 인간의 말과 하나님의 말씀 간의 것이다.

그리스의 수사학

여기서 개관되는 시기에 대해서는 베르너 예거Werner Jaeger의 세권짜리 『파이데이아: 그리스 문화의 이상』*Paideia: The Ideals of Greek Culture*, trans. Gilbert Highet, New York: Oxford, 1939-44 보다 더 잘 조명된 곳이 없다. 학자적이면서도 대중적으로 이 책에서 예거는 그리스 문화가 꽃피던 시기의 긴장과 열망과 교훈과 교사들을 재현해 낸다.

플라톤 입문서는 아주 많다. 여기서 관심의 대상이 되는 플라톤의 대화록은 그 견해를 플라톤이 거부한 유명한 소피스트의 이름을 딴 "고르기아스"Gorgias와 플라톤이 수사학에 대해 보다 호의적인 견해를 지닌 "파이드루스"Phaedrus이다. 『이념은 결과를 가진다』*Ideas Have Consequences*라는 저서로 당대에 상당한 파문을 일으켰던 리처드 위버Richard M. Weaver 교수는 또 다른 저서 『수사학의 윤리학』*The Ethics of Rhetoric*, Chicago: Regenery, 1953에서 "파이드루스"에 대한 통찰력 있는 분석을 한다.

아리스토텔레스의 『수사학』의 번역서는 다양한 판이 나와 있는데, 필자가 가장 좋아했던 것은 레인 쿠퍼Lane Cooper, New York: Appleton-Century의 것으로, 그 이유는 아마도 그가 윌리엄 바클레이William Barclay의 성경 용어 취급 방식과 다소간 유사하게 이해를 돕는 해설들을 본문 여기저기에 삽입하기 때문일 것이다.

데모스테네스의 연설은 지난 세기에 번역자들을 얻었지만, 잘 알려져 있지 않다. 아테네인들에게 정치적 자유의 소중함을 일깨우려는 데모스테네스의 오랜 그러나 실패한 분투 등에 대한 배경 지식이 없으면, "왕관에 관한 웅변들"Orations on the Crown은 감동이 줄어들게 된다. 여기서 예거가 유용한데, 이는 다양한 판들의 서론들과 마찬가지다. 그 잊을 수 없는 오후에 "판사들"의 투표에서 지고, 따라서 아테네를 떠나도록 강요된 이후, 아이스키네스는 로데스Rhodes에 가서 연극학(그의 전문 기술이었음)과 수사학을 가르쳤다고 기록된다. 그는 때때로 자기 자신과 데모스테네스의 연설 양자를 반복하곤 했다고 전해지는데, 학생들의 열렬한 박수를 받을 때면 반쯤 사색에 잠겨 "아, 하지만 여러분이 야수와 같은 그의 연설을 직접 들을 수만 있었다면!"이라고 말하곤 했다고 한다. 실제로 우리가 그럴 수만 있었다면 얼마나 좋았겠는가!

로마의 수사학

키케로의 탁월한 웅변적 성취의 기초가 된 이론에 관한 그의 세 논문에는 "웅변가론"De Oratore과 "웅변가"Orator와 "브루투스, 또는 저명한 웅변가들에 대한 비평들"Brutus, Or Remarks on Eminent Orators이라는 제목이 붙여진다. 두 번째 것은, 비록 그렇게 보일지 몰라도, 첫 번째 것의 영어 번역이 아니다. 데모스테네스보다 훨씬 더 키케로는 그 이후 15세기 넘게 세련된 신사와 행동가와 학자가 결합된 이상적 인물 그리고 수사적 능력을 통해 폭넓은 자신의 성취를 탁월하게 입증할 수 있는 전형적 인물로 여겨져 왔다. 키케로와 같이 연설하며, 키케로와 같이 글을 쓰고 키케로처럼 정치가인 동시에 법률가가 되는 것이 셀 수 없이 많은 젊은이들 - 그리고 그들의 선생들 - 의 목표였다. 당연하게도 그는 그만의 고유한 철학적 견해가 없었다고 비난을 받는데, 이것은 신중하고 정직하게 스스로 판단하고자 하는 독자가 할 수 있는 최선의 비난이다.

퀸틸리안의 『강요』는 언급된 모든 고전 본문과 마찬가지로 로엡 고전 총서Loeb Classical Library에서 입수할 수 있다. 다른 판본과 역본들이 나타났지만, 자주는 아니다. 대학의 연설 선생으로서 수십 년 동안 일하며 수사학 이론의 핵심이 아리스토텔레스와 키케로와 퀸틸리안에게서 찾아질 수 있다고 확신하게 되어, 필자는 연설 입문 교과서로 사용할 이 저자들의 선집이 편찬되어야 한다고 여러 교과서 출판사에 제안했지만 결과가 있진 않았다. 불행하게도 현대 연설서의 핵심이 되는 고전적 개념들에 대해 빈약한 책들이 팔리고 있는 것이다!

필자가 염두에 둔 것에 그렇게 부합하지는 않지만, 유용한 대체물은 레스터 단슨(Lester Thonsson)의 『수사학과 대중 연설 선집』Selected Readings in Rhetoric and Public Speaking, New York: Wilson, 1942이다. 이 책은 그리스의 저자부터 상대적으로 현대의 저자에 이르기까지 그 글들을 발췌하며 독자에게 매우 귀중한 자료를 제공한다. 단슨은 베어드A. C. Baird와 짝이 되어 『연설 비평』Speech Criticism, New York: Ronald, 1948이라는 제목으로 출판된 수사학 이론의 역사에 대한 개론서를 내놓았고, 레인 쿠퍼는 상당히 동일한 작업을 『작가의 기술』The Art of the Writer, Ithaca, N.Y.: Cornell, 1952에서 했다.

어거스틴

어거스틴의 『기독교적 교훈에 관하여』On Christian Doctrine는 문고판으로 나왔으며, 시카고 대학의 "서양 세계의 위대한 책들"Great Books of the Western World이라는 총서 가운데 그의 작품에 할애된 책에 수록되어 있다.

조지 케네디George Kennedy의 『고전 수사학과 그것의 고대에서 현대까지의 기독교적이며 세속적인 전통』Classical Rhetoric, and Its Christian and Secular Tradition from Ancient to Modern Times, Chapel Hill, N.C.: University Press, 1980은 그리 재미는 없지만, 다뤄지는 시기에 대해 매우 유용한 정보를

제공하며, 어거스틴의 논문에 대한 요약을 수록한다. 적어도 필자에게 케네디 교수가 공들인 요약이 다루는 글의 초점 혹은 지속적 유용성이 있는 부분을 포착하고 있는지가 항상 분명한 것은 아니지만, 그 요약에는 배울 것이 있는데, 비록 열의가 부족해보이지만 말이다.

칼빈

칼빈의 "개종"의 시점과 본질에 대한 추측이 발생한 일에 대해 각자 서로 다른 결론에 이르는 두 저자에 의해 모아진다. 자크 파니Jacques Pannier의 『개종까지의 칼빈의 종교적 변화에 대한 연구』Recherches sur l'evolution religieuse de Calvin jusqu'a sa conversion, Strasbourge: Astria, 1924는 그로 하여금 칼빈의 명목상의 가톨릭교도에서 확고한 개신교도로의 전환은 다메섹 도상에서 바울의 극적인 변화와 같이 발생했다고 결론내리도록 이끈다.

하지만 파울 슈프렝어Sprenger의 『칼빈의 개종에 관한 수수께끼』Das Rätsel um die Bekehring Calvins는 그 과정이 길고 비극적이었다고 주장한다 (Neukirchen: Erziehungsverein, 1959). 아무런 중대한 문제도 달려있지 않지만, 칼빈 자신의 침묵은 호기심을 더욱 부채질했다. 필자가 아는 어떠한 저자도 필자에게 호소력 있는 이론, 곧 칼빈이 성 바울의 수사학에 대한 평가절하를 대면한 바로 이 일이 그로 하여금 그 때까지 그가 "좋은 사람과 연설"을 스스로 이루기 위해 기울이던 모든 노력을 재고하지 않을 수 없게 했으며, 또한 동시에 가정교육을 받았던 가톨릭교에 의구심을 갖도록 했다는 이론을 제기하지 않는다. 필자가 간혹 필자의 이론을 논의했던 칼빈 전문가 고 포드 루이스 배틀즈Ford Lewis Battles는 "증거 문헌을 대세요!"라며 항상 이의를 제기했다(학자들은 이런 식이다).

칼빈은 자신의 폭넓고 집중적인 교육 배경을 결코 폐기한 적이 없다. 다른 많은 점에 있어서와 같이 이 점에서도 그는 루터와 달랐는데, 루터의 "창녀" 이성에 대한 비판은 개리쉬B. A. Garrish의 『은혜와 이성, 루터의 신학 연구』*Grace and Reason, A Study in the Theology of Luther*, Oxford: Clarendon, 1962에서 주의 깊게 논의된다.

요한 스투름Johann Sturm에 의해 대표되는 교양과목 전통과 칼빈 사이의 긴장에 대한 발터 좀Walter Sohm의 연구서에는 『요한 스투름의 학교와 스트라스부르의 교회』*Die Schule Johann Sturms und die Kirche Strassburgs*, Munich: Oldenburg, 1912라는 제목이 붙여진다. 앞의 본문에서의 인용은 35쪽에서 왔다. 그 문제는 또한 르네상스의 인문주의자들의 수사학과 철학의 우선순위에 대한 논쟁 - 물론 플라톤에서 유래하는 충돌임 - 에서 약간 상이한 형태로 나타난다. 제럴드 사이걸Jerrold Seigel은 이 대립을 자신의 『르네상스 인문주의에서의 수사학과 철학』*Rhetoric and Philosophy in Renaissance Humanism*, Princeton, N.J.: Princeton University Press, 1968에서 논의했다. 당대의 인문주의자들과 칼빈 자신의 관계는 요제프 보하텍Josef Bohatec에 의해 그의 『부데와 칼빈』*Bude und Calvin*에서 상론된다(Graz: Bohlaus, 1950). 물론 문제는 인간의 전체적 본성, 미덕, 그리고 자아를 인간화하는 수단에 관한 것이다.

프랜시스 핫먼Francis Hotman의 『존 칼빈의 문체』*The Style of John Calvin*은 우선적이며 의도적으로 "프랑스의 논쟁술 논문들"*The French Polemical Treatises*, New York: Oxford, 1967에 근거한다. 그러나 그는 수사학에 대한 칼빈의 태도에 관한 매우 유용한 통찰력을 제공한다.

혁명적 영향력으로서의 칼빈과 칼빈주의는 마이클 월저Michael Walzer에 의해 그의 『성도의 혁명』*Revolution of the Saints*, Cambridge, Mass.: Harvard, 1968에서 그려지는데, 그것은 영국에서 크롬웰Cromwell의 반란을 자세히 연구하지만, 또한 칼빈의 혁명적 원동력도 다룬다. 월저는 칼빈주의적 "성직자는 정치 행위가 성도들이 참여할 특권과 의무 양자 모두가 있는 창의적 시도라고 주장했다. 성도들은 - 중세의 사람들과 달리 - 자신들의 세계에 대해 책임이 있으며 무엇보다 그것의 계속적 개혁의 책임이 있다"고 기록한다. 월저는 "루터는 노년에 지방적 인물과 정치적 보수주의자였다.… 칼빈은 말년에 국제적 인물이었으며, 혹자들이 이야기했을 수 있듯이, 선동과 반란의 고갈되지 않는 원천이었다"고 덧붙인다. 그런데 그 "원천"의 원천은 항상 칼빈주의자의 설교단이었는데, 설교자는 열려진 성경 위로 상체를 구부리고 수사적 맹렬함과 더불어 그것을 강해했다. 이것이 식민지 뉴잉글랜드의 설교단과 미국 혁명에 대해 의미했던 바는 페리 밀러Perry Miller와 앨런 하이머트Alan Heimert의 다양한 저작에서 배울 수 있다.

12장. 적용
존 베틀러

우리 시내에는 "모든 경우에 맞춰주는 맞춤 케이크"라는 광고 문구를 내건 제과점이 있다. 향기로운 향내가 철저하게 다이어트 해오던 사람의 결심까지도 약하게 만드는 군침 돌게 하는 여러 무더기의 신선한 도넛과 크루아상과 턴 오버 파이와 타트 파이 가운데서 우리는 또한 일련의 장식된 케이크를 볼 수 있을 것이다. 생일을 위한 무지개 색과 졸업이나 기념일을 위한 은빛 색조와 첫 번째 성찬first communion을 위한 차분한 스타일과 다스 베이더Darth Vader와 스파이더맨을 비롯한 수십 가지 캐릭터의 모양을 설탕을 입혀 낸 것 등등이 구매자에게 거의 끝없는 선택권을 제공하며 "모든 경우에…"라는 약속을 이행하고 있다.

그러나 필자는 그 선택권은 단지 표면적인 것이며, 모든 겉 장식 밑에는 똑같은 케이크가 있을 것이라고 오랫동안 의심했다. 다음과 같은 광고 문구가 더 올바를 것이다: "모든 경우의 장식에 맞춰주는 맞춤 케이크." 설탕을 입히고 장식을 하는 것은 케이크를 굽는 일이 아니다. 그것들은 케이크를 좀 더 먹음직스럽게 하지만, 케이크에 필수적이지는 않다.

필자는 많은 설교자가 설교 적용에 대해 동일한 접근법을 가진 것은 아닌지 두렵다. 그들은 적용이 설교의 구성과 설교 자체에서 중요한 - 실제로 결정적 - 요소라고 생각한다. 그것은 만약 설교가 완결되고, 힘이 있으며, 적실함을 증명하려면 마땅히 개발되어야 할 기술이다. 따라서 그들은 결론부에서 "여러분에게 의미하는 바는 바로 이것입니다"라고 하는 몇 마디의 언급을 한다. 또는 과거의 청교도들이 그랬던 것처럼, 설교의 한 부분 전체를 "본문의 용도"라고 불리도록 구성을 한다. 또는 더 심각하게는 어머니의 날에 잠언 31편을 설교하거나 신년 주일에 다니엘의 결심을 설교하면서 적용을 주제 설교의 제목에만 제한한다. 그러나 그들은 적용을 설교의 본질적 부분으로는 보지 않는다.

그런데 바로 이점이 그들의 오류이다. 왜냐하면 **설교**는 **적용**이기 때문이다(또는 본서의 조금 뒤에서 제프리 토마스가 주장하듯이 성경적 설교는 **적용적인 설교**이기 때문이다). 적용은, 아무리 기술적으로 짜여지거나 효과적으로 전달된다고 해도, "부가적인 것"으로 봐져서는 결코 안 된다. 그것은 단순히 좋은 설교의 요건 목록의 일부로 개발되어야 할 기술이 아니다. 그것은 설탕을 입히는 일이 아니다. 오히려 그것은 케이크이다.

설교는 적용이다

설교는 살아계신 하나님의 말씀을 그분의 백성의 삶 가운데 납득시키는 일이다. 그것은 끊임없이 충성과 지도에 대한 여타의 요구들을 듣는 백성에게 "여호와께서 이렇게 말씀하십니다"라고 선언하는 일이다. 그것은, 사무엘 로건이 앞에서 상기시킨 대로, 하나님의 백성을 하나님의 권위 밑으로 이끄는 일이다. 설교는 삶에 관심하는 일이다. 설교자가 그러한 비전을 가지며, 그러한 견지에서 자신의 책무를 보고, 그러한 원칙으로 설교를 구성할 때에야 비로소 설교한다고 할 수 있다.

설교에 대한 다음과 같은 일반적 정의에 대해 숙고해보라: "진리가 설명되고 그 진리의 사실성이 주장된 후 그 진리의 적용이 **남게 된다**.…그런데 적용이란 말씀의 진리를 개인적 차원에서 청자에게 결부시키는 설교의 **바로 그 부분**이다. 그것은 회중이 모세나 다니엘이나 누가나 바울이 직면한 도전들에 대해 듣는 일을 멈추고 회중 자신이 그 도전들에 직면함을 알기 시작하는 **시간**이다"[1](필자의 강조). 의심의 여지없이 이 정의에는 유용한 점들이 있지만, 그 강조점을 유념하라. 적용은 실체적("바로 그 부분")이며 시간적("시간")으로 설교의 다른 면들과 분리되는 요소로 봐진다. 그렇다면 청자에게 적용되지 않는 "진리"의 자리가 있단 말인가? 하나님의 말씀의 "진리"가 과연 추상적으로 - 곧 학습하기에는 흥미롭지만 삶과는 별개인 공공연한 일단의 사실이 - 존재하는가? 설교자가 하나님의 진리를 적실성 있게 만드는가? 그렇지 않다! 하나님의 진리는 적실성이 있으며, 그것을 선포하는 일이란 바로 그것을 적용하는 일이다. 설교자가 설교를 적용과 분리하여 보지 않는 것은 외과의사가 절개하는 일을 치료와 분리하여 보지 않는 것과 같다.

존 브로더스John A. Broadus는 다음과 같은 보다 만족스러운 정의를 제공한다.

설교에서 적용은 단순히 논의의 부속물이나 부가물이 아니라 **꼭 해야 할 주요한 일**이다. 스펄전Spurgeon은 "적용이 시작되는 데서, 설교가 시작된다"라고 말한다. 우리는 하나님의 백성 앞에서가 아니라 **그들에게** 설교해야 하며 그들로 하여금 우리가 말하는 것을 자신의 것으로 삼게 하는 일을 열심히 노력해야 한다. 다니얼 웹스터Daniel Webster는 이전에 다음과 같이 말했으며 또한 그것을 반복하여 강조했다: "어떤 분이 내게 설교할 때, 나는 그분이 그것을 개인적 문제, 개인적 문제, 개인적 문제로 와 닿게 하길 원한

---

1. Woodrow Michael Kroll, *Prescription for Preaching*, (Grand Rapids: Baker Book House, 1980), p. 176.

다!"**²**(필자의 강조)

브로더스는 다만 설교가 적용이라고 말하고 있다. 설교란 회중 **앞에서** 진리**에 관해** 말하는 일이 아니라, 오히려 **회중에게 진리를 말하는 일**이다.

제이 애덤스Jay Adams는 이점을 다음과 같이 **설교 자세와 강의 자세**의 차이로 묘사한다:

> 당신의 교회에 대한 성령의 편지들에 적합한 변화의 요구를 결여하는 설교는 전혀 설교가 아니며, 기껏해야 강의일 뿐이다. 강사는 **성경에 관해** 말하는 반면, 목회를 하는 설교자는 **성경에 근거하여 회중에 관해** 말한다. 그는 하나님께서 그들에게 요구하시는 바를 이야기한다.³

그렇다면 설교자는 보다 나은 적용을 위한 소수의 실제적 기술이나 유용한 지침을 습득하기보다 설교의 책무에 대한 적절한 태도를 개발함에 의해 하나님의 말씀을 보다 효과적으로 적용하게 된다.

본장의 목적은 목사가 어떻게 설교를 적용적 방식(또는 여러분이 선호한다면 "입장")으로 구성할 수 있을지를 제안함으로써 그러한 태도를 개발하는 것이다. 필자는 본문 선택에서 설교 후 토론까지의 작업 전체가 **적용**으로 이해되어야 함을 강조하고자 한다.

---

2. John A. Broadus, *On the Preparation and Delivery of Sermons*, (New York: Harper and Row, 1944), p. 210.

3. Jay E. Adams, *Preaching With Purpose*, (Phillipsburg, N.J.: Presbyterian and Reformed, 1982), p. 43.

성경의 목적

로마서 15:4에서 바울은 이렇게 말씀한다:

"무엇이든지 전에 기록된 바는 우리의 교훈을 위하여 기록된 것이니 우리로 하여금 인내로 또는 성경의 위로로 소망을 가지게 함이니라."

바울이 "무엇이든지 전에 기록된 바"라고 말씀할 때 구약성경을 가리킨다. 바울은 그것이 흥미로운 사실로 연구되도록 쓰여졌다고 말씀하지 않는다는 점에 유의하라. 곧 그것은 그 자체로 온전히 독자적인 일로서 상세히 검토되고 분해되어도 좋은 분리된 채로 있지 않다. 그렇지 않다! 그것은 특정한 목적을 위해 작성되었다. 그 목적은 무엇인가? 우리의 교훈이다. 그것은 우리 안에 인내와 위로가 있도록 하기 위해 쓰여졌다(특별히 그리스도 안에서 우리의 형제들과 함께 지내는 일이 매우 어려울 때, 참조. 롬 14:1-15:6). 하나님의 말씀은 그 의도된 목적과 동떨어지게 설교될 수 없다. 그것은 우리를 위한 것이다. 그것을 설교하는 것은 그것을 적용하는 일이다.[4]

또한 바울은 다음과 같은 디모데후서 3:16, 17에서 성경의 목적들에 대해 언급한다:

"모든 성경은 하나님의 감동으로 된 것으로 교훈과 책망과 바르게 함과 의로 교육하기에 유익하니 이는 하나님의 사람으로 온전하게 하며 모든 선한 일을 행할 능력을 갖추게 하려 함이라."

성경의 4중적 유익이 빈번히 상술되며 여기서 반복될 필요가 없다.

---

4. 상당히 동일한 주장을 하는 다른 구절들을 참조하라: 고전 9:8-10; 10:6, 11; 롬 4:23, 24.

다만 성경이 삶에 유익함에 주목하라. 그것은 하나님께서 우리에게 요구하시는 바를 보여주며, 우리가 미흡할 때 잘못을 깨닫게 하고, 올바른 길로 다시 돌이키게 하며, 의로운 삶을 살도록 우리를 징계하고 교육한다. 성경을 사용함으로 하나님의 사람(목회자)은 예비된다. 무엇을 위해 예비되는가? 바로 목회 사역이다. 그는 하나님의 회중의 필요를 채워주는 데 있어 어떠한 도전도 감당할 수 있는 준비를 갖추게 된다.

다시 한 번 우리는 성경이 생명에 관한 것임을 보게 된다. 그것은 하나님의 백성에게 어떻게 살지를 보여주는 그분의 지침서이다. 성경의 교훈 모두가 **삶을 위한** 것이다. 그것은 적용이다.[5] 성경은 실제적인 삶의 정황에서 나왔다. 바울이 갈라디아서에서 이신칭의에 대해 기록할 때, 그는 의에 대한 추구로 자신들의 구원을 오염시키고 있던 실제 사람들을 염두에 두었다. 빌립보서의 위대한 기독론 구절은 다투고 있던 여인들인 유오디아와 순두게에 관한 염려에서 유래되었는데, 그녀들은 구원에 합당하게 살기 위해서는 "그리스도의 마음"을 필요로 했다. 재림에 관한 교훈은 혼란스러워하며 겁에 질려 있는 독자들을 대상으로 하고 있는데, 그들 중 일부는 그리스도의 다시 오심에 대한 무지로 직업을 버렸다. 여러분은 성경이 실제적인 삶의 정황에서 나왔음을 확인한다. 하나님의 말씀은 그분의 백성 가운데서의 하나님의 구속적 사역들을 설명한다. 그것을 설교하는 일은 오늘날 여러분의 청자들에게 존재하는 이 실제적인 삶의 정황을 아는 것이다.

성경의 사례

성경의 설교 사례들을 잠시만 들여다봐도 그것들이 삶을 변화시키고

---

5. 또한 벧후 1:3을 참조하라. 그리스도 안에서 우리에게 "생명과 경건에 속한 모든 것"이 주어졌다.

자 하는 구조를 지녔음을 파악할 수 있다. 오순절 날 베드로의 설교(행 2:22-42)는 청자들 가운데 변화를 유발하려는 의도를 가졌다. 그는 설교자의 자세로 시작하여("이스라엘 사람들아 이 말을 들으라," 22절), 그들에게 그리스도를 전하며("… 너희 앞에서 그를 증언하셨느니라"), 줄곧 청중을 호칭하고(22, 23, 29, 33, 36절의 2인칭 사용을 유념하라), 구약성경이 어떻게 청중에게 적용되었는지 나누며(25-28; 34-35절), 그들에게 행동을 촉구한다(38, 39절). 또한 청중이 모든 좋은 설교가 야기하는 다음과 같은 질문으로 반응함을 주목하는 일이 중요하다: "우리가 어찌 할꼬?"(37절).

성경적 설교의 날카로운 적용은 또한 세례 요한의 사역 가운데서 보여진다(눅 3:3-14). 그는 회개를 설교하고(3절), 청자들을 개인적으로 호칭하며("독사의 자식들아 누가 너희에게 일러 … 열매를 맺고," 7, 8절) 그것을 **어떻게** 행할지에 대한 명료한 교훈을 준다(10-14절). 아마도 어떻게 설교할지에 대한 가장 훌륭한 사례는 우리 주님의 사역, 특별히 산상설교일 것이다(마 5-7장). 2인칭(5:11, 12, 13, 14, 16, 18, 20, 21; 6:1, 2, 3, 4, 19, 20; 7:1, 2 등)과 뚜렷한 명령("주의하라," 6:1; "말라," 6:2; "은밀한 중에 … 기도하라," 6:6; "… 염려하지 말라," 6:34 등), 그리고 "어떻게"라는 방식에 대한 두드러진 강조(예. "너는 기도할 때에 … 이렇게 기도하라 …," 6:6, 9 이하)의 사용에 다시 한 번 주목하라. 뒤에서 구체적 적용의 중요성에 대해 좀 더 말할 것이지만, 현재는 그리스도의 설교는 단지 삶의 변화를 요구할 뿐만 아니라, 분명하게 그것이 어떤 식으로 행해질지를 보여주었다는 점을 주목하라.

적용으로서의 설교는 설교 작성과 전달의 모든 측면에 영향을 준다. 설교 본문을 선택할 때, 설교자는 그 구절이 발생한 실존적 상황과 오늘날의 청자들과 어떻게 관계되는지에 민감할 것이다. 연구할 때 실제의 사람들을 마음 가운데 두며 본문의 주요 사고에 대한 그들의 반응을 상상할 것이다. 그의 언어는 단순하고 구체적이지 추상적이지 않을 것이다. 그의 요지는 제목이 아니라 문장의 형태로 소개될 것이다. 그의 예화는 자신의 개인적 삶과 (물론 비밀을 유지하면서) 회중의 삶에서 나올 것이다.

설교의 이러한 측면 전부를 논하는 것은 불가능하다. 필자의 초점은 설교 구성과 개요의 기본적 방법에 놓여 질 것이다. 필자가 믿건대 만약 설교자가 몇 가지 기본 전략에 숙달된다면, 그의 전체 설교 구조가 구체적이고 예리하게 될 것이다. 또한 그러한 구조 속에서 보다 개인적이고 구체적인 적용이 나올 것이다.

"어떻게 할지를 말해주는" 설교 구성법

필자가 설교를 구성할 때 따르는 단계들에 대한 개요를 소개하고자 한다. 먼저 윤곽을 제시하고 적용에 직접적으로 영향을 주는 분야들에 대해 보다 구체적으로 살필 것이다.

처음 단계들

1. 설교 본문을 정하라
2. 성령께서 왜 이 본문을 여기에 두셨는지에 대해 질문하라?
3. 2인칭 대명사를 사용하는 선언적 문장으로 개인화된 명제proposition를 작성하라
4. 여러분의 주장에 대해 왜, 어떻게, 언제, 무엇을, 어디에서라는 의문사 중 하나를 사용하여 질문하라
5. 그 질문에 답하라(본문에 근거한 답들은 여러분의 개요의 주안점을 형성한다)

중간 단계들

1. 원어의 어휘와 관련된 도구, 주석, 원문 자료 등을 공부하라. 본문을 과연 정확하게 이해했는가?
2. 성경적이며, 신학적이고, 예화적이며, 구체적인 내용으로 설교에 살을 입히라

마지막 단계들(필자에게, 문자 그대로 끝나지 않는 "단계들"일뿐임)

1. "설교대로 살라"
2. 자신의 청중에게 개인화하라

처음 단계들

필자는 새미국표준성경NASB이나 새국제성경NIV과 같은 훌륭한 번역판에 의거하여 영어 성경으로 처음 작업 전체를 행한다. "항상 원문 자료를 사용하라"는 신학교의 격언에서 벗어난 이 행동의 두 가지 이유는 다음과 같다. 첫째로, 필자는 헬라어나 히브리어에 능통하지 못하다. 필자는 원어의 어휘와 관련된 도구를 더듬거리며 찾아보고 이용할 정도로는 알지만, 술술 읽어가며 원어 본문의 맥락을 파악할 정도는 아니다. 필자의 헬라어 수준은 원어 본문을 분해하여, 미묘한 의미의 변화를 가져오는 구나 단어나 단어의 일부를 분석하는 정도이다. 설교 구성의 이 초기 단계에서 이러한 단편적 연구는 필자가 원하는 것이 아니다. 여기서 필자가 해야 할 일은 설교할 구절 전후의 단락들을 읽으며 본문 전체에 대해 파악하는 것이다. 대부분의 설교자에게 이 일은 모국어로만 이루어질 수 있다.

둘째로, 설교의 초기 작업은 필자 자신의 작업이어야 하며, 필자 자

신의 생각을 자극하고 필자 자신의 견해를 도출해내어야 한다. 이것은 필자 자신의 설교이며, 회중에 앞서 필자가 그것대로 살아야 한다. 따라서 필자는 어휘 관련 도구나 주석 등의 다른 것들의 투입을 피한다. 이것들의 중요한 자리는 뒤에 있다. 설교를 탄생시킬 때는 그렇지 않다.[6]

1. 설교 본문을 정하라. 이 점은 여기서 완전히 전개되지는 않을 것이다. 다만 설교 본문이 단일한 개념이나 목적을 담고 있는 성경 본문이라는 점을 유의하라. 설교 본문은 비록 여러 개의 부차적 목적을 담고 있을지도 모르지만 한 권의 책일 수도 있으며(예. 유다서, 그 목적이 독자에게 "믿음의 도를 위하여 싸우라"고 독려하는 것임), 또한 비록 보다 포괄적 목적의 종속적 단위일지도 모르지만 한 절 혹은 한 절의 일부분일 수도 있을 것이다(예. 마 6:31, 이 절은 6:25-34["염려"]에 종속되며, 후자는 다시 6:19-34["올바른 보물을 쌓아 두는 일"]에 종속되고, 이 구절은 다시 5:1-7:29["그리스도인의 행실의 헌장"]에 종속됨).[7]

설교 본문은 하나의 생각이나 목적을 담고 있지 않는 하나의 단어나 구일 수는 없다. 예를 들어, "예수께서 눈물을 흘리시더라"는 설교 본문이 아니다. 요한복음 3:16에 나오는 "이처럼"so이라는 단어 하나가 설교 본문이 될 수는 없는데 비록 그것이 하나님의 사랑의 광대하심에

---

6. 필자는 설교 자료와 별개로 성경에 대한 진지한 지속적 연구가 설교의 착상을 자극할 것임을 인정한다. 다만 여기서 필자는 설교의 작성 자체에 대해 이야기하고 있다.
7. 설교 본문을 고르는 일에 관한 더 많은 점에 대해서는 결정적 요소로서 목적을 강조하는 애덤스(Adams)의 『목적이 있는 설교』(Preaching With Purpose)의 21쪽 이하와 한 구절의 단일한 "생각"을 강조하는 해돈 로빈슨(Haddon Robinson)의 『성경적 설교』(Biblical Preaching, Grand Rapids: Baker Book House, 1980)의 53쪽 이하를 참조하라. 애덤스의 접근법이 적용으로서의 설교에 대한 강조와 보다 더 조화된다. 비록 유용하지만 해돈 로빈슨의 접근법은 강의의 태도로 보다 더 쉽게 이어질 수 있을 것이다. 생각이나 개념이 목적 자체로 연구될 수 있다는 것이다. 반면 설교의 목적은 행동과 생각과 믿음 등에서의 변화에 있다.

관한 일련의 설교의 적절한 단서가 될 수 있을지는 모르지만 말이다.

2. 성령께서 왜 이 본문을 여기에 두셨는지에 대해 질문하라?[8] 이러한 질문은 본문을 선택하는 가운데 자동적으로 생겨난다. 성령의 의도는 무엇인가? 그분은 생각에 있어서의 오류를 바로잡고 계신가(예. "형제들아 … 너희가 알지 못함을 우리가 원하지 아니하노니," 살전 4:13 이하)? 그분은 우리가 알거나 믿어야 할 어떤 것을 우리에게 납득시키고 계신가(예. "이것을 기록함은 너희로 … 믿게 하려 함이요," 요 20:31)? 그분은 특별히 긴급한 요구의 형태로 우리가 취할 행동을 명령하고 계신가(예. "믿음의 도를 위하여 힘써 싸우라," 유 3절)?

만약 설교자가 본문을 곡해하지 않고 성경의 순전함을 타협하지 않고자 한다면, 본문의 목적을 밝혀내는 일은 절대적으로 중대할 것이다. 본문은 설교자의 착상을 위한 단순한 원천이 아니다. 본문의 목적과 의도를 알지 못한다면 설교는 설교자의 말일뿐이지 하나님의 말씀은 아닐 것이다! 이 점은 아무리 강조해도 지나치지 않다. 설교의 권위의 문제가 달려 있는 것이다. 그 목적은 성령의 목적이어야 한다. 그 목표는 그분의 것이어야 한다. 설교자가 청중에게 바라는 변화나 반응은 그분께서 그분의 독자들에게 원하신 변화이어야 한다. 그러므로 이것이 적용적인 설교의 가장 중요한 점이다. 그 적용은 본문의 적용이어야 한다. 그것은 성령께서 의도하신 변화에 목표가 맞춰져야 한다. 만약 설교자가 본문의 목적을 알지 못한다면, 그것을 적용할 수 없다.

예를 들어 여러분은 중대한 기독론 혹은 **비하**kenosis에 관한 구절인 빌립보서 2:5-11에 대해 얼마나 많은 "교리적" 설교를 들어왔는가? 그 구절이 유명한 것은 단지 그리스도의 겸손에 대한 풍성한 묘사이기 때

---

8. 애덤스와 로빈슨이 다시 한 번 유용하다. 애덤스는 본문의 텔로스(telos) 혹은 목적에 대해 언급하며, 로빈슨은 "거시적 개념"(big idea)에 대해 언급한다. 다시 한 번 애덤스가 보다 동적이고, 로빈슨이 보다 정적이지만, 양자 모두 도움이 된다.

문만이 아니라, 또한 "가르치는 일을 전문으로 하는" 설교자들이 선호하는 본문이기 때문이기도 하다. 그러나 여러분은 얼마나 자주 설교자가 이 본문을 교회에서 상호 봉사를 통한 일치에 대한 독려로서 이야기하는 것을 들어보았는가? 요지는, 이 본문의 취지가 우리에게 그리스도의 겸손에 대해 알려주려는 것이 아니라(비록 꽤 적절히 그 일을 행하고 있지만), 오히려 그리스도를 우리가 마땅히 취해야 할 일종의 종의 태도의 모범("각각 자기보다 남을 낫게 여기고," 3절)과 아마도 일치를 방해한 것으로 보이는 분쟁을 교회에서 해결하라는 언급(참조. 14절; 4:2)인 "너희 구원을 이루라"(12절)는 요청을 독려하는 본보기로 삼는 것이다.

만약 설교자가 5-11절의 의도를 모른다면 어떻게 그것을 적용할 수 있겠는가? 그럴 수 없다. 또한 그 의도를 익히 알고 있다고 쉽게 장담할 수 없다. 설교 본문의 전체 문맥을 철저히 검토하는 힘든 작업이 필요하다.[9] 성경의 어떠한 부분도 실제적이고 역사적인 상황과 무관하게 독립적이고 추상적으로 성경에 뚝 떨어져 들어와 있지 않다. 설교자는 그 문맥을 식별하고 난 뒤에 본문의 의도를 결정해야 한다.

3. 2인칭을 사용하는 선언적 문장으로 개인화된 명제를 작성하라.
이것은 적용적인 설교에 있어 가장 중요한 전환의 단계이다. 명제 proposition란 간단히 표현하자면 문장의 형태로 된 본문의 목적이다. 예를 들어, "성령께서 그리스도인에게 재림에 대해 알려주고 계신다"(살전 4:15). 또는, "성령께서 섬김을 통한 일치를 독려하고 계신다"(빌 2:1-11). 이것은 전혀 새로운 것이 아니다. 설교학자들이 오랜 동안 명제에 대해 이야기해 왔다.[10] 그러나 그것은 **개인화된** 명제는 아니었다.

---

9. "목적을 드러내는 단서"에 대한 애덤스의 제안이 특별히 유용하다, *Preaching With Purpose*, pp. 27ff.

10. Broadus, *Preparation and Delivery of Sermons*의 53쪽 이하는 명제에 대한 최고의 논의 중 하나이다.

필자는 일반적 명제를 개인화하기 위한 두 가지 변경 사항을 제안하고자 한다. 먼저 명제를 주제나 제목이 아닌 문장의 형태로 만들라. 다음으로 명제를 2인칭 대명사를 포함시켜 개인화하라. 양자 모두의 변경은 보다 효과적인 적용을 추진시킨다. 다시 한 번 예를 들자면, "성령께서는 여러분에게 그리스도께서 그분의 교회를 섬기셨던 것처럼 서로 섬길 것을 원하신다"(빌 2:1-11). "성령께서는 여러분에게 그리스도의 재림에 대해 알게 하길 원하신다"(살전 4:13). 양자 모두가 어떻게 자동적으로 청중을 끌어들이며, 곧장 적용적인지를 주목하라. 재림은 단순히 연구될 주제로 "저쪽의 외부에 있는" 것으로 제시되지 않는다. 일치란 그리스도인들이 단지 숙고하기만 하면 되는 개념이 아니다. 제목이나 주제적 진술은 그런 추상화로 이어진다. 그러나 개인화되고 선언적인 문장은 곧장 청중으로 하여금 본문에 담겨진 성령의 의도에 사로잡히게 한다. 비록 설교 중에 다른 실천적인 것을 전혀 말하지 않더라도, 이미 적용을 하고 있는 것이다. 하나님께서는 본문 가운데 청중에게 말씀하시는 것이다. 청중은 성령께서 자신들에게 기대하시는 바가 무엇인지 주목하도록 요청된다.[11]

필자는 회중에게 "여러분"이라고 말하기를 어려워하는 시기가 젊은 설교자들에게 있음을 보아왔다. 우리는 성경 속 설교자들에게는 그런 문제가 전혀 없음을 이미 확인했다(참조. 행 2:22, 23, 29, 33, 36). 그러나 그 문제는 특별히 학생 설교자와 신학교를 졸업한지 얼마 안 된 설교자에게 지속적으로 남아 있다. 필자는 그들에게 "여러분" 대신 편안하게

---

11. 개인화된 명제에 대한 필자의 개념을 온전히 전개하는 일은 본장의 범위를 넘어선다. 그러나 필자는 몇 가지 규정을 제안하길 원한다. 개인화된 명제가 항상 모든 설교의 서론에서 진술될 필요는 없다. 필자는 여기서 설교 구성의 초기 단계들에 대해 논하고 있는데, 그것은 개인화된 명제의 즉각적 형성을 요구한다. 완성된 설교에서 명제는 다수의 방식과 다수의 위치에서 진술될 수 있을 것이다(참조. 개인화된 명제가 설교의 결론에 있는 마 24:32-44; 개인화된 명제가 질문, 곧 "여러분은 누구에게 가시겠습니까?"로 진술되는 것이 최상일 것이다. 요 6:68).

"우리"를 사용하도록 권고한다. "우리"는 여전히 개인적인 표현이며, 회중에 대한 요구에 설교자 자신을 포함시킨다. 이것은 회중을 "내려다 보는 듯한" 설교를 피하도록 돕는다. 그러나 "여러분"의 사용이 완전히 포기되어서는 결코 안 된다.

4. 여러분의 주장에 대해 왜, 어떻게, 언제, 무엇을, 어디에서라는 의문사 중 하나를 사용하여 질문하라. 여기서 우리는 개인화된 명제에서 설교의 본론으로 전환하게 된다. 필자는 왜, 어떻게, 언제, 무엇을, 어디에서라는 기본적 질문 중 하나를 한다.[12] 필자는 **단일 본문에 대해 그것들 전부를 질문하는 것이 아니라**, 단 하나만 질문한다. 어떤 하나의 질문인가? 본문이 다루는 하나의 질문 말이다. 예를 들어, 데살로니가전서 4:13에서 질문될 것은 "무엇을"이다. 성령께서는 우리가 알지 못하기를 원하시지 않는다. 다음으로 그분이 우리에게 원하시는 바가 무엇인지를 질문하는 일이 뒤따른다. 에베소서 5:25-30에서 명제는 "남편들이여, 여러분은 아내를 사랑해야 합니다"이다. 요청될 질문은 "어떻게"라는 것인데, 왜냐하면 바울은 분명히 그리스도의 사랑과 남편의 사랑 간의 유비를 도출하고 있기 때문이다.

때때로 다수의 질문을 다뤄야 할 만큼 풍성한 본문도 있을 것인데, 이 경우에는 연속 설교가 시사된다고 할 수 있을 것이다. 그러나 일반적으로 정보를 제공하는 본문은 무엇을, 언제, 어디에서라는 질문들에 대해 답하며, 설득하는 본문은 왜라는 질문에 답하고, 동기와 관련된

---

12. 필자는 로이드 페리(Lloyd Perry)에게 신세를 졌음을 고백해야 하는데, 그의 "핵심어"(key word)에 관한 개념이 필자의 전환적 질문들에 대한 생각을 고무시켰다. 필자는 그의 저서 『여러분의 설교의 다양성』(*Variety in Your Preaching*, Old Tappan, N.J.: Fleming Revell, 1954)을 거의 20년 전에 읽었다. 최근에 그것을 다시 읽으며 필자가 페리와 얼마나 다르게 그 개념을 발전시켰는지를 보고 깜짝 놀랐다. 하지만 그 개념의 발단은 그에게서 왔으며, 따라서 필자는 신세를 인정하길 원한다. 페리의 보다 최근의 저서는 『성경적 설교 지침』(*Biblical Sermon Guide*, Grand Rapids: Baker Book House, 1970)이다.

본문은 어떻게라는 질문에 답한다. 이것은 엄격하고 고정된 규칙은 아니지만, 유용한 지침이다.

5. 그 질문에 답하라(본문에 근거한 답들은 여러분의 개요의 주안점을 형성한다). 본문은 여러분의 전환적 질문에 대한 답들을 제공한다. 그 답들을 적을 때, 필자는 기본적 개요를 얻게 된다. 아마도 이것을 예시하는 최고의 방법은 초기 단계의 전 과정에 관한 사례를 제시하는 것이다.

본문: 에베소서 5:25-30

개인화된 명제: "남편들이여, 여러분은 그리스도께서 교회를 사랑하셨던 것처럼 여러분의 아내를 사랑해야 합니다."
전환적 질문: 어떻게?
답들: 1. 여러분은 아내를 희생적으로 사랑해야 한다("자신을 주셨다")
2. 여러분은 그녀를 건설적으로 사랑해야 한다("티나 주름 잡힌 것이나 이런 것들이 없이")
3. 여러분은 그녀를 끊임없이 사랑해야 한다("자기 자신과 같이").

본문: 베드로전서 1:3

개인화된 명제: "하나님께서 여러분에게 산 소망을 제공하신다."
전환적 질문: 왜(이것이 죽은 소망이 아닌 산 소망)인가?
답들: 여러분의 소망이 살아 있는 것이라는 것은 다음과 같은 이유들 때문이다:
1. 하나님의 자비에서 비롯되기 때문이다.

    2. 그리스도의 죽은 자 중에서의 부활하심을 통한 것이기 때문이다.

    3. 여러분이 성령에 의해 이 소망을 가지도록 중생되었기 때문이다.

본문: 마태복음 6:25-34

개인화된 명제: 하나님께서는 여러분이 염려를 멈추길 원하신다.

전환적 질문: 어떻게?

답들: 1. 염려가 죄임을 깨달으라(25, 31, 34절).

    2. 하나님의 섭리를 상기하라(26-30절).

    3. 여러분의 정력을 하나님의 나라를 구하는 방향으로 재설정하라(33-34절).

본문: 데살로니가전서 4:13-18

개인화된 명제: 여러분은 그리스도의 재림에 대해 알아야 한다.

전환적 질문: 무엇을(여러분을 알아야 하는가)?

답들: 1. 그리스도께서 다시 오실 것이다(14, 16절).

    2. 그리스도께서 죽었던 자들과 함께 다시 오실 것이다(14, 16절).

    3. 그리스도께서 남아 있는 자들을 위해 다시 오실 것이다(15, 17절).

필자가 주안점들을 단어만으로 이루어진 주제가 아니라, 온전한 문장으로 진술한다는 점을 주시하길 바란다. 이것은 단순히 개인화된 자세 혹은 설교의 자세를 유지시킬 뿐만 아니라, 필자로 하여금 새로운 대지를 말할 때마다 필자의 명제 혹은 목적을 재진술하는 것이 되도록 만든다. 그것은 계속하여 모든 것을 긴밀히 연결하도록 도우며 설교의 단일 주안점에서의 이탈을 막아준다.

또한 이것이 설교 구성의 작업 도구라는 점이 진술되어야 한다. 완성된 설교는 이 도구나 구조를 드러낼 필요가 없다. 실제로 (불가능하지는 않지만) 이 모범을 직접적으로 적용하기가 매우 어려운 본문들(예. 지혜문학과 서사적 이야기)이 있다. 그러나 설교 구성의 초기 단계들을 위한 도구로서 이것은 필자의 생각을 정교하게 하며, 설교에 방향을 설정해주고, 유용한 구조를 짜게 하며, 적용의 관점에서 사고하게끔 한다. 이러한 구조를 가지기 때문에 필자의 설교는 반드시 본문을 적용하게 되어 있는데, 이 점은 심지어 뒤에서 논의할 구체적 적용과 별개로 그러하다.

중간 단계들

설교 준비의 처음 단계는 만약 설교자가 일주일에 두세 번의 설교해야 한다면 장시간이 걸리지 않는다(아마도 한두 시간이 요구될 것임). 그는 "설교를 염두에 두고 생각하거나" 거의 자동적으로 설교의 틀에 맞춰 연구를 하게 될 것이다.

중간 단계들은 훨씬 더 많은 시간을 요구하지는 않을 것이다(물론 여러분이 특별히 난해한 구절을 다루지 않는다면 그러한데, 그런 경우는 드물다). 모국어인 영어 성경으로 처음 단계의 작업들을 한 후에, 필자는 원어로 작업하기 시작하며, 어휘 관련 도구들을 이용하고 "전문가들"의 연구를 찾아보는데, 곧 필자가 신뢰하는 주석들을 찾아본다. 좋은 주석들은 필자에게 본문의 사본 상의 문제와 언어적인 문제에 대한 주의를 환기시키며 영어로 하는 처음 작업에서 놓칠 수 있는 미묘한 개념의 차이를 지적해준다. 이 모든 것은 필자의 처음 작업을 확증해주거나 아니면 재고하여 아마도 구조를 변경하게 할 수도 있다.

이제 필자는 필자의 착상들에 성경적이며, 신학적이고, 예화적이며, 실천적인 내용으로 살을 입히기 시작한다. 거듭 말하건대, 이것들 각각에 대한 논의를 전개하는 것이 필자의 목적이 아니다. 또한 설교 준비의 "마지막 단계들"에 대해 논평하는 일도 가능하지 않을 것이다. 적용이 본장의 관심사이며, 따라서 필자는 설교의 실천적인 부분을 전개하는 몇 가지 추가적 방법에 집중할 것이다.

설교는 구체적 적용이다

우리는 설교가 적용임을 살폈다. 그러나 또한 설교가 구체적 적용이라는 점도 주목되어야 한다. 즉 그것은 단순히 청자에게 무엇을 할지뿐만 아니라, 그것을 어떻게 할지를 말하는 것이다. 설교는 일반적인 것에서 특별한 것으로 그리고 다시 구체적인 것으로 전개된다. 마치 깔때기와 같이 설교의 초점은 내려갈수록 좁아지며 중심적 요지에 다다르게 된다. 이것을 그림으로 나타내면 다음과 같다:

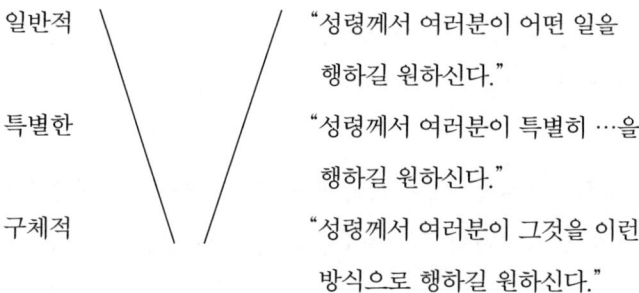

예수의 설교가 다음과 같이 마태복음 6:5-16에서 어떻게 이런 방향으로 전개되었는지를 관찰하라:

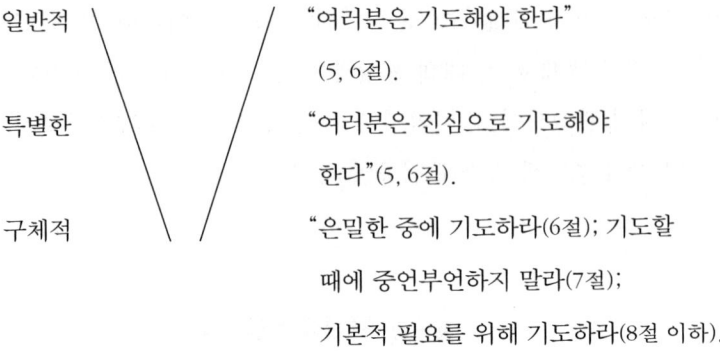

일반적　　　　　　　"여러분은 기도해야 한다"
　　　　　　　　　　　(5, 6절).
특별한　　　　　　　"여러분은 진심으로 기도해야
　　　　　　　　　　한다"(5, 6절).
구체적　　　　　　　"은밀한 중에 기도하라(6절); 기도할
　　　　　　　　　　때에 중언부언하지 말라(7절);
　　　　　　　　　　기본적 필요를 위해 기도하라(8절 이하).

이 설교의 개인화된 명제는 "여러분은 진심으로 기도해야 한다"일 것이다. 그 전환적 질문은 "왜?" 혹은 "어떻게?"일 수 있을 것이다.

만약 "왜?"가 필자의 **특별한** 관심사라면, 설교 구조는 다음과 같을 것이다:

"여러분은 진심으로 기도해야 한다."
"왜?"
1. (사람을 즐겁게 하는) 위선의 위험성 때문에(5절).
2. 하나님께서 여러분의 마음의 은밀한 것을 아시기 때문에(6절).

이 구조에서 구체적 또는 "어떻게 할지를 말해주는" 적용은 양 주안점 모두에서 발생하거나, 양 주안점 간에 나뉘거나, 또는 결론에 놓일 것이다:

예를 들면 다음과 같다:

"여러분은 진심으로 기도해야 한다."
"왜?"
1. 위선의 위험성 때문에.

따라서 (1) 은밀하게, (2) 중언부언하지 않으며, (3) 기본적 필요를 위해 기도하라.
2. 하나님께서 내 마음의 은밀한 것을 아시기 때문에.
따라서 (1) 은밀하게, (2) 중언부언하지 않으며, (3) 기본적 필요를 위해 기도하라.

또는,

"여러분은 진심으로 기도해야 한다."

"왜?"
1. 위선의 위험성 때문에.
   따라서 은밀하게 기도하라.
2. 하나님께서 여러분의 마음의 은밀한 것을 아시기 때문에.
   따라서 중언부언하지 말고 기도하고; 기본적 필요를 위해 기도하라.

또는,

"여러분은 진심으로 기도해야 한다."
"왜?"
1. 위선의 위험성 때문에.
2. 하나님께서 여러분의 마음의 은밀한 것을 아시기 때문에.
결론: 따라서 은밀하게 중언부언하지 말고 기본적 필요를 위해 기도하라.

아마도 "어떻게?"가 필자의 기본 관심사일 수도 있다. 그렇다면 구조는 더 간단하다.

"여러분은 진심으로 기도해야 한다."

"어떻게?"

1. 은밀한 곳을 찾음으로.

2. 중언부언하지 않음으로.

3. 기본적 필요를 고수함으로.

    이 구조들에서 초점이 점점 더 구체적이거나 실천적이 되는 것이 명백하다. 하지만 우리는 단지 본문이 제공하는 것에만 머물렀다. 본문이 그런 확고한 제안을 제시하고 있지 않다면 어떻게 한단 말인가? 설교자는 여전히 본문을 어떻게 실행으로 옮길지에 대해 청자들에게 이야기하려고 노력해야 한다. 확실히 그의 제안은 성경적 권위의 무게를 띠지는 않을 것이지만, 성경에서 본보기를 얻는 좋은 설교는 그렇게 되기를 요구한다.

    예를 들어, 베드로는 남편이 아내와 "지식을 따라" 동거해야 한다고 말한다(벧전 3:7). 남편은 아내를 알아야 한다. 본문의 취지는 남편이 **왜** 그래야 하는지에 대해 말하지만 좋은 설교자라면 또한 그것을 어떻게 할지에 대한 제안도 할 것이다. 설교자는 다음과 같이 말할 수 있을 것이다: "공책을 구해서 아내에게서 관찰한 흥미로운 점을 매일 기록해보세요. 주말에 그것을 검토해보고 몇 가지 잠정적인 결론을 내보세요. 그리고 아내와 약속하여 그것들에 대해 이야기해보세요." 바로 이것이 "어떻게 할지를 말해주는" 적용이다. 청중 중의 남편들은 그런 착상을 이용할 수도 아니면 거절할 수도 있다. 그러나 적어도 그들은 성경을 실행에 옮기는 방식에 대해 생각하도록 자극을 받을 것이다.[13] 개인화되고 구체적인 "실제적" 적용은 숙달하기 어려운 기술이다. 우리는 자신의 적용이 호소력이 있을 만큼 예리하기를 원하지만 비밀이 누설되

---

13. 유익한 연습을 위해서는 다음 본문들 각각을 취하여 실행에 옮기는 세 가지 "어떻게 할지"의 방법을 작성해보라: 빌 4:8; 벧전 3:1-6; 롬 12:10.

거나 개인적으로 난처한 상황이 일어날 정도로 예리하기를 원하진 않는다. 그러나 좋은 설교자라면 그 기예를 숙달했을 것이다.[14] 여러분 역시 그럴 수 있다. 여러분이 그렇게 할 수 있도록 해줄 몇 가지 제안을 한다면 다음과 같다.

특정한 목회 상황에 맞게 설교하라

좋은 설교자는 자신의 성도를 알며 그들과의 교제를 유지한다. 좋은 설교자는 목사이자 상담자며 격려자이다. 그들은 성도들을 알며 그들과 더불어 사역하는데, 곧 그들의 의심과 두려움과 상처와 기쁨을 파악할 수 있을 만큼 친밀하게 말이다. 좋은 설교자는 사람들과 잘 어울릴 줄 아는 사람이다. 그는 (강의하는 사람과 달리) 개념이나 주제를 다루는 것이 아니라 삶을 변화시키는 하나님의 말씀을 다룬다는 점을 명심하라. 그러므로 그는 변화를 필요로 하는 인생들에 대해 알아야 한다.

바울은 설교자였다. 그는 에베소의 장로들에게 삼년 넘게 "꺼리지 않고 하나님의 뜻을 다 여러분[2인칭 대명사를 주의하라]에게 전하였음"을 상기시켰다(행 20:27). 그러나 이것은 높은 강단에서의 웅변이 결코 아니었다. 바울은 회중과 긴밀한 관계를 가졌다. 그는 "쉬지 않고 눈물로 각 사람을 훈계했다[상담했다]"(31절). 그의 설교는 목회라는 상황에서 행해졌다. 생명력과 직접성과 진지함은 단지 목회적인 교제라는 정원에서만 물과 양분을 공급받을 것이다.

그리스도의 재림의 "복된 소망"에 대한 설교를 단지 데살로니가전서에 관한 연속 설교 중에 있기 때문에 하는 일과 한 여성도의 장례식을 인도하고 45년 동안 그녀와 함께 한 남편을 몇 시간 동안 위로하고 난

---

14. 제이 애덤스, 척 스윈돌(Chuck Swindoll), 또는 덜 복음적 형태의 노먼 빈센트 필(Norman Vincent Peale)의 설교를 듣거나 읽을 시간을 가져보라. 특별히 이들은 구체적으로 설교하는 방법을 터득했다.

다음 날 하는 일의 차이를 생각해보라. 극심한 염려로 보호 시설에 수용된 사람에게 심방하는 일이 "모든 지각에 뛰어난 하나님의 평강"에 관한 설교에 어떤 영향을 주겠는가? 구원의 확신에 대한 설교가 단지 구원이라는 주제에 관한 연속 설교 중에 행해진 경우와 믿음을 떠난 여러분 교회의 장로와 수개월간 씨름한 후 행해진 경우는 어떤 다른 특징을 띠겠는가?

그것은 어떤 것을 아는 일과 어떤 것대로 살아보는 일의 차이, 곧 수영에 관한 책을 읽는 일과 물속에 직접 뛰어들어 보는 일의 차이일 것이다. 만약 여러분이 능력 있게 설교하길 원한다면(제프리 토마스가 우리 모두에게 행하길 권고하는 바와 같이), 여러분의 발이 젖는 일을 두려워하지 말아야 할 것이다.

물론 그런 극적이며 삶을 변화시킬만한 사례는 관계된 설교가 행해질 주일과 동일한 주간에 자주 일어나지 않는다. 바로 이것이 수개월 혹은 심지어는 1년 전에 설교 계획이 짜여져야 하는 이유이다. 그럴 경우, 목회의 상황이 신선한 통찰력과 착상들을 제공할 때에, 그것들이 메모되고 관련된 설교와 함께 철해질 수 있다. 그러나 비록 그런 일대일의 경험이 일어나지 않는다 할지라도, 지속적인 목회적 접촉은 설교를 생동감 있게 하며 개인화하게 할 사람에 대한 감수성을 증진시킬 것이다.

비록 10년 동안 목회 직분에서 떠나 있었지만, 필자의 사람들과의 접촉은 기독교 교육 및 상담 재단에서의 정기적인 상담을 통해 유지되어 왔다. 내담자들은 필자가 답과 방향을 구하기 위해 성경을 찾아보지 않으면 안 될 문제들을 제기하곤 한다. 그러나 또한 필자는 성경 공부, 곧 특정한 "문제"의 목록과 동떨어진 꾸준한 학습 훈련이 특정한 절이나 본문을 예시하거나 구체화하는 사람들의 모습과 그들의 삶의 정황을 떠올리게 한다는 것을 발견한다. 여러분은 그것이 어떤 식으로 이루어지는지를 보고 계신데, 곧 **사람들이 필자를 성경으로 이끌고 성경은 필**

자를 사람들에게로 이끈다. 여러분은 다른 하나 없이 한 가지를 지닐 수 없다.

개인적 예화를 사용하라

아무것도 개인적인 예화보다 더 잘 청중의 이목을 끌며 본문을 구체화하지 못한다(제이 애덤스가 이어지는 장에서 지적하는 바와 같음). 바울은 자신의 서신들에서 요지를 예시하기 위해 자기 자신의 경험을 빈번히 사용했다(참조. 고후 12:1-10; 빌 1:12-26; 살전 2:1-12). 호세아의 결혼은 하나님의 사랑 많으신 신실함의 예화이다. 또한 예레미야가 구덩이에 갇혔던 시간과 밭을 산 행동은 이스라엘에 대한 하나님의 심판과 축복을 예시했다. 확실히 만약 성경 저자들이 자신의 메시지에서 자기 자신의 삶의 상황을 그토록 빈번히 이용했다고 한다면, 우리는 동일한 일을 하는 데 주저하지 말아야 한다.

물론 위험성도 있다. 개인적 예화는 도를 넘어서 설교가 하나님의 권위를 상실하게 할 수 있거나(메시지는 여호와의 것이지 여러분의 것이 아님), 또는 "여러분이 이것을 능가할 수 있겠습니까"라는 불건전한 자만심을 참된 고백으로 위장하며(여러분은 하나님의 승리를 나누길 원하는 것이지 단지 시험을 나누길 원하는 것은 아님을 기억하라), 쉽사리 신뢰를 저버릴 수 있다(필자는 예화에서 가족이나 지인들을 언급하기 전에 그들의 허락을 항상 구한다).

그러나 비록 이런 함정들이 있더라도 우리는 자기 자신의 경험을 예화로 사용해야 한다. 왜인가? 왜냐하면 그것은 우리로 하여금 본문을 삶에 투영해보도록 하며 본문이 적용성이 있음을 청중에게 증명하기 때문이다. 결국 만약 설교자가 그것대로 산다면, 청중 역시 그러해야 한다는 것이다. 다음과 같은 여타의 유익도 있다: 개인적 예화는 우리로 하여금 청중의 수준으로 내려가도록 하며, 접촉을 하게 만들며, 흥미를 유지시키고(모든 사람이 유쾌한 이야기를 좋아한다) 개인적 언어를 사용하지 않으면 안 되게 한다. 그러나 그것의 우선적인 유익은 구체적 적용을 강제한다는 점이다. 우리는 성경대로 살아야 할 살아있는 모범이 된다.

필자가 로마서 12:9("악을 미워하라")에 대해 설교할 예정이었던 날 이틀 전에 필자는 사소한 잘못을 범한 아들에게 자제심을 완전히 잃고 욕을 퍼붓는 경험을 했다. 바울이 우리가 미워해야 한다고 말씀하는 것은 바로 그리스도 안에서 형제 된 자들 사이에서 일어나는 그런 종류의 악이다. 이틀 후 필자는 회중에게 그 이야기를 하며 이렇게 결론 내렸다: "저는 제가 아들에게 한 악한 행동을 미워합니다. 여러분은 서로 간에 행한 어떤 사악한 일을 미워하십니까?" 다른 어떤 적용도 필요하지 않았다.

13장. 감각 호소와 이야기
제이 애덤스

 한 설교자가 아말렉 사람들에 대해 낮고 단조로운 말씨로 이야기하고 있었다. 설교한지 7분밖에 안 지났는데, 회중 전체는 졸음에 못이겨 머리를 끄덕이기 시작했으며, 눈꺼풀이 아래로 쳐지고, 아이들은 꼼지락 대기 시작하기 시작하고, 십대들은 쪽지를 전달하기 시작했다. 그런데 놀라운 일이 발생했는데, 곧 갑자기 청중이 일시에 집중하게 된 것이었다. 노소에 상관없이 들으려고 안간힘을 썼다. 어떤 일이 일어난 것인가? 이 냉담한 교인들을 그렇게 일순간에 초롱초롱하고 관심 많은 무리로 변모시킨 것은 무엇이란 말인가? 그들은 다음과 같은 말을 듣자 활기를 띠게 되었다: "제가 지난 전쟁 중에 했던 경험을 말씀드리고자 합니다.…" 설교자는 이야기를 하기 시작했던 것이다!
 나이가 얼마나 되었느냐는 거의 상관없다. 말하는 것을 이해할 수 있는 한, 솜씨 좋은 이야기에 몰입하며 거의 즉각적인 반응을 보일 것이다. 매우 다양한 관심사와 배경을 지닌 사람들이라 할지라도 누구나 이야기로 초대될 것이라고 들으면 귀를 쫑긋 세우게 될 것이다. 이것은 왜 그러한가? 이야기가 지닌 이 신비에 가까운 능력의 정체는 무엇인가? 이야기의 호소력은 어디에서 나오는가? 또한 기독교 설교에서 이야기가 관심을 불러일으키고 유지시키는 능력이 있다는 사실이 지닌 중요한 시사점은 어떤 것인가? 이것들과 여타 파생되는 것들이 본장에서 우리가 검토할 문제이다.

앞 문단의 질문들에 대한 답은 구하기가 어렵지 않지만, 그 답들에 내재되는 함의들은 복합적이다. 예를 들어, **우리는 보거나, 만지거나, 듣는 것을 가장 잘 습득하게 되는 것**이, 그리고 이런저런 말로 전개되는 이야기가 어떤 사건 자체에 대한 경험에 가장 근접한다는 것은 사실이다. 더욱이 솜씨 좋게 말해지는 이야기는 무관하거나 실제의 삶에서 산만하게 할지 모르는 많은 것을 생략하는 반면, 사건의 주요한 점들을 강조한다는 점에서 사실적인 보고를 뛰어넘을 수 있다. 또한 청자에게 영감이나 즐거움이나 정보나 자극을 주도록 계산된 세부 사항과 어조의 손질만을 단지 추가함으로 이야기는 리포터의 추상적인 보고가 할 수 없는 것을 할 수 있다. 요컨대, 좋은 이야기란 관계되는 목적을 성취하기에 가장 알맞은 방식으로 재단되고 말해지는 한 사건이나 일련의 사건들의 창조(허구일 경우)나 재창조(역사적인 것일 경우)이다.

역사적 사건과 달리, 이야기는 만들어지고 조정될 수 있는데, 이 일을 통해 청중은 이야기하는 사람이 원하는 무엇이든 접하게 되도록 이끌릴 수 있다. 물론 여기에는 그것의 가장 큰 잠재성과 위험성이 동시에 존재한다.

제발 오해가 없었으면 하는데, 곧 여기서 필자의 "조정하다"manipulate 라는 단어에 대한 용법은 전적으로 중립적이다. 필자는 이야기 서술자 narrator가 진리를 잘못 전달하지 않는 한 자신의 목적에 부합되게 이야기를 만들 때 어떤 잘못을 범하고 있다고 암시하기를 원하거나, 또는 독자가 추론하길 바라지 않는다. 이야기하는 사람이 예술가와 공유하는 장점 중에는 그 매체가 단순화와 집중과 강조의 기회를 제공한다는 점이 있다. 훈계적인 가르침과 이야기의 차이는 사진과 그림의 차이와 같다.

이야기하는 사람이 지닌 융통성은 매우 중차대한 책임을 내포하는 윤리적 문제가 된다. 그는 타인을 오도하는 일뿐만 아니라, 심지어 진리를 깨닫게 하는 일을 위해서일지라도 사실을 왜곡하거나 곡해하는 데 그 융통성을 이용할 수 없다. 바울은 진리를 위하여 그런 모든 속임수를 명백히 비난했다(고전 2:4, 5; 고후 1:12, 13; 살전 2:3, 4).

그러나 동일하게 이야기하는 사람이 청중으로 하여금 그렇게 할 것을 온전히 예고하면서 강조하기 위해 과장하거나 축소하거나 상상으로 나래를 펼치도록 할 수 있는 것도 사실이다. 이야기는 그가 원하는 대로 다룰 수 있는 그 자신의 것인데, 곧 그가 자신이 하는 일을 잘못 전달하지 않으며, 성경적 기준의 가장 엄격한 사용에 의해 도덕적으로 판단될 수 있는 방식으로 그 이야기를 이용하는 한에서 그러하다.

솜씨 있게 말해지는 이야기는 또한 유쾌함을 주는데, 왜냐하면 그것에 의해 우리는 긴장감과 감정과 놀람을 매우 용이하게 전달하기 때문이다. 휴지와 억양과 음색과 어조와 음질과 음량과 음의 강도와 속도와 몸동작 등의 모든 것이 이야기 형식의 의사전달에 효과를 더한다. 또한 최대한 효율적으로 사용될 때, 직접적인 호칭direct address과 대화와 잘 골라진 어휘와 매력적인 표현법 등이 결합되어 아마도 존재하는 인간의 의사소통 중에 가장 강력한 방식을 창출하게 된다. 설교자가 단순한 산문에서 묘사로 전이할 때 어른과 아이 할 것 없이 잠에서 깨어나는 것은 전혀 놀랄만한 일이 아니다.

이야기는 메시지의 생명선인데, 곧 이야기는 관심을 자아내며 유지시키고, 원리에 대한 단순한 진술이 할 수 있는 것보다 진리를 더욱 명백하게 하며, 추상적 내용을 구체화하고, 성경적 명령을 어떻게 실행에 옮길지를 보여주며, 진리를 실천적이며 기억 가능한 것으로 만드는 방식을 드러낸다. 예수께서 그토록 많은 이야기를 사용하셨던 것은 전혀 놀라운 일이 아닌 것이다!

설교자 또한 그것들을 자유롭게 사용하는 것이 합당할 것이다.

그러나 주의를 요청하는 설명이 여기서 적절하다. 필자는 진주들을 한 줄로 꿰는 일과 같은 준비 방식을 지지하지 않는데, 그 방법에 따르면 설교자의 메시지 구성은 한 목걸이의 진주들과 같이 한 주제에 맞춰 다수의 이야기가 나열되는 것에 지나지 않게 된다. 그런 방식에는 강해가 거의 또는 전혀 없으며 진리에 대해 고심하고 추론하는 일이 거의 없다. 이때 우리는 성경 구절보다는 이야기에 **초점을 두게 된다**. 결과적으로 설교자는 마블 컬리지어트 교회Marble Collegiate Church에서 노먼 빈센트 필에 의해 설교될 수 있었던 것과 매우 유사한 설교를 내놓게 된다.[1] 그렇지 않다. 우리는 그것을 필요로 하지 않는다. 회중 가운데 있는 모든 진지한 청자는 다음과 같은 것들을 알고서 떠나가야 한다:

1. 본문의 구절이(일련의 구절들)이 무엇을 뜻하는지; 곧 그는 이제 그것을 이해해야 하는 데, 비록 이전에는 그렇지 않았더라도 말이다.
2. 본문의 구절이 그에게 무엇을 뜻하는지; 곧 그는 성령께서 그 단락에서 그에게 무엇을 하시기를 의도하셨는지를 알아야 한다.
3. 명령에 순종하는 일과 약속을 누리는 일 등을 위해 무엇을 해야 하는지; 곧 그는 본문의 구절을 삶과 사역 가운데 어떻게 실행에 옮길지를 알아야 한다.
4. 설교자가 가르치는 내용의 권위가 분명히 성경에서 비롯된다는 것; 곧 그는 설교자가 자신이 말하는 내용을 성경의 상고되는 설교 본문에서 얻었음을 확인할 수 있어야 한다.

명백히 만약 이 네 요소가 설교가 성경적이기 위해 필수적이라면(그런데 이 요소들은 필수적임), 설교는 단순히 일련의 이야기들을 한 줄로 꿰매어 놓은 것일 수 없는데, 비록 그것들이 진주와 같은 것들이라 할

---

1. 필은 능수능란한 이야기꾼이며, 설교자는 그에게 이야기하기(설교 내용이 아니라)에 대해 일정 정도 배울 수 있다.

지라도 말이다. 참으로 이야기는 설교자가 네 가지 모든 목표를 달성하는 일을 돕도록 적절히 사용되어야 하겠지만, 이야기가 그 목표들 중의 한 가지라도 대체할 수는 없다. 이 네 가지 요소의 틀 내에서 이야기는 단지 합당할 뿐만 아니라 유용하기도 한 용도를 지닌다.

그렇다면 이야기하는 일에는 논의할 점들이 많이 있는데, 곧 여기서 밝혀질 수 있는 것보다 훨씬 더 많은 점들이 있다. 그러나 필자는 이야기하는 일에 포함된 중요한 점들 몇 가지를 묘사하며, 매우 오랜 동안 많은 사람들에게 가려진 채로 있던 다수의 비밀을 드러내는 시도를 하고자 한다. 그러나 먼저 본장의 제목에 대해 한 마디 하고자 한다.

본장에 대해 제안된 원래의 제목은 "생생함과 예시"Vividness and Illustration였다. 몇 가지 이유로 필자는 현재의 제목을 선호한다. 첫째로 "생생함"이라는 단어는 여러 설교학자들 중에서 긴 역사를 가지고 있지만, 필자가 보기에 감각에 대한 호소를 단지 한 가지 감각 – 시각 – 에 대해서만 생각하도록 제한하는 나쁜 역할을 해왔다. 실제로 설교에서 가능한 것들은 훨씬 더 많다. 모든 감각들 – 시각뿐만이 아닌 미각과 청각과 촉각과 후각 – 이 설교자의 적절한 수단이 된다. 그러므로 필자는 "생생함"이라는 단어 대신 두 단어로 이루어진 "감각 호소"sense appeal를 사용하기를 선호한다.

둘째로 "예시"라는 단어 역시 이야기에서의 감각 호소를 시각에 한정시키는 매우 동일한 제한적 경향을 보인다(물론 "예시하다"라는 동사는 "환하게 하다" 혹은 "밝게 만들다"임). 보다 광범위한 용법으로 인해 그 어원적 뉘앙스가 "생생함"보다는 훨씬 덜 제한적이기 때문에, 설교에서의 모든 종류의 감각 호소를 포괄하는 데 그것을 사용하는 것이 괜찮을 수도 있다. 그러나 다음과 같은 사용 가능한 더 나은 또 하나의 단어가 이미 존재한다: 이야기. 이 단어가 훨씬 더 낫기 때문에, 필자는 대신 이것을 사용하기로 결정했다.

당연히 여러분은 필자가 이 장을 설교에서의 이야기에 관한 간단한 언급으로 시작했음을 알아챘을 것이다. 필자는 이미 상당 정도 이야기에 대해 말했지만, 실제로 감각 호소에 대해서는 아무것도 말하지 않았다. 후자가 두 화제 중 보다 폭넓기 때문에 필자는 그것으로 시작할 것이다.

설교에서의 감각 호소

감각 호소sense appeal라는 말로 필자는 오감에 대한 설교자의 청각적이며 시각적인 호소를 가리킨다.[2] 감각 호소를 통해 설교자는 자신이 말하는 바를 청중이 그 말하는 실체에 매우 근접한 방식으로 "보거나," "느끼거나," 또는 그렇지 않으면 "경험하도록" 도울 수 있다. 필자가 "매우 근접한"이라고 말하며 **보다**, **느끼다**, **경험하다**는 단어들에 인용 부호를 붙이는 이유는 감각 호소가 실체에 근접하도록 감각을 자극하지만, 이 감각의 자극이 그 사건 자체에 의해 일어난 자극과 항상 **정확히** 일치하는 것은 아니기 때문이다.

그러나 감각 호소를 성공적으로 사용할 시에는 행해지는 일에 실감이 나게 되는데, 곧 느낌을 고무시키게 된다. "상상"(이 단어 역시 시각에 제한되는 점을 유념하라-imagination[상상]은 image[형상]에서 유래함), 또는 아마도 보다 포괄적 용어로서 사용하기에 더 나은 용어인 "기억"이 설교자의 환기시키는 언어에 의해 발동되어 청자의 감각을 자극하고 설교자가 말하는 사건을 "경험하도록" 해준다.

그렇다면 감각 호소는 단순히 인지의 문제가 아니라, 특별히 감정에 영향을 미치는 인지의 문제와 연관되는데, 곧 그것은 근본적으로 "감정적" 호소 – 단지 그것이 회중들로 하여금 설교자가 말하는 것을 감정

---

2. 텔레비전이 가르쳐 주듯이, 회중은 단순히 "듣는 자"일 뿐만 아니라, 또한 "보는 자"이기도 함을 인지하는 것이 중요하다.

적으로 경험하도록 독려할 때만 성공할 수 있는 호소 - 이다. 따라서 무언가를 "경험하는 것"은 그것에 대해 "듣는 것" 또는 심지어 "생각하는 것" 이상이다. 감각 호소는 그 듣는 자요 보는 자가 한 사건을 다시 경험하거나 혹은 처음으로 겪도록 돕는 호소이다. 그것은 관련되는 모든 감정과 함께 새로운 경험을 하도록 창조적으로 재구성되는 기억 가운데 모아진 과거의 사건들의 측면들, 혹은 한 사건에 대한 회상이다. 단순히 어떤 것에 대해 생각하는 일과 그것을 경험하는 일의 차이(그럴 수 있으며 자주 그러하듯이, 만약 생각하는 일이 경험하는 일로 이어지지 않는다면)는 여러분이 흑백텔레비전과 컬러텔레비전을 시청할 때의 차이보다 크다. 빈약한 설교가 지루한 이유 중 하나는 설교자 자신이 이야기하는 것을 경험하지 못했기 때문이다. 곧 아무런 기쁨도 경외감도 등을 오싹하는 일도 없을 것이다. 설교자 자신이 그 사건을 다시 경험하는 일에 실패할 때 그의 회중이 그런 실패를 "경험할" 것이라는 점은 거의 자명하다. 설교에서 어떤 것에 "대해" 이야기하는 것으로는 충분하지 않으며, 설교자 자신이 그것을 새롭게 경험해야 한다.

따라서 생생함, 혹은 감각 호소의 주요 목적은 그 듣는 자요 보는 자로 하여금 설교자가 가르치는 모든 것을 체험하거나 재경험하도록 도움으로써 진리에 실제성의 차원을 덧입히는 일이다.

설교에서의 감각 호소의 여러 방법이 있지만, 우리는 다음 세 가지를 살필 것이다:

1. 감각적("육감적"은 아님)이거나 환기시키는 언어의 사용.
2. 목소리의 적절한 사용.
3. 동작의 효과적 사용.

이것들에 "이야기"가 추가될 수 있지만, 그것에 대해서는 따로 논할 것이다.

1. 환기시키는 언어(evocative language)의 사용

　사람들로 북적거리는 곳에서 "불이야!"라고 소리치면, (여러분을 믿는) 사람들은 비록 그렇지 않더라도 정말로 마치 빌딩에 불이 난 것처럼 생각하고 느끼며 행동할 것이다. 솜씨 있게 선택되고 사용되는 언어는 힘을 지닌다. 위의 사례가 보여주듯이, 그것은 실제 사건과 동일한 효과를 낳는 힘을 지닌다. 또한 상황과 방식이 매우 중요하다는 것은 분명한데, 곧 반응을 이끌어낸 것은 바로 "확신 있는 어조의" "공공장소"에서의 "소리침"이라는 점이다.

　하지만 때때로 단순히 어떤 단어 자체의 사용이 기대하는(또는 기대하지 않은) 반응을 일으킬 것이다. 사도행전 22:21, 22에서 바울의 "이방인"이라는 단어의 사용을 예로 들어보자. 이 유대인들 중에는 이방인에 대한 매우 심한 증오심이 있어서 하나님이 바울을 이방인에게 복음을 전하도록 보내셨다는 생각을 받아들이지 않으려 했을 것 같다. 실제로 바울이 이 주제를 꺼냈을 때, 그들은 심지어 그가 이 문제를 논하는 것조차 허용하지 않으려 했다. 이 경우 상황 - 말하는 대상이 되는 인종적 편견을 지닌 부류의 청중 - 이 결정적 요소였다. 마치 폭죽 공장에서의 불과 같이 그들 중에서 "이방인"이라는 단어는 도발적이었다. 방식은 중요하지 않은 요소인 반면, 앞의 경우에는 대중에게 불이 났음을 "어떻게" 알리는지가 그들의 반응에 전적으로 결정적이었을 것이다. 불분명한 어조로 태연히 "아, 어쨌든 저는 여러분에게 이곳에 불이 난 것을 말해야만하겠네요"라고 이야기하는 사람을 믿는 군중을 여러분은 상상할 수 있겠는가? 또는 "불이야!"라고 소리칠 때 낄낄대며 피식피식 웃는 사람은 어떠하겠는가? 또는 방식과 상황에는 아무런 문제도 없지만, 다음과 같이 표현 자체가 어려움을 빚는 경우를 생각해보자: "저는 여러분이 이 빌딩에 아마도 불이 났을지도 모른다는 것을 알기를 원합니다. 저는 이것이 사실인지는 모르는데, 왜냐하면 직접 불을 보거나 연기를 맡지 못했기 때문입니다. 그러나 그것은 전적으로 사실일 수 있는데, 왜냐하면 어떤 사람이 방금 제게 그렇게 말해주었기 때문입니다." 그런 종류의 모호한 말(많은 설교에 전형적임)은 혼란을 야기하는 메시지를 전달한다. 따라서 여러분은 의사소통 – 환기시키는 언어는 의사소통의 한 유형임 – 은 내용과 상황과 방식의 문제라는 것을 즉각적으로 알 수 있다. 감정이 자극되고 행동이 유발되는 것은 단지 이 세 가지 모두가 회중과 청중과 적절한 관계를 지닐 때이다.

이 사실들을 기억하며, 환기시키는 언어에 대해 좀 더 면밀히 살펴보자. 그것은 어떤 종류의 언어인가? 그것은 감각 호소의 언어, 곧 감각을 야기하는 것을 목표로 하는 언어이다. 그러나 이것은 도대체 어떤 종류의 언어를 말하는가? 이것은 다른 언어와 어떻게 다른가? 곧 이것의 특색은 무엇인가?

특정 집단의 사람들에게 "이방인"이라는 단어는 환기시키는 것이 아닐 것이다. 즉 그것은 아무런 감정적 반응도 불러일으키지 않으면서 자유롭고 사실적으로 사용될 수 있을 것이다. 그러나 사도행전 22장에 언급된 유대인들에게 그것은 매우 환기시키는 용어였다. 그러므로 일정 부류의 청중과 일정한 상황 가운데 사용된 동일한 단어가 환기시키는 것일 수 있지만, 다른 데서 사용될 때는 그렇지 않을 수 있다는 사실을 인지하는 것이 중요하다. 그렇다면 언어를 선택하고 사용하는 법을 배우는 일은 단순히 어떤 단어가 상기시키는 것이며 어떤 단어가 그렇지 않은 것인지를 발견하는 문제에 지나지 않는 것이 아니다. 곧 그것은 또한 (상황과 어조와 같은) 다른 요소들을 포함한다. 실제로 적절한 조건 가운데, 거의 어떤 단어든 환기시키는 방식으로 사용하는 것이 가능하며, 마찬가지로 어떤 단어든 환기시키는 효과를 줄이거나 제거하는 것이 가능하다. 그러므로 감각 호소를 성공적으로 사용하길 바라는 설교자는 단지 자신이 전달하길 바라는 것을 적절히 묘사하는 단어를 선택하는 일뿐만 아니라, 그 단어들이 때와 장소와 사람과 상황 등과 그것들을 사용하는 방식과 어조와 어떻게 관계되는지 예민해지는 일이 필수적이다.

그런데 이 모든 것이 사실이더라도, 그 **자체로** 특별히 환기적인 경향이 있는 일정 유형의 언어 – 본성상 감각지향적인 언어 – 가 있다는 점을 유의하는 것이 중요한다. 회화적 단어("녹색의," "번쩍이는"), 의성어("윙윙거리다," "쾅하다"), 촉각과 관련된 용어("꺼끌꺼끌한," "부드러운"), 후각과 관련된 단어("악취의," "향기"), 그리고 미각을 자극하는 용어("신," "짠")가 이런 종류의 단어이다. 자주 온전한 효과를 위해 이 단어들은 다음과 같이 다른 단어들과 결합되어 사용되어야 한다: "덜 익어 녹색인 으깬 감자를 먹는 공포," "백미러의 번쩍이는 붉은 불빛을 보며 가슴이 철렁하는 느낌," "톱이 윙윙거리며 그의 깁스를 자르며 나갈 때," "차문이 쾅하며 닫힐 때 그의 손가락이 그 안에 끼었다," "내 큰 발가락에 달라붙은 꺼끌꺼끌한 씨앗," "나는 지끈거리는 머리를 차가우면서 부드러운 베개에 뉘였다," "죽은 동물은 썩어서 악취가 나는 버터처럼 냄새난다," "저녁 공기는 장미꽃의 향기로 진동했다," "그것은 신 레몬을 빤 것보다 심했다," "그는 벌어져 있는 상처에 짠 피클 소스를 발랐다."

여러분이 보실 수 있듯이, 많은 느낌(단지 열거된 용어에 의해 분명하게 지적한 것들만이 아님)은 심지어 완결된 상황이 제시되지 않은 이들 짧은 절로도 유발된다. 또한 다음과 같은 문장들도 살펴보라: "그가 칠판에 쓸 때 백묵은 계속하여 삑삑 소리를 냈다," 그리고 "그녀는 풍선의 표면을 가로질러 손가락을 천천히 문질렀다." 만약 여러분이 다른 많은 사람과 같이 묘사된 이 두 행위를 들을 때 등에 오싹함을 느낀다면, **단지** 이 언어만으로도 그 오싹함을 유발할 수 있는 가능성이 있다는 것이다. 그 문장들을 다시 읽고, 무엇이 일어나고 있는지를 형상화하고 "들어보라." 필자 말이 맞는가? 그 행위 자체와 별개로, 그것을 상상하는 일만으로도 오싹함을 유발할 수 있다. 물론 연애소설의 저자들은 독자에게 성적 자극을 일으키는 이 언어의 힘에 의존한다. 세상은 죄악된 목적을 위해 감정에 호소하는 법을 터득해왔다면, 기독교 목사는 도대체 언제 진리를 그것의 온전한 교육적 실체와 능력 가운데 제시하는 데 있어 그렇게 하는 법을 터득할 것인가?

설교 시 환기시키는 언어를 사용하는 의도는 다수의 회중으로 하여금 진리의 온전한 실체를 경험하며 설교자가 이야기하는 사건 속으로 들어가도록 돕는 것이다. 이 개념은 설교 본문이 이야기하는 것이 틀림없는 것을 변경하거나 확대하는 것이 아니라, 그 듣는 자요 보는 자로 하여금 그것을 온전히 이해할 수 있게 하는 것이다. 어떤 사람들은 다음과 같이 그런 문장을 단지 읽기만 해도 그것이 의미하는 바를 형상화하거나, 느끼거나, 혹은 경험할 수 있다:

그들이 죽은 자의 부활을 듣고 어떤 사람은 조롱도 하고 … (행 17:32상)

"마음의 눈"으로 그들은 육체에 대한 견해 때문에 부활을 터무니없다고 생각하는 그리스 철학자들의 얼굴에 표현되는 조롱을 "볼" 수 있다. "마음의 귀"로 어떤 사람들은 자신들 가운데서 그 철학자들이 야유하고 비웃는 것을 "들"을 수 있다. 하지만 대부분의 사람들에게 설교자는 듣는 자요 보는 자가 되는 자신의 회중을 그 사건 속으로 끌어들이기 위해서는 그 장면을 재현해야 할 것이다. 그렇게 하기 위해, 그는 환기시키는 언어에 주로 의존할 것이다. 바로 이것이 말씀 **사역**의 일부이다.

2. 목소리의 적절한 사용

그러나 단지 언어만으로는 충분하지 않을 것이다. 그 철학자들의 조롱을 표현하면서, 설교자는 "육체가 부활한다고!"라고 경멸적으로 말할 때 그 조롱하는 자들에게서 나왔을 법한 소리와 같은 쉭쉭거리는 소리 가운데 숨을 적절히 내쉴 수 있을 것이다. 즉 설교자 자신이 말할 때

조소의 소리를 낼 것이다.

목소리! 이것은 우리가 감각에 호소할 때 얼마나 중요한 것인가. 음의 높이와 속도와 음색(또는 음질)과 음량 등의 모든 요소가 중대하다. 더욱이 목소리 자체가 때로는 말보다 더 중요하다. 사전에서 찾을 수 없는 목소리를 낼 수 있는 경지에 다다를 때 설교자는 참으로 자유로운 것이다. 필자는 양철 쓰레기통과 관련하여 사용하는 한 예가 있는데, 곧 필자는 그 쓰레기통의 뚜껑이 꽉 닫히는 것을 "찰캉!"이라는 말로 표현한다. 손을 바늘에 찔린 모든 사람이 하나같이 "아야!"라고 반응할 것이다. 허겁지겁 열려진 서랍 쪽으로 달려가는 사람이 "의악!"이라고 소리칠 때 누가 그 의미를 알지 못하겠는가? 그런 목소리와 소리는 분별력 있게 사용될 때 설교의 생생함(또는 감각 호소)을 크게 더한다. 하지만 필자가 감히 말하건대 이 글을 읽을지 모르는 백 명의 설교자 가운데 그것들을 활용하는 분은 한 명이 넘지 못할 것이다.

다음번에 여러분이 효과적인 의사전달자 - 아마도 텔레비전 만담가 - 의 말을 들을 때 사전에 나오지 않는 목소리와 소리에 귀기울여볼 것을 권한다. 여러분이 그것을 실제로 **들어볼** 때 필자가 말하고 있는 것을 더 잘 이해할 것이다. 더 나은 설교자일수록 더 자유롭고 기꺼이 소리를 사용하는 반면, 따분하고 빈약한 설교자는 소리 내는 일을 두려워한다. 좋은 설교의 한 가지 표지는 설교자가 강단에서 의미 있는 소리를 자유롭게 사용할 줄 아는 일이다.

물론 음량과 속도와 음의 높이와 음질 역시 매우 중대하다. 그러나 이 모든 것들은 내용의 지배를 받아야 하며 내용을 명확히 하는 역할을 해야 한다. 사랑에 대해 이야기할 때 큰 목소리는 대부분의 상황에서 거의 적절하지 않다. 목소리를 높이지 않고 마태복음 23장을 읽는 일도 마찬가지로 좋지 않다. 소리는 모든 곳에서 내용에서 비롯되고 내용에 맞아야 한다. 음의 높이와 속도는 흥분과 근육의 긴장의 정도에 따라 자동으로 조절된다. 음질 혹은 음색 - 감미롭든 딱딱하든 날카롭든 - 역시 내용에 부합되어야 한다. 내용의 지배를 받는 일은 반드시 명심해야 할 핵심적 사항이다.

그러나 우리가 **의식적으로** "딱딱한 목소리를 내거나" 말의 속도를 높이는가? 드물게만 그러하다. 그런 것들은 경험 많은 설교자의 경우에는 의식하지 못하는 가운데 자연스럽게 행해지게 된다. 그는 **말하길 원하는 것에 집중하지**, 그것을 **어떻게** 말할지에 집중하지 않는다. 그러나 시종일관 그는 스스로 내용 속으로 들어가 보며, 그것을 재현하고 경험하려고 노력한다. 이렇게 하는 일은 근육의 긴장에 영향을 주며, 이것은 다시 자동적으로 음의 높이 그리고 일정 정도로 음질과 속도를 조절하게 한다. 그의 몸은 경험하는 것에 자동으로 따르게 된다. 물론 설교 준비 시 미리 잘 선택된 환기시키는 언어는 그의 회중뿐만 아니라 그 자신 역시 본문의 사건을 재경험하는 데 도움이 될 수 있다.

그러나 그는 그 이상의 일을 할 수도 있다. 또한 초보자는 그런 능력을 개발하기 위해 더 많은 일을 **해야 한다**. 강단에서 내려와 있을 때에 그는 환기시키는 언어를 고르고 사용하는 일을 **연습할** 수 있다. 매일 그는 그 날 중에 일어난 어떤 것에 대하여 이야기할 준비를 하며, 그것에 적절한, 가능한 한 최선의 환기시키는 언어를 주의 깊게 선택할 수 있다. 숙소나 집에 오는 도중에 그것을 말하는 연습을 할 수 있다. 그런 다음 그날 저녁에 기숙사 룸메이트나 아내나 가족에게 그것을 말할 수 있다. 그런 자리에서 그는 설교에 동반되는 온갖 종류의 소리와 몸동작을 자유로운 마음으로 실습할 수 있다. 만약 그가 이 일을 장기간 (6개월) 동안 규칙적으로 한다면, 머지않아 주중에 의식적으로 했던 일이 주일의 설교에 무의식적으로, 즉 설교하는 동안 이 문제를 생각하는 데 특별한 노력을 기울이지 않아도 영향을 주는 것을 발견하게 될 것이다.[3] 물론 설교 준비 시에 그는 환기시키는 언어를 선택하는 일 역시 할

---

3. 나중에 검토될 녹음이 그 발전을 확인해 줄 수 있을 것이다.

것이며 설교 개요가 확실히 그 선택들을 포함시키도록 할 것이다. 곧 그는 그런 선택을 하는 일이 점차 용이해지는 것을 발견할 것이다. 오래지 않아 음량과 속도와 음의 높이가 점점 더 내용과 부합되기 시작할 것이다. 그것들은 어떤 사건을 재경험하려는 배움의 산물이다.

3. 동작의 효과적 사용

설교하는 동안 언어와 목소리에 동작(여기서 필자는 명시적이든 비명시적이든 의사전달 시의 모든 몸의 사용을 가리키기 위해 이 단어를 사용할 것임)이 동반된다. 몸은 의사전달의 수단이다. 미소나 찌푸림, 손동작, 몸의 이동 등의 모든 것이 감각 호소의 필수 부분이다. "덜 익어 녹색인 으깬 감자를 먹는 공포"에 대해 말하면서, 미소를 짓는 일은 의사전달을 망칠 것인 반면, 놀라며 찡그리는 얼굴은 도움이 될 것이다. 여러분은 동반하는 적절한 동작 없이 "꺼끌꺼끌한 씨앗" 또는 으스러져 "차문 안에 끼어 있는 손가락"에 대해 어떻게 말할 수 있겠는가? 눈을 감고 길게 그리고 천천히 코로 숨을 들여 마시는 일은 "장미꽃의 향기로 진동하는 공기"에 대해 말할 때 가장 적합할 것이다.

손동작(몇몇 다른 종류의 몸동작도 마찬가지임)은 다음과 같은 세 범주로 분류될 수 있을 것이다: **강조적인 것**(예. "우리는 사탄에게 져서는 안 될 것입니다"라고 말하면서 설교단을 주먹으로 쾅 내려치는 일)과 **지시적인 것**(예. "바로 저것 혹은 저쪽에"라고 말하면서 가리키는 일)과 **묘사적인 것**(예. "그것은 약 이 정도 깁니다"라고 말하면서 손으로 두 곳을 가리키며 재는 일).

다시 한 번 말하건대, 동작을 연습하는 일은 유익하고 주일 아침 이외의 때에도 행해져야 한다. 끊임없는 연습에는 빠르게 성과가 나타날 것이다. 동작을 사용하는 데 있어서의 불안함과 어색함은 단지 한 가지 방식으로 극복될 수 있는 데, 이것은 스케이트를 배울 때의 불안함이 극복되는 방식과 동일한 것으로서, 곧 인내를 통한 것이다. (이 주제에 대한 보다 자세한 논의에 대해서는 본서에 나오는 권 월터스의 "강단에서의 신체"라는 제목의 논의를 참조하라.)

따라서 설교 시의 "생생함" 혹은 감각 호소에 대해 말하는 것은 복합적인 문제를 말하는 일이다. 그것은 단순히 말을 형상화하는 일이 아니다. 우리가 호소할 수 있는 다른 네 감각이 있으며, 그렇게 하는 수단은 언어(문체)와 전달(목소리와 신체의 사용)을 비롯하여 전인과 관계될 것이다. 또한 이 모든 일은 내용의 통제를 받는다.

이야기

아마도 이야기는 다만 환기시키는 언어를 최대한 사용하기 때문에 청자에게 가장 폭넓은 호소력을 가질 것이다. 이야기는 그것 없이는 말해질 수 없다. 그러므로 그 둘은 동반된다.

근본적으로 다음과 같은 두 유형의 이야기가 있다: 사실적 이야기와 허구적 이야기. 물론 많은 이야기는 양자의 결합물일 것이다. 이것들은 확대된 형태 또는 압축된 형태 둘 중 어느 것으로도 가능할 것이다. 확대된 방식, 비유, 긴 사례, 풍유, 그리고 매우 평범한 옛날 이야기가 엄밀히 말해서 이야기이다. 반면 사례와 본보기는 작거나 매우 작은 이야기, 곧 축소되거나 단축된 이야기다.

이야기는 다음과 같이 다양한 방식으로 이루어진다: 유비, 직유, 은유, 확대된 비유(풍유), 확대된 직유(비유) 등등. 모든 형태가 설교 시 사용될 수 있을 것이다. 예수님의 일련의 "나는 …이다"라는 어구("나는 생명의 떡이다," "나는 생명의 물이다," "나는 세상의 빛이다" 등)는 작은 이야기들이다. 이런 이야기 형태의 방식들 모두는 암시되는 풍부한 구약성경적 배경을 알고 인식하는 자들에게 풍성한 의미를 연상시켰다.

목자의 전체 이미지를 지닌 배경에서 언급된 "나는 문이다"라는 작은 이야기(참조. 시 23편; 요 10장)는 지시적인 의미만큼이나 함축적인 의미를 지녔었다.

따라서 이야기의 한 가지 원리는 말해지는 대상이 되는 회중의 배경에 의거하여 많은 것을 환기시켜야 한다는 것이다. 농촌교회에서 농사와 관련된 언급(정확히 사용될 때)은 여러 다분히 도시적인 표현보다 강력한 전달력을 가질 것이다. 물론 설교자는 여기서 실수를 해서는 안 되는데, 만약 실수한다면 그의 선택이 역효과를 낼 수도 있다. 그는 농부들에게 엄마 황소momma bull, 아빠 황소papa bull, 아기 황소baby bull라고 말할 바에는 차라리 그런 언급을 하지 않는 편이 더 나을 것이다(반면 도시 회중의 많은 사람은 오류가 무엇인지 눈치조차 채지 못할 것이다)!

또한 물론 다음과 같은 정반대의 원리도 사실이다: 새롭고 독특하며 색다른 소재들이 **주의 깊게 묘사되고 설명될 때** 반응을 불러일으킨다. 알려지지 않은 것은 이미 알려진 것을 통해 가장 잘 소개될 수 있다. 빈번하게 **새로운** 진리는 이야기 형태로 가장 잘 전달될 수 있다.

이야기의 세 번째 원리는 오래되고 익숙한 어떤 것을 새롭고 색다른 방식으로 말하는 것이다. 그것을 새로운 각도로 관찰해보라. 이것은 예수께서 "나는 …이다"라는 일련의 말씀 가운데 행하신 것이다.

네 번째 원리는 틀에 박히고, 진부하며, 케케묵은 이야기를 피하는 것이다. 여러분 자신의 것을 발견하라. 여러분 자신의 경험을 사용하며, 여러분 주변의 것들을 언급하라. 예수께서 "들의 백합화를 생각하여 보라 …"고 말씀하셨을 때, 틀림없이 자신의 사방에서 자라고 있는 꽃들을 향하여 손을 휘저으며 가리키는 동작을 취하셨을 것이다. 피조물 전체가 하나님의 이야기책인 것이다. 따라서 그것을 읽으라. 여러분이 그것에 관한 전부를 알 때까지 탐구하라. 설교자가 만약 타인들의 감각을 불러일으키려면 자신의 감각을 사용하는 능력을 개발해야 한다. 그는 자신이 사는 세계에 매우 민감해야 한다. 우리를 그리스도 안에서 구원하신 하나님은 또한 세계의 창조자이시다. 그분은 한 분이시기 때문에 창조 세계와 그리스도 안에서의 새 창조 사이에는 상관성이 있다. 피조물 안에 있는 모든 것이 영적 진리에 대해 어떤 식으로든 유비적이다.

우리는 이야기를 말하는 법을 어떻게 배우게 되는가? 필자는 여러분에게 두 가지 제안을 할 것이다. 첫째로, 공책 한 권을 구입하라. 여러분이 서재에 들어가는 매 아침마다 첫 번째 순서로 할 일로서, 여러분 주변을 돌아보고 거기에 무엇이 있는지 발견하라(여러분의 시초의 문제는 평상시 무관심했던 것들을 보고, 들으며, 냄새 맡고, 맛보며, 만져보는 법을 배우는 일일 것이다). 구겨지고 버려진 폐지들을 담고 있는 휴지통에 대해 생각해보라. 그것이 무엇이 의미할 수 있을까? 그것이 어떤 진리를 예시하는 데 어떻게 사용될 수 있을까? 거의 전 세계와 여러분을 연결시켜 줄 수 있는 전화기를 응시해보라. 글을 쓸 때 종이 위에서 펜이 긁히는 소리를 들어보라. 책상의 나뭇결 위로 손가락을 움직여보라. 그 위에 난 긁힌 자국과 그것이 어떻게 거기에 있게 되었는지에 대해 생각해보라. 매직의 뚜껑을 열고 잉크 냄새를 맡아보라….

왜 그러하냐면, 단지 서재 안에만 해도 여러분이 일평생 사용하고도 남을 예시와 이야기 소재가 넘쳐날 것이기 때문이다! 다만 여러분이 할 일은 그것에 대해 여러분의 감각을 계발하는 것이다. 일생 동안 우리는 우리 주변에 존재하고 발생하는 많은 것을 무시하는 법을 배우기 때문에 - 우리는 이런 행동을 해야 하는데, 만약 그렇지 않으면 거의 어떤 것도 성취하지 못할 것임 - 매일같이 이야기로 바뀔 수 있는 많은 것을 놓치며 지나간다. 우리가 배워 온 이 무시의 과정을 설교자는 거스르는 법을 배워야 한다. 그렇게 하기 위해서는 매일의 노력이 요구될 것이다.

매일 마다 여러분의 공책에 단지 서재를 관찰함을 통해서만 얻은 적어도 한 가지의 사례나 예시나 이런저런 이야기를 기록하라. 그 일을 매일 6개월에서 8개월 해보라. 좋은 것이든 안 좋은 것이든 상관하지 마라. 다른 어떤 일을 하기 전에, 기도한 후 그것을 적어두라. 곧 점점 더 많은 것을 - 더 빠르게 - 감지하며 이야기가 술술 나온다는 것을 발견하게 될 것이다. 더욱이 그것들은 점점 더 나아질 것이며, 얼마 지나지 않아 매우 즐거운 일이 될 것이다.

두 번째 제안은 다음과 같다: 공책을 교회 예배당이나 여타 가르치는 장소로 가져가서, (매주) 거기서 감지되는 것에서 적어도 둘 이상의 이야깃거리를 작성해보라. 이러한 연습은 다가오는 주의 설교나 대화에서 여러분 주변에 있는 것을 실제로 가리키거나 언급해볼 수 있게 할 것이다("저쪽의 빛이 보이시죠? 자 그렇다면 …" 등등).

그런데 위에서 제안된 이야기들은 사물과 관계된다. 그것들은 괜찮은데 특별히 설교 중 간단한 언급(작은 이야기)으로서 그러하다. 또한 그것들은 보다 손쉽게 접근할 수 있다. 그러나 그리스도의 비유들과 같이 여러분이 말하는 것 중에 가장 효과적인 이야기는 행동("씨를 뿌리는 자가 뿌리러 나가서 …")이나 대화(현대 번역본의 인용부호에 유의요) 중에 있는 인물과 관련된 보다 긴 이야기임을 발견할 것이다. 대화는 청자가 이야기 속으로 들어와 체험해볼 수 있도록 하는 데 있어 매우 유용한데, 곧 그것은 말해지는 바로 그 순간에 이야기 사건이 발생하도록 하는 경향이 있다. 전혀 놀랍지 않게도 그리스도께서는 매우 많은 대화를 사용하셨다.

그러나 여러분은 어떻게 대화나 행동 중에 있는 인물을 포함한 이런 이야기들을 계발할 수 있을까? 기본적으로 다음과 같은 두 가지 방식이 있다:

1. 가상의 이야기를 지어냄으로써("한 농부가 밭을 방금 갈고 … 등등을 했다고 생각해보라").
2. 어디에 있든지 눈과 귀를 계속하여 열어 놓음으로써.

다른 사람들이 일어나는 모든 일에 무감각하고 한가롭게 있을 때에,

지혜로운 설교자는 일하고 있다. 그는 그런 소재를 찾아 **항상** 주시하고, 청취하고, 탐색한다. 만약 단지 계속하여 깨어 있으며 잊어버리지 않기 위해 바로바로 기록하기만 한다면, 곧 다량의 좋은 소재를 모으게 될 것이다. 그런데 그것들 대부분은 불현듯 그에게 나타나게 될 것이며, 그가 그것을 억지로 좇아 갈 필요가 없을 것이다.

따라서 설교자 여러분은 한 동안 (매일) 이런 일들을 정기적으로 열심히 하고 난 뒤에 다음과 같이 흥미로운 결과가 발생하는 것을 목도하게 될 것이다: **여러분이 설교하는 동안**, 온갖 종류의 이야기가 갑자기 머리에 떠오르게 될 것이다. 이것들 중 일부는 좋을 것이지만, 불쑥 떠오르는 그것들 대부분은 그리 좋지 않을 것이다. 그러므로 여러분은 처음에는 즉석에서 그것들을 사용할 만큼 자신을 믿지 않는 것이 지혜로울 것이지만, **설교가 끝나자마자** 그런 이야깃거리에 대해 메모하고 가능성이 있으면 추후에 고치도록 하라.

설교 시에 그런 이야기를 사용하지 않는 한 가지 이유는 효과적으로 이야기하기 위해서 여러분은 그것을 **표현하는 최상의 방식**을 심사숙고 해야 한다는 점이다. "급소를 찌르는 대목"이 있는가? 그것에 대한 **정확한** 표현은 무엇이어야 하는가? 그것을 말하는 데 사용할 최상의 순서는 무엇인가? 이것들과 여타의 관련된 질문들이 고려되어야 한다.

그러나 결국에는 이런 일을 행한 후 이 과정들이 대체로 자동적이 되며, 마침내 많은 이야기들이 **떠오를 때 즉석에서** 이용할 수 있는 날이 올 것이다. 바로 그때 설교가 참으로 자유로워지게 된다. 여러분은 다음 설교의 개요 속에 설교를 전달하기 전까지 결코 생각지 못했던 소재를 삽입하는 자신을 발견하게 될 것이다. 그러나 그러한 단계는 단지 필자가 이미 제안한 종류의 매우 주의 깊고 훈련된 노력 이후에서 온다.

이야기는 설교에 사람들이 보고 들으며 냄새 맡는 창을 설치하는 것이다. 그러나 여러분 자신이 먼저 맛보고 만져보지 않은 것을 회중이 보거나 듣게 할 수는 없다. 따라서 무엇보다 하나님의 말씀을 그 진리에 온전히 민감해지기에 충분할 만큼 진지하게 다루며 여러분이 필요로 하는 모든 유비를 발견할 만큼 충분히 깊게 그분의 피조물을 관찰하라. 결국 여러분의 설교와 회중 역시 민감해질 것이다!

작은 형태의 이야기와 대조적인 긴 이야기는 완결되었을 때 다음과 같은 다섯 요소로 이루어진다:

1. 배경 또는 서론적 소재
2. 발단이 되는 곤란한 상황(또는 문제)
3. 지속적인 긴장감
4. 절정(또는 문제의 해결)
5. 결론

이 다섯 요소는 자연스러운 순서로 다음과 같이 도표로 그려질 수 있다:

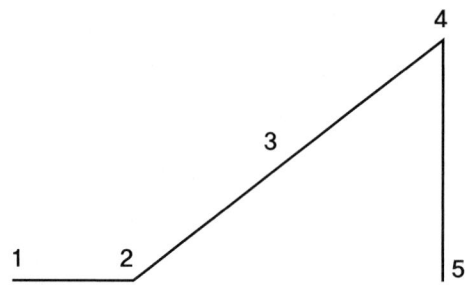

이 도표는 다음 세 가지를 나타낸다:

1. 이야기의 자연스러운 순서
2. 각 요소에 배정된 시간의 길이
3. 각 지점에서 유지되는 흥미도

이야기의 배경은 기대되는 흥미로운 주제에 관해 보통의 수용가능한 수준에서 시작되며, 문제(곤란한 상황)의 소개와 함께 오르고, 지속적인 긴장감이 올라감에 따라 상승한다. 흥미가 최고조에 이를 때 해결(절정)이 발생한다. 그런 다음, 흥미도가 떨어진다. 바로 이것은 결론이 짧아야 하는 이유이다(때때로 결론은 전혀 필요하지 않으며, 절정과 결론이 결합된다). 그리스도의 비유들을 이 도표에 비추어 검토해보라.

감각 호소와 이야기에 대해 훨씬 더 많은 것들이 말해질 수 있을 것이지만, 이 간략한 분석과 더불어 소개된 실제적 제안들은 진리가 잊혀지지 않고, 명료하고, 호소력 있으며, 감동적이고, 적용 가능하며, 실제적으로 만들기 위해 그것들을 진지하게 숙고하고 따를 각오가 되어 있는 사람들에게 상당량의 도움을 줄 것임에 틀림없다.

3부
방식

THE
MANNER

Part 3

THE Manner

14장. 능력 있는 설교

제프리 토마스

개혁주의 신앙을 가진 설교자가 직면하는 가장 큰 위험 중의 하나는 초지성주의hyper-intellectualism, 곧 오로지 지적인 것에만 관심을 가진 순전히 이지적인 형태의 설교에 빠지는 끝없는 위험이다. 사람들은 교리에 집착하게 되며 결국 두뇌 지향적인 설교자가 된다. 결과적으로 그들의 청중에게는 감정과 경건과 실천적인 점에서의 끔찍한 빈곤함이 초래된다. 그런 목회자들은 책을 좋아하는 자이지 사람들을 좋아하는 자는 아니며, 교리는 알지만 종교의 감정적 측면에 대해서는 무지하다. 그들은 체험이나 하나님과의 끊임없는 교제와 관계를 거의 중요시하지 않는다. 기독교의 진리를 남녀의 사람들에게 단순히 설명하는 일은 예수 그리스도의 순전한 사랑스러우심과 매혹의 엄청난 능력을 느끼고 이것을 청자의 전인에 역동적으로 전하여 그분을 온 마음과 영혼과 뜻과 힘을 다하여 사랑하는 차원의 변화가 있도록 하는 일과 별개이다. 또한 이것은 다음과 같이 신약성경의 관심사이다: "주께서 허락하시면 내가 너희에게 속히 나아가서 교만한 자들의 말이 아니라 오직 그 능력을 알아보겠으니 하나님의 나라는 말에 있지 아니하고 오직 능력에 있

음이라"(고전 4:19-20).[1]

이 문제는 보편적이다. 강단의 무능력을 지적하지 않는 교단이나 목회자 단체가 없으며, 설교자에게 능력의 원천과 목회의 혁명을 제안하는 설교학 문헌이 전혀 부족하지 않다. 어떤 사람들에게 그 해답은 방언glossalalia이지만, 동일한 무능력이 비 오순절교회 강단뿐만 아니라 오순절교회 강단에서도 명백히 나타난다. 다른 이들에게 그 해답은 겁날 정도로 금욕적이며 그 어조가 거의 두렵게도 수도원적이다. 곧 기도와 금식과 고행과 자기부인 가운데 고통을 겪는 일 모두가 무능력에 대한 유일한 해답으로 절대화된다. 얼마나 이것이 젊은 목회자를 겁먹게 만드는가! 이것은 푸른 풀밭과 쉴만한 물가는 제외하고 시편 23편을 읽는 일과 같으며, 해설자의 집Interpreter's House과 목자의 풀밭Shepherds' Field과 뿔라의 땅Beulah Land은 제외하고, 단지 원수와 싸움과 분쟁과 관련해서만 천로역정Pilgrim's Progress을 읽는 일과 같다. 물론 십자가의 그늘이 강단을 포함하여 우리 기독교인의 삶의 모든 일 저편에 드리워져 있다. 만약 어떤 사람이 자기부인과 십자가를 지는 일에 생소한 자라면 설교의 능력이 어디에서 나오겠는가? 그러나 아무도 단지 고행을 통해서만 능력 있는 설교자가 결코 되지 않았는데, 하나님의 말씀과 우리 자신의 경험 양자 모두 그런 결론에 이르도록 허용하지 않는다.

그렇다면 설교의 능력은 어디에서 찾아져야 하는가? 확실히 집회 강사나 인기 있는 목사 등의 엘리트 집단의 희귀한 소유물로서는 아닐 것이다. 하나님의 말씀의 참된 선포가 되려면, **모든** 설교가 하나님의 능력을 동반해야 할 것이다. 잘못된 주해로 잘못 전하는 일만큼이나 성경을 능력 없게 선포하는 일은 죄악된 것이 아닌가? 신약성경이 복음을 전하는 것과 관련하여 아는 유일한 방식은 하늘로부터 내려오신 성령 하나님과 함께하는 것이다. 우리의 설교는 그 내용이 교리든 책망의

---

1. 영어 원서의 모든 성경 인용문은 따로 표시되지 않는다면 NIV에 근거하며, 본 한글 번역서는 특이점이 없을 경우 모두 개역개정판에 따른다.

말이든 구체적 적용이든 능력 있게 행해져야 한다. 위로나 동정의 말이든, 혹은 은혜를 가장 빈약하게 덧입은 것으로 보이는 자들에 대한 가장 애정 어린 관심의 표현이든, 모두 능력 있게 행해져야 한다. 복음주의적으로 겸손하며 각성하게 하든, 아니면 목회적으로 위로하며 격려하든 모든 참된 설교는 하나님의 능력으로 가득차야 한다.

그러나 거듭 말하건대, 그런 능력은 어디에서 찾을 수 있을까? 그 원천은 무엇인가? 분명히 그것을 설명해주는 유일한 원인은 설교자의 영혼 속에 있는 하나님의 생명이다. 그것은 성령에 의해 중생 가운데 태어나는 것이다. 길버트 테넌트Gilbert Tennent의 유명한 설교가 있은 후 230년이 지났지만, 오늘날 세계에서 기독교 신앙의 신빙성에 대한 가장 큰 단일 장애 요소는 여전히 회심하지 않은 목회라는 것이다. 그토록 많은 강단의 무능력의 원인을 많은 설교자가 예수 그리스도를 믿는 믿음을 통한 구원을 모르는 자들이라는 점 외에 다른 데서 찾을 필요가 전혀 없다. 존 웨슬리John Wesley와 토머스 찰머스Thomas Chalmers와 아브라함 카위퍼Abraham Kuyper는 모두 목회 초기에 매우 빈약하고 한심한 설교자였는데, 그 이유는 바로 그들이 회심하지 않은 사람들이었기 때문이다. 능력 있는 설교는 거듭남 가운데 배태되며 우리 구주 예수 그리스도와의 교제 가운데 유지되고 풍성해진다.

그러므로 조엘 네더후드와 에롤 헐스 양자 모두가 본서 앞부분에서 지적했던 대로, 바로 목사의 예수 그리스도와의 개인적 관계가 그의 존재와 주님께 대한 봉사 가운데 행하는 모든 것의 결정적 기초 역할을 한다. 이러한 종류의 관계가 목사에게 위로부터의 기름부음의 능력을 덧입힌다. 그러나 이것 외에 우리의 자비로우신 하나님은 설교자의 말씀 선포를 그분의 능력으로 강화시켜주는 세 가지 특정한 수단을 제공하셨다.

1. 말씀의 능력

"하나님의 말씀은 살아 있고 활력이 있다"(히 4:12). 하늘에서의 능력은 다음과 같이 하나님이시다: "인자가 권능의 우편에 앉아 있는 것을 너희가 보리라"(마 26:64). 지상에서의 능력은 다음과 같이 복음이다: "이 복음은 … 구원을 주시는 하나님의 능력이 됨이라"(롬 1:16). 그 이유는 모든 성경이 하나님의 숨결로 되었다는 것이다(딤후 3:16). 즉 그것은 하나님의 호흡이며, 모든 문장과 구가 여호와의 숨결이다. 그것은 모두 그분의 호흡으로 된 것인데, 왜냐하면 그분이 미세한 부분까지 전체 작성 과정을 감독하셨기 때문이다. 성경에 독특한 권위를 부여하는 것은 성경의 온전한 신뢰성이 아니다. 심지어 성경의 완전한 진실성도 아니다. 성경이 능력이 있는 것은 바로 하나님의 말씀이기 때문이다. 즉 그것이 말하는 것은 하나님이 말씀하시는 것이다. 그것은 "있으라"라고 말하자 우주가 생겨나게 된 바로 그 말씀과 동일한 것이며, 땅의 흙으로 형체가 이루어진 것의 코에 생기를 불어넣고 살아 있는 사람을 만든 바로 그 호흡과 동일한 것이다. 그것은 제자들이 주님께서 앉아 "심령이 가난한 자는 복이 있나니 천국이 그들의 것임이요"(마 5:3)라고 말씀하며 산상설교를 계속하여 전하실 때 그분에게 들었던 바로 그 말씀과 동일한 것이다. 성경은 영이요 생명이다(요 6:63).

하나님께서는 이 놀라운 책을 우리에게 주셨으며, 그것은 순례자인 모든 회중의 중심에 위치한다. 사도 시대에 계시적 은사들이 행한 것을 이 완전한 은사는 그 이래로 행해왔으며 주님의 재림까지 계속할 것이다. 하나님의 말씀은 교회의 표지이다. 만약 우리가 그것과 나란히 성례와 권징을 동등한 중요도의 다른 두 교회의 표지로 올려놓는다면 확실히 우리는 잘못을 범하는 것이다. 만약 하나님의 말씀이 더 이상 믿어지며 선포되지 않는다면, 권징의 설자리가 어디 있으며 성례에 무슨 의미가 있을 수 있는가? 이것이 바로 그 말씀에 굴복한 하나님의 백성들이 성경의 무오류적 특성에 대한 고백을 단념하지 않으려 하는 이유인데, 왜냐하면 만약 잘못이 있다면, 그것은 하나님의 말씀이 아니기 때문이다. 어떤 사람도 사도와 선지자들이 우리와 더 이상 함께 하시지 않는다고 탄식할 필요가 전혀 없다. "그러면 무엇을 말하느냐 말씀이 네게 가까워 네 입에 있으며 네 마음에 있다 하였으니 곧 우리가 전파하는 믿음의 말씀이라"(롬 10:8, 영어 원서는 KJV). 하나님께서는 바로 이 말씀을 교회에 제공하는 배려를 하신 것이다.

이것이 교회가 성경의 진실성과 능력에 대해 하는 고백인데 그것은 다음과 같은 가장 근본적인 질문을 제기하게 한다: 우리의 설교는 왜 바로 그 말씀의 능력을 나타내지 않는가? 사람들이 왜 바로 그 말씀의 능력을 느끼지 못하고 있는가? 사람들이 말씀을 무시하는 것은 왜인가? 그들이 어떻게 그 말씀을 들으면서 잠드는 지경에 이를 수가 있는가? 회중들은 왜 말씀에 그토록 무 반응적인가? 그런데 만약 우리가 우리 자신에게 정직하다면, 한 걸음 더 나아가 우리 자신이 이 말씀에 자주 반응하지 않음을 고백해야 한다. 우리가 그것에 감화를 받지 못하고 변화되지 못한다. 우리가 말씀의 능력을 모르는 자들이라면, 과연 왜 그러한가? 확실히 말씀은 부족한 점이 없다. 예수 자신이 말씀의 권위와 영원성을 증거하신다(요 10:35). 그분은 거듭하여 성경은 반드시 성취될 것이며 천지보다 더 오래 존속한다고 역설하신다. 사람들이 경청하며 감동을 받든 그렇지 않든, 성경은 하나님의 말씀으로 남아 있다. 그렇다면 교회에서 하나님의 말씀의 능력을 느끼는 일의 부재는 무엇에서 기인하는가? 다수의 질문이 제기되어야 할 것이다.

1. 우리는 말씀을 읽는가?

이것은 아주 초보적이지만, 우리의 마땅한 출발점이다. 우리는 성경을 읽는가? 우리는 일간 신문을 읽는 것 이상으로 그것을 읽는가? 우리는 그것을 매일 읽는가? 우리는 매일 상고하는 일, 곧 시간을 정하여 숙독하는 일을 의무로 여기는가? 우리는 성경에 질문을 하며 그 의미에 대해 질문하고 숙고하는가? 우리는 성경을 샅샅이 뒤져보는가? 우리는 성경에 대한 지식에 있어 향상되고 있는가? 우리는 이것을 우리의 인생의 주요 목표 중 하나로 삼고 있는가? 우리는 성경에 관하여 통찰력을 제공하는 다른 것들을 읽는가? 기독교적 대화 가운데 우리는 하나님의 말씀의 의미에 대해 이야기하는가? 우리는 성경에서 감동을 받는가?

사도 바울은 우리로 하여금 칭의와 영화의 모든 영광과 인간 역사 가운데 하나님의 주권을 알도록 하고 로마서 11장에서 준비된 절정으로 이끈다. 그는 잠시 감격하여 뒤로 물러서 이렇게 말한다: "깊도다 하나님의 지혜와 지식의 풍성함이여, 그의 판단은 헤아리지 못할 것이며 그의 길은 찾지 못할 것이로다"(롬 11:33). 그는 하나님께서 그에게 주신 진리에 대한 자신의 강해 가운데 놀라움으로 숨을 헐떡인다. 그는 그러한 정상에 서서 내려다보며 "깊도다"라고 외치는 것이다. 우리는 과연 이렇게 느껴본 적이 있는가? 만약 그렇지 않다면 우리의 회중은 결코 이렇게 느껴본 적이 없을 것이며 따라서 예배 가운데 한없이 빈곤해졌을 것이다. 사람들에게 에베레스트와 같은 웅장함 가운데 진리의 온전한 경이로움을 제시하는 것이 목사의 의무가 아닌가? 진정한 기독교적 경험은 우리의 감정에 교리적 진리가 영향을 미치는 일이다(본서에서 사무엘 로건이 상기시키듯이, 조나단 에드워즈는 이 점을 분명하게 인식했음). 그러나 만약 우리가 성경을 읽지 않고, 읽지 않고, 읽지 않고, 좀 더 읽지 않는다면, 우리는 성경의 감동을 받지 못할 것이며, 그 안에 있는 진리의 능력을 맛보지 못할 것이다.

필자가 성경에 대해 전적으로 건전한 교리를 소유하며 그것의 무오류성에 대한 논거와 증거본문을 알 수 있더라도, 만약 매일같이 친밀하게 그것을 접하지 않는다면, 이 모든 것이 무슨 유익이 있겠는가? 만약 그것이 여호와의 말씀이라면 우리의 인생은 그것의 권위 하에서 보내져야 한다. 우리는 많은 강단의 무능력에 대한 이유를 다음과 같은 일 이외의 다른 것에서 찾을 필요가 없다: "성경을 상고하라"고 말씀하신 구주께 순종하는 일.

2. 우리는 말씀을 설교하는가?

바울은 디모데에게 "말씀을 전파하라"(딤후 4:2)고 훈계했는데, 이는 오늘의 목사들에 대한 그의 훈계이기도 하다. 성경의 모든 것이 교회 전체에 의해 이해되어야 하며, 성경의 모든 것이 교회 전체에 전해져야 한다. 바로 이것이 하나님께서 성경을 주신 이유이다. 우리는 성경의 모든 것을 전하고 있는가? 우리는 창세기부터 요한계시록까지 다루며 이 일을 반복하는가? 신약 교회의 첫 번째 설교는 구약성경으로 가득 차 있었으며, 그것은 하나님의 복을 받아 3천명의 사람들의 회심을 이끌었다. 성경의 절반이 역사적 서사histoiral narrative이지만, 오늘날 우리의 강단에서 성경 중 가장 소홀이 되는 부분이다. 성경의 역사는 우리의 감정을 진리로 이끌며, 우리의 설교를 듣는 회중을 특징짓는 절름발이 스토아주의Stoicism의 일부는 우리 편에서의 이러한 소홀함에 기인한다. 구약성경의 역사적 서사에 대한 일련의 설교가 매우 필요한데, 그것은 오늘의 설교자들에게 지침과 본보기 역할을 할 수 있을 것이다. 가장 좋은 모범은 여전히 존 칼빈의 설교이다.

말씀을 전파하라는 훈계는 강해적 방법에 의해 가장 잘 이행될 수 있는데, 그것은 성경의 각권을 살살이, 특히 구속의 체계를 제시하는 부분을 체계적으로 전하는 것이다. 그것은 가장 분명하고 자연스러운 설교 방식이며 설교자 자신뿐만 아니라, 청중에게도 최대의 지식을 제공할 것이다. 본문은 특정 문맥 안에서 발견되며, 진리들 간의 연관성은 개별적 명제들 자체만큼이나 이해에 필수적이다. 그것들은 은상자에서 꺼내져, 모두에게 과시되듯 보여지고, 다시 넣어지는 보석들이 아니다.

절들은 분리된 문장들이 아니며, 서사들 속에 놓여져 있는 것이거나 일관된 주장들의 부분이다. 성경 각권을 샅샅이 설교하는 일은 우리로 하여금 하나님의 온전한 뜻을 선포할 수 있게 하며 불균형과 사사롭게 설교자 자신을 뽐내는 일에 빠지는 일에서 구해준다. 또한 그것은 가장 흥미로운 설교 방법이다. 곧 그것을 지루하게 만들 수 있는 설교자는 드물 것이다. 단지 가장 피상적 부류의 기독교인만이 아덴의 풍조에 사로잡혀 매 주일 새로운 것, 다른 목소리 혹은 성경의 다른 부분의 절이라는 색다름에 안달이 나 있을 것이다.

말씀은 서로 연관되는 가운데 전해져야 하는데, 왜냐하면 바로 이것이 하나님의 온전한 뜻을 사람들과 관련시키며 목사에게 특정 개인을 겨냥하여 설교한다는 비난을 피하면서 모든 종류의 악을 꾸짖고, 질책하여 드러낼 수 있는 기회를 주기 때문이다. 또한 그것은 목사로 하여금 그렇지 않다면 주일이 다가옴에 따라 본문을 선택하는 일에 수반될 주저함과 의심을 면하게 해준다. 일 년의 과정을 죽 진행하다보면 회중이 경험하는 많은 난제들이 다뤄지고 대답될 것이다. 이것은 교회 개척에 있어 엄청나게 중요한데, 왜냐하면 말씀에 대한 이 강해 사역 가운데 경험한 깊은 만족으로 인해 사람들이 그런 설교가 행해지는 교회가 어디인지 전국에 걸쳐 찾아보길 열망하게 되기 때문이다.

3. 우리는 말씀을 논리적이며 질서 있게 선포하는가?

우리는 전도자가 구약에서 했던 것을 하는가? "전도자는 지혜자이어서 여전히 백성에게 지식을 가르쳤고 또 깊이 생각하고 연구하여 잠언을 많이 지었으며"(전 12:9). 우리를 당신의 형상으로 만드신 하나님은 질서의 하나님이시며, 우리는 합리적이며 조직적인 전개를 알 수 있을 때 최상으로 기능한다. 바울은 깨달음이 있는 다섯 마디 말을 중시한다(고전 14:19). 1741년 7월 엔필드Enfield의 뉴잉글랜드 회중의 다수에 관한 한 교훈적인 기록이 있는데, 그 때에 조나단 에드워즈가 신명기 32:35의 "그들이 실족할 그 때에"라는 말씀에 대해 설교했다. 기록되기를 에드워즈는

> … 자신의 노력의 결과를 간절히 열망하고 자신의 주장의 모든 단계가 빠르고 온전히 이해되도록 주의하며 교사와 같은 명확하고 세심하고 예증적인 방식으로 시작했다. 그가 본문의 의미를 펼쳐 보이며 나아갈 때에, 최고로 세심한 놀라운 이미지라도 부적절하게 표현할 수밖에 없었다. 회개하지 않는 자의 파멸과 위험에 대한 그의 최고로 끔찍한 묘사는 다만 그들로 하여금 그가 그들에게 믿도록 강권한 진리들을 보다 명확하게 이해하게 해주었다. 그것들은 상상의 산물이 아니라, 정말로 실재하는 것, 곧 논증의 일부처럼 보였다.[2]

조리 있는 진리의 제시에는 엄청난 능력이 있는데, 목사들은 위험스럽게도 탄탄한 개요와 구조와 같은 것들을 등한히 여긴다(본서의 글렌 넥트의 이 주제에 대한 전면적 논의 참조). 이것은 사도적 설교의 방식이 아닌가? 로마서에 나오는 모든 "그러므로"therefore라는 표현이 어떻게 그 서신의 다양한 요소들을 서로 연결 짓고 결합하며 전개시키는지 숙고하라. 물론 설교는 서신과 다르며, 그런 연쇄적인 논증을 지속할 수 없다. 서너 번의 연결로 충분하다. 회중은 설교가 끝난 뒤 되새기며 단순히 "하나"에서 "셋"까지 지나왔는지 뿐만 아니라 어떻게 그러한 과정을 거쳤는지 알고자 한다. 지나치게 많은 주제와 부주제는 논리적 설교에 대한 많은 대중적 편견을 야기해왔는데, 곧 그것은 강의와 너무나 유사하며 딱딱하고 지루하게 느껴진다는 것이다. 논리적으로 사고하지 않는 설교자에게는 아무런 능력도 없다는 것은 진실이다. 능력이 없는

---

2. John Gillies, *Historical Collections of Accounts of Revivals*, (Edinburgh: Banner of Truth, 1981), p. ix.

목사는 서툴고 장황하게 논리를 전개하는 자이다. 설득력 있는 설교자는 조나단 에드워즈와 같이 논리적이며 간결하게 논증한다. 그가 흥미를 유발하는 이유는 인간의 마음 가운데 있는 질서와 오성understanding에 대한 깊은 갈망을 만족시키기 때문이다.

4. 우리는 차별적 방식으로 말씀을 선포하는가?

차별적 설교란 기독교인과 불신자의 차이를 드러내는 설교를 말한다. 바울은 에베소인들에게 성령께서 손에 검을 지니고 계신데 그 무기는 곧 하나님의 말씀이라고 말한다(엡 6:17). 성령께서는 사람들로 하여금 죄를 깨닫게 하시고 그리스도께 이끌기 위해 하나님의 말씀에 대한 어떠한 종류의 설교를 사용하셨는가라고 질문하는 것 이상으로 설교자에게 유익하고 깨달음을 주는 연습은 없다. 과연 무엇이 마틴 로이드 존스와 스펄전과 존 웨슬리와 조지 화이트필드와 청교도와 종교개혁가와 교부와 사도와 선지자의 설교를 특징지었는가? 왜 그들의 사역은 그토록 하나님께 붙들림 받아 많은 사람들이 듣고 회심하게 되었는가? 확실히 다음과 같은 한 가지 점이 그들 모두를 특징지었다: 그들의 설교는 사람들의 마음의 가장 깊은 곳까지 심혈을 기울여 추적하며 도달하려 했다. 하나님의 말씀은 서커스 공연자의 손에 있는 검이 아닌데, 그것은 눈부신 묘기를 보여주는 가운데 거듭하여 던져지고 잡아지는 것으로 결국 20분 뒤에는 공연이 끝나고 군중이 얼마나 멋진 쇼였는지를 말하며 집에 돌아갈 것이다. 하나님의 말씀이라는 검은 외과의사의 메스와 매우 유사한데, 말씀의 의사된 자들은 깊숙이 도려내야 한다.

오순절 날의 사도 베드로의 설교를 숙고해보자. 그는 술 취함의 비난에 대해 교회를 변호함으로 시작하지만, 재빨리 그 사건이 예언의 성취, 곧 하늘과 땅에서 특이한 사건들이 벌어지는 요엘의 날, 곧 주의 날이요 구원의 날의 성취라고 선언하는 일로 전환한다. 예루살렘 사람들은 단순히 또 하나의 미사여구의 과시를 본다고 느꼈는가? 더욱이 그들은 술 취함의 비난과 베드로의 변명 중에 선택해야 한다고 느꼈는가? 전혀 아니다! 베드로는 이 사람들이 스스로 참관인이거나 배심원이라고 생각하거나, 혹은 그와 그의 말을 판단하기 위해 거기에 있는 것으로 생각하도록 결코 허용하지 않았다. 오히려 그는 그들이 전에 결코 보지 못한 방식으로 그들의 죄책과 죄를 드러냈다. 그들은 사악한 손으로 하나님의 정하신 뜻과 예지로 구원되신 분을 십자가에 못 박고 살해했다. 그들은 하나님의 독생자를 죽였다. 그들이 그 설교자를 판단하지 않고 있었으며, 반대로 그 설교자가 그들에 대한 하나님의 심판을 선언하고 있었던 것이다! 그들은 옳고 그름을 극도로 중요하게 여기시는 여호와를 만나야 했고, 그 우편에 좌정하신 분은 자신들이 죽인 자였다! 베드로는 바로 이 여호와를 예배하기 위해 예루살렘에 순례를 온 세상에서 가장 종교적인 사람들에게 설교하고 있는데, 그 목적은 다만 그들이 그분의 독생자의 죽음에 연루되었음을 알리기 위함이었다. 베드로는 검술의 멋진 시현을 하는 공연자로서 검을 휘두르지 않았다. 그는 그들의 마음을 가차 없이 찔렀으며, 그들이 주 예수를 거절하는 동안 멈추려 하지 않았다. 본서의 다른 데서 제시된 용어를 사용하자면, 베드로는 현상학적으로 설교했으며, 그 결과는 사람들은 그의 말에 마음이 찔렸다는 것이다(행 2:37).

만약 하나님의 말씀이 생명이요 능력이라면 왜 우리가 자칭 교회에서 그런 명백한 빈약함을 목도하는가라고 우리는 질문한다. 그리고 우리는 다음과 같은 간단한 대답을 제시한다: 곧 오순절 시 베드로의 설교와 같은 말씀에 대한 차별적(현상학적) 설교의 결여 때문이다. 그는 사람들의 양심에 직접적으로 말했다. 그는 그들의 죄를 거명했으며, 하나님의 심판의 위협을 지적했으며, 그들이 무엇을 할지 묻기까지 침묵하지 않으려 했다. 물론 그는 자애롭게 말했으며, 그의 청중을 사랑했다. 우리는 사람들이 자신들을 사랑하는 것 이상으로 그들을 사랑해야 한다. 하지만 그들의 실상에 대한 그의 증거에는 신실함이 있었다. 스데반은 잠시 뒤 설교할 때 동일한 반응을 경험했다. 즉 그의 청중 역시 들은 것에 마음이 찔렸다(행 7:54). 그들은 그의 설교를 미워했으며 그를 죽였다. 만약 우리 역시 지옥의 문 안으로 머리를 들이밀고 사람들에게 그들이 죽을 준비가 되어 있지 않으며, 큰 심판을 맞이할 준비가 되어 있지 않고, 곧 그 지옥의 문들이 사망 가운데 그들에게 닫힐 것이며, 그래서 죄인들은 은혜를 알지 못하므로, 아무런 은혜의 베풂도 없을 것이라고 말하지 않는다면, 우리의 설교는 오순절 시 베드로의 설교의 능력에 결코 근접하지 못할 것이다.

신약성경의 그리스도인들은 그토록 자주 무엇을 요청하는가? 우리는 우리의 인생과 사역 가운데 무엇을 필요로 하는가? 그것은 담대함인데, 왜냐하면 다음과 같이 말씀되기 때문이다: "두려워하는 자들과 믿지 아니하는 자들 …은 불과 유황으로 타는 못에 던져지리니"(계 21:8). 지옥의 문이 교회 앞에서 무너지지 않는 한 가지 이유는 설교 시 우리의 담대함의 결여이다. 우리는 기독교인과 비 기독교인을 구분하지 않고 있는데, 곧 우리의 용어와 적용이 너무나 일반적이다. 우리는 성령의 검이 아니라 지휘자의 봉을 휘두르고 있는 것이다.

5. 우리는 적용적인 방식으로 말씀을 선포하는가?

적용적 설교란 기독교인에게 순종과 불순종의 차이를 드러내는 설교를 말한다(존 베틀러와 글렌 넥트가 본서의 앞부분에서 주장한 점임). 예를 들어 보자. 예수께서 당신의 제자들에게 산상 설교를 전하셨을 때, 바리새인의 오류와 위선이라는 전체 배경 가운데 윤리와 경건을 설명하셨다. 바리새인들이 궤변casuistry과 덧붙인 전통으로 하나님의 율법을 준수하기 더 어렵게 만들었다고 자주 여겨지지만, 사실상 이것들은 반대의 결과를 지녔으며, 마태복음 5장에서 예수께서는 당신의 제자들에게 하나님의 율법의 온전한 요구를 적용하심으로써 참된 순종의 값비싼 대가를 보여주셨다. 제자들의 의는 서기관과 바리새인의 의보다 더 나아야 하는데, 만약 그렇지 않으면 천국에 들어갈 가능성이 전혀 없을 것이다(마 5:20). 그분은 "살인하지 말라"는 계명을 행동뿐만 아니라, 다음과 같이 태도와 말에도 적용했다: "미련한 놈이라 하는 자는 지옥 불에 들어가게 되리라." 그분은 기독교인들에게 잔존한 죄의 능력을 무너뜨리기 위해 지옥 형의 위협을 가하셨다. 그분은 하나님 역시 음란한 생각을 미워하시며 두 눈을 가지고 지옥에 가는 것보다 오른쪽 눈을 빼라고 훈계하셨다고 그들에게 경고하심으로써 제7계명을 적용하셨다. 적용적 설교에서, 기독교적 제자도의 함의는 영으로 사는 신자들과 삶의 특정한 부분에서 육으로 사는 자들을 구분하기 위해 매우 분명하게 명시된다. 산상설교의 세 장보다 적용적 설교에 대해 배울 수 있는 더 나은 성경 단락은 없다.

이 점을 다른 방식으로 예시해보자. 하나님의 말씀의 약속들이 믿는 모든 자에게 주는 위로를 받아들이는 것은 기독교인의 의무인데, 그 위로란 주님께서 우리의 모든 필요를 제공하시며, 모든 일이 합력하여 우리의 유익이 되도록 역사하실 것이고, 아무것도 그분의 사랑에서 우리를 끊지 못하게 하실 것이며, 우리의 믿음이 좌절되지 않으리라는 것이다. 무엇이 우리의 마음을 상하게 한다더라도, 하나님의 약속 가운데 우리에게는 위로가 있다. 마태복음 2장에 헤롯의 대학살로 자식을 잃은 베들레헴의 여인들에 대한 묘사가 있다. 그들은 "위로 받기를 거절하였도다"(마 2:18)라고 말해진다. 그 복음서 기자는 위로받기를 거절하는 자들은 하나님 나라에 참여하지 못한다고 말한다. 물론 죽음 앞에서의 슬픔은 절대적으로 타당하며 우리 주님 자신의 사례에 의해 승인되지만, 수년 동안 슬픔을 내세우며 하나님께서 그렇게 하신 일에 대해 전적인 당혹감을 나타내고, 심지어 다음과 같이 하나님의 행위를 탓하며 의해 자신의 불신앙을 정당화하는 사람들이 있다: "나는 그런 일이 일어나도록 하신 하나님을 이해할 수 없어." 베들레헴 사람들은 아기 메시아께서 때가 찼을 때 죄인을 위해 십자가에 달려 죽으실 수 있도록 그 검을 피하셨다는 점 때문에 위로받았을 수도 있었을 것이다. 아, 베들레헴 여인들이여, 당신네들이 슬픔 가운데 있을 때 얼마나 자기중심적인지를 아는가? 하나님의 위로는 전적으로 우리에게 생명과 평화를 주시기 위해 십자가에 내어주신 그분 자신의 아들을 통해 우리에게 매개되는데, 비록 우리에게 닥친 시험이 제아무리 슬플지라도 말이다. 마태는 자신이나 타인의 고통에 근거하여 하나님으로부터 소원해지는 일을 정당화하는 모든 사람들에게 이것을 말하고 있다.

적용을 결여한 설교가 현대 개혁파 강단의 실패의 근원이다. 말씀이 우리 앞에 그토록 인내심 있게 앉아 메시지를 듣는 이 사람들과 어떻게 연관되는가? 결과적으로 그들은 무엇을 행해야 하는가? 생각과 감정과 행위에 있어 어떤 변화가 초래되어야 하는가? 우리의 예배를 향한 가장 흔한 비판은 함께 부르는 찬송 이외에 우리는 회중으로 하여금 단순히 구경꾼이 되도록 요구한다는 것이다. 이것이 그들을 은사 집회로 내모는 이유인데, 거기서 그들은 예배 시 더 많은 역할을 한다고 믿도록 자주 속는다. 설교는 교회 모임에서 가장 긴 참여의 시간이 되어야 한다. 30분의 시간 동안 기독교인은 내적 감사와 찬양, 죄를 깨달음과 회개, 하나님을 사랑하고 그분께 순종하고자 하는 결단, 동료 신자와 여타 동료에 대한 새로운 관심을 가지도록 감동을 받아야 한다. 설교는 발코니에 앉은 사람들balconeers을 위한 것이 아니라 여행자들travellers,[3] 곧 하나님과 가장 긴밀한 관계를 가진 사람들을 위한 것이다. 즉 그것은 예배의 절정이 되는 측면이다. 무능한 목회에 관하여 적용적 설교의 실패 보다 더 보편적인 원인은 없다.

요약하자면, 하나님의 말씀의 능력이 존재하지만, 교회들 가운데 빈약

---

3. J.I. Packer, *Knowing God*, (London: Hodder and Stoughton, 1973), p. 5.

한 사역이 많이 존재한다. 잘못은 하나님이나 그분의 말씀에 있지 않다. 그분이 우리 시대를 위한 적절한 자원을 공급하시지 않은 것이 아니다.

우리는 텔레비전의 등장, 널리 퍼진 불신앙의 철학, 확고부동한 거짓 종교들, 또는 사람의 마음의 완악함을 변명으로 내놓으며 이러한 요인들에 대처할 빈약한 자원만 우리에게 제공되었다고 말할 수 없다. 왜냐하면 주님께서는 다음과 같이 대답하실 것이기 때문이다: 내가 네게 내 말씀을 맡기지 않았느냐? 그것은 살아 있고 능력이 있지 않느냐? 하나님의 부름을 받은 모든 사람에게는 말씀이 주어졌는데, 그것은 교회 회중과 세상 양편에서 발생할 수 있는 모든 필요에 대해 전적으로 적절하다. 그의 삶 가운데 성경에서 적절한 답이 없는 아무런 문제도 일어날 수 없다. 이것이 교회의 영광인 것이다. "믿음은 들음에서 나며 들음은 그리스도의 말씀으로 말미암았느니라"(롬 10:17). 이 말씀의 은사에는 다음과 같이 엄청난 책임이 수반된다: "각각 자기가 일한 대로 자기의 상을 받으리라… 각 사람의 공적이 나타날 것인데 그날이 공적을 밝히리니 이는 불로 나타내고 그 불이 각 사람의 공적이 어떠한 것을 시험할 것임이라"(고전 3:8, 13). 그때에 성경에 대한 청지기로서 우리의 책무도 드러날 것이다. 우리가 그것을 연구하고 설교했는가? 우리의 설교가 논리적이고 질서가 있었는가? 우리가 청중의 마음을 헤아리며 차별적 방식과 적용적 방식으로 설교했는가?

2. 믿음의 능력

오늘날의 강단이 참된 믿음의 본질을 명확하게 설교하는 믿음의 사람들로 채워지는 것보다 더 필요한 일은 없다. 이것이 능력 있는 설교가 발견될 수 있는 풍조이며, 이것이 전능하신 하나님께서 우리의 설교에 그분의 능력을 덧입혀주시는 두 번째 주요 수단이다.

1. 믿음의 사람

존 칼빈은 믿음에 대한 유명한 정의를 한다: "우리가 이제 만약 믿음이란 우리를 향한 하나님의 호의에 대한 확고하고 확실한 지식으로서 그리스도 안에서의 값없는 약속의 진리에 기초하며, 우리의 지성에 계시되고, 성령에 의해 우리 마음에 인쳐지는 것이라고 말한다면 그것에 대한 온전한 정의를 지니게 될 것이다"(Institutes 3. 2. 7.) 모든 죄가 그리스도 때문에 용서된다는 확실한 진리를 포함하는 이런 이해는 칼빈이 하나님의 참된 자녀가 온갖 종류의 의심과 불확실성으로 인해 고투할 가능성을 부인했다는 것을 뜻하지 않는다. 하지만 그것은 그가 확신의 결여를 신자와 특별히 목사의 비정상적 상태라고 올바로 보았다는 것을 뜻한다. 그것은 목사의 소명에 대한 성경적 전형과 모순되는 것이다. 사도들의 경험은 실제로 변함없는 확신의 경험이다. 설교자는 여느 신자와 마찬가지로 사탄의 맹렬한 화살을 알며, 불신앙과 씨름할 것이지만, 자신이 참된 신자인지에 대한 지속적인 불확실성은 능력 있는 설교를 방해한다. 자기 자신에 대해서도 확신이 없으면서 어떻게 타인에게 권고할 수 있겠는가? 신약성경에서 확신은 모든 설교자의 규범이다. 베드로는 하나님께서 자신을 거듭나게 하사 산 소망이 있게 하신 순간을 분명하게 기억한다(벧전 1:3). 바울은 하나님의 아들이 자신을 개인적으로 사랑하셨음을 확신한다(갈 2:20). 요한은 자신이 죽음에서 사망으로 옮겨졌음을 안다(요일 3:14).

기독교인의 전기는 동일한 증거를 한다. 조지 화이트필드는 일기에서 이렇게 적는다: "그리스도가 내 안에 내가 그리스도 안에 거함을 얼마나 확실하게 내가 느꼈는가! 또한 매일 성령의 위로 가운데 어떻게 걸어가며 커다란 평안 가운데 세워지고 새 힘을 얻는가!" 찰스 스펄전은 일기장에 이렇게 쓴다: "아, 그리스도인의 안전함은, 하늘에 있는 성도들만큼 복되진 않지만, 그들만큼 얼마나 확실한가! 주님, 제가 어찌 당신을 떠날 수 있겠습니까? 누구에게, 또는 어디로 제가 가겠습니까?" 앤드류 보나르Andrew Bonar는 이렇게 기록한다: "그리스도에 의해 하나님께 나아가는 길을 처음 발견한 이후 (실제로 내가 기억할 수 있는 최대한으로) 오랜 동안, 단 하루도 속죄소로 나아가는 태도를 잃도록 하지 않았다. 항상 밝은 햇빛이 든 것은 아니었지만, 내 영혼 가운데 매일매일 어두움이 아니라 햇살이 비쳐졌다." 그는 9년 후 유사하게 이렇게 쓴다: "여호와께서 60년 동안 날마다 그리스도를 의지할 수 있게 해주셨습니다. 그분은 그 해에 나를 붙잡아 주셨으며 그 모든 기간 동안 나를 어둠 가운데 결코 남겨두지 않으셨으며 그분 안에서 유익을 얻게 하셨다."

교회는 그 지도자들에게 힘을 줄 것을 바랄 권리가 있다. 반대로 만약 목회자 자신이 약하고, 의심하며, 확신이 없다면, 양떼는 어디로 가야 한단 말인가? 교회가 자신의 설교자를 확신시키며 자신의 위로자를 위로하려다 기진맥진해지는 상황이 매우 쉽게 벌어질 수 있다. 목회 후보자는 "성령과 믿음으로 충만해야" 한다는 것은 사도행전 6:3-5로부터 명백하다. 단지 신자이며, 단지 영적일 뿐만 아니라 그것들로 "충만해야" 한다. 그들은 주님에 대한 신뢰에 있어 현격하며 온전한 믿음의 확신이 있어야 한다. 바로 이것이 그들이 말씀을 전할 때 능력을 주는 것이다. 다윗은 "내가 믿었으므로 말하였다"(시 116:10, 참조. NIV)라고 증거하며, 바울은 "우리도 믿었으므로 또한 말하노라"(고후 4:13)라며 동일한 경험을 증거한다. 로마 기독교인들의 믿음이 매우 역동적이어서 온 세상에서 이야기되었는데(롬 1:8), 데살로니가인들의 믿음 역시 마찬가지였다(살전 1:8). 동일한 어조가 구약성경의 특징이다. 엘리후는 연장자들이 욥을 위로하고자 할 때 정중하게 경청했지만, 결국 더 이상 침묵을 유지할 수 없었다. "나는 내 본분대로 대답하고 나도 내 의견을 보이리라 내 속에는 말이 가득하니 내 영이 나를 압박함이니라 보라 내 배는 봉한 포도주통 같고 터지게 된 새 가죽 부대 같구나 내가 말을 하여야 시원할 것이라 내가 입을 열어 대답하리라"(욥 32:17-20). 그는 자신의 말하는 것이 욥의 상황에 대한 해답이라는 확신에 이끌려 말해야만 한다. 믿음은 담대함을 주며 자체적인 설득력을 부여한다.

히브리서 11장은 믿음의 능력이라는 주제에 관한 성경의 위대한 본문이다. 그것에 대한 저자의 정의는 "바라는 것들의 실상이요 보이지 않는 것들의 증거"(히 11:1)라고 하며, 그는 이 정의를 다수의 방식으로 예시한다. 그는 바로 이 믿음에 의해 우리가 강단에 설수 있으며 하나님께서 천지를 지으셨음을 확언할 수 있다고 우리에게 말한다. "믿음으로 모든 세계가 하나님의 말씀으로 지어진 줄을 우리가 아나니 보이는 것은 나타난 것으로 말미암아 된 것이 아니니라"(히 11:3). 설교자는 물질이 영속적으로 존재하지 않았음을 확언할 수 있다. 그것은 단순히 우연히 폭발하여 생겨나지 않았으며 또한 하나님의 본질의 연장으로 유출되지도 않았다. 그것은 그 기원과 연속성을 전능하신 하나님의 창조성에 돌린다. 곧 "최고의 존재"Supreme Being 혹은 "제1 원인"First Cause의 행위가 아니라, 성경의 하나님의 말씀에 돌리는데, 그분은 갈보리에서 죽으시고 우리의 칭의를 위해 부활하신 그분의 아들 예수 그리스도 안에서 성육신하셨다. 그런데 그분이 그 모든 것을 지으신 것은 바로 그분의 말씀에 의해서였다. 우주는 그 기원과 동력 전체를 전능하신 하나님의 생각과 발언에 두고 있다. 이것이 창조 교리가 윤리와 구원론과 종말론에 대해 지니는 온갖 함의를 지닌 기독교적 선포이다.

설교자가 어떻게 자신의 주님을 위해 그런 주장들을 할 수 있을까? 히브리서의 저자는 다음과 같은 단지 한가지의 방법만 있다고 말씀한다: "믿음으로." 아무도 그 과정을 지켜보지 못했다. 아무도 하나님께서 "…가 있으라"라고 말씀하시는 것을 듣지 않았다. 이 사실을 증명하기 위해 통제된 실험을 하는 것은 불가능하다. 우리는 하나님께서 그리스도 안에서 당신의 말씀으로 그 모든 것을 지으셨다는 결론에 도달하기 위해 우리의 지성을 사용하여 우주에 대해 있는 그대로 숙고할 수 없으며 하나님의 존재에 대한 존재론적이며, 우주론적이고, 도덕적 논증을 사용할 수 없다. 우리가 "지은 것이 하나도 그가 없이는 된 것이 없느니라"라는 것을 깨닫는 유일한 길은 믿음에 의해서이다. 하나님께서 우리에게 말씀하셨기 때문에 우리가 아는 것이다. 우리는 성경을 하나님의 말씀으로 믿으며, 보다 근본적으로 구약성경의 기록 전체가 진실이라고 우리에게 말씀하신 예수 그리스도를 믿는다. 설교자는 여호와 예수께서 우주를 말씀으로 존재하게 하셨음을 어떻게 강력하게 선포할 수 있는가? 왜냐하면 그것이 창세기 1장에 있으며, 예수 그리스도께서 직접 그 위대한 장과 그 장이 속한 책 전체에 대해 승인하셨기 때문이다. 구약성경의 신빙성에 대한 우리의 모든 믿음은 우리 구주 예수 그리스도에 대한 신뢰성에 의거한다. 물론 다른 이론들의 약점을 보여주기 위해 관찰과 모든 과학적 시도를 이용하는 것은 가능하지만, 삼위일체이신 하나님이 말씀으로 세상을 존재하게 하셨다는 결론에 이론의 여지가 없이 도달하기 위해 과학적 과정을 이용할 수 있는 방법은 전혀 없다. 단지 믿음만이 작동하는 영역들이 존재하며, 가능한 확실성의 정도가 믿음의 확실성인 영역들이 존재한다.

믿음이 우리의 모든 설교의 기초가 되는데, 이는 그것이 모든 지적 과정의 기초가 되는 것과 마찬가지이다. 지적 과정이 믿음의 기초가 되는 것은 전혀 아니다. 삶은 믿음으로 시작되는데, 곧 모든 생각과 말과 설교가 믿음으로 시작된다. 설교자의 능력은 그의 믿음의 확실성이며, 그는 믿음의 확신보다 더 큰 신뢰의 대상을 원하지 않도록 주의해야 한다.

믿음은 우리가 커다란 적대 상황에 직면할 때 계속하여 나아갈 수 있게 하는 능력을 지닌다. 그것은 우리 안에 가장 위대한 진리들을 전할 수 있는 자체적인 능력을 산출한다. 매우 자주 전도 코스들은 의사소통의 방법론에 초점을 맞춘다. 그것들은 대화 모두의 말, 믿음에 대한 근본적 반대에 대한 대답, 구원의 기본적 단계와 같은 것들을 가르친다. 그런 강습이 분명히 유용하겠지만, 대사명에 대한 기독교인의 불순종의 문제의 핵심을 찌르고 있지는 않다. 문제의 중심에는 믿음의 위기가 있다. 베드로와 바울과 같은 믿음의 사람들과는 달리 우리는 사람들이 멸망의 넓은 길로 가고 있다고 실제로 믿지 않는 것 같다. 따라서 우리는 침묵하며 전도에 무능하며, 전도할 시간을 결코 내지 못한다. 전도 방법론의 어떤 코스도 우리에게 도움을 줄 수 없다. 우리는 "주님, 믿사오니, 저의 불신앙을 도와주소서"라고 하나님께 울부짖을 필요가 있다. 교회는 해가 거듭할수록 청중의 믿음을 강하게 해주는 온전한 믿음의 확신을 지닌 설교자보다 더 큰 필요를 지니지 않는다. 어떤 것도 바로 이것보다 참된 전도라는 목표에 더 잘 기여하지 못한다.

믿음의 능력을 나타내는 히브리서 저자의 또 하나의 진술이 있다. 그는 우리에게 바로 믿음을 통해 하나님의 사람들이 "왕국들을 정복했다"(히 11:33, NIV)고 말한다. 오늘날 사람들은 매우 영향력 있는 왕국들의 시민이다. 지난 세기에 수많은 추종자들을 계속하여 지배했던 지도자들이 등장했다. 마르크스와 다윈과 프로이드와 사르트르 모두 광대한 왕국을 이끌고 있으며 그들의 신민들이 도처에 있다. 그들은 세계의 큰 수도들에서 권력의 상층부를 누비고 있다. 주도적인 출판사들이 그들의 손아귀에 있다. 그들은 인기 있는 일간 신문뿐만 아니라 저명한 신문들을 편집하며, 대중매체를 지배한다. 많은 종합 대학과 단과 대학이 그들을 섬기고 있다. 문학과 음악과 미술의 가장 멋지고 세련된 지도자들이 그들을 섬긴다. 이 왕국들의 영향력은 서구 전체에 뿌리내려 있으며, 유럽이든 미국이든 그들의 권력이 끝나고 있다는 아무런 증거도 없다. 무엇이 그것들을 정복할 것인가? 히브리서의 저자는 믿음이 신자들에게 부여하는 능력이 이것을 할 수 있다고 말한다. 로마의 권능과 그리스도의 영화가 무지하고 배우지 못한 열두 사람들에 의해 정복되었다. 그들은 그리스도에 대한 믿음의 능력으로 세상을 뒤집어엎었다. 오늘의 교회가 직면한 것들과 같이 난공불락의 왕국으로 그들에게 보였음에 틀림없는 것들이 하나님에 대한 그들의 확신 앞에서 무너졌다.

그런 능력은 바로 이 시간 우리의 것이기도 하다. 매우 두렵게도 설교자로서의 능력을 약화시키는 이 부정적인 의심들을 우리가 물리칠 수 있겠는가? 하나님 앞에서 스스로를 검토하고 다음과 같은 가장 기본적 질문들에 답해보자: 나는 주 예수 그리스도의 참된 신자인가? 답은 예이다. 그분은 나를 복음의 설교자로 부르셨는가? 답은 예이다. 그분은 내게 그분 자신의 말씀을 맡기셨는가? 답은 다시 예이다. 나는 그 말씀을 논리적이며 차별적 방식으로 그리고 적용점이 있는 방식으로 전하고 있는가? 다시 한 번 나는 예라고 답한다. 다음으로 내게 있는 것이 하나님의 말씀이며 내가 그것을 이 세대의 모든 사람에게 생명의 말씀으로 제시하려고 하는지 나 자신에게 말해보자. 이와 같이 사람들로 하여금 하나님의 말씀과 그들 자신의 소명에 대한 확신의 이 심각한 결여를 해결하고 참된 믿음의 사람으로서 담대함으로 설교하게 하자.

2. 참된 믿음을 설교하기

설교자들 자신이 참된 믿음의 능력을 알아야 하지만, 또한 그들은 참된 믿음을 설교해야 하는데, 이는 "유대인들과 헬라인들에게 하나님께 대한 회개와 우리 주 예수 그리스도에 대한 믿음을 증언한"(행 20:21) 바울이 행한 바와 같다. 구주를 믿어야 한다고 사람들에게 선포하는 일은 무엇을 뜻하는가? 우리는 그들에게 무엇을 하도록 요청하는가? 특별히 개혁파의 설교에 있어 여기에 혼동이 있으며, 또한 결과적으로 복음 선포의 중심 자체에 약점이 있다.

우리는 목사에게 설교가 끝난 후 무언가를 하도록 요청하지 않는다. 많은 설교자가 말씀의 선포 시간이 아니라 설교에 뒤따르는 시간에 청중에게 그리스도에 대한 믿음을 가지라고 호소한다. 그들은 사람들이 가능한 한 좋은 분위기 속에서 설득의 말을 듣도록 머리를 숙이며 눈을 감도록 요청한다. 호소는 자주 오랜 동안 지속되며 자주 성가대나 회중이 "큰 죄에 빠진 날 위해"Just as I Am Without One Plea를 부르는 일을 동반하는데, 각 절 사이에 설교자는 간청 한 가지씩을 한다. 확실히 사람들로 하여금 그리스도를 믿도록 설득하는 그런 시도들은 믿음이 들음에서 나며 들음은 하나님의 말씀으로 난다는 진리를 부정하는 것이다 (롬 10:17). 설교된 말씀은 회심시키며 구원하는 능력을 지닌다. 사람들로 하여금 앞으로 걸어 나오거나 손을 들도록 하는 일은 두 가지 전혀 다른 행위, 곧 죄인이 그리스도께 나아가는 내적 행위와 어떤 사람이 앞으로 걸어 나가는 외적인 육체적 행위를 동일시하는 것이다. 그러한 혼동은 치명적인데, 왜냐하면 후자의 육체적 행위는 누구나 할 수 있는 능력이 있는 것이지만, 그리스도께 나아가는 내적이며 영적인 행위는 아무도 "나를 보내신 아버지께서 이끌지 아니하시면"(요 6:44) 행할 수 없기 때문이다. 만약 그리스도께 나아가는 일이 육체적 행위라면, 아무도 "아버지의 이끄심"이라고 불리는 성령의 특별한 내적 역사를 필요로 하지 않을 것이다. 자리에서 일어나 앞으로 걸어 나오라고 간청하는 부흥사에게 응답할 용기만 필요할 것이다. 그러나 예수께서는 자신을 향한 구원의 믿음은 만약 하나님께서 신적인 특권을 행사하셔서 어떤 사람을 자신의 아들에게로 이끌지 않고는 아무도 행할 수 없는 것이라고 말씀하셨다.

또한 그리스도를 믿는 일은 그분에 관한 진리를 믿는 일과 동일하지 않다. 바울이 사람들에게 "우리 주 예수 그리스도에 대한 믿음"을 증언할 때, 그는 동의를 요청하는 서너 가지의 진술을 제기한 것이 아니었다. 그것은 주 예수 그리스도를 믿는 일이 아니라, 오히려 제한적인 지적 활동이다. 구원하는 믿음의 본질은 성경적 명제에 대한 동의가 아닌데, 귀신들에게도 그런 믿음은 있다. 로마의 멸망이나 헤이스팅스 전투 Battle of Hastings나 독립전쟁의 역사적 사실을 믿는 태도로 주 예수 그리스도의 삶과 말씀에 관해 믿는 것이 가능하다. 만약 우리가 사람들에게 기본적인 성경 진리들에 동의하길 요청한다면 아무도 "아버지의 이끄심"을 필요로 하지 않는다. 전도를 그런 견지에서 보는 모든 목회는 스스로 "설교"라고 칭하는 일을 그치고 종교 연구 센터임을 인정해야 한다. 개혁주의 목회가 그 신앙고백과 교리문답과 "언약의 자녀"라는 개념과 더불어 가장 큰 위험해 처해져 있는 것은 바로 이 지점이다. 하나님의 온전한 뜻 안에서의 진리 체계에 대한 예민함 자체와 고상한 강조와 젊은이들을 이 체계 안에서 교훈하고자 하는 열망이 올무가 될 수도 있다. 체계에 대한 믿음system faith과 구원하는 믿음saving faith 간에는 영원한 차이가 있다. 필자가 체계에 대한 믿음을 행하게 되는 예는 애버리스트위스Aberystwyth에서 먼 곳에 있고 갑자기 배탈이 날 경우이다. 필자는 약을 구하러 약사에게 찾아간다. 그는 필자가 평상시 약을 받아오던 사람은 아니지만, 믿음으로 그에게서 약을 받아 복용한다. 여기서 필자는 어떤 종류의 믿음을 행하고 있는가? 어중이떠중이들이 병원을 열고 독약과 마약과 약을 함부로 조제하는 일을 금지하는 나라에서 작동하는 체계에 대한 믿음이다. 그 체계는 교육과 자격과 면허를 요구하며, 무의식적으로 필자는 이 체계에 대한 지식과 믿음 안에서 움직인다. 이것은 우리가 비행기를 탈 때 나타내는 것과 동일한 믿음이다. 곧 우리는 조종사를 알지 못하지만, 그런 막중한 책임이 있는 기업들을 규제하는 체계는 알고 있다. 예수 그리스도에 대한 믿음은 그분에 관한 서너 가지의 "규정"을 믿는 일이 아니며, 또한 예를 들어 웨스트민스터 소교리문답의 107가지 답에 나오는 바와 같은 모교회의 권위로 우리에게 주어지며 매우 탁월하게 정의된 전체 성경 체계를 믿거나 이해하는 일도 아니다. 우리는 만약 다소간의 그리스도에 관한 사실들을 믿는다면 구원될 것이라고 죄인들에게 말하지 않는다. 귀신들도 예수께서 "지극히 높으신 하나님의 아들"(막 5:7)임을 알지만, 여전히 귀신일 뿐이다.

우리는 성경의 그리스도에 대한 최고의 지적인 믿음을 선포할 필요성을 폄하하지 않는다. 믿음이란 개인적 "예수"에 초점을 둔 "의존 감정"이 아니다. 예수께서는 성경이 "내게 대하여 증언하는 것이니라"(요 5:39)라고 말씀하셨으며, 믿음의 모든 표현들을 검토하는 시금석이다.

성경의 예수는 참된 하나님이요 참된 사람, 곧 한 인격 안에 두 본성이 있는 분이시다. 그분은 권능과 영광에 있어 성부와 성령과 동일하신 하나님의 아들이시다. 그분은 비하의 상태에 계셨지만, 지금은 영광의 상태에 계신다. 그분은 하나님 우편에 계실 것인데, 거기서 계속하여 선지자와 제사장과 왕의 세 직분을 행사하고 계신다. 바로 이 분이 거기에 계시며 또한 영원히 계실 유일하신 예수 그리스도이시며, 곧 유일하신 구주이시다. **바로 이** 그리스도를 전하며 그분을 믿도록 촉구하지 않는 설교에는 아무런 능력도 있을 수 없다.

그렇다면 복음 선포의 핵심은 무엇인가? 예수 그리스도에 대한 믿음을 전할 때 우리는 사람들에게 무엇을 요청하는가? 그것은 앞으로 나오라는 초대가 아니며, "체계에 대한 믿음"이 아니고, 막연하고 불특정한 신앙이 아니다. 그것은 먼저 **사람들에게 예수 그리스도에 대한 필요성을 보여주는 일이다**. 설교자의 책무는 죄의 심각성을 알도록 하는 것이다. 그것은 허위적인 죄책감을 일으키는 것이 아니라, 그분의 창조 세계에 거주하며, 그분 안에서 살아가고 움직이며 존재하고, 자신의 행위에 대해 그분께 답해야 하는 사람들에게 창조주께서 율법을 주셨음을 보여주는 것이다. 말해진 것에 대해 청자의 존재 그 자체의 내면으로부터의 즉각적인 승인의 반향이 있기 때문에 양심을 겨냥하는 설교에는 큰 능력이 있다. 사람들은 그 율법 수여자이신 분의 형상으로 지어졌기 때문에, 그분의 율법에 속한 것들이 그들의 마음에 기록되어 있다. 그러므로 사람들의 양심이 설교자와 함께 그들에게 말하는 것이다. 번연의 순례자가 자신의 구원에 대한 필요성이 얼마나 큰지 깨달을 때는 바로 자신이 진 짐의 버거움을 느꼈을 때였다. 주 예수 그리스도께서는 수고하고 무거운 짐 진 자들을 당신에게 나아와 쉬라고 초대하셨지만(마 11:28), 다른 사람들에게는 "너희가 영생을 얻기 위하여 내게 오기를 원하지 아니하는도다"라고 말씀하셨다(요 5:40). 그들은 왜 자신을 예수께 의탁하려 하지 않는가? 왜냐하면 그들에게는 무거운 죄책감이 없기 때문에 그분에 대한 아무런 필요성도 느끼지 못하며, 따라서 예수께서 죄인은 죄악에 포로가 되어 있다고 말씀하실 때, 자신들이 얼마나 자유를 누리고 있는지 항변했기 때문이다. 그들은 자신들이 이미 참된 자유의 소유자라고 생각했기 때문에 그들은 참으로 자유롭게 하실 수 있는 유일한 분을 믿으려 하지 않는다. 만약 그리스도의 필요성을 자각하게 되지 않았다면 아무도 그분께 나아오지 않는다. 사람들에게 하나님 앞에서 있는 그대로의 그들의 상태를 보여주며, 그들이 숨는 모든 도피처에서 그들을 뒤쫓고, 거룩하신 하나님께서 그들의 행동과 생각을 매우 심각하게 여기시사 그분의 뜻으로부터의 모든 이탈을 알고 책임을 물으려 하신다는 것을 납득시키는 일이 설교자의 중대한 책무이다. 바로 이것, 곧 사람들이 자신의 죄 때문에 그리스도를 필요로 하게 된다는 점이 능력 있는 설교의 기반인 것이다. 모든 인간에 대한 하나님의 진단과 그들의 곤경에 관하여 침묵했던 능력 있는 설교가 일찍이 어디에 있었단 말인가?

거듭 말하건대, 그리스도에 대한 믿음을 선포하는 일은 **죄인들에게 주님께서 얼마나 온전히 그들의 필요를 채워주시는지 보여주는 일**을 뜻한다. 성경에는 믿음의 심리학에 대한 묘사가 거의 없지만, 하나님의 아들의 인격과 사역에 대한 가르침은 많은데, 이는 마치 믿음이 주님에 대한 신자의 끊임없는 노출에 의해 잉태되며 유지된다고 우리에게 말해지는 것처럼 보인다. 바울의 설교는 "성령의 나타나심과 능력으로"(고전 2:4) 행해졌는데, 왜냐하면 자기 자신이 아니라, 주이신 예수 그리스도를 전파하며, 특별히 "예수 그리스도와 그가 십자가에 못 박히신 것 외에는 아무것도 알지 아니하기로"(고전 2:2) 작정한 일 때문이다. 능력은 바로 이 문제에서 기인했는데, 이는 여전히 그러하다. 인간의 가장 큰 필요는 과거의 죄에 대한 용서와 미래의 순종을 위한 능력이다. 이 모두가 예수 그리스도 안에서 발견되는데, 곧 그분의 죽음으로 우리의 죄가 값없이 용서되며 그분의 성령의 은사를 통해 우리는 보다 거룩한 삶을 사는 능력을 덧입는다. 계속하여 이 문제에 관심을 가지고 사람들에게 그리스도께서 얼마나 온전히 적절하게도 그들의 모든 필요를 채워주실 것인지 보여주는 것이 설교자의 책무이다. 그들이 도래할 분노로부터의 구원을 필요로 하는가? 그것은 단지 그리스도 안에서만 찾아질 것이다. 그들이 온전한 의를 지녀야 하는가? 그것은 단지 예수 안에서만 찾아진다. 또한 하나님의 은총에로의 완전하고 영속적인 회복은 어떠한가? 그것은 모두 그리스도 안에 있다. 사람들이 그들의 본성 전체를 거룩하게 하며 하늘에 들어가기에 적합한 자들이 되기 위해 은혜를 필요로 하는가? 그것 모두는 그리스도 안에 있다. "예수는 하나님으로부터 나와서 우리에게 지혜와 의로움과 거룩함과 구원함이 되셨으니"(고전 1:30). 그분을 소유하는 것은 그것 모두를 소유하는 것이다. 에드먼드 클라우니가 본서의 앞부분에서 지적했듯이, 능력 있는 설교는 그리스도 중심적 설교이다.

마지막으로 예수 그리스도에 대한 믿음을 설교하는 일은 **사람들에게 예수께서 그들의 필요를 채워주시도록 그분께 온전히 의탁해야 한다고 말하는 것**을 뜻한다. 사도들은 주 예수 그리스도를 믿고 신뢰하는 일에 대해 말하는데, 이것은 자신의 자아 전체와 몸과 영혼을 영원토록 주 예수 그리스도의 인격에 의탁하는 일을 표현한다. "예수 그리스도에 대한 믿음은 구원의 은혜인데, 이것으로 우리는, 복음 가운데 그분이 제시된 대로, 구원을 위해 단지 그분을 영접하며 그분께 의지한다"(웨스트민스터 소교리문답 제86문에 대한 답). 예수께 대한 믿음을 전하는 많은 설교들은 행위의 초점을 다음과 같이 예수 그리스도의 죽음에만 제한하는 일에 의해 약화된다: "이제 여러분은 그분이 여러분을 위해 죽으셨음을 믿어야 합니다"라고 말해진다. 그러나 사도들은 "주 예수 그리스도를 믿으라"고 말씀하셨다. 그들은 죽음을 통해 하나님을 참으로 사람들과 화목하게 하신 그리스도의 인격을 신뢰의 초점으로 삼는데, 그는 또한 선지자요 왕이시다. 이 위대하신 선생님은 쉼을 얻기 위해 당신에게 나아온 자들에게 "내게 배우라"(마 11:29)고 말씀하시고 이후에 그분의 제자들은 그분의 학교의 제자로서 삶을 살며, 사람들이 제기할 수 있는 가장 중대한 질문들에 대한 대답을 발견할 것이다.

우리는 무엇을 위해 살아야 하는가? 우리의 존재의 목적은 무엇인가? 하나님은 누구신가? 우리가 어떻게 평화롭게 죽을 수 있는가? 죽음 너머에는 무엇이 있는가? 옳음은 무엇이며, 그릇됨은 무엇인가? 내 이웃은 누구인가? 참된 교회는 무엇인가? 이런 질문들 모두가 그리스도에 의해 답해지는데, 그분께 나아온 자들에게 그분은 잘못된 것을 말하실 수 없다. 우리는 성경에 기록되며 그분의 종들에 의해 예리한 능력으로 우리에게 설교되는 그분의 입에서 나오는 모든 말씀으로 산다. 위대한 청교도 설교자 조세프 얼라인Joseph Alleine은 이러한 관심사를 다음과 같이 잘 표현했다:

불건전한 회심자는 그리스도를 반만 취한다. 그는 그리스도의 구원에 대해서는 전적인 관심을 갖지만, 성화에 대해서는 아니다. 그는 특권에 대해서는 전적인 관심을 갖지만, 그리스도의 인격을 소유하지는 않는다. 이것은 기초에 있어서의 오류이다. 생명을 사랑하는 자마다 이 점을 유의하도록 하자. 그것은 여러분이 자주 경고되는 파멸에 이르는 잘못이지만, 어떤 것보다도 더 흔하게 일어난다. 그들은 그분을 하나님께서 "임금과 구주"(행 5:31)라고 제시하시는 대로 소유하지 않는다. 그들은 하나님이 결합하신 것, 곧 왕과 제사장을 분리한다. 그들은 그분이 의도하신 대로 그리스도의 구원을 받아들이지 않고, 여기서 그것을 분리한다. 모든 사람의 선택은 고통에서의 구원이지만, 죄에서 구원되기를 바라지는 않는다. 그들은 자신의 삶이 구원받기를 원하지만, 여전히 욕망을 지니길 원한다. 참으로 많은 사람들이 여기서 거듭하여 분리하는 일을 행한다. 곧 그들은 그들의 죄의 일부가 제거되도록 하는 것으로 만족하려 하지만, 들릴라의 무릎을 떠나거나, 사랑스러운 헤로디아와 절연하지는 못한다. 그들은 오른 눈이나 오른 손을 손상시킬 만큼 엄격하지 못하다. 아, 이

점에 무한히 유의하도록 하자. 여러분의 영혼이 그것에 달려있는 것이다. 건전한 회심자는 그리스도 전체를 취하며, 예외와 한계와 유보 없이 모든 의도와 목표에 있어 그분을 취한다. 그는 모든 측면에서 그분을 취하고자 할 것인데, 곧 그리스도의 구원뿐만 아니라 그리스도의 지배를 받길 원할 것이다. 그는 바울과 같이 "주님 무엇을 하리이까?"라고 말한다. 주님, 어떤 것이든 하겠나이다. 그는 자기 자신의 조건을 내려놓고 그리스도께 백지장를 위임한다.[4]

주 예수 그리스도에 대한 믿음을 설교하는 일은 설교자가 회중에게 다음과 같은 질문 모두에 대해 확신 있게 대답할 수 있어야 한다는 것을 뜻한다: 그들은 오로지 그리스도만이 충족시키실 수 있는 죄와 죄책으로 인한 필요에 대해 인식하게 되었는가? 그들이 주 예수 그리스도께서 그 필요를 얼마나 온전히 충족시키는지 깨달았는가? 그들이 복음에 제시된 대로 그분의 인격과 말씀의 영광을 보는 가운데 그분께 나아왔는가? 능력 있는 설교는 지속하여 하지만 새롭게 이 문제들을 되살펴볼 것이며, 그들에게 부드러움과 권위 가운데 설교하며, 하나님의 아들을 믿도록 간청하며 애원할 것이다. 바로 이것이 모든 성경적 설교에서 고동칠 생명과 능력의 심장박동이다.

3. 기도의 능력

하나님께서 당신의 종들에게 능력을 주시기 위해 제공하신 마지막 수단은 기도이다. 이것은 말씀의 능력과 믿음의 능력과 관련하여 이미 말해진 것의 명백한 결론인데, 왜냐하면 기도는 다만 말씀의 약속들에 대한 반응하는 믿음의 표현이기 때문이다. 윌리엄 거널William Gurnal이

---

4. Joseph Alleine, *An Alarm to the Unconverted*, (Edinburgh: Banner of Truth, 1959), p. 25.

다음과 같이 말한 바와 같다:

여러분의 기도를 강화하며 하나님께 대해 유력하게 되도록 약속들로 여러분 자신을 무장하라. 약속들은 믿음의 근거이며, 믿음은 강화될 때 여러분을 뜨겁게 할 것이고, 그러한 뜨거움은 기도의 영역에서의 승리와 더불어 계속하여 촉진되고 되풀이된다.… 어떤 사람이 말씀에 있어 강력하면 할수록, 기도에 있어서도 강력하게 될 것이다.

이 의미심장한 주제는 이미 본서 앞부분에서 에롤 헐스에 의해 자세히 부연되었기 때문에 매우 간략히 다뤄져야 한다. 혹자는 올바르게도 기도가 세상에서 가장 어려운 일이라고 말했으며, 우리는 하나님께 영광 돌리는 일이라는 것을 제외하고 그것을 능력의 수단이라거나 다른 어떤 것의 수단이라고 말하는 일에 대해 일정 정도의 주저함을 고백한다. 기도는 하나님을 공경하는 일인데, 곧 우리는 기도할 때 만물에 대한 그분의 주권을 선포하게 된다. 기도는 예배의 행위인데, 왜냐하면 하나님은 영과 진리로 그분을 예배하는 자를 적극적으로 찾으시기 때문이다. 모든 사람 가운데 설교자가 하나님을 공경하고 예배해야 하지 않는가? 그러나 기도는 또한 우리가 복을 받도록, 곧 섭리와 구원의 모든 복이 우리에게 임하는 수단으로 하나님에 의해 정해졌다. 그것의 사적인 특성 자체가 우리에게 겸손함을 가르치며, 따라서 기도하지 않는 설교자는 교만한 설교자인 것이다. 기도 없음은 단지 죄일 뿐만 아니라, 우리의 신학적 입장 전체에 대한 중대한 부정이다. 우리는 마음을 여는 일이 오로지 하나님의 역사임(행 16:14)과 깨닫게 하는 일이 하나님의 특권임(눅 24:45)을 확언해야 마땅한 사람들이다. 따라서 가장 화려한 의사소통과 가르침의 은사를 지닌 설교자라 할지라도 하나님의 도움이 없이는 죄인의 마음에 구원의 지식을 심는 일에서는 무능하다. 만약 우리가 기도하지 않는다면, 우리 자신이 잘 대처할 수 있다고 말하는 것이다. 만약 우리가 기도한다면, 하나님을 공경하며, 그분의 은총이 이 수단에 의해 구해질 수 있음을 고백하는 것이다. 만약 우리가 은혜의 복에 대해 그분께 감사한다면, 우리는 다시 한 번 모든 것이 그분께 속함을 확언하는 것이다.

목사들이 기도하는 마음을 지니는 복을 받았을 때, 이는 교회에 좋은 징조가 되며 하나님께서 그들이 구하는 것들을 주실 작정이신 것으로 여겨진다. 그런 기도에는 능력이 있는데, 곧 야고보는 이렇게 말했다: "의인의 간구는 역사하는 힘이 큼이니라"(약 5:16). 기도는 모든 목사의 자서전이 나타내주듯이 설교자의 삶에 필수적이다. 루터의 신실한 서기요 벗이었던 파이트 디트리히Veit Dietrich는 루터가 1530년 아우스부르크Ausburg 의회가 열린 염려스러운 기간에 코부르크Coburg에서 다음과 같이 기도하는 것을 우연히 듣게 되었다:

> 그가 기도에 세 시간을 바치지 않고서는 하루도 지나가지 않는데, 그것은 연구에 가장 적합할 것이다. 하루는 그가 기도하는 것을 듣게 되었다. 좋으신 하나님! 그의 말 자체에 얼마나 위대한 정신과 얼마나 위대한 믿음이 담겨져 있었던가! 그런 경외심과 더불어 그는 마치 하나님과 대화한다고 느끼듯이, 아버지와 친구와 함께 하듯이 그런 소망과 믿음과 더불어 간구했다. 그는 "저는 당신이 당신의 자녀를 박해하는 자들을 멸하실 것임을 아나이다. 만약 그렇지 않다면, 우리의 위험은 또한 당신의 것이기도 하나이다. 이 일은 전적으로 당신이 소관이며, 우리는 강제로 여기에 이르렀나이다. 따라서 당신께서 변호해주소서…"라고 말했다. 이 모든 말 가운데 나는 멀찍이 서서 그가 분명한 목소리로 기도하는 것을 들었다. 또한 내 마음도 내부로부터 그가 그토록 친근하며, 무게 있고, 경외하는 자세로 하나님께 말할 때 기이한 감정으로 뜨거워졌다.[5]

---

5. Philip Schaff, *History of the Christian Church*, vol. 7, The German Reformation, (Grand Rapids: Eerdmans, 1960), p. 463.

목사의 개인적인 경건 생활은 주일과 모든 목회 의무 가운데서의 공적 기도가 세워지는 기초가 된다. 매우 자주 이 기도의 능력이 목사가 설교하는 하나님의 실재를 방문자에게 느끼게 하는 바로 그 첫 번째 요인이라고 증거된다. 얼마나 자주 필자는 사람들이 런던의 웨스트민스터 교회에서 들었던 마틴 로이드 존스의 첫 번째 설교에 대해서는 아무것도 기억하지 못하지만, 그의 기도에는 큰 감동을 받았는지를 말하는 것을 들어왔는가. 필라델피아의 웨스트민스터신학교의 존 머리John Murray 교수의 학생이었던 사람들 중 그 누구도 조직신학의 매 강의 전 그의 시작 기도를 결코 잊지 못할 것이다. 왜냐하면 모든 것이 매우 분명하지만 절제된 어조의 속삭임 가운데 나타난 열정과 놀라운 경외심과 애정 때문이다. 알렉산더 와이트Alexander Whyte 박사는 로버트 캔드리쉬Robert Candlish가 1세기 전 에든버러의 성 조지 자유 교회Free St. George's Church의 강단에서 드린 기도에 대해 다음과 같이 말한다:

우리는 그날 전체를 위하여 그의 첫 기도만으로도 족하다고 말하곤 했다. 그는 그렇게 "그 기도 가운데 기도했다." 그는 그렇게 그 기도 가운데 하나님과 논의했다. 때로 그는 우리를 로마서에 나오는 바울의 하나님과 사람과의 논의 전체 속으로 인도하면서 그 당시에 의인 야고보와 같은 무릎을 가질 때까지 우리의 무릎을 꿇도록 이끌곤 했다. 때로 그는 욥과 같이 주장하고, 굴복하지 않았으며, 이후에는 예레미야처럼 울고 이사야와 같이 춤을 추곤 했다. 그 위대한 지도자는 열정과 기도 양자 모두에 있어 엘리야였다. 그는 어떤 때는 마치 아합 앞에 서 있는 것처럼 모든 그의 열정을 총회 연설에, 그리고 다른 때에는 비교될 수 없는 특권을 누리는 회중을 향한 위대한 설교에 쏟아 붓곤 했다. 하지만 나는 안식일 아침 그의 반시간에 걸친 기도 시의 열정을 가장 좋아했는데, 그는 그렇게 "그 기도 가운데 기도했다."[6]

---

6. Alexander Whyte, *Lord Teach Us to Pray*, (Grand Rapids: Baker Book House, 1922), p. 70.

우리가 기도에 관한 조언을 로이드 존스 박사께 구할 때, 로이드 존스 자신의 기도 습관을 보편적 지식으로 일반화하는 것에 대해 꺼리는 것을 본다. 그는 "나는 아침에 기도를 시작하기가 어렵다는 것을 자주 확인하게 된다고 솔직히 고백한다"라고 말했다.[7] 그러나 그가 하나의 원칙으로 승격시킨 다음과 같은 한 가지 중요한 관찰이 있다:

항상 기도에 대한 모든 충동에 반응하라. 기도에 대한 충동은 여러분이 독서할 때 혹은 한 본문과 씨름할 때 발생할 수 있다. 나는 항상 그런 충동에 복종하는 일을 절대적 원칙으로 삼곤 했다. 그것은 어디에서 오는가? 그것은 성령의 역사이며, 다음 구절의 의미의 일부이다: "두렵고 떨림으로 너희 구원을 이루라 너희 안에서 행하시는 이는 하나님이시니 자기의 기쁘신 뜻을 위하여 너희에게 소원을 두고 행하게 하시나니"(빌 2:12-13). 이것은 자주 목사의 삶에서 가장 놀라운 경험의 일부로 이끈다. 따라서 결코 거부하며, 연기하고, 바쁘다는 이유로 제쳐두지 말라. 그것에 전념하며 따르라. 만약 그러면 여러분은 직면하고 있는 문제와 관련하여 시간을 낭비하는 것이 아님뿐만 아니라, 실제로 그 점에 있어 크게 도움이 된다는 것을 알게 될 것이다. 여러분은 독서하던 것을 이해하는 일과 생각하는 일과 설교 자료를 정리하는 일과 글쓰는 일과 모든 일에 있어 느긋함과 수월함을 경험할 것인데, 이는 상당히 신기한 결과이다. 기도에 대한 그런 부름은 집중을 방해하는 일로 여겨져서는 결코 안 된다. 항상 그것에 즉각적으로 반응하며 그것이 여러분에게 빈번히 일어난다면 하나님께 감사하라.[8]

기도가 설교 이후에도 똑같이 필요한데, 곧 단지 축복과 열매를 위한 기도만이 아니라, 또한 우리의 유용함이 줄어들거나 방해 받지 않도록

---

7. D. Martyn Lloyd-Jones, *Preaching and Preachers*, (Grand Rapids: Zondervan, 1971), p. 170.
8. Ibid., p. 171.

교만의 방지를 위한 기도가 그러하다. 자유와 능력이 함께하는 설교에 뒤따르는 평안함보다 설교자에게 더 기쁜 것은 없다. 사람들은 도움을 받으며 감사의 표현이 평소보다 풍성한데, 비록 희열감에는 반드시 필요한 것은 아니지만 말이다. 왜냐하면 이러한 경험 자체가 목사에게 최고의 감격을 주기 때문이다. 가족과 함께 차를 운전하며 귀가할 때, 그는 평상시보다 활기차고 즐거울 것이다! 이 세상의 모든 것이 좋아 보인다. 설교자로 부름 받는 일이 얼마나 멋진 것인가! 바로 이때 우리는 영혼의 큰 대적이 교만을 통해 우리를 멸망시키지 않도록 조심해야 한다. 바로 이럴 때 누군가에게 도움이 된 모든 것에 대해 주님께 영광을 돌리고 우리 자신에 대해서는 우리의 실상 그대로 단지 불완전한 존재일 뿐이라는 자세를 유지하자. 정반대의 설교, 우리와 우리의 청중을 지루하게 하는 설교, 곧 우리로 하여금 모든 청중이 건물을 떠날 때까지 서재에 틀어박혀 있길 원하게 하는 설교는 우리에게 겸손을 가르쳐 주는 데 있어 보다 유익할 수 있다. "여러 계시를 받은 것이 지극히 크므로 너무 자만하지 않게 하시려고 내 육체에 가시[를] … 주셨으니 … 그러므로 도리어 크게 기뻐함으로 나의 여러 약한 것들에 대하여 자랑하리니 이는 그리스도의 능력이 내게 머물게 하려 함이라 그러므로 내가 그리스도를 위하여 약한 것들과 능욕과 궁핍과 … 곤고를 기뻐하노니 이는 내가 약한 그때에 강함이라"(고후 12:7-10). 능력 있는 설교를 하는 일에 있어, 비록 또한 필요 불가결하겠지만, 재능과 은사보다 기도하는 마음과 크고 작은 일에 있어서의 신실함과 회중과의 관계와 특별히 겸손함이 더 관건이 된다는 것을 알자.

   교회에서의 능력 있는 설교의 부흥을 위해 말씀, 믿음의 실행과 선포, 그리고 기도에 있어 부지런하도록 결심하자. 이것들이 교회가 지니며 또한 영원히 지닐 유일한 능력의 수단이다.

15장. 목회적 설교
피터 보스틴

　뉴저지에서의 8년의 봉사를 마무리 한 후, 필자는 새롭게 맡겨진 일을 시작했다. 처음 강단에 올랐을 때, 필자는 하나님의 말씀을 전하는 대상이 되는 사람들 알지 못한다는 자각으로 당황했다. 내가 이 사람들에게 무엇을 말할 예정이었지? 일방적으로 "주님께서 이렇게 말씀하십니다"라는 식으로 말할 수 있겠지만, 어떻게 그 말씀을 그들의 삶에 의미 있는 방식으로 적용할 수 있을까? 필자는 그들을 몰랐던 것이다. 그들의 배경이나 문화나 특정한 필요들을 이해하지 못했던 것이다. 필자는 단지 매우 일반적으로만 그들에게 설교할 수 있었다. 필자는 "그들에게 심방을 가야겠구나"라고 마음속으로 말했다. "그들을 알아가야겠구나. 내 설교가 그들에게 가치 있고 나 자신에게 만족스러운 참된 목회적 설교가 되려면 먼저 그들의 욕구와 바람과 꿈과 목표에 대한 이해가 있어야겠구나."

　다시 한 번 필자에게 뉴잉글랜드의 배가 불룩 나온 모양의 난로 곁에서 말해졌으며 "버트와 나"Bert and I라는 기록물에서 마셜 다지Marshall Dodge와 밥 브라이언Bob Bryan에 의해 영원히 남게 된 다음과 같은 이야기가 기억났다:

포그스Foggs 목사는 저번 일요일에 교회에서 단지 한 명의 교인, 곧 78세의 농부 헨리 트리트Henry Treat씨 만을 마주 대하게 되었다. 찬송은 단지 포그스 목사와 헬리 트리트 씨와 오르간 반주자 트롬블리Trombly 양만 부르는 가운데 높고 날카로운 소리가 났다. 성시교독은 헨리 씨가 바로바로 반응하며 큰 소리로 읽었기 때문에 그리 나쁘지 않았다. 다음으로 목사는 머리를 극적이며 강단 모서리 너머를 물끄러미 바라보며 헨리 씨에게 속삭이듯 단지 헨리 씨와 트롬블리 양만 듣도록 설교해도 괜찮은지 물었다. 헨리 씨는 먹이를 주는 시간에 단지 한 마리의 송아지만 나타나도 자신은 먹인다고 대답했다. 그리하여 포그스 목사는 두 시간에 걸쳐 힘찬 설교를 전했다. 예배 후 목사가 문 앞에서 헨리 씨와 악수를 할 때, 헨리 씨는 자신은 멈추지 않고 단지 한 마리의 송아지에게라도 먹이를 주지만, 실어 온 분량 전부를 주지는 않는다고 터놓고 말했다.

하나님의 사람은 자신의 책무와 소명에 부지런하며, 주님의 말씀을 열정적으로 전할 수 있지만, 동시에 청중을 고려하지 않음으로 인해 목표를 이루지 못할 수 있다. 설교는 하나님의 말씀의 선포이다. 그러나 그것은 그 이상이다. 그것은 그분의 백성을 향한 하나님의 말씀의 선포이다. 물론 그 백성이 없을지라도 하나님의 말씀은 남는다. 비록 아무도 귀 기울이며 믿지 않는다 할지라도, 그것은 여전히 살아계신 하나님의 권위 있는 진리이다. 과거의 선지자들은 그 자리에 없는 열방을 향해 말씀을 전했다(참조. 사 13-21장). 우리는 주어진 반응을 모르지만, 그것은 하나님의 계획을 성취하는 권능과 효력이 있는 말씀이었다. 그렇지만 보통의 상황에서 하나님은 현존하는 살아 있는 사람들에게 말씀하신다. 설교자의 목적은 이 사람들로 하여금 그들을 향한 하나님의 말씀을 대면하며, 예수 그리스도를 얼굴로 직접 마주 대하도록 이끌고, 반응을 요구하는 것이다(참조. 사도행전 2장의 오순절 시 베드로의 설교와 사도행전에 기록된 여타 설교들). 설교는 많은 형태를 띤다. 그것은 동시에 훈계이며 위로이다. 그것은 경고와 약속이다. 그것은 회개의 요청이며 하나님께서 삶을 변화시킨다는 확신이다. 결코 설교는 신학적 강의나 윤리적 논문이나, 혹은 감정적 호소로 변질될 수 없다. 항상 그것은 예수 그리스도 안에서의 하나님의 좋은 소식이어야 한다. 설교되는 것이 신약이든 구약이든, 사람들 앞에 계시는 분은 항상 예수 그리스도이시다. 그분은 심판과 구원에 대해 말씀하신다. 그분은 영벌의 끔찍한 고통을 묘사하시고 사람들에게 성부의 집을 향해 손짓하시는데, 그분은 자신을 사랑하고 섬기는 자들을 위해 그 집을 예비하러 가셨다. 사람들에게 죽음의 지옥에서 벗어나 생명의 소망으로 나아오라고 요청하는 이 숭고한 말씀을 전하는 일은 얼마나 큰 기쁨인가!

그러나 우리는 이 일을 어떻게 할 수 있는가? 하나님께서 오늘 사람들에게 말씀하시고자 하는 바가 무엇일지를 추측하면서 강단에 오름으로써 그것을 성취할 수 없다. 또한 우리는 단지 성경을 읽기만 하며 성령께서 그것을 청중에게 명확히 해주시라고 기도할 수 없다. 또한 우리는 감히 단지 존 칼빈과 존 녹스가 자신의 시대에 대해 말했던 것을 읽고 우리 시대에 앵무새처럼 되풀이하지 못한다. 하나님의 부르심의 독특성은 그분께서 각 세대마다 새로운 사람들을 부르신다는 것이다. 그분은 원어와 성경 문화에 있어 그들을 준비시키신다. 그분은 보내질 사람들에게 말씀을 전하도록 그들을 훈련시키신다. 그분은 자신의 성령을 그들에게 덧입혀주신다. 설교자가 자신의 손에 무오한 말씀을 들고 회중 앞에 서서 말하기 위해 입을 열 때 진리의 순간이 임한다. 설교자는 두 세계, 곧 고대와 현대의 세계 사이에 선다. 그는 하나님과 자신의 회중 사이에 선다. 그는 자신의 성경과 함께 산다. 그는 자신의 회중과 함께 산다. 그가 어떻게 효과적으로 동시에 양편 모두와 관계하며 한편의 영원한 진리를 다른 편에게 전달할 수 있겠는가?

1. 설교자의 말씀과의 접촉

바울은 로마 식민지로서 금광 지대인 빌립보로부터 서쪽에 위치하며 에게 해에 접해 있는 항구 도시 데살로니가까지 100마일을 여행했다. 그는 분명히 암비볼리 시는 지나쳤을 것인데, 왜냐하면 거기에는 아무런 회당도 없었기 때문이다. 데살로니가에서 바울은 유대인 집단 거주지를 발견했다. 연속된 세 안식일에 그는 회당에 들어가서 "성경을 가지고 강론하며 뜻을 풀어 그리스도가 해를 받고 죽은 자 가운데서 다시 살아나야 할 것을 증거했다"(행 17:2, 3). 그 결과, 일부 유대인과 매우 다수의 하나님을 두려워하는 헬라인과 소수의 유력한 여인들이 바울과 실라에게 동조하도록 설득되었다. 자신의 설교와 그 결과에 대한 바울의 개인적 감회는 무엇이었는가? 그는 데살로니가전서에서 우리에게 다음과 같이 말한다:

> 형제들아 우리가 너희 가운데 들어간 것이 헛되지 않은 줄을 너희가 친히 아나니 너희가 아는 바와 같이 우리가 먼저 빌립보에서 고난과 능욕을 당하였으나 우리 하나님을 힘입어 많은 싸움 중에 하나님의 복음을 너희에게 전하였노라 우리의 권면은 간사함이나 부정에서 난 것이 아니요 속임수로 하는 것도 아니라 오직 하나님께 옳게 여기심을 입어 복음을 위탁 받았으니 우리가 이와 같이 말함은 사람을 기쁘게 하려 함이 아니요 오직 우리 마음을 감찰하시는 하나님을 기쁘시게 하려 함이라 너희도 알거니와 우리가 아무 때에도 아첨하는 말이나 탐심의 탈을 쓰지 아니한 것을 하나님이 증언하시느니라 또한 우리는 너희에게서든지 다른 이에게서든지 사람에게서는 영광을 구하지 아니하였노라(살전 2:1-6).

바울과 우리에게 있어 그분의 말씀 가운데 말하시는 분은 바로 하나님이시라는 확신이 있어야 한다. 그분이 모든 설교의 중심이다. 전달되

는 것은 바로 그분의 메시지이다. 설교에 대한 이것의 함의들은 다음과 같다:

1. 목사는 하나님으로부터 부르심을 받아야 한다. 우리는 하나님을 대변하여 말하는 척 할 수 없다. 우리는 우리의 인생 전체에서 우리의 길 전부에서 그 분의 사역을 하도록 우리를 준비시키시는 분은 바로 하나님이시라는 확신이 없이는 그 직분을 스스로 취할 수 없다. 그것은 내적 확신이며 교회에 의한 외적 확증이어야 한다. "만일 어떤 선지자가 내가 전하라고 명령하지 아니한 말을 제 마음대로 내 이름으로 전하든지 다른 신들의 이름으로 말하면 그 선지자는 죽임을 당하리라"(신 18:20). 하나님께서는 거짓 선지자를 가볍게 여기지 않으실 것이다. 우리에게는 하나님에 의해 승인받았다는 확신이 있어야 한다. (조엘 네더후드는 본서 앞부분에서 목사의 소명을 보다 자세히 분석한다.)

2. 목사는 하나님을 대변함에 있어 진리를 말해야 한다. 하나님은 진리이시다. 그분의 말씀은 진리이다. 그러므로 하나님을 대변하여 말하는 사람은 이 보고寶庫를 사수하며 적절히 이야기하는 데 최고로 열심이 있어야 한다. 하나님을 대변하여 말한다고 주장하는 많은 사람들이 그분의 말씀을 그토록 가볍게 이용하는 것을 듣는 일은 얼마나 슬픈가. 필자는 최근에 참석한 한 교회에서 하나님의 말씀으로 자칭되는 것으로 인해 섬뜩해졌다. 목사는 성경의 한 본문을 읽고 나서 그 본문은 무시하는 반면, 모든 것을 살아 계신 하나님의 이름을 빙자하여 사람들이 살았던 방식을 지배하는 상투적인 의견과 인간적인 규칙을 늘어놓았다. 동일한 주일날 다른 교회의 목사는 성경을 읽고 본문을 다뤘지만, 예수 그리스도께서 말씀하신 것과 전혀 맞지 않는 해석과 적용을 했다. 만약 우리가 그분의 교회에 선포하는 것이 바로 그리스도의 말씀이라면, 어떻게 감히 우리 자신의 생각이나 견해를 말한단 말인가. 이것은 가장 거슬리는 형태의 교만이다.

따라서 바울은 이 구절에서 우리에게 자신은 사람들에게 간사함이나 부정이나 속임수로 권면하지 않는다고 말한다. 그는 그들을 기쁘게 하거나 그들에게 아첨하려 하지 않는다고 장담한다. 그는 그들의 돈을 탐하지 않는다. 그는 단지 하나님만을 섬기며 그분을 사실대로 그들에게 대변하기를 원한다. 참된 설교자인 모든 설교자는 이러한 기초 가운데 시작해야 하며 그것에 머물러야 한다. 그는 끊임없이 자신의 소명을 스스로 상기해야 하는데, 왜냐하면 사람들의 "가려운 귀를 긁어주도록" 쉽게 유혹될 것이기 때문이다. 사람들이 들으려 하지 않을 때, 그리스도께서 명령하신 대로 공동체의 새로운 사람들에게 자신의 목회 범위를 확장하는 대신, 현재 자신의 지지 기반이지만 예수 그리스도를 따르기 위해 날마다 자기 십자가를 지려고 하지 않는 사람들을 기쁘게 하기 위해 자신의 메시지를 변경하도록 유혹될 것이다. 인기와 많은 교인 수에 관심때문에 많은 목회자가 종국에는 파멸로 이를 수밖에 없는 인간의 심리학과 철학의 넓은 길로 내려가는 것을 필자는 보아왔다. 이것은 정신에 일시적인 안도감을 주지만, 궁극적으로 영혼은 굶주리게 한다. 청중에 대한 메시지의 직접적 적용을 동반하는 예수 그리스도의 복음에 대한 일관된 설교가 영혼으로 하여금 영생을 누리도록 자양분을 공급해주는 유일한 양식이다.

만약 순전하신 하나님이 우리의 설교의 중심이 되어야 한다면, 그분의 사자使者인 우리는 인격 가운데 그분과의 관계에 있어서의 순전함을 유지해야 한다. 우리는 불순한 동기를 지닐 수 없다. 바울은 이렇게 말한다: "우리가 아무 때에도 아첨하는 말이나 탐심의 탈을 쓰지 아니했노라 또한 우리는 사람에게서는 영광을 구하지 아니하였노라"(살전 2:5, 6). 예수께서는 그분 당시의 설교자들을 정죄하셨는데, 그 이유는 그분이 표현하듯이 "그들은 말만 하고 행하지 아니하기" 때문이다(마 23:3). 자주 필자는 목사 때문에 교회들이 혼란에 빠지고 교회들의 증거가 무너지는 것을 보아왔다. 그는 오르간 반주자와 염문에 휩싸였다. 그는 자신의 개인적 재정을 관리하지 못하고 모든 교인에게 빚을 졌다. 그는 게으르고 자제력이 없기 때문에 사역이 결코 정시에 이루어진 적이 없다. 이 사람들의 동기는 무엇이었는가? 그들은 그리스도의 사랑에 강권되었는가? 하나님 외에 누가 마음속을 들여다볼 수 있겠는가? 또한 항상 회중의 칭찬을 추구하는 사람들은 어떠한가? 그들은 한 주나 나라는 아니더라도 그 도시에서 최고의 설교자이어야만 했다. 그들의 동기가 무엇이었는가? 항상 인기 있는 주제를 설교하며, 회중이 들길 원하는 말을 하고, 높은 오락적 가치를 지니는 수많은 예배 요소들을 제공하는 사람들은 어떠한가? 그들의 동기는 무엇이었는가? 필자는 모르고, 단지 하나님만이 아신다. 그러나 필자가 아는 것이 이것인데, 바로 하나님께서는 설교할 뿐만 아니라 그 살아 계신 하나님의 말씀을 실천하는 순전한 사람들을 원하신다는 점이다. 단지 우리가 스스로 하나님의 말씀에 의해 살며 우리에 대한 성령의 주관하시는 능력에 순종할 때만 우리는 목사가 닥치게 되는 특유의 시험들을 피할 수 있다.

이 순종을 성취하기 위해 우리는 회중과의 개인적인 성경공부 모임에 참여하고 그들의 은사들의 도움을 받아야 한다. 설교자들은 말씀을 공급하는 일만 해서는 안 되며, 말씀을 공급받기도 해야 하는데, 곧 정기적으로 말이다. 너무나 자주 목사는 단지 주기만하고 받지는 않는다. 확실히 우리는 다른 목사들과 교제하며 공통된 경험에 대한 교환을 즐길 수 있다. 하지만 우리는 또한 우리가 목회하는 사람들과 함께하는 의미 있는 성장의 경험을 배워야 한다.

캘리포니아 샌 버너디노San Bernardino에 본부들을 둔 패러 처치 단체 "살아 있는 교회"Churches Alive은 지역 교회의 성경공부 모임을 발전시키길 추구한다. 그 단체는 목사가 "성장 모임"Growth Groups을 이끌어서는 안 된다는 것을 정책의 일부로 가지고 있다. 그 이유는 매우 자주 목사와 교인 사이에 존재하는 특이한 관계에 기반한다. 목사는 존경을 받아야 마땅한 권위의 인물로 여겨진다. 이것은 괜찮다. 하지만 이 존경과 나란히 목사가 성경에 관해 모든 것을 알고 모든 토론에서 최종적인 발언권을 지녀야 한다는 견해가 존재한다. 결과적으로 목사가 인도자인 성경공부 모임에서 그 구성원들은 자주 침묵하며, 자신들의 의견과 경험을 나누길 주저하고 그를 따른다. 모두의 참여 대신, 그 공부 모임은 목사가 이야기하고 다른 사람들은 질문하거나 듣는 시간이 된다. 그 결과 목사는 주목을 받고 모임의 나머지 사람들은 채워지지 못한 채 떠나가게 되는 것이다. 일반적으로 말해 그런 모임은 제대로 운영되지 못한다. 목사로서 우리는 그런 공부 모임에서 다른 구성원과 같이 참여하기를 배우며 사람들에게 그들의 성경에 대한 경험 역시 중요하다고 가르쳐야 한다. 우리가 이러한 태도로 참여할 때 자신들의 은사를 우리와 나누는 교인들과의 접촉과 교제를 통해 우리 자신도 성장할 수 있다. 이러한 방식으로 우리는 그리스도의 몸의 활발한 상호작용을 하는 지체가 됨으로써 사탄의 공격에서 우리 자신을 보호한다. 우리는 말씀의 사역자로서의 우리의 직분을 잃는 것이 아니라, 예수 그리스도의 교회의 지체로서의 우리의 직분에 있어 발전하게 된다.

더욱이 예수께서는 당신의 제자들에게 "은인" - 다른 사람들에게 인색하게 자선을 베푸는 자 - 이 아니라 종, 곧 다른 사람들을 섬기는 자로 칭함을 받으라고 가르치셨다(눅 22:25, 26). 이와 같이 우리는 단지 설교만 아니라, 하나님의 백성 가운데 사는 우리 자신의 삶 속에서 실천에 옮김으로 말씀을 가르친다. 상담을 하고, 조언을 하며, 타인들로 하여금 우리의 모든 말을 고대하게 하는 일은 얼마나 쉬운가. 우리의 자아를 만족시키는 얼마나 기막힌 메시지인가! 그러나 밖에 나가 성령의 열매를 개발하며, 원수를 사랑하고, 오리를 요구할 때 십리를 가줌으로써 예수님의 가르침을 실천에 옮기는 일은 훨씬 더 어렵다. 그러나 만약 우리의 설교가 청중에게 실제적이 되며 그들의 삶에 영향력을 지니려면 이것은 우리가 반드시 해야 할 일이다.

능력 있는 설교자가 되는 일은 하나님의 순전하심에 대한 우리의 신뢰와 우리의 인격 안에서의 순전함의 계발을 요구한다는 것을 보았다.

하지만 그 일은 또한 말씀의 순전함에 대한 우리의 확신을 요구한다. 바울은 그것을 복음, 곧 그것이 전해지는 사람들을 위한 좋은 소식이라 칭한다. 좋은 소식이 되기 위해서는 그것이 그들의 삶에 영향력을 지녀야 하는데, 즉 나쁜 소식으로서의 삶에 대한 일반적 인식과 다르게 말이다. 우리는 우리의 죄와 그 죄를 정복하지 못하는 무능함으로 인한 좌절과 죄책감으로 괴로워한다. 우리의 하나님께서는 당신의 아들의 삶과 죽음으로 죄를 정복하신다고 말씀하셨다. 그렇다면 그 성자되신 분에게 진정으로 좋은 소식이 있는 것이다.

설교자가 그 좋은 소식을 전하기 위해서는 사람들에게 전하는 말씀이 그들의 삶에 변화를 가져온다고 절대적으로 확신해야 한다. 이 목적을 위해 설교자는 하나님께서 주신 약속들을 믿어야 한다. 예를 들어, 하나님께서는 예레미야를 통해 선지자들에게 이렇게 말씀하셨다: "그들이 만일 나의 회의에 참여하였더라면 … 그들을 악한 길과 악한 행위에서 돌이키게 하였으리라"(렘 23:22). 또는 다음과 같이 말씀하실 때의 예수님의 교훈: "내가 진실로 진실로 너희에게 이르노니 내 말을 듣고 또 나 보내신 이를 믿는 자는 영생을 얻었고 심판에 이르지 아니하나니 사망에서 생명으로 옮겼느니라"(요 5:24). 또한 소아시아에서 하나님께서 택하신 자들에 대한 베드로의 말씀: "너희가 거듭난 것은 썩어질 씨로 된 것이 아니요 썩지 아니할 씨로 된 것이니 살아 있고 항상 있는 하나님의 말씀으로 되었느니라"(벧전 1:23).

하나님의 말씀이 정말로 삶을 변화시키는가? 이것은 모든 말씀의 사역자가 냉철하게 마주서야 할 질문이다. 만약 우리가 확실히 예라고 말할 수 없다면, 그리스도의 교회는 깊은 어려움 가운데 있는 것이다. 설교자는 점차 하나님의 두렵고도 떨리는 진리에서 벗어나 직설적이지 못하고 덜 도전적인 사람의 말로 변질시키고 있는 것이다. 점차 예리한 날이 검에서 사라지고, 설교가 심령골수를 찌르지도 판단하지도 못할 것이다(히 4:12).

동시에 말씀 가운데 거하며 그것의 모든 능력 가운데 전하고, 하나님께서 당신의 말씀을 통해 역사하시길 고대하고 결과를 기다리는 자들은 인내심이 있어야 한다. 하나님의 일은 하룻밤에 이루어지지 않는다. 한 사람을 씨를 뿌리고, 다른 사람을 물을 주지만, 하나님께서 수확하게 하신다. 필자의 경험상 우리는 하나님의 말씀을 설교한 결과를 예상할 수 없다. 어떤 사람들은 구원으로 기뻐한다. 어떤 사람들은 하나님의 생각이 자신의 생각과 다르기 때문에 화가나, 따르려고 하지 않을 것이다. 어떤 사람들은 다른 설교자를 찾아 간다. 어떤 사람들은 회개의 눈물 가운데 운다. 한 가지 확실한 것은 하나님의 말씀은 그분에게 헛되이 돌아오지 않는다는 점이다. 하나님의 말씀은 항상 하나님께서 그 말씀을 통해 이루고자 하시는 바를 이룬다. 우리가 우리의 삶과 말 가운데 그 말씀을 체현할 때, 다음과 같이 바울이 고린도인들에게 말했던 바를 예시하게 될 것이다: "우리는 구원 받는 자들에게나 망하는 자들에게나 하나님 앞에서 그리스도의 향기니 이 사람에게는 사망으로부터 사망에 이르는 냄새요 저 사람에게는 생명으로부터 생명에 이르는 냄새라 누가 이 일을 감당하리요 우리는 수많은 사람들처럼 하나님의 말씀을 혼잡하게 하지 아니하고 곧 순전함으로 하나님께 받은 것 같이 하나님 앞에서와 그리스도 안에서 말하노라"(고후 2:15-17).

2. 설교자의 회중과의 접촉

회중이 어떻게 여겨져야 하는지가 설교자와 그들과의 관계를 결정할 것이다. 구약성경에서 하나님의 언약 백성은 중재자를 통해 하나님에 의해 다스려졌으며, 그들이 주변의 다른 나라와 같이 되고자 요구한 이후에는 왕에 의해 다스려졌다. 결과적으로 교회의 구조의 지배적 형태가 국가의 형태였다. 국가를 이루었으므로 관계가 매우 형식적이었으며 고도의 구조를 지녔다. 왕에게 왕궁과 왕좌가 있었는데, 그것들은 그를 백성과 분리시켰다. 그에게는 군사와 종이 있었다. 그와 대등한 것은 제사장들이었다. 그들 역시 백성과 매우 구조화된 관계를 지녔다. 그들은 성전에서 장중한 제의를 수반하는 임무들을 수행했는데, 백성은 단지 그곳에 접근할 수만 있었지 들어가지는 못했다. 선지자들은 백성에게 하나님의 말씀을 전했다. 실제로 이 말씀은 여호와를 신뢰하는 사람들에게 위로와 위안과 소망을 가져다주었다. 하지만 선지자는 회중에게 율법에 대한 언약적 순종으로 되돌이키라고 촉구하는 하나님의 사자로 부름 받았기 때문에, 대부분의 때에 메시지는 죄와 심판의 메시지였다. 다시 한 번 그 백성은 여호와로부터의 분리의 고통을 느꼈는데, 이는 그분의 선택이 아니라 그들의 선택으로 인한 것이었다. 그렇지만 구약의 회중에 대한 전체적인 인상은 하나님과 거리감이 있는 것이었다.

그러나 신약 시대의 교회의 형태는 보다 가정 혹은 가족의 형태이다. 실제로 우리는 "택하신 족속이요 왕 같은 제사장들이요 거룩한 나라"이다(벧전 2:9). 이런 방식으로 베드로는 구약의 교회를 신약 교회와 연속선상에 있는 것으로 관련시킨다. 그러나 바로 앞 구절에서 그는 교회에 대해 이렇게 말한다: "산 돌 같이 신령한 집으로 세워지고 예수 그리스도로 말미암아 하나님이 기쁘게 받으실 신령한 제사를 드릴 거룩한 제사장이 될지니라"(벧전 2:5). 따라서 우리는 하나님의 가족이다. "보라 아버지께서 어떠한 사랑을 우리에게 베푸사 하나님의 자녀라 일컬음을 받게 하셨는가, 우리가 그러하도다"(요일 3:1). 예수님은 우리의 형제이다. 우리는 함께 한 가족을 이루는 형제요 자매이다. 예수님께서는 우리의 삶 가운데 이 가족에 심지어 우리의 자연적 가족보다도 더 큰 우선순위를 부여하라고 경고하시는데, 곧 그분을 따르기 위해서는 아비와 어미와 자매와 형제를 "미워할" 필요가 있을 정도로까지 말이다(눅 14:26).

교회의 가족으로서의 이 특성은 설교자의 교회와의 관계에 영향을 준다. 설교자는 이 가족의 식구이다. 그와 같이 그는 가족의 다른 식구들을 대할 것이며, 자신의 의도대로 모든 것을 통제하는 가장과 똑같이 대하지 않을 것이다. 오히려 회중의 인도자로서 그는 주인이 아니라 종이 되어야 한다(참조. 눅 22:25, 26). 그는 그 자녀들이 하늘에 계신 그들의 한분 아버지를 인정하며 그분께 순종하도록 하나님의 말씀을 그 가족에게 공급해주어야 한다. 이 일을 신실하게 행하는 자들은 그 가족의 다른 식구를 존경으로 대할 것이다. 이는 바울이 디모데에게 다음과 같이 교훈한 바와 같다: "늙은이를 꾸짖기 말고 권하되 아버지에게 하듯 하며 젊은이에게는 형제에게 하듯 하고 늙은 여자에게는 어머니에게 하듯 하며 젊은 여자에게는 온전히 깨끗함으로 자매에게 하듯 하라"(딤전 5:1, 2).

동시에 종 된 자로서 그는 죄 된 본성의 욕망에서 나오는 속된 목적에서 자신을 청결하게 하는 것이 필요하다. 대신, 하나님의 종은 다음과 같아야 한다: "주를 깨끗한 마음으로 부르는 자들과 함께 의와 믿음과 사랑과 화평을 따르라 … 주의 종은 마땅히 다투지 아니하고 모든 사람에 대하여 온유하며 가르치기를 잘하며 참으며 거역하는 자를 온유함으로 훈계할지니 혹 하나님이 그들에게 회개함을 주사 진리를 알게 하실까 하며 그들로 깨어 마귀의 올무에서 벗어나 하나님께 사로잡힌 바 되어 그 뜻을 따르게 하실까 함이라"(딤후 2:22-26).

둘째로, 가족에게 양식을 공급하는 종과 교사로서 그는 가족의 식구들 모두 모든 자연적 가족의 경우에서와 똑같이 신체적 성장과 성숙에 있어 천차만별의 수준에 있다는 점을 기억해야 한다. 각 사람의 자연적인 발달 과정이 그 사람의 관심과 필요와 이해를 결정할 것이다. 동시에 목사는 회중 각 사람의 영적 발달에 민감해야 한다. 어떤 사람은 나이는 많지만, 그리스도 안에서는 아직 단지 아기일 수도 있다. 혹은 단지 20대일뿐인데도, 그리스도 안에서는 성숙할 수도 있다. 성경의 교훈은 우리가 어린 아이에게는 젖을 먹여야 하며 장성한 자에게는 단단한 음식을 주어야 한다는 것이다. 목사가 직면하는 위험은 다음과 같은 두 가지이다: (1) 너무 지적이어서 어린 아이는 이해하지 못하는 것, 또는 (2) 모두에게 아기 음식을 주어서 아무도 장성하게 자라지 못하는 것. 필자가 목회하는 교회 지역에서 가장 흔한 불평은 설교가 주일학교 수업, 곧 이해의 깊이나 적용의 넓이가 없는 성경의 단순한 반복과 같다는 것이다. 사람들은 감화나 도전을 받지 못한 채 주일 예배 후 집에 돌아간다고 불평한다.

목사가 어떻게 이러한 진퇴양난을 피할 수 있는가? 단지 한 가지 길 뿐이다. 그는 성경의 한 구절을 펼칠 때, 그것이 나온 맥락과 성경 나머지 부분에서의 하나님의 전체 역사와 모든 하나님의 구속 사역의 중심으로서의 예수 그리스도와 연관 짓도록 성경에 몰두해야 한다(본서 앞부분의 에드먼드 클라우니의 언급 참조). 더 나아가 회중의 관심과 흥미를 유지하는 제시에 있어서의 신선함과 생생함과 구체성과 현대성이 있어야 한다. 빤한 것을 반복하는 것은 통하지 않을 것이다. 원리의 단계에서 추상화하거나 이론화하거나 머무르는 것은 단지 멍한 눈빛과 무거운 눈꺼풀만 야기할 것이다. 다뤄지는 본문이 청자에게 너무나 사실적이어서 단지 청각만 자극되는 것이 아니라, 일어나고 있는 것을 느끼고 맛보고 볼 수 있어야 한다(제이 애덤스와 스프로울이 지적했음). 물론 일부 구절은 다른 구절보다 이것에 보다 적합할 것이다. 설교자가 나아만의 문둥병과 요단강에서의 치료에 대해 이야기할 때, 생생한 묘사를 위한 모든 소재를 지니게 된다. 하지만 바울의 이신칭의에 대한 바울의 묘사를 다룰 때, 그런 소재는 분명히 없다. 그렇다면 무엇을 한단 말인가? 자, 그렇다면 생생함과 구체성은 예화 자료와 이야기와 성경 진리의 청중의 삶에의 실제적 적용에서 담겨져야 한다.

무엇보다 특별히, 모든 설교에는 도전적 적용이 있어야 한다. 설교란 그 정의상 성경 진리에 대한 설명 그 이상이다. 그것은 또한 그 진리의 사람들의 삶에 대한 적용이기도 하다. 설교를 들을 때 회중은 단순히 지적으로만 도전 받기를 기대하지 않는다. 그들은 자신들의 삶과 믿음의 헌신에 도전을 줄 하나님으로부터의 메시지를 받기를 기대하는데, 이는 올바른 태도이다. 그들은, 필자가 들어온 바와 같이, 다음 주 내내 붙잡고 나아갈 수 있는 무언가를 받기를 기대한다. 그런 일이 일어나기 위해서는 하나님의 말씀의 사역자들이 자신이 섬기는 회중과 밀접한 접촉을 가지는 것이 절대적으로 필수적이다. 그는 그들의 희망과 바람과 꿈과 실패와 죄를 알아야 한다. 그는 그들의 일과 오락에 대해 숙지해야 한다. 그들의 삶의 모든 측면에서 그들과 가까우면 가까울수록 하나님의 메시지가 그들의 필요에 적용되면서 보다 실제적이 될 것이다. 아모스는 다음과 같이 말할 때에 당시의 여인들의 습관을 알고 있었다: "사마리아의 산에 있는 바산의 암소들아 이 말을 들으라 너희는 힘 없는 자를 학대하며 가난한 자를 압제하며 가장에게 이르기를 술을 가져다가 우리로 마시게 하라 하는도다"(암 4:1). 마찬가지로 예수께서도 바리새인들에게 다음과 같이 말씀하실 때 그들의 행태를 분석하셨다: "화 있을진저 너희 바리새인이여 너희가 박하와 운향과 모든 채소의 십일조는 드리되 공의와 하나님께 대한 사랑은 버리는도다"(눅 11:42). 바울이 다음과 같이 언급할 때 그레데 문화를 이해하고 그들의 문헌을 읽었다: "그레데인 중의 어떤 선지자가 말하되 그레데인들은 항상 거짓말쟁이며 악한 짐승이며 배만 위하는 게으름뱅이라 하니 이 증언이 참되도다 그러므로 네가 그들을 엄히 꾸짖으라 이는 그들로 하여금 믿음을 온전하게 하고 …"(딛 1:12, 13). 우리도 마찬가지의 일을 해야 한다.

적용을 할 때 교훈이 상고되는 성경 본문에서 직접적으로 끌어와져야지 마치 첨가물로서 본문과 간신히 연관 지어져서는 안 되는 것이 필수적이다. (헨드릭 크라벤담은 우리에게 본서의 "해석학과 설교"라는 제목의 장에서 도덕적 적용의 위험성을 경고한다.) 설교자가 성경 본문을 자신의 개인적인 관심사나 불만거리를 홍보하기 위한 발판으로 삼기란 매우 쉽다. 이 일은 어떤 대가를 치르더라도 피해져야 하는데, 왜냐하면 만약 설교자가 그렇게 한다면 회중을 떨어져 나가게 하며 설교의 능력을 훼손할 것이기 때문이다. 성령께서는 단지 하나님께서 사람을 통해 말씀하시는 것에만 반응을 불러일으키시지 사람이 스스로 말하는 것에는 그렇지 하시지 않는다.

그런데 가령 우리가 적절한 성경적 적용을 하려고 하고 있다면, 회중이 모였을 때, 상이한 관심과 나이를 지닌 매우 다양한 부류의 사람들에게 그 적용이 과연 정확히 어떻게 이루어져야 하는가? 그 적용이 어린이들에 대한 아무런 언급 없이 단지 어른들에게만 맞추어져야 하는가? 어린이들에 대한 특별한 적용이 있어야 하는가? 단지 일반적인 것만 사용하고 메시지가 누군가에게는 와 닿게 되기를 바라야 하는가?

필자가 목회 내내 사용해온 원리는 다수의 구체적 적용을 사용하고 그것들을 필자의 설교의 융단 속에 짜 넣는 것이다. 끝에 이르기까지 적용을 아끼지 말라. 설교 내내 그것들을 사용하라. 이 적용들의 일부는 사람들에게 직접적으로 적용될 것이다. 일부는 유비적으로 그들에게 적용될 것이다. 다른 것들은 전혀 적용되지 않을 것이지만, 그들은 자신들이 사는 문화와 관계하기 때문에 여러분의 말하는 것의 적절함을 보고 "아멘"이라고 말할 수 있을 것이다.

그러나 어린이 설교는 어떠한가? 어린이 설교는 오늘날 매우 인기 있게 되었다. 솔직히 필자는 그것들을 좋아하지 않는데, 왜냐하면 보통 그것들이 실제로 단지 어린이만을 의도한 분리된 메시지로 짜여지기 때문에 좋아하지 않는다. 이러한 방식에 함의된 것은 이 설교가 어린이를 위한 것이며, 정규 설교는 어른을 위한 것이라는 생각이다. 예배란 언약적, 가족 행사이다. 정규 설교는 단지 어른만을 위한 것이 아니라, 전 가족을 위한 것이다. 그러므로 만약 회중 가운데 많은 어린이들이 있고 상황이 적절하면, 필자는 정규 설교 중에 어린이에게 말을 하는 특별한 시간을 갖는다. 그렇지 않다면 특별히 그들을 겨냥하여 수시로 잠깐씩의 적용만을 한다. 어떤 경우든 우리는 모든 집단에 "이 설교는 여러분을 위한 것은 아니다"라는 인상을 주어서는 결코 안 된다. 모든 설교는 모든 사람을 위한 것이다.

본장의 앞부분에서 우리는 나이가 어리고 제한된 교육만 받은 사람들에게 다가가기 위해서는 직설적 화법과 단순한 개념을 사용해야 한다고 진술했다. 이 원칙은 유효하다. 그렇지만 이것과 나란하게 지적되어야 할 또 하나의 강조점이 있다. 이전 세대들에게 대중은 간과되고 설교는 사회 엘리트 계층에 맞추어져 있었다. 그러나 우리 사회에서 대중도 교육을 받았다. 그러므로 만약 우리가 전체 설교를 지식수준이 제일 낮은 사람들에게만 맞춘다면, 큰 비율의 회중은 도전받지 못한 채 남겨진다. 대체로 교회에 오는 사람들은 성경에 문외한들이 아니다. 비록 우리 사회 전반적으로 모세나 예수보다는 최신 비디오 게임에 대해 더 잘 알겠지만, 교회에 오는 사람들은 보통 주일 학교 혹은 개인적인 학습을 통해 일정한 식견이 있다. 예배는 매 주일의 유일한 메시지가 예수께서 우리의 죄를 위해 죽으셨음을 믿는 것인 수준으로 단순화되어서는 안 된다. 오늘날의 교회의 매우 절실한 필요는 단지 주 예수 그리스도를 믿는 일만이 아니라, 또한 믿는 가운데 그분을 삶의 주권적 통치자로 삼는 일이다. 교회는 불신앙과 불순종으로 불구가 되고 있다. 그러므로 강단은 신실함과 순종에 대해 열렬히 요청해야 한다. 이 일이 행해질 수 있는 유일한 길은 하나님의 온전한 뜻을 설교함에 의해서이다. 만약 우리가 하나님과 그분의 요구에 대한 우리의 개념을 좁혀서 안일한 복음을 설교하고 사람들로 하여금 안일하게 회중석에 앉도록 한다면, 궁극적으로 교회를 무너뜨리는 것이다.

이 다양한 원리들을 예시하기 위해 다음 히브리서 12:1-3에 대한 표본적 개요를 제시해보고자 한다: "이러므로 우리에게 구름 같이 둘러싼 허다한 증인들이 있으니 모든 무거운 것과 얽매이기 쉬운 죄를 벗어 버리고 인내로써 우리 앞에 당한 경주를 하며 믿음의 주요 또 온전하게 하시는 이인 예수를 바라보자 그는 그 앞에 있는 기쁨을 위하여 십자가를 참으사 부끄러움을 개의치 아니하시더니 하나님 보좌 우편에 앉으셨느니라 너희가 피곤하여 낙심하지 않기 위하여 죄인들이 이같이 자기에게 거역한 일을 참으신 이를 생각하라."

제목: 지금 중단하지 마세요

I. 경주의 준비

  A. 무력감을 극복하기
    1. 우리의 삶에서의 무력감의 유형
    2. 11장의 구름 같이 허다한 증인들로부터의 경주에 대한 격려

  B. 벗기
    1. 올림픽의 요건
    2. 그리스도인의 삶의 요건
      a. 무거운 것
      b. 옥죄는 죄

II. 경주하기

  A. 장애물에서 벗어나기
    1. 하나님께서 정해 놓으신 코스로 달리기
    2. 여러분이 시작한 경주를 완주하기
      a. 히브리 그리스도인의 필요(히 10:32-34;
        참조. 히 10:19-31; 4:11; 6:11; 10:39)
      b. 우리의 필요- 우리 세대의 즉각적인 만족에의 몰두

            c. 경주를 완료하는 데는 어려움과 절제가 수반됨

    B. 예수를 바라보기
        1. 그분이 여러분 앞에 계신다.
            a. 만약 여러분이 군중을 바라본다면, 주의가 흐트러질 것이다.
            b. 만약 여러분이 자신의 발을 본다면, 낙담하게 될 것이다.
        2. 그분은 이 그 경주를 마치셨다.
            a. 믿음의 주요 또 온전하게 하시는 이
            b. 그분은 자신의 경주 가운데 고난을 당하셨다.
            c. 그분은 승리하셨다.

이와 같은 구조는 본문에 충실한 동시에 우리로 일상생활의 지침을 얻기 위해 하나님의 말씀으로 나아가게 한다. 이것은 모든 사람에게 교훈과 격려를 할 수 있는 길을 열어준다. 누가 자신의 인생 가운데 무력감을 느껴오고 있는가? 누가 삶의 틀에 박힌 책무들에 대한 흥미를 느끼지 못하고 있는가? 가정주부가 식사를 준비할 때의 단순한 단계들, 회계 담당자의 숫자에 대한 지루함과 건축가의 설계에 있어서의 난제. 이 모든 것은 우리로 하여금 일시적으로 신나는 일을 위해 반복적인 일상의 행위들을 기피하게 하는 경향이 있다. 그리스도인의 삶에서도 마찬가지로 우리는 흥겹게 하는 감정적 일을 위해 성경 읽기와 기도와 주님과의 교제라는 일상적 필요들을 회피한다. 우리는 먹고 즐기는 일을 위해 죄와 싸우기 위한 절제를 등한히 한다. 회중들의 삶을 잘 알 때 모든 설교자는 자기 자신의 문화적 환경에서 각각의 필요에 대한 성경적 해결책과 예수 그리스도 안에서의 격려를 통해 자신이 섬기는 자들에게 구체적으로 적용할 수 있다. 그때 하나님의 말씀이 능력 있게 감흥을 일으킨다.

더욱이 이 구조는 올림픽 경기와 경주와 관련하여 나이 어린 청중에게 생생한 예시가 될 수 있다. 이것은 조깅이나 헬스에 대한 현재의 관심과 연관지어질 수 있다. 동시에 이것은 경주를 완주하며 만성피로가 시작될 때도 포기하지 않는 일과 관련하여 보다 나이든 어른들에 대한 메시지도 지닌다. 이것은 그리스도인으로서의 발걸음을 무겁게 하는 불필요한 일들과 씨름하는 중에 있는 새 그리스도인들과 옥죄는 죄와 대치하고 있는 보다 오래된 그리스도인들에 대한 말씀을 지닌다. 이것은 모두로 하여금 예수를 바라보도록 독려하는데, 이 일은 우리가 포기하지 않을 때 그분의 죄에 대한 승리 가운데 우리 자신의 승리를 얻을 수 있게 한다.

그러나 우리는 추가적으로 어떤 종류의 적용을 해야 하는가? 그것들은 단지 개인적이어야 하는가, 아니면 또한 사회 구조에도 도전해야 하는가? 교육과 정부와 사업의 영역에 대해 말씀이 전해질 수 있는가, 아니면 이런 주제는 강단에서 사라져야 하는가?

규칙은 성경이 우리의 삶에 진리를 직접적으로 적용할 때 우리가 회중에게 직접적으로 적용한다는 것이어야 한다. 예를 들어 산상설교는 우리의 개인적 행실과 태도에 관한 것들에 대해 매우 직설적으로 말씀한다. 이 권고의 말씀들은 직접적이며 강력한 타격이 되어야 한다.

더 나아가, 성경은 교회에서 함께하는 우리의 삶에 대해 매우 명확한 말씀을 가지고 있다. 그것은 우리가 한 몸의 지체로서 서로 어떻게 관계해야 하는지 말하고, 교회의 구조를 묘사하며, 어떤 종류의 지도자를 가져야 하며 어떻게 그들을 존경해야 할지를 이야기한다. 성경은 예배의 요소들, 곧 말씀의 자리와 성례들과 기도에 대해 기술한다. 그것은 우리로 하여금 내적 징계로 사랑하고, 회개하며, 회복하는 모임이 되라고 말한다.

하지만 정부와 사업과 교육의 구체적 원리에 관련해서는 그 메시지는 동일한 정도로 직접적이지 않다. 구약성경에서 교회는 상세한 규정들을 지닌 국가적 구조를 지녔다. 이 규정들은 오늘의 교회에 더 이상 직접적으로 적용되지 않는다. 그것들이 세속 구조에 어떻게 적용될 수 있는지는 매우 논쟁이 많이 되는 문제이다. 유일하게 확실한 말씀은 로마서 13:1-7에서의 바울과 베드로전서 2:13-17에서의 베드로에게서 나온다. 그러나 심지어 이 말씀들도 정부에 대한 개인적 대응이라는 문맥 가운데 있는 것이며 정부의 활동에 대한 전면적 개관은 아니다.

그렇지만, 성경은 사회 구조와 관련된 문화생활의 특정 분야들에 대한 교훈의 말씀을 가지고 있다. 결혼과 가족과 고용주와 피고용인에 관한 가르침은 분명하고 정확하다(엡 5:22-6:9; 골 3:18-4:1; 벧전 2:18-3:7). 따라서 설교자는 이 분야들에서는 매우 직접적으로 목소리를 낼 수 있으며 명백하게 연관되는 다른 분야에 대해서도 주요 결론들을 도출할 수 있다. 이러한 한계를 넘어서, 자신에게 맡겨진 거룩한 말씀을 훼손하지 않도록 주의 말씀을 선포하는 자들은 매우 유의해야 한다. 기독교적 사회 구조의 원리들을 계발하는 일은 이 분야들에서 훈련받은 사람들에게 맡기자.

여전히 우리가 검토해야 할 또 하나의 부분이 있다. 만약 신약의 교회가 하나님의 집과 하나님의 자녀로 여겨진다면, 단지 하나님만이 교회의 아버지이시다. 이런 견지에서 예수께서는 우리의 선생님들과 목회자들을 "아버지"라고 부르는 랍비적 관습을 따르지 않도록 경고하신다(마 23:9). 그렇지만 바울은 교회들과의 관계에서 자신을 아버지라고 칭한다. 데살로니가인들에게 그는 이렇게 말한다: "너희가 아는 바와 같이 우리가 너희 각 사람에게 아버지가 자기 자녀에게 하듯 권면하고 위로하고 경계하노니"(살전 2:11). 또한 보다 직접적으로 그는 고린도인들에게 이렇게 말한다: "그리스도 안에서 내가 복음으로써 너희의 아버지가 되었음이라"(고전 4:15, NIV). 바울은 예수와 대치하고 있는가 아니면 우리 설교자들이 따라야 할 모범을 제시하고 있는가?

예수께서는 호칭의 사용 자체에 관심하시지 않았다. "아버지"라는 용어와 함께 "선생"이라는 용어 역시 포함되었다. "또한 선생이라 칭함을 받지 말라"(마 23:10, NIV). 하지만 다른 한편으로는 신약 교회에서 사도들의 온전한 승인으로 아버지라는 용어가 생물학적 가정에 계속 사용되었고, 선생이라는 용어가 교회 자체에서 사용되었던 것이 분명하다(참조. 엡 4:11과 6:4). 예수께서는 이 용어들에 수반되는 사회적 지위와 그것들 안에 내재된 위선에 관심하셨다. 교회에서 지도자인 자들은 예수 자신께서 섬기러 오셨지 섬김을 받으러 오시지 않은 것처럼 나머지 사람들의 종이어야 한다. 그들은 맡겨진 자들을 "주장하지" 않고, "양 무리의 본"이 되어야 한다(벧전 5:3). 교회는 그 지도자들을 높이고 그들의 능력을 자랑하기 위해서가 아니라, 그들의 지도자들과 함께 예수 그리스도를 높이는 일에 참여하기 위해 존재한다. 고린도 교회가 다양한 지도자를 추종하는 집단들로 나뉘고 "바울을 따른다" 혹은 "아볼로를 따른다" 혹은 "게바를 따른다"(NIV)고 말했을 때, 바울은 다음과 같이 대꾸한다: "그런즉 아볼로는 무엇이며 바울은 무엇이냐 그들은 주께서 각각 주신 대로 너희로 하여금 믿게 한 사역자들[종들, NIV]이니라"(고전 3:5). 실제로 바울이 자신을 아버지라고 칭하고, 그로써 우리가 따를 모범이 되는 것은 전적으로 합당하다. 하지만 우리는 그가 그 용어를 사용할 때 의미하는 바가 무엇인지를 주의하여 분별해야 한다.

가장 먼저, 바울은 자신이 하나님에 의해 다른 사람들을 예수 그리스도에 대한 믿음으로 이끄는데 사용되었음을 의미한다. 소아시아와 그리스 전역과 그 이외의 지역에서 그는 방탕한 행위가 아니라, "믿음 안에서"의 아들들과 "복음으로서 그리스도 안에서"의 자녀들을 가지고 있다(참조. 고전 4:14, 15, 17; 딤전 1:2; 딛 1:4). 설교자가 되고자 하는 모든 사람은 다른 사람들을 예수 그리스도에 대한 지식으로 이끄는 일에 현저한 관심이 있어야 한다. 우리는 메시지 작성과 그것이 회중에 의해 어떻게 받아들여질지에 너무나 몰두한 나머지 설교의 주된 이유를 쉽게 망각할 수 있다. 불행하게도 충분한 복음이 담겨 있지 않아 회심의 역사가 거의 나타나지 않는 설교를 하는 많은 설교자들이 있다. 필자가 첫 번째 사역지에 있을 때, 노회에 참석하던 중 오랜 동안 설교해온 연장자이자 경륜 있는 한 목사님과 대화했던 일을 기억한다. 그는 최근 교인들과의 대화 가운데 그들이 복음의 아주 기초적인 것들, 특별히 이신칭의를 모른다는 것을 발견했다고 말했다. 그들에게 그토록 오랜 동안 설교할 수 있었는데 어떻게 그들이 그토록 무지할 수 있는지 충격을 받고 놀랐다. 그는 그 책임을 단호하게 스스로에게 돌릴 만큼 정직했으며 그 상황을 바로잡는 일에 착수했다.

둘째로, 아버지라는 용어를 사용함으로써 바울은 자신이 섬기는 자들에 대한 친밀한 관심을 표현한다. 그는 자신의 사역을 그리스 가정의 "파이다고고스"(개역 개정-초등교사), 곧 가정교사 또는 후견인의 일과 대조한다. 파이다고고스는 가족에 의해 자녀의 교육을 맡도록 선택된 노예였다. 그는 행동과 복장과 품행을 비롯한 교육 전체를 담당했다. 그는 주로 아이가 규칙을 따르는지를 살피는 엄격한 사람이었다. 만약 아이가 그렇지 않으면, 가정교사가 행실의 변화를 가져오도록 신체적 체벌을 사용했다. 가정교사의 직분은 가족의 규범이 징벌의 방식으로 아이에게 심겨지도록 살피는 것이었다. 대조적으로 바울은 징벌의 회초리를 사용함이 아니라, 사랑과 관심으로 그들에게 다가감에 의해 교회를 대했다. 교회는 회중의 잘못된 행동에 대해 강단에서 매우 분개하며 책망할 많은 설교자들을 가지고 있지만, 새로운 마음으로 변화가 일어나길 바라며 그리스도의 사랑으로 아버지같이 말할 많은 설교자는 가지고 있지 않다. 목사들은 예배에 참석하지 않는 일과 헌금을 하지 않는 일과 성경을 읽지 않는 일과 구역모임에 참석하지 않는 일에 대해 하나님의 말씀으로 회중의 머리를 내려치고 싶은 유혹이 얼마나 큰가! 그러나 교회가 진정으로 필요로 하는 것은 회중을 깊이 사랑하며 그리스도의 강권적인 사랑으로 그들에게 호소하고 촉구할 목사들이다. 행동을 바꾸고자하는 열의가 내면으로부터 시작되도록 마음을 감화시키며 전인의 거듭남을 추구하는 말씀의 사역자들을 필요로 한다.

이러한 목표를 이루기 위해서는 바울이 부모된 자로서 지녔다고 강조하는 한 가지 삶의 자질, 곧 "온유함"이 요구된다. 그는 데살로니가인들에게 이렇게 말한다: "우리는 그리스도의 사도로서 마땅히 권위를 주장할 수 있으나 도리어 너희 가운데서 유순한 자가 되어 유모가 자기 자녀를 기름과 같이 하였으니"(살전 2:7). 또한 동일한 단락에서 다시 한 번 이렇게 말한다: "너희도 아는 바와 같이 우리가 너희 각 사람에게 아버지가 자기 자녀에게 하듯 권면하고 위로하고 경계하노니 이는 너희를 부르사 자기 나라와 영광에 이르게 하시는 하나님께 합당히 행하게 하려 함이라"(살전 2:11, 12). 예수께서는 당신의 제자들 가운데서의 당신의 행위에 대해 "마음이 온유하고 겸손하니"라고 묘사하셨다(마 11:29).

확실히 그리스도를 따르는 자들로서 우리는 행실 가운데 이 온유함을 지녀야 한다. 그것은 모든 그리스도인에게 필요하겠지만, 교회의 지도자들에게 가장 필요하다. 장로는 성미가 급해서는 안 된다. 그는 폭력적이어서는 안 되며, 온유해야 하고 다투기 좋아해서는 안 된다. 보다 많은 사람이 그리스도께 굴복하는 것은 식초가 아니라 꿀에 의해서이다. 사람들은 논쟁에 의해 하나님 나라로부터 상실된다. 논쟁할 경우 대개 전투는 이기지만 전쟁은 지게 된다. 공격받을 때 그리스도의 군사는 현명하게 침묵을 지킬 줄 알며 선한 행실에 의해 적을 그리스도께 굴복하게 한다. 베드로는 이렇게 말한다: "너희 속에 있는 소망에 관한 이유를 묻는 자에게는 대답할 것을 항상 준비하되 온유와 두려움으로 하고…"(벧전 3:15, 16). 일이 자신의 뜻대로 진행되지 않고, 교회가 기대대로 성장하지 않으며, 교인의 일부로부터 공격을 받을 때 평정심을 잃는 목사는 자신의 목표들을 결코 성취하지 못할 것이다. 그러나 교회를 세우시는 주님에 대한 신뢰가 있기 때문에 공격을 받는 중에서 믿음을 나타내며 침착함을 유지하는 하나님의 사람된 자는 아버지와 같은 염려와 온유함으로 자신의 적대자들까지도 주님께 복종하게 할 것이다.

아버지된 자로서의 설교자의 염려를 표현하는 또 하나의 성경적 이미지는 목자와 양의 이미지이다. 목자는 어린 양들을 온순히 인도한다(사 40:11). 그는 그들을 낮에는 푸른 초원으로 인도하며 밤에는 우리로 다시 데려와 쉬게 한다. 그는 사자와 늑대에게서 양을 지킨다. 그는 늘 함께하며 그들에게 안전감과 안도감을 준다. 예수께서는 당신의 양떼를 진정으로 돌보시는 선한 목자이시다. 그분은 그들을 위해 당신의 목숨을 버리신 분이다. 그분 대신에 목회를 하는 우리 또한 예수의 심장을 지니며 마찬가지로 그분의 백성을 위해 우리의 목숨을 버리는 일을 주저하지 말아야 한다.

오늘날 필요한 것은 에스겔 시대의 것과 같다. 하나님께서는 에스겔을 통해 다음과 같이 불평하셨다: "자기만 먹는 이스라엘 목자들은 화 있을진저 목자들이 양 떼를 먹이는 것이 마땅하지 아니하냐 너희가 살진 양을 잡아 그 기름을 먹으며 그 털을 입되 양 떼는 먹이지 아니하는도다 너희가 그 연약한 자를 강하게 아니하며 병든 자를 고치지 아니하며 상한 자를 싸매 주지 아니하며 쫓기는 자를 돌아오게 하지 아니하며 잃어버린 자를 찾지 아니하고 다만 포악으로 그것들을 다스렸도다"(겔 34:2-4).

우리는 목회에 있어서 개인적 성공에 관심하는지 아니면 하나님의 백성에 관심하는지 늘 자문해야 한다. 우리는 노숙자에게 더 관심을 갖는가 아니면 우리 자신의 안락한 집에 더 관심을 갖는가? 우리는 눈먼 자를 치유하는 데 더 관심을 갖는가 아니면 우리 자신을 돋보이게 하는 데 더 관심을 갖는가? 우리는 길 잃은 자를 구하는 데 더 관심하는가 아니면 우리 자신의 목숨을 보전하는 데 더 관심을 갖는가? 설교단의 능력은 웅변술이나 수사법에 있지 않다. 그것은 하나님과 동행하며 예수 그리스도 안에 있는 하나님의 사랑을 회중에게 전달하기 위해 하나님의 은사들을 사용하는 사람에게 있다.

이것은 우리를 다음과 같은 아버지된 신분의 세 번째 측면으로 이끈

다: 그는 자신의 자녀에게 모범이 되는 삶을 살아야 한다. 다시 한 번 바울은 자신의 아버지된 자로서의 염려를 기술하는 맥락에서 이렇게 말한다: "우리가 너희 믿는 자들을 향하여 어떻게 거룩하고 옳고 흠 없이 행하였는지에 대하여 너희가 증인이요 하나님도 그러하시도다"(살전 2:10). 고린도인들에게 그는 다음과 같이 말한다: "그러므로 내가 너희에게 권하노니 너희는 나를 본받는 자가 되라"(고전 4:16). "내가 말하는 대로 하지만, 내가 행동하는 대로는 하지 말라"는 모습을 보이는 아버지는 자녀와의 비참한 가족 관계를 당면하게 될 것이다. 동일한 것이 교회에서 아버지된 목회자에게도 사실이다. 회중과 우리가 속하여 살고 있는 공동체는 우리의 삶을 지켜보고 있다. 설교자들은 항상 주목의 대상이 된다. 그들의 비행은 항상 과장되게 말해진다. 그러므로 우리는 진중하게 행동해야 하는데, 이는 사람들이 그렇게 말할 것 때문이 아니라, 우리가 예수 그리스도의 대리자이며 그분을 기쁘게 해드리길 원하기 때문이다. 우리가 정형화된 자일 필요는 없다. 우리는 전임 목사의 틀에 맞출 필요가 없다. 우리는 개인적인 정체성이나 창의성을 잃을 필요가 없다. 하지만 우리는 모든 사람, 특별히 젊은 사람들이 위선을 싫어한다는 것을 예민하게 깨달아야 한다. 우리의 삶은 일관성이 있어야 한다. 또한 잘못을 범할 때에도, 우리는 솔직해야 한다. 우리는 우리의 죄를 그리스도 안에서 우리의 형제들에게 고백하고 용서를 구해야 한다. 우리 역시 죄인이다. 그러나 우리는 구원받은 죄인으로서 예수 그리스도 안에서 성장해 간다는 것이 명백하다. 또한 이 점에 있어 우리는 다음과 같은 장로가 되어야 할 것이다: "너희 중에 있는 하나님의 양 무리를 치되 억지로 하지 말고 하나님의 뜻을 따라 자원함으로 하며 더러운 이득을 위하여 하지 말고 기꺼이 하며 맡은 자들에게 주장하는 자세를 하지 말고 양 무리의 본이 되라"(벧전 5:2, 3).

그런데 설교자는 독특한 위치에 있다. 그는 하나님의 진리에 절대적으로 신실할 책임과 그것을 열정적이며 일관되게 선포해야 할 요구를 지닌 채 하나님 앞에 선다. 동시에 그는 회중의 삶과 필요를 염려 가운데 다룰 책임을 지닌 채 회중 앞에 선다. 그는 "사랑 안에서 진리를 말해야" 한다(엡 4:15, NIV).

도대체 그가 어떻게 이 요구들 양자 모두를 충족시킬 수 있는가? 그가 어떻게 서재와 교인의 집 양편에 있을 수 있는가? 그가 어떻게 따로 떨어져 성경을 깊이 묵상하는 일을 하면서, 다른 한편으로는 도움을 요청하며 몰려드는 사람들을 감당해낼 수 있는가? 우리는 모세와 함께 다음과 같이 외친다: "오 주여 그 일을 하는 데 다른 사람을 보내소서"(출 4:13). 저는 능변가가 아닙니다. 저는 말할 줄 잘 모릅니다. 그 일은 제게 너무나 어렵습니다.

하지만 여호와는 당신의 일을 하도록 굽은 막대기와 같은 요나를 사용하신다. 그분은 벼락처럼 성미 급한 베드로를 사용하신다. 그분은 교육을 잘 받지 못한 야고보와 최고의 교육을 받은 바울을 사용하신다. 그분은 조용한 요한과 열광적인 시몬을 사용하신다. 그분이 우리에게 요구하는 전부는 겸손하며 그분의 은혜에 의지하고 그분의 뜻에 복종하는 것이다. 결론적으로 그분은 우리에게 신실할 것, 곧 그분의 진리에 신실할 것과 그분의 백성에 신실할 것을 기대하신다. "하나님의 은혜를 다양한 형태로 신실하게 운용하며 각자 받은 각각의 은사를 다른 사람들을 섬기는 데 사용하라[NIV] 만일 누가 말하려면 하나님의 말씀을 하는 것 같이 하고 누가 봉사하려면 하나님이 공급하시는 힘으로 하는 것 같이 하라 이는 범사에 예수 그리스도로 말미암아 하나님이 영광을 받으시게 하려 함이니 그에게 영광과 권능이 세세에 무궁하도록 있느니라 아멘"(벧전 4:10, 11).

16장. 하나님의 말씀을 소리 내어 읽기
데이비드 돔벡

인간의 목소리는 하나님의 은사이다. 그는 여러 음색과 강도와 높이로 목소리를 낸다. 어떤 목소리는 감미롭다. 어떤 것은 퉁명스럽다. 어떤 것은 큰 음폭과 공명을 지닌다. 어떤 것은 약하고 가냘프다. 그러나 하나님이 이 모든 것을 지으셨다. 많은 목사가 자신의 목소리가 어떻게 나오는지 혹은 하나님의 영광과 그분의 백성의 교화를 위해 어떻게 그것을 최상으로 사용할 수 있는지 배우지 못했다. 본장에서 우리는 인간 목소리의 경이로움을 간략하게 탐사해볼 것이다. 그 다음으로 우리는 목사가 하나님의 말씀을 소리 내어 읽기 위해 어떻게 목소리를 사용해야 하는지 논의할 것이다.

1. 목소리

여러분은 야영 전도 집회 대피소의 양철지붕 위로 폭우가 쏟아지는 가운데 설교하려고 시도해본 적이 이전에 있는가? 대피소 뒤쪽에 앉은 여러분의 아내가 잘 들을 수 없다는 것을 신호하기 위해 손을 오므려 귀에

갖다 대었던 적이 있는가? 들리도록 하려다 후두염에 걸린 적이 있는가?

본당의 최신 음향 시스템이 여러분의 설교의 가장 중요한 순간에 꺼진 적이 있는가? 여러분의 떨리는 목소리가 적막한 모래 언덕들 사이에서 갈매기가 끼루룩 우는 소리와 같이 들진 적이 있는가? 들리도록 하기 위해 안간힘을 쓴 적이 있는가? 간신히 마무리했을 때, 머리가 아파오고, 거의 말하지 못할 지경이 되었던 적이 있는가?

여러분이 하나님께서 여러분의 목소리가 작동하도록 어떻게 설계하셨는지를 이해한다면, 이상에서 이야기된 것들과 같은 위기를 보다 큰 평화로운 마음과 보다 적은 목소리의 손상과 함께 대처할 수 있다. 여러분이 자신의 목소리를 분석하기 시작할 때, "후두" 혹은 "성대"라는 용어를 먼저 상기하게 될 것이다. 그러나 여러분은 폐와 목구멍과 혀와 치아와 부비강sinus cavities(두개골 속의 코 안쪽으로 이어지는 구멍) 역시 기억하는가? 횡경막과 내장에 대해 생각하는가? 이 모든 것들이 결합하여 여러분의 "소리"를 또렷한 말과 감미로운 노래로 형성시킨다. 소리와 관련되는 도구들을 등한히 할 때, 여러분은 목소리를 잘 낼 수 없다.

도구

"성대"vocal cords(소리를 내는 끈 모양의 조직)와 "후두"voice box(소리 통)의 영어 명칭은 부정확한 것이다. 어떠한 아이올리스 하프Aeolian harp(바람을 받으면 저절로 울림)도 여러분의 호흡을 음악으로 바꾸도록 기관windpipe의 맨 위에 올려져 있지 않다. 대신 두 개의 근육주름이 후두 안에서 통로를 구성한다. 좁거나 넓은 이 주름 사이의 간격과 팽팽하거나 느슨한 이 주름모양의 근육의 긴장도가 여러분의 목소리의 음질과 높이를 결정한다. 회중에게 큰 소리로 외치기 위해 목구멍을 팽팽하게 긴장시킬 때, 여러분의 목소리는 다만 높이만 올라가고 음질은 날카롭게 될 것이다. 곧 여러분은 목이 쉴 것이다. 여러분의 후두를 그 설계에

반하게 작동하도록 압박을 가하지 말라. 하나님께서는 여러분에게 신체의 다른 기관들을 통해서도 풍성하게 소리를 낼 수 있는 능력을 주셨다.

하나님께서는 후두가 기관windpipe을 차단하도록 만드셨는데, 곧 원하지 않는 물질(예. 음식)이 들어가는 것을 막거나 공기가 폐에서 빠지지 않게 막기 위해서다. 과학자들은 말이 후두의 통상적 작용에 부가된 기능으로 여긴다.[1] 증거로 그들은 토끼와 특정 사슴과 기린을 드는데, 그것들 모두 후두를 가지고 있지만 어떠한 소리도 내지 않는다. 과학자들은 이 동물들이 소리를 낼 아무런 필요가 없기 때문에 후두의 이 기능을 발달시키지 않았다고 추정한다.

그러나 말은 우리의 사회 구조 혹은 우월한 지적 능력의 표출이라는 필요에 대한 적응 이상의 것이다.[2] 우리에게 후두가 주어진 데에는 앞에서 언급된 두 가지 이외에 다음과 같은 또 하나의 이유가 있다: 곧 후두는 우리가 여호와 우리 하나님을 찬양하는 것을 돕기 위해 만들어졌다. (게다가, 과연 누가 토끼들이 그들의 창조주와 이야기하지 않는다고 장담할 수 있을까? 모든 농가의 소년이 알듯이, 토끼 역시 소리를 낸다!).

성대의 주름들vocal folds은 자발적으로 움직여지지 않는 근육이다. 우리는 그것들을 직접적으로 거의 제어할 수 없다. 그것들은 몸의 나머지 부분들과 연대하여 반응한다. 따라서 목소리를 제어하기 위해서 우리는 자기 자신을 제어해야 한다. 침착함을 유지하고 두려움을 가라앉힐 때, 우리는 성대를 최대한 활용하며 최상의 음질과 음의 높이를 산출할 것이다.

힘의 근원

여러분의 성대 주름들을 통해 울려나는 공기의 실제 소리는 아주 작

---

1. Virgil A. Anderson, *Training the Speaking Voice* (New York: Oxford University Press, 1961), p. 55 이하.
2. Ibid., p. 56.

다. 자체만으로는 심지어 가장 매끄러운 소리도 들리지 않는다. 그러나 주님은 그분을 찬양하도록 인간의 목소리를 지으셨다. 이 찬양이 발생하도록 하시기 위해 하나님은 사람에게 힘의 근원과 증폭기와 발성기를 주셨다. 아기가 우는 것을 지켜보라. 아기는 팔을 격렬하게 마구 흔든다. 아기는 아기침대의 매트리스나 허공을 향해 발길질을 한다. 얼굴은 분노로 빨갛게 달아오른다. 눈은 잔뜩 찡그려진다. 입은 무엇인가 잘못되었음을 주위에 알리기 위해 애처로운(또는 거슬리는) 비명을 질러댄다. 그러나 이 모든 연기 같은 동작은 다음과 같은 주요 행동에 부수적인 것들이다: 즉 폐와 횡경막으로 아기는 가슴 가득히 많은 공기를 들이마신 뒤, 여러분의 귀에 내뿜어대는 것이다. 이것은 아기에게 자연스럽게 발생한다.

그런 선천적으로 소리를 내는 절묘한 행위는 폐와 복부에 기인한다. 일단 부풀어 오르면, 폐는 자연스럽게 수축하며, 폐 내부의 압력이 외부의 대기의 압력과 같아질 때까지 들이마신 공기를 반드시 내놓게 된다. 호흡을 조절하도록 요구되는 경험 없는 연설자는 후두를 통해 공기를 억지로 들이마시려고 시도한다. 이내 숨이 차게 되고, 말을 이어가는 데 필요한 힘이 없다는 것을 발견한다. 공기의 공급 과정을 조절하기 위해 우리는 두 가지의 일련의 근육, 곧 횡경막diaphragm과 내장viscera을 사용해야 한다. 성악 교사들에 의해 칭송되는 횡경막은 양 폐 바로 밑에 위치한다. 그것은 소리 작용의 발판과 같은 역할을 하는 부분으로서 공기를 들이마실 때 팽창하고 내쉴 때 수축한다(이완된다). "여러분의 횡경막을 사용하라!"는 말은 단순히 폐와 횡경막이 수축 또는 이완되는 속도를 조절하라는 뜻이다. 그러나 횡경막은 말이나 노래를 하는 데 아무런 힘이나 도움을 공급하지 못한다. 이 힘은 내장의 적절한 사용에서 나온다.[3] 복부에 있는 이 근육층은 피스톤 같이 횡경막을

---

3. 횡경막과 내장 양자 모두에 대해서는 ibid., pp. 28-32을 참조하라.

민다. 바로 내장이 소리치거나 노래하거나 연설하는 데 필요한 힘을 공급하여 횡경막을 통해 폐에서 공기가 배출되도록 하는 것이다. 따라서 연설자는 공기가 필요할 때 모자라지 않도록 숨을 내쉬는 일을 조절하게 된다. 또한 그는 공기가 강력하게 배출되도록 복부의 근육도 사용한다. 이것이 위대한 오페라 가수들이 공연장 전체를 자신의 목소리로 가득 채우는 비결이다. 그들은 목소리를 "내던진다." 곧 문자 그대로, 가장 멀리 있는 청중에게까지 이르도록 목소리를 복부로부터 밀어 던진다.

증폭기

공기가 후두를 통과할 때, 진동이 발생한다. "흠." 계속하여 "흠-----"이라고 해보라! 손을 후두에 대보라. 무언가를 느끼는가? 십중팔구 아닐 것이다. 이제 흠을 반복하고 손가락을 코와 이마와 뺨에 대보라. 여러분은 매우 작은 진동을 느낄 것이다. 부비강과 안면골facial bones이 진동하는 공기를 소리로 증폭시킨다. 감기가 걸렸을 때 말하기가 힘든 것은 머리가 "울리기" 때문이다. 진동하고 공명하는 부비강은 코가 점액으로 차기 때문에 떨린다. 다른 사람들에게 여러분은 또렷하지 않고 약한 소리를 내게 되는데, 왜냐하면 이 공명실들이 증폭을 제대로 못하기 때문이다. 흉강chest cavity 자체가 공명 기관이 되어 특별히 저음계의 목소리를 증폭시킨다. 목구멍(후두) 역시 목소리를 증폭시킨다.

발성기

이제 우리가 그 진동하는 공기의 파장을 말로 어떻게 형성하는지 살펴보자.

1. 특정 모양을 이루는 소리(shaped sounds, 모음) 어렸을 때 여러분은 입

으로 불 때 내는 소리가 입모양을 좁게 했다 넓게, 그리고 다시 좁게 바꿈에 따라 ("오--이--오--"로) 변할 수 있음을 발견한다. 바로 이것이 말 가운데 모음을 만드는 방식이다. 알파벳의 모음들을 말해보라. 그 소리들을 내기 위해 취해지는 입 모양과 크기에 유의하라. 모음은 언어의 가락과 같다. 모음을 반복하여 발성해보라. 이제 각 모음을 내기 위해 취해지는 입속의 혀의 위치에 유의하라. 입과 혀가 만드는 통로의 크기가 변할 때, 그 통로를 통해 흐르는 공기의 소리 역시 변할 것이다.

2. 특정 모양의 주형틀에 따라 찍어내지는 소리(stamped sounds, 자음) 만약 모음이 언어의 가락이라면, 자음은 그 가락에 따르는 구체적 화성과 음향이다. 본래 자음은 다음 두 부류로 분류된다: 유성자음과 무성자음. 유성자음은 끝날 때 소리를 낸다. "m"과 "n"과 "ng"는 분명하게 소리를 내며 끝난다. 유성자음의 다른 예는 다음과 같다: "v"와 "z"와 "j"와 "dh"와 "l." 자음에는 다음 네 가지 유형이 있다: 파열음plosive과 마찰음fricative과 비음nasal과 활음glide. 파열음은 명칭이 암시하듯이 파열되는 일을 함의한다. "p"와 "b"와 "t"와 "d"와 "k"와 "g"는 모두 파열음이다. 마찰음은 입의 둘 이상의 기관이 맞부딪쳐서 이루어진다. "f"와 "v"와 "th"와 "dh"와 "zh"는 마찰음이다. 비음은 코 부위를 통해 증폭되는 유성 자음이다. "m"과 "n"과 "ng"은 비음이다. 일부 자음은 소리를 낼 때 "혀나 입술 혹은 양자 모두를 서서히 미끄러지듯이 움직임gliding"에 의해 형성된다.[4] "w"와 "l"과 "r"과 "j"는 활음이다.

　마지막으로 자음은 소리를 내는 입의 부위들에 따라 분류된다. 일부 자음은 입술로 만들어진다("p"와 "b"와 "m"과 "w"). "f"와 "v"를 소리 내기 위해서는 입술과 치아가 서로 맞닿는다. "th"와 "dh"를 소리 내기

---

4. Ibid., p. 269.

위해서는 혀가 치아에 닿는다. "t"와 "d"와 "n"과 "l"과 "s"와 "z" 등의 자음은 혀가 잇몸과 만날 때 형성된다. 입천장에 닿을 때, 혀는 "sh"와 "zh"와 "r"과 "j"를 소리 낸다. 입 뒤쪽의 연구개soft palate에 혀를 둥글게 대면, "k"와 "g"과 "ng"를 형성한다. 끝으로 "h"는 입의 맨 뒤쪽에서 형성된다.[5]

왜 이것들에 관심을 가져야 하는가? 명료한 발음을 위해서이다. 부주의한 발음은 말해지는 것에 대한 회중의 이해력을 흐리게 한다. 필자는 지역적인 억양을 매도하지 않으며, 순수한 언어 장애(예. 언청이, 짧은 소리, b를 v로 잘못 발음하기betacism, 또는 m을 지나치게 혹은 잘못되게 발음하기mytacism)를 비판하지 않는다. 명료한 발음이란 단순한 발음과 억양의 문제를 넘어선다. 명료한 발음이란 말해지거나 노래되는 단어가 이해될 수 있도록 하는 일을 추구한다.

명료한 발음을 증진시키기 위해 무엇을 할 수 있는가? 녹음기를 비평자로 이용해보라. 여러분이 실제로 다른 사람들에게 어떻게 들려지는지 들어보라. 자기 자신에게 가혹하라. 어떤 자음들을 분명하게 발음하지 못하는지 찾으라. 좋은 화술 책은 여러분의 말을 불분명하게 하는 습관을 극복하도록 돕는 연습 부분을 포함한다.[6]

필자는 우리가 이 분야를 보다 상세히 탐구할 수 없는 것이 유감스럽다. 우리는 놀랍고 경이롭게 창조되었다. 목사로서 말하는 일이 우리의 장사밑천임을 기억하라. 우리는 자신의 말을 이해할 수 있도록 하는 데 관심을 갖는가? 엉성한 언어 습관이 연설자의 뜻을 제대로 전달하지 못하게 한다. 어떤 사람들은 설교가 전해지는 방식보다는 그 내용에 더 관심을 가지는 것이 경건하다고 생각한다. 우리는 말씀을 신실하게 전

---

5. 이상의 것들에 대한 전문 용어는 다음과 같다: 양순음(bilabials), 순치음(labio-dentals), 설치음(lingua-dentals), 설치조음(lingue-alveolar), 설경구개음(lingua-palatal), 설연구개음(lingua-velar), 그리고 성문음(glottis).
6. 대중연설 책이 아니라, 앤더슨(Anderson)의 것과 같은 화술에 관한 책. 여러분의 지역의 고등학교 언어 교사에게 조언을 구하라.

하려는 관심을 비난하지 말아야 하지만, 또한 그분이 주신 언어 도구들을 이용하여 하나님의 말씀을 효율적으로 제시하는데 주의해야 한다.

2. 도대체 왜 해석적으로 읽는가?

하나님의 말씀의 선포자로서 우리의 책무의 가장 경이로운 측면의 하나는 – 가정예배든 공 예배든 – 그분의 말씀을 구두로 읽는 일이다. 그것을 통해 우리는 성부의 말씀을 그분의 백성에게 직접적으로 선포한다. 하지만 우리의 다수는, 목사든 평신도든 마찬가지로, 하나님의 말씀을 둔하게 읽는다.

필자는 "둔하게"라는 부사를 선택할 때 몹시 조심스러웠다. 하지만 하나님의 헌신된 종들의 동기에 의문을 제기하지 않는 단어를 발견하기가 필자에게 어려웠다. "둔하게"는 하나님의 말씀을 구두로 읽는 일의 특성을 묘사하지만 목사나 평신도의 하나님의 말씀에 대한 헌신을 묘사하지는 않는다.

성경의 저자들은 혈과 육을 지닌 사람들이었다. 그들의 메시지, 즉 복음은 우리를 천사의 기쁨으로 이끌거나(시 119; 눅 2:14), 또는 마귀의 공포로 이끈다(약 2:19). 복음의 예리한 날은 구원하기도 하고, 살해하기도 한다. 하지만 이 놀랍고 영감어린 하나님이 주신 문서가 그냥 소리 내어 읽어지는 방식으로는, 은혜의 말씀을 아직 모르는 문외한은 그리스도의 복음이 그것을 읽는 사람이나 자기 자신에게 어떤 의미가 있는지를 결코 식별하지 못할 것이다.

성경의 드라마적 읽기 dramatic reading는 성경을 낯선 해석에 종속시킨다고 비평을 받았다: "성경이 스스로 말하게 하라." "우리에게는 말씀이 어떻게 말해졌다고 생각하는지를 말할 어떤 배우도 필요하지 않다." 하지만 이 주장이 간과하는 것을 숙고해보자. 중립적이며, 비드라마적인 성경 읽기와 같은 것은 존재하지 않는다. 단조롭고 냉담한 성경 읽기는 본문에 대한 무관심을 함의한다. 이런 분석은 확실히 잘못되었을 수도 있지만, 단조로운 낭독자는 가정이나 회중에게 다음과 같은 두 가지 잠재적인 인상을 준다: 첫째로, 그는 본문을 읽는 방식보다는 자신의 설교가 더 중요하다고 여긴다(설교에 훨씬 더 많은 시간을 들였다)는 인상과 둘째로, 하나님의 말씀이 청자에게 의미를 지니기 위해서는 설교자의 매주의 해석을 기다려야 한다는 인상. 여러분의 설교 본문의 낭독과 더불어 여러분의 설교 - 그 본문에 대한 주해 - 가 이미 시작되었다는 점을 잊지 말라. 그러므로 여러분의 낭독이 주해에 상응하는 것이 필수적이다. 역으로 주해는 우리로 하여금 본문을 바르게 읽는 데 도움을 주어야 한다. 하나는 다른 하나에 필요 불가결하다.

성경의 해석적 읽기에 대한 질문은 "성경을 해석적으로 읽어야 하는가?"라는 것이 아니다. 오히려 그것은 "성경의 구두 읽기가 본문에 대한 명료하고 매력적인 묘사를 하고 있느냐?"라는 것이다. 요지는 성경의 **모든** 읽기는 성경에 대한 구두의 해석이며, 우리는 읽을 때 제안하고 있는 해석을 온전히 자각해야 한다는 것이다.

특정 성경 구절에 대한 적절한 구두의 해석을 제안하려면, 우리는 먼저 그 구절을 **개인적**으로 대면해야 한다. 이렇게 하는 것은 우선 그 구절의 "문법적이며 역사적인" 맥락에 몰두하는 일을 포함한다. 예를 들어, 여러분 자신이 그 본문을 이사야나 바울의 시대에 이야기하거나, 예언하거나, 노래하고 있다고 상상해보라. 본래 그 본문을 들었던 사람들에 대한 이해를 제공하기 위해 본문의 배경에 대해 행해진 연구를 이용하라.

구두 낭독자는 청중에게 본문의 저자를 대리한다. 그는 저자의 관점에서 청중에게 본문을 재현하길 추구한다. 빌립보서 3:17-21에서 바울은 "변덕스러운 감정"을 드러낸다. 바울이 대적자들을 향해 하는 심각한 비난을 주해하려고 할 때, 바울의 개인적 슬픔을 약화시켜서는 안 된다. 이 본문의 말미에서 바울은 빌립보인들을 그리스도의 보좌가 있는 방으로 데려갔다. 낭독자는 바울의 기쁨을 느끼고 전달해야 한다. 드라마적으로 읽는다고 해서, 다음과 같이 읽을 때 반드시 울어야 하는 것은 아니다: "… 이제도 눈물을 흘리며 말하노니." 그러나 우리는 그런 개인적 표현을 등한히 할 수 없다. 우리는 바로 후속되는 그의 기쁨만큼이나 바울의 우리를 위한 비통을 읽어내야 한다.

여러분이 드라마적으로 읽을 때, 본문이 여러분에게 말하는 것으로 인해 놀랄 준비를 하라. 빌립보서 3장에서 다시 한 번 바울은 자신에게 눈물이 나게 하는 다수의 죄를 열거했다. 그것들 중에서 그가 폭식을 우상숭배와 연결지으며, 폭식하는 사람을 그리스도의 십자가의 배신자로 부르는 것을 볼 수 있다. 폭식이 그토록 나쁘단 말인가! 여러분은 바울이 본문을 기록하면서 느낀 충격을 동일하게 느끼면서 본문을 읽을 각오가 되어 있는가? 성경은 유사한 충격으로 가득한데, 단조로운 읽기를 할 경우 그런 충격은 둔화된다. 성경의 드라마적 읽기는 새롭고 생생한 방식으로 여러분과 여러분의 회중에게 회개의 요청과 하나님을 믿는 기쁨을 드러낼 것이다.

3. 소리 내어 읽는 기술

구두의 혹은 드라마적 읽기는 큰 목소리의 감정적 전달을 뜻하지 않는다. 어떤 목사들은 그런 식으로 읽고 설교하지만, 드라마적 읽기는 그것을 요구하지 않는다. 연기조의 과장된 행동은 구두 낭독자와 설교자에게 심각한 결점이다. 여러분은 설교자가 떠들썩한 절정으로 몰고 가다가 정작 이르지 못하고 에너지를 다 소진하는 것을 일찍이 들어보았는가? 그는 목소리에 너무 많은 힘을 준다. 지나친 감정은 해로우며 모자라는 것보다 더 해로울 수도 있다. 연극조의 동작은 필자가 드라마적 읽기 혹은 연설이라는 말에 의해 뜻하는 바가 아니다.

드라마적 읽기란 저자가 눈으로 보도록 그린 묘사를 귀로 듣도록 묘사하는 것이다. 우리가 소리 내어 읽을 때, 본문을 기술하기 위해 다수의 음의 높이와 음색을 사용한다. 그는 문장의 나머지보다 한 단어 혹은 몇 단어를 강조할 수 있다. 그는 문장을 읽는 속도를 다양화할 수 있다. 그는 읽는 음성을 바꿀 수 있는데, 예를 들어 노인에 대해 약간 쉰 목소리를 낼 수 있다. 목소리의 높이를 변경할 수 있는데, 예를 들어 남성 낭독자는 여인의 말을 읽을 때 고음을 낼 수 있을 것이다. 또한 그는 읽는 리듬이나 박자를 변화시킬 수 있다. 이 다양한 형태의 강조는 낭독자의 침묵의 사용으로 더 두드러질 수 있다. 휴지 pauses의 의식적 사용은 읽기에 큰 생동감을 덧붙인다.

논의를 시작하기 전에 우리는 다음과 같은 한 노배우의 격언을 기억해야 한다: "대사를 읽는 좋은 방법은 없지만 나쁜 방법은 많다." 이 금언은 배우가 흠 없는 해석을 하도록 보장하기 위해 따를 수 있는 아무런 체계적 방식도 없다는 것을 의미했다. 배우는 보다 나은 해석을 추구함에 따라 자주 대사에 대한 독법을 바꾸게 된다. 필자는 혼란하게 만들기 위해서가 아니라, 위로하기 위해 이것을 언급한다. 동일한 본문을 몇 가지 다양한 방식으로 바르게 해석할 수 있을 때 구두의 읽기가 생생하고 신선해진다.

1. 특정 단어의 강조

낭독자가 읽는 단어를 강조하는 다양한 방식을 논의함으로 시작해보자. 행동을 묘사하는 문장은 동사를 중심으로 이루어진다. "빌이 그 공을 때렸다Bill hit the ball"라고 말해보자. 각 단어를 교대로 강조해보자. 다음과 같이 여러분의 의도가 강세가 어디에 주어질지를 결정할 것이다(강세와 휴지가 없다면 다음 문장 전체는 영어에서 똑같음):

a. **빌**이 그 공을 때렸다. (잔이나 해리가 아니라)

b. 빌이 그 공을 **때렸다**. (바로 그것이 그가 행한 것이다. 그는 그것을 던지거나 받지 않았다.)

c. 빌, 그 공을 **때려**! (명령)

d. 빌이 **그** 공을 때렸다. (특정한 공에 대한 특별한 강세)

e. 빌이 그 **공**을 때렸다. (개나 건물이 아니라)

다수의 요소가 우리로 하여금 빌과 그가 때린 공의 관계를 이해하는 일을 돕기 위해 결합된다. 단순한 사실의 진술을 위해서는 (b)에서와 같이 주동사를 약간 강조할 것이다. "때렸다"는 행위 동사이며 문장에게 일어난 일을 말한다. 다른 단어를 강조할 충분한 이유가 없다면 행위 동사를 강조해야 하는데, 종종 그런 이유들도 존재한다. 단어들에 대한 무차별적 강조는 독자를 지겹게 수 있다. 청중은 말할 것도 없이 그 자신이 싫증나게 될 수 있다. (이 규칙의 한 가지 명백한 예외는 인용문의 앞이나 뒤에 위치하는 "그가 말했다"he said라는 어구에서의 "말했다"라는 동사이다. 여기서 우리는 인용문과 그 주동사를 강조해야 한다.)

연결 동사들("이다"is, "같다"seem, "듯하다"appear, "되다"become, "느끼다"feel, "맛이다"taste, "보이다"look 등)은 주어와 보어를 등치시킨다. "그 주님은 나의 목자이시다"(The Lord is my shepherd, NIV)라는 시편 23:1상을 말해보라. 다음과 같이 각 단어를 교대로 강조해보자:

a. 그 **주님**은 나의 목자이시다. (특정한 주님에 대한 특별한 강조임!)

b. 그 **주님**은 나의 목자이시다. (다른 누군가가 나의 목자인 것에 대조됨)

c. 그 주님은 나의 목자**이시다**. (관계의 현재성과 사실성을 강조함)

d. 그 주님은 **나의** 목자이시다. (누구의 목자인가?)

e. 그 주님은 나의 **목자**이시다. (관계의 성격)

평범한 진술을 위해서는 마지막 예가 바른 독법이다. 시편 23편에서 다윗은 자신과 하나님의 관계를 양과 목자의 관계로 묘사한다. 시편의 동사의 다수가 단순하며, 강렬한 행위 동사이다. 비록 여러분이 모든 행위 동사를 강조하며 시편을 읽길 원하지 않을지도 모르지만, 시편의 생동감을 표현하기 위해 한두 번은 그런 식으로 연습해보라.

앞의 예들은 또한 구두 읽기가 어떻게 우리가 본문을 어떻게 이해하느냐(주해)에 달려있는지를 예시한다. 본문이 단조롭게 읽어질 때, 낭독자는 본문의 저자가 자신이 쓴 것에 대해 별관심이 없다는 잘못된 인상을 준다. 작가가 무엇을 말하고 있는지를 파악한 후, 낭독자는 작가의 관심사를 두드러지게 하는 방식으로 그 글을 읽어야 한다.

구두 낭독자는 자주 대명사와 전치사 때문에 실수를 한다. 시편 23:1상에서 우리는 "나의"를 강조하는 것은 저자의 소유를 함의한다는 것 혹은 "나의"가 저자의 목자와 시편 낭독자의 암시되는 목자를 대비한다는 것을 지적했다. 이 양자 모두 그 진술의 강조점이 아니다. 대명사가 형용사처럼 사용될 때, 강조될 필요가 거의 없다. 주어로서, 특별히 연결 동사의 주어로서 사용될 때, 대명사는 다음과 같이 충분한 이유로 강조될 수 있다: "**나**[다른 사람이 아니라]는 세상의 빛이다…(요 8:12). 그러나 그 절의 남은 부분에서 다음과 같이 대명사들을 강조하고 싶은 유혹을 떨쳐내야 한다: "**나**를 따르는 **자마다** 결코 어두움에 다니지 아니하고 생명의 빛을 얻으리라"(NIV). 오히려 그것은 다음과 같이 읽혀져야 한다: "나를 **따르는** 자마다 어두움에 **결코** 다니지 **아니하고**, 생명의 **빛**을 얻으리라"(NIV).

이사야 53장은 구두 낭독자를 당혹스럽게 한다. 이사야는 다음과 같은 생생하고 강렬한 어의의 동사들을 기록해 놓았다: "맞다," "고난을 당한다," "찔리다," "상하다," "끊어지다". 그러나 이사야는 메시아와 그분의 백성을 다음과 같이 강하게 대조한다: "그he"와 "우리we," "그를him"과 "우리를us," "그의his"와 "우리의our." 이 대명사는 강조가 요청된다. 우리는 다음과 같이 동사와 대명사 양자 모두를 강조할 수는 없다:

그러나 **그는 우리의** 허물 때문에 **찔렸고**
　　　그는 우리의 죄악 때문에 **상했도다**…
(But *he* was *pierced* for *our* transgression,
　　he was *crushed* for *our* iniquities…, NIV)

만약 조동사 "was"를 강조하지 않는다면, 낭독은 롤러코스터와 같이 오름과 내림을 반복하는 억양을 지니게 된다. 낭독자는 이런 우스꽝스러운 결과를 어떻게 피할 수 있을까?

모든 행위 동사를 강조하면서 이사야 53:1-10을 읽어보라. 그 강렬한 어의의 동사를 선행하는 단어가 그것에서 정절을 이루면서 그 동사의 행위로 이어지게 하라. 그 동사에 후행하는 단어는 그 주동사보다 강세를 누그러뜨려 읽으라. 이제 대명사를 강조하며 그 구절을 다시 읽어보라. 강조하는 문장의 단어가 바뀔 때 그 구절의 의도가 달라지는 것을 감지할 수 있는가? 양자가 뉘앙스는 서로 다르지만, 모두 맞는 독법이다. 동사에 강세를 두는 일은 그리스도에 대한 악행의 극악무도함을 강조한다. 그것은 그분의 고통을 강조한다. 대명사에 강세를 두는 일은 여러분과 여러분의 청중으로 하여금 그분이 바로 우리를 위해 그런 굴욕을 감수해야 하셨다는 깜짝 놀라게 하는 계시와 대면케 한다. 양 시각 모두 타당하다. 양자 모두 여러분과 여러분의 청중의 주목을 끌며 이해가 될 만하다. 여러분이 이 구절을 어떻게 읽으면 양 측면 모두가 동시에 나타나게 할 수 있을까? 그렇다면 여러분은 규칙을 어기고 변경하게 되는 것이다!

이사야는 병행어법으로 우리의 딜레마를 다소간 용이하게 한다. 다음과 같은 낭독을 시도해보라:

그러나 그는 우리의 허물 때문에 **찔렸고**
    그는 우리의 죄악 때문에 상했도다…

첫 번째 절에서는 그 강렬한 어의의 동사를 강조하라. 둘째 절에서는 대명사를 강조하라. (또는 역으로 하라.) "그는"에는 많은 강세가 두어질 필요는 없는데, 왜냐하면 "그는"은 이 예언부의 주어임이 분명하기 때문이다.

이사야 53장과 같이 청중이 이미 잘 아는 운율이 있는 구절을 낭독할 때, 우리는 원고를 작성하고 목소리의 강세와 휴지와 음정(높낮이)을 표시해둠으로써 본문을 드라마적으로 읽도록 스스로 상기할 수 있다. 그 다음으로 우리는 그것을 열심히 연습해야 한다. 그렇게 우리는 전통적인 낭독 방식에서 자유로워져서 자기 자신과 청중에게 놀랍고 전적으로 유익한 경험을 시작할 수 있을 것이다.

대명사를 그릇되게 강조하는 일 외에도, 구두 낭독자는 전치사나 목적어를 강조하는 일을 주의해야 한다. 전치사 구는 형용사나 부사의 기능을 한다. 그것들은 다음과 같이 문장의 다른 것들, 곧 명사나 동사에 관심하도록 이끌거나, 혹은 새로운 생각으로 전환하거나 소개한다:

태초에 (또는 태초에)
하나님이 천지를 창조하시니라

(*In the beginning*, [or *In* the beginning]
God created the heavens and the earth, 창 1:1, KJV).

다만 하나님의 첫 번째 말씀이라는 이유 때문에 성경의 시작 구를 강조하는 유혹을 떨치기가 어렵다. 그러나 모세의 강조점은 하나님이 세계를 "언제" 창조하셨는지에 있지 않다. 곧 그것이 태초인 것은 명약관화하다. 오히려 모세는 다음과 같이 누가 행하신 것이지, 그분이 무엇을 행하셨는지, 그리고 하나님의 행위의 결과가 무엇인지를 강조한다:

1. **하나님이** 천지를 창조하시니라.

2. 하나님이 천지를 **창조하시니라**.

3. 하나님이 **천지를** 창조하시니라.

낭독자는 여기서 재량권을 가질 수 있다. 그는 이 절을 다음과 같은 모세의 강조점들 중 무엇을 강조하고자 하는 데 따라 어떤 방식으로든 낭독할 수 있을 것이다: 창조주, 그분의 행위, 또는 그분의 행위의 결과. 그러나 그는 확실히 그것을 생동감 있게 읽으며, 그 단어들이 다채롭게 변화하는 종소리처럼 울려나도록 하고, 청중이 하나님을 예배하도록 독려하게 해야 한다. 전치사 구에 강조점을 두는 일은 해석자로 하여금 정작 이 절의 주요부에 이르러서는 "멈춰 서게" 한다. 의욕이 지나친 달리기 선수와 같이 시합 초반부에 힘을 다 소진하게 된다. 그는 "하나님이 창조하시니라" 부분에 와서는 시들해질 수밖에 없는데, 바로 그 부분이 창세기 1장에서의 모세의 전체 요지이다.

전치사는 거의 그 자체를 부각시키지 않으며, 따라서 거의 강조될 필요가 없다. 하지만 목적어가 없거나 부사로 사용되는 전치사는 수식하는 동사와 같이, 심지어는 그 동사보다 더 많이 강세가 주어질 수 있다. 영어의 그 사례들은 다음과 같다: "get *up*"(명령), "come *to*"(의식을 회복하다), "pick *out*," "follow *on*"(잇따라 일어나다) 등. 낭독자가 다양한 강조와 다양한 정도의 강세를 경험하고 나서야 비로소 자연스럽게 읽을 수 있게 된다. 원칙적으로 전치사와 그 목적어는 강조되지 않아야 한다.

이 단락에서 우리는 특정 단어에 강세를 둠에 의한 단순한 강조법에 대해 논의했다. 강조법은 그것보다 훨씬 더 복잡하다. 필자는 다음과 같은 강조의 유혹을 하는 "함정들"에 빠지지 말 것을 경고했다: 대명사와 전치사. 낭독자에게는 청중이 듣게 될 자신의 구두 묘사를 강조하는 다양한 강세의 조합을 강구할 수 있는 길이 열려 있다.

최선의 강조법의 하나는 침묵이다. 만약 회중이나 가족이 자기 자신의 성경책으로 성경 낭독을 따라온다면, 읽기 전 모두가 본문을 찾을 때까지 낭독자는 기다려야 한다. 필자는 본문이 이미 낭독되고 있는데도 여전히 그것을 찾아 뒤져야 하는 당황한 청자만 염두에 두고 있는 것은 아니다. 필자는 낭독자 자신 역시 염두에 두고 있다. 본문을 뒤지는 일이 끝난 후 몇 초간의 휴지는 회중이나 가족을 고요하게 하고 그들의 마음을 읽힐 것에 집중하도록 한다.

"드라마적 휴지"dramatic pause로 알려진 침묵은 또한 낭독 자체 내에서도 매우 효과적이다. 여타 강세와 마찬가지로, 침묵은 낭독자의 익숙한 리듬을 깨뜨리고 청자의 마음을 읽힐 것에 귀 기울이도록 움직인다. 요한복음 13:30을 예로 들면 다음과 같다:

유다가 그 조각을 **받자마자**/
나가니///그/때는//밤이러라
(빗금의 다수는 휴지의 길이를 나타냄, NIV)

두 문장 중간에서 잠시 멈추라. 첫 번째 문장보다 둘째 문장을 더 천천히 읽으며, 마치 조종toll of doom을 울리듯이 읽으라. 두드러진 휴지는 청중으로 하여금 유다의 임박한 재난을 예기하게 한다.

드라마적 휴지가 저자의 의미를 확정하게 한다. 예를 들어, 영어로 "The shepherds found Mary and Joseph, and the baby lying in the manger"는 아기뿐만 아니라, 마리아와 요셉도 구유에 누운 것으로, 곧 "목자들이 구유에 누운 마리아와 요셉과 아기를 찾았다"라는 뜻으로 잘못 들려질 수도 있다. 우리의 주해가 이 문제의 답을 결정할 것이지만, 필자는 이 구절의 오해를 피하기 위해서는 다음과 같이 읽을 것을 제안하고자 한다:

They ··· found Mary and Joseph,//and the baby,
who was lying in the manger
(baby 뒤에 쉼표가 있지만 휴지할 필요는 전혀 없음;
이 경우 "그들이 ··· 마리아와 요셉과 구유에 누인
아기를 찾았다"는 뜻으로 바르게 들려짐, 눅 2:16, NIV)

드라마적 휴지는 또한 다음과 같이 저자의 놀람을 청자에게 전달하는 데 도움이 될 수 있다:

어리석도다 갈라디아 사람들아//
예수 그리스도께서 **십자가에 못 박히신 것이**//
너희/눈 앞에 밝히 보이거늘//누가 너희를 **꾀더냐**
(갈 3:1)

여기 그리고 후속되는 절들에서 자연스럽게 휴지를 요구하는 바울의 수사적 질문들은 본문을 마치 토막 내듯이 일률적으로 읽게 할 수도 있다. 휴지의 속도와 길이가 다양해야 한다. 낭독자 스스로 상상해본 뒤 바울의 번민과 의심에 찬 놀람을 전달해야 한다.

여러분의 손가락으로 그 "사랑하는 갈라디아의 바보들"("dear idiots of Galatia," Phillips 성경)을 가리키며 천천히 2절을 읽으라. 3절과 4절을 읽을 때는 속도를 좀 높여보라. 바울의 빈정대는 태도를 약화시키지 말라. 바울이 물은 질문들을 실제로 물어보라. 그 질문들은 오늘에 있어서도 사변적 관념이 아니라 실제적으로 위험한 것들이기 때문이다. 바울의 결정적 질문이 여러분 자신의 "갈라디아인들"에게 새겨지게 하라. 그런 구절들을 아무런 감흥 없이 무심하게 말하지 말라.

요한복음 18:38은 침묵의 또 다른 용법을 보여준다.

빌라도가 이르되 진리가//무엇이냐//하더라///
이 말을 하고/다시 유대인들에게 나가서…

이 빗금들은 청중에게 빌라도의 관심이 허위적이고 빈정대며 조롱하는 성격의 것임을 인지할 수 있는 시간을 제공한다. 이후 예수 그리스도가 "하나님의 아들"이라고 주장했다고 하는 유대인들의 진술에 겁을 먹고, 빌라도는 다시 진정성 없게 예수께 다음과 같이 질문했다:

너는 어디로부터 **왔느냐**…///
그러나 예수께서 그에게 아무런 대답도 하지 아니하시는지라
(또는 예수께서/그에게/**아무런**/대답도 하지 아니하시는지라, 요 19:9, NIV)

둘째 인용문에서의 휴지는 예수의 침묵을 빌라도의 앞선 진리에 대한 냉소적인 태도(이것은 곧 예수에 대한 태도를 말함, 요 14:6)에 대한 심판으로서 강조한다. 따라서 길든 짧든 휴지는 단어나 개념을 강조하는 효과적인 수단이다.

2. 속도와 음질과 음의 높이와 리듬의 다양성

성경에 대한 생기 없는 구두 낭독은 속도와 어조와 음의 높이와 리듬의 단조로운 일률성에서 온다. 다시 한 번 필자는 목사의 개인적 경건에 대해 판단하는 것이 아니다. 그는 경건을 결여하고 있지 않을 수 있지만, 자신의 "귀," 곧 읽는 동안 자신의 말을 듣는 능력을 발전시키는 훈련을 필요로 할 수 있다.

오늘날 녹음기가 도처에 널려 있다. 만약 여러분이 이것들 중 하나를 가지고 있다면, 자신이 읽는 것을 녹음해보라. 처음에 여러분은 다음과 같은 "귀가 충격을 받는 증상"otic-shock syndrome을 경험하게 될 것이다: "내가 **정말로** 이렇게 소리를 내었는가?" 우리 대부분은 녹음기가 자신의 목소리를 재생하는 것에 대해 인정하지 않는다. 우리는 자신의 목소리와 그것의 공명을 우리 신체의 내부로부터 듣는다. 녹음기는 우리의 음질의 측면을 묘사할 수 없다. 그러나 우리는 좋든 싫든 녹음기가 들려주는 우리의 목소리의 재생이 우리 목소리가 타인에게 들려지는 방식이라는 생각에 보다 익숙해지는 것이 좋다. 우리가 적절한 연설법들을 이용함으로써 음질을 향상시킬 수 있지만, 우리의 목소리는 녹음기에서 녹음되어 들려지는 것보다 늘 더 낫게 들릴 것이다.

여러분 자신의 녹음된 낭독을 들은 후, 다음과 같은 몇 가지 질문을 스스로에게 해보라: 여러분 자신이 낭독한 것을 들을 때 마음이 산만했는가? (만약 여러분 자신의 마음이 산만했다면, 청중의 마음은 어떠하였겠는가?) 여러분은 자신의 어조와 속도와 리듬을 보다 다양화할 필요가 있는가? 여러분 자신에게 너무 관대하지 않는가? 평범한 것에 머무르는 일을 합리화하고 있지 않은가? 여러분은 낭독을 어떻게 다채롭게 할 수 있는가? 여러분은 그것을 어떻게 생동감 있으며 흥미 있게 할 수 있는가?

우리는 이미 다양화하는 방식 중 한 형태 – 곧 특정 단어에 강세를 두는 일 – 을 논의했다. 우리는 특정 단어에 강세를 둘 때 또한 음의 높이와 리듬을 다양화할 수 있다. 이제 이미 우리는 올바른 방향을 잡고 있는 셈이다. 행할 수 있는 다른 것들을 논의해보자.

속도의 다양화 오늘날은 속도의 시대이다. 우리에게는 "즉각적 관심"을 요구하는 인쇄물이 계속하여 넘쳐난다. 의사와 법률가와 신학자는 자신의 분야의 선택한 영역에서 급증하는 정보를 따라잡기에 불가능한 과제를 가지고 있다. 따라서 그들은 속독법을 사용한다. 그때 그들은 눈의 속도를 입으로 낭독하는 일에 전이시키게 된다. 이러한 실태는 유감스럽다. 그러나 필자는 단순히 빠르게 읽는 일(혹은 천천히 읽는 일)에 관심을 가지고 있지 않다. 오히려 필자는 낭독할 때 단어나 구절들 간에 차이가 나는 속도를 논의하길 원한다. 이 속도는 다양해야 한다. 우리는 강조법의 한 형태로 침묵을 논의할 때 이 점을 앞에서 언급했다.

다음과 같이 익숙한 사례를 생각해보자: "하늘에 계신 우리 아버지여 이름이 거룩히 여김을 받으시오며"Our Father, who art in heaven, hollowed be thy name. 영어의 "who art in heaven"(하늘에 계신)은 동격의appositive 삽입구이며, 따라서 쉼표로 분리된다(구두법에 대해서는 아래를 보라). 우리가 삽입구를 말할 때, 목소리의 높이를 낮추며 약간 빠르게 말한다. 따라서 우리는 문장의 본 주어와 본 동사를 다음과 같이 연결하게 된다: "Our Father … hallowed be thy name"(… 우리 아버지여 이름이 거룩히 여김을 받으시오며). 문법적으로 "who art in heaven"(하늘에 계신)은 본 문장의 일부가 아니다. 드라마적으로 낭독한다면, 그것은 이렇게 읽어져야 한다: "Our Father who art in heaven, hallowed be thy name"([하늘에 계신] 우리 아버지여 이름이 거룩히 여김을 받으시오며).

사도신경은 일련의 삽입구로 이루어진다. 그것은 보다 느리고 음미하면서 낭독되어야(또는 암송되어야) 한다. 동사를 강조하며 휴지를 분별력 있게 사용하라. 인정되듯이, 회중전체의 암송(또는 공동의 낭독)은 통제하기가 어렵지만, 교육될 수 있다. 주일아침 장년성경공부에서 시작해보는 것도 좋을 것이다. 회중은 그런 훈련을 매우 좋아할 것이다. 암송은 단순한 반복일 필요가 없다. 공동의 낭독choral reading은 아름다움을 더하기 위해 가족과 함께 연습될 수 있을 것이다.

목사가 사도신경 암송을 이끌 때, 다음과 같이 휴지 없이 그냥 돌진해 나아가서는 안 된다: "… 본디오 빌라도에게 고난을 받으사 십자가에 못박혀 죽으시고 장사한 지 사흘 만에 죽은 자 가운데서 다시 살아나시며…." 그 대신 다음과 같이 하려고 노력해야 한다:

… 본디오 빌라도에게 **고난을 받으사**/
십자가에 못박혀 죽으시고///
장사한 지 사흘 만에///
죽은 자 가운데서 (다시) **살아나시며**.…

휴지들은 동사들을 보다 용이하게 강조하는데 도움이 된다. 부사 "다시"는 삽입적이며 "죽은 자 가운데서 … 살아나시며"라는 문장의 흐름을 끊는다. 우리는 가족과 회중이 이 상투적인 문구들을 의미 있게 암송하도록 가르쳐야 한다. 현재 우리가 이 신앙 고백문들을 암송하는 단조로운 방식보다 더 나쁜 공동의 낭독이 있을 수 있겠는가?

때때로 우리는 삽입구를 강조할 수도 있다. 이 일은 저자가 독자에게 무언가를 재촉할 때, 또는 직설적이지 않고 빙 돌려서 말할 때 행해져야 한다. 본 문장보다 삽입구를 강조하기 위해, 본 문장보다 더 높거나 낮은 소리로 읽을 수 있을 것이며, 추가적으로는 문장의 나머지 부분보다 더 천천히 읽을 수 있을 것이다.

이것의 한 예는 다음과 같이 빌레몬서 19절이다:

I, Paul, am writing this with my own hand, I will pay it back-not to mention that you owe me your very self (NIV)

(나 바울이 친필로 쓰노니 내가 갚으려니와 네가 이 외에 네 자신이 내게 빚진 것은 내가 말하지 아니하노라-한글 개역)

우선, 주된 진술은 다음과 같이 파악되어야 한다: "I am writing this… I will pay it back"(내가 친필로 쓰노니 내가 갚을 것이니라). 이외의 모든 것은 이 생각들에 부수적인 것들이다. 세 가지 구 - 동격어("바울"Paul)와 전치사 구(with my own hand, "친필로")와 삽입구(not to mention that you owe me your very self, "네가 이 외에 네 자신이 내게 빚진 것은 내가 말하지 아니하노라") - 는 문법적으로 본 문장에 있지 않다. 그러나 이 어구들이 얼마나 강조되느냐에 따라 문장의 의미를 크게 강화할 수 있다.

모든 이야기에 속도의 변화가 요구된다. 우리가 예수의 체포에 대해 읽을 때 천천히 시작해야 한다. 제자들이 엉거주춤하며 누군가가 나서 길 기다릴 때 우리는 긴장감을 높여야 한다. 베드로가 칼을 뺄 때는 낭독이 빨라져야 할 것이다. 예수께서 베드로에게 "칼을 다시 칼집에 꽂으라"고 고함치실 때, 그 속도는 최고조에 이르게 된다. 그 이후 피의자 신분이 되신 예수를 따라가며 절망하고 낙남해 있는 베드로에 대해 읽을 때는 템포가 느려져야 한다. 구두 낭독자는 그 복음서 기자와 같은 역할을 한다. 그는 마태나 마가나 누가나 요한이다. 그들의 기사가 어떻게 낭독되든지 이것은 사실이다. 그것들을 읽는 속도를 다양화하는 일은 낭독자 자신과 그의 청중을 본문 속에 빠져들게 할 것이다.

음질과 음의 높이의 다양화 필자는 목소리의 음색을 뜻하기 위해 "음질"이라는 용어를 사용했다. 여기서 녹음기가 크게 유용할 것이다. 무자비한 엄격함으로 그것은 목소리가 특정 높이나 음질에서 어떻게 소리 나는지를 가르쳐줄 것이다. 만약 설교자가 녹음기를 냉정하게 사용한다면, 강단에서 낭독하면서 바로 자신의 소리를 들을 수 있게 될 것이다. 그는 계속하여 자기 자신의 낭독을 비판하며 미세한 차이를 나타내는 다양한 음색과 강세의 새로운 음성들을 실험해야 한다. 그럴 때 그는 악보를 보고 즉석에서 연주하는 음악가와 같은 "즉석 낭독자"가 될 것이다.

설교자는 또한 이야기에서 묘사되는 인물을 재현하기 위해 목소리를 변경함에 의해 목소리의 음색을 다양화할 수 있다. 엔돌의 무당에 대해서 그는 목소리를 높고 날카롭게 할 수 있을 것이다. 골리앗에 대해서는 아마도 조롱하고 교만한 낮고 굵은 목소리를 낼 수 있을 것이다. 어떤 사람은 "아, 나는 그렇게 할 수 없어"라고 말할지 모르겠다. 그러나 앞에서 논의한 대로 목소리가 적절히 사용되면 실제로 어떤 것이든 할 수 있다. 마치 회중이나 가족 앞에서 시편 기자가 된 것처럼 시편 기자가 하듯이 감정을 다양하게 표현할 수 있다. 구두 낭독 시에 인물을 묘사하거나 연기를 하든 안하든, 저자의 뜻을 전달하기 위해서는 적절한 음색을 사용해야 한다.

여러분의 목소리의 높이는 습관에 따라 형성되는데, 곧 아기의 고음의 날카로운 비명소리에서 현재의 바리톤으로 발전한다. 음의 높이는 성대 주름의 길이와 두께와 탄력성에 좌우된다. 두껍고 긴 주름은 저음을 만든다. 좁고 얇으며 긴장된 주름은 고음을 낸다. 우리의 목소리의 높낮이란 보통 우리가 말할 때 사용하는 음역을 뜻한다. 우리 대부분은 자신의 음역의 매우 적은 부분만 사용한다. 정상급 무대 연기자는 말할 때 두 옥타브의 음역을 지니며, 노래를 부를 때는 더 넓은 음역을 지닌다. 좋은 연설 책들은 음역을 확대하는 연습 부분을 포함하고 있다.

리듬의 다양화 우리가 이미 이 주제를 다뤘지만, 필자는 우리 자신이 낭독할 때 리듬을 오용하는 실수를 하지 않는 일의 중요성을 강조하고 싶다. 영창chanting은 훌륭한 방식이지만, 하나님의 말씀이 그분의 백성에게 낭독될 때는 그렇지 않다. 우리가 시편을 낭독하거나 외운 성경구절을 암송할 때, 그 리듬이 아니라 의미가 돋보이도록 해야 한다. 우리 대부분은 요한복음 3:16을 "**하나님이** 세상을 **이처럼** 사랑하사 **독생자를** 주셨으니"를 읽을 때, 단순히 "강약-강약-강약"의 리듬을 사용한다. 그런데 이런 리듬은 그 절의 메시지를 불명확하게 할 수 있다. 왜 그것을 "하나님이 세상을 이처럼 **사랑하사** 독생자를 **주셨으니**"라고 읽지 않는가? 이것은 암송의 리듬감은 깨뜨리지만 이 절의 메시지의 핵심을 드러낸다. 더욱이 우리의 성경적 목록을 열거할 때 주의해야 한다. 그것들은 생각 없이 줄줄 읽어져서는 안 된다.

성령의 열매(갈 5:22, 23)는 다양한 강조와 리듬과 더불어 세심하게 읽어져야 한다. 그 열매 각각이 특유의 선율과 맛을 지닌다. 그것들은 똑같은 단어가 아니다.

<u>구두점</u> 좋지 못한 리듬의 낭독의 한 가지 이유는 구두점에 부주의한 것이다. 시편의 행의 끝이 항상 낭독자가 목소리를 낮춰야 한다는 것을 의미하지는 않는다. 목소리의 중단은 다음 행의 중간에서 행해질 수도 있다. 하지만 성경의 시 부분은 자주 인쇄자가 표시한 방식에 따라 읽어진다. 현대 번역들은 이 문제에 있어 다소간 도움이 되었다. 그러나 늘 깨어 있으라!

한 가지 친숙한 사례는 우리가 다음과 같이 기도할 때의 방식이다:

"Thy will be done/
 On earth as it is in heaven"
 (당신의 뜻이 이루어지이다/
 땅에서도 하늘에서 이루어 진 것 같이)

동사 "done"(이루어지다)을 수식하는 전치사 구("on earth"-땅에서도)가 이 기도에서 그 동사와 분리되어서는 안 된다. 우리가 "done" 뒤

에서 휴지하면, 매우 중요한 개념을 단절시키게 된다. 우리는 그것을 이렇게 낭독해야 한다:

"Thy will be done on earth,/
as it is in heaven."
(당신의 뜻이 땅에서도 이루어지이다/
하늘에서 이루어 진 것 같이)

구두점은 구두 낭독자에게 교통표지와 같은 역할을 한다. 그것들은 정지의 표지stop signs 또는 양보의 표지yield signs이다. 정지의 표지는 마침표와 물음표와 느낌표와 일반적으로 쌍반점semicolon(";")을 포함한다. 이 구두점들은 거의 문제가 되지 않는다. 그러나 "양보의 표지"가 되는 구두점들은 낭독자를 매우 당황하게 할 수 있다. 쉼표와 괄호와 쌍점colon(":")과 줄표dash("-")는 다양한 종류의 휴지와 강세를 요구한다. 쉼표는 종속절을 주절에 결합할 뿐만 아니라 독립적인 절들을 연결한다. 그렇다면 쉼표는 주절들 간의 교량 역할을 한다. 우리가 쉼표로 연결된 절들을 읽을 때, 마침표에 이르기 전까지는 목소리를 낮춰서는 안 된다. 쉼표는 독립적인 절들을 서로 연결하며, 따라서 우리의 목소리가 절들이 결합되어 있다는 것을 드러내야 한다.

주절들을 서로 분리시키는 쌍반점과 달리, 쌍점은 주절을 그것에 후속되는 하나 또는 일련의 동격어로 이끈다. 쌍점은 또한 주절을 또 다른 주절로 이끌 수 있는데, 후자는 전자를 설명하거나 부연한다. 여러분의 목소리가 표현하는 휴지는 어떤 종류의 중단이 필요한지에 달려 있다. 쉼표와 괄호와 줄표는 다양한 정도의 드라마적 강조를 필요로 하는 삽입구들을 이끈다. 일련의 쉼표와 일련의 괄호를 음성으로 구분하는 일은 불가능하진 않더라도 어렵다. 양자 모두 내포된 구절의 종속성을 가리킨다.

줄표는 삽입적인 표현 - 심지어는 문장 - 을 표시한다. 그러나 그것들은 내포하는 것이 중요하다거나, 감정이 고조되어 있다는 것을 강조한다. 줄표는 저자의 사고의 흐름에서 갑작스러운 끊김을 나타낸다.

빌레몬서 8-10절에서 바울은 이렇게 기록한다:

Therefore, although in Christ I could be bold and order you to do what you ought to do, yet I appeal to you on the basis of love. I then, as Paul - an old man and now a prisoner of Jesus Christ - I appeal to you for my son Onesimus, who became my son while I was in chains (NIV).
(이러므로 내가 그리스도 안에서 아주 담대하게 네게 마땅한 일로 명할 수도 있으나 도리어 사랑으로써 간구하노라 - 나이가 많은 나 바울은 지금 또 예수 그리스도를 위하여 갇힌 자 되어 - 갇힌 중에서 낳은 아들 오네시모를 위하여 네게 간구하노라-한글 개역)

이 상황에서 낭독자는 먼저 주문장을 찾아야 한다. 그는 도입절과 전치사 구와 삽입적 표현은 제쳐놓아야 한다. 그 결과는 다음과 같을 것이다: "… I appeal … I appeal …"(… 내가 … 간구하노라 … 나[내가] …간구하노라). 바로 이것이다. 다른 구절들은 바울의 간구를 다음과 같이 부연한다: (1) 바울은 빌레몬에게 그다지 예민하지 않게 바울의 그리스도 안에서의 권위를 상기시킨다. (2) 바울은 간구를 자신의 권위가 아니라 사랑에 근거시킴으로써 그 권위에 대한 상기를 부드럽게 한다. (3) 그런데 그 사랑은 나이가 많고 갇힌 자 된 사람에 대한 것이다. (4) 다른 한편, 이 사람에게 오네시모는 세상에서 가장 친밀한 띠(chains), 곧 그리스도 안에서의 부자 관계로 묶여 있다. (로마 제국에서 빌레몬은 오네시모를 처형할 권리가 있었다. 이 냉혹한 현실이 바울의 염려의 배경이 된다.)
어떻게 이 네 구절이 "내가 간구하노라"를 수식하는가?

(1) 내가 그리스도 안에서 아주 담대하게 네게 마땅한 일로 명할 수도 있으나

바울은 "내가 네게 명령하는 대신 간구한다"고 말한다. 따라서 이 절은 빌레몬에 대한 경고로 읽힐 수 있을 것이다. 또는 우리는 그것을 바울이 전적으로 거절한 선택으로 읽을 수 있을 것이다. 그러나 이 경우 "바울이 도대체 왜 이것을 언급했을까?"라는 질문이 제기된다. 바람직한 읽기는 각각의 요소를 조금씩 수용할 것이다. ("담대하게"를 강조할 아무런 필요도 없다. 이 절의 나머지 부분이 그것을 강조한다.)

(2) 사랑으로써

바울은 자신의 간구의 근거를 빌레몬의 자신에 대한 사랑으로 규정한다! 바울의 문제는 바울 자신이 도둑과 도망자 신세가 된 무익한 한 종을 실제로 사랑한다는 것을 빌레몬에게 납득시키는 것이었다. 바울은 빌레몬에게 오네시모를 해하는 것은 바울 자신을 해하는 것임을 납득시켜야 한다. 따라서 우리는 "사랑"과 "간구하노라"를 강조하면서, 차분하게 "내가 … 네게 … 사랑으로써 간구하노라"라고 읽어야 한다. 그러나 바울은 서신의 나머지 부분에서 그 사랑의 진지함과 깊이를 드러내도록 허용되어야 한다. 이 행은 과도하게 드라마적으로 읽혀서는 안 된다.

(3) 나이가 많은 … 바울은 지금 또 예수 그리스도를 위하여 갇힌 자 되어

바울은 빌레몬에게 (a) 바울의 권위와 이제 (b) 자신의 처지 – 나이가 많고 갇힌 자 – 에 대해 상기시킨다. 구절 1과 3은 삽입적이다. 비록 그것들이 바울의 간구의 핵심에 중요하지만, 그 간구의 주동사를 압도

하게 해서는 안 된다.

(4) 갇힌 중에서 낳은 **아들**/// 오네시모를 위하여 (네게 간구하노라)

폭탄발언이다! 빌레몬이 나태하고 무익한 오네시모(이 이름은 "유익한"을 뜻했음)를 마지막으로 보았을 당시, 그를 통해 빌레몬 자신의 벗이요 영적 아버지인 바울의 편지를 받을 것으로는 전혀 예상하지 못했을 것이다. 바울이라고? 더욱이 빌레몬은 (a) 나이가 많은 바울이 아버지가 되었는데, (b) 그것은 감옥에 갇혀 있는 동안에 그러했다고 읽는다. (c) 또한 그 자식의 이름이 무엇이라고? - 왜 하필이면 오네시모인가! 빌레몬은 계속하여 (d) 오네시모가 이제 바울의 심복이며(12절), (e) 빌레몬이 바울과 함께 있다면 베풀었을 섬김을 오네시모가 바울에게 베풀었다!(13절)고 읽는다. 하나님의 놀라운 은혜의 이 계시로 인해 발생했을 빌레몬의 충격(그리고 기쁨?)을 상상해보라. 8-10절은 이와 같이 읽어져야 한다. 따라서 우리는 그 편지의 저자와 수신자 양자 모두를 이해하는 것이 얼마나 중요한지를 보게 된다. 우리는 빌레몬이 바울의 서신을 처음 봤을 때 어떻게 반응했을까를 이해하려고 해야 하며, 그 이해에 따라 그것을 읽어야 한다.

양보의 표지의 구두점은 관심을 끌며, 무언가가 일어날 것임을 알린다. 그러나 우리는 또한 쉼표와 괄호와 줄표에 의해 이끌어지는 삽화적인 것들이 주문장의 메시지를 가리는 것이 아니라 돋보이게 하는 방식으로 읽어야 한다. "그러나 제가 한 행의 끝에 정지의 표지가 있는지 양보의 표지가 있는지, 아니면 실제로 어떤 구두점이라도 있기는 한지 어떻게 알 수 있나요? 거기에 이르렀을 때는 이미 너무 늦은 것이잖아요"라는 질문이 제기될 수 있을 것이다. 우리는 확실히 현재 소리 내어 읽고 있는 것의 다음 부분을 미리 눈으로 읽고 있어야 한다. 이것은 들리는 것만큼 어렵지 않지만, 혼란스러울 수 있다. 우리는 읽고 있는 것의 다음 부분을 미리 보는 연습을 해야 하며, 읽을 준비를 해야 한다. 동시에 우리는 읽고 있는 것에 대한 집중을 중단해서는 안 된다. 이것은 악보 앞부분을 바로 바로 보며 연주하는 즉석 연주와 같다. 머지않아 이 일은 자연스러워진다.

4. 결론

성경은 늘 누군가에 의해 이야기되고 있다. 그것은 마치 구두점을 찍어 넣는 방식으로 기도와 찬양이 중간 중간에 삽입된 하나의 긴 대화 - 이야기 혹은 교훈 - 이다. 우리가 그것을 드라마적으로 읽지 않을 수 없기 때문에, "나는 성경을 얼마나 드라마적으로 읽어야하는가?"라는 중요한 질문이 제기된다. 필자는 찰스 로튼Charles Laughton이 성경의 네 이야기를 낭독한 오래된 레코드를 가지고 있다. 이 위대한 배우는 스스로 이 이야기들에 완전히 몰입했다. 뱀이 하와를 현혹할 때, 로튼은 음흉하게 쉭쉭거리는 혀 짧은 소리를 냈다. (그는 그 뱀이 하나님의 심판 전에 우리가 흔히 연상하는 불길한 존재가 아니었다는 단순한 사실을 무시했다.)

하나님의 말씀을 드라마적으로 읽기 위해서는 반도시 으르렁거리거나 혀짧은 소리를 내거나 울부짖어야 하는 것은 아니다. 여러분은 그런 종류의 낭독이 귀에 거슬릴 수도 있다는 것을 알게 될 것이다. 요구되는 것은 "예수의 이야기를 말하는 일"이다. 필자는 여러분이 예수에 관해 설교해야 한다는 것을 뜻하지 않는다. 필자는 여러분이 예수께서 자신의 말씀 가운데, 처음부터 끝까지, 계시하신 대로 그분의 이야기를 들려주어야 한다는 것을 뜻한다. 여러분이 그 이야기를 사실처럼 들리게 하는 데 필요한 모든 열정과 기쁨과 비애를 담아 설득력 있게 말한 뒤에야, 그것에 대해 해설할 수 있다.

이 소론에서 필자는 목소리 또는 하나님의 말씀을 구두로 낭독하기 위해 목소리를 어떻게 사용할지에 대한 전면적인 설명을 전혀 시도하지 않았다. 그러나 필자는 하나님의 말씀을 적절히 소리 내어 읽는 일의 기쁨을 탐구하는 일을 시작하도록 하는 자극제는 되었을 것이라고 믿는다.

출발하는 방법은 다음과 같다:

1. 성악 교사에게 조언을 구하라. 여러분이 유명 성악가가 되려는 것이 아니라, 목소리를 적절히 사용하는 법을 배우길 원하는 목사라고 말하라. 그를 연단에 세운 뒤, 그를 독려하기 위해 "횡경막"과 "음질"과 "내장"과 "소리를 내던지기" 등과 같은 몇 가지 단어를 꺼내보라. 성악 교사는 목소리를 내던지기 위해 횡경막과 내장과 후두와 공명 기관들을 의식적으로 사용하는 법을 향상시키도록 수개월에 걸쳐 여러분을 도울 수 있다.

2. 지역 도서관을 검사하여 구두 낭독자의 녹음물들을 구하라. 많은 음반이 있을 것이다. 좋은 낭독물을 모방하여(똑같이 하는 것은 아님) 여러분 자신의 녹음기에 녹음해보라. 그것을 원래의 녹음물과 비교하라. 그 낭독물의 리듬과 강세와 속도를 의식하라. 그것들을 여러분 자신이 재생하도록 시도하라. 자기 자신에게 엄격하라. (후기: 여러분이 잘했을 때, 인정하되, 단지 마음속으로만 그렇게 하라.) 중요한 점은 여러분이 다른 사람과 같이 소리를 낼 수 있는지를 아는 것이 아니다. 오히려 여러분이 자신의 주변의 다른 가능성들에 대해 열린 마음을 가지도록 노력한다는 것이다.

필자는 여러분이 성경을 낭독한 녹음물을 멀리할 것을 권면한다. 많은 성경 낭독자가 성경을 "거룩하게" 들리도록 하느라 고생을 한다. 그들은 레바논의 백향목 사이로 비치는 햇살을 연상시키는 은은하고 엄숙한 어조로 읽는다. 하지만 성경의 많은 부분은 투박하며, 심지어 충격적이기도 하다. 드라마적 읽기는 이 충격을 누그러뜨리지 않는다. 아마도 문제의 일부분은 이 구두 낭독자들 거의 대부분이 신학교에서 얻을 수 있는 성경과 그 배경에 대한 자세한 지식을 가지고 있지 못하다는 것이다.

3. 성장과 발전을 위한 연습 과제를 수록한 인간의 목소리에 대한 좋은 책을 구하라(이하의 참고문헌을 참조하라).

　4. 들으라! 잘 듣는 일을 훈련하라. 우리는 여러분 자신과 관련하여 이 점을 논의했다. 그러나 이제는 다른 사람들 - 평범한 사람들 - 의 목소리를 경청해보라. 그들의 목소리의 선율을 경청하라. 다른 사람들의 말을 듣는 능력이 증진됨에 따라, 더 나은 낭독자가 될 것이다.

　5. 마지막으로, 소리 내어 읽으라. 여러분의 개인 기도서를 소리 내어 읽으라. 그런 가운데 하나님께서 여러분을 깜짝 놀랄게 할 정도로 응답하시도록 하라. 성경의 많은 분량 - 가능하다면 책 전체 - 를 읽으라. 반 시간에 12장을 소리 내어 읽는 것이 가능하다. 설교를 준비할 때는, 본문의 주변 부분까지 소리 내어 읽으라. 선택한 본문 내에서의 주장이나 이야기의 흐름에 대한 이해를 증진시키라. 이것은 여러분이 설교 본문을 한 절로 좁게 잡았을 때에도 유용할 것이다. 이 때 역시 그것을 소리 내어 읽으라. 만약 여러분에게 어린 자녀들이 있다면, 텔레비전을 끄고 그들에게 이야기를 읽어주라. 아마도 몇 번의 전면전을 치른 후 그들이 변화에 적응하게 될 때, 최고의 비평을 해주는 청중이 될 것이다. 아내에게 읽어보라. 그녀가 설거지를 하느라 잠자코 부엌에 있을 수밖에 없는 동안에 읽어보라. 드라마적 낭독을 훈련할 때 늘 즐거운 마음으로 하라.

　필자가 이전에 참석한 적이 있는 교회의 목사는 마침 신년 설교를 했다. 해설 없이 그는 마태복음 5-7장, 곧 산상설교를 읽었다. 다가올 한 해 동안의 우리의 행실의 표준으로 전체 산상설교를 듣는 일은 우리 모두를 겸허하게 했으며 감화시켰다. 이것은 여러분이 한번 시도해보기에 나쁜 과제가 아닐 것이다. 이 일은 약 25분 걸린다.

　하나님의 말씀은 여러분과 필자 자신의 설명 없이도 죄인을 회개하게 하는 큰 능력을 지닌다. 우리가 그것을 우리의 창조자로부터 하나의 계약서로 읽을 때, 우리는 성령님을 보조하게 되는데, 그분은 인간이 다가오시는 여호와를 피하기 위해 숨으려고 시도한 무화과나무 숲을 제거하신다. 하나님의 거룩한 말씀의 공적인 낭독은 엄청나고 무시무시한 책무지만, 우리가 피할 수 없는 의무이다.

우리의 자녀와 회중이 하나님의 말씀을 단지 그것에 대해 아는 내용 때문만이 아니라, 또한 매주 생생하게 낭독되는 구속사의 거룩한 드라마를 듣는 방식 때문에도 경외할 수 있도록 지도하라.

선별된 참고문헌

목소리의 관리

Anderson, Virgil. *Training the Speaking Voice*, 2nd ed. New York: Oxford University Press, 1961. 이 책은 언어치료사의 교본으로 손색없는 이 주제에 관한 최고의 책이다. 앤더슨의 상세한 논의가 난해하게 보일 수 있지만, 인내하며 끝까지 읽어볼 충분한 가치가 있다.

Brodnite, Friedrich S. *Keep Your Voice Healthy: A Guide to the Intelligent Use and Care of the Speaking and Singing Voice*. New York: Harper Brothers, 1972. 유익한 책이지만, 앤더슨의 것만큼 복잡하지 않음.

Seuss, Theodore (Dr.). *Fox in Socks*. New York: Beginner Books (A Division of Random House, Inc.), 1965. 우리는 두꺼운 학술서의 목록에서 이 터무니없는 내용의 소책자를 보는 데 대해 의아하게 생각할 지도 모르지만, 그곳에는 필자를 매혹시키는 방법이 있다. "Fox in Socks"는 발음을 정확하게 하려는 사람에게 악몽과 같은 경험을 하게 한다. 그 책에는 "천천히 사세요. 이 책은 위험합니다!"라는 경고가 서문으로 쓰여 있다. 이 책은 독자가 거기까지 이른 것을 가정하면서 "이제 여러분의 혀가 마비되었지요?"라고 끝맺는다. 이 경고들 사이에 일정한 운율로 혀를 사용하게 하는 다수의 운문이 나온다. 모든 사람이 동일한 쪽에서 어려움을 겪지는 않을 것이지만, 모든 사람이 이 책의 어딘 가에서는 어려움을 겪을 것이다. 이 책은 어느 어린이 서적 코너에서나 구할 수 있지만, 주의하라!

구두의 해석

Lantz, J. Edward. *Reading the Bible Aloud*. New York: MacMillan, 1959.

Lee, Charlotte I. *Oral Interpretation*, 2nd ed. Boston: Houghton Mifflin, 1959. 노스웨스턴(Northwestern) 대학은 좋은 낭독자들 - 예를 들어, 찰턴 헤스톤(Charlton Heston) - 을 많이 배출해온 것으로 유명하다. 샬럿 리(Charlotte Lee)는 노스웨스턴 대학에서 구두의 해석을 가르친다. 이 책에서 그녀는 다양한 형태의 문학 - 산문과 시와 드라마 - 에 관심을 기울인다. 그녀는 조직과 구조와 문체에 대한 분석의 필요를 강조한다. 여러분의 주해 능력이 여기서 도움이 될 것이다. 낭독과 분석의 사례들이 변경된 제3판이 출판되었지만, 본문은 실제로 동일하다.

--------. *Oral Reading of the Scriptures*. Boston: Houghton Mifflin, 1974. 여기서 샬럿 리는 문학 일반을 분석하는 데 사용한 것과 동일한 도구로 성경을 분석한다. 내용의 일부는 가치 있지만, 지나친 것도 있다. 필자의 의견으로 샬럿 리는 지도하는데 너무 절제되어 있다.

Sessions, Virgil D., and Holland, Jack B. *Your Role in Oral Interpretation*. Boston: Holbrook, 1968.

17장. 강단에서의 신체
권 월터스

　언뜻 보기에 "강단에서의 신체"라는 이 장의 제목은 아마도 강단에 애처롭게 뉘여 져서, 지켜보는 회중을 매우 놀라게 하며, 기적적인 부활을 절실히 필요로 하는 시체를 연상시킬 것이다. 우리는 때때로 강단에서 문자 그대로 죽어 있는 설교자들의 설교를 듣지만, 이것이 본장의 주제는 아니다. 보다 자주 우리는 별로 활기차지 않은 모습으로 설교함으로써 보다 활발한 신체의 사용이 필요하겠다고 생각하게 만드는 설교자들의 설교를 듣는다. 장의사가 아니라 의사가 필요하다는 태도를 (믿음 가운데) 취하며, 그들의 활력 있는 몸짓을 독려하기 위해 "집에 의사 선생님 계십니까?"라는 다급한(그리고 진심어린) 외침이 있어야 한다.
　본장은 강단에서의 신체적 활력에 대해 마치 의사가 하는 방식으로 설교학적 처방을 제공하고자 한다.

성경적-신학적 고려

설교자의 물리적 신체에 대한 몰두는 배타적이지는 않더라도 설교의 성경적-신학적 내용과 설교 이면의 능력의 원천으로서의 성령에 더 큰 강조점을 두는 우리 중 많은 사람들에 의해 의심스럽게 여겨질 수 있을 것이다. 그렇다면 그런 몰두의 성경신학적 근거를 언급하는 처방을 먼저 하는 것이 지혜로울 것이다.

성경은 하나님의 말씀의 선포에 있어 신체의 사용에 대한 묘사에 있어 빈약하다. 에스라는, 오른쪽에 6명과 왼쪽에 7명을 세운 채, 그 행사를 위해 - 더 잘 보이고 들리기 위해 - 만들어진 높은 나무 강단에 서서, 마찬가지로 서 있는 아래의 청중의 목전에서 격식을 차려 율법책을 펼쳤다(느 8:4, 5). 우리 주님은 산중턱과 뱃머리에 서셨다(마 5; 눅 5). 베드로는 오순절 설교 시 열한 사도와 함께 섰다(행 2). 바울은 일어서서 설교했는데, 때로 침묵이나 집중을 명령하기 위해 연설자에게 흔한 손짓을 했다(행 13:16; 참조. 12:17; 19:33; 21:40; 26). 이것은 마치 나무에서 열매를 따기 위해 흔들 듯이 손을 위아래로 격렬하게 흔드는 것일 수도 있을 것이다. 사도행전 14:9에서 한 절음발이가 바울의 설교를 들을 때에 바울은 그에게 믿음이 있는 것을 보고, "네 발로 바로 일어서라"고 외쳤다.

사도행전 14:14에서 제우스와 헤르메스로 오인된 사도들이, 무리가 자신들에게 제사하고자 할 때, 옷을 찢으며 무리 가운데 뛰어 들어 이렇게 소리 질렀다: "여러분이여 어찌하여 이러한 일을 하느냐 우리도 여러분과 같은 성정을 가진 사람이라 여러분에게 복음을 전하는 것은 …."

옷을 찢는 상징적 행위는 구약성경에서의 유사한 신체적 행위를 상기시킨다. 이사야는 벗은 몸(곧, 겉옷 없이)과 벗은 발로 다니며 메시지를 전했다(사 20:2). 예레미야는 멍에를 목에 걸었다(렘 27:2). 에스겔은 오랜 기간 먼저 왼쪽으로, 다음으로는 오른쪽으로 누워 있었으며, 또한 흙으로 만든 모형물과 떡이라는 가시적 보조물을 이용했다(겔 4). 신약성경에서 아가보는 하나의 띠로 자기 수족을 잡아맸다(행 21:11).

하지만 이 사례들은 흥미롭지만 설교에 있어 신체의 사용에 관한 보다 근본적 고려 점들에 있어 지엽적일 뿐이다.

설교는 기독교인의 신체의 사용 방식 중 가장 중요한 사용을 포함한다. 따라서 그것은 기독교인의 삶에 있어서의 신체의 사용과 연관된다. 이것은 다시 우리 주님의 성육신과 불가피하게 관련된다.

하나님께서는, 당신의 뜻을 표현하시기 위해 뼈와 사지와 근육과 피부를 가진 인간의 신체를 사용하셔서, 당신의 말씀Word을 성육신하신 아들 가운데 체현하시길 기뻐하셨다. 교회가 그리스도의 몸으로 묘사된다면, 그 몸을 이루는 인간의 지체들을 통해 그분께서 그분 자신을 표현한다고 생각하는 것은 비 영적이지 않다. 개인 각자의 몸이 그리스도의 구속적인 성육신에 포함된다. 곧 그것들이 속량되어 하나님의 영광을 위해 사용되어야 한다(고전 6:20). 그것들은, 그 지체가 의의 도구(무기)가 되는 가운데(롬 6:13), 영적 예배에서 거룩하며 하나님이 기뻐하시는 산 제물로 드려지는, 하나님이 거하시는 곳일 수 있다(고전 6:19).

우리가 우리 주님의 인성에 관한 견해에 있어, 그분이 실제로 육체로 오심을 부인하며 그분의 인성을 편의적인 오해로 여기는 가현설자가 되지 말아야 하는 것과 똑같이, 기독교인의 삶에 있어서의 우리 신체의 역할을 과소평가해서는 안 된다. 마찬가지로 우리는 몸을 영적 표현의 적합한 수단으로 폄하하는 마니교적 경향을 피해야 한다. 특히 설교 행위에 있어서 우리는 하나님을 위해 신체 사용을 극대화할 필요가 있다.

설교자의 외모

　연단이나 강단에 설 때 신체적 외모에 대한 설교자 자신의 느낌은 자신에게 영향을 준다. 그 자신의 느낌은 그가 자신의 외모에 대한 회중의 반응으로 여기는 것에 의해 영향을 받는다. 그의 외모는 실제로 회중의 기대와 선호에 의해 좌우되거나 수정될 것이다.

　설교자의 자아상과 자기 확신은 (만약 하나님의 은혜와 성령의 개입이 없다면) 자신의 신체에 대한 느낌에 따라 변화할 것이다. 만약 자신이 다이어트와 운동과 휴식으로 신체를 단련하고 있으며 좋은 혈색을 지니고 고통과 병과 비만이 없는 채로 건강하게 보이고 느낀다는 인상을 다른 사람들에게 준다고 느낀다면 도움이 될 것이다. 폭식과 방종과 무기력과 나태에 대한 분명한 인식도 신체적 외모에 영향을 미치기 때문에 또한 도움이 된다.

　이런 요소들이 필수적이라고 결론내리지 않기 위해 우리는 야위고, 영양실조이며, 많은 심각한 질병을 겪으면서도 사역을 감당했던 설교자들을 하나님께서 사용하시고 능력 있게 하시기를 기뻐하셨다는 것을 서둘러 기억해야 한다. 칼빈은 거의 고통을 달고 살았던 설교자의 사례이다. 신체적 연약함이 자주 영적 능력의 최고의 통로가 된다. 하지만 일반적으로 설교자가 신체적으로 건강하며 힘이 있고 장애가 없을 때, 활기찬 목소리와 행동과 더불어 말씀하는 것에 집중할 수 있다.

　건강하고 자존감 있는 설교자는 청결과 용모에 관심을 기울이며, 공중 앞에 서기 전에 적절한 시간을 들여 준비를 해야 한다. 지저분하고 씻지 않았으며 단정치 못한 느낌은 대부분의 설교자를 방해한다. 만약 설교자가 수염을 깔끔하게 잘라야 한다면, 그런 식으로 해야 하며, 또한 너무 이르게 면도를 하여 그 동안 수염이 자라 다시 깔끔하지 않게 보이게 하지 말아야 한다. 보기 좋은 콧수염과 턱수염은 제멋대로 자란 잔털과 구분되어야 한다. 청결하며 적절한 모양을 지닌 머리 역시 설교자의 평안한 마음에 영향을 준다. 하지만 벗겨진 머리로 인해 설교자가 방해를 받아서는 안 된다.

앞에서 언급된 요소들 중 일부 - 키와 머리와 잘 생긴 얼굴과 평범한 얼굴 등 - 는 천부적인 것이며 설교자는 그것들을 인정하며 사는 법을 배워야 한다. 비록 난쟁이였지만, 아다나시우스가 하나님의 은혜로 "세상과 맞선 아다나시우스"Athanasius contra mundum로 묘사되는 인물이 되었음을 기억하는 것이 좋을 것이다. 작고 못생긴 아다나시우스는 자신의 약점이 설교를 방해하도록 하지 않았으며, 마찬가지로 화이트필드Whitefield는 자신의 사팔뜨기 눈이 설교에 지장을 주게 하지 않았다.

그러나 복장은 그렇게 천부적인 요소는 아닌데, 비록 유행과 사회적 배경이 일정 정도 영향을 미치지만 말이다. 경우에 맞게 복장을 함으로, "혼인 예복 없는 사람"(마 22)과 같이 되는 것이 아니라, 신체적이며, 사회적이고, 교회적으로 편안함을 느낄 수 있을 때 설교자는 자기 자신을 돕게 되는 것이다.

설교자가 공적인 자리에 서기 전에 공중 앞에 어떻게 보일지에 대해 보다 많은 숙고의 시간을 들일수록, 보다 자유롭게 그 직책에 따른 역할을 할 수 있을 것이다. 그들은 하나님께서 외적인 모습이 아니라 중심을 보신다는 것을 분명히 기억하지만, 또한 그들의 인간 청중, 곧 보다 약하거나 강한 형제자매들이 외적인 모습을 보며 그것에 영향을 받는다는 것도 실제로 인지한다. 신체적 외모보다 "복음을 빛나게 하는 일"이 더 중요하지만, 그들은 불필요하게 영적 형제자매에게 불쾌감을 주는 일에 대해서도 명확한 분별력을 가지고자 한다.

회중은 듣는 자들인 것만큼이나 "보는 자들"이며 특별히 오늘날의 텔레비전에 의해 형성된 문화에서 듣는 것만큼이나(비록 듣는 것보다 더는 아니더라도) 보는 것에 영향을 받는다. 몇 가지 요소가 설교자의 신체적 존재를 돋보이게 하거나 가릴 수 있다. 적절하며 올바른 방향의 조명은, 불필요한 그늘을 제거하고 삭막한 얼굴 모습을 가짐으로써 설교자와 회중이 서로 보이도록 하는 데 중요하다. 설교자는 창문을 등지어 그림자가 생기도록 배치되거나 그 빛이 회중의 눈을 부시게 할 정도로 두 창문 사이에 배치되어서는 안 된다. 강단과 전면의 벽이 기물이나 가구나 새겨진 글이나 그림으로 너무 "번잡하다"면 설교자와 회중 모두에게 도움이 안 될 것이다. 단순한 배경이 청중으로 하여금 설교자를 보다 분명하게 보도록 한다. 중간에서 차단하는 기둥이 없는 강당 역시 설교자를 방해 없이 바라볼 수 있게 해주는데, 이것은 충분히 높은 강단을 만드는 일 혹은 강단에서 점차 멀어지면서 위쪽으로 부채꼴 모양을 하는 비스듬하거나 계단식인 바닥을 만드는 일을 통해서도 가능하다.

그런데 설교자의 자연적 외모 중 무엇이 회중에게 영향을 주는가? 많은 부분이 회중의 구성과 사회학적 배경과 문화적 영향에 좌우된다. (예를 들어, 많은 네덜란드 교회에서와 같이) 키 큰 사람들이 신도석의 다수일 경우는 강단이라는 나무 위에 올라가 있는 삭개오는 두드러지게 작게 보이는 반면, (예를 들어, 대만에서와 같이) 작은 사람들이 신도석을 차지하고 있을 경우는 자기 나라에서는 작은 편인데도 거구일 수 있다. 키 큰 사람이 보기에 작은 사람은 미덥지 못할 수 있는 반면, 키 작은 사람이 보기에 큰 사람은 고압적일 수 있다. 양 경우 모두 보완하는 조정이 설교 전달 방식이나 강단의 높이에 따른 위치에 있어 필요할 수 있다. 키는 변경할 수 없는 천부적인 것이지만, 다르게 보이도록 관리될 수는 있다.

하지만 체중과 체형은 바뀔 수 있다. 통가Tonga 섬의 설교자들은 비만을 과시할 수 있는 반면, 날씬하고 날렵하게 보이는 사람에게 더 매력을 느끼는 문화에서는 비만이 설교에 방해가 된다는 것을 알게 될 것이다. 후자에서 만약 그들이 훈련과 절제 혹은 청지기 직분 혹은 유사한 주제에 대해 설교한다면 신뢰를 얻지 못할 것이다. 그들은 체중을 줄이는 것이 좋을 것이다. 설교자의 품성과 행실에 대해 다음과 같이 말해져 왔다: "네가 어떤 사람인지 너무나 크게 이야기하므로 나는 네가 말하는 것을 들을 수 없다"What you are speaks so loudly that I can't hear what you say. 때때로 체중 자체가 너무 많이 나가서 의사소통에 장애가 될 수 있다.

의사소통의 다른 장애는 설교자의 의복에 의해 야기될 수도 있다. 한마디로 말해, 그는 너무 화려하게 입거나 너무 간소하게 입을 수 있다. 내포되는 세목이 실제로 아디아포라adiaphora이며 성경 원리의 규제를 받지 않을 경우, 설교자는 회중의 기대와 관습에서 지침을 얻어야 한다. 경제적으로 표준 이하인 회중은 두드러지게 값비싼 가느다란 세로줄 무늬가 있는 양복으로 인해 산란해질 것인데, 이는 부유한 회중이 너무 작은 치수의 바지와 낡은 상의에 의해 산란해지는 것과 마찬가지이다. 비록 우리가 이것들은 하나님의 백성에게 중요하지 않다고 주장할지 모르지만, 사실은 그것들이 중요하며, 예민한 설교자는 강단에 들어서기 전에 그것들을 세심하게 숙고한다는 것이다. 그의 목적은 하나님의 말씀을 전달하려는 것이며, 그는 말씀을 전하려는 자들에게 자신의 신체적 외모가 결코 장벽이나 걸림돌이 되지 않도록 하기 위해 성경적으로 할 수 있는 모든 일을 해야 한다.

(설교 자체를 준비하는 특별히 어려운 책무에 더하여) 고려할 이 모든 세목들로 인하여, 설교자 지망생은 절망에 빠져서 "누가 이 일들을 감당하기에 충분하겠는가?"라고 외칠 수 있을 것이다. 모든 일에서와 마찬가지로, "우리의 충분함은 하나님으로 인한 것이다," 우리의 외모는, 평균적이든 특출하든, 개성이 없든 매력적이든, 평범하든 잘 생기고 아름답든, 성령께서 우리를 붙잡아주시며 기름을 부어주실 때 중요하지 않을 수 있다. 성령께서 강단 뒤에 앉아있거나 강단에 서 있는 설교자에게 기름부음으로 함께 하실 때, 그분은 설교자의 외모의 부정적이며 긍정적 요소 양자 모두를 무효화하실 수 있다. 비록 우리가 강단에서의 외모에 온전하고 세심한 관심을 기울여야 하지만, 성령께서 존중하시고 축복하시는 것은 궁극적으로 그분의 말씀임을 확신할 수 있다. 우

리가 그 말씀을 설교할 때 우리는 모세와 같이 우리의 얼굴이 빛난다는 것 또는 "우리가 다 수건을 벗을 얼굴로 거울을 보는 것 같이 주의 영광을 보매 그와 같은 형상으로 변화하여 영광에서 영광에 이르니 곧 주의 영으로 말미암음이라"(고후 3:18)는 것을 알지 못할 수도 있다.

강단에서 설교자의 동작의 효과

1904-5년 웨일즈를 휩쓸고 지나간 부흥에서 하나님의 도구였던 에반 로버츠Evan Roberts는 정렬적인 사역의 해에 이곳저곳을 순회했다. 하지만 그 말미에 탈진하게 되었으며, 회중에게 설교하거나 연설하는 대신, "선지자라기보다는 구경거리가 된 채" 연단에 움직이지 않고 서 있곤 했다. 많은 사람들이 그의 침묵에 놀라고 안타까워했지만, 어떤 의미에서 그의 침묵이 많은 것을 말해주었다. 그의 침묵 자체가 의사전달을 하고 있었는데, 왜냐하면 우리는 결코 의사전달을 하지 않을 때가 없기 때문이다. 그의 말로 하지 않는 언어가 좋든 나쁘든 웅변을 하고 있었다.

많은 설교자가 믿음의 사역으로 인해 결코 탈진하지는 않지만 선지자라기보다는 구경거리가 되기도 하는데, 곧 그들이 입을 열든 않든 그들의 외모의 신체 언어body-language가 크게 이야기하기 때문이다. 하지만 우리는 이제 외모 이외에 강단에서 설교자의 동작을 살펴보아야 한다. 그런 동작은 무계획적이거나 의도적이고 계산되었거나 거의 연출되었거나 건전하고 자연스러운 것일 수 있다. 그것은 구두의 말을 수반할 수도 하지 않을 수도 있다. 데모스테네스는 "동작! 동작! 동작!"이 효과적인 대중 연설의 세 가지 주요 덕목이라고 말했다.

복음은 본질적으로 살아 있으며 생명력을 공급하며, 내적으로 감동시키고 변화시키며 강권함으로 다양한 방식의 외적 행동을 하도록 하기 때문에, 복음의 선포자가 내적으로 감동을 받지 못하거나 외적으로 활동적이거나 표현력이 없다면 앞뒤가 맞지 않는 것이다. 제프리 토마스의 앞선 장은 "열정적인 설교"에 대해 다뤘으며, 제이 애덤스는 설교자 자신이 설교하는 것을 직접 체험할 필요성을 지적했다. 열정적이며 체험적인 설교는 원인과(또는) 결과로서 신체적 동작과의 연계 없이는 거의 상상할 수 없다. 내적 열정과 신체적 표현은 밀접하게 연관된다. 내적 감정은 단지 신체적 변화를 야기할 뿐만 아니라, 또한 역으로 신체적 변화에 의해 야기되거나 촉진될 수 있다. 확실히 하나님의 능력(뒤나미스)인 복음이 이 능력을 체험하는 사람의 신체라는 통로를 건드리지 않은 채로 그냥 지나치지는 않을 것 같다. 보다 자연스럽게 기대할 수 있는 것은 체험되는 역동적 의미가 설교자의 신체를 통해 역동적으로 표현됨으로 듣는 자인 동시에 보는 자인 회중이 동일한 역동적 의미를 체험할 수 있게 되는 것이다.

신체적 표현에 소용될 복음의 역동적 측면에는 보다 부정적인 것과 보다 긍정적인 것이 있는데, 전자에는 죄의 확신, 분리, 소외, 적대감, 죄책, 그리고 심판이 있으며, 후자에는 다음과 같은 것들이 있다: 회개와 회심; 칭의와 화해와 용서와 중생과, 양자됨; 또한 새 창조, 새 생명; 새로운 헌신, 따름, 순종; 성령의 성화의 능력; 전도와 선교와 사회적 행동의 요청; 봉사, 희생, 고난의 도전; 일치와 협력의 권면; 그리고 그리스도의 재림까지의 적극적 소망의 독려.

이 측면들과 관련된 내적 감정들은 다양하다. 그것들은 감사와 분개와 빛짐과 경외와 공경과 열심과 흥분과 강렬함과 급박함과 사랑과 기쁨과 온유함과 동정과 낙관을 포함한다. 이것들 중 그 어느 하나도 신체의 "뼈와 근육과 신경과 혈구"와 관련되지 않고는 적절히 경험되거나 전달될 수 없을 것이다.

우리는 이제 설교에서의 신체적 동작이 회중에게 어떻게 영향을 주는지 보다 구체적으로 질문할 필요가 있다. "자리에 앉은 채로 '십자가 군병들아 주 위해 일어나'를 묵상하듯 마음속으로 부릅시다." 어떤 회중이라도 강단에서의 그런 모순된 지시를 거부할 권리가 있다. 설교자는 그들에게 단지 논리적일 뿐만 아니라, 그 찬송을 활기차게 부르는 데 적합한 행위를 하지 못하게 하는 잘못을 범하는 것이다. 설교자들은 공중 앞에서의 사역을 향상시키고 용이하게 할 수 있을 많은 행위를 하지 않는 잘못을 범한다. 올바른 혹은 잘못된 신체적 동작은 설교자가 성경의 진리를 전달하는 방식에 영향을 주며 따라서 설교 준비 시 세심하게 숙고되어야 한다.

단순한 두 단계의 연습이 신학생 설교자에게 신체의 자세와 동작이 우리 자신과 회중의 감정에 영향을 미치는 방식을 납득하게 해준다. 초래될 감정적 영향에 대해 미리 묘사하지 않은 채로 그들은 안짱다리로 서며, 통제되듯이 두 손을 꼭 맞잡고, 양 어깨를 앞으로 내밀며, 허리 위쪽으로 몸을 구부리고, 턱을 오른쪽 어깨 쪽 가슴위에 대며, 왼쪽 어깨를 올려다보도록 지시된다. 그들은 유도하지 않더라도 자신의 느낌을 다음과 같은 용어로 저절로 묘사하게 된다: **뒤틀린, 왜곡된, 일그러진, 구부러진, 흉한, 기형의, 기괴한, 어색한, 불균형의, 추한, 강요된, 압박당한, 두려운, 쫓기는 듯한, 겁에 질린**. 이 자세로 약 2분간 있은 뒤 그들은 발을 앞으로 향하도록 하며 서고, 몸을 곧게 세우며, 양 팔을 위로 쭉 뻗고, 손가락은 넓게 벌려지게 하며, 얼굴을 위로 향하게 하고, 눈과 입을 크게 뜨고 벌리도록 말해진다. 주저함 없이 그들은 다음과 같은 용어로 자신의 느낌을 표현하게 된다: **해방된, 자유로운, 열려진, 개방된, 밝은, 행복한, 찬양하는**.

설교자들은 이것에서 그들의 신체적 동작이 어떻게 그들의 설교에 대한 소명감과 권위를 확증하는 데 있어 도움이 되는지를 기억할 필요가 있다. 만약 그들이 설교의 엄중한 긴급성과 특권과 책임과 기쁨에 대한 자신들의 내적 감정이 신체적 동작에 영향을 주도록 한다면, 후자는 다시 그들의 내적 감정에 영향을 미치며, 결국 계속된 순환작용이 형성된다.

우리가 설교를 시작할 때, 놀라운 특권이라는 내적 감정이 우리의 신체의 동작에 틀림없이 영향을 줄 것이다. 겸손함과 확신이 결합된 건강한 느낌이 물씬 풍겨져야 한다. 이것들을 확증하거나 이것들에 부합하는 어떠한 신체적 자세나 움직임도 받아들여져야 한다.

설교가 설교자의 신체와 영향을 주고받는다는 사실 자체 이외에도, 설교 내용이 설교자의 신체와 관련된다. 설교 본문이나 주제와 행사의 전체적 분위기는, 이상적으로는, 예배의 초반부 내내 이미 신체적으로 경험되었을 것이다. 만약 거룩함과 의와 죄와 심판이 예배의 주된 실체라면, 얼굴 표정과 자세와 몸동작은 그 실체에 대한 우리의 내적 깨달음을 돕는 적절한 보조 수단이었을 것이며, 또 계속해서 그러할 것이다. 그것들은 복음의 보다 밝고, 환희적인 측면이 초점일 때보다 조심스럽고, 신중하며, 근엄할 것이다. 필자의 키 큰 친구(대학 멀리뛰기 우승자였음)는 강단으로 올라가는 계단을 한 번에 네 칸씩 뛰어 올라가곤 했다. 이 행동은 시작 찬송이 "저는 자여, 뛰며 기뻐하라"and leap, ye lame for joy를 포함하고 설교가 낙관적일 때는 그렇게 부적절하지 않았지만, 예배 분위기가 보다 침울할 때는 약간 어울리지 않았다. 후자의 경우 그는 자신에게 도움이 되지 못한 행동을 한 것일 것이다.

우리가 진리를 선포하는 순간에 이를 때, 신체의 탄력성과 유연성과 적응성이 매우 도움이 된다. 우리가 소유하는 믿음은 매우 다차원적이어서 특별히 신체를 포함한 우리의 전인에 총체적인 요구를 한다. 진리는 활기차고, 살아 있는 것이지, 정적이며, 무 감각적이고, 부동의 것이 아니다. 그것은 움직이며, 발전하고, 점층적이다. 그것은 얼어붙게 하는 것이 아니라, 자유롭게 한다. 만약 우리가 그리스도 안에서의 자유에 대해 말하면서 팔과 얼굴 근육이 굳어진 가운데 실제로 마비된 몸짓을 하고 있다면 얼마나 이상한가? 신체적으로 표현하게 할 만큼 우리를 자유롭게 하기에 충분히 우리가 진리를 느끼고 내적으로 자유로와야 하지 않는가? 동시에 우리가 믿는다고 말하는 진리와 실제로 경험하는 것 간의 불균형으로 인한 위선의 감정은 일정 정도 신체적 동작에 의해 내적으로 소멸되게 할 수 있다. 우리의 신체의 보다 자유로운 움직임, 특히 시원한 동작은 우리 자신이 말하고 있는 자유를 직접 경험하는 데 도움이 될 수 있다. 이것은 심신 상관적인psycho-somatic 자기암시가 아니라, 성령께서 당신의 성전이며 도구인 우리를 통해 사용하시길 기뻐하는 수단의 하나이다.

우리의 신체가 우리로 하여금 진리의 의미를 내면화하는데 기여하고, 본문에 적절한 내적 분위기와 정신과 환경을 조성했을 때, 우리는 그 진리를 더 능력 있게 회중에게 외면화하며 확대할 수 있다. 우리의 신체가 자유로워질 때, 우리는 진심과 전심으로 자신을 청중에게 내어놓게 된다. 우리의 신체적 동작이 어떻게 우리 스스로 의미를 실감하도록 기여하는지를 알았을 때, 우리는 타인에게 내면에 있는 진리에 대한 느낌 전부를 표현하기 위해 자신의 신체를 보다 기꺼이 이용할 것이다. 우리는 흥분과 급박함과 강렬함과 경외와 열정과 공경과 사랑과 기쁨과 온유함과 동정과 분개와 혐오와 강함과 활기와 생기 등등의 자연스러운 표출 방식과 표현을 발견할 것이다.

과장된 동작으로 연출하지 않으면서도, 우리는 설교 중간의 알맞은 시점들에 강조하는 제스처들을 삽입하여 자신이 "보고," "느끼는" 진리를 묘사하는 데 도움이 되게 할 수 있을 것이다. 우리가 선포하는 진리에 대한 내적 깨달음에서 자연스럽게 흘러나오는 신체적 동작이 자동적으로 명료한 의사전달을 보장하지는 않지만, 그 방향으로 상당히 나아가게 한다. 우리의 동작을 해독하는 회중은 우리가 적응할 필요가 있는 상이한 공식과 관점을 지닐 수 있다.

회중은 설교자가 입을 열어 말을 꺼낼 때까지 기다릴 필요가 없는데, 곧 이미 다른 방식으로 설교자에 의해 그들에게 "말해지고" 있기 때문이다. 많은 심층적인 연구가 현재 "비언어적 의사소통"nonverbal communication에 관하여 행해지고 있는데, 그것은 "말로 기호화되는 것을 제외한 모든 의사소통"을 가리킨다.[1] "신체 언어"body language는 설교자가 연단이나 강단에 서서 공중 앞에 있는 시간 내내 "말해지고" 있다. 그것은 자주 의식되지 않지만, 매우 시사적이며, 때로는 기만적이다. 그것은 말과 별개로 행해지며 자주 말을 동반한다. 우리는 "신체로 말하기"의 보다 세심한 사용법과 그것의 회중에 대한 영향을 다루기 전에 그것을 살필 필요가 있다.

듣는 동시에 보는 사람들로서의 회중에 대한 많은 연구는 비구두적인 언어가 구두적인 언어보다 강력하다는 것을 지적한다. 강단에서의 느낌의 전달 대부분은 비구두적 차원에서 이루어진다. 단지 구두의 메시지와 비구두적 메시지가 일치할 때 회중에게 믿음과 신뢰가 가능하다. 그것들이 불일치할 때는, 비구두적인 것이 더 우세하다. 한스 판 더 헤이스트Hans Van Der Geest는 "신체 언어가 말보다 설득력이 있는데, 왜냐하면 그것은 보는 사람의 잠재의식에 직접 이야기하며, 따라서 인지적인 말보다 더 깊은 영향을 미치기 때문이다"라고 주장한다.[2]

우리는 때로 자신의 비구두적 언어가 덜 말하길 바랄 것이지만, 그것이 침묵을 유지하도록 할 수 없다. 스피걸Spiegel과 마호트카Machotka는, "사람들이 자신의 생각과 느낌과 의도와 개성을 드러내기 위해 제스처와 자세와 복장과 얼굴 표정과 여러 방식의 동작을 사용한다는 사실"을 다루면서,[3] 성경의 다음과 같은 신체를 통한 의사소통의 예를 든다: "불량하고 악한 자는 비뚤어진 입을 하고 걸으며 눈으로 윙크를 하며 발로 지적하고 손가락으로 지시하며"(잠 6:12, 13, KJV).

따라서 비 구두적 언어의 영향력을 인식하는 가운데, 역효과를 내고 우리가 말해야 할 것 혹은 실제로 소리 내는 것을 약화시키는 기이한

---

1. T.W. Chadwick, *A Study to Determine What a Pastor Is Communicating Nonverbally From the Pulpit*. D.Min. Thesis, The Eastern Baptist Theological Seminary, 1976.
2. Hans Van Der Geest, *Presence in the Pulpit* (Atlanta: John Knox Press, 1981), p. 42.
3. J.P. Spiegel and P. Machotka, *Messages of the Body* (New York: MacMillan, 1974), p. 3.

행동과 버릇과 무례한 행동과 반복적 동작과 제스처를 주의하고 피할 필요가 있다.

찬송가나 성경이나 주보나 각종 쪽지나 원고를 초조하게 이리저리 옮기는 일은 능력과 확신과 평안이 함께하는 메시지와 거의 조화되지 않는데, 이는 (전직 광부 출신으로 갱도에서 강단으로 옮겨 올 때 곡괭이를 나두고 오는 것을 잊은 목사의 경우에서와 같이) 강대상을 무의식적으로 반복하여 툭툭치는 일보다 더 그러하다. 납작한 에펠탑처럼 두 다리를 벌리고 두 손은 허리에 두거나 두 다리를 흔들거나 발목 한쪽이나 양쪽을 바깥쪽으로 돌리거나 한쪽 발로 강대상 받침대를 휘감는 일은 도움이 안 된다. 좀 더 회피되어야 할 일은 마치 요동치는 배의 갑판 위에 있는 것처럼 몸을 이리저리 흔드는 일이다. 이런 해상의 움직임은 어떤 회중을 메스껍게 한다. 무의식적으로 어깨를 으쓱하는 일, 상의 끝을 잡아당기는 일, 손수건을 치웠다가 다시 제자리에 놓는 일, 코트의 양 옷깃을 잡는 일, 넥타이나 코트나 가운이나 후드, 또는 계속하여 콧등 아래쪽으로 흘러내리는 안경을 자꾸 재조정하는 일 등 이 모두는 고쳐져야 한다. 마지막으로, 설교자는 코, 귀, 입술, 턱, 콧수염, 턱수염을 쓰다듬고자 하는 유혹을 이겨내야 한다. 한 나이든 스코틀랜드 설교자는 간헐적으로 어떤 강조점에 이목을 끌면서 "이 형제들을 주목해보세요"라고 말하곤 했는데, 그럴 때면 늘 무심코 자신의 턱수염을 쓰다듬는 행동을 동반했다!

우리가 예로 든 너무나도 웅변적인 신체 언어들에 의해 회중이 만족을 얻든 손해를 당하든 간에, 그들은 모든 신체 언어, 특히 유능한 설교자의 세심한 신체 언어를 되도록 잊으려 하지 않을 것이다.

회중에게는 강단에서의 가시적인 신체 동작에 대한 상이한 기대들이 있다. 예배의식이 보수적이며, 관례적이고, 전통적인 회중은 설교자가 지루하고 점잖빼며 무표정하고 경직되는 잘못을 범하는 편이 더 낫다고 여긴다. 그들은 이 특성들을 보다 합리적이며, 분별력 있고, 균형

잡힌 것으로, 그리고 덜 위협적이며, 덜 당황스럽고, 덜 부담스러운 것과 동일시한다. 그들은 덜 예민하며 자의식이 약하다. 그들은 보다 극적이고, 노골적이며, 감정적이고, 참견하려는 것 같이 보일 수 있는 친밀한 방식을 두려워하고 질색한다. 그들은 후자를 열렬한 근본주의 신봉자, 가두연설가, 전도 집회를 다니는 부흥사, 그리고 은사주의자와 연관시킨다. 그들은 강단의 설교자pulpiteers를 인형극에서의 인형 조종자 puppeteers와 동일시하는 경향이 있으며, 손과 신체의 여타 부위를 교묘하게 움직여 마음을 감동시키는 그 조종자에 의해 조종되는 일을 경계한다. 하지만 심지어 이 조심성 많은 회중도 실제로는 동작을 다 없애길 원하지는 않는다. 그것이 "품위 있고 질서 있게" 행해질 때 그들은 그것을 바라고 그것에서 유익을 얻게 된다.

청중 연구에 의하면 대부분의 회중이 설교자의 생동감과 동작과 풍성한 표현을 선호하는 것으로 보이는데, 왜냐하면 그로 인해 진리를 이해하고 음미하는 데 도움을 얻기 때문이다. 채드윅Chadwick이 암시하듯이, 그들은 설교자에 의해 가시적으로 표현되는 사랑의 감정과 안전과 신뢰와 의지를 갈망하며 온다. 마찬가지로 그들에게는 미래와 구원과 제공될 자유에 대한 소망이 있으며, 더욱이 신앙이 명료해지고 이해가 빨라졌으면 하는 욕구가 있다. 그들은 이것들이 설교자와의 직접적 대면을 통해 전달되길 원한다. 가끔은 모든 회중이 다양한 신체 언어를 필요로 하는데, 곧 어떨 때는 상대적으로 절제된 동작 그리고 다른 때는 보다 힘찬 동작을 필요로 한다. 만약 회중이 부동자세의 설교자에 의해 적극적인 반응을 하도록 요구된다면, 비록 그들이 그와 똑같이 "반응한다"하더라도 비난될 수 없다. 아무런 가시적 반응의 표지도 없으므로 그런 설교자가 자신의 설교에 반응하고 있지 않다고 그들이 느끼는 것은 당연하다. 그것은 마치 설교자가 내적으로는 말씀의 진리에, 그리고 외적으로는 혼란한 세상에 아무런 영향과 자극도 받지 않고 있는 것 같은 모습이다.

자신의 교인들에게 실험을 하면서, 채드윅은 여섯 번의 설교를 했는데, 그중의 넷은 원고를 그냥 죽 읽는 밋밋하고 뻣뻣한 부동자세의 방식이었다. 교인 중 한 평가자는 나중에 이렇게 적었다: "저는 목사님이 팔과 손으로 강대상을 꽉 움켜쥘 필요가 있다고 느낍니다! 이번은 목사님의 평상시 설교 방식과 다르군요. 특별히 이번 주제는 목사님이 유념하고 있다는 것을 제게 알려주는 신체 동작들을 요구합니다. 목사님은 일부러 그렇게 하는 것 같이 보였어요. 읽으시는 게 자연스럽지가 않습니다! 관심에 대해 이야기해보세요. 저는 목사님이 우리를 신경 쓰지 않으셨다고 느꼈습니다."[4]

채드윅은 설교자의 비구두적 언어가 감소되면 될수록, 청중의 다음과 같은 "비구두적 언어"가 증가하는 것을 발견했다: 즉 그들은 이야기하고, 자리에서 몸을 돌리며, 주변을 보고, 주보를 이리저리 움직이며, 서류를 살피고, 심지어 일부는 화장실을 들락거렸다! 그는 비구두적 신호를 판단하는 등급표를 주고 관찰자가 설교를 다음과 같이 가장 뚜렷한 정반대의 쌍 사이에서 선택함으로 평가하도록 요청했다: 예를 들어, 통제 하는가 통제 받는가, 행복한가 아니면 불행한가, 절망적인가 희망적인가, 중요한가 아니면 사소한가, 화나게 하는가 아니면 달래주는가, 흥미로운가 아니면 지루한가, 고자세인가 저자세인가. 우리는 쉽게 뻣뻣한 네 번의 설교가 이 범주를 사용할 때 어떻게 등급이 매겨질지를 예상할 수 있을 것이다.

신체 동작으로 감정을 즉석에서 표현하는 일을 억제하는 경향이 고등교육을 받을수록 높아진다는 것은 역설적이다. 목회의 중요한 측면들에 있어서 설교자의 지식과 전문성의 향상이 신체 언어를 더욱 자유롭게 표출하게 하기보다 오히려 억제하는 결과를 낳는다면 매우 애석한 일이다. 그들은 유익한 신체 동작을 어떻게 할 수 있을지를 앎으로

---

4. Chadwick, *Study*.

써 그런 위험성을 피하는 데 도움을 받을 필요가 있다.

설교가 시작되는 순간에, 설교자가 다음과 같은 자세를 취하는 것이 회중에게 유익하다: 곧 똑바로 서서, 양 어깨가 같은 높이로 수평을 이루게 하고, 몸이 강대상과 평행을 이루게 하며, 머리를 곧게 들며, 턱은 너무 높지도 낮지도 않게 하고, 양발은 다소간 벌리며 균형과 이동성을 높이기 위해 한발을 약간 다른 발보다 앞에 두고 단단하게 고정시키는 자세. 허리 높이의 강대상은 성경과 (필요한 경우) 메모를 용이하게 볼 수 있게 하며 팔이 적절한 방향으로 자유롭게 움직일 수 있게 한다. 이 단계에서 양손은, 한 손의 등이 다른 손의 바닥에 살며시 포개지게 한 채로, 강대상 바로 뒤의 중간 위치에 있을 수 있다. 요청될 때 언제든 팔은 이동할 준비가 되어 있을 것이다.

설교 자체에서 설교자의 신체 중 회중에게 영향을 미치는 가장 강력한 수단은 그의 눈이다. 회중이 설교 내내 설교자가 자신들을 주시하고 있는 것을 볼 수 있어야 한다. 그들은 "당신이 우리에게 말할 때 우리를 주시해주세요"라고 이야기하는 것이다. 최대한의 눈 접촉eye contact이 이상적이다. 이 직접적인 눈 접촉에 짧은 예외의 시간들도 있을 것이지만, 회중과의 주요 접촉은 눈과 눈을 마주보는 일일 것이다. 우리는 청중으로 하여금 우리가 그들의 참석을 소중히 여기며 그들이 설교 행위에 기여하는 가운데 상호작용을 하며 – 곧, 단지 단위나 집단이나 단체로서가 아니라, 또한 눈을 직접 마주치는 개인으로서 – 그들을 만나길 원한다는 것을 알게 해야 한다.

"청중이 요구하는 설교자는 비전을 보며 또한 그렇게 비전을 보면서 동시에 청중들에게 집중하는 설교자다. 만약 청중이 설교자가 보고 있는 것을 보며 그가 느끼고 있는 것을 느낀다면, 청중 역시 보고 느낄 것이다."[5] 이 "시각적" 접촉이 어떻게 발생할 수 있는가? 만약 청중이 이

---

5. P. Harms, *Power From the Pulpit* (St. Louis: Concordia), p. 31.

것을 설교자에게 요구한다면, 그는 자신을 어떻게 그들에게 내어줄 수 있는가? 그 때에 설교자와 청중은 어떤 식으로 개인적인 접촉을 할 수 있게 되는가?

혹자는 즉석 설교가, 사전에 계획되지 않은 가운데 그 내용과 형식과 표현이 전달 순간에 정해질 것이라는 점에서, 그러한 접촉을 가능하게 할 것이라고 제안할 것이다. 이것은 설교자가 자신의 머릿속에 있는 정리되지 않은 자료를 기억해내는 은사와 성경과 인생에 대한 전반적 지식과 화술의 은사와 성령께 의존해야 할 것임을 뜻할 것이다. 이것은 추정컨대 설교자와 청중이 직접적으로 서로 접촉하게 하는 일, 곧 눈 접촉을 방해하는 어떠한 메모나 원고 없이 현장에서 서로 협력하여 설교를 만들어 가도록 하는 일을 보장할 것이다.

그런 접근법은 대부분의 설교자를 두려워 떨게 할 것인데, 왜냐하면 단지 또는 그렇게 많이 그것이 위협적이기, 곧 설교 중간에 중단되거나 아무런 결과도 얻지 못할 위험성이 있기 때문이 아니라, 오히려 성경에서의 오만한 이탈과 그에 따른 하나님의 말씀에 대한 잘못된 해석의 위험때문이다. 이것은 눈 접촉을 위해 너무나 큰 희생을 치르는 일이다. 어쨌든 그런 설교자는 본문으로 선택된 성경 단락의 단어와 구 하나하나를 과도하게 주시하며 다음차례로 말할 것에 너무나 몰두해야 한다고 여김으로 인해 진정한 개인 대 개인의 눈 접촉은 이루어지지 못할 것이다.

혹자는 시계추를 다른 극단으로 움직여 강단에서 신성불가침적으로 고수할 완전한 원고를 꼼꼼하게 준비할 것인데, 마치 그것이 4일 전 서재에서 서명되고 봉인되며 전달되었고, 설교 시간에 개봉되어 글자 그대로 낭독되어야 할 하나님의 불가침의 신탁인 것처럼 말이다. 어떤 사람들은 설교를 구어체로 작성하는 일과 원고를 생동감 있으며 드라마적 표현으로 "과장되지만" 야단스럽지는 않게 낭독하는 일 양자 모두에 상당한 일가견이 있으면서도, 다른 한편으로는 양호하게 눈 접촉도

할 줄 안다. 어떤 사람들은 다음 단계로 넘어가서 전체 원고를 암기하여 적어도 표면적으로는 계속하여 회중을 바라볼 수 있다. 어떤 사람들은 원고를 반절은 암기하며 반절은 읽거나, 또는 암기하지만 기억을 되살리기 위해 메모를 이용한다. 다시금 이 방법들을 통해서도 눈 접촉이 이루어지는 것처럼 보일 것이다.

하지만 다양한 연구자는 이 각각의 경우에 결여된 무언가가 있다는 것을 지적한다. "눈 접촉" - 또한 설교 - 에는 여기서 달성되는 것 이상의 요소가 있다. 이 방법들을 이용하는 많은 - 또는 아마도 대부분의 - 설교자가, 칼빈이 섭정 서머셋Somerset에게 다음과 같이 편지를 쓸 때의 그의 판단의 부류에 속할 것이다: "전하, 그 나라에는 활기 넘치는 특성의 설교가 거의 없으며, 다수가 써놓은 설교문을 그냥 읽는 방식으로 전하는 것으로 제게 보입니다."[6]

칼빈은 내용은 꼼꼼하게 준비하지만 메시지의 구체적인 구어 표현은 전달 시점으로 남겨놓는 즉석 설교를 선호했다. 그는 다음과 같이 즉석 설교를 요구한 1667년 베른 설교자 결의서Bern Preacher Act에 동의했을 것이다: "그들은 회중 앞에서 결코 적어놓은 것이나 원고를 읽어서는 안 되는데, 그것은 경계해야 할 웃음거리이며 청중 앞에서 설교자의 모든 열매와 은혜를 빼앗는 것이다."[7] 많은 사람들이 다음과 같은 판더 헤이스트의 말에 동의한다: "개인적 방식, 곧 신뢰감을 불러일으키는 데 필수적인 직접적인 연설은 일반적으로 적어놓은 것을 읽는 일에 의해 심각하게 손상된다.… 설교가 **살아 움직이지 않는데**, 곧 어제의 것이 되고 만다. 설교자는 '말하는 순간에 재구성하는 행위'를 빼놓게 된다.… 말의 의미는 책을 읽을 때보다 연설자에게 들을 때 더 분명하고 신속하게 파악되는데, 왜냐하면 음색과 속도와 흉내 내는 일 등 실제로

---

6. C.E. Edwards, ed., *Devotions and Prayers of John Calvin* (Grand Rapids: Baker Book House, 1976), p. 6.

7. Quoted by Van Der Geest, *Presence*, p. 47.

연설의 모든 측면이 독서할 때는 발견되지 않는 언어 자체이기 때문이다."[8]

적어놓은 것과 원고에서의 완전한 자유가 설교자 편에서는 "엄마 보세요. 손을 잡지 않고도 할 수 있어요"라고 말하며 자전거를 타는 소년처럼 보이는 "과시"로 해석될 수 있을지 모르지만, 회중은 보다 자주 설교자가 메시지를 내면화했으며, 메시지가 가슴에서 우러나오고 있고 단순히 기록된 것보다는 자신들과 더 연관되어 있고, 전달 순간에 성령께 보다 직접적으로 의존하고 있다는 것을 뜻하는 것으로 인식한다. 회중은 그 설교에 보다 즉각적으로 반응하며 그것을 보다 생생하게 기억할 것이다. 설교자는 회중과 경쟁하는 것이 아니라, 회중의 협력을 이끌며, 순전성과 열심과 신뢰성에 있어 향상된 것으로 그들에게 보이게 되는데, 이것보다 진리를 전하는 일에 있어 필수불가결한 요소 sine qua non가 어디 있겠는가.

최소한의 눈 접촉과 더불어, 적어놓은 것이나 원고에 의지하는 일이 가져오는 가장 안타까운 손실 중 하나는 신체 언어 – 비의도적인 그리고 의도적인 – 특히 자유롭고 자연스러우며 진실어린 동작이다. "신체 동작의 연구자들은 꽤 정확한 뜻을 전달할 수 있는 적어도 70만 가지의 상이한 상징적 신체 표현(동작)이 있다고 추산했다."[9] 이 중 너무 적은 수만이 대부분의 설교자에 의해 사용되며, 더욱이 그보다도 더 적은 수가 원고를 읽는 것으로 만족하는 설교자들에 의해 사용된다. 후자의 경우 말씀을 다 준비해 놓았다는 과도한 안도감 때문에 설교자가 힘을 다하지 않게 되며, 활력과 자유로움이 감소하게 된다. 어떤 사람들은 읽을 때 아무런 동작도 취할 줄 모르며, 다만 양손을 강대상 위에 계속 올려놓고 있거나, 몸 앞쪽이나 뒤쪽으로 맞잡고 있거나, 또는 옆으로 축

---

8. Ibid., p. 48.
9. Oliver, Zelko, and Holtzman, *Communicative Speaking and Listening* (New York: Holt, Rinehart, and Winston, Inc., 1965), p. 180.

늘어트려 놓는다. 간혹 동작을 사용할 때에도, 그것은 정형화되고, 제한적이며, 부자연스럽고, 억지스러우며, 딱딱한 경향이 있다. 넓거나 높은 동작을 취하면서 부적합하게 아래쪽으로 시선을 둘 수도 있는데, 예를 들어 천상에 대해 이야기하며 위쪽을 가리키면서도 원고를 읽느라 아래쪽을 보는 것이다. 메시지가 내면화될 때 동작은 외적이며 억지로 덧붙여진 것이라기보다는 말을 선행하거나 후행하는 자연스럽고 자발적인 흐름으로서 마음속에서 나올 수 있다. 스프로울은 본서의 "전인"이라는 장에서 훨씬 더 상세하게 원고 없이 설교하는 일의 중요성을 논의한다.

우리는 최선을 다하여 설교와 회중 모두에 신경 써야 하는데 이 일은 양편 모두의 활동적 행위, 특히 설교자의 활동적 행위를 요구한다. 그러나 이것은 일종의 치료적 긴장해소와 병적 과시행위와 신경질적인 몸짓으로 설교에 삽입하는 열광적이며 광분한 결정이어서는 안 되며, 오히려 청중이 하나님의 말씀의 역사와 의미를 느끼며 그것들에 반응하게 하려는 관심이어야 한다. "특정한 시점에 설교가 행하고 있는 것과 연관된 의도적인 신체 움직임 역시 관심을 끌고 유지하며 그로 인해 의미를 깨닫게 하는 분위기를 조성한다."[10] 청중 스스로 "그것들에 독려되어 유사한 느낌"과 동일한 근육의 반응을 경험하게 될 것이다. "이런 식으로 청중은 … [설교자의] 감정을 관찰하기보다 그것에 참여하게 된다."[11]

효과적인 신체 동작은 "가슴" 곧 흉골 바로 밑의 몸통 중간 윗부분인 "중심"에서 비롯된다. 그 중심이 동작 방향을 따를 때, 곧 몸이 그 방향으로 돌고 몸무게가 쏠릴 때, 동작에 힘이 실린다. 그렇지 않으면 몸이 팔과 손과 따로 놀게 되어 힘이 실리지 않는다. "설교할 때 만약 여러분

---

10. Quoted by Harms, *Power*, p. 35.
11. Ibid.

의 중심이 청중 쪽으로 기울어진다면, 그것은 여러분의 적극성과 여러분이 말하는 것에 대한 헌신의 정도를 암시하며, 이것은 청중을 여러분의 주의와 관심의 초점이 되게 한다."[12]

팔이나 손이나 손가락의 동작에는 다음과 같이 크게 두 가지 종류가 있다: 강조적인 것과 묘사적인 것(비록 이것들은 종종 병행하기도 하지만). 강조적인 것은 전해질 진리를 강화하며 인상 깊게 한다. 이것은 팔뚝을 들어 올리며 집게손가락으로 위쪽을 가리키는 일 또는 꽉 쥔 주목을 치켜들거나 강단 아래로 내리는 일을 포함한다.

묘사적 동작은 보다 개념적이고 지시적이며 음악 지휘자의 사용법과 유사하다. 거룩하시고 사랑이신 하나님을 가리키면서, 오른팔이 획 들어 올려 질 수 있을 것이다. 죄악 가운데 있는 인간을 가리키면서 왼팔이 획 내려질 수 있을 것이다. 다른 묘사적 동작으로는 환영의 뜻으로 양팔을 벌려 위로 들어 올렸다가 내리는 움직임 등이 있을 것이다.

이것들을 조심스럽게 제안하고자 하는데, 왜냐하면 어떤 설교자들은 자신이 적절한 동작을 잘 생각해내지 못한다고 토로하기 때문이다. 이상적으로는 진리의 느껴진 의미가 저절로 적당한 동작을 조절하는 것이지만, 이 "관례적 동작들"은 조만간 보다 자연스럽게 표출되는 동작을 유발하게 될 것이다. 어떤 사람들은 더욱이 거울 앞에서 연습하거나 비디오로 찍어 볼 수도 있다. 심지어 엄청난 은사를 지녔던 19세기의 설교자 존 엘리아스John Elias도 다음과 같이 하곤 했다: "거울 앞에서 집게손가락을 곧게 편 채로 가리키는 연습을 반복했는데 왜냐하면 굽은 손가락은 약한 것을 암시한다고 생각했기 때문이다. 그는 (확실히) 유능한 배우가 되기 위해서가 아니라, 자신의 메시지의 요구에 온전히 따르는 잘 훈련된 설교자가 되기 위해 그런 기술을 숙달하고자 했다."[13]

---

12. C.L. Bartow, *The Preaching Moment* (Nashville: Abingdon Publishing Company, 1980), pp. 95-96.

13. R. Tudor Jones, *John Elias* (Bridgend, Wales: Pregethur and Phendefig, 1975), p. 20.

보다 특별히 강조하건대, 우리가 강단에서 신체를 어떻게 꾸미고 움직이든지 - 곧 외모, 자세, 얼굴표정, 눈 접촉, 몸짓, 표현 동작, 흉내 내기, 연기를 어떻게 하든지 - 우리의 관심은 그것 자체나 우리 자신이나 사람들에 대한 우리의 평판이 아니라, 오히려 우리가 전하는 말씀의 메시지와 하나님께서 강단에서 우리의 신체를 사용하시는 궁극적 목표가 되는 회중에 있어야 한다.

우리의 관심사는 서머셋에게 다음과 같이 쓸 때의 칼빈의 관심사와 동일해야 한다:

이제 이 설교는 생기없는 것이 아니라 활기가 넘치는 것이어야 하는데, 이는 성 바울이 디모데에게 이야기할 때 말씀하는 바와 같이 가르치고 권하며 경책하기 위함입니다(딤후 4:2) 그리하여 진실로 불신자가 들어올 경우 바울이 다른 구절에서 말씀하는 바와 같이(고전 14), 그는 말씀에 매우 강력하게 사로잡히고 설득되어 하나님께 영광을 돌리게 됩니다. 전하께서도 하나님의 선하고 신실한 사역자임을 증명코자 하는 자들이 설교할 때 마땅히 지녀야 할 활기찬 능력과 힘에 대해 성 바울이 어떻게 말씀하시는지 아실 겁니다. 신실한 사역자들은 자신들의 명성을 얻기 위해 일련의 수사법을 사용하지 않고 다만 하나님의 성령께서 그들의 목소리를 통해 권능있는 역사에 대해 말씀하시도록 합니다.[14]

---

14. Edwards, *Devotions*, p. 6.